- Wie sehen Ordnungs- und **Systembedingungen**, **die „Spielregeln"**, **aus** (Regeln, Verträge, Institutionen, Entscheidungsarchitektur)? Welche Rahmenbedingungen und **Restriktionen** (Einschränkungen) gibt es? Welche **Anreize** (Belohnungen) werden oder würden gesetzt?

↓

3 Begründete Teilurteile (Sachurteile) mit Kriterien formulieren (Operator: „beurteilen")

- Welche Teilbereiche und damit Teilurteile bieten sich an?
- Welche **Kriterien** (z. B. Effizienz und Nachhaltigkeit, siehe Urteilskriterien im Überblick) verbinden sich mit den Perspektiven?
- Wie schneiden die Aussagen, Vorschläge oder Maßnahmen bei einer Überprüfung mit den gewählten Kriterien ab?
- Wie fällt mein Teilurteil aus?

Details 3. Schritt

82033-298

Urteilskriterien im Überblick

82033-299

↓

4 Begründete Gesamturteile (Werturteile) formulieren (Operator: „bewerten")

- Wie gewichte ich die gewählten Kriterien und meine Teilurteile?
- Habe ich die Interessen anderer (Dimension II) und die gesellschaftliche Dimension (III) angemessen berücksichtigt?
- Welche Gestaltungsspielräume liegen vor? Was ist für mich wichtig?
  Was sind für mich entscheidende Argumente?
- Was sind meine **Wertmaßstäbe**, mit denen ich meine eigene Position begründe?
- Wie fällt mein Gesamturteil aus? Was soll sein?

Details 4. Schritt

82033-300

Hier nun möglich: Ein abschließendes Urteil: Was hat sich gegenüber meinem spontanen Urteil (nach dem 1. Schritt) geändert?
Welche meiner Einstellungen muss ich hinterfragen? Was hat sich bestätigt?

Urteilen

Wirtschaft & Co. 8-10

Wirtschaft / Berufs- und Studienorientierung

Gesamtband

Herausgegeben von
Johannes Heuser

Bearbeitet von
Georg Arnold
Andreas Hamm-Reinöhl
Johannes Heuser
Helmuth Müller
Stephan Podes
Natascha Rosenau
Annika Schwertle
Inan Yesilgül

UpdateCodes
Aktualisierung von Grafiken, Statistiken und Tabellen

Mit digitalen Aufgabenkästen
Digitale Hilfen für Operatoren und Methoden, Zusatzmaterialien, interaktive Anwendungen (Quizze, Rankings, Abstimmungen, ...)

Erklärfilm
73000-521

Gymnasium
Baden-Württemberg

C.C.BUCHNER

Wirtschaft & Co. – Baden-Württemberg

Wirtschaft / Berufs- und Studienorientierung für das Gymnasium

Herausgegeben von Johannes Heuser

Gesamtband
Für die Jahrgangsstufen 8-10

Bearbeitet von Georg Arnold, Andreas Hamm-Reinöhl, Johannes Heuser, Helmuth Müller, Stephan Podes, Natascha Rosenau, Annika Schwertle, Inan Yesilgül

Zu diesem Lehrwerk sind erhältlich:

- Digitales Lehrermaterial **click & teach** Einzellizenz, Bestell-Nr. 820341
- Digitales Lehrermaterial **click & teach Box** (Karte mit Freischaltcode), ISBN 978-3-661-82034-7

Weitere Lizenzformen (Einzellizenz flex, Kollegiumslizenz) und Materialien unterwww.ccbuchner.de.

Dieser Titel ist auch als digitale Ausgabe **click & study** unter www.ccbuchner.de erhältlich.

1. Auflage, 1. Druck 2023

Alle Drucke dieser Auflage sind, weil untereinander unverändert, nebeneinander benutzbar. Dieses Werk folgt der reformierten Rechtschreibung und Zeichensetzung. Ausnahmen bilden Texte, bei denen künstlerische, philologische oder lizenzrechtliche Gründe einer Änderung entgegenstehen.

Redaktion: Andreas Beyer
Layout und Satz: Wildner + Designer GmbH, Fürth
Druck und Bindung: Mohn Media Mohndruck GmbH, Gütersloh

www.ccbuchner.de

ISBN 978-3-661-**82033**-0

Inhaltsverzeichnis

Zur Arbeit mit dem Buch

Wirtschaft & Co. wurde nach den Vorgaben des Lehrplans Sekundarstufe I des Faches Wirtschaft/Berufs- und Studienorientierung für Gymnasien in Baden-Württemberg neu konzipiert und mit vielen aktuellen Materialien und digitalen Erweiterungen versehen. Es ermöglicht euch, liebe Schülerinnen und Schüler, die zentralen Inhalte und Kompetenzen des Faches anhand vieler Beispiele aus eurem Leben und eurer Umgebung zu erwerben. Für eure Lehrerinnen und Lehrer ist das Buch eine Hilfe, einen modernen und binnendifferenzierenden Unterricht zu verwirklichen.

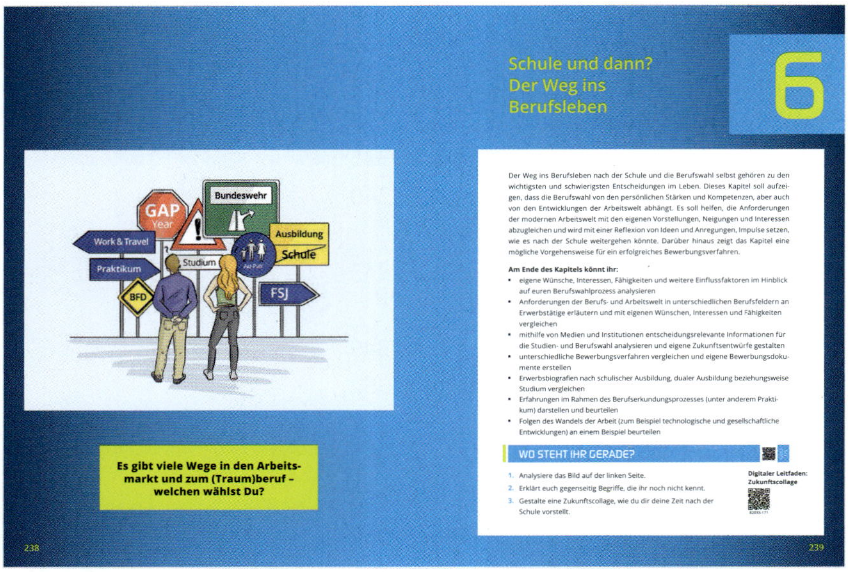

1 Kapitelauftaktseiten

Jedes Kapitel beginnt mit einer Auftaktdoppelseite. Eine Materialseite und offene Aufgaben ermöglichen euch eine erste Annäherung an die Inhalte des neuen Kapitels. Dabei könnt ihr auch zeigen, was ihr schon über das Thema wisst. Außerdem hilft euch ein kleiner Einführungstext, einen Überblick zu erhalten. Schließlich erfahrt ihr hier, über welches Können ihr am Ende des Kapitels verfügen solltet.

2 Aufbau der Unterkapitel

Jedes Unterkapitel beginnt mit einer knappen Einführung. In der Rubrik „Zum Thema“ werdet ihr an das jeweilige Thema herangeführt. Im Anschluss an die thematische Hinführung beginnt jedes Unterkapitel mit einem Einstiegsmaterial und entsprechenden Einstiegsaufgaben. Hier wird in der Regel ein Problem, das ihr aus dem Alltag oder aus den Medien kennt, anhand unterschiedlicher Fallbeispiele dargestellt.

Im Anschluss folgen die Erarbeitungsmaterialien. Die sorgfältig ausgewählten Quellen (Sachinformationstexte, Zeitungsartikel, Bilder, Karikaturen, Grafiken etc.) zeigen unterschiedlichste Perspektiven und vertiefen die zentralen Themenaspekte. Am Ende jedes Unterkapitels findet ihr den **Aufgabenblock** mit konkreten Handlungsanweisungen (Operatoren).

3 UpdateCodes

Zahlreiche Schaubilder, Tabellen und Diagramme werden regelmäßig aktualisiert und stehen mit Hilfe eines QR- und Mediencodes neben der jeweiligen Grafiküberschrift kostenfrei zum Download zur Verfügung. Die Grafiken sind wie folgt konzipiert:

- Unter der Grafiküberschrift findet sich der jeweilige Stand der Grafik-Aktualisierung, z. B. „Stand: 2022". Dieser Stand zeigt immer die letzte Datenüberprüfung an.
- Die Quellenangabe unter der Grafik informiert über Datenquelle, Erhebung der Daten und Erstellung der Grafik.

Hintergrund: Einige Datenerhebungen wie beispielsweise der Zensus finden nicht jährlich statt oder aber stehen erst mit Verzögerung nach der Erhebung zur Verfügung. Eine Grafik mit dem Stand 2023 kann daher aktuell sein, sich aber beispielsweise auf Daten aus dem Jahr 2020 beziehen.

73000-500

Lesebeispiel zur Grafik unten: Die Daten stammen vom Sozioökonomischen Panel SOEP aus dem Jahr 2018, die Grafik wurde 2023 erstellt. Im Jahr 2023 waren dies die aktuellen Daten.

Weitere Informationen zu den UpdateCodes finden sich im obenstehenden QR- und Mediencode.

73000-598

Vermögensverteilung in Deutschland nach Dezilen
(Stand: 2023)

73000-598

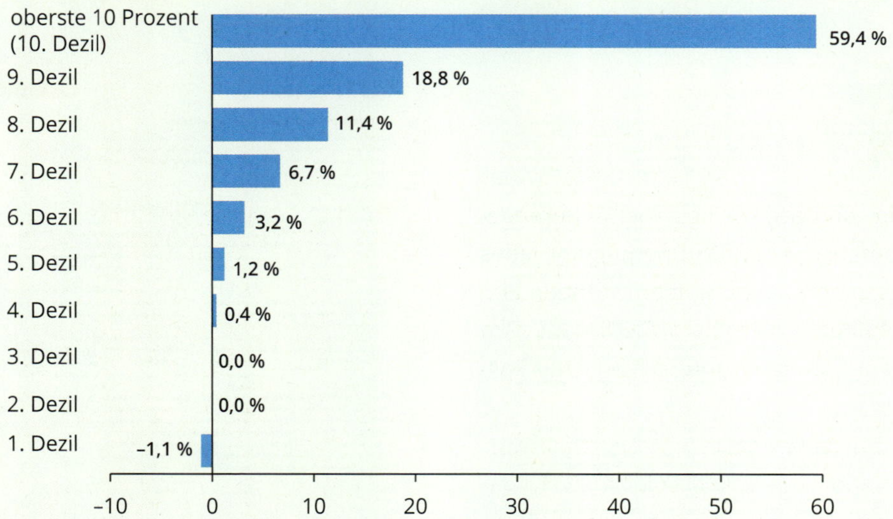

Letzte Überprüfung, ob es neuere Daten gibt

Lesehilfe: Das oberste Dezil der Vermögenden verfügt über ca. 60 % des Gesamtvermögens. Das unterste Dezil hat negatives Vermögen, also nur Schulden.

©C.C. Buchner Verlag, aktuelle Daten nach SOEP (Datenerhebung 2018, Grafikerstellung: 2023)

4 Methodenseiten

Auf diesen Seiten werden euch Schritt für Schritt wichtige Lern- und Arbeitsmethoden erklärt, die ihr für die Bearbeitung der Aufgaben benötigt. Ein kurzer Text erklärt euch, worum es geht und wofür ihr diese Methode genau braucht. Dann folgen die Arbeitsschritte. Oft findet ihr auch zusätzliche digitale Materialien, die euch bei der Bearbeitung helfen, direkt auf den Seiten verlinkt.

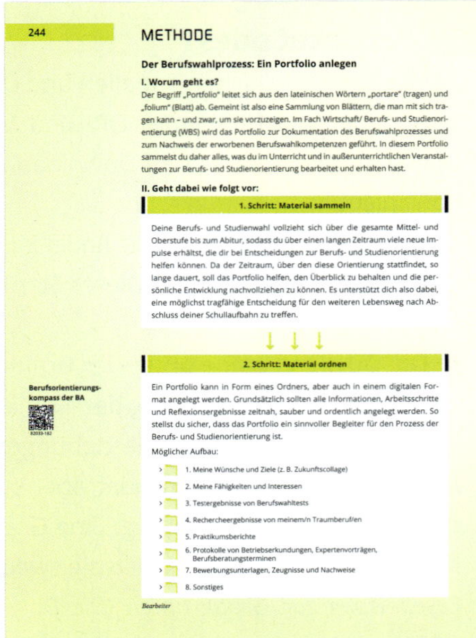
244

METHODE

Der Berufswahlprozess: Ein Portfolio anlegen

I. Worum geht es?

Der Begriff „Portfolio" leitet sich aus den lateinischen Wörtern „portare" (tragen) und „folium" (Blatt) ab. Gemeint ist also eine Sammlung von Blättern, die man mit sich tragen kann – und zwar, um sie vorzuzeigen. Im Fach Wirtschaft/ Berufs- und Studienorientierung (WBS) wird das Portfolio zur Dokumentation des Berufswahlprozesses und zum Nachweis der erworbenen Berufswahlkompetenzen geführt. In diesem Portfolio sammelst du daher alles, was du im Unterricht und in außerunterrichtlichen Veranstaltungen zur Berufs- und Studienorientierung bearbeitet und erhalten hast.

II. Geht dabei wie folgt vor:

1. Schritt: Material sammeln

Deine Berufs- und Studienwahl vollzieht sich über die gesamte Mittel- und Oberstufe bis zum Abitur, sodass du über einen langen Zeitraum viele neue Impulse erhältst, die dir bei Entscheidungen zur Berufs- und Studienorientierung helfen können. Da der Zeitraum, über den diese Orientierung stattfindet, so lange dauert, soll das Portfolio helfen, den Überblick zu behalten und die persönliche Entwicklung nachvollziehen zu können. Es unterstützt dich also dabei, eine möglichst tragfähige Entscheidung für den weiteren Lebensweg nach Abschluss deiner Schullaufbahn zu treffen.

2. Schritt: Material ordnen

Berufsorientierungskompass der BA

82033-182

Ein Portfolio kann in Form eines Ordners, aber auch in einem digitalen Format angelegt werden. Grundsätzlich sollten alle Informationen, Arbeitsschritte und Reflexionsergebnisse zeitnah, sauber und ordentlich angelegt werden. So stellst du sicher, dass das Portfolio ein sinnvoller Begleiter für den Prozess der Berufs- und Studienorientierung ist.

Möglicher Aufbau:

1. Meine Wünsche und Ziele (z. B. Zukunftscollage)
2. Meine Fähigkeiten und Interessen
3. Testergebnisse von Berufswahltests
4. Rechercheergebnisse von meinem/n Traumberuf/en
5. Praktikumsberichte
6. Protokolle von Betriebserkundungen, Expertenvorträgen, Berufsberatungsterminen
7. Bewerbungsunterlagen, Zeugnisse und Nachweise
8. Sonstiges

Bearbeiter

5 Was Wir Wissen-Seiten

Am Kapitelende findet ihr auf den Was Wir Wissen-Seiten die wesentlichen Inhalte nochmal zusammengefasst. Prima zum Vertiefen und Lernen auf die Klassenarbeiten. Manchmal im Buch, immer auch per QR-Code digital abrufbar und dann für eure Zwecke leicht anpassbar.

6 Was Wir Können-Seiten

Hier könnt ihr noch einmal zeigen, was ihr in diesem Kapitel gelernt habt. Die Was Wir Können – Seiten greifen noch einmal Lerninhalte und Kompetenzen dieses Kapitels auf und lassen euch eure Kenntnisse an einem neuen Material (Text, Statistiken, etc.) üben.

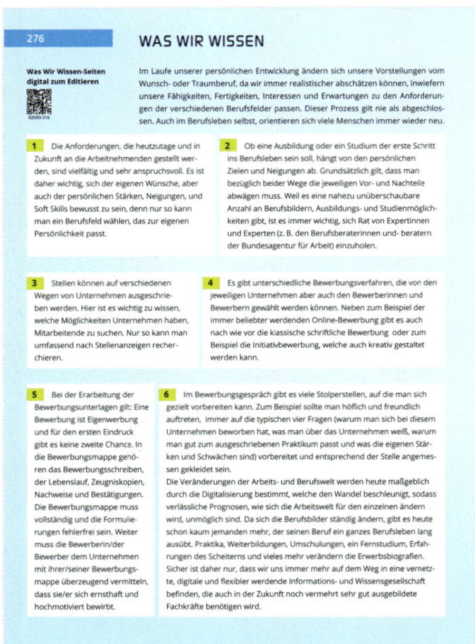
276

WAS WIR WISSEN

Was Wir Wissen-Seiten digital zum Editieren

82033-316

Im Laufe unserer persönlichen Entwicklung ändern sich unsere Vorstellungen vom Wunsch- oder Traumberuf, da wir immer realistischer abschätzen können, inwiefern unsere Fähigkeiten, Fertigkeiten, Interessen und Erwartungen zu den Anforderungen der verschiedenen Berufsfelder passen. Dieser Prozess gilt nie als abgeschlossen. Auch im Berufsleben selbst, orientieren sich viele Menschen immer wieder neu.

1 Die Anforderungen, die heutzutage und in Zukunft an die Arbeitnehmenden gestellt werden, sind vielfältig und sehr anspruchsvoll. Es ist daher wichtig, sich der eigenen Wünsche, aber auch der persönlichen Stärken, Neigungen, und Soft Skills bewusst zu sein, denn nur so kann man ein Berufsfeld wählen, das zur eigenen Persönlichkeit passt.

2 Ob eine Ausbildung oder ein Studium der erste Schritt ins Berufsleben sein soll, hängt von den persönlichen Zielen und Neigungen ab. Grundsätzlich gilt, dass man bezüglich beider Wege die jeweiligen Vor- und Nachteile abwägen muss. Weil es eine nahezu unüberschaubare Anzahl an Berufsbildern, Ausbildungs- und Studienmöglichkeiten gibt, ist es immer wichtig, sich Rat von Expertinnen und Experten (z. B. den Berufsberaterinnen und- beratern der Bundesagentur für Arbeit) einzuholen.

3 Stellen können auf verschiedenen Wegen von Unternehmen ausgeschrieben werden. Hier ist es wichtig zu wissen, welche Möglichkeiten Unternehmen haben, Mitarbeitende zu suchen. Nur so kann man umfassend nach Stellenanzeigen recherchieren.

4 Es gibt unterschiedliche Bewerbungsverfahren, die von den jeweiligen Unternehmen aber auch den Bewerberinnen und Bewerbern gewählt werden können. Neben zum Beispiel der immer beliebter werdenden Online-Bewerbung gibt es auch nach wie vor die klassische schriftliche Bewerbung oder zum Beispiel die Initiativbewerbung, welche auch kreativ gestaltet werden kann.

5 Bei der Erarbeitung der Bewerbungsunterlagen gilt: Eine Bewerbung ist Eigenwerbung und für den ersten Eindruck gibt es keine zweite Chance. In die Bewerbungsmappe gehören das Bewerbungsschreiben, der Lebenslauf, Zeugniskopien, Nachweise und Bestätigungen. Die Bewerbungsmappe muss vollständig und die Formulierungen fehlerfrei sein. Weiter muss die Bewerberin/der Bewerber dem Unternehmen mit ihrer/seiner Bewerbungsmappe überzeugend vermitteln, dass sie/er sich ernsthaft und hochmotiviert bewirbt.

6 Im Bewerbungsgespräch gibt es viele Stolperstellen, auf die man sich gezielt vorbereiten kann. Zum Beispiel sollte man höflich und freundlich auftreten, immer auf die typischen vier Fragen (warum man sich bei diesem Unternehmen beworben hat, was man über das Unternehmen weiß, warum man gut zum ausgeschriebenen Praktikum passt und was die eigenen Stärken und Schwächen sind) vorbereitet und entsprechend der Stelle angemessen gekleidet sein.

Die Veränderungen der Arbeits- und Berufswelt werden heute maßgeblich durch die Digitalisierung bestimmt, welche den Wandel beschleunigt, sodass verlässliche Prognosen, wie sich die Arbeitswelt für den einzelnen ändern wird, unmöglich sind. Da sich die Berufsbilder ständig ändern, gibt es heute schon kaum jemanden mehr, der seinen Beruf ein ganzes Berufsleben lang ausübt. Praktika, Weiterbildungen, Umschulungen, ein Fernstudium, Erfahrungen des Scheiterns und vieles mehr verändern die Erwerbsbiografien. Sicher ist daher nur, dass wir uns immer mehr auf dem Weg in eine vernetzte, digitale und flexibler werdende Informations- und Wissensgesellschaft befinden, die auch in der Zukunft noch vermehrt sehr gut ausgebildete Fachkräfte benötigen wird.

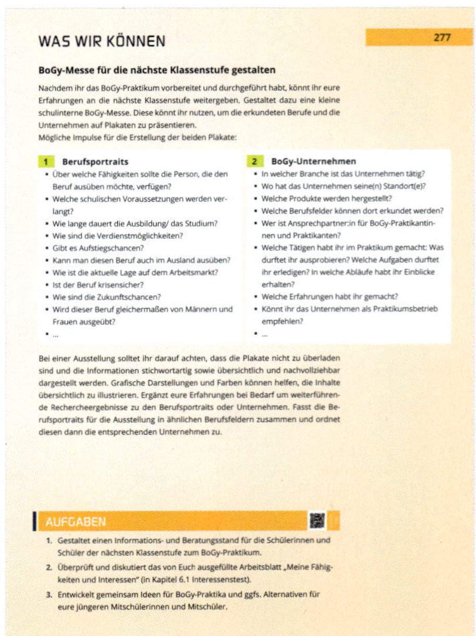
WAS WIR KÖNNEN

277

BoGy-Messe für die nächste Klassenstufe gestalten

Nachdem ihr das BoGy-Praktikum vorbereitet und durchgeführt habt, könnt ihr eure Erfahrungen an die nächste Klassenstufe weitergeben. Gestaltet dazu eine kleine schulinterne BoGy-Messe. Diese könnt ihr nutzen, um die erkundeten Berufe und die Unternehmen auf Plakaten zu präsentieren.
Mögliche Impulse für die Erstellung der beiden Plakate:

1 Berufsportraits
- Über welche Fähigkeiten sollte die Person, die den Beruf ausüben möchte, verfügen?
- Welche schulischen Voraussetzungen werden verlangt?
- Wie lange dauert die Ausbildung/ das Studium?
- Wie sind die Verdienstmöglichkeiten?
- Gibt es Aufstiegschancen?
- Kann man diesen Beruf auch im Ausland ausüben?
- Wie ist die aktuelle Lage auf dem Arbeitsmarkt?
- Ist der Beruf krisensicher?
- Wie sind die Zukunftschancen?
- Wird dieser Beruf gleichermaßen von Männern und Frauen ausgeübt?
- ...

2 BoGy-Unternehmen
- In welcher Branche ist das Unternehmen tätig?
- Wo hat das Unternehmen seine(n) Standort(e)?
- Welche Produkte werden hergestellt?
- Welche Berufsfelder können dort erkundet werden?
- Wer ist Ansprechpartner:in für BoGy-Praktikantinnen und Praktikanten?
- Welche Tätigen habt ihr im Praktikum gemacht: Was durftet ihr ausprobieren? Welche Aufgaben durftet ihr erledigen? In welche Abläufe habt ihr Einblicke erhalten?
- Welche Erfahrungen habt ihr gemacht?
- Könnt ihr das Unternehmen als Praktikumsbetrieb empfehlen?
- ...

Bei einer Ausstellung solltet ihr darauf achten, dass die Plakate nicht zu überladen sind und die Informationen stichwortartig sowie übersichtlich und nachvollziehbar dargestellt werden. Grafische Darstellungen und Farben können helfen, die Inhalte übersichtlich zu illustrieren. Ergänzt eure Erfahrungen bei Bedarf um weiterführende Rechercheergebnisse zu den Berufsportraits oder Unternehmen. Fasst die Berufsportraits für die Ausstellung in ähnlichen Berufsfeldern zusammen und ordnet diesen dann die entsprechenden Unternehmen zu.

AUFGABEN

1. Gestaltet einen Informations- und Beratungsstand für die Schülerinnen und Schüler der nächsten Klassenstufe zum BoGy-Praktikum.
2. Überprüft und diskutiert das von Euch ausgefüllte Arbeitsblatt „Meine Fähigkeiten und Interessen" (in Kapitel 6.1 Interessenstest).
3. Entwickelt gemeinsam Ideen für BoGy-Praktika und ggfs. Alternativen für eure jüngeren Mitschülerinnen und Mitschüler.

7 Digitale Aufgabenkästen

Wirtschaft & Co. gibt jedem Aufgabenkasten einen „digitalen Zwilling". Mit Hilfe der QR- und Mediencodes in den Kopfzeilen der Aufgabenkästen können alle Aufgaben digital abgerufen werden. Diese digitalen Aufgaben sind identisch mit den jeweiligen Aufgaben im Schulbuch, bieten aber folgenden Mehrwert:

- **Digitale interaktive Anwendungen zu den Aufgaben:** Aufgaben aus dem Schulbuch werden um digitale, interaktive Anwendungen (z. B. Abstimmungen, Wortwolken, Rankings, ...) erweitert. Diese digitalen Anwendungen sind sowohl im Klassenraum (z. B. moderiert durch die Lehrkraft) als auch im ganzen Bundesland (moderiert durch den Verlag) möglich. Mit anderen Worten: Die digitalen interaktiven Anwendungen ermöglichen einen anonymen Vergleich in der Klasse – und im Bundesland.
- **Operatoren- und Methodenkarten** werden zu den jeweils passenden Operatoren und Methoden verlinkt. Mit Hilfe von digitalen Endgeräten können somit wichtige Verständnis-, Strukturierungs- und Formulierungshilfen für einzelne Operatoren oder Methoden angeschaut und direkt an der Aufgabe, ohne blättern zu müssen, genutzt werden.

AUFGABEN

71079-14

1. Stelle das ökonomische (wirtschaftliche) Grundproblem (**M2**) mithilfe einer eigenen Visualisierung (Skizze) dar. Alle im Text fett gedruckten Begriffe müssen auf jeden Fall in deiner Visualisierung vorkommen.
2. Minimal- oder Maximalprinzip (Randspalte neben **M2**, **M3**)?
   a) Familie Müller will den nächsten Urlaub im Allgäu verbringen. Nun verbringt Frau Müller viel Zeit damit, das günstigste Angebot im Internet zu finden.
   b) Mia Müller hat Geld zum Geburtstag bekommen. Für 20 Euro möchte sie nun ihre Freundinnen zum Eis einladen. Sie möchte möglichst viel Eis und verschafft sich einen Marktüberblick, indem sie die Preise in allen bekannten Eisdielen der Stadt recherchiert.
   c) Findet weitere Beispiele für das Handeln nach dem Minimal- und Maximalprinzip aus eurem Alltag.
   Vorlage: Digitale Abstimmung in der Lerngruppe
   Digitale Abstimmung der Jahrgangsstufen 8-10 im Gymnasium in Baden-Württemberg → Ergebnisse dieser Abstimmung[1]

[1] Die Abstimmung erfüllt keine wissenschaftlichen Standards. Alle Personen mit dem entsprechenden Link können daran teilnehmen. Die Anzahl der Teilnehmenden lässt sich unten rechts auf der Ergebnisfolie ablesen.

8 Allgemeine Hinweise

- **Geschlechtergerechte Sprache:** Die Reihe **Wirtschaft & Co.** lebt Vielfalt und Gleichheit unabhängig von Alter, Herkunft, Handicap, sexueller Orientierung, Geschlecht und individueller Identität. Daher wurde in der Regel auch eine geschlechtergerechte Sprache verwendet. Ausnahmen sind u. a. Quellen, die in ihrer originalsprachlichen Form belassen wurden. Diese und andere Beiträge beziehen aber selbstverständlich immer alle Menschen mit ein.
- Materialien ohne Quellenangaben sind von den Bearbeiterinnen und Bearbeitern verfasst.
- Sofern bei Materialien aus dem Internet kein Verfasserdatum ermittelt werden konnte, wird das „Abrufdatum" genannt.

Das Ökonomie-Entscheidungsspiel

A Warm-Up:

1 Ich habe noch keine Ahnung von Wirtschaft.

2 In meiner Familie wird über Wirtschaft geredet.

B Das Ökonomie-Entscheidungsspiel:

1 Die Entscheidung, ob ich etwas kaufe oder nicht, treffe ich danach, ob mir das Produkt etwas nützt.

2 Bei wirtschaftlichen Entscheidungen sollte man immer auch die Folgen für andere Akteure miteinbeziehen. Wenn diese Entscheidungen negative Folgen (z. B. Umweltverschmutzung) für andere haben, dann muss der Verursacher auch dafür zahlen.

3 Wenn ich 50 Euro geschenkt bekomme, spare ich fast alles davon.

4 Werbung beeinflusst und sollte verboten werden.

5 Es ist richtig, dass Managerinnen oder Fußballer Millionengehälter bekommen, während Altenpfleger eher wenig verdienen.

6 Der Preis wird von Unternehmen festgesetzt.

7 Der Mensch lebt, um zu arbeiten.

8 Ein erfolgreiches Unternehmen ist eines mit hohem Gewinn.

9 Der Staat sollte auf keinen Fall mehr Geld ausgeben als er einnimmt.

10 Wenn ein Unternehmen in eine ernsthafte Krise gerät, sollte der Staat finanziell helfen.

C Spielregeln fürs Klassenzimmer:

1. Benennt einen neutralen Moderator. Ihr benötigt dazu etwas Platz und eine Seite des Raumes für „Ja" und eine für „Nein". Sammelt euch zunächst in der Mitte des Raumes und für jede neue These wieder dort.
2. Ein Moderator liest die Aussage zweimal vor und ihr entscheidet euch innerhalb von 10 Sekunden für „Ja" oder „Nein". Begebt euch auf die entsprechende Seite. Seitenwechsel sind jederzeit möglich.
3. Der Moderator fragt euch nun nach Gründen eurer Entscheidung, sodass sich eine Diskussion ergibt und ihr versuchen könnt, die andere Gruppe von eurem Standpunkt zu überzeugen.

Wirtschaft / Berufs- und Studienorientierung – worum geht es im neuen Fach?

1

Wirtschaft (Ökonomie) ist bereits seit langer Zeit ein fester Bestandteil deines Alltags: Ein Snack in der Pause, neue Kopfhörer, ein Online-Game oder Kosmetikprodukte. Jeden Tag triffst du, wie alle Menschen, Entscheidungen, die zum großen Bereich des Wirtschaftens gehören. Doch schnell reichen deine Mittel (z. B. Geld oder Zeit) nicht für all deine Konsumwünsche. Du musst „wirtschaften", d. h. „haushalten" und „entscheiden", wie du aus wenig viel machen kannst. Doch was machen deine Entscheidungen mit den anderen, etwa den Unternehmen, die als Marktteilnehmer diese Dinge herstellen und anbieten? Welche Interessen haben die? Und was macht unser Konsum mit der Umwelt? Inwieweit sollte sich der Staat für mehr Nachhaltigkeit im Wirtschaften einsetzen? Wie können wir als Gesellschaft endliche Ressourcen schonen oder muss man gleich ganz verzichten? Und was ist dann mit Studien- und Berufsaussichten? Was kannst du gut und was willst du mal werden? Was erwarten die Unternehmen von dir und wie kommst du durch berufliche Orientierung auf diesen Weg? Darum geht es im Fach Wirtschaft / Berufs- und Studienorientierung.

Am Ende des Kapitels könnt ihr:

- ökonomisches Verhalten analysieren und dabei Begriffe ökonomischen Verhaltens einordnen
- ökonomische Vorgänge und Probleme erkennen und selbständig Fragen zu Ursachen, Verlauf und Ergebnissen ökonomischer Prozesse entwickeln
- wirtschaftliche Handlungsmöglichkeiten als Verbraucher erkennen und eigene Verbraucherentscheidungen vor dem Hintergrund des Knappheitsproblems erörtern
- ein Modell nachvollziehen, in Modellen denken sowie über das Verhältnis von Modell und Wirklichkeit kritisch nachdenken

WO STEHT IHR GERADE?

82033-01

1. Führt mithilfe der Spielregeln das Ökonomie-Entscheidungsspiel in analoger oder digitaler Form in eurer Klasse durch.

1.1 Das ökonomische Grundproblem – oder mittlerweile ganz andere Probleme?

Zum Thema: Ein neues Handy, ein besseres Fahrrad, ein Konzertbesuch mit Freunden? Meist reichen euer Geld oder eure Zeit (Mittel) nicht für alle eure Wünsche (Bedürfnisse) aus. Ihr müsst klug und vernünftig „wirtschaften", um mit diesem ökonomischen Grundproblem umzugehen. Mehr dazu sowie zu den mitunter unschönen Folgen von Konsum und möglichen Alternativen erfahrt ihr im folgenden Kapitel.

M1 Ist am Ende des Taschengeldes noch viel vom Monat übrig?

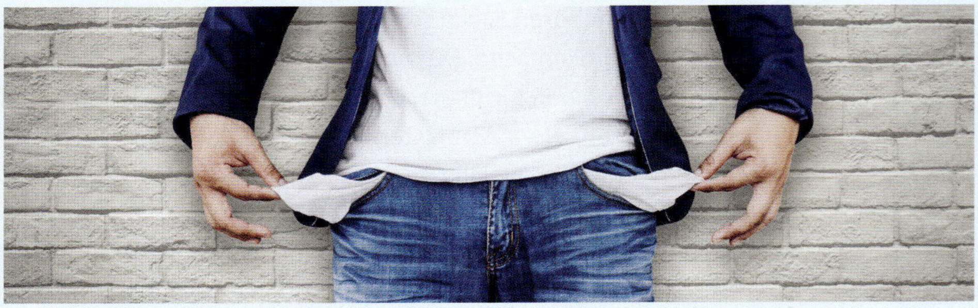

Schon wieder leere Taschen...

EINSTIEGSAUFGABEN 82033-02

Arbeite mit einem Partner:

1. Erklärt das ökonomische (wirtschaftliche) Grundproblem (**M1**) an einem selbstgewählten Beispiel aus eurem Alltag.
2. Wie seid ihr bisher mit diesem Problem umgegangen? Entwickelt Lösungsansätze und tauscht euch zu diesen aus.
3. Im Märchen vom „Schlaraffenland" herrscht dagegen Überfluss. Schon die Menschen damals träumten von der Erfüllung aller Wünsche (Bedürfnisse), ohne dass dafür menschliche Arbeit notwendig wäre. Erörtert in eurer Klasse, ob ein Leben im Schlaraffenland für euch erstrebenswert wäre.

Gemälde „Das Schlaraffenland" von Pieter Bruegel (1567).

82033-03

M2 Das ökonomische Grundproblem

Bedürfnis
Gefühl des Mangels, Wunsch, Verlangen nach etwas (z. B. Durst). Bedürfnisse lösen damit oft wirtschaftliches Handeln aus, indem wir dann Güter (z. B. Mineralwasser) oder Dienstleistungen nachfragen.

Sicher kennst du das Problem: Hausaufgaben erledigen, auf Klassenarbeiten lernen, zu Hause im Haushalt helfen und natürlich auch noch Zeit zum Chatten, Chillen oder Shoppen mit Freunden haben. Für dein Wunschprogramm fehlt dir die Zeit und du bräuchtest eine Limousine mit Chauffeur um alle Termine einhalten zu können. Ach ja, neue Turnschuhe hättest du auch gerne und ein neues Smartphone wäre aus deiner Sicht längst fällig. Dazu bräuchtest du aber viel mehr Geld. Dauernd stellst du fest: Deine Wünsche oder **Bedürfnisse**,

so nennen Psychologen das, sind viel größer als deine begrenzten Mittel. Etwa die dir zur Verfügung stehende Zeit oder dein Taschengeld als finanzielle **Mittel**, um deine Ziele zu verfolgen und den aktuellen Mangel beseitigen zu können. Du musst mit Einschränkungen (Restriktionen) leben. Du hast ein **Knappheit**sproblem, so nennen das Wirtschaftswissenschaftler (Ökonomen) und damit bist du nicht allein: Zwar leben wir in Deutschland meist eher im Überfluss, aber fast alle Menschen wollen immer mehr von Irgendetwas. Die Knappheit der Güter im Verhältnis zu den unbegrenzten Bedürfnissen ist das **ökonomische Grundproblem**. Aber es gibt leider nur wenige „freie Güter", die frei verfügbar und fast unbegrenzt vorhanden sind (etwa Wind oder Meerwasser) und kein Geld kosten. „Wirtschaftliche Güter" (etwa Lebensmittel oder auch Dienstleistungen wie Friseurbesuche) verursachen dagegen in der Herstellung Kosten, sind in begrenzten Mengen vorhanden und haben einen Preis.
Wie man dein Problem und das deiner Mitmenschen am besten lösen oder wenigstens entschärfen kann, das ist das Thema von Wirtschaft (Ökonomie) und von diesem Kapitel. Ohne es zu merken, hast du dich also schon lange mit Wirtschaft befasst, denn wenn du deine knappen Mittel wie Zeit und Geld möglichst sparsam einsetzt und deine Bedürfnisse bestmöglich erfüllst, dann handelst du zur Überwindung oder zumindest Verringerung der Knappheit „wirtschaftlich" nach dem ökonomischen Prinzip.

Bearbeiter

Mittel
Ökonomen sprechen bei Mitteln manchmal auch von Ressourcen oder Beständen zur Erstellung oder Bereitstellung von Produkten und Dienstleistungen.

Güter
ein Gut oder mehrere Güter sind Objekte und Mittel zur Befriedigung von menschlichen Bedürfnissen. Man unterscheidet zwischen freien und wirtschaftlichen Gütern.

Maximalprinzip
Mit gegebenen Mitteln, etwa deinem Taschengeld, soll ein möglichst großer, „maximaler" Nutzen oder Ertrag erreicht werden.

Minimalprinzip
Ein gegebenes Ziel soll mit geringst möglichem Aufwand bzw. „minimalen" Kosten, etwa möglichst wenig von deinem Taschengeld, erreicht werden.

M3 Mias Problem

Mia Müller (14) geht in die 8. Klasse eines Gymnasiums und hat einen sehr vollen Stundenplan. Auch in ihrer Freizeit unternimmt sie viel. Sie hat für uns notiert, was sie in der kommenden Woche an Pflichten hat, welche Wünsche sie hat und welche Mittel (→ nächste Seite) ihr momentan zur Verfügung stehen.

1 Mias Pflichten

- Schulunterricht
- für Klassenarbeiten lernen
- Hausaufgaben
- täglich eine Stunde Klavier üben
- zweimal Volleyball-Training pro Woche
- täglich in Küche und Haushalt helfen

2 Mias Bedürfnisse

- Freunde nach der Schule treffen
- mit der besten Freundin shoppen gehen (Traumschuhe für € 130)
- Klavier üben
- mit ihrem Bruder Leon ihr Lieblingsessen kochen
- nach der Schule noch Musik und Videos streamen
- abends noch chatten

3 **Mias Mittel**

- Eltern bezahlen den Klavierunterricht
- Eltern bezahlen das Volleyball-Training
- € 32 Taschengeld im Monat, momentan keine weiteren Rücklagen
- begrenzte Zeit: Diese reicht für die Pflichten und zwei weitere Wünsche

M4 „Immer mehr" oder „weniger ist mehr"?

Die meisten Wirtschaftslehrbücher und auch dieses gehen von Knappheit als dem wirtschaftlichen Grundproblem aus. Daran kann man zeigen und lernen, dass man haushalten, kluge Entscheidungen treffen muss und mit Ökonomie „aus wenig viel" machen kann. Dabei unterstellen wir allerdings, Menschen wollten „immer mehr" und konzentrieren uns auf Wirtschaftswachstum und auf Lösungen, wie das möglich ist. Global betrachtet prägt diese **absolute Knappheit**, d. h. Güter sind nur in einer begrenzten Menge vorhanden, das Leben von Milliarden Menschen. Die Lösung ist dann „mehr", etwa die Vergrößerung der Produktion an Lebensmitteln oder anderen Gütern.

Zunehmend wird Knappheit aber, zumindest in den westlichen Industrieländern, auch infrage gestellt. In Deutschland leben wir oft eher im Überfluss: Wir leben eher in **relativer Knappheit**, d. h. die Güter sind vorhanden, aber wir können sie uns nicht alle gleichzeitig leisten und müssen uns entscheiden, oder auch in **sozialer Knappheit**, d. h. wir wollen „bessere Güter" (z. B. ein besseres Handy) oder „mehr als" andere um uns herum (z. B. ein höheres Einkommen oder ein größeres Haus). Soziale Knappheit ist kein echter Mangel mehr, sondern eher eine Unzufriedenheit, weil andere mehr haben. Es gibt aber auch eine wachsende Zahl von Menschen, die dem „Immer mehr" entkommen möchten: Viele umweltbewusste junge Menschen, die Ressourcen (Energie und Rohstoffe) einsparen möchten, um die Umwelt zu schonen und den Klimawandel zu bekämpfen. Oder Menschen, die Arbeit nicht mehr unbedingt als absoluten Mittelpunkt des Lebens sehen, die ein stressfreieres Leben und eher mehr Freizeit anstreben. In extremer Form die Frugalisten oder die Anhänger der FIRE-Bewegung, die absolut sparsam leben wollen. Die Lösung ist dann „weniger ist mehr". Das heißt sparen, weniger konsumieren oder anders wirtschaften in Form von **leihen**, **teilen** und **tauschen**.

Unsere klassische Wirtschaftsweise und das Wirtschaftswachstum haben weltweit zwar sehr vielen Menschen deutlich mehr Wohlstand gebracht, Unternehmen hohe Gewinne ermöglicht und Arbeitsplätze geschaffen. Doch wie viel

Nachhaltigkeit

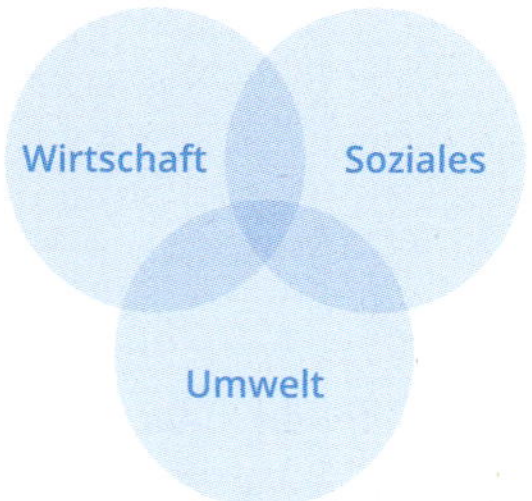

Mit Nachhaltigkeit ist ursprünglich gemeint, dass eine Ressourcennutzung nur in dem Maße erfolgen soll, wie sie sich auch regenerieren (wieder erholen) kann. Mehr dazu in vielen Kapiteln dieses Buches. Alle drei Aspekte (Wirtschaft, Umwelt, Soziales) müssen für eine nachhaltige Entwicklung berücksichtigt werden.

Wachstum können wir uns noch leisten? Unser derzeitiges Konsumverhalten („Wegwerfgesellschaft") ging auf Kosten der Natur, war oft wenig **nachhaltig**. Wir wirtschaften über den planetaren Grenzen und verbrauchen mehr an Ressourcen, als wir für zukünftige Generationen sollten (mehr zur „Erdüberlastung" in Kapitel 2.3.3). Artensterben und die Folgen des Klimawandels sind so zu großen Herausforderungen unserer Zeit geworden. Es gibt nun Streit zwischen denen, die sagen „ohne Wachstum geht es nicht" und den **Postwachstums**-Befürwortern, die sagen „weniger ist mehr" (mehr dazu in den Kapiteln 2.1.4, 2.3.3, 8.1.1 und 8.1.2).

Bearbeiter

M5 Neue wirtschaftliche Konzepte und Lösungen

Im Streit um „immer mehr" oder „weniger" sind intelligente Konzepte und konkrete Lösungen gefragt. Die Ökonomin Kate Raworth hat ein Konzept entwickelt und schlägt damit ganz bildlich eine Kreislaufwirtschaft vor: Die **Donut-Ökonomie**. Wir gehen hier mal von der Schokoladen-Variante aus. Wie bei dem beliebten Gebäckstück mit dem Loch in der Mitte besteht das Ganze aus zwei Teilen: Der untere Teil des Kreises (ohne Schokolade) steht für menschliche Grundbedürfnisse (mehr dazu in Kapitel 1.2. und zu den 17 Nachhaltigkeitszielen der UNO in Kapitel 5). Diese Lebensgrundlagen muss Ökonomie für alle Menschen sicherstellen, niemand soll ins Loch in der Mitte fallen. Das Äußere, der obere Teil des Kreises des Donuts (mit Schokolade), steht für die ökologischen, planetaren Grenzen, die wir nicht überschreiten dürfen. Damit setzt der Donut den Rahmen, in dem sich das wirtschaftliche Leben bewegen soll. Raworth schließt somit Wirtschaftswachstum nicht aus. Aber eben sozial gerecht mit klarem Blick für die Grundbedürfnisse aller Menschen. Die planetaren Grenzen dürfen dabei nicht überschritten werden. Hier gilt es nun konkrete Lösungen zu finden. Staaten und Gesellschaften müssen die richtigen Anreize und Rahmenbedingungen setzen, damit ein Wandel, ein nachhaltigeres Wirtschaften, eine gerechtere, umweltbewusstere und trotzdem marktwirtschaftliche **Wirtschaftsordnung** im 21. Jahrhundert erreichbar wird und auch zukünftige Generationen auf unserem Planeten gut leben können.

Bearbeiter

Donut-Ökonomie
Ein Konzept für nachhaltigeres Wirtschaften?

Wirtschaftsordnung
Die Regeln und Organisation der Wirtschaft eines Landes (vgl. Kapitel 7 und 8).

Leihen, teilen (engl. sharing)**, tauschen**
z. B. Second Hand Kleidung aber mittels Online-Plattformen auch in Form von Carsharing, Ridesharing oder privaten Unterkünften gilt als Trend. „Das Teilen wird die Welt verändern" schrieb schon 2011 das TIME Magazine. Ist die „Sharing Economy" eine nachhaltige Alternative zum „immer mehr" des klassischen Konsums?

M6 Ist weniger manchmal mehr?

1 T-Shirt

(23,4 pro Person in Deutschland, Absatz 180 Millionen Stück allein pro Jahr in Deutschland)

Quelle: Shirtfabrik24.de, Statista 2022

2x getragen, 363 Tage imKleiderschrank

2 PKW

(ca. 49 Millionen allein in Deutschland)
Quelle: Umweltbundesamt 2022 zum Stichtag 1.1.2022

im Durchschnitt 23 Stunden unbenutzt

3 Bohrmaschine

(ca. 48 Millionen im Bestand der Haushalte allein in Deutschland)
Quelle: Statista 2022

12min Nutzung während der gesamten Lebensdauer

Bearbeiter

AUFGABEN

82033-04

1. Stelle das ökonomische (wirtschaftliche) Grundproblem (**M2**) mithilfe einer eigenen Visualisierung (Skizze) dar. Alle im Text fett gedruckten Begriffe müssen auf jeden Fall in deiner Visualisierung vorkommen.
2. Minimal- oder Maximalprinzip (Randspalte neben **M2**, **M3**)?
   a) Familie Müller will den nächsten Urlaub im Allgäu verbringen. Nun verbringt Frau Müller viel Zeit damit, das günstigste Angebot im Internet zu finden.
   b) Mia Müller hat Geld zum Geburtstag bekommen. Für 20 Euro möchte sie nun ihre Freundinnen zum Eis einladen. Sie möchte möglichst viel Eis und verschafft sich einen Marktüberblick, indem sie die Preise in allen bekannten Eisdielen der Stadt recherchiert.
   c) Findet weitere Beispiele für das Handeln nach dem Minimal- und Maximalprinzip aus eurem Alltag.
3. Wähle für Mia einen zusätzlichen Wunsch (**M3**):
   a) Erkläre, welche Mittel sie dafür einsetzen muss und zu welchen Problemen das führen könnte.
   b) Vergleiche deine Ergebnisse dann mit einem Partner.
4. „Immer mehr" oder „weniger ist mehr", d. h. sparen, weniger konsumieren oder anders wirtschaften durch leihen, teilen und tauschen?
   Arbeitet in Vierergruppen: Überprüft ausgehend von **M4** und unter Verwendung des 3-Dimensionen-Modells (Cover-Innenseite) welche Folgen das Verlangen nach „immer mehr" (Tandem 1) oder „leihen, teilen, tauschen" (Tandem 2) für euch selbst (I), die anderen (II) und für das System (III) hat.
5. Erläutert ausgehend von **M5** Kate Raworths Konzept der Donut-Ökonomie.
6. Begründe, welche der drei Gegenstände (**M6**) du bereit wärst zu teilen.

Postwachstums-Ökonomie auf arte

82033-05

1.2 Bedürfnisse und ihre Dringlichkeit: Sind alle Wünsche gleich?

Zum Thema: Was wünscht ihr euch? Kino oder neue Jeans? Wie bedeutsam und dringlich sind eure Bedürfnisse? Ist alles, was ihr euch wünscht gleich wichtig? Es sollte doch möglich sein, Bedürfnisse in eine Rangfolge zu bringen. In diesem Kapitel erfahrt ihr, wie dies mithilfe eines Modells gelingen könnte und wo die Grenzen liegen.

M1 Was ich mir alles wünsche ...

EINSTIEGSAUFGABEN 82033-06

1. a) Mia (14 Jahre) muss sich entscheiden (**M1**). Was würdest du ihr raten? Analysiere dazu ihre Bedürfnisse und versuche sie nach ihrer Bedeutsamkeit zu ordnen.
   b) ... und was wünschst du dir? Verschaffe dir Klarheit über die Art und die Dringlichkeit deiner Bedürfnisse: Notiere dazu zunächst deine drei momentan dringlichsten Wünsche. Ordne sie entsprechend ihrer Dringlichkeit für dich.

M2 Maslows „Bedürfnispyramide“

Essen, Trinken, neue Turnschuhe, ein gerade in einem Sozialen Netzwerk gepostetes Video einer Freundin anschauen. Was ist dir wichtiger? Was brauchst du, was brauchen Menschen wirklich? Der US-Psychologe Abraham Maslow (1908-1970) ging dieser spannenden Frage nach. Bei seinen Untersuchungen stellte er fest, dass sobald ein Bedürfnis befriedigt ist, d.h. ein Mangelgefühl beseitigt ist, der Mensch dann nach einem höher angesiedelten Bedürfnis strebt. So kann man die verschiedenen Bedürfnisse nach ihrer Dringlichkeit in eine Reihenfolge bringen.

Wie in einer Pyramide und auch wenn eure Wunschliste lang ist, so gibt es dem Modell zufolge doch Unterschiede und nicht alle Bedürfnisse sind gleich dringend.

Grenzen von Maslows Modell

Fall 1: Der mittellose Künstler, der sich völlig auf seine Kunst konzentriert und seinen Grundbedürfnissen kaum Aufmerksamkeit widmet.

Fall 2: Haben wir nicht alle genug Schuhe oder elektronische Geräte und kaufen nicht aus Mangel, sondern aus anderen Gründen?

Präferenzen
von lat. praeferre – etw. vorziehen. Es zeigt sich im Alltag, dass Menschen bei der Wahl unter mehreren Produkten oder Dienstleistungen dieselbe Auswahl treffen. Sie haben also eine Präferenz oder Vorliebe für etwas, z. B. eine bestimmte Nuss-Nugat-Creme oder Automarke oder auch dafür immer im selben Geschäft einzukaufen.

Physiologische Grundbedürfnisse: biologische Bedürfnisse, wie die Notwendigkeit zu atmen, zu trinken, zu essen und zu schlafen.

Soziale Bedürfnisse: Wunsch nach Liebe, Zuneigung und Zugehörigkeit etwa zu einer Gruppe, einer Clique oder auch Geborgenheit in einer Familie.

Individuelle Bedürfnisse nach Geltung und Wertschätzung: Wunsch nach Aufmerksamkeit, Beachtung, Anerkennung oder sogar Bewunderung durch andere.

Bedürfnisse nach Selbsterfüllung oder Selbstverwirklichung: so zu sein und zu handeln, wie es deinem inneren Drang entspricht, z. B. einem erfüllenden, sinnhaften Beruf nachzugehen.

Sicherheitsbedürfnisse: Schutz vor Gefahr oder die Vorsorge für die Zukunft etwa durch Sparen. Angst und Furcht vor Bedrohungen sind die Auslöser dieser Bedürfnisse.

Bearbeiter

Kundenschlange in Stuttgart für den Rapper-Döner

M3 „Döner-Hype“ in Stuttgart: Alles Baba oder was?

Lange Schlangen und Verkehrschaos in Stuttgart-Süd im Januar 2022 – wegen der Eröffnung eines Döner-Ladens von Rapper Massiv. Als Eröffnungsangebot gab es den Döner für einen Cent pro Döner. Aber auch lange nach Eröffnung bilden sich am Laden noch Schlangen, obwohl der Kebab dort regulär nun mehr als anderswo in Stuttgart kostet.

Bearbeiter

AUFGABEN

82033-07

1. a) Erstelle ein Schaubild von „Maslows Bedürfnispyramide“ (**M2**).
   b) Ordne dabei die fünf Bedürfniskategorien in dein Schaubild ein.
   c) Ordne nun deine eigenen Bedürfnisse aus den Einstiegsaufgaben in das Schaubild der Bedürfnispyramide ein.
   d) Wilhelm Busch (Erfinder von Max&Moritz): „Ein jeder Wunsch, wenn er erfüllt, kriegt augenblicklich Junge [Wir würden heute sagen: „bekommt sofort wieder Nachwuchs“]!“ Erkläre dieses Zitat mit Hilfe von Maslows Theorie.
2. Ordne Mias Bedürfnisse (**M1**) den verschiedenen Hierarchiestufen der Maslowschen Bedürfnispyramide zu.
3. Wir stellen Maslows Modell auf dem Prüfstand:
   a) Überprüft dazu die beiden Fälle (Randspalte oben) in eurer Klasse.
   b) Erklärt welche Bedürfnisse im Fall des „Döner-Hypes“ (**M3**, **Randspalte ‚Präferenzen‘**) eine Rolle spielten.
   c) Diskutiert in eurer Klasse weitere Beispiele für solche Hypes.

1.3 Wirtschaften bedeutet entscheiden – aber wie?

Zum Thema: Bei Entscheidungen unter Knappheit stellt sich die Frage nach dem Ertrag einer gewählten Entscheidungsalternative (Nutzen) und worauf man dann für diese Entscheidung verzichten muss (Kosten). In diesem Kapitel erfahrt ihr, wie ihr mithilfe einer „ökonomischen Brille" in Form einer Kosten-Nutzen-Analyse Handlungs- und Entscheidungsalternativen prüfen und dadurch manchmal klügere Entscheidungen treffen könnt.

M1 Freitag 14:00 Uhr – Mia muss sich entscheiden: Was tun?

EINSTIEGSAUFGABE 82033-08

1. Arbeitet zu zweit: Wählt für Mia eine der drei Varianten. Diskutiert: Wie seid ihr bei der Entscheidung vorgegangen? Wie kann man an solche Entscheidungen herangehen?

METHODE

Kosten und Nutzen abwägen: ökonomisch entscheiden

I. Worum geht es?

Auf dieser Seite erfährst du, wie du bei Entscheidungen unter Knappheit Handlungs- und Entscheidungsalternativen prüfen kannst, um mit einer Kosten-Nutzen-Analyse ökonomisch zu entscheiden. Dabei beeinflussen uns verschiedene Dinge:

Anreize: was uns motiviert, etwas zu tun

persönliche Präferenzen: was wir lieber mögen

Restriktionen: was uns einschränkt

II. Geht dabei wie folgt vor:

Nach Effizienz entscheiden

Stelle die Kosten und den Nutzen der jeweiligen Handlungsalternative (Variante) in einer Tabelle (Kosten-Nutzen-Analyse) gegenüber:

Handlungsalternativen (mögliche Entscheidungen)	Kosten (Verzicht auf...)	Nutzen (Ertrag in Form von...)
Entscheidung: Arbeiten im Schnellrestaurant A für € 12 (Variante A)	Eine Stunde (Arbeits-)zeit	€ 12
Entscheidung: Arbeiten im Schnellrestaurant B für € 14 (Variante B)	Eine Stunde (Arbeits-)zeit	€ 14

Effizienz beschreibt das Verhältnis zwischen den Kosten und dem Nutzen. Mehr Effizienz ist eine Lösung der Ökonomie für das Knappheitsproblem.

2 Euro mehr = **effizienter**, die Variante B zu wählen

Nach Opportunitätskosten entscheiden

Wenn es nicht um Geldbeträge, sondern um schwerer vergleichbare Sachverhalte geht, wird es komplizierter: Stell dir vor am nächsten Tag steht eine Klassenarbeit an und du solltest dringend lernen, aber deine Freunde wollen auch mit dir Eis essen gehen. Wie entscheiden? Hier kannst du nun an nun für jede Handlungsalternative die **Opportunitäts- oder Alternativkosten** genauer analysieren. Die sind das, worauf du bei der Wahl einer Handlungsalternative verzichten musst.

Handlungsalternativen (mögliche Entscheidungen)	Opportunitätskosten (Verzicht auf ...)	Nutzen (Ertrag in Form von ...)
Entscheidung: Eis essen gehen (Variante A)	für die Klassenarbeit lernen (Wissen)	Eis essen mit Freunden
Entscheidung: Lernen (Variante B)	Eis essen mit Freunden	für die Klassenarbeit lernen (Wissen)

AUFGABEN

82033-09

1. Beschreibe eine Entscheidungssituation, in welcher du eine ökonomische Entscheidung effizient (Methodenseite S. 24) getroffen hast.
2. Erstellt für Mia in ihrer Situation (**M1**) eine Kosten-Nutzen-Analyse unter Berücksichtigung der Opportunitätskosten.

M2 Entscheidungen unter der Lupe

1 Mias Bruder **Leon (15)** hat am nächsten Tag eine Englisch-Klassenarbeit. Er hat mal wieder alle guten Vorsätze, rechtzeitig zu lernen, nicht befolgt und muss bis abends spät lernen. Nun muss er den Freunden absagen, die mit ihm einen Film schauen wollten.

2 Mias und Leons Eltern entscheiden sich für den Kauf einer Eigentumswohnung, in der sie bereits wohnen, und gegen den Kauf eines eigenen Hauses.

3 **Usain (16)** entscheidet sich, in den nächsten Sommerferien mit Freunden in Urlaub zu fahren und kann dann keinen Schülerferienjob machen.

4 Ein mittelständischer Unternehmer entscheidet sich für eine Investition in eine neue Fabrikhalle und gegen die Anlage des Geldes zu 2 Prozent Zinsen.

Bearbeiter

M3 Kosten-Nutzen-Analysen in der Diskussion

Leon (15): Ökonomen sind echt weltfremd! Ich mache doch nicht immer eine Kosten-Nutzen-Analyse, bevor ich eine Entscheidung treffe. Da habe ich doch keine Zeit dazu. Ich habe das einfach im Gefühl und entscheide aus dem Bauch heraus!

Mia (14): Kosten-Nutzen-Analysen helfen bei der Entscheidungsfindung unter Knappheit. So wird man gezwungen, sich genauer mit der Situation auseinanderzusetzen. Und das ist wichtig, um kluge, vernünftige Entscheidungen zu treffen.

Bearbeiter

AUFGABEN

82033-10

1. Erläutere die Opportunitätskosten für die verschiedenen Akteure (**M2**) mit Hilfe einer Kosten-Nutzen-Analyse (**Methodenseite** Kosten und Nutzen abwägen: Ökonomisch entscheiden).
2. Arbeite mit einem Partner. Jeder von euch übernimmt eine der Rollen aus **M3**. Gestaltet ein Streitgespräch, in dem ihr die Diskussion fortsetzt.

METHODE

In Modellen Denken: das ökonomische Verhaltensmodell und seine Grenzen – der Homo Oeconomicus?

I. Worum geht es?

Weil unsere Welt so komplex ist, entwickeln Wissenschaftler Theorien und vereinfachende Modelle, etwa um Einsichten über das Verhalten von Menschen in Knappheitssituationen zu bekommen. In diesem ökonomischen Verhaltensmodell (auch Modell des Homo Oeconomicus genannt), gehen viele Ökonomen in ihren vereinfachenden Grundannahmen zunächst unter anderem davon aus, dass Menschen immer rational (vernünftig) und zum eigenen Vorteil, d. h. eigennützig oder eigensüchtig (egoistisch) handeln. Das macht für die Modellierung vieles einfacher: Menschen werden folglich Entscheidungen unter Knappheit nach sorgsamer Abwägung von Kosten und Nutzen treffen. Sie werden nur das tun, was ihnen den größten persönlichen Vorteil bringt und diese Entscheidung dann durchhalten. Doch stimmen diese Annahmen? Handeln wir immer vernünftig? Sind wir wirklich stets auf unseren persönlichen Vorteil aus? Mithilfe von verhaltensökonomischen Experimenten kann man diese Grundannahmen des Homo Oeconomicus Modells genauer überprüfen und kritisch hinterfragen.

II. Geht dabei wie folgt vor:

1. Schritt: Das Experiment – Wir testen die Grenzen des Verhaltensmodells

Das Ultimatumspiel

Dir werden gemeinsam mit einem Mitspieler € 100 geschenkt. Es gilt da nur noch eine Kleinigkeit vorher zu klären: Wie teilt ihr das Geld untereinander auf?

Rolle: Spieler A

Spielbeschreibung und Aufgabe

Ein Betrag von 100 Euro soll unter zwei Personen aufgeteilt werden. Du bist in der Rolle von Spieler A und musst dazu Spieler B ein Angebot (Ultimatum) machen, wie viel du und wie viel er erhalten soll. Schreibe deine Aufteilung auf einen Zettel (z. B. Ich: 90 Euro, Du: 10 Euro). Spieler B kann dem Angebot zustimmen oder es ablehnen. Wenn Spieler B zustimmt, wird das Geld dem Vorschlag entsprechend aufgeteilt. Lehnt er jedoch ab, so geht ihr beide leer aus und das Geld ist futsch. Die Regeln sind sehr streng: Ihr dürft nicht miteinander sprechen, Feilschen ist also unmöglich.

Rollenkarte digital

82033-11

Rolle: Spieler B

Spielbeschreibung und Aufgabe

Ein Betrag von 100 Euro soll unter zwei Personen aufgeteilt werden. Spieler A muss dir ein Angebot machen, wie viel er und wie viel du erhalten sollst. Er reicht dir dazu einen Zettel mit einer vorgeschlagenen Aufteilung. Du kannst dem Angebot zustimmen oder es ablehnen. Wenn du zustimmst, wird das Geld dem Vorschlag gemäß aufgeteilt. Lehnst du jedoch ab, so geht ihr beide leer aus. Die Regeln sind sehr streng: Ihr dürft nicht miteinander sprechen, sodass Feilschen unmöglich ist. Spieler A stellt dir ein Ultimatum. Die Summe verschwindet, wenn sie nicht beim ersten Versuch aufgeteilt wird.

Rollenkarte digital

82033-12

2. Schritt: Modelle und die Wirklichkeit

Jede Analyse folgt [...] einem Modell. Anders könnte man die Realität nicht erfassen. [...] Weil die Welt so „komplex ist, dass zu ihrem auch nur annähernden Verständnis eine – oft erschreckend – vereinfachte Darstellung nötig ist [...] Es ist deshalb unsinnig, ein Modell zu kritisieren, weil es zu einfach und nicht „realistisch" genug sei. Modelle sind naturgemäß nicht realistisch, und kein Ökonom ist so blind, das nicht zu sehen. [...] Daraus lässt sich allerdings nicht ableiten, dass alle Theorien gleichermaßen gültig sind. Es gilt auch nicht, Modelle zu konstruieren, die so einfach sind, dass sie absurd werden. [...] Eine Theorie sollte so gestaltet sein, dass darin alle unwichtigen Aspekte eines Phänomens unbeachtet bleiben. Das zu erreichen ist nicht nur eine Wissenschaft, sondern auch eine Kunst.

André Fourcans, Die Welt der Wirtschaft 1999 S. 19f.

Wie die Erde vom All aus wirklich aussieht ...

... und wie wir uns mit Modellen der Erde wie einem Globus helfen.

AUFGABEN

82033-13

1. Führt nach Lektüre des einleitenden Textes (**Methodenseite** In Modellen Denken) das Experiment dort in Partnerarbeit mit fünf verschiedenen Aufteilungen durch.
2. Wertet die Ergebnisse aus. Welche Aufteilung wurde häufig, welche selten gewählt?
3. Spieler B: „Ein Euro ist besser als kein Euro – auch wenn der Partner fast alles bekommt." Wirtschaftlich denkende und handelnde Menschen müssten sich doch eigentlich immer rational verhalten und auch kleinste Beträge annehmen. Begründet, warum die Spieler B gewisse Aufteilungen nicht mehr angenommen haben.
4. Analysiert nach Durchführung des Ultimatumspiels und ausgehend von **M2**, was man über das Verhältnis von Modellen, wie dem ökonomischen Verhaltensmodell, und der Wirklichkeit sagen kann.

WAS WIR WISSEN

Was Wir Wissen-Seiten digital zum Editieren

82033-14

Ökonomie (altgriechisch „sorgfältige Haushaltsführung") bedeutet, planvoll zu „wirtschaften" und zu „haushalten". Wenn Ressourcen wie Zeit oder Geld knapp sind, muss man unter **Knappheit** so entscheiden, dass man aus wenig viel macht. Dann handelt man „wirtschaftlich" nach dem ökonomischen Prinzip. Dabei gibt es zwei Handlungsalternativen:

Prinzip der Wirtschaftlichkeit: Minimal- und Maximalprinzip

1 Beim **Maximalprinzip** (Ergiebigkeitsprinzip) soll mit **gegebenen Mitteln** ein möglichst großes Ziel, ein „maximaler" Nutzen oder Ertrag erreicht werden. So wird z. B. das Taschengeld so eingesetzt, dass man sich möglichst viele Wünsche erfüllen kann.

2 Beim **Minimalprinzip** (Sparprinzip) soll ein **gegebenes Ziel** mit dem geringstmöglichen Aufwand oder möglichst wenig Mitteln erreicht werden, d.h. die Kosten sollen möglichst „minimiert" werden, etwa der Kauf eines Getränkes zu möglichst geringen Kosten.

Nicht immer besteht allerdings echte Knappheit. Manchmal ist Knappheit relativ oder sogar sozial konstruiert.

Bedürfnis

Bedürfnis (Antrieb)
Ein Bedürfnis ist ein Mangelempfinden, verbunden mit dem Wunsch, diesen Mangel zu beseitigen.

→

Bedarf (Ziel)
Das konkretisierte Bedürfnis, z. B. beim Bedürfnis Hunger, der Kauf eines Gutes, z. B. einer Brezel.

↓

Nachfrage (Handlung)
Verfügt man über die Kaufkraft, so wird der Bedarf zur Nachfrage und auf dem Markt wirksam, z. B. man bezahlt Geld und erwirbt dafür das Gut Brezel.

Bedürfnispyramide, Präferenzen, Restriktionen

Sind nun alle **Bedürfnisse** gleich dringlich? Sicherlich nicht: Manche Grundbedürfnisse sind überlebensnotwendig, andere eher Luxus. Der Psychologe Abraham Maslow versuchte die unzähligen Bedürfnisse in fünf Bedürfnisgruppen zu ordnen und stellte diese in eine Rangfolge. So ergibt sich eine **Bedürfnispyramide**, bei welcher die Bedürfnisse der folgenden Bedürfnisgruppe erst dann geweckt werden, wenn Bedürfnisse der vorherigen Gruppe befriedigt wurden. So muss etwa das Bedürfnis Essen gestillt sein, bevor wir ans Sparen denken. Ein überzeugend einfaches, jedoch nicht immer zutreffendes Modell, weil sich Menschen nicht immer so verhalten, **subjektive Werte** und individuelle **Präferenzen** eine Rolle spielen und Menschen auf **Anreiz**strukturen aber auch auf veränderte **Restriktionen** reagieren. Nicht nur als Individuen, auch als Gesellschaft müssen wir dabei mit Verwendungskonkurrenzen, Interessenkonflikten und Verteilungskonflikten umgehen und gemeinsam entscheiden, wie wir diese lösen und welche „Spielregeln" in der Wirtschaft gelten sollen.

Opportunitätskosten, Kosten-Nutzen-Analyse

Bei jeder Entscheidung für eine Handlungsalternative entstehen jedoch **Opportunitätskosten** (Alternativkosten) und diese bestehen in dem entgangenen **Nutzen** der nicht gewählten Handlungsalternative. Dabei unterstellen wir, dass Menschen bei ihren Konsumentscheidungen den Nutzen einer Alternative mit den **Kosten** vergleichen. Diese Abwägung (**Kosten-Nutzen-Analyse**) bestimmt, wie wir uns in einer konkreten Situation entscheiden. Mehr **Effizienz**, also ein besseres Kosten-Nutzen-Verhältnis, ist deshalb eine gängige Lösung vieler Ökonomen für das Knappheitsproblem. So ist etwa die Produktion von Fußbällen in einer darauf spezialisierten Fabrik effizienter als die Produktion in mühsamer Handarbeit, weil in der Fabrik pro Stunde weit mehr Fußbälle (hier der Nutzen) zu geringeren Kosten hergestellt werden können. Für ein Sportartikelunternehmen ist dann schnell klar mit welcher Variante die Fußbälle produziert werden. Aber wieviel vom „Kuchen" bekommt die Firma, wieviel die Näherin? Und es ist nicht immer so einfach mit der Effizienz, wie wir bei den **Grenzen des ökonomischen Verhaltensmodells** gesehen haben.

Ein Ziel nachhaltigen Wirtschaftens ist es, sorgfältiger mit den natürlichen Ressourcen unseres Planeten umzugehen.

Prinzip der Nachhaltigkeit

Konsum und Wachstum sind der Antrieb unseres Wirtschaftssystems und haben vielen Menschen Wohlstand gebracht. Allerdings sind die Nebenwirkungen und negativen Folgen von „immer mehr" und wenig nachhaltigem Wirtschaften angesichts des Klimawandels, in Zeiten von Plastikmüllstrudeln in den Meeren und des Artensterbens immer deutlicher sichtbar. Dann gilt eher „weniger ist mehr". Anders wirtschaften etwa durch leihen, teilen und tauschen, **nachhaltiger Konsum und Verzicht**, etwa die Donut-Ökonomie, werden diskutiert. Neue, intelligente und innovative Lösungen und eine gemeinsame Kraftanstrengung von privaten Haushalten, Unternehmen und der Politik ist gefragt, um in Zukunft ökologisch, sozial und ökonomisch nachhaltig zu Wirtschaften.

WAS WIR KÖNNEN

M1 Grundbegriffe im Griff: eine „Begriffslandkarte" (Concept-Map) erstellen

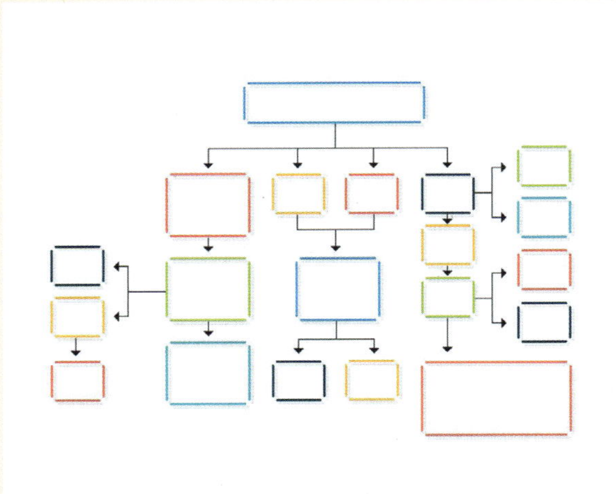

Beispiel für eine concept-map

Wie es in den Fremdsprachen Vokabeln gibt, so gibt es im Fach Wirtschaft wichtige Grundbegriffe, die du kennen solltest. Eine Begriffslandkarte (Concept-Map) eignet sich gut dazu, diese Begriffe und ihre Beziehungen zueinander grafisch darzustellen. Die Art des Zusammenhangs zwischen den Begriffen kann auf den Verbindungslinien oder -pfeilen festgehalten werden. Deshalb eignen sich die Begriffslandkarten besonders zum Wiederholen und Lernen am Ende eines Kapitels. Durch die Wissensstrukturierung und intensive Beschäftigung mit einzelnen Begriffen und ihren Beziehungen verbessert sich deine Behaltensleistung und du bist für die Klassenarbeit gerüstet. Man kann die Begriffe einer Concept-Map aber auch in einer kleinen Gruppe oder in der Klasse mit Kärtchen an der Tafel gemeinsam ordnen und verknüpfen.

Bearbeiter

M2 Kosten-Nutzen-Analysen und Opportunitätskosten – auch in der SMV?

Die SchülerMitVerwaltung (SMV) eurer Schule hat durch ein erfolgreiches Projekt und Spenden von Sponsoren 6000 Euro zur Verfügung. Nun gilt es über deren Verwendung zu entscheiden. Du sollst die SMV dabei beraten. Die SMV würde gerne:

- Das Schülercafé auf Vordermann bringen (Kosten ca. 5000 Euro)
- Eine neue Soundanlage für die Disko im Schülercafé anschaffen (Kosten ca. 2000 Euro)
- Für eine Behindertenwerkstatt und ein Seniorenheim im Ort spenden (je 2000 Euro)
- 1000 Euro Rücklage für zukünftige Projekte bilden

Bearbeiter

M3 Brauchen wir (noch) Wachstum?

1 Hanna (Schülerin (16) und JuLi Kreisvorsitzende)

„Wachstum muss sein, damit der „Kuchen", der verteilt werden kann, größer wird! Niemand hat das Recht, den Menschen den Wunsch nach mehr Wohlstand zu verbieten!

2 Niko Paech (Post-Wachstums Ökonom)

„Konsum bildet ein zentrales Heiligtum der Moderne. Um ihm abzuschwören, bedarf es des radikalen Nichtkonsums! All you need is less! [...]

Manfred Folkers, Nico Paech: All you need is less. oekom, München 2020

3 Horst Hamm (MehrWERT-Projektleiter)

„Wenn wir unseren Planeten retten wollen, müssen wir die endlichen Ressourcen schonen. Dabei geht es aber nicht um Verzicht, sondern um das Ende der Verschwendung."

Horst Hamm: Verzicht? Brauch' ich nicht! MehrWERT 9/2021

Bearbeiter

AUFGABEN

82033-15

1. Erstelle eine Concept-Map (**M1**) mit den fettgedruckten Begriffen der **Was-Wir-Wissen-Seiten**. Ordne die Begriffe dazu sinnvoll an (Nähe, Distanz, Gegensätze ...) und ziehe Verbindungslinien. Beschrifte dann die Linien und schreibe gegebenenfalls weitere Informationen zu den Begriffen hinzu.
2. a) Mias Lieblingsfussballmannschaft hat zwei Spiele gewonnen: Spiel 1 mit 1:0, zwei Schüssen aufs Tor und einer Laufleistung von 10 km pro Spieler. Spiel 2 mit 2:0 bei 20 Schüssen aufs Tor und 11 km Laufleistung pro Spieler. Erkläre mithilfe der Methodenkarte auf S. 22 und der Randspalte von S. 15, in welchem der beiden Spiele die Fußballmannschaft effizienter gespielt hat (**Hinweis**: Die Tordifferenz sei in unserem Fall unerheblich).
   b) Erörtere mit einem Partner, warum ein effizientes Fußballspiel nicht unbedingt ein schönes Spiel sein muss.
3. a) Erläutere zunächst warum die SMV sich entscheiden muss (**M2**). Berate die SMV, indem du eine Kosten-Nutzen-Analyse erstellst und die Opportunitätskosten berücksichtigst. Begründet in eurer Klasse, warum die Entscheidung in diesem Fall besonders schwer fällt.
   b) Die SMV möchte eine Party mit einem Budget von 400 Euro organisieren. Eine Gruppe plant mit dem Maximal-, eine mit dem Minimalprinzip. Erläutert beide Vorgehensweisen.
4. Du hast gelernt, was wirtschaftlich handeln heißt. Wann handelst du wirtschaftlich? Wo liegen die Grenzen? Gestalte einen Blogeintrag für euren WBS-Klassenblog und schicke ihn per Mail an deine WBS-Lehrkraft.
5. a) Lest euch die drei Aussagen zum Wirtschaftswachstum (**M3 1-3**) genau durch. Wie steht ihr dazu? Sammelt euch in Gruppen bei dem Statement, das euch am meisten überzeugt.
   b) Arbeite mit einem Partner. Jeder von euch übernimmt eine der Rollen aus **M3**. Gestaltet ein Streitgespräch, in dem ihr die Diskussion fortsetzt.

„Den Pulli habe ich auf Insta gesehen! DEN will ich ich auch!"

„Die ganzen T-Shirts kommen doch alle aus Sklavenfabriken in Asien."

„Ich trage nur Second-Hand und Selbstgenähtes. Wir haben eh alle zu viel Besitz."

„Markenware ist mir wichtig. Es sollen alle sofort sehen, was ich mir leisten kann!"

Meine Rolle als Verbraucherin und Verbraucher auf Märkten

2

Morgens auf dem Schulweg schnell einen Eistee im Tetrapack beim Bäcker holen oder doch lieber zuhause eine Trinkflasche vorbereiten? Kaufe ich das neueste Smartphone oder funktioniert meins noch gut genug? Passen meine neuen Air Jordans zur günstigen Hose von H&M oder brauche ich doch die passenden Sweatpants von Ellesse? Was hat Bibi nochmal zum neuen Make-up gesagt?
Jeden Tag treffen wir viele Entscheidungen über unseren Konsum. Aber was oder wer beeinflusst diese Entscheidungen? Woher wissen wir, welche Produkte „gut" sind – und welche nicht? Wie kommen die Preise der Produkte zustande? Können wir durch unser Konsumverhalten Einfluss nehmen auf die Produktionsbedingungen? Und wer schützt uns eigentlich vor schlechten Produkten?

Am Ende des Kapitels könnt ihr:

- Einflüsse auf eurer Konsumverhalten kennen, unterscheiden und bewerten
- Das eigene Konsumverhalten reflektieren
- Produkte auf ihre Qualität untersuchen und beurteilen
- Die Preisbildung auf Märkten erklären und die Bedingungen eines vollkommenen Marktes beschreiben
- Die Bedeutung der Börse als (fast) vollkommenen Markt erläutern
- Am Beispiel von Umweltbelastungen Möglichkeiten und Grenzen des Marktmechanismus bewerten
- Die Macht des Konsumenten auf dem Markt bewerten und die Bedeutung der Verbraucherpolitik erklären

WO STEHT IHR GERADE?

82033-16

1. Die Bilder links zeigen verschiedene Faktoren auf, die Einfluss auf unser Kaufverhalten haben. Was ist euch wichtig, wenn ihr Kleidung kauft?
   a) Sammelt Schlagworte in einer Wortwolke.
   b) Begründet eure Präferenzen (→ siehe Kapitel 1).

2.1 Konsum – (k)ein Märchen vom freien Willen?

2.1.1 Welche Macht haben Lebensstil, Freunde, Marken und Verkaufsstrategien über meinen Konsum?

Zum Thema: Lieber ein ganz einzigartiger Stil oder wie meine Freunde? Passen deren Klamotten eigentlich auch zu mir? Was sagen meine Eltern zu meinem Geschmack? Wir alle sind bei unseren Käufen bewusst oder unbewusst beeinflusst durch unsere Umwelt. Ob das immer gut ist?

M1 Auf dem Weg in die Pause ...

EINSTIEGSAUFGABEN 82033-17

1. Schaut euch in der Klasse um: Gibt es bei euch Kleidungsstücke, die viele tragen?
2. Stört es euch oder freut ihr euch, wenn andere einen ähnlichen Geschmack haben?

M2 Was bestimmt den Kauf? Bestimmungsfaktoren des Kaufverhaltens und die Rolle des Angebots

Die Grundlage jeglichen Kaufs sind individuelle Bedürfnisse, die durch den Kauf befriedigt werden sollen. Bedürfnisse können aber nur dann befriedigt werden, wenn ausreichend Mittel zum Kauf zur Verfügung stehen. Jeder Konsument verfügt über ein bestimmtes Budget für den Konsum, d.h. es gibt für jeden Kauf eine **Budgetgrenze**, die das Produkt nicht überschreiten darf. Wenn bei der Auswahl eines Produkts das teure Markenprodukt über dieser Budgetgrenze liegt, also mehr kostet, kommt es nicht in Betracht. Gleichzeitig kann aber auch ausreichend Budget zur Verfügung stehen für dieses Markenprodukt, es aber nicht sinnvoll sein, das gesamte Geld nur für dieses eine Produkt auszugeben und deshalb auf andere Produkte zu verzichten (**Opportunitätskosten**). Der Preis und damit das Angebot ist ein maßgeblicher Aspekt, der zu Kauf oder Nicht-Kauf führt. Er kommt zustande durch den angestrebten Gewinn und durch die Produktionskosten, die vor allem aus den Kosten für die Produktionsfaktoren wie Arbeits- und Materialkosten entstehen. Beim Kauf von Markenprodukten hoffen die Konsumenten in der Regel auf höhere Qualität (**Qualitätsvermutung**) und neueste Trends. Der Kauf ist darüber hinaus oft auch ein **Prestigekauf**. Kaufentscheidungen werden nämlich grundsätzlich stark vom sozialen Umfeld bestimmt, z.B. von Freunden, der Peergroup, Eltern oder Geschwistern. Das soziale Umfeld ist auch eng verbundenen mit dem **Lebensstil**, welcher nicht zuletzt durch das verfügbare Einkommen geprägt wird. Markenprodukte zu kaufen kann in einer Clique, die nur Markenprodukte trägt, angesagt sein, um das Zugehörigkeitsgefühl zu stärken. Aber auch **Gewohnheiten**, wie der Einkauf im immer gleichen Lieblingsgeschäft, und nicht zuletzt nicht zuletzt das kurzfristige Hochgefühl (**Glück**) beim Shoppen gehören zu den ausschlaggebenden Gründen, warum wir die Dinge kaufen, die wir kaufen.

Bearbeiterin

Peergroup
Clique

Produktionsfaktoren
Alle zur Leistungserstellung im Produktionsprozess eingesetzten Sachgüter und Dienstleistungen. Volkswirtschaftlich unterscheidet man zwischen Arbeit, Kapital und Natur. Die Betriebswirtschaft unterscheidet drei Elementarfaktoren: Arbeitsleistung, Betriebsmittel, Werkstoffe

Gründe für Konsum bei Jugendlichen

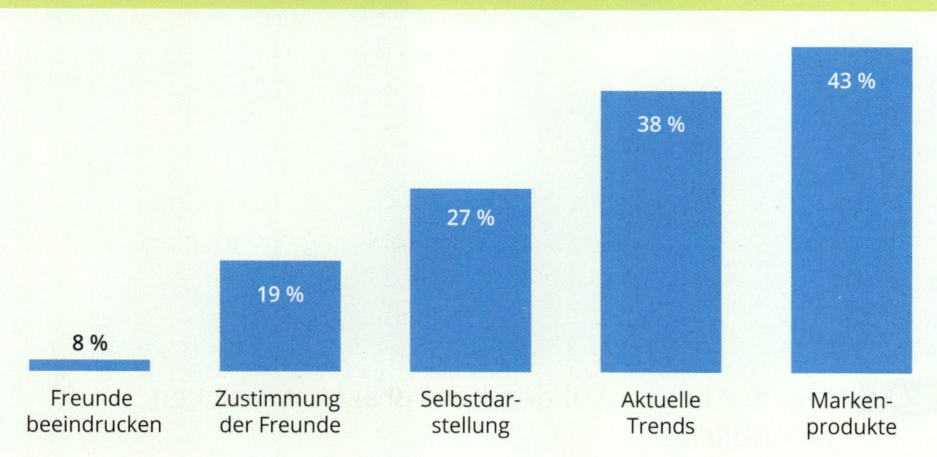

©C.C. Buchner Verlag, aktuelle Daten nach: Jugendstudie des Deutschen Jugendinstitutes (DJI)

M3 Wie Verkäuferinnen und Verkäufer unser Verhalten sehen – das SOR-Modell

Kaufverhalten bezeichnet das Verhalten der Konsumenten beim Kauf eines Produkts. Dieses Verhalten wird beeinflusst durch situative, kulturelle, soziale sowie persönliche und psychologische Faktoren. Diese Faktoren sind alle intern, also nicht vom Verkäufer beobachtbar, führen aber beim Konsumenten zur Kaufentscheidung. Das passiert, nachdem er einen Reiz, einen externen Faktor, erhalten hat, um sich mit dem Produkt auseinander zu setzen. Beispiele für solche externen Faktoren können Werbung, Verpackung und Preis des Produkts, aber auch weitere Reize wie technologischer Fortschritt sein. Diese externen Faktoren kann der Verkäufer beobachten und gezielt einsetzen, um zum Kauf seines Produkts anzuregen. Dieses Modell des Kaufverhaltens heißt **SOR-Modell**, weil zuerst ein **Stimulus**, der Reiz, erfolgt, dann der Käufer innerlich, in seinem **Organismus** über den Kauf nachdenkt im Bezug zu seinen internen Faktoren, bevor es dann zu einer **Reaktion**, dem Kauf oder Nicht-Kauf des Produkts kommt.

Bearbeiterin

Das SOR-Modell

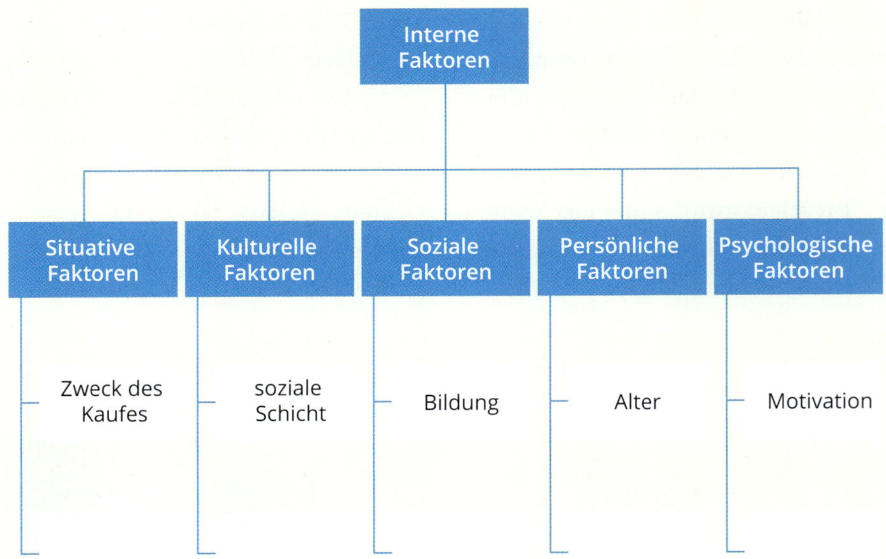

©C.C. Buchner Verlag, Bearbeitergrafik

M4 Wie der Lebensstil den Kauf prägt – wie ticken Jugendliche?

1 Die familien- und heimatorientierten Bodenständigen mit Traditionsbewusstsein und Verantwortungsethik haben den Wunsch an der bewährten gesellschaftlichen Ordnung festzuhalten; [...] haben eine geringe Lifestyle-Affinität und Konsumneigung und kein Interesse, sich über Äußerlichkeiten zu **profilieren**; [...] stellen die Erwachsenenwelt nicht in Frage.

Profilieren
auffallen, sich abheben

2 Die freizeitorientierte Unterschicht mit ausgeprägten, markenbewussten Konsumwünschen sind sehr konsum- und markenorientiert: Kleidung, Schuhe, und Modeschmuck sind ihnen äußerst wichtig, weil sie Anerkennung in ihren Peer-Kontexten garantieren; [...] möchten Spaß und ein „gechilltes Leben" haben; Shoppen, Party und Urlaub gelten als die coolsten Sachen der Welt.

3 Die nachhaltigkeits- und gemeinwohlorientierten Jugendlichen mit sozialkritischer Grundhaltung und Offenheit für alternative Lebensentwürfe betonen Demokratie, Gerechtigkeit, Umweltschutz und Nachhaltigkeit als zentrale Pfeiler ihres Wertegerüsts; sind sehr [...] am Gemeinwohl orientiert; [...] distanzieren sich von materialistischen Werten; halten Verzicht nicht für einen Zwang, sondern für ein Gebot; kritisieren die Überflussgesellschaft.

4 Die um Orientierung und Teilhabe bemühten Jugendlichen mit schwierigen Startvoraussetzungen und Durchbeißermentalität haben von allen Jugendlichen die schwierigsten Startvoraussetzungen (meist bildungsfernes Elternhaus, häufig Erwerbslosigkeit der Eltern, Familieneinkommen an oder unterhalb der Armutsgrenze etc.); [...] haben eine eher geringe **Affinität** zum Lifestyle-Markt.

5 Die erfolgs- und lifestyle-orientierten Networker sehen sich selbst als **urbane, kosmopolitische „Hipster"**; bezeichnen sich als interessant, einzigartig, **eloquent** und stilsicher; möchten sich von der „grauen Masse abheben"; haben ein ausgeprägtes Marken- und Trendbewusstsein.

Calmbach, Marc u.a.: Wie ticken Jugendliche? Lebenswelten von Jugendlichen im Alter von 14 bis 17 Jahren in Deutschland. In: www.sinus-akademie.de, Abruf am 26.02.2018

Affinität
Nähe

Urbane, kosmopolitische Hipster
Personen, die dem eigenen Verständnis nach wissen, was angesagt ist und sich äußerlich bewusst städtisch und weltoffen präsentieren.

Sinus-Milieus
73000-36

eloquent
wort-, redegewandt

AUFGABEN

82033-18

1. a) Erinnere dich an deinen letzten Einkauf eines Kleidungsstücks und erkläre anhand **M2**,
   - wo deine Budgetgrenze lag,
   - welche Opportunitätskosten es gab,
   - ob eine Qualitätsvermutung oder ein Prestigekauf vorlag,
   - und inwiefern der Kauf dir ein Zugehörigkeitsgefühl gab oder auch durch deinen Lebensstil beeinflusst wurde.

   b) Tauscht euch zu zweit über eure Erklärungen aus.
2. a) Ordnet die folgenden Begriffe in das SOR-Modell (**M3**) ein.

   Ansichten und Einstellungen – Subkultur des Käufers – Lebensstil – Stimmung – Persönlichkeit – Familie – Wetter – Kulturkreis – Beruf – Dringlichkeit des Kaufes – Wahrnehmung – Lebensstil – Status – Einkommen

   b) Ordnet auch eure Begründungen aus der Einstiegsaufgabe diesen Faktoren zu.
3. Gestaltet ein T-Shirt für jeden der Lebensstile. Vergleicht eure Ergebnisse.
4. Zwischen Individualität und Gemeinschaft: Denk an dein Lieblingsoutfit und gestalte eine Gedankenblase dazu, was du über dieses Outfit denkst, was deine Freunde wohl darüber denken und wie du vermutlich von fremden Passanten auf der Straße darin wahrgenommen wirst.

2.1.2 Darf Werbung alles – außer langweilen?

Zum Thema: Plakate, Fernsehspots, Radiospots, Banner, Pop-Ups, Anzeigen, Flyer, Prospekte... Es gibt so viele Werbeformen, dass wir praktisch immer davon umgeben sind. Viele davon sind gut, mindestens genauso viele furchtbar. Woran liegt das? Wie muss Werbung aussehen, um uns zu erreichen und zu beeinflussen? Ist dabei alles erlaubt oder gibt es auch rechtliche Grenzen?

M1 Welche Werbeslogans kennt ihr?

1

2

3

EINSTIEGSAUFGABE 82033-19

1. Die Welt ist voller Werbeslogans. Schreibe so viele auf, wie dir einfallen.

M2 Warum gibt es Werbung?

Ob an Plakatwänden, in Schaufenstern, in Zeitungen oder im Internet, überall bewerben die Unternehmen ihre Produkte. Sie geben mehrere Milliarden Euro aus, um euch von einem Kauf zu überzeugen. Die Menge an Werbung hat dramatisch zugenommen. Ging man noch vor wenigen Jahren davon aus, dass wir 3.000 Werbebotschaften am Tag ausgesetzt werden, gehen Schätzungen heute sogar von 10.000 pro Tag aus. Alleine durch das Internet hat sich die Werbemenge fast verdoppelt. Aber warum gibt es Werbung? Ziel der Unternehmen ist es, mit Werbung ihr Produkt bekannt zu machen und die Verkaufszahlen zu steigern. Du sollst als Kunde über das neue Produkt und dessen Eigenschaften informiert und von der Notwendigkeit eines Kaufs überzeugt werden. Dazu muss die Werbebotschaft so gemacht sein, dass sie dir im Gedächtnis bleibt. Es soll ein Kaufwunsch entstehen, indem Du mit der Ware positive Gefühle verbindest. Nicht zu vergessen ist, dass Werbung ein wichtiger Wirtschaftszweig ist, in dem deutschlandweit rund 900.000 Menschen arbeiten. Außerdem finanzieren sich Medien (v. a. Internetangebote) zu einem erheblichen Teil durch Werbeeinnahmen. Unternehmen wie Red Bull investieren z. T. Millionen als Sponsoren in Trendsportarten.

Bearbeiterin

M3 Gewusst wie – verschiedene Techniken der Werbung

AIDA(S) Modell

- **A** – **Attention (Aufmerksamkeit):** Aufmerksamkeit erregen
- **I** – **Interest (Interesse):** Interesse wecken
- **D** – **Desire (Verlangen):** Kaufwunsch erzeugen
- **A** – **Action (Aktion):** Kaufhandlung auslösen
- **S** – **Share (Teilen):** Weitergeben

PPPP-Modell

(Konkretisierung des AIDA Modells – Wie Sie Menschen überzeugen)

- **P** – **Picture** (Bild): bildliche Darstellung des Produkt nutzen
- **P** – **Promise** (Versprechen): Versprechen eines Nutzens des Produkts
- **P** – **Prove** (Beweis): Beweis für versprochenen Nutzen
- **P** – **Push** (Anreiz): Anstoß zum Handeln (Kauf)

M4 Was für Internetwerbung gibt es?

Werbeformen im Internet

Internetwerbung

1. Bannerwerbung
2. Unterbrecherwerbung
3. In-Stream-Video-Ads
4. Pop-Up Werbung
5. In-Text-Werbung
6. Product Placement

Werbeformen erklärt

82033-20

M5 Darf Werbung alles – außer langweilen?

Jede Werbung muss sich an das **Gesetz gegen den unlauteren Wettbewerb** (UWG) halten, das besagt, dass „unlautere geschäftliche Handlungen [...] unzulässig" sind. Unlauter, also unehrlich und deshalb verboten ist es beispielsweise unwahre Angaben zu machen. Aber auch so zu tun, als würde man informieren und dabei heimlich zu werben (s. 2.1.3), ist nicht erlaubt..

Wenn ein Unternehmen Werbung macht und sich dabei mit einem Konkurrenzunternehmen vergleicht, ist Vorsicht geboten: Die Werbung darf den Konkurrenten nicht schlecht machen und Vergleiche müssen immer stimmig sein. Eine Zahnbürste mit einer Klobürste zu vergleichen macht keinen Sinn und die Klobürste ist nicht schlecht, nur weil man sich damit nicht die Zähne putzen kann.

Neben besonderen Regelungen für Heilmittel, Tabakprodukte und Gewinnspielen, gibt es vor allem gegenüber Kindern klare Einschränkungen für die Werbung. Da sie als besonders beeinflussbar gelten, darf Werbung sich nicht direkt an sie richten, körperlichen oder seelischen Schaden verursachen oder die Kinder dazu aufrufen, ihre Eltern um den Kauf eines Produkts zu bitten.

Bearbeiterin

M6 Vergleichende Werbung – fair oder unfair?

AUFGABEN

82033-21

1. Beschreibe die Funktionen der Werbung für Konsumenten, für Unternehmen, für die Wirtschaft und für die Gesellschaft Deutschlands (**M2**).
2. Wählt selbstständig eine Werbeanzeige aus und analysiert, welche Werbetechniken aus **M3** dort (wie) eingesetzt werden.
3. Erklärt euch in Kleingruppen gegenseitig die unterschiedlichen Werbeformen (**M4** und QR-Code) und sammelt Beispiele aus eurem Alltag.
4. Prüft, ob die Werbung **M6** erlaubt ist. Benutzt dazu **M5** und die Randspalte.
5. Erörtert gemeinsam in der Klasse, ob Werbung eher „nutzt" oder „stört".
6. Soll der Staat Kinder und Jugendliche besser vor Werbung schützen? Positioniere dich dazu auf einer Positionslinie.

Für Aufgabe 4: Werberat

82033-22

F Aufgabe
Darf Werbung alles – außer langweilen? Gestalte einen Tweet mit deinem Urteil.

2.1.3 Wie viel Einfluss gebe ich Influencern?

Zum Thema: Youtube, TikTok, Instagram und viele weitere Plattformen im Internet kennen inzwischen eine neue Berufsgruppe: Influencer. Sie verdienen Geld durch Werbeeinnahmen der Unternehmen, deren Produkte sie empfehlen – teilweise als explizite Testvideos, teilweise auch einfach nur als Randnotiz oder völlig ohne Kontext. Ihr Markt ist groß und wächst und das macht vielen Experten Sorgen, weil gerade Jugendliche sie oft sehen und so sehr beeinflusst werden.

M1 Lecker Fruit-Loops ... in der Badewanne?

EINSTIEGSAUFGABEN 82033-23

1. Würde euch diese Werbung zu einer Schüssel Fruit-Loops verleiten?
2. Welche Influencer kennt ihr? Für welche Produkte werben sie?

M2 Warum gibt es Influencerinnen und Influencer?

Bibi, Lisa und Lena, Bastian Schweinsteiger, Cathy Hummels, Paluten: Wer kennt sie nicht? Und wer kennt nicht die Produkte, die sie „benutzen"? Immer mehr Firmen setzen auf Werbung mit Influencern, weil sie über ihre Reichweite sehr viele Menschen erreichen, vor allem junge Menschen, die sich auf Social Media herumtreiben. Dabei ist die Werbung oft geschickt und unauffällig verpackt, sodass man kaum merkt, dass man gerade Werbung sieht. Die Kleidung, das Essen, die Handtasche, die Kosmetika, das Handy,

Werbung 2.0 – Abzocke oder Information?

82033-24

die Sonnenbrille, die App, das Game – das alles haben die Influencer wie zufällig und irgendwo am Rand winzig klein steht, dass es sich um Werbung handelt. Aber wer achtet schon auf das Kleingedruckte? Gleichzeitig sind Influencer teilweise deutlich kostengünstiger oder kosteneffizienter als die Produktion und Platzierung bspw. einer Fernsehwerbung.

Auf diese Weise beeinflussen die Werbetreibenden effizient, günstig und mit großer Reichweite und das immer öfter und für immer mehr Produkte.

Bearbeiterin

M3 Werbeausgaben für Influencer-Werbung steigen

Markt für Influencer-Werbung wächst kräftig

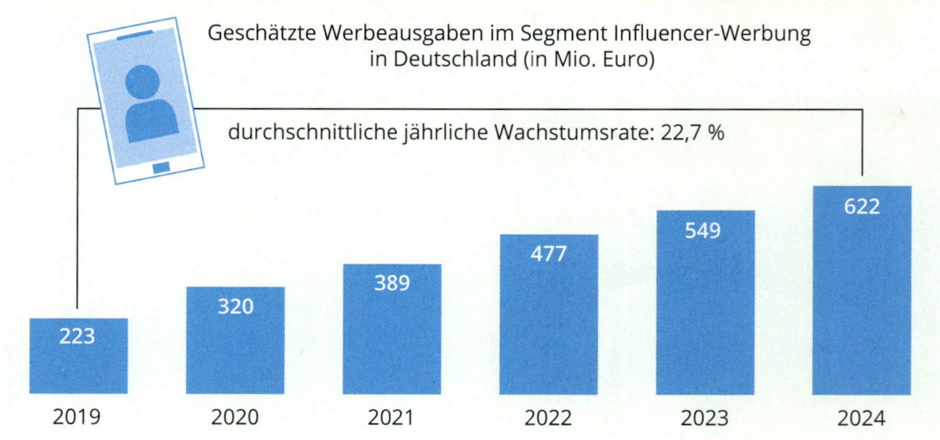

©C.C. Buchner Verlag, aktuelle Daten nach: Statista Advertising & Media Outlook

M4 Bei wem haben Influencer Erfolg?

Influencer Werbung nach Alter der Kundeninnen und Kunden

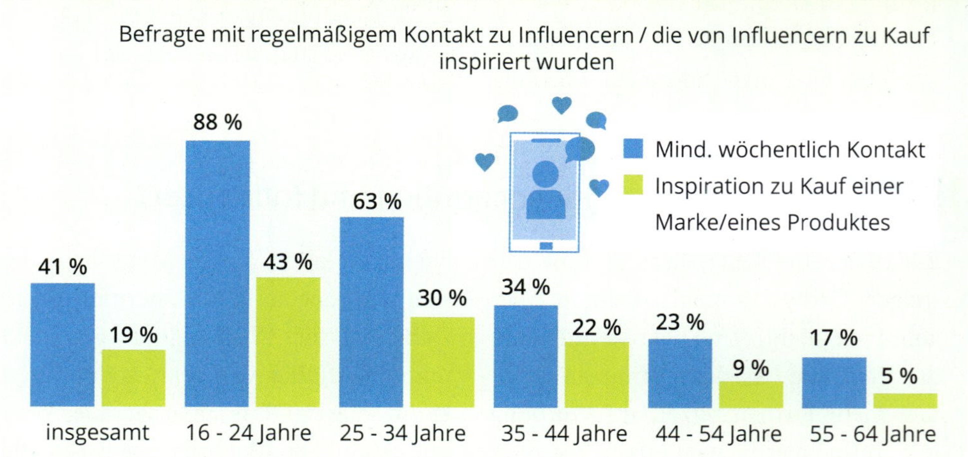

©C.C. Buchner Verlag, aktuelle Daten nach: Statista

M5 Kritik an Influencer-Werbung bei Kindern

Die Instagram-Seiten von Viktoria und Sarina sind eine pastellfarbene Traumwelt für Kinder: zwei Mädchen mit langen Haaren, immer lachend, mit Pferden, Plastikeinhörnern und Hundewelpen. [...] Viktoria und Sarina lieben Süßigkeiten. Das wird auf den Fotos klar: Sarina vor einem fünfstöckigen Regal mit bunten Cornflakes-Packungen, Viktoria neben mehreren Eimern voller roter, grüner, gelber Gummitiere. Und immer wieder ist diese rosa Torte zu sehen. [...]

Doch natürlich ist die Torte neben dem Beitrag "Was nämlich richtig toll zu eurem nächsten Geburtstag passen würde" nicht zufällig dort gelandet. Es ist Werbung, bezahlt von Coppenrath & Wiese. [...] "Das Influencer-Marketing ist eine neue Art des Marketings. Sie ist besonders übergriffig und schaltet die elterliche Kontrolle ganz erfolgreich aus", kritisiert Luise Molling von der Verbraucherschutz-Organisation Foodwatch. So würden Fehlernährung und Fettleibigkeit bei jungen Menschen gefördert.

[...] Coca-Cola, McDonald's, Haribo – viele Marken platzieren hier ganz selbstverständlich ihre Produkte. [...] Kinder könnten meist gar nicht unterscheiden zwischen normalen Postings und einem bezahlten Bild, sagt Molling. Man wolle gar keine Kinder unter 12 Jahren erreichen, argumentiert dagegen Haribo. Allerdings könne man nicht ausschließen, dass Jüngere auf die Marketing-Maßnahmen stoßen, so ein Sprecher: "Soziale Medien [...] führen in ihren Nutzungsbedingungen allerdings ein Mindestalter für die Nutzung auf. Hier setzen wir auch auf die Verantwortung der Eltern, [...] welche Medien ihre Kinder nutzen."

Foodwatch fordert ein generelles Verbot von Kindermarketing für ungesunde Lebensmittel [...] "Coca-Cola, McDonald's & Co. sabotieren die Bemühungen vieler Eltern, ihre Kinder für eine gesunde Ernährung zu begeistern", heißt es von der Organisation. "Jeder fünfte Todesfall in Deutschland ist auf ungesunde Ernährung zurückzuführen, [...]. Es gibt etliche Länder weltweit, die solche Marketinggesetzgebungen umgesetzt haben. Zum Beispiel Chile: Da sehen Sie keine Cartoonfiguren mehr auf zuckrigen Frühstücksflocken, und auch im Internet und Fernsehen dürfen bei Kindern und Jugendlichen beliebte Stars nicht mehr für ungesunde Lebensmittel werben."

Holm, Robert: Kritik an Influencer-Werbung bei Kindern. In: www.tagesschau.de Abgerufen am 24.10.2022.

#Werbung #Sponsored #Ad

Seit Mai 2022 müssen Influencer eindeutig markieren, wenn sie ein Produkt bewerben. Das gilt nicht nur, wenn sie Geld für die Werbung erhalten, sondern auch, wenn sie Sachleistungen erhalten haben, also beispielsweise das Produkt als Geschenk. Da die Hinweise aber oft in der Beschreibung, nicht im Bild oder Video direkt sind, fallen sie vor allem Jugendlichen und Kindern nicht auf.

AUFGABEN

82033-25

1. Erläutere ausgehend von **M3** und **M4**, warum Unternehmen auf Influencer setzen.
2. Überprüft anhand der Grafiken **M3** und **M4** sowie **M5**, ob Werbung durch Influencer eine Gefahr für Kinder und Jugendliche darstellt.
3. Beurteile, ob Influencerwerbung verboten werden sollte (**Methodenseite Urteilsbildung 1. und 2. Schritt**).

F **Aufgabe 1**
Recherchiert online, wie viel Influencer verdienen. Kann man davon leben?

METHODE

Vier Schritte zur Urteilsbildung mit den Operatoren „beurteilen/bewerten“: 1. und 2. Schritt

I. Worum geht es?

Als mündige Wirtschaftsbürger wollen wir gemeinsam die richtigen Entscheidungen treffen – und du sollst mitreden können. Zum „Beurteilen/Bewerten“ (siehe vorne im Buch) benötigen wir vier Schritte. Hier machen wir am Beispiel von Aufgabe 3 aus Kapitel 2.1.3 **„Beurteile, ob Influencerwerbung verboten werden sollte“** die ersten zwei Schritte.

II. Geht dabei wie folgt vor:

beurteilen / bewerten
1. Schritt ausführlich
82033-296

1. Schritt: Die Aufgaben- bzw. Problemstellung klären.

Worum geht es?	Es geht um Influencer und den Einfluss von Influencerwerbung auf Kinder und Jugendliche und ein mögliches Verbot als Maßnahme, um diese vor den negativen Folgen dieser Form von Werbung zu schützen.
Welche Akteure sind beteiligt/betroffen?	Die Beteiligten sind zunächst Kinder und Jugendliche als Konsumenten, dann Influencer und Unternehmen und der Staat als möglicher „Urheber“ des Verbots.
Welche Positionen gibt es?	Pro Verbot und Contra Verbot
Welche Maßnahme wird vorgeschlagen?	Die vorgeschlagene Maßnahme ist das Verbot.

beurteilen / bewerten
2. Schritt ausführlich
82033-297

2. Schritt: Wichtige Vorüberlegungen: Perspektiven (Dimensionen) anwenden und Handlungssituationen ökonomisch analysieren

Ein Verbot von Influencerwerbung hat Auswirkungen auf viele Akteure mit unterschiedlichen Interessen. Nach unserem 3-Dimensionen Modell (siehe hinten im Buch) betrachten wir immer drei Perspektiven: Was bedeutet das für dich (I. Dimension), andere Personen (II. Dimension) und Staat und Gesellschaft als System (III. Dimension)?

I. Dimension: Ich-Perspektive (Kinder und Jugendliche als Verbraucher)

Frage dich: Welche Auswirkungen hat die Maßnahme auf mich? Was ist mein Interesse? Welche Pro- und Contra-Argumente verbinden sich mit meiner Perspektive?

Pro Verbot	Contra Verbot
Gerade Jugendliche und Kinder können nicht zwischen Content und Werbung trennen und sind so Werbung ausgesetzt, ohne das überhaupt wahrzunehmen. Influencer beeinflussen Jugendliche. Sie kaufen, wenn ihr Idol dafür wirbt.	Für Konsumenten dient Werbung der Markttransparenz. Jugendliche bevorzugen dafür Influencer. Influencer vergleichen oft mehrere Produkte, statt nur eines positiv darzustellen und stellen so wichtige Produktinformationen zur Verfügung.

Der Schutz der Jugendlichen kann nur durch ein generelles Verbot von Influencerwerbung gewährleistet werden, da deren Medienkonsum und Möglichkeiten der Beeinflussung sehr hoch sind.	Die Konkurrenz zwischen den Anbietern und deren Produkten führt zu niedrigeren Preisen für den Konsumenten.

Interessenlage: Aus der Ich-Perspektive gibt es gute Argumente für und gegen ein Verbot! Unentschieden!

II. Dimension: Perspektive der Anderen (Influencer und Unternehmen)

Pro Verbot	Contra Verbot
	Gute Werbung sichert Arbeitsplätze, nicht nur für Influencerinnen und Influencer, sondern auch in Werbeagenturen und bei Produktherstellern.
	Werbung mit Influencern ist günstiger und erreicht die gewünschte Zielgruppe treffsicherer und schneller.

Interessenlage: Die Anderen haben klare wirtschaftliche Interessen, dass alles so bleibt wie es ist. Aus der Perspektive der Anderen spricht vieles gegen ein Verbot!

III. Dimension: Systemperspektive (Staat und Gesellschaft)

Pro Verbot	Contra Verbot
Influencer sind durch staatliche Institutionen und Regelungen nicht zu kontrollieren, sodass ein generelles Verbot Verstöße gegen das Werberecht verhindern würde.	Der Staat sollte Meinungs- und Wettbewerbsfreiheit gewährleisten und möglichst wenig in den Markt eingreifen – auch nicht durch ein Werbeverbot.
Der Schutz der Jugendlichen kann nur durch ein generelles Verbot von Influencerwerbung im Sinne des Jugend- und Verbraucherschutzes gewährleistet werden.	Den Medienkonsum der Kinder und Jugendlichen zu überwachen obliegt den Eltern, nicht dem Staat. Außerdem können Jugendliche durchaus selber kritisch denken.

Interessenlage: Aus der Systemperspektive gibt es ökonomische und freiheitliche Argumente gegen ein Verbot von Influencerwerbung, aber auch Argumente im Sinne des Jugend- und Verbraucherschutzes, die für ein Verbot sprechen.

III. Wie geht es weiter?

Auf dem Weg zum „Urteilen“ haben wir nun zwei wichtige, grundlegende Schritte gemeistert. Stimmst du den hier beispielhaft angeführten Argumenten zu? Hast du andere, bessere? Nun geht es im 3. Schritt darum, ein begründetes Teilurteil mit Kriterien zu formulieren und die gesammelten Argumente abzuwägen. Nutze dazu die Anleitung „beurteilen/bewerten ausführlich“ (Mediencode) und die weiteren Methodenseiten zur Urteilsbildung in diesem Buch.

2.1.4 Konsum mit Verantwortung: Was können wir noch guten Gewissens kaufen?

Zum Thema: Auch wenn wir nicht nur auf Marken achten, uns nicht von Freunden und Werbung beeinflussen lassen und Influencern aus dem Weg gehen, gibt es einen weiteren wichtigen Aspekt, den wir beim Einkaufen beachten müssen: Die Nachhaltigkeit unseres Konsums. Sie ist ein Kriterium, unter dem wir ebenfalls beurteilen können, welche Produkte wir kaufen wollen. Ein nicht-nachhaltiger Konsum hat nämlich weitreichende Auswirkungen auf uns, unsere Umwelt und den ganzen Planeten.

M1 Wie viel Tierglück will und kann ich mir leisten?

Billigfleisch Dokumentation

82033-27

Dreckig, dunkel, eng im Stall …

… dafür schön billig im Tiefkühlregal?

EINSTIEGSAUFGABE 82033-28

1. Spielt die Haltungsform für euch beim Fleischkauf eine Rolle? Sind euch Probleme aus der Tierhaltung und Fleischproduktion bekannt?

M2 Was ist nachhaltiger Konsum?

Erklärfilm: Nachhaltigkeit

82033-29

Nachhaltig zu konsumieren bedeutet, bei seiner Lebensweise auch auf die Umwelt und das soziale Miteinander zu achten (vgl auch Kapitel 1.1). Zum Beispiel geht es darum, Produkte zu kaufen, die möglichst wenige Rohstoffe verbrauchen und die umweltschonend hergestellt werden. Nachhaltiger Konsum bedeutet Ressourcen zu schonen und Rücksicht auf die Generationen der Zukunft zu nehmen. Vom Wohlstand sollen möglichst alle profitieren, also auch die Hersteller der Konsumgüter. Dazu gehört auch, dass die Arbeiter, beispielsweise in den Entwicklungsländern, unter menschenwürdigen Bedingungen arbeiten und so viel verdienen, dass sie gut davon leben können. Wenn man die Nachhaltigkeit von Produkten bestimmen möchte, sind neben den Bedingungen, unter denen Menschen arbeiten auch die **Ökobilanzen** der Konsumgüter ein wichtiges Kriterium. Diese umfassen alle Umweltbelastungen (z. B. Luft- und Wasserverschmutzung, Energie- und Ressourcenverbrauch), die ein Produkt erzeugt – von der Produktion über die Nutzung des Konsumenten bis zur Entsorgung.

Bearbeiterin

M3 Zustände in der Fleischindustrie: Schmeckts noch?

In deutschen Schlachterei- und Fleischverarbeitungsbetrieben arbeiten viele Menschen aus Osteuropa. Im Zuge der Corona-Pandemie gerieten ihre prekären Lebens- und Arbeitsbedingungen in die Schlagzeilen. [...]

Die deutsche Fleischindustrie hat eine seit nahezu zwei Jahrzehnten anhaltende Expansions- und Konzentrationsbewegung hinter sich – eine Entwicklung, die dazu geführt hat, dass Produktion und Umsatz enorm gestiegen sind. Die Marktführer für Schweinefleisch und Geflügel (Tönnies, VION, PHW / Wiesenhof, Westfleisch, Danish Crown) haben gezielt kleine Unternehmen übernommen, ihre Marktanteile innerhalb der EU massiv zuungunsten anderer Wettbewerber ausgebaut und den Export von Fleischerzeugnissen insbesondere nach Südostasien kontinuierlich gesteigert.

Die Fleischindustrie verbindet dabei eine permanente Rationalisierung mit einer zunehmenden ökonomischen Konzentration. Dieser Prozess geht mit einer Verschiebung unternehmerischer Verantwortlichkeit an Subunternehmen, Wohnungsgeber, Rekrutierungsagenturen usw. einher. Für die Beschäftigten hat das erhebliche Folgen. So liegen ihre Arbeitszeiten – nicht offiziell, aber in der Praxis – oft weit jenseits der Bestimmungen des Arbeitszeitgesetzes. Durch Veränderung der Arbeitszeiten (z. B. durch das Streichen von Pausen), erhobene "Gebühren" für Werkzeuge oder "Strafen" für angebliche oder tatsächliche Fehler drücken Subunternehmen zudem die Löhne.

Auch der Arbeitsschutz leidet: Mangelnde Einweisung und ein hoher Arbeitstempodruck führen zu schwersten Arbeitsunfällen. Die Zahl der Arbeitsunfälle im Bereich des Schlachtens, des Zerlegens von Tieren und der Fleischverarbeitung ist deutlich höher als in anderen Bereichen der Nahrungsmittelindustrie.

Darüber hinaus sind die Wohnbedingungen prekär: Wer von der Arbeit kommt, findet sich oftmals in einem Vierbettzimmer für 250 Miete im Monat wieder, nicht selten aber auch in Baracken oder auf Campingplätzen, die zum Teil von denselben Subunternehmen verwaltet werden, die auch für die Belieferung der Fleischkonzerne mit Arbeitskraft zuständig sind. Häufig ziehen sie die (überhöhten) Kosten für die Unterbringung direkt vom Lohn ab.

Birke, Peter ‚Migration und Arbeit in der Fleischindustrie', bpb.de, Zugriff 22.10.2022

M4 Ernährung und Klimawandel – müssen wir aufhören, Fleisch zu essen?

In den letzten 50 Jahren hat sich die globale Fleischproduktion mehr als vervierfacht: gut 330 Millionen Tonnen im Jahr 2019 – Tendenz steigend. Die Folgen reichen von Klimawandel über Artensterben bis hin zu Hunger und Wasserknappheit. [...] Mehr Fleisch, als die Erde verträgt, und mehr Fleisch, als für unsere Körper gut ist. [...]

Die FAO bezieht in ihre Berechnungen auch die indirekten negativen Klimawirkungen der Fleischproduktion ein

FAO der UN
Die Ernährungs- und Landwirtschaftsorganisation der Vereinten Nationen (Food and Agriculture Organization – FAO) kämpft gegen Hunger weltweit und bemüht sich um die ausreichende und qualitativ hochwertige Ernährung der Bevölkerung in 130 Ländern.

Methangas
Methangas ist ein farb- und geruchloses Gas, das hochgradig klimaschädlich ist und vor allem in der Landwirtschaft freigesetzt wird, weil bspw. Kühe es im Verdauungsprozess ausscheiden.

und geht davon aus, dass 18 Prozent der Treibhausgas-Emissionen auf die Fleischproduktion entfallen. [...] Die riesigen Mengen an Methan, die von Nutztieren ausgestoßen werden, sind davon lediglich ein kleiner Teil – wenn auch ein schwerwiegender. Denn Methangas ist weitaus schädlicher für das Klima als Kohlendioxid: es heizt die Atmosphäre über 20-mal so stark auf wie CO_2. An sich wäre die Kuh jedoch kein „Klima-Killer", wie ihr oft nachgesagt wird. Bei der Haltung auf der Weide verändert sich die Klimabilanz von Rindfleisch, da diese Haltungsform zum Erhalt von Weiden beitragen kann. [...] Es geht also vielmehr um die Haltungsform und die unzähligen erweiterten Faktoren von Fleischkonsum und -produktion, die bei der Klimabilanz von Fleisch in Betracht gezogen werden müssen. Dazu gehören der Energieaufwand für Kühlung und Erhitzung von Fleisch, die Treibhausgase, die bei der Erstellung von Gebäuden für die Zuchttiere entstehen, oder die Transportkosten für Tierfutter. [...] Bis ein Tier als Steak oder Wurst auf unseren Tellern liegt, wurden enorme Massen an Ressourcen wie Land, Wasser, Energie und Getreide verbraucht. Ein Viertel der eisfreien Erdoberfläche wird laut FAO inzwischen für die Viehwirtschaft genutzt. Dazu zählen riesige Gebiete im Amazonaswald, die eigens für die Nutztierhaltung abgeholzt wurden – und immer noch werden. Die Rodung solcher Wälder stellt unter anderem eine große Bedrohung für die Artenvielfalt dar. Entstehende Monokulturen führen zu Bodenerosion. In jedem Kilo Rindfleisch stecken beispielsweise 6,5 Kilogramm Getreide, 36 Kilogramm Rauhfutter. In Deutschland wird die Hälfte des geernteten Getreides für die Ernährung von Tieren genutzt. Die gestiegene Nachfrage nach Futtermitteln hat dabei schon jetzt für erhöhte Preise bei Grundnahrungsmitteln gesorgt.
[...] Um die Landwirtschaft klimaverträglicher zu machen, müsste also die Erzeugung von Fleisch- und Milchprodukten reduziert werden, folgert Foodwatch. Eine Forderung, die sich ohne das Engagement der Verbraucher*innen kaum durchsetzen lässt.

NABU: Der Einfluss unserer Ernährung auf das Klima. www.nabu.de , Zugriff: 24.10.2022

M5 Staatliche Bemühungen für nachhaltigen Konsum

Die Bundesregierung setzt sich dafür ein, dass sich Verbraucherinnen und Verbraucher verstärkt für ökologisch und sozial verträgliche Produkte und Dienstleistungen entscheiden können. [...] Werden Dienstleistungen genutzt, Produkte gebraucht und entsorgt, beeinflusst das zusehends nicht nur die wirtschaftliche und soziale Lage der Menschen, sondern auch den Zustand der Umwelt. Doch wie lässt sich nachhaltiger Konsum systematisch stärken? [...] Besonders im Bereich Ernährung können Konsumentinnen und Konsumenten durch ihre Entscheidung direkten Einfluss auf das übergeordnete Ziel einer nachhaltigen Entwicklung nehmen und sowohl Lokal- als auch Weltpolitik gestalten. [...] Priorisierte Ziele und Maßnahmenbündel des BMEL [Bundesministerium für Ernährung und Landwirtschaft] zur Förderung des nachhaltigen Konsums, die mit konkreten Maßnahmen hinterlegt sind: →

1 Halbierung der Lebensmittelverschwendung pro Kopf bis 2030 auf Einzelhandels-, Gastronomie- und Verbraucherebene

2 Anteil von nach ambitionierten Nachhaltigkeitsstandards zertifizierten oder gleichwertig unabhängig verifizierten Nahrungsrohstoffen in den in Deutschland verarbeiteten Nahrungsmitteln erhöhen

3 Kennzeichnung und Bekanntmachung nachhaltig erzeugter und gesunderhaltender Lebensmittel

4 Vorbildfunktion des Bundes für nachhaltige Außer-Haus-Verpflegung

5 Förderung einer ausgewogenen Ernährung unter Berücksichtigung des Tierwohls und Umweltschutzes [...]

6 Erhalt alter, regionaler Obst- und Gemüsesorten und sowie seltener Nutztierrassen.

Bundesministerium für Ernährung und Landwirtschaft: Nationales Programm für nachhaltigen Konsum – Gesellschaftlicher Wandel durch einen nachhaltigen Lebensstil. www.bmel.de , Zugriff: 24.10.2022

M6 Vegan, vegetarisch oder doch lieber Fleisch?

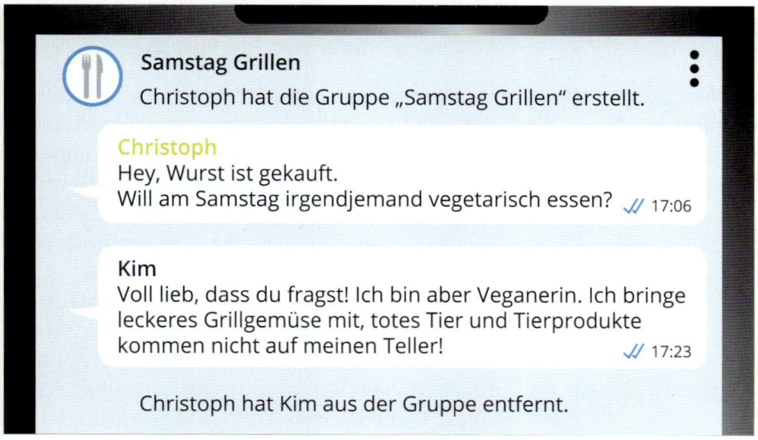

Bearbeiterin

AUFGABEN

82033-30

1. Findet Beispiele für nachhaltiges Konsumieren aus eurem Alltag (**M2**).
2. Arbeitet aus **M3** und **M4** heraus, welche sozialen, ökologischen und ökonomischen Schwierigkeiten der Fleischkonsum unserer Gesellschaft verursacht.
3. „Der aktuelle Billigfleischkonsum ist nicht nachhaltig.“ Beurteile diese Aussage **(M6, Methodenseite Urteilsbildung 3. Schritt**).
4. Entwickelt auch ausgehend von **M5** Möglichkeiten, wie ihr als Verbraucher euren Konsum ergänzend zu den staatlichen Bemühungen nachhaltiger und für jeden finanzierbar gestalten könnt.

H Aufgabe 2
Sozial bedeutet: Welche Menschen leiden unter dem Fleischkonsum und warum?
Ökologisch bedeutet: Inwiefern werden die Umwelt, das Klima, die Natur wegen des Fleischkonsums belastet?
Ökonomisch bedeutet: Vor welche Probleme stellt die Fleischproduktion die Hersteller, den Einzelhandel, etc.?

METHODE

Vier Schritte zur Urteilsbildung mit den Operatoren „beurteilen / bewerten“: 3. Schritt

beurteilen / bewerten
3. Schritt ausführlich

82033-298

I. Worum geht es?

Zum Fleischkonsum hat jede und jeder eine Meinung. Argumente aus der Sicht der drei Dimensionen (2. Schritt) finden sich viele. Anhand der Aufgabe 3 aus Kapitel 2.1.4: „**Der aktuelle Billigfleischkonsum ist nicht nachhaltig. Beurteile diese Aussage**“ können wir prima den 3. Schritt mit dem Operator „beurteilen“ (siehe ganz vorne im Buch) machen. Hier geht es nun darum, begründete Teilurteile (Sachurteile) mit zugrunde gelegten Kriterien zu formulieren.

II. Geht dabei wie folgt vor:

Natürlich checken wir erstmal wieder genau den Arbeitsauftrag (1. Schritt: Die Aufgaben- bzw. Problemstellung klären). Dann machen wir mit dem 2. Schritt wichtige Vorüberlegungen, in dem wir Perspektiven (Dimensionen) anwenden und die Materialien des Kapitels 2.1.4 auswerten. In der Aufgabenstellung haben wir zudem das Kriterium der Nachhaltigkeit bereits vorgegeben, dann entfällt für uns die Auswahl. Über Nachhaltigkeit haben wir schon in Kapitel 1.1 erfahren, dass man hier drei Teilaspekte Wirtschaft, Umwelt und Soziales als Teilkriterien betrachten kann:

Urteilskriterien im Überblick

82033-299

Teilkriterium	Argumente, der Aussage zuzustimmen (+) oder zu widersprechen (–)
ökonomische Nachhaltigkeit (Wirtschaft)	(–) Landwirte, Futtermittelhersteller, Schlachthöfe, Metzgereien und Hersteller von Fleischprodukten stellen den Verbrauchern günstige, sättigende Nahrungsmittel zur Verfügung. Sie erzielen mit Fleisch hohe Gewinne und schaffen viele Arbeitsplätze. Das ist aus Sicht der Produzenten (Dimension II) durchaus ökonomisch nachhaltig. (+) viele Folgekosten der Fleischproduktion stecken nicht im zu günstigen Fleischpreis: teure Grundwasserreinigung durch zu viel Gülle (Nitratbelastung) und Antibiotikaeinsatz in der Tiermast oder gesundheitliche Schäden (Typ-2-Diabetes, Herz-Kreislauf-Erkrankungen und ein erhöhtes Darmkrebsrisiko) durch zu viel Fleischkonsum. **Teilurteil:** Die Billigfleischproduktion ist somit zwar rentabel (wenn man die Folgekosten ausblendet), aus gesellschaftlicher Sicht (Dimension III) aber nicht ökonomisch nachhaltig. Mehr zu dieser Problematik, die man Externalitäten und Negative Externe Effekte nennt, in Kapitel 2.3.3.
ökologische Nachhaltigkeit (Umwelt)	(+) Die aktuelle Billigfleischproduktion ist eine ökologische Katastrophe: Sie führt zu Antibiotikaresistenzen, belastet Gewässer und Grundwasser, trägt oft zur Waldrodung in Südamerika bei und heizt durch Emissionen den Klimawandel an. **Teilurteil:** Die ökologische Nachhaltigkeit ist bei der Billigfleischproduktion somit eindeutig nicht gegeben.

soziale Nachhaltigkeit (Soziales)	⊖ manche Verbraucherinnen und Verbraucher wollen Fleisch essen und das ist für sie ein Genuss und Tradition. Wenn es nur noch sehr teures Biofleisch gäbe, wäre das für viele Bürger unbezahlbar. ⊖ Bürgerinnen und Bürger wollen sich ungern vorschreiben lassen, was sie essen dürfen. Veränderungen im Essverhalten verlangen Disziplin, Zeit und Mühe. Fleisch-Alternativen und neue Kochfertigkeiten müssten erlernt werden. ⊕ Fleisch ist nur so günstig, weil auch die sozialen Folgekosten ausgeblendet und nicht im Preis berücksichtigt werden. ⊕ die Arbeitsbedingungen in der Fleischindustrie sind immer wieder Ursache von Skandalen. Häufige Unfälle, Missstände und schlechte Arbeitsbedingungen scheinen die Regel, die Wohnbedingungen der oft osteuropäischen Arbeiter sind vielerorts prekär und ausbeuterisch. ⊕ das Tierwohl wird bei der Massentierhaltung oft nicht gewährleistet. ⊕ Antibiotikaeinsatz in der Tiermast führt zu Antibiotikaresistenzen, was für alle Menschen mit Infektionen eine Bedrohung darstellt. **Teilurteil:** Billigfleischproduktion ist somit eindeutig nicht sozial nachhaltig.

Jetzt haben wir die Aussage anhand dreier Teilkriterien auf Nachhaltigkeit überprüft. Wie fällt nun unser Teilurteil als begründetes Sachurteil aus?

Auch wenn bei Argumenten Qualität vor Quantität geht, ist im vorliegenden Fall die Sache doch recht eindeutig. Wir haben aus gesellschaftlicher Sicht (Dimension III) viel schwerwiegendere Argumente der kritischen Aussage zum Billigfleischkonsum zuzustimmen (+) als ihr zu widersprechen (–). Und der Widerspruch kommt nur von denen, die handfeste Eigeninteressen haben, nichts zu tun oder zu ändern und die Folgen gerne weiterhin ausblenden möchten. Somit stimmen wir der Aussage „der aktuelle Billigfleischkonsum ist nicht nachhaltig" zu. Wir sollten als Gesellschaft unter Nachhaltigkeitsaspekten weniger Billigfleisch produzieren und essen.

Warnhinweis: Wir haben hier aber nur ein Teilurteil mit dem Kriterium Nachhaltigkeit gefällt. Vielleicht hast du auch andere als die hier aufgeführten Argumente gefunden. Wenn wir Kriterien wie Gerechtigkeit hinzunehmen, können wir zu anderen Urteilen gelangen: Warum? Weil sich etwa dann nur noch reiche Menschen sehr teures, unter guten Haltungsbedingungen hergestelltes Bio-Fleisch leisten können. Hier müssen wir dann für ein Gesamturteil (Werturteil) neu abwägen, was dann aber unseren 4. Schritt, das „Bewerten" darstellt, den wir uns an anderer Stelle vornehmen.

2.1.5 Aber was soll ich denn nun kaufen?

Zum Thema: Wir werden beeinflusst durch unsere Familie, Freunde, Werbung, Influencer, Mode, das schlechte Gewissen, die tagesaktuelle Laune und, und, und. Wenn wir also ein Produkt kaufen wollen, dass wirklich zu uns passt, qualitativ hochwertig ist und bestenfalls nachhaltig produziert wurde, müssen wir gut überlegen und abwägen zwischen den Alternativen.

M1 Die Qual der richtigen Wahl

Einkaufen kann schwer werden, wenn man alles richtig machen will

EINSTIEGSAUFGABE 82033-31

1. Wie kommst du zu deiner Kaufentscheidung? Tausche dich mit deinem Partner aus.

M2 Wie und wo kann ich mich über Produkte informieren?

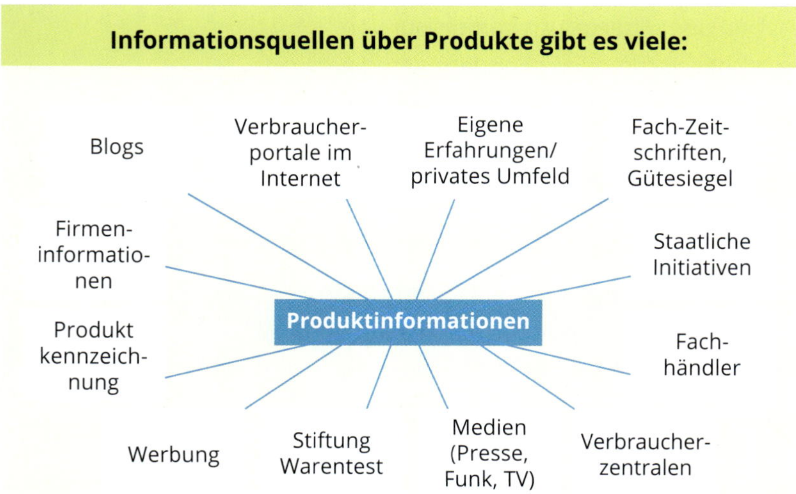

Als Konsument verfügen wir leider fast immer über deutlich weniger Informationen über ein Produkt als der Hersteller oder Dienstleister (**Informationsasymmetrie**). So kann der Anbieter des Produkts, dass ein Nachfrager kaufen will, dieses besonders hochwertig oder sehr billig produzieren, ohne dass der Nachfrager beim Abschluss des Vertrages etwas darüber weiß. Es gibt verschiedene Möglichkeiten, als Verbraucher etwas dagegen zu machen.

Bearbeiterin

Produktvergleich

I. Worum geht es?

Produkte vergleichen ist eine gute Idee, wenn man bewusst konsumieren will – egal, ob man besonders ökologisch nachhaltig oder günstig einkauft. Hier lernt ihr drei Möglichkeiten für mehr Durchblick (Transparenz) kennen: Nutzwertanalyse, Warentest, Gütesiegel vergleichen.

II. Geht dabei wie folgt vor:

1. Schritt: Vorbereitung für alle Gruppen

- Teilt eure Klasse in drei oder mehr Gruppen auf. Jede Gruppe soll eine der folgenden Möglichkeiten ausprobieren, Waren zu prüfen.
- Einigt euch in eurer Gruppe auf maximal zwei Alltagsprodukte, die eure Testobjekte sein sollen. Sprecht euch allerdings in eurer Klasse ab, damit nicht alle dieselben Produkte untersuchen.

Wählt ca. fünf möglichst ähnliche Konkurrenzprodukte aus eurer Produktgruppe aus, die ihr testen möchtet. Dazu könnt ihr entweder online recherchieren (→ **Methodenglossar**) oder euch im Einzelhandel einen Angebotsüberblick verschaffen.

↓ ↓ ↓

2. Schritt: Durchführung in den drei Gruppen

Gruppe 1: Eine Nutzwertanalyse anfertigen

1. Schritt: Kriterien sammeln und gewichten

Kriterium	Gewichtung in %	Produkt A1		Produkt A2	
A	B	C		D	
Preis		Punkte (1-5)	Ergebnis (Punkte x Gewichtung)	Punkte (1-5)	Ergebnis (Punkte x Gewichtung)
Qualität		Punkte (1-5)	Ergebnis (Punkte x Gewichtung)	Punkte (1-5)	Ergebnis (Punkte x Gewichtung)
Umweltaspekte (Nachhaltigkeit)		Punkte (1-5)	Ergebnis (Punkte x Gewichtung)	Punkte (1-5)	Ergebnis (Punkte x Gewichtung)
Marke (Image)		Punkte (1-5)	Ergebnis (Punkte x Gewichtung)	Punkte (1-5)	Ergebnis (Punkte x Gewichtung)
Sonstige Vorteile (Design, Mode, Aktualität, etc.)		Punkte (1-5)	Ergebnis (Punkte x Gewichtung)	Punkte (1-5)	Ergebnis (Punkte x Gewichtung)
Gesamtpunktzahl	100%		500 maximal		500 maximal

Lesehilfe zur Tabelle
Ein T-Shirt mit dem Preis 2,50 Euro würde wohl 5 von 5 möglichen Punkten für das Kriterium Preis erhalten. Nun müsst ihr die 5 Punkte mit der Gewichtung multiplizieren. Bei einer Gewichtung des Preises von z. B. 20 %: 5 x 20 = 100 Punkte für den Preis. Die maximale Gesamtpunktzahl wäre dann logischerweise 500 Punkte für 100 %, was aber wohl kein T-Shirt erreichen wird.

Vorlage Nutzwertanalysetabelle

82033-32

Impulskauf
spontaner, unüberlegter Kauf

Ökonomen lernen bereits zu Beginn ihres Studiums der Wirtschaftswissenschaften das Mittel der Nutzwertanalyse (manchmal auch als Punktebewertungsverfahren bezeichnet) als Entscheidungshilfe kennen. Mit ihr lässt sich eine Entscheidung ökonomisch und systematisch begründen. Dadurch lassen sich Impulskäufe vermeiden und verschiedene Gesichtspunkte einer Kaufentscheidung einbeziehen. Die Nutzwertanalyse geht dabei in vier Schritten vor:

1. **Bestimmung der Entscheidungskriterien** (z. B. Preis, Qualität etc. siehe Spalte A und hier auf fünf wesentliche Kriterien beschränkt. Es empfiehlt sich stets, nicht mehr als 3-5 Kriterien zu wählen, sonst wird es schnell unübersichtlich).
2. **Bewertung/Bepunktung der verschiedenen Alternativen** (T-Shirt 1 siehe Spalte C, T-Shirt 2 siehe Spalte D; ein günstiges T-Shirt erhält z. B. beim Preis vermutlich 5 Punkte, ein sehr teures 1 Punkt).
3. **Gewichtung der Entscheidungskriterien** (Spalte B; hier einen Prozentwert festlegen; ist z. B. euer Budget knapp, wird wohl der Preis die höchste Gewichtung erhalten; wenn ihr ein Produkt nicht dringend braucht, darauf sparen könnt, aber Wert auf Nachhaltigkeit legt, bekommt das eine höhere Gewichtung).
4. **Berechnung der Gesamtpunktzahl und Auswahl der optimalen Alternative** (hier müsst ihr nun die im 2. Schritt vergebenen Punkte mit der im 3. Schritt festgelegten Gewichtung multiplizieren und dann per Addition das Gesamtergebnis berechnen; mehr dazu in der Lesehilfe in der Randspalte neben der Tabelle).

Hinweis: 1 Punkt = schwach; 5 Punkte = sehr stark beim jeweiligen Kriterium

2. Schritt: Durchführung

- Überlegt euch Entscheidungskriterien und wie wichtig diese euch jeweils sind.
- Erstellt entsprechend eine Tabelle wie oben und legt eure Bepunktung fest.
- Berechnet euer Gesamtergebnis.

3. Schritt: Präsentation

Präsentiert eure Überlegungen sowie eure Ergebnisse und beurteilt die Eignung dieser Produktauswahl-Methode im Hinblick auf mehr Durchblick im „Warendschungel“.

Gruppe 2: Einen Warentest durchführen

1. Schritt: Verstehen, wie ein Warentest funktioniert

Die Stiftung Warentest ist eine deutsche Verbraucherschutzorganisation, die unabhängig und objektiv Waren und Dienstleistungen verschiedener Anbieter untersucht und vergleicht. Die Ergebnisse der Warentests (ähnlich wie Schulnoten), Dienstleistungsuntersuchungen und Verbraucherinformationen werden z. B. im Internet, in Zeitschriften, Sonderheften, Ratgebern oder Jahrbüchern veröffentlicht (www.test.de).

Ebenfalls objektive und neutrale Tests bietet **Öko-Test.** Der Schwerpunkt liegt hier auf kritischen Inhaltsstoffen sowie Umweltverträglichkeit und Nachhaltigkeit.

Produktname	Alpro Soja	Weihenstephan Haltbare Milch	Edeka Bio Fettarme Milch	Alpro Hafer	Landliebe Haltbare Landmilch	Bärenmarke Haltbare Milch	Berchtesgardener Land Haltbare Fitmilch	Gut Bio Kokosnussdrink
Basis	Soja	Kuhmilch	Kuhmilch	Hafer	Kuhmilch	Kuhmilch	Kuhmilch	Kokosnuss mit Reis
Fettgehalt	gering	0,1%	1,5%	gering	1,5%	3,8%	0,7%	mittel
Geschmack	nussig	sahnig	wässrig	nussig	weich	cremig	stark	süßlich
Verpackung	Bio-Karton, leicht zu öffnen	Karton	Karton	Bio-Karton, leicht zu öffnen	Karton	Karton	Karton	Plastik, wiederverschließbar
Tierwohl	+++	++	++	++	++	++	++	+++
Nachhaltigkeit	++	+++	++	++	+++	++	++	++

Bearbeiterin

Hinweis: Dieser Produkttest ist nur ein Beispiel für den Unterricht und stellt keinen Test durch die Autoren oder den Verlag dar.

2. Schritt: Durchführung

- Entwickelt eure Testmethode und wählt Bewertungskriterien. Erstellt dazu eine Tabelle mit euren Kriterien und deren Gewichtung. Evtl. lohnt ein Blick auf die Seiten von Stiftung Warentest, um Ideen für mögliche Bewertungskriterien zu bekommen.
- Führt euren Warentest durch, legt Einzelergebnisse fest und berechnet euer Gesamtergebnis. Nun gilt es, die Testergebnisse zu präsentieren. Schreibt dazu einen Testbericht, in welchem ihr eure Testmethode und die Ergebnisse verständlich erklärt. Die Testtabelle wird ebenfalls in die Präsentation integriert. Ein guter Testbericht sollte:
  - Bilder oder Links sinnvoll einsetzen, um auf Produkte etc. zu verweisen. Bei Fotos müsst ihr darauf achten, den Urheber eines Fotos stets als Quelle anzugeben und diesen vorab um Erlaubnis zur Veröffentlichung fragen. Eigene Fotos sind daher eine gute Alternative.
  - auf seine Leser eingehen, d. h. altersgerechte und einfache Sprache verwenden sowie sperrige Fachbegriffe vermeiden.
  - keinesfalls beleidigen, verleumden oder Werke/Ergebnisse anderer einfach kopieren.

3. Schritt: Präsentation

Präsentiert eure Rechercheergebnisse und beurteilt die Eignung dieser Produktauswahl-Methode im Hinblick auf mehr Durchblick im „Warendschungel“.

Gruppe 3: Mehr Durchblick dank Gütesiegeln?

1. Schritt: Welche Gütesiegel gibt es?

Wenn man etwas essen möchte, das biologisch/ökologisch ist, findet man dafür unendlich viele Siegel, Gütezeichen oder Labels: Öko-Test, Bio nach EG-Öko-Verordnung, Demeter, Bioland, biokreis, Alnatura, Naturland, Haltungsform 4 „Premium"; nicht zu vergessen die Eigenmarken Rewe Bio, Gut bio, K Bio... Wer soll da noch den Überblick behalten? Was sagen diese einzelnen Sticker eigentlich aus? Die eigentliche Idee und Funktion dieser Hinweise war gut: Der Verbraucher sollte auf einen Blick erkennen, welche Produkte besonders hochwertig oder sogar getestet und prämiert waren. Heutzutage sind es aber weit mehr als 1000 Siegel, die auf Produkten kleben, Dienstleistungen oder Angebote online und vor Ort auszeichnen. Auf diese Art wird der Einkauf leider wieder zum Warendschungel und der Verbraucher muss selbst recherchieren, welche Siegel oder Gütezeichen was genau bedeuten, wie oder was sie bewerten.
Um das möglichst effizient zu können, gibt es bereits seit geraumer Zeit auch Webseiten und Apps, die dem Verbraucher einen schnellen Überblick versprechen wie labelonline.de oder auch utopia.de.
Bearbeiterin

2. Schritt: Durchführung

- Entscheidet euch spontan, welches der Produkte ihr jeweils kaufen würdet und haltet fest, woran das liegt.
- Sammelt mithilfe einer Internetrecherche (→ Methodenglossar) Informationen zu den Güte- bzw. Produktsiegeln, die auf euren Produkten zu finden sind. Beachtet dabei: Manche Siegel sind umstritten. Beantwortet deshalb folgende Fragen:
  - Wofür steht es?
  - Wer vergibt es?
  - Welche Kriterien müssen erfüllt sein?
  - Welche Kritik daran gibt es und von wem?
- Diskutiert anschließend, inwiefern die Gütesiegel eure erste spontane Entscheidung verändert haben und euch eine Hilfe oder eine Irreführung beim Kauf wären.

3. Schritt: Präsentation

Präsentiert eure Rechercheergebnisse zu den Güte- bzw. Produktsiegeln und beurteilt deren Eignung im Hinblick auf mehr Durchblick im „Warendschungel".

WAS WIR WISSEN

Was Wir Wissen-Seiten digital zum Editieren

82033-309

Mindmap zum Download

82033-301

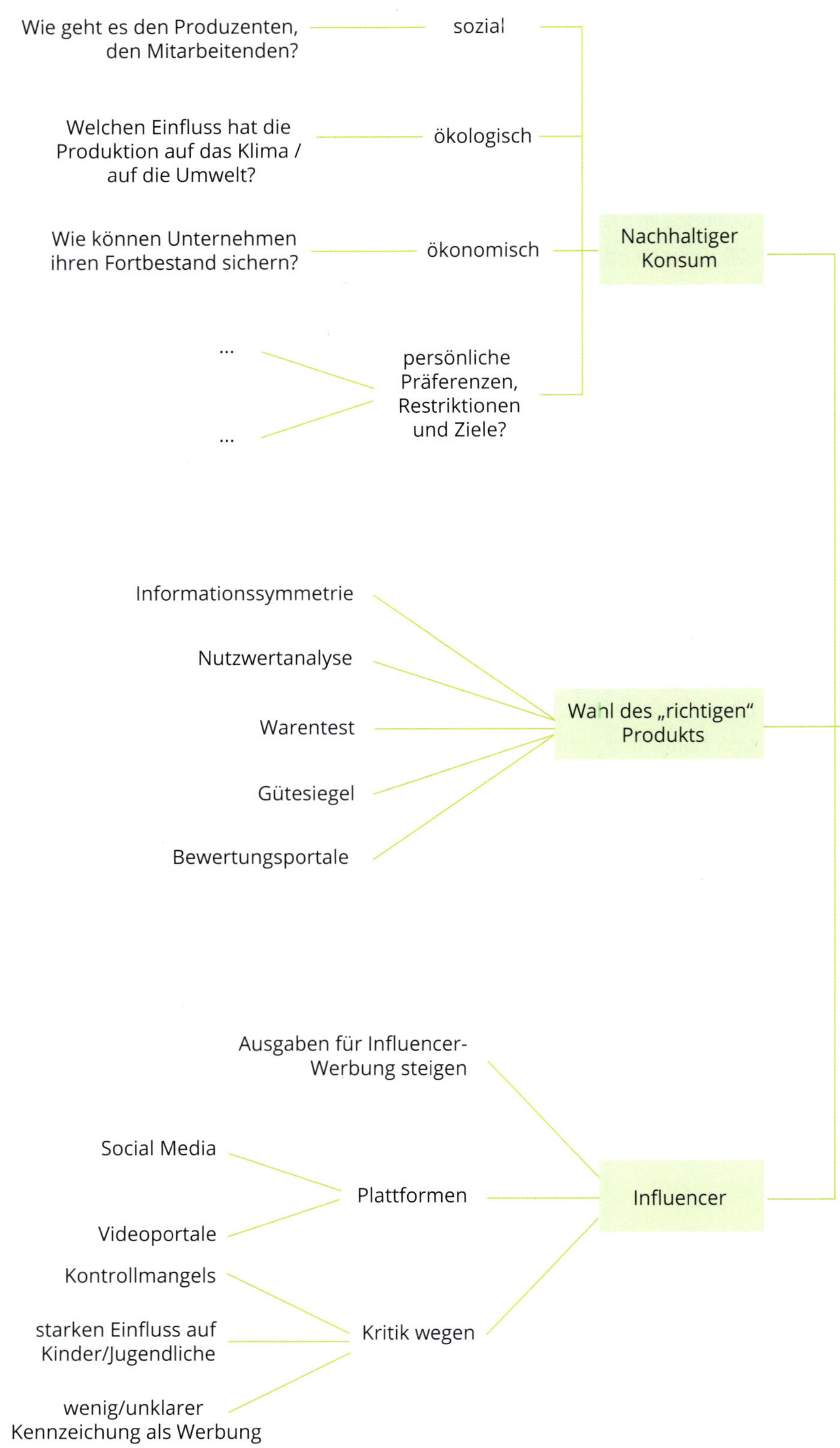

WAS WIR WISSEN

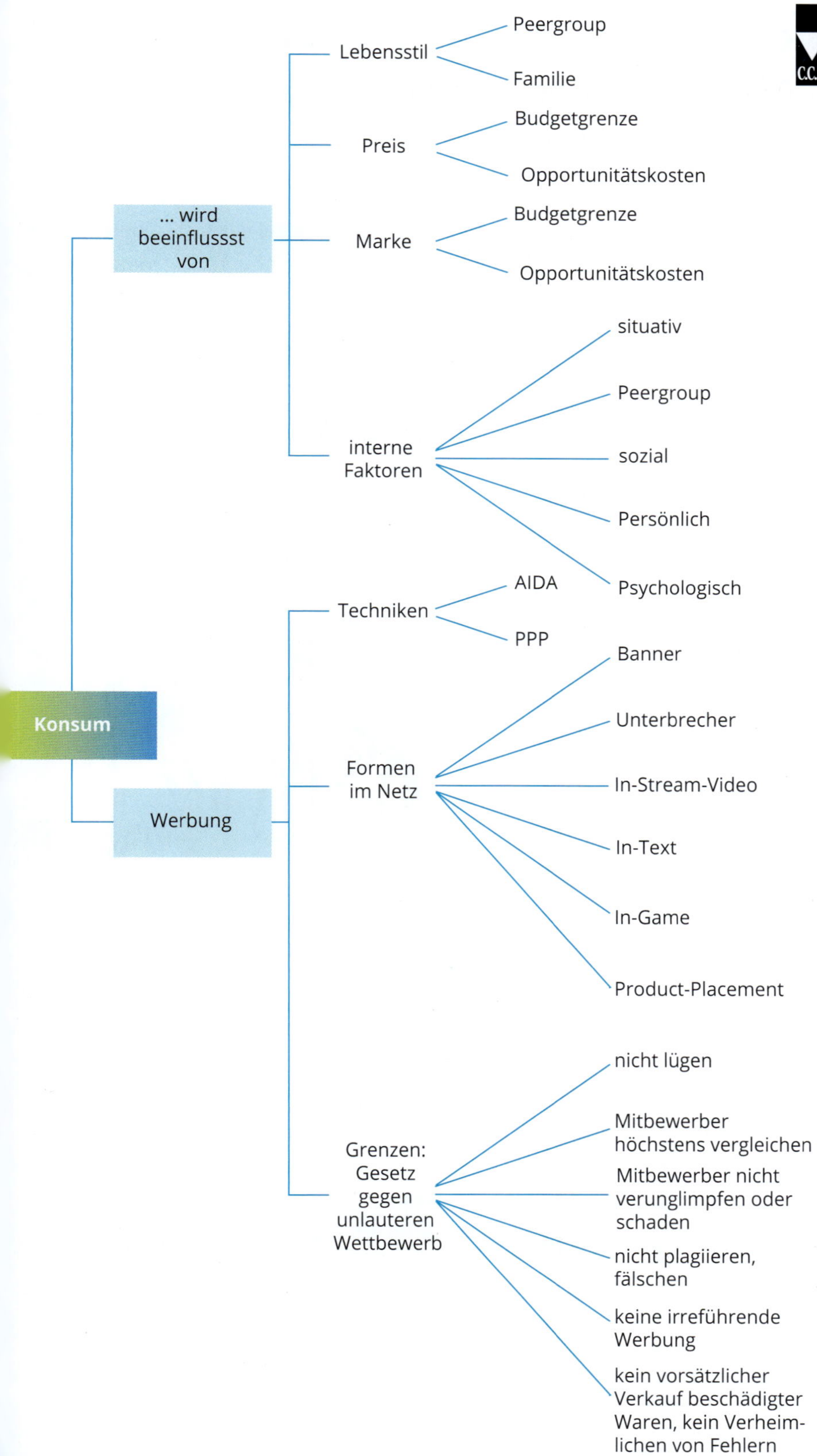

2.2 Müssen Verbraucherinnen und Verbraucher geschützt werden?

2.2.1 Dürfen Jugendliche alles kaufen, was sie sich leisten können?

Zum Thema: Wer von euch hat schon einmal einen Schokoriegel gekauft? Oder eine Brezel? Vielleicht sogar ein Fahrrad? Ein Handy? Habt ihr das mit eurem eigenen Geld bezahlt? Von wem hattet ihr das Geld und waren eure Eltern dabei? Durftet ihr das überhaupt? Wurdet ihr vielleicht sogar schon einmal aus einem Laden weggeschickt, weil ihr etwas in eurem Alter noch nicht kaufen durftet? Dieses Kapitel klärt euch darüber auf, was für Rechte, aber auch Pflichten ihr habt, wenn ihr etwas kaufen wollt – damit ihr nie (wieder) in die Verlegenheit kommt, es gar nicht zu dürfen.

M1 Darf ich alles kaufen?

EINSTIEGSAUFGABE 82033-33

1. Gebt eine erste Einschätzung ab, ob Leon das Tablet kaufen darf. Begründet eure Entscheidung.

Leon (15) hat genug Geld gespart und kann sich nun seinen langersehnten Wunsch, das Tablet, erfüllen. Doch seine Schwester Mia ist skeptisch: „Du darfst doch so was noch gar nicht selbst kaufen, du bist noch nicht volljährig". Stimmt das?

Bearbeiter

M2 Ab wann ist man geschäftsfähig?

Wer etwas kaufen möchte, schließt einen Vertrag mit dem Verkäufer. Dies gilt auch für Käufe im Internet. Das Gesetz erlaubt erst ab einem bestimmten Alter, einen solchen Kaufvertrag zu schließen. Man nennt diese Erlaubnis „Geschäftsfähigkeit".

Bearbeiterin

Bis 7 Jahre	7 bis einschließlich 17 Jahre	Ab 18 Jahre
Geschäftsunfähig	**Beschränkt geschäftsfähig**	**geschäftsfähig**
Jeder Kauf muss von den Eltern erlaubt werden, in der Regel müssen sie also dabei sein.	Kinder dürfen mit ihrem Taschengeld Käufe tätigen, soweit sie ihnen nicht schaden und die Eltern einwilligen (Kauf vorher abgesprochen) oder den Kauf genehmigen (nach dem Kauf). Wenn die Eltern nicht einverstanden waren mit einem Kauf, können sie ihn rückgängig machen.	Volljährige können alle Verträge allein und ohne Erlaubnis abschließen.

Bearbeiterin

M3 Was sagt das Gesetz?

Leon will es etwas genauer wissen: Im Internet stand etwas vom „Taschengeldparagrafen" des Bürgerlichen Gesetzbuches. Im Bücherregal seiner Mutter steht ein Bürgerliches Gesetzbuch, dort sucht Leon nach den relevanten Paragrafen:

Bürgerliches Gesetzbuch (BGB)
Im Bürgerlichen Gesetzbuch (BGB) stehen die Gesetze, die das Privatrecht (Zivilrecht), also die rechtlichen Beziehungen zwischen Privatpersonen (Bürgerinnen und Bürgern) regeln. So etwa ab wann eine Person als volljährig gilt oder was ein gültiger Vertrag ist. Das BGB kann verändert werden.

1 **§1 Beginn der Rechtsfähigkeit**
Die Rechtsfähigkeit des Menschen beginnt mit der Vollendung der Geburt.

2 **§106 Beschränkte Geschäftsfähigkeit Minderjähriger**
Ein Minderjähriger, der das siebente Lebensjahr vollendet hat, ist [...] in der Geschäftsfähigkeit beschränkt.

3 **§107 Einwilligung des gesetzlichen Vertreters**
Der Minderjährige bedarf zu einer Willenserklärung, durch die er nicht lediglich einen rechtlichen Vorteil erlangt, der Einwilligung seines gesetzlichen Vertreters.

4 **§108 Vertragsschluss ohne Einwilligung**
(1) Schließt der Minderjährige einen Vertrag ohne die erforderliche Einwilligung des gesetzlichen Vertreters, so hängt die Wirksamkeit des Vertrags von der Genehmigung des Vertreters ab.

5 **§110 Bewirken der Leistung mit eigenen Mitteln („Taschengeldparagraf")**
Ein von dem Minderjährigen ohne Zustimmung des gesetzlichen Vertreters geschlossener Vertrag gilt als von Anfang an wirksam, wenn der Minderjährige die vertragsmäßige Leistung mit Mitteln bewirkt, die ihm zu diesem Zweck oder zu freier Verfügung von dem Vertreter oder mit dessen Zustimmung von einem Dritten überlassen worden sind.

6 **§ 516 Begriff der Schenkung**
(1) Eine Zuwendung, durch die jemand aus seinem Vermögen einen anderen bereichert, ist Schenkung, wenn beide Teile darüber einig sind, dass die Zuwendung unentgeltlich erfolgt.

Bürgerliches Gesetzbuch (BGB) in der Fassung der Bekanntmachung vom 2.1.2002

M4 Meine Rechte und Pflichten beim Einkauf

Sind sich Verkäufer und Käufer über die Sache, deren Eigenschaften und den Preis einig, so schließen sie einen **Kaufvertrag**. Der Verkäufer verpflichtet sich, dem **Käufer** die **Sache ohne Mängel zu übergeben** und der Käufer verpflichtet sich, dem **Verkäufer** den vereinbarten **Kaufpreis zu zahlen** und die gekaufte Sache abzunehmen. Der Kaufvertrag kommt zustande, wenn beide Seiten ihren Willen zum Kaufgeschäft eindeutig zum Ausdruck bringen. Das nennt man auch **übereinstimmende Willenserklärungen**: der eine bietet das Geschäft an (**Antrag**), der andere nimmt es an (**Annahme**). Willenserklärungen können **mündlich** oder **schriftlich** abgegebenen werden. Aber auch durch schlüssiges Handeln, bei dem der Vertragspartner am Tun erkennen kann, dass man einen Vertrag schließen möchte, z. B. wenn der Kunde sein Obst an die Kasse legt und offensichtlich bezahlen möchte.

Käufer, die über den Versandhandel (auch im Internet) eingekauft haben, haben das Recht, von Ihrem Kauf zurückzutreten. Das nennt man **Widerrufsrecht**, d. h. wenn sie die Ware erhalten haben, können sie 14 Tage lang das bestellte Produkt zurückschicken und den Kaufvertrag widerrufen. Dazu muss der Käufer keine Gründe angeben. Käufer dürfen das Produkt allerdings nicht benutzen, sondern es nur anschauen und prüfen. Der **Käufer** trägt grundsätzlich die **Kosten für die Rücksendung**, sofern der Verkäufer sie nicht freiwillig übernimmt oder nicht über die Tragung der Rücksendekosten informiert hatte. Nur die Versandkosten zum Kunden müssen also bei einem Widerruf vom Händler zurückerstattet oder übernommen werden.

Wenn der Käufer nach dem Kauf feststellt, dass die Ware nicht so ist, wie es mit dem Verkäufer vereinbart wurde (Ist-Beschaffenheit entspricht nicht Soll-Beschaffenheit), liegt ein **Sachmangel** vor. Durch das **Gewährleistungsrecht** hat der Käufer in so einem Fall **24 Monate** lang die Möglichkeit, das Produkt reparieren oder ersetzen zu lassen. Nur wenn das nicht geschieht oder nicht möglich ist, kann er auch die Erstattung des Kaufpreises oder einen Nachlass fordern.

Bearbeiterin

Allgemeine Geschäftsbedingungen (AGB)
Wenn du einen Kaufvertrag abschließt, dann akzeptierst du gleichzeitig die allgemeinen Geschäftsbedingungen (AGB) des Verkäufers, sofern die dort genannten Rechte und Pflichten im gesetzlichen Rahmen liegen. Dort erfährst du z. B. etwas über mögliche Versandkosten, Zahlungsbedingungen, Umtausch und Garantie. Viele setzen online sofort ein Häkchen unter das „Kleingedruckte", wie die AGB auch genannt werden. Das ist riskant, denn genau da steht, welche Rechte und Pflichten du eingehst.

Tipp:
Es heißt AGB ohne „s" – Allgemeine Geschäftsbedingungens gibt es nicht.

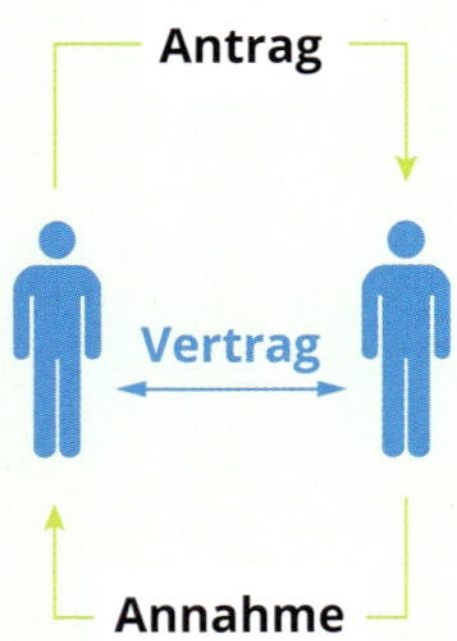

AUFGABEN

82033-34

1. Erklärt mit Hilfe von **M2**, ob Leon das Tablet kaufen darf.
2. Überprüfe mit Hilfe von **M2** und **M3** folgende Fälle:
   a) Darf Lena (5) sich alleine beim Bäcker eine Brezel kaufen?
   b) Darf Can (16) ein Handy für 0 Euro bekommen, das 24 Monate an einen Vertrag gebunden ist?
   c) Darfst du dir das neueste Videospiel für deine Spielkonsole kaufen?
3. Erläutere die Bedingungen für das Zustandekommen eines Kaufvertrags und die jeweiligen Pflichten und Rechte des Käufers und Verkäufers (**M4**) anhand eines selbstgewählten Beispiels.
4. Leon hat sich sein Tablet (180 Euro) bei einem Online-Händler bestellt. Beim Auspacken stellt er erschrocken fest, dass er die falsche Variante bestellt hat. Überprüfemit Hilfe von **M4**, ob bzw. unter welchen Bedingungen Leon seinen Kauf rückgängig machen kann.

Gesetzestexte verstehen

I. Worum geht es?

Gesetzestexte sind in Fachsprache formuliert. Sie beinhalten viele Regelungen, Bestimmungen und Fachbegriffe. Gesetzestexte sind immer gleich aufgebaut: Sie haben eine Überschrift, ihr Anfang beginnt mit dem Paragrafenzeichen „§" und eine weitere Unterteilung erfolgt in Absätzen mit Nummern in Klammern, z. B. (1).

Beispiel: Darf sich Leon (15) von seinem ersparten Taschengeld ein Tablet kaufen (**M1**)?

Betroffenes Gesetz/Artikel: „Taschengeldparagraf" → §110 Bewirken der Leistung mit eigenen Mitteln (BGB)

II. Geht dabei wie folgt vor:

Mit den folgenden Schritten kannst du jeden Gesetzestext entschlüsseln:

Beispiel: Darf sich Leon (15) von seinem ersparten Taschengeld ein Tablet kaufen?

Betroffenes Gesetz/Artikel: „Taschengeldparagraf" §110 Bewirken der Leistung mit eigenen Mitteln (BGB)

1. Schritt: Themengebiet klären

Was wird geregelt? Nenne den inhaltlichen Bereich, um den es geht.

→ Es geht um die Verwendung von Taschengeld.

2. Schritt: Unbekannte Begriffe klären

Kläre dir unbekannte Begriffe.

→ Minderjähriger: jeder, der das 18. Lebensjahr noch nicht vollendet hat

→ Gesetzlicher Vertreter: jemand, der rechtlich für einen anderen handeln darf. In der Regel sind das die Eltern, manchmal auch das Jugendamt.

→ Vertragsmäßige Leistung: Produkt oder Dienstleistung, die gekauft wird

→ Mittel: Geldbetrag

3. Schritt: Geltungsbereich eingrenzen

Auf wen bezieht sich diese Regelung?

→ Der §110 (BGB) bezieht sich auf Minderjährige.

4. Schritt: Regelung/Bestimmung verstehen

Was sagt die Regelung aus? Was ist der konkrete Inhalt des Paragrafen? Meist kann man die Regelung in Tatbestand und Rechtsfolge zerlegt werden. Dabei wird der Tatbestand mit "wenn" eingeleitet und z. B. der Personengruppe, auf die sich die Regelung bezieht. Die Rechtsfolge erkennt man häufig, aber nicht immer, an "so".

→ *Tatbestand*: "Wenn der Minderjährige die vertragsmäßige Leistung mit Mitteln bewirkt, die ihm zu diesem Zweck oder zu freier Verfügung [...] überlassen worden sind."

→ *Rechtsfolge*: "[...] Vertrag gilt als von Anfang an wirksam [...]." Hier wird geregelt, ob bzw. wann ein Minderjähriger das Taschengeld ohne Zustimmung z. B. der Eltern ausgeben darf: Unter 18-Jährige dürfen nur über einen (kleinen) Betrag in Höhe des Taschengeldes selber verfügen.

Fazit: Wenn Leon sich ohne Zustimmung seiner Eltern ein Tablet kauft, muss er damit rechnen, dass der Verkauf auf Bitte seiner Eltern hin rückgängig gemacht wird. Denn das Tablet ist teurer als der Betrag, der ihm als Taschengeld zur Verfügung steht.

2.2.2 Kleingedrucktes GROSSgeschrieben – soll der Staat uns vor ungesunden Lebensmitteln schützen?

Podcast Zuckersteuer – Was dann?

82033-35

Zum Thema: Auch der Staat kann die Position der Verbraucherinnen und Verbraucher stärken: Europaweit müssen etwa auf Produktverpackungen wesentliche Informationen zu finden sein. Doch reicht die bestehende Kennzeichnungspflicht aus, um die Informationsasymmetrie zwischen Hersteller und Verbraucher zu entschärfen? Wie weit soll das Ganze gehen: Notwendiger Schutz oder gar Bevormundung? In diesem Unterkapitel erfahrt ihr mehr über dieses kontroverse Thema.

M1 Dein Vesper im Check

Von A bis E ist alles dabei – aber was heißt das ? Macht schlank, geht so, tödlich ?

EINSTIEGSAUFGABEN 82033-36

1. Untersuche dein Pausenvesper: Wie gesund denkst du, ist dein Essen?
2. Findet ihr Verpackungen mit dem Nutri-Score? Wie grün ist eure Ernährung heute?

M2 Was ist der Nutri-Score?

Gemüse ist immer ein gesunder Snack, Nüsse sind bekanntlich gut für das Gehirn, Chips sind schlecht für die Figur. Diese Lebensmittelweisheiten halten sich wacker in den Köpfen der Konsumenten, doch sind sie nicht immer wahr. Es gibt Chips, die vergleichsweise gesund sind, und Gemüsechips, die es überhaupt nicht sind. Seit November 2020 können Lebensmittelproduzenten ihre Produkte freiwillig mit dem sogenannten „Nutri-Score" kennzeichnen (engl. Nutrition – Ernährung). Die ursprünglich von französischen Wissenschaftlern entwickelte Ampel bezieht neben dem Gehalt an Zucker, Fett und Salz empfehlenswerte Bestandteile wie Ballaststoffe, Gemüse und Proteine in die Bewertung ein. Die Farben und Buchstaben geben dann an, wie nahrhaft und empfehlenswert ein Produkt ist – zu grünen Lebensmitteln kann gerne gegriffen werden, von roten sollte man die Finger lassen.

Bearbeiterin

M3 Wie funktioniert Verbraucherschutz konkret?

a) Kennzeichnungspflicht

Auf dem Etikett oder an anderer Stelle der Verpackung müssen EU-weit Informationen zu Zutaten, Zusatzstoffen und Allergenen, aber auch zu Nährwertangaben des Lebensmittels und ein Mindesthaltbarkeitsdatum oder Verbrauchsdatum zu finden sein. Diese Informationen sollen einerseits die Verbraucherinnen und Verbraucher schützen und andererseits die Kaufentscheidung erleichtern. Die Kennzeichnungspflicht wurde vom Gesetzgeber mehrfach verschärft und konkretisiert. Verbraucherschützer kritisieren jedoch u. a. immer noch viel zu kleine und unleserliche Schriften auf der Verpackung oder verbraucherunfreundliche, verwirrende und oft sehr kleine Portionsangaben.

Bearbeiterin

b) Lebensmittelkontrollen

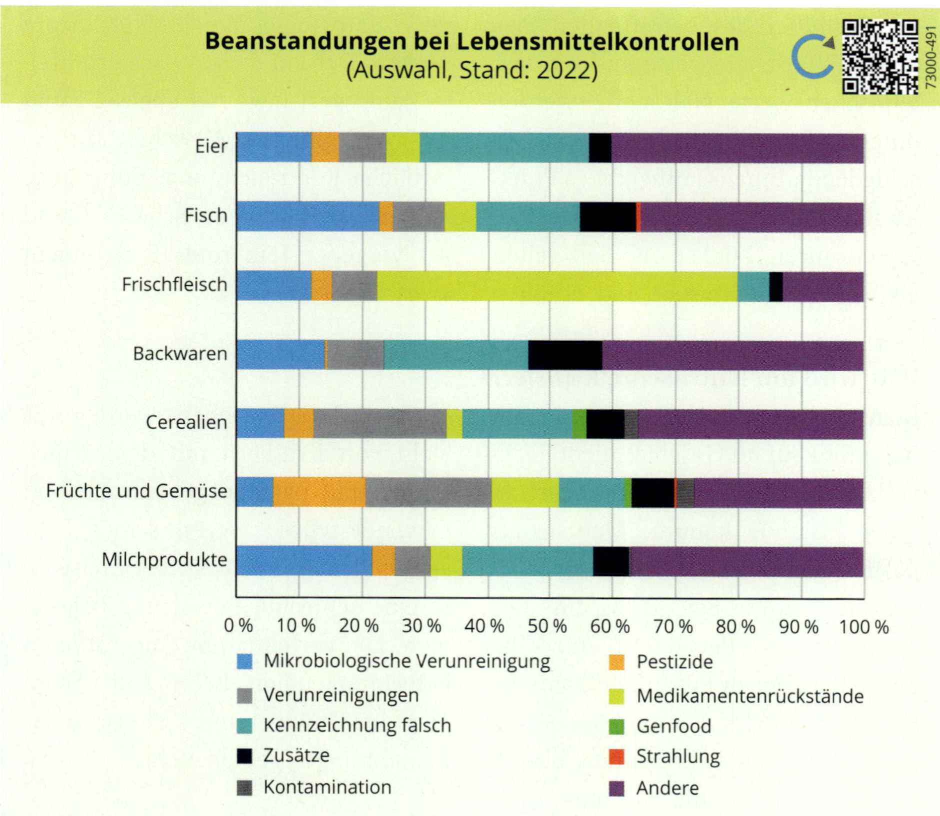

©C.C. Buchner Verlag, aktuelle Daten nach BVL, eigene Übersetzung

c) Bei Kontrollen beanstandete Lebensmittel

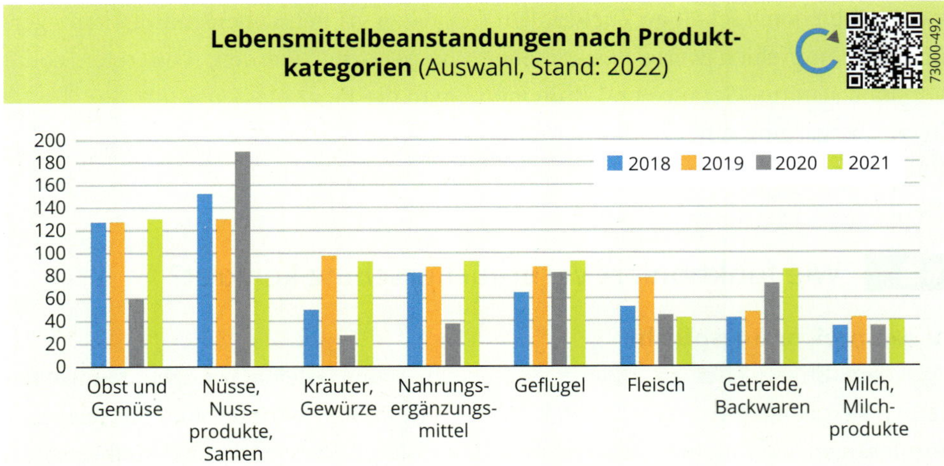

©C.C. Buchner Verlag, aktuelle Daten nach BVL

M4 Berechnung und Aussagekraft des Nutri-Score

Wie wird der Nutri-Score berechnet?

[Die] Berechnung des Nutri-Scores geschieht auf Basis von 100 Gramm oder 100 Milliliter des betreffenden Produkts. Wünschenswerte und weniger wünschenswerte Nährstoffe werden miteinander verrechnet. Für die verschiedenen Inhaltsstoffe gibt es Punkte. Ein hoher Energiegehalt, gesättigte Fettsäuren, Zucker und Salz gelten als weniger erwünscht und erhöhen den Nutri-Score. Erwünscht sind dagegen Eiweiß, Ballaststoffe, Obst, Gemüse und Nüsse, die den Nutri-Score senken. Der auf diese Weise ermittelte Punktwert liegt zwischen -15 und +40 und gibt den Ausschlag für die farbliche Kennzeichnung. Ein grünes A wird bei Werten zwischen -15 und +1 vergeben, ein rotes E ab einem Wert von +19.

Was wird am Nutri-Score kritisiert?

Bemängelt wird, dass Verbraucher beim Einkauf im Geschäft nicht nachvollziehen können, wie die Berechnung zustande kommt. Manche als positiv geltenden Inhaltsstoffe fließen nicht in die Bewertung ein, darunter Omega-3-Fettsäuren und Vitamine. Bei einigen Produkten kann die Kennzeichnung somit auch einen falschen Eindruck hervorrufen. Einzelne Lebensmittel, die nur aus einer einzigen Zutat bestehen, werden aus Sicht von Kritikern mit dem Nutri-Score nicht passend gekennzeichnet. Olivenöl würde wegen seines Fettanteils von 100 Prozent beispielsweise eine schlechte Bewertung bekommen. Die vorteilhaften, ungesättigten Fettsäuren fallen beim Nutri-Score nicht ins Gewicht und verbessern das Berechnungsergebnis nicht.

So funktioniert die Nährwertampel. www.tagesschaue.de, Zugriff 27.10.2022

M5 Die neue Ernährungsampel – ein Erfolg?

Die damalige Bundesministerin Julia Klöckner (CDU) stellt mit dem Vorstand des Bundesverbands der Verbraucherzentralen Klaus Müller 2020 den Nutri Score vor.

Der Nutri-Score soll Verbrauchern im Supermarkt mehr Orientierung geben und eine gesunde Ernährung erleichtern. Hat sich die Kennzeichnung schon durchgesetzt? Und wo fordern Kritiker Nachbesserungen? [...]

Ein zu hoher Zuckergehalt, Fette, gesättigte Fettsäuren sowie zu viel Salz seien oft für Übergewicht oder Herz-Kreislauf-Erkrankungen verantwortlich. Diese Elemente fließen negativ in den Nutri-Score ein. Ballaststoffe, Eiweiß, Hülsenfrüchte, Nüsse oder Anteile von Obst und Gemüse werden dagegen als günstig eingestuft. [...]

Zu beachten ist, dass einzelne Nährstoffe durch den Nutri-Score nicht dargestellt werden. Außerdem lassen sich schlechte Werte durch gute ausgleichen. Darüber hinaus eignet sich die Skala lediglich für zusammengesetzte Produkte. Für unverarbeitete, frische oder Lebensmittel mit nur einer Zutat ist die Kennzeichnung weniger sinnvoll. [...] Grundsätzlich sei der Nutri-Score das wissenschaftlich beste Modell mit der stärksten Wirkung auf die Kaufentscheidung. "Wenn ein Vergleich wirklich möglich ist, kaufen die Menschen nachweislich gesünder ein", so Molling. Das belegten auch Studien aus Frankreich. Die Nährwerteinstufung sei seriös und von unabhängigen Wissenschaftlern entwickelt: "Verbraucher können der Kennzeichnung vertrauen."

Um Wirkung zu entfalten, muss der Nutri-Score allerdings noch bekannter werden und breiter die Regale erobern. Denn wenn nicht alle Produkte gekennzeichnet sind, ist ein Vergleich nur schwer durchführbar. "Langfristig ist eine verpflichtende Kennzeichnung nötig", so die Foodwatch-Expertin. Etliche Hersteller unausgewogener Lebensmittel würden den Nutri-Score sonst nicht verwenden.

Ähnlicher Meinung ist Isabelle Mühleisen von der Verbraucherzentrale Nordrhein-Westfalen. Auch sie sieht in der Freiwilligkeit ein Manko. "Wir fordern eine verpflichtende EU-weite Kennzeichnung." [...] Letztlich komme es aber darauf an, wie verantwortungsvoll Unternehmen damit umgehen: "Setzen sie Zusatzstoffe für einen günstigeren Nutri-Score ein oder ändern sie das Rezept tatsächlich hin zu einem gesünderen Produkt?"

Die Verwendung von Zusatzstoffen, Geschmacksverstärkern oder auch die ökologische Erzeugung fließe nicht in die Einstufung ein. [...] Das System sei in Frankreich bereits seit 2017 im Einsatz und funktioniere, so die Lebensmittelexpertin. Dennoch könne am Algorithmus stets etwas verbessert werden – wie zum Beispiel eine höhere Bewertung von Ballaststoffen in Vollkornprodukten. "Der Zuckergehalt könnte noch strenger reduziert werden", sagt auch Molling von Foodwatch. [...]

Sorge vor einem Schönrechnen im großen Stil seitens der Produzenten und Händler habe sie nicht. Ihr seien bisher lediglich zwei Fälle bekannt, bei denen unabsichtlich der Nutri-Score zu negativ oder zu positiv ausgefallen sei. "Die Unternehmen achten auf eine korrekte Berechnung, weil sie sonst ein Glaubwürdigkeitsproblem oder einen Imageschaden bekommen. Das würde auffliegen."[...]

Die neue Ernährungsampel – ein Erfolg?
www.tagesschau.de, Zugriff 27.10.2022

AUFGABEN

82033-37

1. Arbeite aus **M2** und **M4** heraus, wie der Nutri-Score funktioniert und berechnet wird.
2. Analysiert arbeitsteilig die Schaubilder **M3b-c** und ordnet die staatlichen Maßnahmen **M3a-c** den Verbraucherschutzzielen Information, Gesundheitsschutz und Sicherheit gewährleisten zu.
3. Bereitet zu dritt anhand **M4** und **M5** auf eine Good Angel-Bad Angel-Diskussion vor:
   - Der Good Angel sammelt alle Vorteile, die der Nutri-Score bringt.
   - Der Bad Angel alle Nachteile des Nutri-Scores für Konsumenten, Unternehmen und den Staat.
   - Der Erzengel verdeutlicht sich nochmal alle Fakten zum Nutri-Score, klärt ggf. letzte Fragen und bereitet ein Protokoll vor, auf dem er stichwortartig die Argumente der beiden anderen notieren kann.
4. Ordnet euch in einer Positionslinie zu der Frage, ob der Staat uns vor ungesunden Lebensmitteln schützen soll.

F Aufgabe
Zucker gibt es in vielen Formen – recherchiert die Namen, die Zucker in den Herstellerangaben haben kann und gleicht sie mit euren Verpackungen ab.

WAS WIR WISSEN

Was Wir Wissen-Seiten digital zum Editieren

82033-310

Das Bürgerliche Gesetzbuch (BGB) schränkt einige Rechte für Kinder und Jugendliche beim Kauf zu deren Schutz ein. Mit zunehmendem Alter bekommt man aber immer mehr Rechte und erlangt die **Geschäftsfähigkeit**:

1 0-7 Jahre
Geschäftsunfähig

↓

2 7-17 Jahre
Beschränkt geschäftsfähig

↓

3 Ab 18 Jahren
Unbeschränkt geschäftsfähig

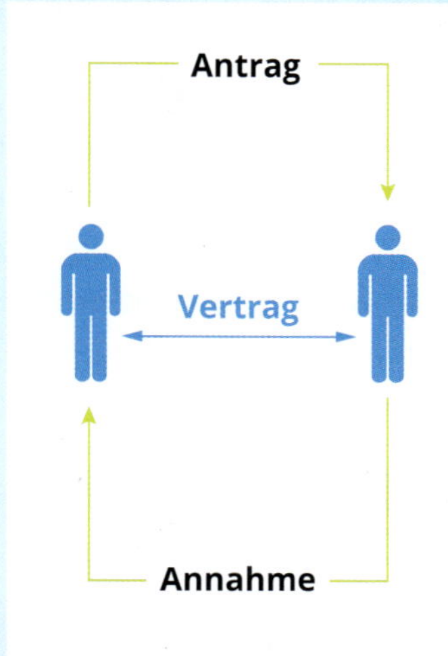

Bedingungen für das Zustande-Kommen von Kaufverträgen und Verbraucherrechte

Kaufverträge kommen zustande, wenn Käufer und Verkäufer eine übereinstimmende **Willenserklärung** abgeben. Aber Achtung: Bei jedem Kauf unbedingt die **Allgemeinen Geschäftsbedingungen (AGB)** prüfen und lieber genau hinschauen. Auch über das **Widerrufsrecht** sollten wir als Verbraucher bzw. Verbraucherinnen Bescheid wissen. Und wenn wir nach dem Kauf feststellen, dass etwas nicht so ist, wie vereinbart, liegt ein **Sachmangel** vor. Dann sollten wir uns mit dem **Gewährleistungsrecht** auskennen. Nur wenn wir als Verbraucherinnen und Verbraucher unsere Rechte kennen, können wir sie auch einfordern.

Gesetzliche Regelungen

Eine gesetzliche Besonderheit ist der sogenannte Taschengeldparagraf. Wenn Kinder und Jugendliche nur ihr Taschengeld zum Kauf verwenden, dürfen sie ab 7 Jahren alleine entscheiden, was sie kaufen möchten (§110 BGB), solange die Eltern grundsätzlich damit einverstanden sind und ihnen Taschengeld (auch Geld zum Geburtstag etc.) zur freien Verfügung geben.

Verbraucherschutz und Instrumente staatlicher Verbraucherpolitik

Das Produktangebot ist zwischenzeitlich so umfangreich und die Qualität, Inhaltsstoffe und Beschaffenheit oft nicht für den Verbraucher zu erkennen. Der Gesetzgeber übernimmt daher u. a. mithilfe von Gesetzen und Verordnungen die Aufgabe, die Position des Verbrauchers zu stärken. Um den Schutz des Verbrauchers zu gewährleisten, werden beispielsweise Lebensmittel nach bestimmten Normen gekennzeichnet, Nahrungsmittel und verarbeitende Unternehmen (z. B. Restaurants) kontrolliert und Produkte, die als gefährlich eingestuft werden, zurückgerufen. Darüber hinaus werden auch immer wieder Regelungen auf den Weg gebracht, die es dem Verbraucher einfacher machen sollen, „gute" von „schlechten" Produkten zu unterscheiden. Darüber hinaus werden die Verbraucher durch die Verbraucherzentralen oder die Stiftung Warentest mit Produktinformationen und Beratung unterstützt.

2.3 Wirtschaft zwischen Wettbewerb und (Markt-)Versagen

2.3.1 Wie bildet sich der Preis auf dem Markt?

Zum Thema: Wenn wir eine Brezel kaufen, bezahlen wir das Mehl, die Hefe, die Lauge, den Strom für den Backofen und so weiter. Auf die ganzen Kosten, die die Bäcker haben, kommt dann noch der Gewinn, den sie machen wollen. Aber wie hoch kann dieser sein? Wie viel darf eine Brezel kosten? Vor allem: Woher weiß der Bäcker das und wer bestimmt das eigentlich?

M1 Wie sieht ein Markt aus?

Gekauft und verkauft wird hier überall – aber wie genau?

EINSTIEGSAUFGABE 82033-38

1. Die Bilder zeigen verschiedene Märkte. Beschreibt die Gemeinsamkeiten und Unterschiede.

M2 Wie gelingt der Ausgleich der unterschiedlichen Interessen von Anbietern und Nachfragern auf Märkten?

Ob Wohnungsmarkt, Stellenmarkt oder Supermarkt - auf allen Märkten treffen Verkäufer (Anbieter) und Käufer (Nachfrager) von Gütern zum Tausch aufeinander. Die am Markt auftretenden Anbieter und Nachfrager haben spezielle Interessen und Ziele, und die sind oft unterschiedlich. Denn die Anbieter wollen am Markt ihre Waren zu einem hohen Preis verkaufen, um einen möglichst hohen Gewinn zu erzielen. Da alle Anbieter dieses Ziel verfolgen, stehen diese am freien Markt im Wettbewerb zueinander. Die Nachfrager wollen die Güter, die sie zur Befriedigung ihrer Bedürfnisse benötigen, zu möglichst niedrigen Preisen einkaufen. Der Ausgleich der unterschiedlichen Interessen von Anbietern und Nachfragern wird am Markt durch den Preis erreicht.

Bearbeiterin

Anbieter und Nachfrager kommen auf vielen Märkten, auch digital, zusammen.

Adam Smith und der „Segen" des Egoismus
Sowohl Anbieter als auch Nachfrager wollen auf dem Markt aus Egoismus jeweils das Beste für sich herausholen. Der schottische Ökonom Adam Smith (1723-1790) sprach in diesem Zusammenhang von der **„unsichtbaren Hand"**. Smith meinte damit die Selbststeuerung der Wirtschaft über Angebot und Nachfrage auf dem Markt. Das Marktgeschehen bringt den einzelnen Marktteilnehmer dazu, seine wirtschaftlichen Eigeninteressen zu verfolgen und dabei gleichzeitig unbewusst dem Gemeinwohl zu dienen, denn so kann etwa der Bäcker nur dann einen hohen Gewinn erzielen, wenn er beständig gute Backwaren herstellt und diese zu für die Nachfrager bezahlbaren Preisen verkauft.

AUFGABEN

82033-39

1. Vervollständigt in Partnerarbeit folgenden Satz: „Als „Markt" bezeichnet man ..." (**M1, M2**).
2. Erkläre, inwiefern Anbieter und Nachfrager auf dem Markt Konkurrenten sind (**M2**).
3. „Der Ausgleich der Interessen von Anbietern und Nachfragern wird am Markt durch den Preis erreicht" (**M2**). Erläutere dies am Beispiel eines Kaufs auf dem Flohmarkt.
4. Begründe, warum die Regale in Geschäften so gut gefüllt sind und welche Rolle der Eigennutzen dabei spielt (**M2**, Randspalte „Adam Smith und der 'Segen' des Egoismus'").

METHODE

In Modellen Denken: das Preis-Mengen-Diagramm

I. Worum geht es?

Um das Prinzip der Preisbildung zu verstehen, bedient man sich eines Modells. In diesem Modell wird angenommen, dass sich Angebot und Nachfrage unabhängig voneinander bilden.

II. Geht dabei wie folgt vor:

1. Schritt: Gemüseburger in der Schulkantine – die Nachfrageseite

Betrachten wir also zunächst die Nachfrageseite: Für Schüler und Lehrer einer Schule soll ein Mittagessen angeboten werden. Jeden Donnerstag sollen Gemüseburger verkauft werden. Lehrer und Schüler stellen die Nachfrage auf dem Gemüseburgermarkt dar. Natürlich unterscheiden sich die Nachfrager: Manche haben mehr, manche weniger Hunger, einige haben mehr Geld für das Mittagessen zur Verfügung als andere, nicht alle mögen Gemüseburger, für viele ist es ihr Leibgericht. Wie könnte sich also die Nachfrage nach den Bratlingen entwickeln?

Nehmen wir an, 100 Schüler und Lehrer wären bereit, 3 Euro für ihren Gemüseburger auszugeben. Bei einem niedrigeren Preis von 2 Euro wären schon weitere 100 Schüler und Lehrer geneigt, den Mittagssnack zu kaufen. Nochmals 100 Schüler und Lehrer würden die Burger nachfragen, wenn der Preis dafür nur 1 Euro betragen würde. Es ist einleuchtend, dass die Schüler und Lehrer, die bereit gewesen wären, 2 oder 3 Euro für den vegetarischen Burger auszugeben, diesen auch für 1 Euro kaufen würden. Sie freuen sich lediglich, dass sie ihn so günstig bekommen. Wie man erkennen kann, ist die Nachfrage bei einem niedrigen Preis höher. Umgekehrt ist die Nachfrage geringer, wenn der Preis hoch ist. Deshalb addiert sich die Nachfrage der einzelnen Käufer mit abnehmendem Preis. Ganz einfach: Jeder Käufer freut sich über einen günstigen Preis, aber nur manche Käufer können oder wollen sich ein teures Produkt leisten. Im Modell spricht man von der aggregierten (zusammengefassten) Nachfrage. Sie lässt sich grafisch so darstellen:

Die Nachfrage nach Burgern

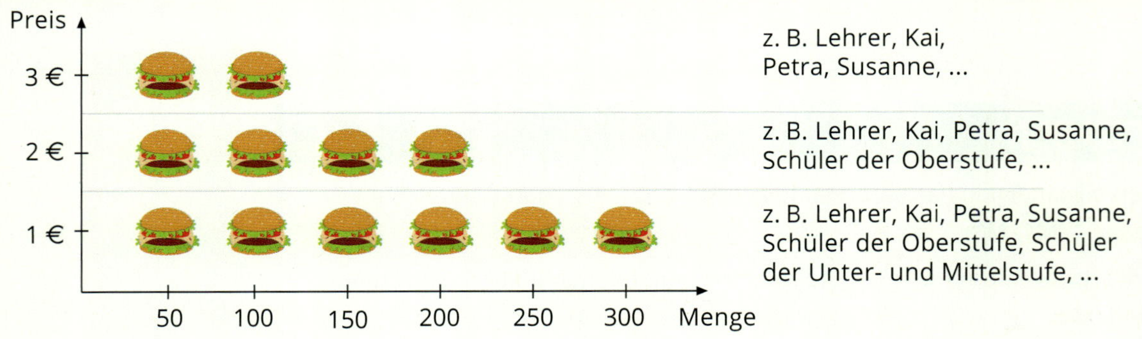

Ein gezeichneter Burger steht für 50 „echte" Burger.

2. Schritt: Gemüseburger in der Schulkantine – die Angebotsseite

Betrachten wir nun die Angebotsseite: Hausmeister, Eltern und ein Catering-Service wären bereit, die Gemüseburger anzubieten. Der Hausmeister, so nehmen wir an, könnte mit seiner Frau 100 vegetarische Bratlinge für 1 € verkaufen. Die Eltern könnten zusammen 100 Gemüseburger für 2 € anbieten, da ihr Herstellungsaufwand etwas größer wäre. Sie müssten sich abstimmen, wer wie viele Burger produziert, und den Transport zur Schule organisieren. Der Catering-Service mit hohen Personalkosten könnte weitere 100 Burger für 3 € anbieten. Selbstverständlich würden Hausmeister und Eltern auch für 3 € ihre Gemüseburger anbieten können. Hier addiert sich also das Angebot bei steigendem Preis. Man spricht vom aggregierten (zusammengefassten) Angebot. Je höher der Preis, desto größer ist die angebotene Menge. Je niedriger der Preis, desto geringer das Angebot, weil nur wenige Anbieter in der Lage sind, zu diesem Preis zu produzieren. Ganz einfach: Jeder Verkäufer verkauft gerne teuer, aber nicht jeder kann oder will günstig verkaufen. Anbieter, die bei einem niedrigeren Preis nicht mehr gewinnbringend produzieren können, werden einfach vom Markt verdrängt. Die Angebotsseite im Beispiel lässt sich grafisch so darstellen:

Das Angebot an Burgern

3. Schritt: Ungleichgewicht von Angebot und Nachfrage

Zum Preis von 3 € pro Gemüseburger beträgt die Nachfrage in der Schulkantine nur 100 Stück, angeboten würden jedoch 300 Burger. Die Differenz bezeichnet man als Angebotsüberschuss. Konkret bleiben diese Burger einfach übrig. Da sie nicht haltbar sind, werden die Anbieter sich überlegen, ob sie ihre Preispolitik (oder ihre Mengenpolitik) ändern. Sobald aber klar ist, dass diese Menge nur zu einem erheblich niedrigeren Preis verkäuflich ist, wird sich der Catering-Service zurückziehen. Für weniger als 3 €/Stück kann er seine Kosten nicht mehr decken. Das Angebot geht zurück, es bleiben Eltern und Hausmeister, die den Gemüseburger auch für einen Verkaufspreis von 2 € rentabel produzieren können.

Das fertige Preis-Mengen-Diagramm

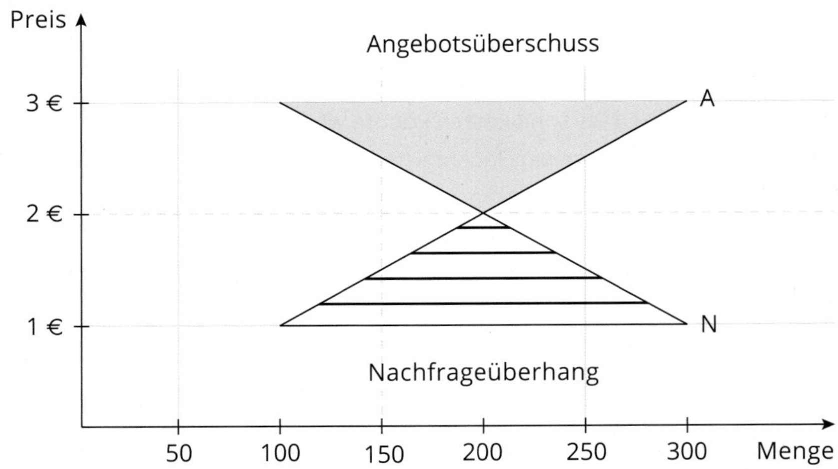

Ist der von den Anbietern festgesetze Preis höher als der Gleichgewichtspreis, so kommt es zu einer Nachfragelücke bzw. zu einem Angebotsüberschuss. Ist der Preis niedriger als der Gleichgewichtspreis, so kommt es zu einem Nachfrageüberhang.

AUFGABEN

82033-40

1. Übertrage die Werte aus den ersten beiden Grafiken und zeichne die Nachfragekurve (Liniendiagramm) und die Angebotskurve (Liniendiagramm) in ein Koordinatensystem ein.
2. Der Gleichgewichtspreis ist der Preis, zu dem sich beiden Kurven schneiden. Hier ist der Umsatz (Menge x Preis) am höchsten. Bestimme den Gleichgewichtspreis und berechne den Höchstumsatz.
3. Fasst in Gruppenarbeit in einer Tabelle zusammen, von welchen Faktoren die Bereitschaft, Gemüseburger zu kaufen und zu verkaufen, abhängig ist.
4. Erläutere ausgehend von der letzten Grafik, was man unter einem Angebotsüberschuss bzw. Nachfrageüberhang versteht.
5. Im Modell ist alles ganz einfach – in der Realität setzen Hersteller Preise abseits des Gleichgewichtspreises. So kosten manche Smartphones fünfmal so viel wie andere oder Sneaker werden zu horrenden Preisen gehandelt. Stelle aus Sicht der Konsumenten und Produzenten dar, warum diese Preise trotzdem verlangt und bezahlt werden.

Geogebra Angebot und Nachfrage

82033-41

2.3.2 Wie mächtig sind Verbraucherinnen und Verbraucher innerhalb verschiedener Marktformen?

Zum Thema: Wäre es nicht schön, wenn wir immer alles über unsere Produkte wüssten, ohne vorher einen Produktvergleich zu machen? Wäre es nicht schön, wenn wir alles direkt an einem Ort bekämen ohne Lieferfristen und Versandkosten? Wäre es nicht schön, wenn uns nur das Produkt überzeugen und nicht die Werbung beeinflussen würde? Wäre es nicht schön, wenn die Qualität beim einen Hersteller genauso gut wäre wie beim anderen? Das alles würde unser Leben sehr viel einfacher machen. Aber wo findet sich das und was passiert, wenn der Markt nicht so vollkommen ist?

M1 Bulle und Bär – die Frankfurter Börse

1

Draußen vor der Börse belauern sich Bulle und Bär …

2

…und drinnen vor den Bildschirmen die Händler.

EINSTIEGSAUFGABE 82033-42

1. Was weißt du über die Börse und den Aktienhandel? Was könnten der Bulle und der Bär bedeuten?

M2 Die Börse – wo wir dem Modell nahe kommen

Börsen sind ein Marktplatz, auf dem Anbieter und Nachfrager von Aktien, Anleihen und Rohstoffen aufeinandertreffen. Jede Aktie ist dabei ein Anteil an einem Unternehmen und gleich viel Wert wie jede andere Aktie von ihm. Wenn also ein Unternehmen 1000 Aktien ausgibt und ich eine davon kaufe, „gehört" mir sozusagen ein Tausendstel der Firma. Der Preis einer Aktie (Aktienkurs) bestimmt sich durch Angebot und Nachfrage. Kann ein Unternehmen z. B. hohe Gewinne bei der Bekanntgabe seines Geschäftsberichts melden,

DAX (Deutscher Aktienindex)
Der DAX bildet den Wert der 40 größten und umsatzstärksten deutschen Unternehmen an der Frankfurter Börse ab. Er ist ein Gradmesser für die Konjunktur in Deutschland.

Sammelaktie der Mercedes-Automobil-Holding-Aktiengesellschaft aus dem Jahr 1976

wird die Nachfrage nach dessen Aktien steigen. Damit steigt der Preis der Aktie, was sich im Kursgewinn an der Börse zeigt. Der heutige Börsenhandel läuft nahezu ausschließlich auf elektronischem Weg; der Wert der Aktien kann online eingesehen und Aktien (zumeist über Händler oder Banken) erworben oder abgestoßen werden. Durch den Handel online sind Aktien praktisch für jeden Käufer und Verkäufer weltweit und immer verfügbar.

Bearbeiterin

M3 Gibt es einen vollkommenen Markt?

Das Modell des vollkommenen Marktes

Markttransparenz
Der Kunde hat einen Gesamtüberblick über das Angebot auf dem Markt (Preise und Qualität).

Einheit von Raum und Zeit
Alle Nachfrager und Anbieter kommen zur gleichen Zeit am gleichen Ort zusammen. D.h. unterschiedliche Lieferfristen spielen keine Rolle, genauso wenig wie günstigere Standorte für ein Geschäft.

Vollkommener Markt

Homogenität der Güter
Alle Produkte sind gleich im Bezug auf die Qualität, Aufmachung und Verpackung.

Rationalität
Die Käufer lassen sich allein vom Preis lenken. Sie handeln somit vollkommen rational. Persönliche Vorlieben (wie Sympathie, ansprechende Werbung) spielen bei der Kaufentscheidung keine Rolle.

Bearbeiterin

Erklärfilm „Börsenkurs"
82033-43

Grafik als Kopiervorlage
82033-44

Vollkommener Markt
Um die Zusammenhänge zwischen Angebot, Nachfrage und Preisbildung besser veranschaulichen und untersuchen zu können, geht man in der Wirtschaftstheorie vom Modell des vollkommenen Marktes aus. In der Realität findet man allerdings kaum Märkte, die alle Merkmale eines vollkommenen Marktes erfüllen. Das Modell dient lediglich als Bezugspunkt, um die in der Wirklichkeit vorherrschenden unvollkommenen Märkte zu untersuchen.

Orderbuch Börse Stuttgart
82033-45

M4 Wie hängen Marktformen und Marktmacht zusammen?

Der vollkommene Markt ist nur ein Modell der Wirklichkeit. In der Realität gibt es nicht immer viele Anbieter und Nachfrager. Bei kleinem Angebot gegenüber hoher Nachfrage oder bei hohem Angebot und wenig Nachfrage verschieben sich die Machtverhältnisse auf dem Markt vom Anbieter zum Nachfrager: Wenn es nur einen Anbieter für ein Produkt oder eine Dienstleistung auf dem Markt gibt, spricht man von einem „Monopol" (gr. „allein", „einzig"). Diese Marktform bedeutet für den Anbieter, dass er allein Preis und Qualität seines Produktes bestimmen kann – der Käufer kann sich nicht für ein anderes Produkt entscheiden, er muss das des Anbieters kaufen. Wenn dieses Angebot dem Käufer nicht gefällt oder zu teuer ist, kann er sich höchstens gegen einen Kauf entscheiden. Je dringender der Verbraucher das Produkt benötigt, umso höher kann der Monopolist den Preis ansetzen. Außerdem kann er die Produktqualität verringern, indem er bspw. günstiger produziert und damit mehr Gewinn erzielen. Hohe Preise und eine schlechtere Qualität könnten aber auf lange Sicht andere Anbieter auf den Markt locken, die sich bei solchen verbraucherfeindlichen Bedingungen als konkurrenzfähig ansehen. Bei einem schlechten Preis-Leistungs-Verhältnis besteht für den Monopolisten außerdem die Gefahr, dass die Kunden doch lieber auf das Produkt gänzlich verzichten.

Ist dagegen eine Vielzahl von Anbietern auf dem Markt vorhanden (z. B. auf dem Wochenmarkt), spricht man von einem „Polypol" (gr. = „viele", „mehrere"), einem Markt mit vollständiger Konkurrenz. In diesem Fall ist der Wettbewerbsdruck zwischen den Anbietern groß: Sie müssen ihre Produkte laufend weiterentwickeln und verbessern, damit sich der Kunde für ihre Produkte entscheidet. Außerdem müssen sie ihren Preis der Wettbewerbssituation anpassen. Die Konsumenten haben eine große Auswahl an Produkten und Dienstleistungen und können das Preis-Leistungs-Verhältnis verschiedener Anbieter miteinander vergleichen. Dies setzt aber voraus, dass die Verbraucher über die jeweiligen Produkteigenschaften ausreichend informiert sind (Markttransparenz). Da hier aber ein Machtungleichgewicht zwischen Anbietern und Verbrauchern besteht, übernehmen der Staat und private Verbraucherschutzorganisationen die Aufgabe, die Verbraucher zu informieren und dadurch zu schützen. So kann die Position der Verbraucher gegenüber den Anbietern gestärkt werden (vgl. Kapitel 2.1.5).

Bearbeiterin

AUFGABEN

82033-46

1. Vergleiche den Kauf einer Aktie mit dem Kauf eines Staubsaugers: Welche Vor- und Nachteile ergeben sich jeweils (**M2**)?
2. Erläutere anhand von **M2** und **M3**, inwiefern die Börse als vollkommener Markt gelten kann.
3. Erklärt, warum dieses Modell in der Realität an seine Grenzen stößt.
4. a) „Ein Monopolist beherrscht den Markt." Erläutere mit Hilfe von **M4** warum Monopole für das Funktionieren des Marktes ein Problem darstellen.
   b) Begründe, warum der Wettbewerb zwischen Anbietern auf dem Markt dem Verbraucher nützt.

H Aufgabe 1
Denkt an eure drei letzten Käufe und untersucht sie auf die Merkmale des vollkommenen Marktes. Konnte ein Kauf ein Merkmal nicht erfüllen, überlegt, ob es in einer anderen Situation erfüllbar gewesen wäre, z. B. ein Kauf vor Ort im Laden statt online.

2.3.3 Versagt der Markt beim Schutz der Umwelt?

Zum Thema: Adam Smiths Idee, dass der Markt durch eine „unsichtbare Hand" (Kapitel 2.3.1) alles alleine zum Besten regelt, wird häufig kritisiert. Denn es gibt Güter und ganze Bereiche, in denen der Staat eingreifen muss, damit sie überhaupt zur Verfügung gestellt, oder auch geschützt werden, und damit alle Zugriff darauf haben, die sie brauchen. Schulen und Bildung sind dafür ein Beispiel, aber auch Straßen, Gesundheit und nicht zuletzt die Umwelt. Da die Menschen ihre Bedürfnisse stillen wollen und Unternehmen Gewinn erwirtschaften, vergessen beide teilweise, dass die Umwelt und das Klima bedacht und geschützt werden müssen. Aber kommt der Staat dieser Aufgabe denn ausreichend nach, wenn es die Menschen schon nicht tun?

M1 Erdüberlastungstag – wenn am Ende der Ressourcen noch so viele Bedürfnisse übrig sind

Erdüberlastungstag (engl. Earth Overshoot Day)
Stand: 2022

73000-531

Am „Earth Overshoot Day" haben wir Menschen alle natürlichen Ressourcen (z. B. Holz, Wasser) aufgebraucht, die die Erde innerhalb eines Jahres regenerieren und nachhaltig zur Verfügung stellen kann.

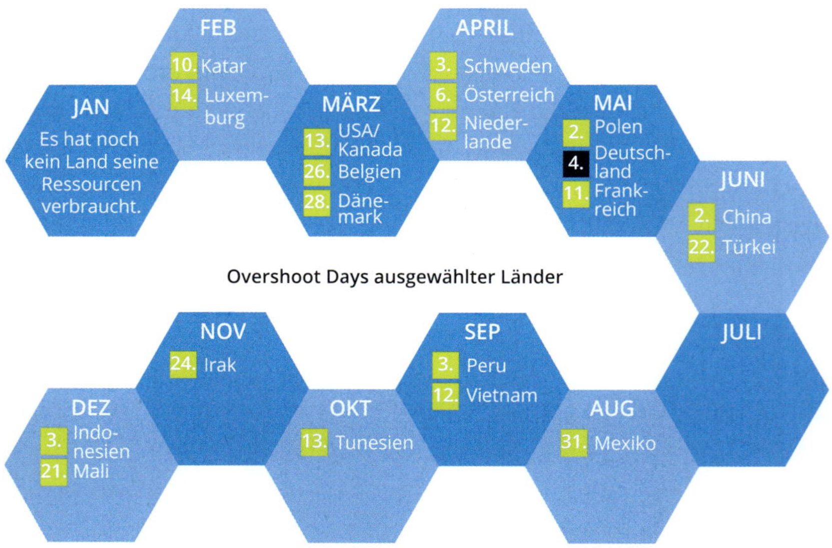

Lesebeispiel: Wenn alle Menschen so leben würden wie die Deutschen, dann würde die Menschheit aus ökologischer Sicht ab dem 4. Mai 2022 die natürlichen Reserven verbrauchen.

©C.C. Buchner Verlag, aktuelle Daten nach Global Footprint Network, 2022

EINSTIEGSAUFGABE 82033-47

1. Stellt Vermutungen an, warum der Erdüberlastungstag für manche Länder früher, für andere später ist.

M2 Was ist der Erdüberlastungstag?

Würden die Ressourcen der Erde zu gleichen Anteilen auf alle Länder gemäß der Zahl ihrer Einwohnerinnen und Einwohner verteilt, hätte Deutschland seinen Anteil im Jahr 2022 bereits Anfang Mai aufgebraucht, so Berechnungen des Global Footprint Network.

Ab dann leben die Deutschen demnach auf Kosten anderer Länder bzw. auf Kosten zukünftiger Generationen, weil wir mehr Ressourcen nutzen, als die Erde wieder erneuern bzw. insgesamt aufbringen kann. Auf die globale Bevölkerung hochgerechnet, bräuchte der deutsche Lebensstil die Landfläche von über drei Erden. Das heißt, dass wir in Deutschland die Natur dreimal so schnell nutzen, wie sich Ökosysteme regenerieren können – mit vielfältigen Folgen für die Umwelt, wie unter anderem Klimawandel, Artensterben oder schrumpfende Wälder.

Bearbeiterin

M3 Was der Markt alleine nicht lösen kann

Normalerweise sorgt der **Marktmechanismus** für eine Verteilung von Gütern und einen schonenden Umgang mit Ressourcen. Denn die Preise zeigen an, was ein Gut kostet und wie knapp (und damit kostbar) dieses ist. Wenn z. B. die Vorräte von Öl schrumpfen oder die Nachfrage steigt, dann sorgt der Markt über steigende Preise für einen sparsameren Umgang. Zugleich bieten die steigenden Preise einen Anreiz, energieschonendere Techniken zu erfinden oder alternative Energieträger nutzbar zu machen.
Beim Schutz des Klimas und der Umwelt versagen die Märkte aber immer wieder. Der Grund dafür ist, dass die Verschmutzung der Umwelt den Verursacher nichts kostet. Wer mit dem Auto fährt zahlt zwar das Benzin, nicht aber die **umweltbedingten Folgekosten**, die durch die Fahrt entstehen. Dazu zählen Kosten für Gesundheitsschäden als Folge von Lärm und Umweltbelastungen wie Feinstaub sowie Kosten, die durch Schäden an Natur und Landschaft entstehen (Landschaftsverbrauch). Auch die Kosten des Klimawandels, an dem der Verkehr durch seine CO_2-Emissionen in hohem Maße beteiligt ist, sind nicht berücksichtigt. Ökonomen sprechen von **negativen externen Effekten**. Die Kosten werden also nicht vollständig vom Verursacher getragen. Sie werden in Teilen auf unbeteiligte Dritte oder auf die Gesellschaft übertragen.
Wie kann eine Lösung aussehen? Beim Schutz der Umwelt muss meist der Staat mit Instrumenten der **Umweltpolitik** regulierend eingreifen. Dies kann über Verbote geschehen. Oder die entstandenen Kosten müssen im Preis abgebildet und damit vom Verursacher bezahlt werden. Man sagt die entstandenen Kosten werden **internalisiert**. Das kann durch Steuern (z. B. Mineralölsteuer), den Handel mit Verschmutzungsrechten (z. B. Emissionshandel) oder durch Subventionen (z. B. Prämien für den Kauf von E-Autos oder Förderung von Heizungen, die erneuerbare Energien nutzen) geschehen.

Bearbeiterin

Positive externe Effekte
Spendet mir z. B. die Straßenbeleuchtung vor meiner Wohnung Licht, ziehe ich daraus einen Nutzen, ohne dafür direkt etwas bezahlen zu müssen. Die Kosten für die Beleuchtung trägt die Allgemeinheit.

Direkte Kosten
Auto: amtliches Kilometergeld, Besetzung mit einer Person
Bus/Bahn: Jahresnetzkarte für 2 Regionen (Entfernung 15 km), 200 Arbeitstage
Fahrrad: Kaufpreis 600 Euro, 10 Jahre Lebensdauer, jährlich 60 Euro für Reparatur, tägliche Strecke 10 km
Fußgänger: ein paar gute Schuhe für 100 Euro, tägliche Strecke 5 km

Externe Kosten
Unfallkosten, Lärm- und **Abgaskosten**: Gesundheits-, Sach- und Umweltschäden
Klimakosten: Schäden durch klimawirksame Emissionen
Zuschüsse: direkte Zahlungen, Steuernachlässe und Sachleistungen durch die öffentliche Hand

Fallbeispiele

- Die Polizei wird um drei Uhr wegen Ruhestörung durch eine Party gerufen.
- Der Eigentümer eines von Hochwasser gefährdeten Grundstücks lässt einen Deich bauen.
- In Speiselokalen darf wieder geraucht werden.
- Nach vielen Einbrüchen in ihrem Viertel stellen Nachbarn einen Sicherheitsdienst an.
- Auch in diesem Jahr melden die Skigebiete steigende Urlauberzahlen.

M4 Kosten unterschiedlicher Verkehrsträger je km in Cent

Kosten / km (Cent)	Auto	Bus	Bahn	Fahrrad	Fußgänger
Direkte Kosten	42,0	5,5	5,5	6,0	10,0
Unfallkosten	3,1	0,2	0,1	1,0	0,5
Lärm und Abgase	1,8	2,2	0,3	0,0	0,0
Klimakosten	1,8	0,8	0,6	0,0	0,0
Staukosten	7,7	0,5	0,0	0,0	0,0
Zuschüsse	2,0	6,5	6,9	0,4	0,8
Summe Externe Kosten	16,4	10,2	7,9	1,5	1,3
Gesamtkosten	58,4	15,7	13,4	7,5	11,3

© Deutscher Sparkassen Verlag GmbH

M5 Kosten-Nutzen-Analyse: Auto versus Rad

Nicht nur ökologisch sinnvoll: Wechsel zum Rad

Dass sich mehr Radverkehr nicht nur aus ökologischen Gründen lohnt, zeigte Prof. Dr. Stefan Gössling von der Universität Lund auf dem Vivavelo-Kongress Mitte April 2018 in Berlin.

In einer volkswirtschaftlichen Kosten-Nutzen-Analyse verglich er Auto und Fahrrad in Deutschland und kam zu spannenden Ergebnissen. Der Vergleich zeigte, dass das Fahrrad einen gesamtgesellschaftlichen **Nutzen von 30 Cent pro Kilometer** hat. Während Autofahrer **20 Cent Kosten pro Kilometer erzeugen**, die derzeit nicht durch Steuern und Abgaben gedeckt sind. Bei etwa 20.000 Personenkilometer pro Jahr und Auto erzeugt jedes einzelne Auto so 4.000 Euro Kosten für die Gesellschaft. Für den Vergleich wurden Parameter und Faktorkosten wie Klimawandel, Luftverschmutzung, Lärm, Ressourcennutzung und Lebensqualität miteinbezogen. [...] Laut Gössling werden Kosten-Nutzen Berechnungen nicht konsequent genutzt, um gesellschaftliche Kosten verschiedener Verkehrsträger zu erheben und zu vergleichen. Dadurch wird das Auto subventioniert, während der gesellschaftlich gewinnbringende Radverkehr nicht angemessen durch Investitionen gefördert wird. Deshalb empfiehlt er die Radverkehrsinvestitionen deutlich aufzustocken und schlägt vor, das Fahrrad proportional zum Auto zu fördern.

ADFC: Kosten-Nutzen-Analyse: Auto vs. Rad. www.adfc.de , Zugriff 09.11.2022

M6 Wie bekommen wir mehr Menschen aufs Fahrrad?

1 Die Gesamtkosten bestimmen den Preis fürs Autofahren. Eine Möglichkeit, den PKW-Verkehr zu minimieren, sind höhere Spritpreise und Steuern.

2 Autofahrer müssen Verschmutzungsrechte pro gefahrenen Kilometer kaufen, die das Fahren auf Straßen erlauben. Der Preis ist abhängig vom Verbrauch und den Emissionen des jeweiligen Fahrzeugs.

3 In besonders belasteten Gebieten, z. B. Innenstädten, werden nur Radwege verstärkt ausgebaut, Fahrradstraßen gebaut und Parkhäuser für Fahrräder errichtet.

4 Es werden Anreize für Autofahrer geschaffen, auf das Fahrrad umzusteigen, z. B. Kaufprämien für (E-)Fahrräder oder eine höhere Pendlerpauschale (aktuell 30 Cent/km bzw. ab 21 km 35 Cent/km Distanz zur Arbeitsstelle für alle).

5 Fahrradfahrer müssen weniger Krankenversicherung und Steuern bezahlen, weil sie gesünder leben, und für sie keine Autobahnen gebaut werden müssen.

AUFGABEN

82033-48

1. Erklärt, was der Teilsatz "Ab dann leben die Deutschen demnach auf Kosten anderer Länder bzw. auf Kosten zukünftiger Generationen..." für euer zukünftiges Leben bedeuten könnte. (**M3**)
2. a) Sortiert die Fallbeispiele (Randspalte oben) danach, ob positive oder negative externe Effekte durch die Handlungen entstehen (**M3**). Legt dazu eine Tabelle an und begründet eure Zuordnung.
   b) Findet weitere Beispiele aus eurem Alltag für externe Effekte und ordnet diese ebenfalls in die Tabelle ein.
3. a) Welche Form von Mobilität verursacht die geringsten externen Kosten? Welches Verkehrsmittel belastet die Umwelt am stärksten? Analysiert dazu die Tabelle **M4**.
   b) Neben den Kosten aus **M4** spricht Stefan Gössling (**M5**) auch vom Nutzen der Verkehrsteilnehmer. Stellt dar, wie Radfahrer nicht nur weniger Kosten verursachen, sondern sogar Kosten sparen im Vergleich zum Autofahrer.
   c) Der Pressesprecher eines Automobilunternehmens widerspricht: „Unsere E-Autos sind sehr sauber und bieten zukunftsfähige Arbeitsplätze in der Region." Nimm dazu Stellung.
4. Es soll eine politische Entscheidung getroffen werden, um die Umweltbelastung durch PKWs zu lösen. Dazu sollen Experten dem Gesetzgeber eine Empfehlung geben. Bildet Expertengruppen, diskutiert die Vorschläge in **M6** im Rahmen einer Fishbowl-Diskussion (→ Methode) und sprecht eine Empfehlung aus.

WAS WIR WISSEN

Angebot und Nachfrage auf Märkten

Was Wir Wissen-Seiten digital zum Editieren

82033-311

Märkte sind Orte des Tausches von Gütern. Konsumenten und Produzenten kooperieren auf den Märkten, um ihre Bedürfnisse zu befriedigen. Dabei treffen Anbieter und Nachfrager, die beide das Ziel der Nutzenmaximierung verfolgen, mit gegensätzlichen Interessen auf Märkten aufeinander. Der Interessengegensatz äußert sich in unterschiedlichen Preisvorstellungen: Der Käufer (Nachfrage) will einen möglichst niedrigen Preis, der Verkäufer (Angebot) einen möglichst hohen. Auf dem **vollkommenen Markt**, unter den Voraussetzungen der vollständigen Konkurrenz (Vielzahl von Anbietern und Nachfragern), der **Homogenität der Güter** (Güter mit gleicher Qualität) und der **Markttransparenz** (vollkommener Überblick über das Angebot) bilden Angebot und Nachfrage den Preis. Ist die angebotene Menge größer als die nachgefragte, dann sinkt der Preis. Der sinkende Preis führt zu einer Erhöhung der Nachfrage und zu einer Verminderung des Angebots. Ist die nachgefragte Menge größer als die angebotene, steigt der Preis. Der steigende Preis führt im **Modell des Preis-Mengen-Diagramms** zu einem Rückgang der Nachfrage und einem steigenden Angebot. Der Gleichgewichtspreis, der grafisch der Schnittpunkt der Nachfrage- und Angebotskurve ist, ist der Preis, zu dem der größte Güterumsatz erfolgt. Die Wirklichkeit ist allerdings komplizierter als das Modell: Oft liegen unvollständige Informationen sowie sachliche, persönliche, räumliche oder auch zeitliche Präferenzen vor. **Unvollkommene Märkte** sind die Regel.

Preisbildung im Preis-Mengen-Diagramm und Grenzen des Modells

Marktformen und die Macht der Produzenten und Konsumenten

Gibt es nur **einen Anbieter** für ein Produkt auf dem Markt (**Monopol**), kann dieser Preis und Qualität allein bestimmen (**Produzentensouveränität**). Der Verbraucher kann sich zwar gegen einen Kauf entscheiden, eine Wahl- oder Ausweichmöglichkeit hat er aber nicht. Gibt es **mehrere Anbieter** (**Oligopol**: wenige große Anbieter, **Polypol**: sehr viele Anbieter), die in Konkurrenz und im Wettbewerb zueinanderstehen, hat der Verbraucher eine deutlich bessere Position gegenüber den Anbietern. Der Wettbewerb wird deshalb durch den Staat geschützt. Der Verbraucher stimmt mit seinem Kauf über ein Produkt und damit über einen Anbieter ab (**Konsumentensouveränität**). Diese sind entsprechend stärker gefordert, ihre Produkte ständig zu verbessern und ihre Preise der Wettbewerbssituation anzupassen, damit der Kunde sich (weiter) für ihr Produkt entscheidet. Gerade das Internet bietet heute viele Möglichkeiten, sich als Verbraucher über Angebote zu informieren (Bewertungsportale) oder diese zu vergleichen (Vergleichsportale). Viele sehen hierin eine Stärkung der Position der Verbraucher gegenüber den Anbietern. Allerdings muss immer auf die Seriosität der Internetseiten geachtet werden.

Markversagen und Eingriffe des Staates

Umweltschutz ist oft nicht allein über den Preismechanismus zu erreichen. In die Preise der Güter fließen verbrauchte Ressourcen und Verschmutzungen wie bspw. beim Trinkwasser nicht ein. Auch wenn Güter wie Wasser und Luft auf den ersten Blick für den einzelnen kostenlos sind, sind Umweltschäden wie Luftverschmutzung und verseuchte Flüsse und Seen für die Gesellschaft sehr teuer (**negative externe Effekte**). Der einzelne Verbraucher zahlt sie aber nicht direkt mit dem Kaufpreis mit. Um diese Kosten doch in Preisen abzubilden (**Internatalisierung externe Effekte bzw. Kosten**), gibt es verschiedene Wege: Gesetze des Staates, Selbstverpflichtung der Unternehmen, aber auch Marktlösungen wie Steuern und Lizenzen.

M1 Fake-Bewertungen: Wie Anbieter auf Amazon um fünf Sterne kämpfen

Die meisten Menschen in Deutschland scrollen durch Kundenbewertungen, bevor sie online ein Produkt kaufen. Was dort steht, spielt oft eine entscheidende Rolle, ob jemand ein Produkt kauft oder nicht. Der Deal "Gratisprodukt gegen Bewertung" wäre deswegen besonders dreist. [...]

Unsere Reporterin stößt bei ihrer Recherche auf unzählige solcher Deals [...]. Die Masche ist immer gleich: Erst das Produkt kaufen mit dem eigenen Amazon-Account, dann eine Bewertung schreiben und am Ende soll es das Geld zurückgeben. [...]

Auf die Nachfrage beim Anbieter: "Gibt es das Produkt trotzdem kostenlos, auch wenn es keine fünf Sterne dafür gibt?" kommt die Antwort dieses Anbieters prompt: "It must be a five star." Keine fünf Sterne, kein Geld zurück.

Jetzt heißt es: Warten auf Amazon. Die Bewertungen werden geprüft – immerhin verbietet die Plattform in ihren Community-Richtlinien das Rezensieren gegen Vergütungen. [...]

Was macht der Onlineversandhändler gegen manipulierte Bewertungen? Ein Sprecher antwortet schriftlich: "Unsere Teams arbeiten mit Sozialen Medien, Instant Messaging- und Online-Zahlungsdiensten zusammen, damit sie Maßnahmen gegen diejenigen ergreifen können, die diesen Missbrauch in Gruppen und Chats außerhalb unserer Stores etablieren. Außerdem setze Amazon "leistungsstarke Programme des maschinellen Lernens und erfahrene Prüfteams ein, um wöchentlich mehr als zehn Millionen Bewertungen zu analysieren".

Die Bewertungen unserer Reporterin sind mittlerweile alle online. Die Maßnahmen, von denen der Onlineversandhändler schreibt, waren in ihren Rezensionen nicht erfolgreich.

Die Verbraucherzentrale Bayern stellt neben Amazon auch auf den meisten anderen Online-Portalen manipulierte Bewertungen fest. Strengere Gesetze sind zwar geplant, doch bislang bleibt Verbrauchern nichts anderes übrig, als Bewertungen selbstkritisch zu hinterfragen.

Neukam, Andreas: Fake-Bewertungen: Wie Anbieter auf Amazon um fünf Sterne kämpfen. www.br.de Zugriff 17.11.2022

Arbeiten mit dem Preis-Mengen-Diagramm

82033-49

AUFGABEN

82033-50

1. Entwickelt Strategien, wie ihr euch vor Werbeeinflüssen schützen könnt, und präsentiert sie eurer Klasse.
2. Überprüfe ausgehend von **M1** und deinen eigenen Erfahrungen, inwiefern Online-Bewertungs- und Vergleichsportale eine Möglichkeit darstellen können, um die Position der Konsumenten bei Informationsasymmetrie zu stärken.
3. Ergänzt in der ersten Spalte jeweils das Preis-Mengen-Diagramm hinter dem QR-Code und entscheidet, wie sich Nachfrage, Angebot, Gleichgewichtspreis, Gleichgewichtsmenge, Konsumenten- und Produzentenrente verhalten, wenn das jeweilige Szenario aus Spalte 3 eintritt.

Was kostet die Welt?

Einmal um die Welt

Baby, bitte mach dir nie mehr Sorgen um Geld
Gib mir nur deine Hand, ich kauf dir morgen die Welt.
Egal, wohin du willst, wir fliegen um die Welt
Hau'n sofort wieder ab, wenn es dir hier nicht gefällt.

Ost, West oder Nord, hab den Jackpot an Bord
Will von hier über London direkt nach New York.
Denn ab heute leb ich jeden Tag, als ob ich morgen tot wäre
Laufe durch den Park und werf mit Geld, als ob es Brot wäre.

Yeah, nur noch Kaviar, Champagner oder Schampus
Baby, ich erfüll dir wirklich jeden Wunsch mit Handkuss
Frühstück in Paris und danach Joggen auf Hawaii
Und um das Ganze noch zu toppen, geh'n wir shoppen in L.A.

Also pack dir deine Zahnbürste ein
Denn ab heute bist du mehr als an nur einem Ort daheim
Mit meinem Babe in der Hand und 'nem Safe an der Wand
Könn'n wir tun, was wir woll'n und das Leben ist noch lang,
also komm.

Sie will Kreditkarten und meinen Mietwagen
Sie will Designerschuhe, davon ganz schön viel haben
Manolo Blahnik, Prada, Gucci und Lacoste
Kein Problem, dann kauf ich halt für deine Schuhe gleich ein ganzes Schloss

Sie will in Geld baden und sie will Pelz tragen
Und sie will schnell fahren, einmal um die Welt fahr'n
Sie kann sich kaufen, was sie wollte, doch nie hatte
Denn ich hab jetzt die American Express, und zwar die schwarze,
also komm...

Cro ‚Einmal um die Welt', Album ‚Raop'

Musikvideo ‚Einmal um die Welt' von Cro

82033-51

„Ich kauf dir morgen die Welt!" Wie gehe ich mit meinem Geld um?

3

Würdest du auch gerne einfach einmal um die Welt reisen und kaufen was dir gefällt? Vermutlich gibt das dein Taschengeld aber nicht her. Du könntest Dir natürlich mit einem Ferienjob etwas dazu verdienen. Aber auch dann hat man leider irgendwie immer zu wenig. Es gilt klug zu wirtschaften, wenn man mit seinem Geld auskommen will. Du solltest aber auch gut überlegen, was du wirklich brauchst. Wie kannst du deine Einnahmen und Ausgaben im Blick behalten? Wohin geht dein Geld eigentlich und wie bezahlst du? Worauf sollte man achten, wenn man sein Geld anlegen möchte? Und wie kann man vermeiden, in die Schuldenfalle zu geraten? Um solche Fragen geht es in diesem Kapitel.

Am Ende des Kapitels könnt ihr:

- einen Haushaltsplan erstellen und verantwortungsvoll mit euren Einnahmen und Ausgaben haushalten
- Wechselbeziehungen im Wirtschaftskreislauf beschreiben
- die Bedeutung verschiedener Zahlungsformen analysieren und beurteilen
- erläutern, ob bzw. wann es für euch persönlich sinnvoller ist, euer Geld auszugeben oder zu sparen
- kritisch über euer ökonomisches Verhalten diskutieren und Interessen, Erwartungen und Handlungen in Tauschsituationen, z. B. als Käuferin oder Geldanleger, beurteilen
- Ursachen und Folgen von Überschuldung erläutern und den Weg aus den Schulden aufzeigen.

WO STEHT IHR GERADE?

82033-52

1. Was hältst du vom Verhalten des Sängers in dem Song „Einmal um die Welt" von Cro?
2. Was würdest du mit so viel Geld machen? Konsumieren oder sparen? Überlege!
3. „Auf Pump leben" – Könntest du dir das vorstellen?

3.1 Geld und Geldkreisläufe – habe ich meine Finanzen im Blick?

3.1.1 Eine Frage des Budgets – wie viel Geld habe ich?

Zum Thema: Geht es euch manchmal wie Leon? Das Taschengeld ist schon komplett ausgegeben, aber es ist erst Mitte des Monats. Damit seid ihr nicht allein, denn das passiert vielen Jugendlichen. Grund genug, sich eingehender mit seinem persönlichen Budget zu befassen. In diesem Kapitel beschäftigt ihr euch mit euren Einnahmen und Ausgaben und lernt, wie ihr mit Hilfe eines Haushaltsplanes eure Finanzen im Blick behalten könnt.

M1 Kann Leon sich das Konzert leisten?

EINSTIEGSAUFGABE 82033-53

1. Leon (15 Jahre) möchte herausfinden, ob er sich das Konzert leisten kann. Erkläre, wie er vorgehen kann.

Ich habe mein Taschengeld meist schon Mitte des Monats komplett ausgegeben. Mein Geld reicht nie. Dabei will ich doch gerne auf das Konzert meiner Lieblingsband. Das kostet aber 80 Euro. Kann ich mir das leisten?

M2 Einen Haushaltsplan erstellen

Um stets den Überblick über deine Finanzen zu behalten, empfiehlt sich die Erstellung eines Haushaltsplans. Dazu musst du in einer Tabelle die Einnahmen und die Ausgaben gegenüberstellen. Ziehst du dann von deinen Einnahmen deine Ausgaben ab, so erhältst du deinen Saldo. Ist dieser positiv, hast du einen Überschuss erwirtschaftet. Ist dieser negativ, hast du ein Defizit.

Muster-Haushaltsplan – ein Beispiel für eine Einnahmen-Ausgaben-Rechnung

Zeitraum (Woche, Monat)			
Einnahmen (Einnahmequellen)		**Ausgaben** (Ausgabeposten)	
Taschengeld		Süßigkeiten/Snacks	
Schülerjob		Handy	
Geldgeschenke		Weggehen	
		Kleidung	
...		...	
Gesamtsumme		Gesamtsumme	
Saldo (Einnahmen – Ausgaben)			

Bearbeiter

Budgetplaner-App
Keinen Überblick über deine Einnahmen und Ausgeben? Dann versuche es einmal mit einem Haushaltsbuch. Du kannst hierfür bspw. die kostenlose Budgetplaner-App der Stiftung „Deutschland im Plus“ nutzen.

Digitales Selbstlernmaterial der Verbraucherzentrale
82033-54

M3 Leons Einnahmen und Ausgaben

Taschengeld pro Monat	35 Euro
Freibaddauerkarte	15 Euro monatlich von Juni bis September
Handykosten	12 Euro im Monat
Weggehen	25 Euro im Monat
Eine Stunde pro Woche Babysitten bei den Nachbarn	12 Euro pro Stunde
Geldgeschenke	120 Euro pro Jahr
Musik-Streaming-Dienst	10 Euro im Monat
Jeden Samstag Kehrwoche für Oma erledigen	20 Euro im Monat
Online-Games	9 Euro im Monat
Süßigkeiten, Snacks	20 Euro pro Monat
Besondere Kleidung, wie das Trikot des Lieblingsvereins	10 Euro pro Monat

Bearbeiter

Hinweis
Jährlich anfallende Ausgaben musst du auf die Bezugsgröße deines Haushaltsplanes (Woche, Monat) umrechnen. Dasselbe gilt auch für Geburtstagsgeschenke oder andere einmalige Einnahmen (Beispiel: 60 Euro zum Geburtstag macht in einem Monatsplan (60:12) also 5 Euro).

M4 Ausgaben der Familie Müller

Leon lebt zusammen mit seiner Schwester Mia (14 Jahre) und seinen Eltern Christiane und Thomas zur Miete in einer 4-Zimmer-Wohnung. Mutter Christiane arbeitet als Sozialpädagogin in Teilzeit und Vater Thomas als Facharbeiter bei einem Automobilzulieferer. Sie haben folgende Ausgaben:

Telefon, Handy, Internet (mtl. = pro Monat)	100,00
Kaltmiete (mtl.)	1 300,00
Strom, Heizung, Wasser (jährlich)	3 600,00 (mtl.): 300
Streamingdienste/Pay-TV (mtl.)	20,00
Fernsehen: TV-Kabelanschluss (mtl.)	10,00
Abonnement/Tageszeitung (mtl.)	60,00
Abonnement/Modezeitschrift (jährlich)	60,00
Versicherungen/Haftpflicht-, Berufsunfähigkeitsversicherung (jährlich)	1 200,00
Ausflüge/Kletter-, Freizeitpark etc. (jährlich)	600,00
Familienurlaub (jährlich)	1 920,00
Sportutensilien/Fußballschuhe, Sportkleidung, Ski-Ausrüstung (jährlich)	300,00
Mitgliedsbeiträge/Sportvereine (jährlich)	360,00
Musikschule (mtl.)	150,00
Skiausfahrten (jährlich)	600,00
Nahrungsmittel, Getränke (mtl.)	1 200,00
Auto (jährlich)	3 600,00
Monatskarten/Nahverkehr (mtl.)	70,00
Kleidung/Schuhe (jährlich)	1 800,00
Restaurants/Ausflüge (jährlich)	840,00

Haushaltsplan als Kopiervorlage

82033-55

Brutto- und Nettolohn
Vom Bruttolohn, der im Arbeitsvertrag festgelegt wurde, werden verschiedene Beträge abgezogen: etwa Steuern und Sozialabgaben. Die Lohnsteuer ist abhängig vom zu versteuernden Einkommen und deiner Steuerklasse. Je höher dein zu versteuerndes Einkommen ist, desto höher fällt die Lohnsteuer aus. Unter Sozialabgaben versteht man die Beiträge zur Renten-, Arbeitslosen-, Kranken- und Pflegeversicherung. Der dem Arbeitnehmer zur Verfügung stehende Nettolohn ist nach diesen Abzügen entsprechend niedriger.

Kranken-, Unfall-, Renten-, Arbeitslosen- und Pflegeversicherung
Diese 5 Säulen der gesetzlichen Sozialversicherung gewähren Schutz gegen Einkommensausfall durch Krankheit, Unfall, verminderte Erwerbsfähigkeit, Alter und Arbeitslosigkeit. Außerdem tragen sie die Kosten von Pflegebedürftigkeit. In Deutschland sind die meisten Menschen gesetzlich pflichtversichert. Mit ihren Beiträgen finanzieren sie die Leistungen der gesetzlichen Sozialversicherung. Die Höhe der Beiträge hängt weitgehend vom Einkommen ab.

Haushaltsgeräte, Möbel, sonstige Reparaturen/Instandhaltung (jährlich):	1 200,00
Hygieneartikel (mtl.)	50,00
Gesundheit/Arzneimittel (mtl.)	100,00
Taschengeld/Kinder (mtl.)	65,00
Geldanlage/Aktien, Sparbuch... (mtl.)	300,00
Bildung/Kultur, Theater, Kino etc. (mtl.)	50,00
Rundfunkbeitrag (für öffentlich-rechtliche Sender, mtl.)	18,36

Bearbeiter

M5 Der Haushaltsplan der Familie Müller

Einnahmen / Monat		**Ausgaben / Monat**	
Einkommen (Vater Thomas)		**Posten**	**Monatlicher Betrag**
Bruttolohn	4 286,00		
- Steuern			
Lohnsteuer	696,33		
Kirchensteuer	37,41		
Summe Steuern	733,74		
- Sozialabgaben			
Rentenversicherung (9,3 %)	398,60		
Arbeitslosenversicherung (1,2 %)	51,43		
Krankenversicherung (7,3 % + 0,6 %)	338,59		
Pflegeversicherung (1,525%)	65,36		
Summe Sozialabgaben	853,98		
Nettolohn	2 698,28		

Einkommen (Mutter Christiane)		**Posten**	**Monatlicher Betrag**
Bruttolohn	1 983,00		
- Steuern			
Lohnsteuer	129,75		
Kirchensteuer	3,10		
Summe Steuern	132,85		
- Sozialabgaben			
Rentenversicherung (9,3 %)	184,42		

Arbeitslosenversicherung (1,2 %)	23,80		
Krankenversicherung (7,3 % + 0,6 %)	156,65		
Pflegeversicherung (1,525%)	30,24		
Summe Sozialabgaben	395,10		
Nettolohn	1 455,05		
+ Kindergeld (2 x 250,00)	500,00		
Gesamtes monatliches Nettoeinkommen	**4 653,33**	**Monatliche Gesamtausgaben**	
Saldo	**Einnahmen – Ausgaben:**		=

Bearbeiter

M6 Familienkonferenz bei Familie Müller: Worauf können wir verzichten?

1 Christiane Müller (43), Diplomsozialpädagogin

Mutter Christiane hat ein ausgeprägtes Interesse an Literatur und genießt das reichhaltige Kulturangebot in der Stadt. Sie ist außerdem politisch interessiert und engagiert sich auch im Kirchengemeinderat der Gemeinde. An Familienunternehmungen liegt ihr besonders der sommerliche Jahresurlaub am Herzen und sie ist begeisterte Skifahrerin. Außerdem geht sie gerne gut essen. Lebensmittel kauft sie besonders gerne in Bioqualität auf dem regionalen Wochenmarkt.

2 Thomas Müller (42), Facharbeiter

Vater Thomas pendelt täglich einige Kilometer zu seiner Arbeitsstelle. Er legt Wert darauf, seine Familie gegen sämtliche Lebensrisiken abzusichern und möchte immer einen „Notgroschen" auf der Seite haben. Als Fußballfan lässt er sich kein Spiel im Fernsehen entgehen und studiert in der Tageszeitung eifrig die Geschehnisse von der Bundesliga bis in die Kreisliga. Als leidenschaftlicher Heimwerker ist ihm sehr wichtig, dass in Haus und Garten alles in Ordnung ist. In seiner Freizeit macht er ansonsten gerne Ausflüge mit seiner Frau und seinen Kindern.

3 Mia Müller (14), Schülerin

Mia spielt mit großer Leidenschaft Klavier und sehr erfolgreich Volleyball im Verein. Mit ihren Freundinnen tauscht sie sich gerne über die neusten Modetrends aus und liebt es, mit diesen in Einkaufszentren bummeln zu gehen. Am Wochenende geht sie gerne ins Kino oder schaut gemeinsam mit ihren Freundinnen die neusten Serien der gerade angesagten Streamingdienste. Im Winter genießt sie die Skiausfahrten mit der Familie oder ihren Freundinnen.

Fixkosten
Fixkosten sind Ausgaben, die regelmäßig und in konstanter Höhe anfallen. Lebenshaltungskosten wie Miete und Strom sind typische Fixkosten-Beispiele: Die Beträge treten in regelmäßigen Abständen, meist monatlich, auf und verursachen bestimmte, relativ gleichmäßige Kosten. Je höher diese fixen Kosten ausfallen, desto unflexibler bist du bei anderen Ausgaben.

Variable Kosten
Variable Kosten hingegen können von Monat zu Monat unterschiedlich sein. Entsprechend hast du, anders als bei den fixen Kosten, auch immer die Möglichkeit, zu sparen. Variable Kosten entstehen zum Beispiel in der Freizeit oder beim Shopping.

Saldo
Der Saldo ist die Differenz (Unterschied) zwischen der Summe der Einnahmen und der Summe der Ausgaben. Ist der Saldo positiv, wurde ein Überschuss erwirtschaftet. Ist dieser negativ, resultiert ein Defizit.

4 Leon Müller (15), Schüler

Leon spielt als Torwart in einer Fußball-Jugendmannschaft, deshalb lässt er sich auch keine Übertragung eines Spiels seiner Lieblingsmannschaft in den entsprechenden Sportkanälen entgehen. Mit seinen Freunden beschäftigt er sich mit Live-Computerspielen im Internet. Er nimmt seit Jahren begeistert Schlagzeugunterricht in der Musikschule und besucht unheimlich gerne Konzerte seiner Lieblingsbands. Auf die erlebnisreichen sonntäglichen Ausflüge mit seiner Familie in Kletter- oder Freizeitparks freut er sich immer besonders.

1. Ausgaben, die unverzichtbar sind…

…	…
…	…
…	…

2. Ausgaben, die verzichtbar sind …

…	…
…	…
…	…

3. Ausgaben, die strittig sind …

…	…
…	…
…	…

Bearbeiter

M7 Können wir uns das Haus leisten?

Familie Kovac wohnt in der Wohnung neben Müllers. Frau Kovac (41) arbeitet als Ingenieurin bei einer lokalen Maschinenbaufirma und verdient rund 5 000 Euro brutto. Ihr Mann (42) arbeitet im Personalwesen bei einem Pharmaunternehmen in der Region und verdient ebenfalls 5 000 Euro brutto. Weil die Geschäfte im Maschinenbau sehr gut liefen, erhält Frau Kovac dieses Jahr noch eine zusätzliche steuerfreie Mitarbeiterbeteiligung von 2 500 Euro. Zudem nimmt das Ehepaar Zinsen in Höhe von 50 Euro pro Monat aus einer Kapitalanlage ein. Für ihre beiden jugendlichen Kinder Kristiano und Maja erhalten sie außerdem jeweils 250 Euro Kindergeld. Momentan zahlen sie für ihre Wohnung in der Stadt 1450 Euro Miete (inklusive Strom, Wasser und Heizung...). Handys und Internet kosten sie 70 Euro im Monat. Für diverse Versicherungen gehen 600 Euro jährlich drauf.

Da beide Elternteile zu ihrer Arbeitsstelle pendeln müssen, haben sie zwei Autos, deren Unterhalt sie 600 Euro im Monat kostet. Für Essen und Getränke geben sie, da ihnen eine gesunde Ernährung äußert wichtig ist, ca. 1 300 Euro aus. Für die Urlaubsreisen der Familie kommen auf den Monat gerechnet noch 300 Euro hinzu. Außerdem besitzt die Tochter ein eigenes Pferd, wofür monatlich 150 Euro für Futter und Tierarzt fällig werden. Ihren Eltern in Kroatien schicken sie monatlich 500 Euro als Zuschuss zur Rente in die alte Heimat. Kleidung und Schuhe kaufen sie im Schnitt für 350 Euro pro Monat und geben weitere 100 für Abonnements, Streamingdienste, Bücher und andere Medien aus. Irgendetwas ist immer kaputt, muss repariert werden oder Geschenke für Verwandte und Freunde müssen gekauft werden, weshalb sie noch 350 Euro für „Sonstiges" veranschlagen. Nun haben Sie ein kleines Einfamilienhaus gefunden, das sie gerne kaufen würden. Zwar würde dann die bisherige Miete wegfallen, aber dafür in den nächsten 25 Jahren Zinsen und die Tilgung für den Hauskredit monatlich mit 1 700 Euro zu Buche schlagen. Die Nebenkosten für das neue Haus (Strom, Wasser, Heizung, Grundsteuer, Schornsteinfeger, Gebäudeversicherung...) betragen 500 Euro pro Monat.

Bearbeiter

AUFGABEN

82033-56

1. a) Stelle Leons monatliche Einnahmen und Ausgaben (**M3**) in einem Haushaltsplan (**M2**) dar.
   b) Entwickelt gemeinsam Vorschläge wie Leon seinen Traum (**M1**) früher wahr werden lassen kann.
2. Analysiere die finanzielle Situation der Familie Müller, indem du die Ausgabenposten (**M4**) im Haushaltsplan **M5** einfügst und Einnahmen und Ausgaben vergleichst.
3. Da die monatlichen Ausgaben der Familie Müller deren Einnahmen schon seit Monaten übersteigen, rufen die Eltern eine Familienkonferenz ein. Bildet Vierergruppen:
   a) Verteilt die Rollenkarten (**M6**) in eurer Gruppe und macht euch mit eurer Rolle und deren Interessen und Bedürfnissen (**M4**) vertraut.
   b) Diskutiert nun in einer Familienkonferenz gemeinsam, welche Ausgabenposten unbedingt nötig bzw. welche verzichtbar sind (nehmt dabei auch Bezug auf die Bedürfnispyramide aus Kapitel 1). Notiert diese (vgl. **M6**) und begründet eure Auswahl. Beachtet dabei die Wünsche eures Familienmitglieds und setzt euch für dieses ein.
   c) Erstellt gemeinsam einen Haushaltsplan mit denjenigen Ausgaben, für die ihr euch entschieden habt.
4. In der Wohnung neben Familie Müller wohnt Familie Kovac. Sie möchte sich gerne den Traum von einem kleinen Einfamilienhaus auf dem Land erfüllen. Kann Familie Kovac sich das leisten?
   a) Stellt mit den Informationen aus **M7** einen Haushaltsplan für Familie Kovac nach dem Muster von Familie Müller (**M5**) auf.
   b) Überprüft, ob sie sich das Haus leisten können.

H Aufgabe 4b
Gehe dabei folgendermaßen vor:
1. Erstelle zunächst einen Haushaltsplan ohne den Wunsch vom Eigenheim, also auf Grundlage der Miete und der Nebenkosten.
2. Erstelle dann einen Haushaltsplan auf Grundlage des Wunsches vom Eigenheim. Ersetze also die Mietzahlungen durch die Kosten für die Schuldentilgung.
3. Vergleiche die Salden der Haushaltspläne.

3.1.2 Eine Frage des (Wirtschafts-)Kreislaufs – woher kommt und wohin geht mein Geld?

Zum Thema: Leon kann sich schließlich die Karte für das Konzert seiner Lieblingsband leisten. Aber was passiert eigentlich mit seinen 80 Euro, die er dafür ausgibt? Das Geld fließt aus seinem Geldbeutel in andere Hände. Dafür hat er als Gegenleistung aber auch eine Ware erhalten. Wie man den Fluss des Geldes und von Waren in einem Modell darstellen kann, lernst du in diesem Kapitel.

M1 Was passiert mit Leons 80 Euro?

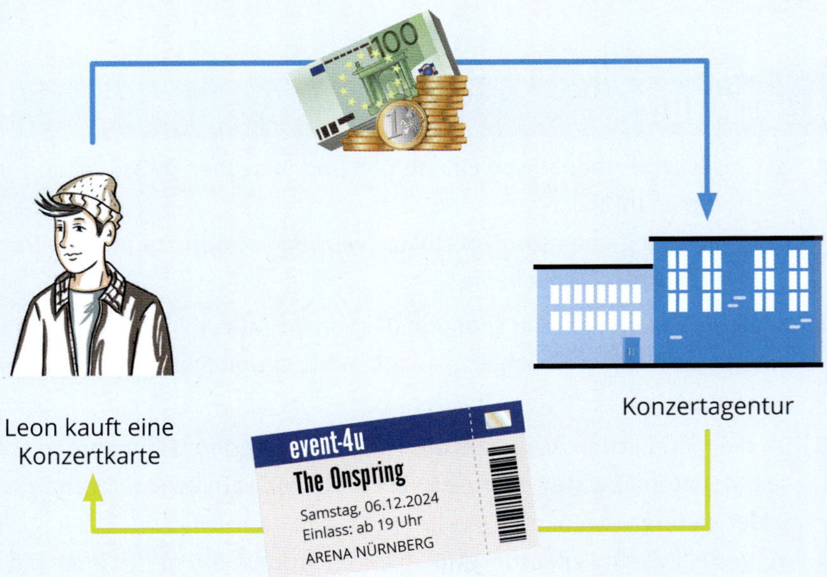

EINSTIEGSAUFGABE 82033-57

1. Was passiert, wenn Leon sein Geld (Einkommen) für eine Konzertkarte (Konsumausgaben) ausgibt? Erläutere diesen Sachverhalt am Beispiel von **M1**.

M2 Der einfache Wirtschaftskreislauf

Kauft Leon sich die Konzertkarte fließt der Kaufpreis von 80 Euro als **Geldstrom** der Konzertagentur zu. Im Gegenzug erhält Leon die Karte, also ein **Gut**, das heißt es fließt ein Güterstrom zu ihm zurück. So entsteht ein einfacher **Geld- und Güterkreislauf**, den man Wirtschaftskreislauf nennt. Um das überschaubar darzustellen, fasst man die handelnden Personen/Unternehmen (auch: **Akteure**) zu sogenannten **Sektoren** zusammen. So wird das übersichtlicher: Leon und seine Familie gehören zum Sektor **private Haushalte**. Die privaten Haushalte bilden im Wirtschaftskreislauf den Sektor des Verbrauchs. Hier werden die **Güter und Dienstleistungen** verbraucht (konsumiert), die von den Unternehmen produziert werden. Die Konzertagentur, von der Leon seine Karte kauft, zählt z. B. zum Sektor **Unternehmen**.

Diesen Geld- und Güterstrom haben wir in der Grafik oben bereits dargestellt. Das Unternehmen erzeugt aber nicht nur einen Güterstrom, sondern auch einen Geldstrom: Die Unternehmen zahlen Leons Eltern jeden **Monat Lohn- und Gehaltszahlungen**. Leons Eltern erhalten diesen Geldstrom für das geleistete Gut **Arbeitskraft**, das als Gegenstrom den Unternehmen zufließt. So ergibt sich eine Wechselbeziehung und ein **einfaches Kreislaufmodell** einer Volkswirtschaft.

Bearbeiter

Volkswirtschaft
Alle privaten Haushalte, sämtliche kleinen und großen Firmen und Unternehmen sowie die Einrichtungen eines Staates bilden zusammen die Volkswirtschaft. Vereinfacht kann man sagen: Alle, die Güter erzeugen (produzieren), verteilen und verbrauchen (konsumieren), gehören zur Volkswirtschaft.

M3 Der erweiterte Wirtschaftskreislauf

Neben dem Lohn bzw. Gehalt ergänzen staatliche Leistungen, wie z. B. das Kindergeld (vgl. M5, Kapitel 3.1.1) das Einkommen der Haushalte. Damit können wir den Wirtschaftskreislauf um einen weiteren Akteur ergänzen: den Staat.

Den Geldströmen, die vom Staat zu den Haushalten fließen, stehen wiederum Ströme in umgekehrter Richtung gegenüber: Diese haben wir auch bereits kennengelernt. Es handelt sich um Steuern, die die Haushalte als Pflichtabgaben an den Staat zahlen müssen (vgl. M5, Kapitel 3.1.1). Auch bei sämtlichen Einkäufen ist der Staat beteiligt. Beim Kauf der Konzertkarte wird z. B. die Mehrwertsteuer fällig. Und Unternehmen müssen ihre Gewinne versteuern. Diese Einnahmen des Staates fließen als Staatsausgaben wieder in den Kreislauf zurück: entweder als Sozialleistungen wie das oben erwähnte Kindergeld oder z. B. für Straßen, Schulen, Krankenhäuser oder für Staatsbedienstete wie Beamte.
Entscheidet sich Leon dafür, die Karte nicht zu kaufen und das Geld zu sparen, kommt ein weiterer Sektor des Wirtschaftskreislaufs in Spiel: die Banken. Banken sind Unternehmen, die mit Geld handeln. Wenn Leon sein Geld auf ein Sparbuch einzahlt, kann die Bank mit diesem Geld arbeiten. Dafür zahlt sie Leon einen Zins aus. Mit dem Geld der Sparer versorgt die Bank dann andere private Haushalte, Unternehmen oder den Staat mit Krediten.

Leons Turnschuhe und T-Shirts oder seine neue Spielekonsole werden meist in anderen Ländern wie China oder Südkorea produziert. Viele unserer Konsumgüter beziehen wir aus dem Ausland. Umgekehrt geht der größte Teil der in Deutschland produzierten Güter, z. B. Autos und Maschinen, als Exportware ins Ausland. Diese internationalen Handelsbeziehungen, Geld- und Güterströme zwischen dem In- und Ausland bilden einen eigenen Sektor im Wirtschaftskreislauf, der sich Ausland nennt.

Bearbeiter

Modell: Der Wirtschaftskreislauf
Das Modell des Wirtschaftskreislaufs ist eine vereinfachte Darstellung der Abläufe in einer Volkswirtschaft. In Wirklichkeit sind diese komplizierter. Aber der erweiterte Wirtschaftskreislauf hilft euch, die Geld- und Güterströme in einer Volkswirtschaft nachzuvollziehen. Ihr könnt die Beziehungen zwischen den wirtschaftlichen Akteuren so gut analysieren. Denn hinter dem Tausch von Geld und Gütern verstecken sich auch Machtverhältnisse. Es kann z.B. zu Konflikten zwischen Leons Eltern und ihren Arbeitgebern über die Höhe des Lohnes kommen.

Erklärfilm „Wirtschaftskreislauf

82033-58

M4 Tauschbeziehungen zwischen Akteuren im Wirtschaftskreislauf: Machtverhältnisse?

a) Die Gewerkschaft Verdi lässt den Streit um die bessere Bezahlung des Sicherheitspersonals an deutschen Flughäfen eskalieren. Nach der ersten Warnstreikwelle am Montag folgen an diesem Dienstag weitere Aktionen insbesondere an den Flughäfen in Stuttgart, Karlsruhe und Frankfurt. Die Flughafenbetreiber haben bislang alle Forderungen nach Verhandlungen zurückgewiesen.

b) Wegen der Corona-Pandemie mussten zahlreiche Konzerte und Events abgesagt oder verlegt werden. Kunden von Ticket-Dienstleistern berichten, große Schwierigkeiten zu haben, bereits gezahltes Geld für abgesagte Veranstaltungen zurückzubekommen.

c) Um die Finanzlage der Krankenkassen zu stabilisieren, sollen nach Plänen des Bundesgesundheitsministers auch die Pharmaunternehmen einen finanziellen Beitrag leisten. Die Branche droht mit dem Abbau von Arbeitsplätzen in Deutschland.

Bearbeiter

AUFGABEN

82033-59

1. Ordne die folgenden ökonomischen Vorgänge im Wirtschaftskreislauf (**M2/M3**) ein.
   a) Mias Vater erhält von seinem Unternehmen jeden Monat ein Bruttogehalt von 4 286 Euro.
   b) Die Mutter von Leon führt jeden Monat 129,75 Euro an Lohnsteuer ab.
   c) Familie Müller erhält jeden Monat 500 Euro Kindergeld.
   d) Das Unternehmen von Leons Onkel erhält den Auftrag alle Sportstätten der Stadt zu sanieren.
   e) Mias und Leons Eltern nehmen zur Finanzierung eines neuen Autos einen Kredit über 10 000 Euro auf.
   f) Die Familie zahlt jeden Monat 150 Euro auf ein Sparkonto ein.
2. Analysiere die Situationen in **M4** auf mögliche ökonomische Machtverhältnisse.

H Aufgabe 2

Gehe dabei folgendermaßen vor:

1. Wähle einen zum Ereignis passenden Sektor aus, mit dem du deine Analyse beginnst.
2. Stelle dann fest, auf welche weiteren Sektoren das Ereignis Auswirkungen hat.
3. Wie beeinflusst das Ereignis die Geld- bzw. Güterströme, die vom Ausgangssektor zu diesen anderen Sektoren fließen. Werden diese größer oder kleiner?
4. Analysiere die Auswirkungen der veränderten Geld- bzw. Güterströme. Was könnte geschehen, wenn weniger oder mehr Geld oder Güter vom einen in den anderen Sektor strömen? Wie beeinflusst das möglicherweise die Handlungen von Akteuren in diesem Sektor?
5. Überlege, wer auf Grundlage dieser Geld- und Güterströme bessere Chancen hat, seine Interessen durchzusetzen.

3.1.3 Wie bezahle ich? Brauchen wir noch Bargeld?

Zum Thema: Leons Konzertkarte muss natürlich bezahlt werden. Dafür benötigt man Geld. Doch welche Zahlungsart ist dafür geeignet? Barzahlung, Überweisung oder Zahlung per Smartphone? Voraussetzung für die Teilnahme am baren sowie bargeldlosen Zahlungsverkehr ist jedenfalls ein Girokonto. In welchen Situationen sich welche Zahlungsarten anbieten und ob man in Zukunft überhaupt noch Bargeld braucht, sind die zentralen Fragen dieses Kapitels.

M1 Wie würdest du hier bezahlen?

EINSTIEGSAUFGABE 82033-60

1. Wie würdest du in den dargestellten Situationen bezahlen?

M2 „Was ist Geld?“

Plastik oder Schein – was ist Geld?

Erklärfilm: Was ist Geld?

82033-61

M3 Wofür brauchen wir Geld?

Maja führt ihr Tagebuch online in einem Blog

Home | Blog | News | Impressum

Ein Freitag im Leben von Maja Kovac

› 6:30 Uhr: Aufgestanden und Kaffee für alle gemacht.

› 7:30 Uhr: Auf dem Weg zur Schule noch eine Brezel für die Pause für 95 Cent beim Bäcker gekauft.

› 13:00 Uhr: Kässpätzle in der Mensa gegessen. Habe ich mit meiner Mensakarte bezahlt.

› 14:00 Uhr: Treffen mit meiner Klassenkameradin Karolina, die Interesse an meiner gebrauchten Fahrradtasche hat, die ich für mein neues Fahrrad nicht mehr benötige. Wir informieren uns im Internet, was auf den dortigen Marktplätzen für das Produkt in etwa aufgerufen wird und einigen uns dann auf 50 Euro. Sie bringt mir das Geld morgen in die Schule mit.

› 15:00 Uhr: Mein wöchentlicher Nebenjob in der Tankstelle beginnt. Der erste Kunde kauft zu seiner Tankfüllung Diesel über 89,74 auch noch einen Kanister Motoröl für 12,80, eine Flasche Scheibenfrostschutz für 2,89 und einen Strauß Blumen für 8,99. Das macht 114,42. Er zückt seine EC-Karte.

› 18:00 Uhr: Oma ruft aus Kroatien an. Sie hat 200 Euro Ackerpacht erhalten und schenkt diese zu unserer großen Freude Kristiano und mir. Was werde ich mit meinen 100 Euro anstellen? Was Schönes kaufen, vielleicht die neue Fahrradtasche. Oder es vielleicht erst mal auf die Seite legen und sparen?

Bearbeiter

M4 Rund ums Girokonto

Um am Zahlungsverkehr teilnehmen zu können, benötigt man in der Regel ein Girokonto. „Giro" bedeutet Kreis oder Kreislauf. Das Girokonto dient der laufenden Verwaltung des Geldes.

Wenn du noch minderjährig bist und ein Girokonto haben willst, brauchst du die Zustimmung deiner Eltern. Spätestens mit Beginn der Berufsausbildung kommst du nicht darum herum. Bei Volljährigkeit wird ein Jugendgirokonto automatisch in ein „normales" Girokonto umgewandelt. Mit der Eröffnung eines Girokontos erhältst du eine IBAN, das ist eine 22stellige Bankkontonummer. Außerdem bekommst du eine Girocard (EC-Karte), diese kann auch für Bezahlvorgänge im Internet benutzt werden.

Als Jugendlicher darfst du dein Girokonto nicht überziehen, bei Kontobesitzern über 18 Jahren wird ein Dispositionskredit von der Bank festgelegt, d. h., man darf sein Girokonto überziehen, muss aber dafür an die Bank Zinsen bezahlen, die häufig sehr hoch sind. Die meisten Menschen führen ihr Girokonto online von zu Hause aus (Online- Banking). Nahezu alle gängigen Zahlungsarten beruhen auf dem Vorhandensein eines Girokontos.

Bearbeiter

M5 Verschiedene Bezahlmöglichkeiten

1 Barzahlung:
Die Bezahlung der Geldsumme erfolgt in entsprechender Währung mit Münzen und Scheinen.

2 Kartenzahlung:
Kopplung der Karte an ein Girokonto. Die Bezahlung erfolgt per PIN-Eingabe oder kontaktlos.

3 Überweisung:
Überweisung des Betrags vom Konto. Dies kann digital, am Automaten oder über Online-Banking vor sich gehen.

4 Lastschrift:
Der Kontobesitzer gibt eine Abbuchungserlaubnis von seinem Konto an einen Zahlungsempfänger.

5 Dauerauftrag:
Darunter versteht man eine regelmäßige Überweisung eines bestimmten Betrages an einen bestimmten Zahlungsempfänger.

6 Online- Bezahlsysteme:
- Zahlung per Überweisung mittels Online-Banking durch passwortgeschützte Online-Bezahldienste wie PayPal oder Girocard. Diese Dienste sind ursprünglich speziell für die Anforderungen des E-Commerce/ Interneteinkäufe gegründet worden.
- Passwortgeschützte Speicherung der Daten zum Bezahlen per Klick, zum Bsp. mit dem Smartphone. Die Autorisierung erfolgt durch: Fingerabdruck, Gesichtserkennung oder Gerätecode.

7 Bezahlen mit Kryptowährung:
Der Zahlungsverkehr wird durch digitales Geld in einem dezentralen, verschlüsselten Zahlungssystem abgewickelt.

Bearbeiter

Dezentrales Finanzwesen
Unter dem Begriff dezentrales Finanzwesen (abgekürzt DeFi) versteht man finanzielle Anwendungen im digitalen Raum, die ohne eine zentrale Institution (z. B. eine Bank) auskommen. Das „DeFi“ funktioniert auf Basis der Blockchain-Technologie.

Smart-Payment
Darunter versteht man einen Dienst mit dem man digital per Smartphone Geld an Freunde senden kann, auch Kleinbeträge. So könnten Freunde sich bspw. auch digital die Rechnung im Restaurant teilen oder Geld für gemeinsame Geschenke sammeln. Das Geld landet direkt auf dem Girokonto der Empfänger.

Übung: Vor- und Nachteile verschiedener Zahlungsarten
82033-62

Selbstlernübung „Bargeldloses Bezahlen“
82033-63

M6 Anteile der Zahlungsarten am Umsatz des deutschen stationären Einzelhandels

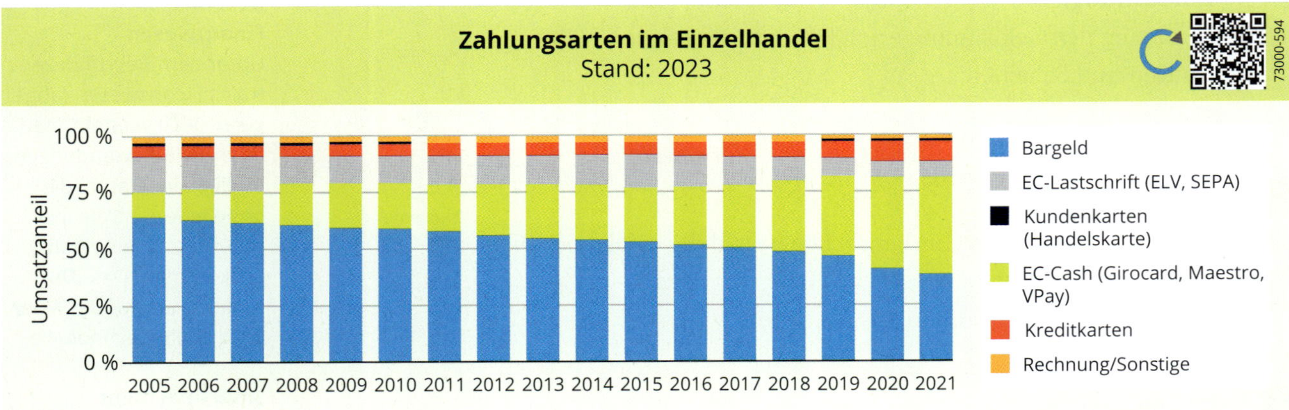

©C.C. Buchner Verlag, aktuelle Daten nach: EHI Retail Institute © Statista 2021

M7 Bargeldlose Zukunft?

Überall kann man mit Karte elektronisch zahlen – wer braucht da noch Bargeld?

M8 Smartphone statt Geldbeutel – brauchen wir noch Bargeld?

Bargeld oder Karte?

82033-64

Familie Müller will Urlaub in Schweden machen. Vater Thomas hat sich über das Land informiert: „Ich habe gelesen, dass man dort fast alles nur noch bargeldlos bezahlen kann. Da hat man ja überhaupt keinen Überblick mehr über seine Ausgaben!" Tochter Mia widerspricht: „Also ich finde das toll. Das macht alles doch viel einfacher und bequemer."

1 **Thomas Müller:** Für mich spielt die Anonymität in Bezug auf Bargeld eine große Rolle. Zahlungen mit Kreditkarten oder mit dem Smartphone werden registriert und irgendwelche Anbieter speichern dann meine persönlichen Daten. Gerade bei Smartphone-Zahlungen haben doch Internetriesen wie Google, Apple und Co. oftmals die Finger im Spiel. Bezahlen mit barem Geld ist anonymer als Kartengeldzahlungen.

Die Nutzung von Bargeld kann auch zu einem sparsameren Einkaufsverhalten führen, denn es ermöglicht eine gewisse Kontrolle über die eigenen Ausgaben. Vielen Menschen ist der Preis eines Einkaufes stärker bewusst, wenn sie Scheine und Münzen ausgeben, statt einfach eine Karte oder ihr Handy auf ein Gerät zu legen. Schuldenberater empfehlen deshalb ja nicht umsonst, nur so viel Bargeld mit sich zu tragen, wie letztendlich unbedingt benötigt wird. Impulskäufe können so einfacher vermieden werden, denn der Konsument wird nicht dazu verleitet, über die eigenen Verhältnisse einzukaufen.

2 **Mia Müller:** Durch die Corona-Krise wurde uns doch verstärkt bewusst, wie viele Viren und Bakterien Bargeld beherbergen kann. Auch auf Smartphones und Kartenoberflächen können sich zwar eine Vielzahl an Viren einnisten, jedoch liegt die Hygiene in der Hand jedes Einzelnen.
Und wie oft ist es mir schon passiert, dass ich nicht genug Bargeld im Geldbeutel hatte oder mir an Automaten einfach das passende Kleingeld fehlte. Mein Smartphone trage ich so gut wie immer bei mir. Zudem ist die Beschaffung von Bargeld oft umständlich. Man muss immer erstmal einen passenden Bankautomaten finden. Mitunter muss ich dafür sogar noch zahlen, da Bankautomaten, die nicht von der eigenen Bank aufgestellt wurden, oft Gebühren verlangen.
Und was ist mit Kriminalität? Die spielt in Bezug auf Bargeld ebenso eine große Rolle, da viele illegale Geschäfte bar abgewickelt werden. Außerdem ist Bargeld eine leichte Beute für einen Raub und das Verlustrisiko ist verhältnismäßig hoch.

Bearbeiter

AUFGABEN

82033-65

1. Erkläre ausgehend von **M2** welche Aufgaben (Funktionen) Geld in Majas Tagesablauf (**M3**) jeweils übernimmt.
2. Erläutere auf Grundlage des Haushaltsplanes der Familie Müller (vgl. Kapitel 3.1.1.) für welche Einnahmen und Ausgaben ein Girokonto (**M4**) benötigt wird.
3. Vergleiche die verschiedenen Zahlungsformen (**M5**) und analysiere deren Vor- und Nachteile .
4. Erörtert in der Klasse, ob ihr mit 14 schon ein Girokonto benötigt.
5. Wer findet das beste Girokonto? Führt eine Internetrecherche durch und vergleicht Jugendgirokonten.
6. Die Pausenbrezel per Smartphone (**M7**) bezahlen? Gestaltet auf Grundlage der Statements von Mia und ihrem Vater Thomas (**M8**) eine Fortsetzung des Streitgesprächs zu der Frage, ob wir noch Bargeld brauchen.
   Nutzt Kriterien und berücksichtigt dabei die Folgen für euch selbst (I), die Anderen (II) und das System (III).

H **zu Aufgaben 1, 3, 5 und 6** findest du im Digitalen Aufgabenkasten.

Was Wir Wissen Seite digital zum Editieren

82033-302

3.2 Ausgeben, sparen, anlegen – was mache ich mit meinem Geld?

3.2.1 Die Frage kurz- oder langfristiger Wünsche – sparen oder ausgeben?

Zum Thema: „Spare in der Zeit, dann hast Du in der Not", lautet ein altes deutsches Sprichwort. In Baden-Württemberg, ganz besonders in Schwaben, gilt Sparsamkeit als positive Eigenschaft. Und Geld anzusparen heißt schließlich auch für die Zukunft vorzusorgen. Aber vielleicht wollt ihr nicht alle eure Wünsche in die Zukunft verschieben. Und kann es nicht auch sinnvoll sein, sein Geld jetzt auszugeben, vor allem in Zeiten mit hoher Inflation? Ob ihr euer Geld besser auf die hohe Kante legt oder unter die Leute bringt, sollt ihr in diesem Kapitel diskutieren.

M1 Unverhofft Geld

Oma Müller hat ein altes Sparkonto über 10 000 Euro aufgelöst und beschlossen: 5 000 Euro will sie selbst nochmal anlegen und je 2 500 Euro bekommen ihre Enkel Mia und Leon. Beim Abendessen entwickelt sich eine Diskussion darüber, wie sie das Geld verwenden sollen.

Leon: „Ich habe das Geld geschenkt bekommen. Davon werde ich mir ein Mountainbike und eine Spielekonsole kaufen. Ich will das Geld nicht für irgendetwas sparen. Wie soll ich wissen, was ich in vier oder fünf Jahren gerne hätte."

Mia: „Also ich spare das Geld. Das gibt mir Sicherheit, falls ich es irgendwann mal dringend brauche."

Vater Thomas: „Wenn ihr 18 seid, werdet ihr den Führerschein machen wollen. Vielleicht möchtet ihr euch dann einen Roller oder einen E-Scooter kaufen. Eventuell wollt ihr auch mal eine längere Zeit ins Ausland gehen. Das kostet alles viel Geld, dafür solltet ihr sparen."

Mutter Christiane: „Lasst uns das Geld doch investieren. Dann vermehrt es sich und ihr habt später deutlich mehr Geld."

Mia: „Das hängt aber auch davon ab, wie wir das Geld anlegen. Man könnte ja auch alles verlieren. Ein allzu großes Risiko möchte ich nicht eingehen!"

Bearbeiter

EINSTIEGSAUFGABE 82033-66

1. Was würdet ihr mit 2 500 Euro machen? Sparen oder ausgeben?

M2 Sparen – mit Ziel?

Sparen heißt zunächst einmal, auf gegenwärtigen Konsum zu verzichten, um in Zukunft über einen größeren Geldbetrag verfügen zu können. Das Sparen kann unterschiedlichen Zielen dienen. Spart man für unvorhergesehene Ausgaben (wie z. B. eine überraschende Fahrrad- oder Autoreparatur) oder plötzliche Einnahmeausfälle (z. B. durch Arbeitslosigkeit), so nennt man das Vorsorgesparen. Vorsorgesparen gibt allgemein mehr Sicherheit bei der Lebensplanung. Spart man für eine Urlaubsreise, ein Auto oder den Führerschein, so spricht man vom Zwecksparen. Man spart für eine größere Anschaffung, also einen konkreten Konsumwunsch in der Zukunft. Vermögenssparen hat das Ziel Rendite, d. h. Ertrag zu erzielen und das Vermögen zu vermehren. Sparen hat nämlich den Vorteil, dass man Geld dafür bekommt, wenn man das Geld zum Beispiel bei einer Bank anlegt. Dann erhält man Zinsen. In den meisten Fällen ist es aber nicht möglich, zwischen den Sparzielen eindeutige Grenzen zu ziehen.

Bearbeiter

M3 Wofür junge Menschen sparen

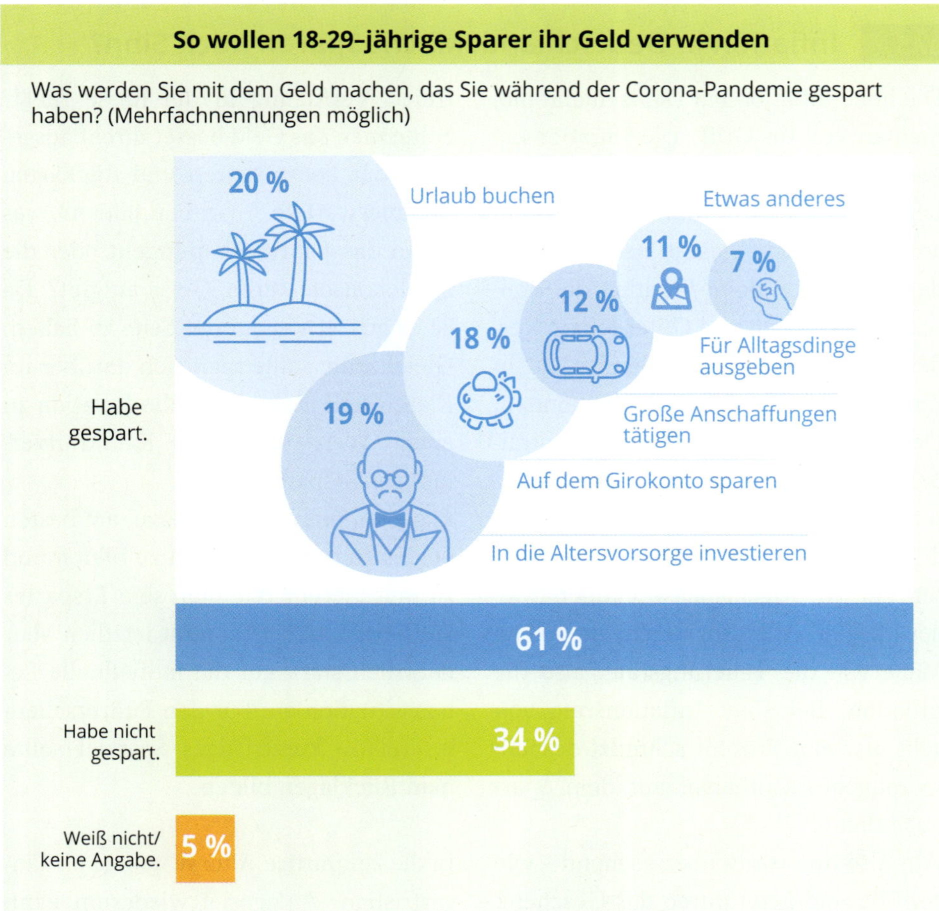

Nach: CanadaLife, 2022

Zinsen
Zinsen sind eine Art „Miete" für Geld. Leihst du der Bank oder einem Unternehmen dein gespartes Geld, bekommst du Zinsen. Leiht die Bank dir Geld, bekommt sie von dir Zinsen.

Zinseszins
Geld für sich arbeiten lassen? Der Zinseszins-Effekt entsteht, wenn man gutgeschriebene Zinsen nicht jedes Jahr vom Konto holt, sondern sie dort belässt und sie jedes Jahr aufs Neue mitverzinst werden. Im Internet gibt es Zinseszinsrechner. Recherchiere doch mal online und berechne den Zinseszinseffekt für dein Erspartes.

Inflation
Inflation meint die Geldentwertung durch steigende Preise. Wenn dein Lieblingsprodukt nun mehr kostet, dann kannst du für dasselbe Geld weniger davon kaufen.

Tagesgeld
verzinstes und täglich verfügbares Geld auf Konten

Kaufkraft
Wert des Geldes in Bezug auf die Menge der Güter, die dafür gekauft werden können

Realzins
Wie hoch der Ertrag einer Geldanlage nach Berücksichtigung der Inflationsrate ausfällt, zeigt der Realzins. Dieser zeigt, ob das Ersparte auf dem Sparkonto an Kaufkraft gewinnt oder verliert. Nehmen wir einmal an, du hast 100 Euro gespart und bekommst 2 % Zins. Dann bekommst du 2 Euro Zinsen von der Bank pro Jahr. Wenn nun die Inflation jedoch 5 % beträgt, dann besitzen deine 102 Euro nach Ablauf des Jahres nur noch eine Kaufkraft von 97 Euro (100 Euro + 2 Euro Zinsen – 5 Euro Inflation = 97 Euro Kaufkraft). Sind die Renditen auf Spareinlagen also niedriger als die Inflation spricht man von negativen Realzinsen. Für dich bedeutet das einen realen Vermögens- und damit Kaufkraftverlust. Sparen für die Vermögensbildung macht also nur Sinn, wenn der Realzins positiv ist.

M4 Sparen um Vermögen zu schaffen?

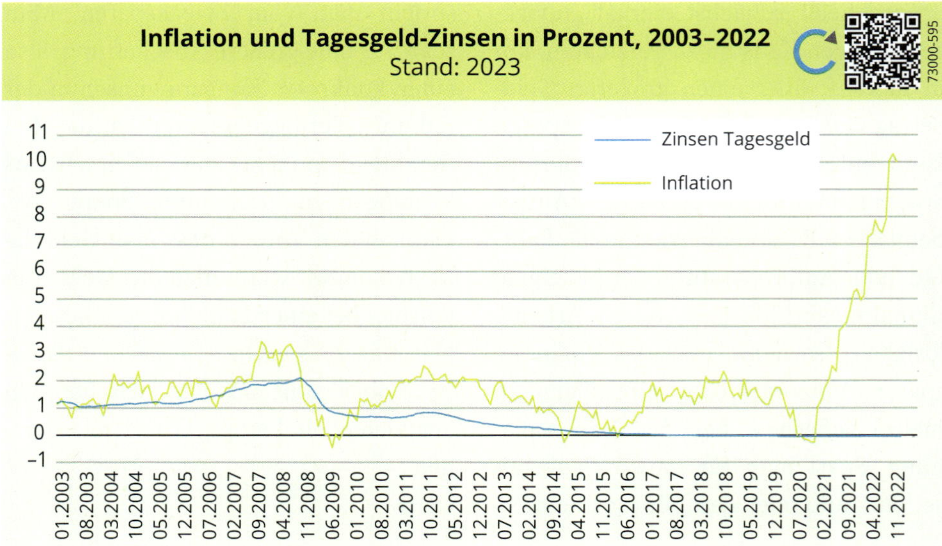

©C.C. Buchner Verlag, aktuelle Daten nach: Bundesbank, DESTATIS

M5 Inflation in Deutschland: Macht Sparen noch Sinn?

Die hohe Inflation hat Deutschland momentan voll im Griff. Die Inflationsrate drückt die Preissteigerung in einem Land über einen bestimmten Zeitraum aus. Vereinfacht gesagt bedeutet das, dass durch die hohe Inflation die Preise schnell steigen und Güter teurer werden. Du wirst dir von deinem Geld in Zukunft also weniger kaufen können. Deshalb hat die Europäische Zentralbank zum wiederholten Male die Zinsen angehoben. Das sorgt dafür, dass die Zinsen für Sparguthaben nach Jahren der Niedrigzinsphase endlich wieder steigen. Allerdings nicht im selben Maße wie die Teuerungsrate, also die Inflation. Bei einer Inflationsrate von acht bis zehn Prozent schmilzt deshalb so manches Guthaben auf dem Sparbuch dahin.

Was also tun, wenn überraschend – wie bei Mia und Leon durch das Geschenk der Oma – ein größerer Geldbetrag zur freien Verfügung in die Kasse fließt? Sollte man das Geld besser direkt ausgeben oder lieber sparen und Rücklagen für unerwartete Ausgaben bilden? Was wenn das Fahrrad kaputtgeht oder die Spielekonsole ihren Geist aufgibt? Da ist es gut, etwas auf der Seite zu haben. Gleichzeitig sollte man sich darüber im Klaren sein, dass eine hohe Inflation zu einem Wert- und damit Kaufkraftverlust des Ersparten führt.

Experten raten deshalb dazu, am besten beides zu tun: Rücklagen zu bilden und zu investieren. Wie man sein Erspartes am besten anlegt, kommt letztlich aber natürlich stark auf die individuelle Lebenssituation an. Für den Führerschein als relativ kurzfristiges Sparziel sollte man Rücklagen bilden.

In die zukünftige Altersvorsorge als längerfristiges Anlageziel wiederum kann man auch investieren. Bei der Anlage des Geldes sollte man sich grundsätzlich folgende Fragen stellen: Kann ich auf das Geld zugreifen, wenn ich es brauche? Ist mein Erspartes sicher angelegt? Wie viel Risiko möchte ich eingehen und langfristig aushalten? Erziele ich noch eine Rendite (= Gewinn) mit meiner Anlage oder „frisst" die Inflation mein Sparguthaben völlig auf?

Bearbeiter

Ohne Geldwertstabilität verliert der Euroschein nicht nur drei Prozent seiner Kaufkraft. Sondern vielleicht 13 Prozent – oder sogar 30 Prozent.

AUFGABEN

82033-68

1. Erläutere anhand von **M2**, welche Sparziele die 18-29-jährigen Sparer (**M3**) verfolgen.
2. Analysiere die Grafik **M4** unter Verwendung der Fachbegriffe aus den Randspalten.
3. Ermittle den Kaufkraftverlust, den Leon in 10 Jahren bei einer Inflationsrate von 2 % / 5 % / 10 % erleidet, wenn er 1000 Euro des Geldes von seiner Oma auf die Seite legt.
4. Ausgeben oder sparen? Erörtert ausgehend von den Informationen aus **M3**, **M4** und **M5**, was mit Mias und Leons Geld geschehen soll.
5. Was ist dran am Mythos vom sparsamen Schwaben? Überprüfe dies mittels einer Internetrecherche.

Sparquote
Die Sparquote wird definiert als das Verhältnis von Ersparnissen zu Einkommen. (Bei einer Ersparnis von 10.000 Euro bei einem Einkommen von 50.000 Euro beträgt die Sparquote 20 %).

Erklärfilm Was sind Zinsen?

82033-67

H Aufgabe 3
Du kannst hierfür auch einen Online-Zinsrechner (Wertverlustrechner) verwenden.

F Aufgabe 3
Zahlt Leon das Geld auf ein Spar- oder Tagesgeldkonto ein, erhält er dafür Zinsen. Ermittle den Realzins (beziehungsweise den Kaufkraftverlust), den Leon in 10 Jahren bei einer Inflationsrate von 2 % erleidet, wenn er 1000 Euro des Geldes von seiner Oma zu einem Zinssatz von 0,5 % auf seinem Konto anlegt.

H Aufgabe 5
Suche online (z. B. auf der Seite des Statistischen Landesamtes Baden-Württemberg) nach Statistiken zur Sparquote, zum Vermögenseinkommen oder zum Geldvermögen.

3.2.2 Wie lege ich mein Geld richtig an?

Zum Thema: Geldanlage und Investieren ist ein wichtiges Thema - aber auch nicht ganz einfach. Worauf sollte man achten? Das Geld soll sicher angelegt sein, immer verfügbar sein und natürlich immer mehr werden. Aber geht das überhaupt? Das lernst du hier.

M1 Mia hätte gerne alles gleichzeitig

Mia hat sich dazu entschieden, die 2 500 Euro der Oma anzulegen. Im Internet recherchiert sie nach guten Angeboten. Ein Finanzdienstleister bietet ihr die oben genannte Anlage an. Das hört sich toll an, schließlich möchte sie, dass sich das angelegte Geld möglichst stark vermehrt. Sie fragt ihren Vater um Rat. Dieser hat von dem Anbieter noch nie gehört. Sie wird unsicher, wenn dieser Anbieter nun sehr risikoreiche Geschäfte tätigt und pleite geht, ist ihr Geld futsch. Was ist außerdem, wenn sie sich doch entschließen sollte, nach dem Abitur ein halbes Jahr zu reisen. Das Geld wäre für mindestens 3 Jahre gebunden.

Bearbeiter

ÜBER 30 JAHRE!
Der Renditemaximierer – die Fakten:

Seit über 32 Jahren 10 % pro Jahr

- Monatliche Auszahlung der Zinsen
- Laufzeiten zwischen 3 und 10 Jahre
- Ab 1.000 Euro Anlagesumme
- Seit 1988 nachweislich erfolgreich
- Mehrfach ausgezeichnete Geldanlage
- Beste Sicherheiten

Mehr erfahren ...

EINSTIEGSAUFGABE 82033-69

1. Entscheide: Würdest du an Mias Stelle dein Geld bei diesem Anbieter anlegen?

M2 Das magische Dreieck der Geldanlage

Anlagekriterien

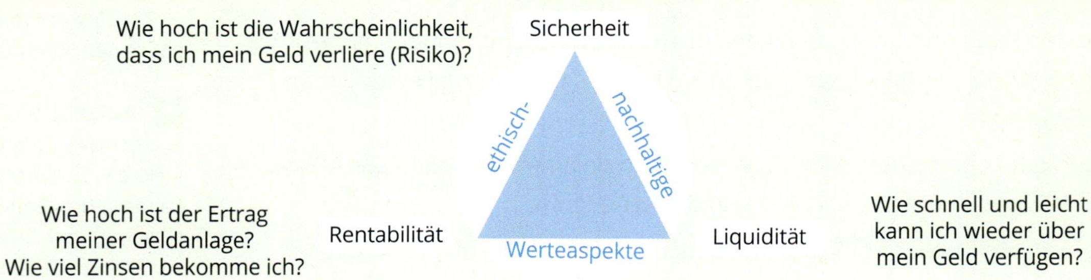

Bearbeiter

M3 Anlageformen im Vergleich

1. Sparbuch	Das Sparbuch ist eine recht einfache Anlageform und auch für kleine Beträge geeignet. In der Regel können 2.000 Euro pro Monat kostenlos abgehoben werden. Über diesen Betrag hinaus gilt eine dreimonatige Kündigungsfrist. Spareinlagen sind verzinst und unterliegen bis zu einer Summe von 100.000 Euro der gesetzlichen Einlagensicherung.
2. Tagesgeld	Beim Tagesgeld handelt es sich um Spareinlagen bei Banken, die täglich verfügbar sind und nicht dem Zahlungsverkehr, sondern der Geldanlage dienen. Bis zu einem Anlagebetrag von 100.000 Euro gilt im Falle einer Bankeninsolvenz die gesetzliche Einlagensicherung.
3. Aktie	Eine Aktie ist ein verbrieftes Miteigentum am Unternehmen. Bei einer positiven Geschäftsentwicklung kann ein Teil des Unternehmensgewinns als Dividende an die Aktionäre ausgeschüttet werden. Aktien werden an der Börse gehandelt und haben damit einen täglich schwankenden Wert (= Kurs). Der Anleger hat somit die Chance auf einen Kursgewinn, trägt aber auch das Risiko eines Kursverlustes. Im Falle einer Unternehmensinsolvenz erleidet der Anleger einen Totalverlust seines eingesetzten Kapitals.
4. Aktienfonds	Zur Risikostreuung ist es sinnvoll, nicht nur in eine, sondern in viele verschiedene Aktien zu investieren. Dieser „Strauß" oder „Korb" an verschiedenen Aktien wird dann von professionellen Fondsmanagern nach vorher festgelegten Anlagekriterien zusammengestellt und gegen Gebühr verwaltet.
5. ETF	Exchange Trade Funds (= börsengehandelte Indexfonds) bilden die Wertentwicklung eines Index ab, beispielsweise jene des DAX (Deutscher Aktienindex). Ein Index ist dabei eine Kennziffer für die Wertentwicklung bestimmter Aktien über einen bestimmten Zeitraum. ETFs sind kostengünstiger als Fonds, da keine Kosten für die Verwaltung durch einen Fondsmanager anfallen.
6. Anleihe	Eine Anleihe ist ein Gläubigerpapier bzw. eine Schuldverschreibung, d. h. ein verbrieftes Forderungsrecht gegenüber einem Emittenten (= Anleiheaussteller, wie z. B. Staaten oder Unternehmen). Der Anleger leiht der Institution Geld und bekommt dafür Zinsen sowie die Rückzahlung des Anlagebetrags am Ende der Laufzeit. Während der Laufzeit werden Anleihen am Kapitalmarkt gehandelt, weshalb es zu Kursschwankungen kommt.
7. Sachwerte	Gold, Immobilien, Kunst, Oldtimer aber auch seltene Sneakers oder Lego-Sets haben einen „realen Wert" und erscheinen deshalb oft greifbarer für Anleger als Wertpapiere. Es ist zu beachten, dass die Preise von Sachwerten aber auch schwanken können.

Bearbeiter

Anlagekriterien
Sicherheit: Kursrisiko, Zinsänderungsrisiko, Rückzahlrisiko, Geldwertrisiko
Rentabilität: Zinsen, Dividenden, Kursgewinne, Kosten, staatliche Zuwendungen (z. B. Bausparprämie)
Liquidität: Verfügbarkeit durch Möglichkeit der schnellen Umwandlung in (Bar-) Geld

Sparbuch
verzinstes, unbefristet angelegtes Bankguthaben

Kauf einer Aktie
Kauf eines Anteils und damit Mitspracherecht an der Aktiengesellschaft

Dividende
an Aktionäre ausgeschütteter Teil des Gewinns

M4 Was sind die beliebtesten Anlageformen in Deutschland?

Goldpreis Börse Frankfurt
82033-70

Bundeswertpapiere online
82033-71

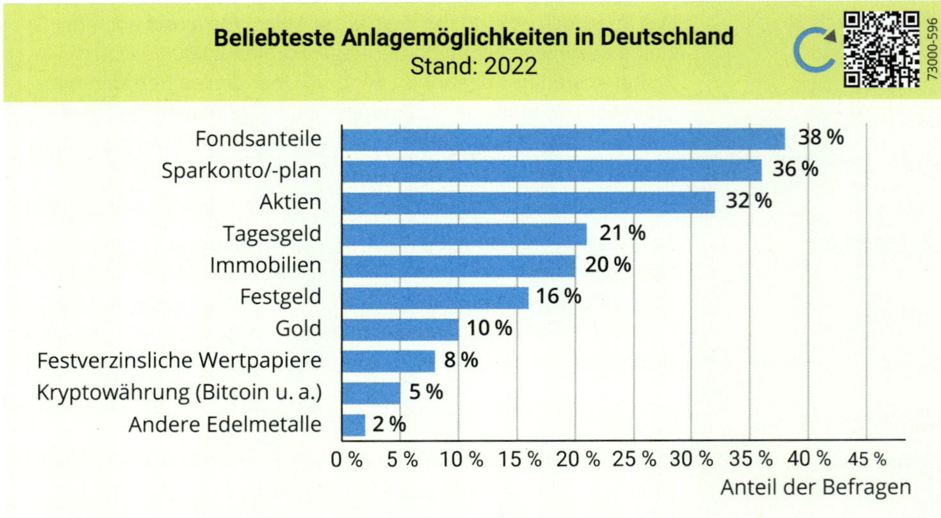

©C.C. Buchner Verlag, aktuelle Daten nach: Deutscher Bankenverband, Dezember 2021

M5 Börsenweisheiten

„[Bei der Geldanlage] nicht alle Eier in einen Korb legen."

Harry M. Markowitz, amerikanischer Ökonom und Wirtschaftsnobelpreisträger

„Ich kann Ihnen nicht sagen, wie Sie schnell reich werden; ich kann Ihnen aber sagen, wie Sie schnell arm werden, nämlich indem Sie versuchen, schnell reich zu werden."

André Kostolany, Spekulant und nie um einen Spruch verlegener Börsenexperte

AUFGABEN

82033-72

1. Arbeite aus **M1** Kriterien für eine gute Geldanlage heraus.
2. Überprüfe, welche der Anlagekriterien (**M2**) für Mia in ihrer aktuellen Lebenssituation (**M1**) wichtig sein sollten.
3. Stelle mögliche Zielkonflikte im magischen Dreieck (**M2**) dar.
4. Beurteile die Anlageformen (**M3**) mittels der Anlagekriterien aus **M2**. Vergib hierfür Sterne. (Ein Stern = Kriterium wenig erfüllt, drei Sterne = Kriterium sehr gut erfüllt.)
5. a) Analysiere, wie die Mehrheit der Anleger in Deutschland ihr Geld anlegt (**M4**).
   b) Begründe, warum diese Anlageformen für die Mehrheit der Anleger in Deutschland attraktiv erscheinen.
6. a) Erstellt ein Anlagekonzept aus den verschiedenen Anlageformen für Mia. Berücksichtigt dabei die Anlagekriterien und die Zielkonflikte.
   b. Überprüft, ob die zwei Börsenweisheiten (**M5**) auch euer Anlagekonzept beeinflusst haben.

H Aufgabe 2
Welcher der drei Eckpunkte des „magischen Dreiecks" ist für Mia besonders wichtig, welcher rangiert an zweiter und dritter Stelle? Trage innerhalb des Dreiecks dort ein Kreuz ein, wo sich Mias Rangfolge widerspiegelt (ist ihr beispielsweise die Sicherheit am wichtigsten, gefolgt von Liquidität und Rentabilität, sollte das Kreuz im oberen Drittel des Dreiecks sitzen).

Zielkonflikt
Die Erreichung eines Ziels steht in Konkurrenz zur Verfolgung eines anderen Zieles.

3.2.3 Soll ich in ethisch-nachhaltige Finanzprodukte investieren?

Zum Thema: Geht es bei der Geldanlage tatsächlich nur um Sicherheit, Ertrag und Verfügbarkeit? Oder stellst du dir auch die Frage, was mit deinem angelegten Geld genau gemacht wird? Wäre es dir wichtig zu wissen, ob die weitere Anlage deines Geldes durch Unternehmen, Versicherungen, Banken, Fonds oder andere Finanzdienstleister auch ethisch vertretbar ist? Ob es sinnvoll sein könnte, in „nachhaltige" Finanzprodukte zu investieren und woran man diese erkennt, diskutierst du in diesem Kapitel.

M1 Ethisch anlegen?

Rendite, ethisches Investment – oder beides gleichzeitig?

EINSTIEGSAUFGABE 82033-73

1. Wärst du als Geldanleger auch bereit, auf eine höhere Rendite zu verzichten, wenn du mit deiner Geldanlage etwas Gutes bewirken könntest?
   - Ja
   - Nein
   - Geht leider nicht

M2 Nachhaltigkeit in der Geldanlage

a) Was ist damit gemeint?

Immer mehr Menschen bewegt heute auch beim Thema Geldanlage die Frage, wie nachhaltig das Geschäftsmodell von Unternehmen oder Finanzprodukten ist. Dieser Aspekt bildet zunehmend einen Rahmen um die klassischen Anlagekriterien. Der Begriff der Nachhaltigkeit umfasst auch bei der Geldanlage **drei Dimensionen: die ökonomische Nachhaltigkeit, die ökologische**

Erklärfilm Nachhaltigkeit

82033-74

ESG-Kriterien
Umwelt (E):
Energieverbrauch/-effizienz, CO_2-Ausstoss bzw. Nutzung erneuerbarer Energien, Ressourcenverbrauch und Wahrung natürlicher Lebensräume, Umweltverschmutzung
Soziales (S):
Faire Arbeitsbedingungen, gerechte Entlohnung, Gesundheits- und Arbeitsschutz
Unternehmensführung (G):
Keine Korruption, Transparenz bei der Vergütung der Geschäftsleitung, Anlegerrechte, Menschenrechte

Socially Responsible Investment (SRI)
SRI ist ein Oberbegriff für sehr unterschiedliche Anlagekonzepte mit mehr oder weniger strengen ökologischen, sozialen und/oder ethischen Kriterien. Unter gesellschaftlicher Verantwortung versteht man bei dieser Geldanlage das Aussortieren bestimmter Branchen und Geschäftsmodelle, die als unerwünscht gelten. SRI-Anlagen schließen bspw. Unternehmen von der Anlage aus, denen negative Folgen auf die Gesellschaft zugeschrieben werden (z.B. Tabakindustrie, Rüstung, Glücksspiel, Pornografie...).

Greenwashing
Darunter versteht man, wenn Unternehmen zu Unrecht ökologische oder soziale Leistungen für sich in Anspruch nehmen.

Nachhaltigkeit und die soziale Nachhaltigkeit. Im Englischen spricht man von „people – planet – profit", der sogenannten „Triple Bottom Line". Geldanlagen können nur dann als nachhaltig gelten, wenn sie die Ansprüche der Anleger in allen drei Bereichen erfüllen.
Die Erfüllung der drei Dimensionen kann man dabei folgendermaßen beschreiben: **Ökonomisch nachhaltig** ist eine Anlage, wenn sie dauerhaft einen Ertrag abwirft. **Ökologische Nachhaltigkeit** definiert sich dadurch, dass eine Anlage ökologisch verträglich ist, also keine Umweltschäden verursacht und damit einen Beitrag zum Umweltschutz leistet. Unter **sozialer Nachhaltigkeit** versteht man, dass eine Investition die soziale Sicherheit aller Beteiligten durch eine gerechte Ressourcenverteilung und die Einhaltung der Menschenrechte im Blick hat.
Noch gibt es allerdings keine einheitlichen Mindeststandards für nachhaltige Geldanlagen und kein unabhängiges Verbraucherlabel. Hinter den Namenszusätzen wie „ökologisch", „sozial", „ethisch", „grün" oder „klimafreundlich" können sich ganz unterschiedliche Kriterien verbergen.
In den letzten Jahren mehren sich aber die Bemühungen zur genaueren Kennzeichnung nachhaltiger Anlagen. Ein Beispiel hierfür sind die „ESG-Kriterien". Die Abkürzung ESG umfasst die Bereiche Environment (Umwelt), Social (Soziales) und Governance (Unternehmensführung). Die unter diese drei Begriffe fallenden Kriterien bilden Merkmale für nachhaltige Investments. Eine weitere Begrifflichkeit zur Kennzeichnung nachhaltiger Anlagen ist „SRI". Diese Abkürzung steht für „Socially Responsible Investing", also gesellschaftlich verantwortungsvolles Investieren.

Bearbeiter

b) Die EU-Taxonomie des Green Deal – ein besserer Ansatz?

Auch die Europäische Union (EU) hat sich ein Regelwerk zur Definition von Nachhaltigkeit gegeben. Hierbei handelt es sich um die so genannte EU-Taxonomie, die als Bestandteil des „Green Deal" im Juli 2020 in Kraft getreten ist. Mit ihrer Hilfe soll untersucht werden, ob Unternehmen mit ihren Aktivitäten einen „grünen" Beitrag leisten. Diese Kriterien gelten also nur für Umweltziele. Anhand der Taxonomie sollen Anleger dann einschätzen können, ob ein Unternehmen, in das sie investieren wollen, nachhaltig arbeitet. Um die Taxonomie zu erfüllen, müssen die Unternehmen einen wesentlichen Beitrag zu mindestens einem dieser sechs Umweltziele leisten: Klimaschutz, Anpassung an den Klimawandel, Schutz von Wasser- und Meeresressourcen, Übergang zu einer Kreislaufwirtschaft, Vermeidung von Umweltverschmutzung, Schutz und Wiederherstellung von Ökosystemen und Biodiversität.
Die EU-Taxonomie schafft damit verbindliche Definitionen, was als ökologisch nachhaltiges Wirtschaften gilt. Das hat Auswirkungen, weil damit für Anleger und Investoren auf einen Blick erkennbar wird, wie nachhaltig ein bestimmtes Unternehmen wirtschaftet. Die Anbieter von Geldanlagen wie Banken müssen ihre Produkte wie bspw. Fonds nun ebenfalls an diese Maßstäbe anpassen. Greenwashing wird damit wesentlich schwieriger.

Bearbeiter

M3 Ist das nachhaltig oder Greenwashing?

Fall 1: EU-Taxonomie: Sind Atomkraft und Gas umweltfreundlich?

Mit dem Regelwerk der Taxonomie legt die EU-Kommission Standards für ökologisches Wirtschaften fest. Streitpunkt: Kern- und Gasenergie werden darin als nachhaltig eingestuft.

Die EU-Kommission stuft Atomkraft und Erdgas unter bestimmten Bedingungen als klimafreundlich ein. Trotz Kritik aus einigen Mitgliedsländern bleibt sie bei ihrem Vorschlag für eine EU-Taxonomie, die beide Energiequellen als Übergangstechnologien beinhaltet. (...)

Kernkraftwerke sollen als klimafreundlich gelten, wenn eine Baugenehmigung bis 2045 vorliegt und es im Land einen Plan und finanzielle Mittel für die Atommüllentsorgung gibt. Mit Blick auf Gaskraftwerke wurden die Auflagen weiter gelockert. Demnach gelten Investitionen in neue Gaskraftwerke bis 2030 als nachhaltig, wenn sie unter anderem schmutzigere Kraftwerke ersetzen und bis 2035 mit klimafreundlicheren Gasen betrieben werden.

Atomkraftwerke – Strahlenmüll und Risiko oder Klimaretter?

Deutschlandfunk, Taxonomie-Änderung beschlossen - Europaparlament votiert für Einstufung von Gas- und Atomkraft als nachhaltig, www.deutschlandfunk.de, 06.07.2022, Abruf am: 27.08.2022

Fall 2: Das erste klimaneutrale Girokonto?

[G]egen die Tomorrow GmbH ist die Verbraucherzentrale Baden-Württemberg rechtlich erfolgreich vorgegangen. Diese warb mit der Aussage: „Als Premiumkonto ist Tomorrow Zero gemacht für Menschen mit besonders hohen Ansprüchen – im Klimaschutz wie im Banking." Darunter tauchte die von der Verbraucherzentrale abgemahnte Werbeaussage auf: „Dein CO_2-Fußabdruck kompensiert". Für interessierte Verbraucher wäre es natürlich attraktiv „ihren CO_2-Fußabdruck" zu kompensieren. Aber woher soll ein Unternehmen diesen kennen und dann exakt kompensieren können? Jeder Mensch hat einen individuellen CO_2-Fußabdruck, weil die Produktauswahl nie deckungsgleich ist - solche Werbeaussagen sind schlichtweg irreführend. Abgesehen davon ist die Nachhaltigkeitswirkung von Ausgleichszahlungen zur Kompensation des $CO2_2$ Ausstoßes durchaus umstritten.

Mit Greenwashing lassen sich viele Produkte als klimafreundlich verkaufen.

Verbraucherzentrale Baden-Württemberg, ‚Greenwashing', www.verbraucherzentrale-bawue.de, 27.08.2022

M4 Nachhaltige Geldanlage – für Spinner oder Profis?

Karikatur: Gerhard Mester

AUFGABEN

82033-75

1. Erläutere Zielkonflikte, die sich aus einer Erweiterung des magischen Dreiecks der Geldanlage um ethisch-nachhaltige Aspekte (**M2a / M2b**) ergeben.
2. Vergleicht die Versuche „ethisch-nachhaltige Anlagen“ zu definieren und zu kennzeichnen (**M2a / M2b** sowie Randspalten).
3. Analysiere aus den Fällen 1 und 2 (**M3**) die Problematik einer Kennzeichnung von Finanzprodukten als „nachhaltige Geldanlage“.
4. Fallen dir Fälle von „Greenwashing“ ein. Recherchiere im Internet, beispielsweise auf den Seiten der Verbraucherzentralen.
5. Seit August 2022 sind Finanzberater gesetzlich dazu verpflichtet, ihre Kunden zu fragen, ob sie nachhaltig (im Sinne der ESG-Kriterien) anlegen wollen. Erörtert, ob es noch mehr staatliche Vorgaben zur Erreichung von Nachhaltigkeitszielen in der Geldanlage geben müsste.
6. Beurteilt ausgehend von den Anlage- und Nachhaltigkeitskriterien, ob ihr euer Geld in eine nachhaltige Geldanlage investieren solltet.
   Kann uns die Künstliche Intelligenz (KI) in Zukunft bei Anlageentscheidungen helfen? Stelle einem KI-Tool die Aufgabe 6. Analysiere dann die KI-Antwort. Verbessere sie, indem du die KI einige Anlage- und Nachhaltigkeitskriterien ergänzend berücksichtigen lässt. Analysiere die KI-Antwort erneut: Inwiefern kann dir die KI helfen, inwiefern nicht?

WAS WIR WISSEN

Gründe für und gegen Sparen

Sparen oder konsumieren ist eine individuelle Entscheidung. Die entscheidende Frage ist die Dringlichkeit der Bedürfnisse bzw. die individuellen Präferenzen. Ist der gegenwärtige Konsumwunsch stärker oder der Wunsch, sich Bedürfnisse in der Zukunft zu erfüllen und zu sparen? Dabei gibt es aber einen Zusammenhang zwischen Sparen und Verschuldung, denn beide Marktteilnehmer brauchen einander:

Marktteilnehmer 1 = Kreditgeber (Gläubiger)	⇄	Marktteilnehmer 2 = Kreditgeber (Schuldner)
Spart, verleiht sein Geld und verzichtet auf gegenwärtigen Konsum.		Kann sich mit dem geliehenen Geld des Sparers gegenwärtigen Konsum finanzieren, muss dann aber „nachträglich sparen", um das geliehene Geld zurückzuzahlen.

Was Wir Wissen-Seiten digital zum Editieren

82033-312

Ziele einer Vermögensanlage

An **Sparzielen** unterscheidet man: Vorsorgesparen (z. B. für Reparaturen), Zwecksparen (z. B. für ein neues Smartphone) und Vermögensbildungssparen (z. B. für die Rente).

Das magische Dreieck der Geldanlage

Bei der Anlage von Geld müssen drei Ziele gegeneinander abgewogen werden: **Sicherheit** (bzw. Risiko), **Rentabilität** (Ertrag: Rendite, Zinsen...) und **Liquidität** (Verfügbarkeit). Wenn ich möglichst sicher gehen will, mein Geld später wiederzubekommen, erziele ich leider meist keine hohe Rendite. Will ich eine hohe Rendite, kann ich in der Regel auch nicht erwarten schnell, am besten sofort, auf mein angelegtes Geld zugreifen zu können, also liquide zu sein.
Das Problem der Geldanlage ist also, dass man nicht alle Ziele gleichzeitig erreichen kann. Es ist unmöglich, alle drei Ziele gleichermaßen zu maximieren. In diesem Fall spricht man von einem **Zielkonflikt.**

Geld anlegen

Was die **Anlageformen** angeht, so gibt es viele verschiedene mit unterschiedlichem Risiko-Rendite-Verfügbarkeitsprofil. Es gibt nicht die beste Anlageform. Sie muss zum jeweiligen Ziel und zum eigenen Risiko passen. Es empfiehlt sich eine Mischung verschiedener Anlageformen, um das **Risiko zu streuen.**
Vorsicht ist auch bei der Bankberatung angebracht. Denn Bankberater sind Verkäufer. Gesetzliche Regelungen zum Anlegerschutz und sich selbst gut zu informieren, können hier helfen.

Werteaspekte und nachhaltige Geldanlage

In der Öffentlichkeit nimmt das Thema **nachhaltige Geldanlage** eine immer größere Rolle ein. Grundsätzlich versteht man unter dem Begriff, dass eine Geldanlage ökologischen, ökonomischen und sozialen Aspekten genügen muss. Konkret können Finanzprodukte an den so genannten **ESG**-Kriterien gemessen werden. Es wird versucht zu überprüfen, inwiefern die Gelder bei Unternehmungen investiert werden, bei denen auf Umweltschutz, Produktionsbedingungen sowie faire Unternehmensführung geachtet wird.

3.3 Wenn ich gerade kein Geld habe – soll ich Schulden machen?

3.3.1 Sind Schulden immer schlecht?

Zum Thema: Wenn du einen dringenden Wunsch hast, aber dir im Moment gerade leider das Geld dazu fehlt, kannst du dir doch auch mal was leihen. Oder? Andererseits hast du dann bei jemand Schulden. Und Schulden muss man mühsam zurückzahlen und sollten besser vermieden werden. Es kann natürlich aber auch darauf ankommen, wofür man Schulden macht. In diesem Kapitel erfährst du, was es bedeutet einen Kredit aufzunehmen und du diskutierst, ob es manchmal auch sinnvoll sein kann, sich zu verschulden.

M1 Soll Leons Cousin Yannick einen Kredit aufnehmen?

Eine Entscheidung über einen Kredit sollte genau durchgerechnet werden – sowohl vom Schuldner wie vom Gläubiger.

Yannick (18) ist Leons Cousin und macht gerade eine Ausbildung zum Fachinformatiker. Er spielt für sein Leben gerne MMORPG Computerspiele. Dafür braucht er aber dringend einen leistungsfähigeren Gaming-PC. Der kostet mindestens 2.000 Euro. Leider hat er momentan nichts gespart und seine Eltern wollen ihm dafür nichts leihen. Immerhin hat er einen groben Haushaltsplan gemacht und könnte sich eine Monatsrate von 100 Euro leisten. Sicherheiten kann er der Bank außer seiner Ausbildungsvergütung nicht anbieten, aber bisher hat er immer brav alle Rechnungen bezahlt.

Bearbeiter

EINSTIEGSAUFGABEN 82033-76

1. Leon hätte aufgrund der 2 500 Euro von seiner Oma genug Geld auf der Seite und könnte seinem Cousin Yannick das Geld doch einfach leihen. Welche Probleme könnten dem entgegenstehen? Seht ihr auch Chancen für Leon und Yannick?
2. Tausche Dich mit Deinem Partner aus: Habt ihr schon einmal Schulden gemacht? Wofür und bei wem? Würdet ihr euch wieder Geld leihen? Welche Probleme können dabei entstehen?

M2 Was genau heißt es, einen Kredit aufzunehmen?

a) Das Kredit ABC

Bei einem **Kredit- oder Darlehensvertrag** gibt es zwei Partner: den Geldgeber (auch **Gläubiger** genannt, z. B. eine Bank) und den Kreditnehmer (auch **Schuldner** genannt, z. B. deine Eltern). Der Geldgeber stellt den Kredit zur Verfügung. Er überlässt dem Kreditnehmer sein Geld und berechnet dafür **Zinsen**. Der Zins ist der Preis für die Überlassung des Geldes und ist abhängig von der Bonität. Das ist der „gute Ruf" einer Person in Sachen Zahlungsfähigkeit und Zahlungswilligkeit. Diese entscheidet über die **Kreditwürdigkeit** des Kreditnehmers, denn die Geldverleiher versuchen das Risiko eines **Kreditausfalles** (Rückzahlung bleibt aus) einzuschätzen: Jemand mit hohem, regelmäßigem und sicherem Einkommen bekommt bessere Zinssätze als jemand mit unregelmäßigem, unsicherem Einkommen, bei dem der Geldgeber ein höheres Risiko eingeht. Zum Nominalzins (der Prozentsatz, mit dem der Kredit verzinst wird) kommen oft einmalige Abschlusskosten oder Provisionen (erfolgsabhängige Zahlung) für Kreditberater. Diesen dann höheren Zinssatz nennt man Effektivzins.

Vor der Kreditvergabe macht die Bank eine **Bonitätsabfrage** bei einer Auskunftei, z. B. bei der Schutzgemeinschaft für allgemeine Kreditsicherung (SCHUFA). Wer bei der SCHUFA bekannt dafür ist, seine Kredite oder Handy-Rechnungen nicht pünktlich zurückzubezahlen, der bekommt keinen neuen Kredit. Dann hilft nur noch der Weg zu zweifelhaften Kreditverleihern, die oft sehr hohe Zinsen für Kredite ohne SCHUFA verlangen. Manchmal verlangt die Bank aber auch weitere **Sicherheiten**, etwa Lohn- und Gehaltsabtretung, das eigene Haus oder den Kfz-Brief des Autos. Der Kreditnehmer zahlt das geliehene Geld und die angefallenen Zinsen später durch Abtretung eines Teils des monatlichen Einkommens in Raten zurück, das nennt man **Tilgung**. Der Kauf auf Kredit kommt also grundsätzlich teurer als ein Kauf mit angespartem Vermögen, denn die Rückzahlungssumme erhöht sich um Kosten und Zinsen (und Zinseszinsen) und ist dann deutlich höher. Dieser „Aufschlag" auf den Kaufpreis ist der Preis für die sofortige Nutzung des Gutes. Das sollte man sich vorher mit einer ausführlichen **Kosten-Nutzen-Analyse** (manchmal auch Nutzwertanalyse genannt) genau überlegen und kritisch prüfen. Auch ein Blick in den eigenen Haushaltsplan ist sehr wichtig, um zu prüfen, in welcher Höhe man sich einen Kredit überhaupt leisten kann.

Bearbeiter

Online-Quiz:
Kredit + Schulden

82033-77

b) Kreditformen

Kreditform	Höhe	Laufzeit	Verwendung	Rückzahlung
Dispositionskredit (Überziehungskredit) des Girokontos	1 bis 3 Monatsgehälter (erst ab 18 und bei regelmäßigem Einkommen)	unbestimmt	z. B. kurzfristiger Geldbedarf zur Überbrückung	Ausgleich über Geldeingänge auf dem Konto Vorsicht: meist sehr hohe Zinsen (um oder mehr als 10 %)
Ratenkredit (Verbraucherkredit)	2.000 € bis ca. 30.000 €	meist 6 Monate bis zu 6 Jahren	z. B. Finanzierung eines Autos oder von Möbeln	Gehaltsabtretung und feste monatliche Raten oder Sondertilgung nach Möglichkeit
Immobilienkredit (Hypothekendarlehen)	ab 50.000 € bis 1.000.000 €	meist 10 Jahre	z. B. Kauf einer Wohnung, eines Grundstückes oder eines Hauses	Gehaltsabtretung, Haus etc. gehört der Bank (Grundbucheintragung)

Bearbeiter

c) Kreditarten: Gründe, um einen Kredit aufzunehmen

Liquiditätskredit (Dispokredit)	Man nimmt einen Kredit auf (macht Schulden), um gewissen kurzfristigen Zahlungsverpflichtungen nachzukommen (z. B. weil man etwas gekauft hat oder Rechnungen und Steuern bezahlen muss).
Konsumkredit	Man nimmt einen Kredit auf (macht Schulden), um etwas zu kaufen, das man jetzt nutzen oder konsumieren (also verbrauchen) möchte (z. B. einen neuen Laptop oder eine Reise).
Investitionskredit	Man nimmt einen Kredit auf (macht Schulden), um einen zukünftigen Nutzen oder Gewinn zu erzielen (z. B. Kauf einer eigenen Wohnung).

Bearbeiterin

M3 Können Schulden sinnvoll sein?

Häusle bauen geht in der Regel nur mit einem Kredit.

Schulden machen klingt allgemein nicht so gut. Leicht verbindet man damit, dass hier jemand sein Leben nicht im Griff hat oder dass jemand über seine Verhältnisse lebt. Einen Kredit aufnehmen hört sich da gleich ganz anders an, schließlich sind Kredite in einer Volkswirtschaft ganz normal. Unternehmen und Staaten nehmen ständig Kredite auf. Entscheidend ist aber natürlich, was man mit dem geliehenen Geld macht: Verkonsumiert man das Geld nur oder investiert man es? Das gilt für Staaten, Unternehmen und Privatpersonen gleichermaßen.

Es gibt Situationen, in denen es durchaus sinnvoll sein kann, Schulden zu machen. Zum Beispiel um ein Haus zu bauen, wenn die Zinsen gerade günstig stehen und Wertsteigerungen bei

Gläubiger
Ein Gläubiger ist eine Person, die berechtigt ist, von einer anderen Person eine Leistung einzufordern.

Schuldner
Eine Person, die bei einer anderen Person Schulden hat.

Immobilien zu erwarten sind. Oder sein Eigenheim energetisch zu sanieren, um in Zukunft Heizkosten zu sparen. Unternehmen investieren in neue Maschinen, um zukünftig schneller, energiesparender und kostengünstiger produzieren zu können.

Entsprechend ist es auch für Staaten sinnvoll, Schulden aufzunehmen, um zu investieren: in die Bildung, in Gebäude oder Verkehrswege oder um bessere Rahmenbedingungen für die Wirtschaft zu schaffen. Auch wenn etwas kaputtgeht, das man dringend benötigt, ist es sinnvoll, es auf Kredit zu reparieren oder neu zu kaufen: Ein Laptop fürs Studium oder – im Falle des Staates – die Reparatur von Brücken oder Straßen.

Dennoch gilt es natürlich folgendes zu beachten: Staaten und Unternehmen können sich im Regelfall zu wesentlich niedrigeren Zinsen Geld leihen als Privatpersonen. Und viele günstige Kredite für Verbraucher sind mit Vorsicht zu genießen oder kommen vor allem denjenigen zu Gute, die finanziell gut gestellt sind.

Zu hohe Schulden zu haben kann den Handlungsspielraum einschränken und zu großen Problemen führen. Ist eine Privatperson überschuldet und nicht mehr in der Lage, ihre Verbindlichkeiten aus eigener Kraft zu begleichen, droht die private Pleite (Privatinsolvenz, vgl. Kap. 3.3.3).

Bearbeiter

AUFGABEN

82033-78

1. Ordne die folgenden Beispiele begründet den unterschiedlichen Kreditarten (**M2c**) zu:
   - Ausbildung oder Studium finanzieren
   - einen Motorroller kaufen
   - einen Urlaub finanzieren
   - ein neues Sofa kaufen
   - eine Nachzahlung für Gas und Strom begleichen
2. Yannick könnte sich das Geld auch von der Bank leihen. Um einen Kredit zu erhalten, muss man bei der Bank ein Beratungsgespräch führen. Gestaltet dieses Beratungsgespräch bei der Bank.
   Geht zur Vorbereitung folgendermaßen vor:
   a) Erstellt ein Kredit-ABC, indem ihr die fettgedruckten Begriffe (**M2a**) alphabetisch ordnet und kurz definiert.
   b) Erläutert, wie die Kreditvergabe funktioniert und welche Kreditform in Yannicks Fall in Frage kommt (**M2a/b**).
   c) Vergleicht eure Ergebnisse.
3. Erörtert mit Hilfe von **M2** und **M3** die Frage, ob es „gute" und „schlechte" Schulden gibt.

3.3.2 Wie geraten Jugendliche in die Schuldenfalle?

Zum Thema: Auch viele Jugendliche haben schon Schulden. Und es gibt teilweise Unternehmen, denen es gleichgültig ist, wenn Jugendliche in Kostenfallen geraten. Manche Geschäftsmodelle verführen geradezu zur Aufnahme von Schulden, was leicht in die so genannte Schuldenfalle führen kann. Wie kommt es dazu und wie können Jugendliche davor geschützt werden?

M1 Heute kaufen – morgen zahlen? Ein gutes Angebot?

Yannick hat sich über verschiedene Möglichkeiten der Kreditaufnahme informiert und ist noch etwas unentschlossen, wie und wo er sich Geld leihen soll. In der Innenstadt sieht er auf einmal ein verlockendes Angebot: In einem Elektronik-Markt gibt es die Möglichkeit, den so dringend gewünschten Gaming-PC in Raten zu bezahlen! Und das Ganze mit einer sogenannten Null-Prozent-Finanzierung! Er muss also auf die Raten keine Zinsen zahlen. Das klingt doch großartig, oder?

Finanzierungsangebot in einem Schaufenster in einer Innenstadt.

EINSTIEGSAUFGABEN 82033-79

1. Angenommen, ihr trefft Yannick in der Innenstadt: Tauscht euch darüber aus, ob ihr ihm zu einer solchen 0,0 % Finanzierung raten würdet.
2. Keine Zinsen bei Aufnahme eines Kredits! Klingt das für euch auch verlockend? Stimmt spontan in der Klasse ab: Wer würde an Yannicks Stelle das Angebot annehmen?
3. Äußert Vermutungen für die Gründe, warum Läden solche Angebote machen.

M2 Was bedeutet Null-Prozent-Finanzierung?

Wer ein Produkt über eine Null-Prozent-Finanzierung kauft, schließt tatsächlich einen Kredit bei einem Kreditinstitut ab, mit dem der Händler kooperiert. Es handelt sich dabei meist um einen klassischen Ratenkredit mit fester Laufzeit und Ratenhöhe, jedoch ohne Zinsbelastung für den Kreditnehmer. Der Kaufpreis für die Ware wird über die Kreditauszahlung direkt an den Händler beglichen, der Kunde zahlt in der Folge die Raten an das Kreditinstitut.

Händler nutzen die Finanzierungsmöglichkeit zur Umsatzsteigerung. Selbst wenn sie anstelle des Kunden ein Entgelt für die Finanzierung an die Bank zahlen müssen, lohnt sich das Geschäft. Ein Geschenk an den Kunden ist damit nicht verbunden, denn auch versteckte Kosten werden in der Preiskalkulation des Händlers berücksichtigt. [...] Und für die Kreditinstitute rechnen sich solche Finanzierungen trotz fehlender Zinseinnahme ebenfalls: Sie gewinnen neue Kunden mit wertvollen Kundendaten, ohne selbst in andere, teure Werbemaßnahmen investieren zu müssen. Kennt das Kreditinstitut den neuen Kunden aufgrund des Kreditgeschäftes genauer, fällt es viel leichter, durch passgenaue Angebote lukrative Folgeverträge zu bewerben.

© Verbraucherzentrale NRW e. V., Null-Prozent-Finanzierung: Hintergründe, Vor- und Nachteile, www.verbraucherzentrale.de, 12.08.2019

M3 Gründe für die Überschuldung junger Erwachsener (18 bis 24 Jahre)

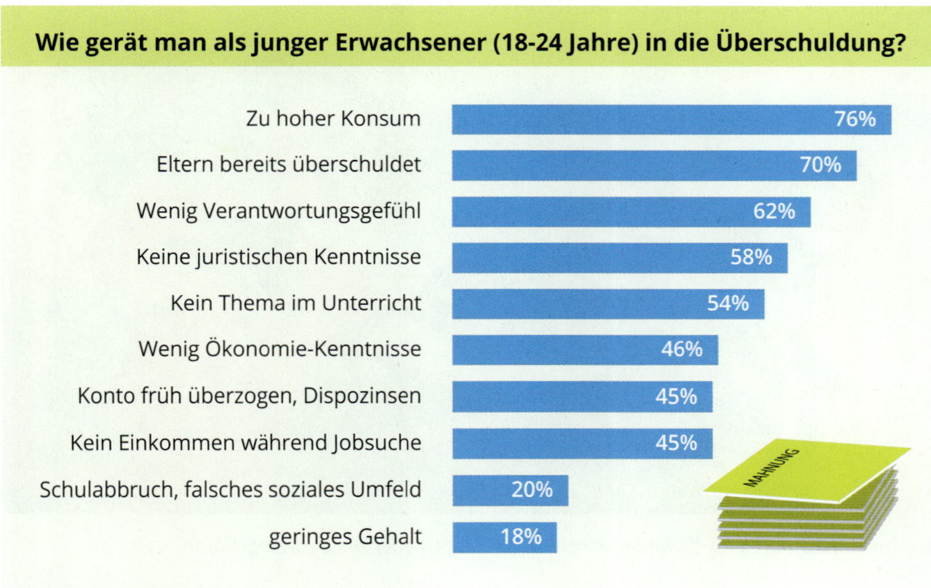

©Zahlen nach: Bundesverband der Inkassounternehmen

Teste dich: Wie ist Deine Einstellung zu Schulden?

82033-80

Interaktiv: Schulden im Griff

82033-81

M4 Hunderte von Euro für Spielerweiterungen und Co.?

Kein Pausenhof und kein Klassenzimmer, in dem nicht mindestens einmal am Tag der Begriff „**FUT**" fällt. FUT steht für FIFA Ultimate Team. Bei dem Online-Spiel geht es darum, eine eigene Fußballmannschaft zusammenzustellen, indem man sogenannte Spieler-Packs erwirbt. Netterweise bietet FIFA auch Gratis-Packs an. Nur suchst Du in den Gratis-Packen Stars wie Haaland,

Fortnite spielen kann Spaß machen – aber auch viel Geld kosten.

Konsumschulden
Schulden für Sachgüter, zur schnellen Befriedigung der Bedürfnisse

Schuldenfalle
Davon spricht man, wenn die Einnahmen dauerhaft nicht ausreichen, um die Schulden aus eigener Kraft abzubezahlen.

In-App-Käufe
Zahlreiche Apps lassen sich kostenfrei herunterladen. Premium-Funktionen, Verbesserungen oder Werbefreiheit sind dann allerdings kostenpflichtig. Die Preise für In-App-Käufe variieren von wenigen Cents bis hin zu mehreren hundert Euros. In-App-Käufe werden oft auch bei Smartphonespielen verwendet. Ein Beispiel dafür sind zahlungspflichtige Zusatzleben oder Extrafunktionen in den oft zunächst kostenlosen Online-Games.

Verschuldet ist derjenige, der Schulden hat, weil er sich Geld geliehen hat. Bspw. zum Kauf einer Immobilie, in der man wohnen kann. Reichen die Einnahmen aus, um den Kredit plus Zinsen zurückzuzahlen, so ist Verschuldung kein Problem.

Überschuldung hingegen bedeutet, dass die verfügbaren Einnahmen nicht mehr ausreichen, um die Lebenshaltung sowie Raten für die Schulden zu begleichen.

Mbappé oder Serge Gnabry vergebens. Die eine Möglichkeit ist, dir Stars wie diese durch Geduld und den Erwerb von „Skills“ und „Coins“ zu erspielen. Es gibt aber eine zweite und weitaus bequemere Möglichkeit, an eine bessere Mannschaft zu kommen: du kannst dir bessere Packen einfach mit Echtgeld erkaufen.

Auch das Computer- und Smartphone-Spiel „Fortnite“ gehört zu den beliebtesten digitalen Spielen in der Altersgruppe der 12- bis 15-Jährigen. Es handelt sich um ein so sogenanntes Battle-Royale-Spiel, in dem du mit- oder gegeneinander ums Überleben in comichaften Welten spielst. Und natürlich bietet dir der Hersteller ständig neue Gegenstände, Bewegungsabläufe oder sogenannte Skins, die das Aussehen der Figuren verändern, zum Kauf an. Diese kannst du mit der spielinternen Währung V-Bucks erstehen. Die In-Game-Währung muss aber in den entsprechenden Stores selbstverständlich in Euro bezahlt werden. Aber wenn du doch unbedingt ein neues Outfit oder eine schicke Waffen-Lackierung benötigst ...

Bearbeiter

Gaming mit Familie und Freunden macht Spaß, ob mit oder ohne In-App-Käufe.

AUFGABEN

82033-82

1. Analysiert ausgehend von **M2**, **M3** und **M4** die Gründe für die Überschuldung junger Erwachsener in Deutschland.
2. Yannick überlegt, das Angebot des Elektronikmarktes über die 0,0 % Finanzierung anzunehmen. Erörtert, ob Yannick Gefahr läuft, sich mit dem Angebot der 0,0% Finanzierung zu „überschulden“ (**Randspalte**).
3. Viele Online-Plattformen werben Kunden mit "gratis" oder "free". Dahinter verbergen sich dann aber oft kostenpflichtige Angebote. Was tut der Staat, um uns vor Kostenfallen zu schützen? Recherchiert hierfür in den Internetauftritten der Verbraucherzentralen.
   Präsentiert eure Ergebnisse vor der Klasse.

3.3.3 Raus aus den Schulden – aber wie?

Zum Thema: Große, langlebige Anschaffungen muss man manchmal auf Kredit kaufen. Viele Menschen machen Schulden, beispielsweise um sich den Hausbau zu finanzieren. So lange man diese abbezahlen kann, ist das kein Problem. Aber was, wenn man seine Kreditraten nicht mehr bedienen kann und seine Schulden nicht mehr abbauen kann? Welche Ursachen und Folgen das hat und welche Auswege es aus dieser Situation gibt, wird in diesem Kapitel dargestellt.

M1 Yannick in finanzieller Not

Yannick (18) hat ein Problem. Er hat einen Kredit aufgenommen und den Gaming-PC gekauft, natürlich ohne vorherige Nutzwertanalyse. Bei einer LAN-Party zwei Wochen später ist es passiert: Es wurde sehr spät und irgendjemand muss am Spannungsregler seines Netzteils rumgefummelt haben. Das Ergebnis beim nächsten Start des PCs: Ein Blitz im Gehäuse und die teuren, neuen Teile waren nur noch ein Haufen qualmenden Elektronikschrotts. Zu allem Unglück läuft sein teures Premium-Plus-Abo für das Online-Spiel auch noch ganze fünf Monate weiter. Sein Notgroschen ist schon weg. Sein Vermieter wartet auf das Geld und Strom- und Telefonanbieter sitzen ihm auch schon im Nacken. Diese verlangen hohe Mahngebühren und drohen mit Rechtsanwälten und Inkassobüros.

Seinem Bankberater geht er auch aus dem Weg. Er hat da was von Zwangsvollstreckung, Kontenpfändung und Gerichtsvollzieher gehört. Zu alledem kann er jetzt mit den Kollegen mittags nicht mehr im für ihn viel zu teuer gewordenen Restaurant essen gehen und fühlt sich einfach nur noch antriebslos. Sein bester Freund rät Yannick dringend, sein Problem anzupacken.

Bearbeiter

Inkassokosten
Inkassounternehmen können beauftragt werden, um die offenen Forderungen einzutreiben. Dafür entstehen Inkassokosten, die der Schuldner zusätzlich tragen muss.

EINSTIEGSAUFGABE 82033-83

1. Yannick ist verzweifelt. In einer Instagram-Nachricht an seinen besten Freund erläutert er ihm die Ursachen für seine Überschuldung und welche Folgen das für ihn hat. Verfasse Yannicks Instagram-Nachricht .

M2 Schuldnerberatung: der Weg aus den Schulden

Sieht man keinen Ausweg mehr aus den finanziellen Problemen, so sollte man sich so früh wie möglich beraten lassen. Kompetente Berater sind z. B. die **Schuldnerberatungsstellen** der Landratsämter. Auch Wohlfahrtseinrichtungen wie die Caritas oder die Diakonie beraten kostenlos. Zur Beratung sollte man eine **Aufstellung der eigenen Einnahmen und Ausgaben** mitbringen

(→ Kapitel 3.1) sowie eine ehrliche **Auflistung aller Schulden** und der Personen, denen man etwas schuldet (Gläubiger). Die Berater helfen aber auch dabei, den Notfall zu meistern und den Überblick zu bekommen und zu behalten. Dann sollte man Vorschlägen zur **Ausgabenkürzung oder Einnahmenverbesserung** gegenüber aufgeschlossen sein, denn nun gilt es, einen **Rückzahlungsplan** (Tilgungsplan) aufzustellen und mit den Gläubigern zu verhandeln.

Bearbeiter

M3 Raus aus der Schuldenfalle!

Hannah Pauer berät junge Menschen mit finanziellen Problemen in der Jugendsprechstunde der Caritas Freising. Dies sind ihre Erfahrungen:

„Zu uns kommen junge Menschen mit vielen Problemen. Sehr häufig handelt es sich um Handyschulden. Wenn man 18 Jahre alt wird und endlich selbst Verträge abschließen kann, dann ist das natürlich verlockend. Oft wird als erstes ein teurer Handyvertrag unterschrieben. [...] Es ist tatsächlich so, dass die Schmerzgrenze, wenn man bargeldlos zahlt, niedriger ist. [...]

In der Sprechstunde geht es erst einmal darum, einen Kontakt herzustellen und erste Tipps zu geben. Wenn notwendig, schließt sich dann eine ganz normale Schuldnerberatung an, die je nach Fall bis zum Insolvenzverfahren führen kann. Wir machen zunächst immer einen Haushaltsplan: Wie hoch ist das Einkommen, was bleibt im Monat übrig, was kann ich abzahlen. Bei einem normalen Einkommen richten wir uns nach der Pfändungstabelle und bieten den Gläubigern den pfändbaren Betrag an. Wenn der Jugendliche nur ein geringes Einkommen hat, dann muss er sich entscheiden, was er freiwillig bereit ist zu bezahlen. Und bei zahlungsunfähigen Jugendlichen mit einer nur sehr geringen Verschuldung im zweistelligen Bereich haben wir manchmal das Glück, dass die Inkassobüros diese Schulden nach einem Gespräch erlassen."

Gudrun Regelein, Raus aus der Schuldenfalle, Interview mit Hannah Pauer, Süddeutsche Zeitung, 9.4.2019.

M4 Privatinsolvenz – Endstation?

Wenn die Schulden so hoch sind, dass man sie nicht mehr abbezahlen kann, ist die so genannte Privatinsolvenz oft die letzte Option. Es handelt sich um einen Weg raus aus den Schulden – diese werden gelöscht, obwohl man sie nicht vollständig zahlen konnte. Dafür muss ein Schuldner allerdings bestimmte Voraussetzungen erfüllen und ein besonderes Verfahren – die **Privat- bzw. Verbraucherinsolvenz** – durchlaufen.

Zunächst muss der Schuldner die Privatinsolvenz beim **Amtsgericht** anmelden. Mit dem Beginn des **Insolvenzverfahren** stimmt er zu, dass ein **Treuhänder** sein pfändbares Vermögen und Einkommen verwaltet. Die Gläubiger melden ihre **Schuldforderungen** bei dem Treuhänder an und dieser verteilt dann das **pfändbare Vermögen und Einkommen** unter diesen. Dabei gibt es aber eine Grenze:

seit Juli 2022 sind monatlich 1330 Euro als **Existenzminimum** nicht pfändbar. Mit Beginn des Verfahrens dauert es drei Jahre, bis der Schuldner als schuldfrei gilt. Den übrigen Rest seiner Schulden muss er dann nicht mehr zahlen. In diesen drei Jahren muss sich der Schuldner aber „**wohl verhalten**". Das heißt, dass er den pfändbaren Teil seines Einkommens an den Treuhänder übergibt und sich dazu verpflichtet, eine zumutbare Arbeit auszuüben. Außerdem muss er jeden Arbeitsplatzwechsel sowie jeden Umzug dem Treuhänder und dem Insolvenzgericht mitteilen. Erfüllt der Schuldner alle diese Auflagen, wird ihm am Ende die Restschuld erlassen und er kann einen wirtschaftlichen Neuanfang starten. Das nennt sich **Restschuldbefreiung**. Endgültig aufatmen kann er aber noch nicht, denn er hat für weitere drei Jahre einen negativen **Eintrag bei der Schufa**. Das bedeutet, dass auch nach Ende der „Wohlverhaltensphase" noch Schwierigkeiten auftauchen können, wenn er neue Verträge abschließen möchte. Die **Gläubiger des Schuldners** bleiben nach **Ablauf des Insolvenzverfahrens** auf ihren restlichen Forderungen sitzen.

Nach drei Jahren alle Schulden los zu sein, klingt verlockend. Die drei Jahre beinhalten aber eine Menge Hürden: Sie bedeuten ein Leben auf Sparflamme und erfordern eine enorme Haushaltsdisziplin. Da kann das eigene Verhandeln mit Gläubigern mithilfe der Schuldnerberatung der bessere Weg sein.

Treuhänder
Ein Treuhänder verwaltet die Rechte und Sachen einer anderen Person.

Schufa
Die Schufa ist ein Unternehmen, das Anfragern Auskunft über die Bonität (Kreditwürdigkeit) von Bürgern erteilt.

Wenn sich die Rechnungen und Mahnschreiben türmen und kein Geld zum Bezahlen da ist, bleibt oft nur die Privatinsolvenz.

AUFGABEN

82033-84

1. Erstelle ein Flussdiagramm (→ Methodenglossar), mit dem du einen möglichen Weg aus den Schulden mittels Schuldnerberatung (**M2**, **M3**) und Privatinsolvenz (**M4**) visualisierst.
2. Was würdet ihr Yannick als Hilfe zur Selbsthilfe raten? Gestaltet aus der Sicht seines besten Freundes eine Antwort per Instagram.
3. Erörtert das Instrument der Verbraucherinsolvenz in Bezug auf die Folgen für Gläubiger und Schuldner (**M4**).
4. Überprüfe, ob der Staat mit dem Verfahren zur Privatinsolvenz Anreize zur Überschuldung setzt.

Was Wir Wissen Seite digital zum Editieren

82033-303

WAS WIR WISSEN

Kredite (Verschuldung) und das Problem der Überschuldung

Will man sich Konsumwünsche sofort erfüllen, kann sie aber nicht aus dem laufenden Einkommen oder Ersparnissen finanzieren, so ist die Kreditaufnahme eine Option. Dann muss man allerdings „nachträglich sparen", da man dem Kreditgeber monatlich Zins und Tilgung schuldet.

Folgen von Überschuldung

Von der Verschuldung in die Überschuldung		
Verschuldung: normaler Vorgang etwa zum Immobilienkauf oder für Investitionen, die man in absehbarer Zeit tilgen kann	→	**Überschuldung:** kritischer Vorgang, da die verfügbaren Einnahmen nicht mehr ausreichen, um die Kreditraten zu begleichen

Je nach Kreditwürdigkeit (Bonität) ist das eine teure Angelegenheit und die Rückzahlungssumme immer deutlich höher. Manchmal bekommt man auch gar keinen Kredit. Man sollte jede Kreditaufnahme kritisch prüfen und sicherstellen, dass man sich die Kreditraten auch leisten kann (Haushaltsplan).

Wege aus der ÜberSchuldung

Bei Überschuldung hilft nur noch aktiv werden und sich der Situation stellen:

- mit einem Haushaltsbuch und einer Einnahmen-Ausgaben-Rechnung einen genauen Überblick über monatliche Einnahmen und Ausgaben bekommen.
- sich einen Überblick über die Verbindlichkeiten verschaffen (alle offenen Rechnungen, Finanzierungen, Kredite auflisten)
- professionelle Hilfe von staatlichen oder staatlich anerkannten Schuldnerberatungsstellen annehmen

Einen Plan zum Schuldenabbau entwickeln:

- die Einnahmen erhöhen (Wie kann ich mehr Geld verdienen? z. B. durch einen weiteren Zusatzjob)
- die Ausgaben kürzen (Wo kann ich sparen? Was kann ich einsparen? z. B. Anschaffungen aufschieben)
- mit den Gläubigern eine außergerichtliche Einigung verhandeln (Schuldenbereinigungsverfahren)
- notfalls Privatinsolvenz anmelden (Insolvenzverfahren und drei Jahre Wohlverhalten)

Ein klassischer Weg in die Überschuldung: Onlineshopping ohne Rücksicht auf das eigene Budget und den Kontostand.

M1 Banken und Sparkassen: Deutschen geht Geld zum Sparen aus

Der Bundesverband der Sparkassen geht davon aus, dass viele Deutsche wegen der hohen Inflation bald kein Geld mehr zum Sparen zurücklegen können. Verbandspräsident Helmut Schleweis sagte der "Welt am Sonntag", die Sparkassen rechneten damit, dass "perspektivisch bis zu 60 Prozent der deutschen Haushalte ihre gesamten verfügbaren Einkünfte - oder mehr - monatlich für die reine Lebenshaltung werden einsetzen müssen". Dieser Teil der Bevölkerung sei dann schlicht "nicht mehr sparfähig." Vor einem Jahr seien 15 Prozent nicht in der Lage gewesen, Geld zurückzulegen. Ersparnisse aus Corona-Zeiten werden genutzt. Auch Volks- und Raiffeisenbanken beobachten einen geringeren Spielraum der Kunden beim Sparen. Da die Kaufkraft wegen der hohen Inflation sinke, könnten die Menschen weniger sparen, erklärte Bundesverbands-Vorstand Andreas Martin. Noch profitierten viele von Ersparnissen, die sich während der Corona-Zeit angesammelt hätten. Zwischenzeitlich hätten viele Menschen wegen fehlender Konsummöglichkeiten etwas sparen können.

MDR aktuell 'Banken und Sparkassen: Deutschen geht Geld zum Sparen aus', www.mdr.de, 21. August 2022

Wenn das Sparschwein einmal geschlachtet ist, hilft auch kein Pflaster: Das Geld ist ausgegeben.

M2 Welche Geldanlage empfiehlst Du?

a) Oma Schmidt ist eine 85-jährige Witwe, die mit ihrer monatlichen Rente gut auskommt. Ihre Eigentumswohnung hat sie schon lange abbezahlt und sie hat 20 000 Euro als Sicherheit auf der Seite. Ihre sieben Enkel sind ihr ein und alles. Sie erhält 50 000 Euro aus der Lebensversicherung ihres verstorbenen Mannes ausbezahlt.

b) Familie Kovac wohnt in einem Reihenhaus zur Miete. Die beiden Kinder besuchen die weiterführende Schule und beide Eltern arbeiten in Vollzeit. Da sie gut verdienen, können sie jeden Monat 3 000 Euro sparen.

c) Frau Huber ist eine 40-jährige alleinerziehende Mutter von zwei Kindern, die 10 und 8 Jahre alt sind. Die Familie lebt zur Miete in einer 3-Zimmer-Wohnung. Durch ihr relativ gutes Einkommen kommt die Familie gut zurecht, aber Ersparnisse konnte sie bislang keine bilden. Die Familie erbt 20 000 Euro von einer verstorbenen Tante.

d) Die 14-jährige **Maja** verdient sich jede Woche 20 Euro durch das Ausführen des Hundes der Nachbarin. Von ihren Eltern erhält sie jeden Monat 30 Euro Taschengeld und ihr Patenonkel überweist ihr jeden Monat noch 20 Euro. Sie gibt pro Monat ca. 25 Euro aus. Das übrige Geld spart sie.

M3 Ansparen oder Kreditaufnahme?

Das Ehepaar Christiane und Thomas Müller unterhält sich:

1 **Christiane:** „Thomas, unsere Heizung ist schon recht alt und ich habe ständig Angst, dass sie bald komplett ausfällt."

2 **Thomas:** „Das verstehe ich, aber Du kennst ja unseren Haushaltsplan. Das Geld für eine neue Heizung haben wir nicht mal so."

3 **Christiane:** „Dann lass uns doch mal zusammen ein Beratungsgespräch bei der Bank ausmachen. Ich würde vorschlagen wir nehmen einen Kredit auf und dann können wir uns zügig eine neue und moderne Heizung einbauen lassen."

4 **Thomas:** „Ich würde gerade ungern so hohe Schulden machen. Ich sehe ja ein, dass wir bald eine neue Heizung brauchen. Aber ich bin dafür so lange zu warten, bis wir einen großen Teil von unserem Ersparten bezahlen können."

5 **Christiane:** „Das dauert bei dem, was wir monatlich auf die Seite legen können ja weitere Jahre. Und ich hätte gerne die nächsten Winter eine zuverlässige Heizung."

Bearbeiter

M4 Kreditformen: Welcher Kredit ist besser?

Müllers haben sich auf einen Kompromiss geeinigt. Sie behalten die alte Heizung noch ein weiteres Jahr, haben sich von einem Energieberater aber schon über die Kosten und auch mögliche staatliche Zuschüsse für eine Erneuerung ihrer Heizungsanlage beraten lassen. Abzüglich ihrer Ersparnisse und der staatlichen Förderung müssten sie hierfür noch einen Kredit von ca. 15 000 Euro aufnehmen.

Die Kreditkonditionen:
Volumen: 15 000 Euro
Zinsen: 5 %
Laufzeit: 5 Jahre

1 Endfälliger Kredit:
Hier wird die komplette Kreditsumme erst am Ende der Laufzeit zurückbezahlt. Während der Laufzeit zahlt man nur die Zinsen für den Kredit.

2 Ratenkredit:
Beim Ratenkredit zahlt man monatlich oder jährlich in gleichbleibenden Raten zurück. Die Kreditrestsumme verringert sich dementsprechend. Die Zinsen berechnen sich immer von der verbleibenden Kreditrestsumme.

Bearbeiter

M5 Sind Schulden = Schulden?

1 Kerstin und Stephan Richter leben zusammen mit ihrem Sohn in einem Reihenhaus. Noch gehört es ihnen nicht richtig, denn sie haben dafür einen Kredit bei der Bank aufgenommen und zahlen diesen nun in Raten, die mit der Höhe ihrer Einkommen vereinbar sind, über 30 Jahre, Monat für Monat ab. Wenn sie dann in Rente gehen, wird ihnen das Haus ganz gehören.

2 Familie Huber lebt vom Arbeitslosengeld, weil beide Eltern im Zuge der Corona-Pandemie ihre Jobs verloren haben. Die Familie hatte vorher einen Kredit für ein Auto abgeschlossen, muss also hier Raten abbezahlen. Auch der Fernseher der Familie und die Waschmaschine sind auf Raten gekauft worden. All diese Verträge sind einmal abgeschlossen worden, als die Familie noch in einer anderen finanziellen Situation war. Nun belasten die Schulden die Familie so, dass sie durch die hohen Raten ihre Miete nicht mehr zahlen kann.

Bearbeiter

AUFGABEN

82033-85

1. Analysiere mithilfe des Wirtschaftskreislaufs die ökonomischen Auswirkungen des Nachrichtenberichtes (**M1**).
2. Berate die in **M2** vorgestellten Personen bei der Geldanlage. Begründe, welche Anlageformen du ihnen empfehlen würdest.
3. Stelle die Vor- und Nachteile der beiden Vorgehensweisen in **M3** dar. Nutze hierfür folgende Stichwörter: rasche Verfügbarkeit, Kreditkosten, Wartezeit, keine Sparzinsen, mögliche Reparaturkosten, weitere Sparzinsen.
4. Soll das Ehepaar Müller einen endfälligen oder einen Ratenkredit abschließen? Berechne, was günstiger ist und erörtere Vor- und Nachteile der Kreditformen (**M4**).
5. Beschreibt den Unterschied zwischen den beiden in **M5** dargestellten Verschuldungssituationen.
6. Diskutiert in der Klasse, wie die Fallbeispiele sich in den nächsten Jahren weiterentwickeln könnten.

Der gute Fee-Service

Arbeitnehmerinnen und Arbeitnehmer im Spannungsfeld unterschiedlicher Interessen

4

Bis du als Arbeitnehmerin und Arbeitnehmer (oder vielleicht sogar als Arbeitgeberin und Arbeitgeber) ins Berufsleben einsteigst, dauert es noch eine Weile. Nichtsdestotrotz wird auch diese Phase in deinem Leben eintreten. Dafür solltest du gewappnet sein.
Welche Rolle soll Arbeit einmal in deinem Leben spielen? Welche Interessen hast du als künftiger Arbeitnehmer, welche haben die Arbeitgeber und wie können diese miteinander vereinbart werden? Weshalb unterscheiden sich Arbeitsverhältnisse und Löhne? Wer kann dich in deinen Interessen unterstützen und spielt in diesem Zusammenhang auch der Staat eine Rolle?

Am Ende des Kapitels könnt ihr:

- die Bedeutung von Arbeit erläutern
- die Folgen prekärer Arbeitsverhältnisse und von Arbeitslosigkeit für den Einzelnen erläutern
- Interessen von Arbeitnehmern und Arbeitgeberinnen erläutern
- die Ausgestaltung von Arbeitsverhältnissen exemplarisch analysieren
- Bestimmungsfaktoren von Angebot und Nachfrage auf dem Arbeitsmarkt darstellen
- Möglichkeiten der Lohnbildung erklären
- die Bedeutung von Gewerkschaften und Arbeitgebervertretungen für den sozialen Frieden erklären sowie für einen Tarifkonflikt einen möglichen Lösungsweg gestalten

WO STEHT IHR GERADE?

82033-86

1. Stell dir vor, eine gute Fee schenkt dir eine Million Euro. Die einzige Bedingung ist, dass du nie arbeiten darfst. Nimmst du das Geschenk an? Wovon würdest du deine Entscheidung abhängig machen?

4.1 Was bedeutet uns Arbeit?

4.1.1 Arbeit – mehr als Broterwerb?

Zum Thema: „Arbeit ist das halbe Leben", „Mit Arbeit versaut man sich den Tag" – Kalendersprüche zur Arbeit gibt es genug. Aber was meinen wir eigentlich genau, wenn wir von „Arbeit" sprechen?

M1 Was ist eigentlich „Arbeit"?

a) Du bearbeitest diese Aufgabe.
b) Ein Profifußballer schießt einen Elfmeter.
c) Ein Musiker komponiert einen Song.
d) Eltern begleiten ihre Kinder auf den Spielplatz.
e) Euer Nachbar schneidet Rosen in seinem Schrebergarten.
f) Eine befreundete Familie lädt deine Familie ein und kocht ein aufwändiges Menü.
g) Ein Millionär legt sein Geld in Aktien an.
h) Eine Sekretärin sortiert Akten in Regale.
i) Der Vater deines Schulkameraden trainiert die Jugendmannschaft im Fußballverein.
j) Ein Industrieroboter montiert automatisch Motorteile.
k) Das Team einer Marketingabteilung entwirft eine neue Verkaufsstrategie.

Nach: Bruno Zandonella, Bundeszentrale für politische Bildung, Wirtschaft für Einsteiger, Dezember 2011, S. 20

EINSTIEGSAUFGABE 82033-87

1. Entscheide, ob es sich bei diesen Tätigkeiten um „Arbeit" handelt.

M2 Die verschiedenen Merkmale von Arbeit

Der Begriff „Arbeit" ist weniger eindeutig als er auf den ersten Blick scheint. Er kann ausdrücken, dass etwas anstrengend ist (wie das Betreiben von Sport), etwas Zeit und Mühe erfordert (wie Lernen auf eine Klassenarbeit) oder das Erledigungen im Haushalt oder im Garten ausgeführt werden müssen (wie Rasen mähen). All diesen Tätigkeiten gemeinsam ist, dass es sich um eine bewusste, zielgerichtete körperliche oder geistige Aktivität handelt.

1 Erwerbsarbeit

Wenn im ökonomischen Sinne von Arbeit gesprochen wird, ist in der Regel die Erwerbsarbeit, also die bezahlte Berufstätigkeit gemeint. Damit werden alle Tätigkeiten, die zur finanziellen Existenzsicherung und Abdeckung der Bedürfnisse dienen, umfasst. Moderne Gesellschaften sind Arbeitsgesellschaften. Das heißt, die Erwerbstätigkeit ist die wichtigste Quelle des Lebensunterhalts. Durch die Arbeit werden Kontakte zu Mitmenschen hergestellt, das Leben in den Rhythmus Arbeit und Freizeit geordnet. Das bildet auch den Hintergrund, warum Menschen in Arbeitslosigkeit ihre Situation als belastend empfinden. Menschen ohne Arbeit geht diese Einbettung in die Arbeitsgesellschaft und damit in das soziale Geflecht mit den Mitmenschen verloren.

2 Gesellschaftliche Bedeutung der Arbeit

Darüber hinaus besitzt der ausgeübte Beruf und die dazugehörige berufliche Stellung eine hohe Bedeutung für das persönliche Selbstverständnis und die gesellschaftliche Position jedes Einzelnen. So werden bestimmte Berufe (etwa Richter, Arzt) als prestigeträchtiger als andere betrachtet. Durch das mit dem Beruf verbundene öffentliche Ansehen ist ein bestimmter gesellschaftlicher Status verbunden. Für viele ist Arbeit damit ein wichtiger Teil der persönlichen Selbstentfaltung, des sozialen Ansehens und des Selbstrespekts.

3 Care-Arbeit/Sorgearbeit

Menschen arbeiten aber auch unentgeltlich. Hierunter fällt der große Bereich der „Care"-Arbeit (Sorgearbeit). Damit werden alle Tätigkeiten des Sorgens und Sichkümmerns im familiären (Kinderbetreuung, Erziehung, Altenpflege) oder häuslichen (Hausarbeiten wie kochen, putzen etc.) Bereich beschrieben, die unbezahlt und überwiegend von Frauen geleistet werden. Lange Zeit wurde diese unbezahlte Arbeit gegenüber der bezahlten Normalarbeit der Männer ausgeblendet. Mit dem Wandelt der Geschlechterordnungen und der Verschiebung der Aufmerksamkeiten aufgrund der Corona-Pandemie rückt die Care-Arbeit immer stärker in den Fokus von Medien und Politik.

4 Ehrenamtliche Tätigkeiten

Bei der freiwilligen bzw. ehrenamtlichen Tätigkeit handelt es sich ebenfalls um unbezahlte Arbeit. Die Arbeit ist in der Regel gemeinnützig. Das bedeutet, dass die Tätigkeit in irgendeiner Form dem Gemeinwohl also anderen Mitbürgerinnen und Mitbürgern nützt. Ehrenamtliche Tätigkeiten finden am häufigsten in Vereinen, Verbänden, Kirchen und religiösen Vereinigungen statt. Ob Rettungssanitäter, Trainer im Turnverein, Begleitung von Flüchtlingen: Ehrenamtliche Tätigkeiten haben viele Gesichter und sind aus dem sozialen Leben nicht wegzudenken.

Bearbeiter

M3 „Weil ich halt Geld brauche": Ist Arbeit reine Existenzsicherung?

Lernvideo beim Bayrischen Rundfunk ‚Existenzsicherung'

82033-88

Für Arbeit gibt es Geld, mit Geld bezahlt man Rechnungen – logisch, oder?

M4 Great Resignation: „Einen Job zu kündigen kann ein sehr einsamer Prozess sein"

In den USA ist die Zahl der Kündigungen seit Beginn der Pandemie gestiegen – nun deuten neue Daten darauf hin, dass diese [sogenannte] Große Resignation auch Deutschland erreicht. Ein Gespräch mit Anthony Klotz, einem US-amerikanischen Organisationspsychologen, der den Begriff Great Resignation geprägt hat.

ZEIT ONLINE: Herr Klotz, Sie beschäftigen sich damit, warum und vor allem wie Menschen kündigen. Weshalb interessieren Sie sich dafür?

Anthony Klotz: Weil ich es faszinierend finde, dass Menschen fähig sind, ihr Leben und damit die Arbeit selbst zu gestalten. Und wie sie das machen: Manche Menschen brechen die Verbindung zum früheren Job komplett ab, andere zeigen sich auch trotz der Kündigung dankbar und sprechen weiterhin wertschätzend über den früheren Arbeitgeber. Wenn man für ein Unternehmen arbeitet, liegt die Macht meist bei der Firma: Als Arbeitnehmerin ist man auf das Gehalt angewiesen, man braucht die Gesundheitsversorgung, in Deutschland die Rentenpunkte und so weiter. Also hat man Angst davor, den Job zu verlieren. In dem Moment, in dem Sie sich entscheiden, zu kündigen, verschiebt sich dieses Machtgleichgewicht. Sie brauchen das Unternehmen nicht mehr.

ZEIT ONLINE: Im vergangenen Jahr haben Sie von der Great Resignation – zu Deutsch: die Große Resignation – gesprochen, der Ausdruck ging weltweit viral. Wann bemerkten Sie zum ersten Mal, dass sich da ein Trend entwickelt?

Klotz: Weil ich mich, wie eben gesagt, sehr für das Thema Kündigung interessiere, begannen mir Ende 2020 ein paar Dinge aufzufallen. Ich beobachtete, wie sich die Pandemie in meinem Umfeld auswirkte, sprach mit Arbeitnehmerinnen und -nehmern, studierte Zahlen.

ZEIT ONLINE: Inzwischen gibt es Zahlen. Zuletzt haben mehr als vier Millionen US-Amerikanerinnen und -Amerikaner ihre Jobs gekündigt. Welche Anzeichen sahen Sie damals?

Klotz: Zum einen gab es einen Rückstau an Kündigungen, da sich einige Arbeitnehmerinnen und Arbeitnehmer aufgrund der Pandemie und der damit zusammenhängenden Unsicherheit dafür entschieden hatten, auch weiterhin bei ihrem ungeliebten Arbeitgeber zu bleiben. Andere fühlten sich ausgebrannt. Wieder andere begannen, ihr Leben neu zu priorisieren. Diese Menschen überlegten sich: Was ist mir wirklich wichtig? Und dann ist da noch der Aspekt der Fernarbeit, also von wo aus man arbeitet. Dieses in der Pandemie neu gewonnene Privileg wollen einige nicht aufgeben und nicht wieder zurück ins Büro. Zusammengenommen war ich mir sicher, dass die Anzahl der Kündigung massiv steigen würde. So kam es dann auch.

ZEIT ONLINE: Und woher hatten Sie dieses Wissen?

Klotz: Ich habe mit vielen Menschen aus Unternehmen gesprochen – Arbeitnehmern, Abteilungsleiterinnen, Chefs. Letztere hörte ich oft sagen, dass sie nach der Pandemie wieder zur Tagesordnung übergehen würden. Von den Arbeitnehmerinnen und -nehmern hörte ich ganz verschiedene Dinge: Die einen meinten, dass sich Arbeit an sich verändern müsse, andere sagten, dass sie nicht mehr ins Büro zurückwollten. Wieder andere waren sich sicher, das Büro als Arbeitsort zu brauchen. Ich spürte da eine sehr große Spannung, die wir auch jetzt noch erleben. Dass der Begriff derart beliebt geworden ist, liegt im Übrigen nicht an mir, glaube ich. Ich habe einfach nur das ausgesprochen, was sehr viele Menschen beschäftigt hat. [...]

Wenn der Job nervt, kündigt man. Oder ist das nicht so einfach?

ZEIT ONLINE: Zu den meistgesuchten Wie-werde-ich-Jobs auf Google im Jahr 2021 gehören in den USA Immobilienmaklerin, Therapeut, Feuerwehrmann und Personal Trainerin. Was lässt sich daraus schlussfolgern?

Klotz: In dreien dieser vier Berufe arbeitet man selbstständig, man kann so sehr gut entscheiden, wie man seine Zeit gestaltet. Remote zu arbeiten – also von zu Hause aus oder an einem anderen Ort der Wahl – hat vielen Menschen gezeigt, welchen Unterschied es machen kann, selbstbestimmter zu arbeiten. Man ist plötzlich autonomer, freier, weil wir unseren Arbeitstag so verbringen, wie wir wollen. Bis auf Feuerwehrmann bieten die genannten Berufe eine extreme Flexibilität und die Möglichkeit, sich selbstständig zu machen.

ZEIT ONLINE: Und was ist mit dem Beruf des Feuerwehrmanns?

Klotz: Bei der Feuerwehr zu arbeiten, genauso wie Therapeut zu sein oder Personal Trainerin, ist ein sehr sinnvoller Beruf. In allen drei Jobs kann man sehr viel Positives für andere Menschen und die Gesellschaft im Allgemeinen bewirken – wenn man sie gut macht, natürlich. In den vergangenen zwei Jahren haben sich die Menschen mehr Gedanken über ihr Leben gemacht, viele fragen sich: Wenn ich acht oder zehn Stunden am Tag mit diesem oder jenem Job verbringe, hat das einen Sinn? Und wenn man zu dem Schluss kommt, dass dies nicht der Fall ist, ist es logisch, dass man nach Möglichkeiten sucht, etwas zu bewirken.

Baurmann, Jana Gioia ‚Great Resignation: Einen Job zu kündigen kann ein sehr einsamer Prozess sein', www.zeit.de, 26.4.2022.

AUFGABEN

82033-89

1. Erstelle mithilfe von **M2** eine Mindmap nach der Vorlage in der Randspalte.
2. In dem Video in **M3** wird die Erwerbsarbeit genauer beschrieben. Schaue dir das Video an und bearbeite das digitale Quiz dazu.
3. a) Arbeite die in **M4** beschriebenen Gründe heraus, warum Menschen vermehrt ihre Arbeitsstellen kündigen.
   b) Diese als „Great Resignation" bezeichnete Kündigungswelle kann aus unterschiedlichen Perspektiven betrachtet werden. Erörtert in Partnerarbeit nach der Vorlage in der Randspalte in Stichworten Vor- und Nachteile dieser Entwicklung aus der Perspektive der Arbeitnehmer und der Unternehmen. Geht hierbei arbeitsteilig vor, indem jede/r eine Perspektive übernimmt. Tauscht euch anschließend über die Ergebnisse aus und vervollständigt eure Tabelle mit den Notizen eures Partners.
4. *„In den vergangenen zwei Jahren haben sich die Menschen mehr Gedanken über ihr Leben gemacht, viele fragen sich: Wenn ich acht oder zehn Stunden am Tag mit diesem oder jenem Job verbringe, hat das einen Sinn?"* (**M4**)
   a) Wie müsste für dich deine zukünftige Arbeit gestaltet sein, damit sie für dich einen Sinn und Bedeutung hat. Formuliere vier bis sechs Aussagen nach folgendem Muster: „Für mich sollte meine zukünftige Arbeit ....".
   b) Priorisiere im zweiten Schritt diese Aussagen für dich, indem du sie mit Nummer versiehst (1 = am wichtigsten, 2 = zweitwichtigste, etc.).

Vorlage Mindmap

82033-90

Quiz zum Video M3

82033-91

Tabelle für Aufgabe 3b

Arbeitnehmer		Unternehmen	
+	–	+	–

4.1.2 Arbeitsverhältnisse zwischen Zwang und Selbstverwirklichung?

Zum Thema: In Arbeitsverhältnissen werden wesentliche Rechte und Pflichten von Arbeitgeberinnen und Arbeitnehmern festgehalten. In Form von Arbeitsverträgen sind alle Aspekte zu Wochenstundenarbeitszeit, Urlaubstagen, Stundenlohn, u. ä. geregelt. War lange Zeit das sogenannte „Normalarbeitsverhältnis" in Deutschland vorherrschend, so haben sich in den letzten Jahren sehr unterschiedliche Arbeitsverhältnisse entwickelt. Arbeitsverhältnisse können sich von Land zu Land sehr unterscheiden.

M1 Gesetzliche Rahmenvorgaben für Arbeitsverhältnisse in den USA und Deutschland

Arbeitsrecht in Deutschland und den USA

	USA 	Deutschland 
max. Wochenarbeitszeit	keine Begrenzung; bei mehr als 40 Wochenarbeitsstunden müssen Überstunden vergütet werden	maximal 48 Wochenarbeitsstunden
Urlaubsanspruch	kein gesetzlicher Anspruch, Verhandlungssache zwischen Arbeitnehmer und Arbeitgeber, in der Regel 10-15 bezahlte Urlaubstage im Jahr	minimum 24 Tage
Kündigungsfristen	in der Regel 2 Wochen, aber fristlos möglich	minimum 4 Wochen
Sonntagsarbeit	keine gesetzliche Regelung	prinzipiell verboten, aber viele Ausnahmen (Gastronomie, Feuerwehr, Schichtarbeit, Pflege)

Bearbeiter

EINSTIEGSAUFGABEN 82033-92

1. Vergleiche die Situation in den USA und Deutschland: in welchem Land wärst du lieber Arbeitnehmer? In welchem lieber Arbeitgeber?
2. Stelle Vermutungen an, wieso Arbeitsverhältnisse zweier Länder so unterschiedlich gestaltet sind.

Ein **Normalarbeitsverhältnis** (NAV) ist ein abhängiges Beschäftigungsverhältnis, d. h. die Person ist in einem Unternehmen unbefristet **angestellt**. Der Angestellte hat eine Vollzeit- oder Teilzeittätigkeit mit mehr als 20 Wochenstunden Arbeitszeit. Die Person ist in die sozialen Sicherungssysteme integriert, d. h. es werden Beiträge in die Arbeitslosen-, Kranken- und Rentenversicherung einbezahlt. Die Person ist direkt beim Arbeitgeber angestellt.

Atypisch ist ein Beschäftigungsverhältnis, wie

- **Teilzeittätigkeit** (Reduktion der regelmäßigen Wochenarbeitszeit unter 20 Stunden/ Woche, Reduktion des Entgeltes),
- eine **geringfügige Beschäftigung** (Mini- und Midi-Jobs mit monatlichen Entgeltgrenzen von 520 bzw 1600 Euro, Stand:2023)
- **befristete Beschäftigung**, d. h. Beschäftigung auf Zeit,
- **Leiharbeit**, d. h. eine Person ist bei einer Leiharbeitsfirma beschäftigt und wird an andere Firmen als Arbeitskraft „ausgeliehen".

Als **Selbständige** bezeichnet man Personen, die eigenverantwortlich arbeiten, also Eigentümer eines Unternehmens oder Handwerkbetriebs sind.
Bearbeiter

M2 Wie arbeitet Deutschland?

Arbeit in Deutschland, Beschäftigungsformen nach Geschlecht (Stand: 2023)

73000-565

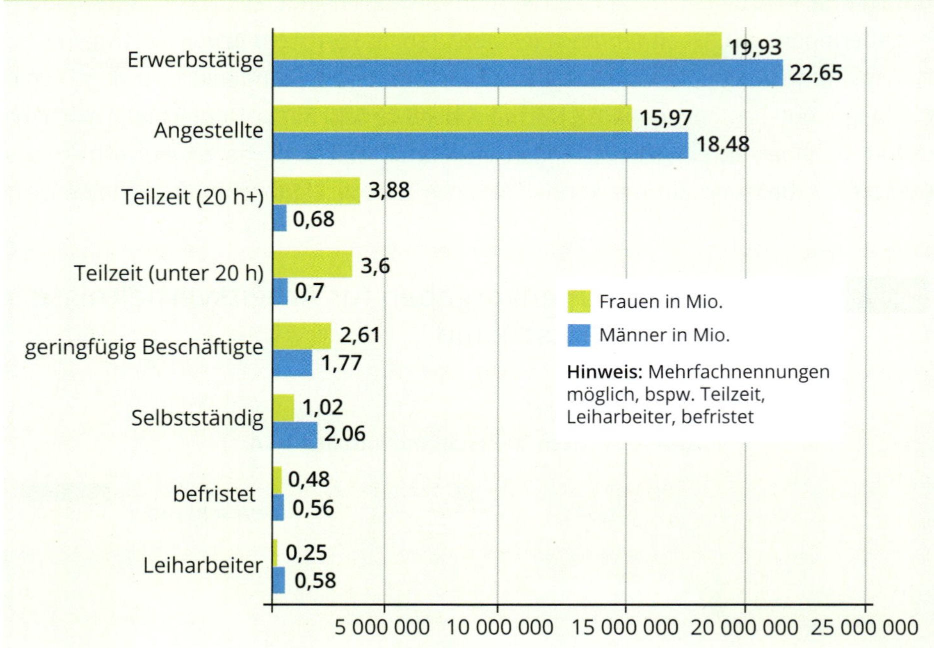

©C.C. Buchner Verlag, aktuelle Daten nach Bundesagentur für Arbeit, DESTATIS

M3 Wie verändern sich Arbeitsverhältnisse? Das Beispiel Homeoffice

Die Corona-Pandemie und die damit verbundene Notwendigkeit der Abstandswahrung hat zu einer großen Dynamik bezüglich der Gestaltung der Arbeitsverhältnisse geführt. Galt das Arbeiten aus dem „Homeoffice" lange Zeit nur für einen kleinen Teil der Angestellten, wurde diese Arbeitsform in der Corona-Pandemie zu einem Massenphänomen.

Umfragen zeigen, dass viele dieser Menschen diese Möglichkeit der Arbeit zu schätzen gelernt haben und auch nach der Pandemie nicht missen wollen. Doch nicht alle Angestellten konnten diese Form der Arbeit realisieren. Menschen, die in industriellen Betrieben Maschinen bedienen, Pflegebedienstete, die sich um die ihnen Anvertrauten kümmern oder Mitarbeiter im Einzelhandel: sie alle können nicht von zuhause aus ihrer Arbeit nachgehen.

Bearbeiter

a) Homeoffice: Schöne neue Arbeitswelt – Aber nicht für alle

Die Vorteile liegen für ihn auf der Hand: Homeoffice mache die Wirtschaft widerstandsfähiger, wie gerade in der Pandemie gesehen. Denn trotz sozialer Distanzierung konnte die wirtschaftliche Aktivität in vielen Bereichen hochgehalten werden.

Auch Johanna Reihl arbeitet seit der

Pandemie von zuhause aus. Sie plant seit fast zwei Jahren Windkraftanlagen für Siemens Energy von ihrem heimischen Schreibtisch aus. Mit ihrer Familie wohnt sie in der kleinen mittelfränkischen Gemeinde Kalchreuth, rund 20 Kilometer entfernt von ihrem Büro auf dem Siemens Campus in Erlangen. Sie genießt die Vorteile des Homeoffice, auch weil die tägliche Pendelei entfällt. "Man hat mehr Zeit für sich, für die Familie, für den Haushalt. Zwischendurch kann ich mal die Waschmaschine anstellen oder die Geschirrspülmaschine ausräumen. Das bleibt ja alles liegen, wenn ich im Büro bin."

Seit der Pandemie setzt ihr Arbeitgeber Siemens weltweit auf mobiles Arbeiten. In dem Großunternehmen, in dem die Präsenzkultur lange stark ausgeprägt war, haben Mitarbeiterinnen und Mitarbeiter die Option, zwei bis drei Tage die Woche von zuhause aus zu arbeiten.

Auch die Diwa-Gruppe hat zu Beginn der Pandemie auf Homeoffice gesetzt. Die Firma hat in Raubling im Landkreis Rosenheim ihren Sitz. Das mittelständische Unternehmen mit 78 Mitarbeitern kümmert sich um die Umsetzung der Trinkwasserverordnung. Geschäftsführer Maximilian Mertens stieß jedoch an die Grenzen des Konzepts Homeoffice. Denn viele Diwa-Mitarbeiterinnen und -Mitarbeiter wohnen in sehr ländlichen Gebieten. "Da hat die Internetverbindung einfach nicht ausgereicht, um die Arbeit zu bringen. Videokonferenzen haben nicht funktioniert, Mitarbeiter haben berichtet, dass sie für das Öffnen von Cloud-basierten Programmen manchmal zehn Minuten gebraucht haben. Und das ist natürlich kein Umstand, in dem ich Mitarbeiter arbeiten lassen kann." Maximilian Mertens, Geschäftsführer Diwa-Gruppe. Und deshalb sind alle 78 Beschäftigten zurück im Büro. Die mangelhafte Infrastruktur sei ein klarer Standortnachteil.

Mehr Flexibilität bei der Arbeitszeitgestaltung fordert der Direktor des Instituts der Deutschen Wirtschaft, Professor Michael Hüther. Und warnt gleichzeitig davor, Homeoffice zu euphorisch zu betrachten. Wer innovativ bleiben wolle, der brauche die lebendige Diskussion in der Firma. Unternehmen seien Orte der Begegnung. Der Wirtschaftswissenschaftler und Historiker sieht beim Thema Homeoffice außerdem die Gefahr einer Spaltung der Belegschaft, nicht nur zwischen Produktion und Verwaltung, sondern auch zwischen Führungskräften und Mitarbeitern, mit negativen Folgen für die Unternehmensziele.

Eine ganz ähnliche Sorge teilen die Gewerkschaften.

"Wenn es zwei Gruppen von Beschäftigten gibt, die einen, die stark von der Möglichkeit profitieren, Homeoffice machen zu können und eine zweite Gruppe, die diese Möglichkeit nicht hat, müssen wir verhindern, dass dort eine Spaltung entsteht." Karl Musiol, IG Metall bei Siemens Erlangen. Siemens-Mitarbeiterin Johanna Reihl wird ab Anfang Dezember wieder zwei bis drei Tage im Büro arbeiten, ansonsten zu Hause, nach Absprache mit ihrem Chef. Für die Reihls hat sich das Konzept Homeoffice bewährt. Die Familie hat durch das flexible Arbeiten an Freiheit und damit Lebensqualität gewonnen.

Wagner, Veronika / Fleckenstein, Tom ‚Homeoffice: Schöne neue Arbeitswelt – Aber nicht für alle', www.br.de, 10.November 2021.

b) Homeoffice: Was sind die Vor- und Nachteile?

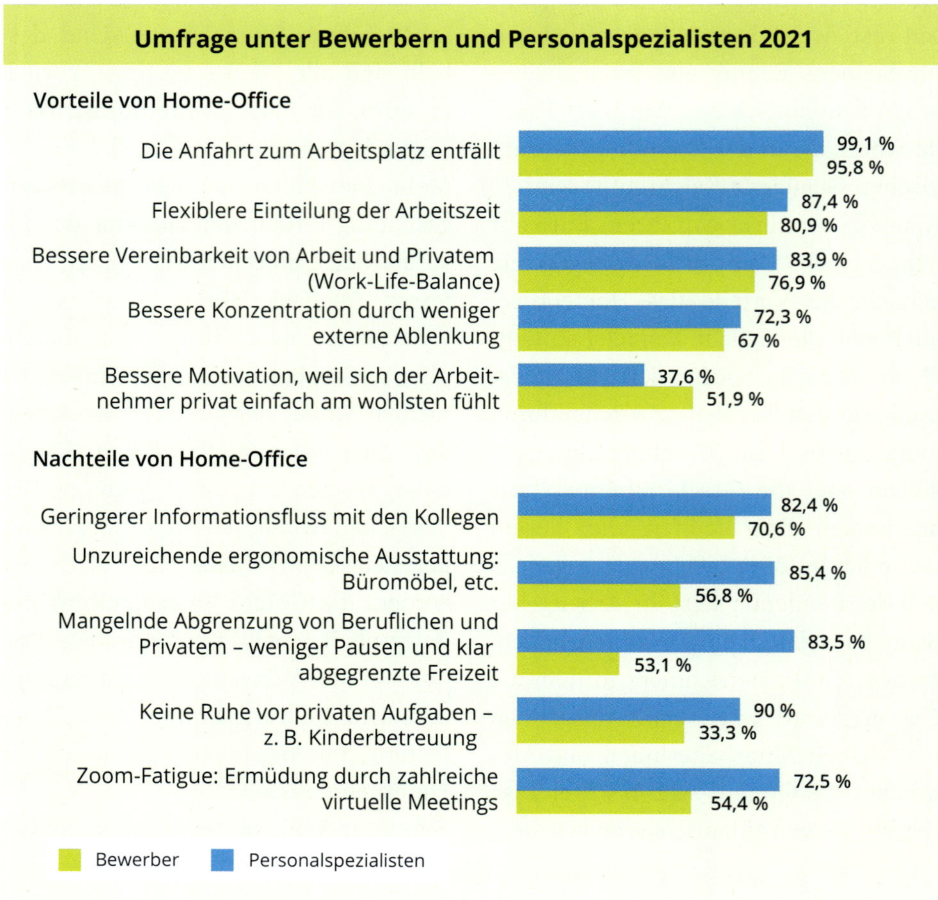

©C.C. Buchner Verlag, aktuelle Daten nach Statista 2022

AUFGABEN

82033-93

1. Analysiert die Arbeitsverhältnisse in Deutschland (**M2**) unter Zuhilfenahme der dazugehörigen Erläuterungen.
2. a) Erörtert in Partnerarbeit anhand **M3a-b** die Vor- und Nachteile des Homeoffice aus der Perspektive der Arbeitnehmer und der Arbeitgeber arbeitsteilig. Erstellt hierfür eine Tabelle, in die ihr eure Stichworte eintragen könnt. Vervollständig anschließend eure Tabelle mit den Stichworten eures Partners.
   b) Ordnet anschließend die aufgelisteten Argumente mit unterschiedlichen Farben folgenden Urteilskriterien zu: Effizienz (grün); Produktivität (gelb); Gerechtigkeit (blau); Vereinbarkeit Arbeits- und Privatleben (Work-Life-Balance) (rot).
   c) Ist die Entwicklung zu mehr Homeoffice-Arbeit eine positive Veränderung der Arbeitsverhältnisse? Gestalte eine begründete Stellungnahme zu dieser Frage.

H Aufgabe 2b
Mit dem Urteilskriterium **Produktivität** wird das Verhältnis zwischen Input (was für die Produktion eingesetzt wird) und Output (das, was produziert wird) beschrieben.
In Abgrenzung zur **Effizienz** drückt **Produktivität** i. d. R. eine Steigerung des Outputs aus.

4.1.3. „The working poor“: arm trotz Arbeit?

Zum Thema: In Deutschland arbeiten viele Arbeitnehmerinnen und Arbeitnehmer in Vollzeitstellen und können dennoch kaum von ihrem Erwerbseinkommen leben. Man spricht in diesem Fall von prekärer Beschäftigung.

M1 Betteln trotz Job?

Karikatur: Tomicek

EINSTIEGSAUFGABE 82033-94

1. Überlege mit deiner Partnerin/deinem Partner: Wie kann man trotz Arbeit arm sein?

M2 Niedriglöhne und Prekariat – was ist das?

a) Wer ist von Niedriglöhnen betroffen?

Von **Niedriglöhnen** spricht man, wenn Beschäftigte mit weniger als zwei Dritteln des mittleren Verdienstes (Median) aller Beschäftigungsverhältnisse entlohnt werden. 2022 lag die Niedriglohnschwelle bei 12,50 Euro brutto je Stunde.

Charakteristika von Niedriglohnbeschäftigten (in Prozent aller abhängigen Beschäftigtungsverhältnisse; Stand: 2022)

	Niedriglohnquote Deutschland
Insgesamt	19,9 %
Ost	25,3 %
West	18,9 %
	Niedriglohnquote bei ...
... Minijob	76,9 %
... Teilzeit	22,7 %
... Vollzeit	12,0 %
... unbefristet	16,9 %
... befristet angestellt	36,8 %
... ausländ. Arbeitnehmer	30,7 %
... Deutsche	18,4 %
... über 54 Jahre	22,1 %
... 45-54 Jahre	15,8 %
... 35-44 Jahre	14,5 %
... 25-34 Jahre	21,4 %
... unter 25 Jahre	47,6 %
... Frauen	25,0 %
... Männern	15,2 %
... Uni / FH Abschluss	7,7 %
... mit Ausbildung	20,3 %
... ohne Ausbildung	44,0 %

©C.C.Buchner Verlag, aktuelle Daten nach: IAQ Duisburg-Essen, SOEP, 2019

b) Wann ist eine Arbeit prekär?

prekär
„précaire“ (frz.) steht für „unsicher“

Prekariat
ist die Bezeichnung der Soziologie für eine Gruppe, deren Erwerbstätigkeit durch große Unsicherheit geprägt ist.

Als prekär beschäftigt gelten Personen, bei denen sich arbeitsmarktbezogene Risiken kumulieren [=anhäufen]. Insgesamt werden sieben Risikofaktoren für die Identifikation von prekärer Beschäftigung berücksichtigt: 1. Das Jahreseinkommen liegt unterhalb des steuerlich definierten Existenzminimums. 2. Das Stundeneinkommen liegt unterhalb der Niedriglohnschwelle. 3. Die ausgeübte Tätigkeit erfordert keine formale Ausbildung und kein Studium (»einfache« Arbeit). 4. Im ausgeübten Beruf besteht ein überdurchschnittliches Erwerbslosigkeitsrisiko. 5. Der Beruf geht mit physischen Gesundheitsrisiken beziehungsweise Belastungen einher. 6. Die Erwerbstätigkeit ist nicht sozialversicherungspflichtig. 7. Die Erwerbstätigkeit unterliegt nicht dem Kündigungsschutz. Treffen mindestens zwei der sieben Indikatoren auf die Erwerbstätigen zu, werden sie als prekär beschäftigt eingestuft.

Statistisches Bundesamt, Datenreport 2021, S. 184

M3 Wie sieht der Arbeitsalltag der „working poor" aus?

Working poor: Wenn der Stundenlohn ein paar Münzen sind, die Rechnungen aber nach großen Scheinen verlangen.

Dokumentation zu M3 „Arm trotz Job"

82033-95

Aufstocker nach Branchen

73000-18

Was sind „Aufstocker"?
„Aufstocker" haben einen bezahlten Job. Das Einkommen ist jedoch so niedrig, dass es unterhalb des Existenzminimums liegt. Daher erhalten sie zusätzlich Sozialleistungen. In der Statistik der Bundesagentur für Arbeit werden diesen Personen „erwerbstätige Leistungsberechtigte" genannt.
Als **Leistungsberechtigte** nach dem zweiten Sozialgesetzbuch (SGB II) werden Personen bezeichnet, die in der Lage sind, zu arbeiten, aber keine Arbeit haben. Es handelt sich also um die Grundsicherung für Arbeitssuchende (Arbeitslosengeld II), im Volksmund lange Zeit „Hartz IV" genannt. Ab 2023 wird das ehemalige Arbeitslosengeld II Bürgergeld genannt.

M4 Viele Bürgergeld-Empfänger sind Aufstocker

Für den Juni 2021 wird die Zahl der „Aufstocker" mit rund 860.000 Menschen angegeben, […]. Unter diesen Aufstockern befinden sich überdurchschnittlich viele Alleinerziehende. Gründe dafür sind vor allem Minijobs, niedrige Löhne und die schwierige Vereinbarkeit von Beruf und Kinderbetreuung […] »Wie aus einer Langzeitanalyse für die Jahre 2010 bis 2018 hervorgeht, waren fast ein Drittel aller Leistungsbeziehenden, die in einer Familie mit Kindern leben, in diesem Zeitraum erwerbstätig. […] Besonders betroffen sind alleinerziehende Familien. Unter allen Haushaltsformen weisen sie das höchste Risiko auf, ihr Arbeitseinkommen aufstocken zu müssen.

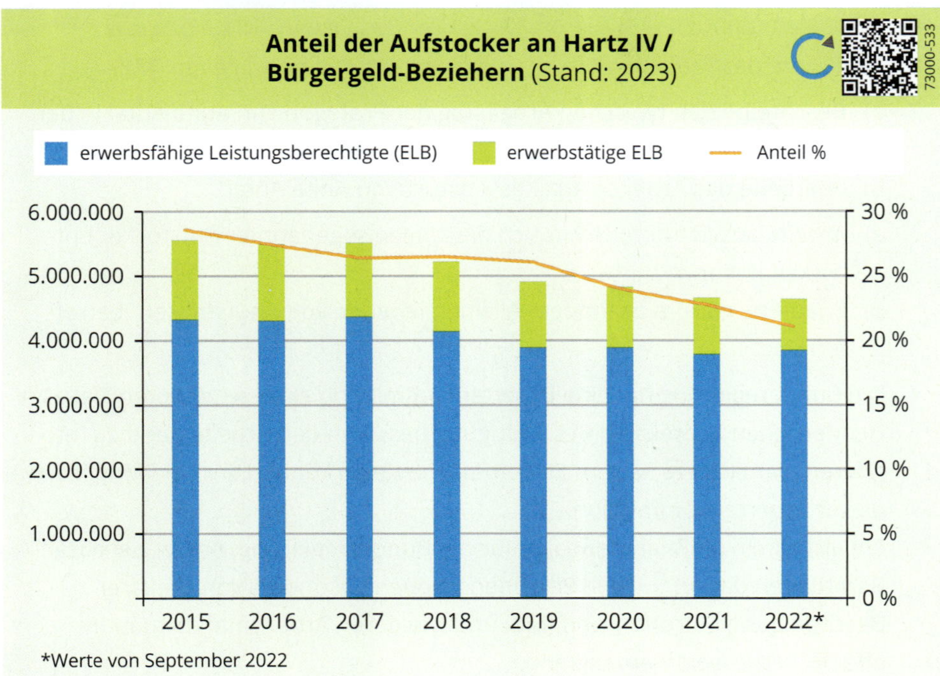

©C.C. Buchner Verlag, aktuelle Daten nach: Bundesagentur für Arbeit, eigene Berechnungen

Lesehilfe zur Grafik:
Im Jahr 2022 gab es ca 3,84 Millionen erwerbsfähige Bezieher von Hartz IV / Bürgergeld, davon hatten ca. 810 000 eine Arbeit, waren also Aufstocker. Das entspricht einem Anteil von ca. 21%.

Als **Minijobs** werden geringfügige Beschäftigungen bezeichnet. Es darf höchstens 520 Euro pro Monat Arbeitsentgelt bezahlt, bzw. maximal 70 Tage pro Jahr gearbeitet werden. Im Gegensatz zum Normalarbeitsverhältnis müssen bei Minijobs keine Sozialversicherungsbeiträge abgeführt werden.

Aufstocker haben in der Regel (außer innerhalb der Alleinstehenden) häufiger einen Migrationshintergrund und leben eher in Ostdeutschland. Ein niedrigeres Bildungsniveau ist ebenfalls, insbesondere bei Paaren, mit einem höheren Aufstockerrisiko verbunden. Bei Aufstockern ist auch tendenziell ein schlechterer Gesundheitszustand zu beobachten. Der Einfluss von Kindern im Haushalt fällt vor allem auf der Ebene der Haushaltstypen ins Gewicht: Alleinerziehende sind die Gruppe mit dem höchsten Aufstocker-Risiko: dieses liegt signifikant über dem der Alleinstehenden. Eine geringfügige Beschäftigung birgt ein weit überdurchschnittliches Risiko, neben dem **Minijob** auch Grundsicherungsleistungen zu beziehen. Häufig treten niedrige Arbeitszeiten und niedrige Stundenlöhne gleichzeitig auf.

Sell, Stefan ‚Aufstocker im Hartz-IV-System. Darunter sind überdurchschnittlich viele Alleinerziehende (mit ihren Kindern)', www.aktuelle-sozialpolitik.de, 16.Dezember 2021

Arbeitsblatt Kassensturz Anita Antal

82033-97

H Aufgabe 4: "Entwickeln"

1. Problemstellung analysieren (*Was ist das Problem? Welche Ursachen hat das Problem?*)
2. Lösungsvorschläge entwerfen (*Wie sehen die Lösungsvorschläge aus? Wie wirken die Lösungsvorschläge?*)
3. Lösungsvorschläge begründen (*Warum wurden diese Lösungsvorschläge ausgewählt? Welche Vorteile bestehen gegenüber anderen Lösungsvorschlägen?*)

AUFGABEN

82033-96

1. Analysiere das Profil der Personen die als „working poor" gelten (**M2**).
2. a) Beschreibe den typischen Arbeitstag der Protagonistin Anita Antal in der Dokumentation „Arm trotz Job" (**M3**).
   b) Bearbeite das Arbeitsblatt „Kassensturz von Anita Antal".
3. a) Arbeite aus **M4** heraus wie sich die Zahlen sogenannter Aufstocker entwickelt haben.
   b) Erläutere, warum besonders Alleinerziehende vom „aufstocken" betroffen sind.
4. Die Bunderegierung hat eine Expertenkommission eingesetzt, deren Ziel es ist, Menschen in prekärer Beschäftigung besser in den Arbeitsmarkt zu integrieren, damit diese höhere Einkommen erzielen können. Ihr seid Mitglieder dieser Expertenkommission.
   Entwickelt ein Maßnahmenpaket für die Bundesregierung. Achtet bei euren Beratungen darauf, welche Personengruppen besonders von prekärer Beschäftigung betroffen sind (**M2**) und wie deren Arbeitsmarktsituation effektiv verbessert werden kann.

4.1.4 Welche Folgen hat Arbeitslosigkeit?

Zum Thema: Da Arbeit zentral ist für die Existenzsicherung in unseren modernen Gesellschaften, gehört Arbeitslosigkeit zu den großen Risiken in unserem Leben. Was Arbeitslosigkeit für den Einzelnen, aber auch für die Angehörigen bedeutet und welche Folgen das gesamtwirtschaftlich hat, soll in diesem Kapitel thematisiert werden.

M1 Wie Arbeitslosigkeit unter die Haut geht

1 „Als ich die Kündigung bekommen habe, war ich zunächst geschockt", erzählt Anna Marcs (Name geändert). Monatelang bewarb sich Anna Marcs, wurde zu Vorstellungsgesprächen eingeladen, kassierte unzählige Absagen. „Ich wusste irgendwann nicht mehr so recht, was ich machen soll und woran es lag. Mit jedem Gespräch habe ich größere Selbstzweifel bekommen." Um nicht in absolute Lethargie zu verfallen, wurde Anna Marcs Dauergast im Fitness-Studio. „Die Sportkurse waren das Einzige, was mir eine vernünftige Tagesstruktur gegeben hat."

2 Das kennt auch Martin Walsberg (Name geändert). Der 33-jährige Historiker ist seit einigen Monaten arbeitslos. [...] [Zusätzlich] kamen bei Martin Walsberg mehr und mehr auch körperliche Beschwerden [hinzu]. „Ich schlafe ziemlich schlecht, weil ich mir permanent Gedanken mache. Ich bin nervös und habe manchmal das Gefühl, dem Ganzen nicht gewachsen zu sein. Weder psychisch noch körperlich."

Lukaßen-Held, Daniela 'Wie Arbeitslosigkeit unter die Haut geht', www.wila-arbeitsmarkt.de, 13.05.2015

EINSTIEGSAUFGABE 82033-98

1. Arbeite die in den Fallbeispielen genannten Folgen von Arbeitslosigkeit heraus.

M2 Welche Folgen hat Arbeitslosigkeit für Menschen, ihre Angehörigen, den Staat?

a) Individuelle Folgen der Arbeitslosigkeit

Mögliche **individuelle Folgen** der Arbeitslosigkeit, insbesondere der Langzeitarbeitslosigkeit, sind u.a. psychologische und gesundheitliche Probleme, Entqualifizierung (Entwertung der bisher erlangten Qualifizierung), gesellschaftlich-kulturelle und soziale Isolation (Stigmatisierung), familiäre Spannungen und Konflikte, Schuldgefühle, Aggressivität und Verarmung. Hinzu kommen die erheblichen finanziellen Einbußen, die mit anhaltender Arbeitslosigkeit natürlich steigen. Arbeitslosigkeit ist einer der wichtigsten Faktoren für Überschuldung.

Die Folgen von Arbeitslosigkeit beschränken sich nicht auf die Arbeitslosen selbst. Auch für nahe **Angehörige** kann Arbeitslosigkeit eine gravierende Beeinträchtigung von Wohlstand, Selbstachtung, sozialem Ansehen und Lebenschancen bedeuten. Selbst bei erwerbstätigen Angehörigen werden durch das Eintreten der Arbeitslosigkeit innerhalb der Familie oder des Haushalts Arbeitsvermögen, Leistung, Solidarität und Krankenstand negativ beeinflusst.

Oschmiansky, Frank / Berthold, Julia ‚Folgen der Arbeitslosigkeit', www.bpb.de, 24.Februar 2020.

Weitere Statistiken zur Langzeitarbeitslosigkeit

82033-99

Eine Person, die länger als 12 Monate arbeitslos gemeldet ist, gilt als **langzeitarbeitslos**. Langzeitarbeitslose haben es auf dem Arbeitsmarkt besonders schwer und sind daher in den letzten Jahren zunehmen in den Fokus der Maßnahmen zur Bekämpfung der Arbeitslosigkeit gerückt

b) Die Kosten der Arbeitslosigkeit für den Staat

Die fiskalischen Kosten der Arbeitslosigkeit betrugen 2020 insgesamt 62,8 Milliarden Euro und damit 1,88 Prozent des Bruttoinlandprodukts (2019: 1,49 %). Direkte Kosten der Arbeitslosigkeit entstehen durch die Transferzahlungen an Arbeitslosengeld-I- und Arbeitslosengeld-II-Beziehende einschließlich den Beiträgen zur Renten-, Kranken und Pflegeversicherung, die für die Arbeitslosen abgeführt wurden. Weitere direkte Kosten entstehen durch das Arbeitslosengeld II und damit zusammenhängende Sozialleistungen wie die Kostenerstattung für Unterkunft und Heizung. Die Arbeitslosigkeit verursacht nicht nur höhere staatliche Ausgaben, sie führt wegen des niedrigeren Steueraufkommens und der geringeren Sozialbeiträge auch zu weniger Einnahmen bei den Gebietskörperschaften sowie den Trägern der gesetzlichen Sozialversicherung.

Weber, Enzo et al . ‚Die Kosten der Arbeitslosigkeit sind 2020 um 11,5 Milliarden Euro gestiegen', www.iab-forum.de , 28.12.2021

M3 Wer ist von (Langzeit-)Arbeitslosigkeit betroffen?

Langzeitarbeitslosigkeit: Bestand und Soziodemographische Merkmale
Stand: 2023

73000-534

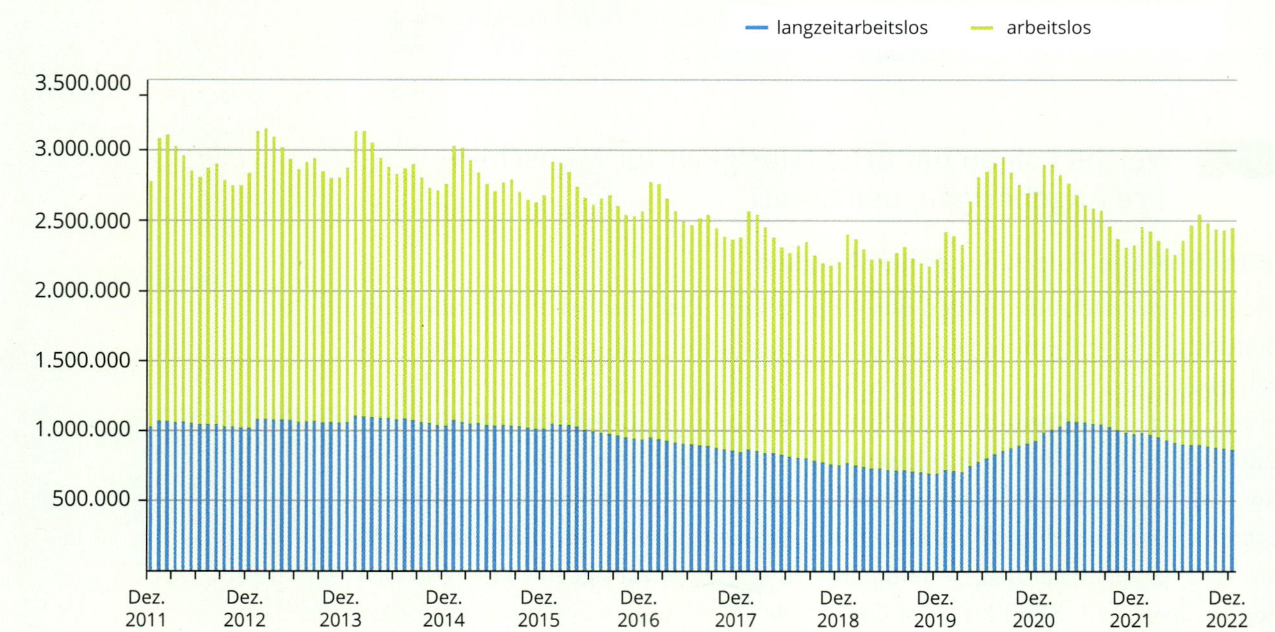

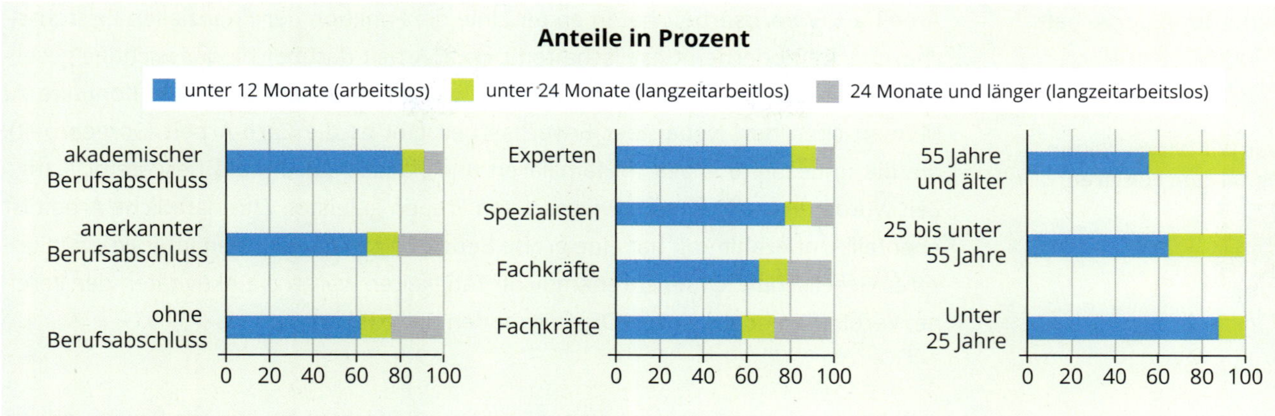

©C. C. Buchner Verlag, aktuelle Daten nach Bundesagentur für Arbeit, eigene Berechnungen

M4 Soll der Staat Langzeitarbeitslosen den Lohn zahlen?

„Immerhin, einen kleinen Lichtblick gibt es für Langzeitarbeitslose in Hamburg Wilhelmsburg, und zwar bei der Tafel selbst. Gudrun Toporan-Schmidt will drei ehrenamtlichen Helfern der Einrichtung künftig einen bezahlten Job geben.

„Es ist schwer für die Leute, die langzeitarbeitslos sind, überhaupt einen Job zu bekommen, deshalb haben wir im Vorstand beschlossen, dass wir drei 16i-Leute einstellen, die schon ganz lange arbeitslos sind, aber diese Arbeit gerne und sehr gut machen", erzählt sie."

Dierks, Benjamin ‚Langzeitarbeitlose-Verlierer der Coronapandemie', www.deutschlandfunkkultur.de , 04.01.2022

Zuschuss für Anstellung von Bürgergeldbeziehern

Nach Paragraf 16i des Teilhabechancengesetzes erhalten Arbeitgeber Lohnkostenzuschüsse, wenn sie Menschen einstellen, die mindestens sechs Jahre Hartz IV bzw. Bürgergeld erhalten haben. Der Zuschuss beträgt in den ersten beiden Jahren 100 Prozent. Im dritten Jahr erhalten Sie 90 Prozent, im vierten 80 Prozent. Im fünften Jahr wird die Stelle noch mit 70 Prozent der Lohnkosten bezuschusst.

AUFGABEN

82033-100

1. Stelle die Auswirkungen der Arbeitslosigkeit für den einzelnen Arbeitslosen, seine Angehörigen und den Staat dar. (**M2a, b**)
2. a) Analysiere **M3** zur Entwicklung der Arbeitslosigkeit im Allgemeinen und der Langzeitarbeitslosigkeit im Besonderen.

   b) Über den QR-Code in der Randspalte bei **M3** findest du die aktuellsten Zahlen zur Arbeitslosigkeit der Arbeitsagentur. Arbeite für deinen Landkreis/deiner Stadt heraus:
   - die Anzahl der Personen, die kurzzeitarbeitslos sind (weniger als 12 Monate);
   - die Anzahl der Personen, die langzeitarbeitslos (länger als 12 Monate) sind;
   - das soziodemographische Profil (Geschlecht, Alter, Berufsabschluss) derjenigen Personen, die langzeitarbeitslos sind.
3. Erörtere, ob der Staat statt des Arbeitgebers Langzeitarbeitslosen über eine längere Dauer den Lohn zahlen soll (**M4**).

WAS WIR WISSEN

Bedeutung der Arbeit

Was Wir Wissen-Seiten digital zum Editieren

82033-313

Arbeit als **Erwerbsarbeit** hat in erster Linie die Funktion der finanziellen Existenzsicherung. In modernen Gesellschaften besitzt Arbeit darüber hinaus wichtige gesellschaftliche Bedeutung (gesellschaftliche Position, Ansehen) und stellt Kontakte zu Mitmenschen her. Neben der Erwerbsarbeit gibt es die **Care-Arbeit** (Sorgearbeit), die die unbezahlte Arbeit im familiären und häuslichen Umfeld beschreibt. Lange Zeit wurde diese Arbeit überwiegend von Frauen geleistet. Ehrenamtliche Arbeit ist ebenfalls unbezahlt und hat eine große Bedeutung in der sozialen Interaktion in unserer Gesellschaft. Ohne ehrenamtliche Tätigkeiten wären die Aktivitäten der Vereine, Verbände und religiösen Organisationen undenkbar.

Arbeitsverhältnisse

In **Arbeitsverhältnissen** wird die auf Rechte und Pflichten basierende Beziehung von Arbeitnehmern und Arbeitgebern ausgedrückt. In Deutschland ist die Unterscheidung zwischen **Normalarbeitsverhältnis** und **atypischem Arbeitsverhältnis** relevant. Merkmale der atypischen Beschäftigung sind bspw. die geringfügige Beschäftigung oder die Befristung des Arbeitsvertrags.
Arbeitsverhältnisse sind von Land zu Land unterschiedlich und können sich wandeln. Die Corona-Pandemie führte in Deutschland dazu, dass das Arbeiten im Homeoffice von großen Teilen der Bevölkerung genutzt wurde.

prekäre Beschäftigung, Niedriglohnsektor

In Deutschland existiert ein großer **Niedriglohnsektor**. Von Niedriglöhnen spricht man, wenn Personen weniger als zwei Drittel des mittleren Verdienstes aller Beschäftige verdienen. Erwerbspersonen, die trotz Vollzeitstellen von Armut betroffen sind, werden „**working poor**“ genannt. Bisweilen müssen diese Menschen trotz Arbeit Sozialleistungen bei der Arbeitsagentur beantragen, weil ihr Lohn nicht zum Leben reicht („Aufstocker“). Kommen bei den Beschäftigten im Niedriglohnsektor noch gewisse arbeitsmarktbezogene Risiken dazu wie etwa fehlender Kündigungs-, und Sozialversicherungsschutz, überdurchschnittliches Risiko der Arbeitslosigkeit oder physische Gesundheitsrisiken, spricht man von prekärer **Beschäftigung**. Diese Gruppe von Arbeitnehmer ist in ihrer Erwerbstätigkeit einer großen Unsicherheit ausgesetzt.

Arbeitslosigkeit

Arbeitslosigkeit ist für den Einzelnen, den Angehörigen, aber auch für die Gesamtwirtschaft mit erheblichen Auswirkungen verbunden. Arbeitslose leiden unter sozialer Stigmatisierung, Schuldgefühlen, psychologischen und gesundheitlichen Problemen. Je länger die Arbeitslosigkeit dauert, desto stärker werden diese Belastungen. Auch Angehörige leiden unter dieser Situation und sind direkt betroffen.
Arbeitslosigkeit bedeutet auch für den Staat erhebliche Kosten. Neben den staatlichen Ausgaben in Form von Arbeitslosengeld zählen hier auch die fehlenden Einnahmen in Form von Steuern oder Sozialbeiträgen dazu.

4.2 Arbeitnehmer und Arbeitgeber: Wer hat die Macht im Unternehmen?

4.2.1 Arbeitnehmer:innen und Arbeitgeber:innen: Wer hat welche Interessen?

Zum Thema: Arbeitnehmer und Arbeitgeberinnen treffen in den über 3 Millionen Unternehmen in Deutschland täglich in verschiedenster Form aufeinander. Ein kooperatives Verhältnis zwischen beiden Seiten ist entscheidend, damit Produkte hergestellt und Dienstleistungen zur Verfügung gestellt werden können. Während die Arbeitgeber klassisch den Produktionsfaktor Kapital in diesen Prozess einbringen, stellen die Arbeitnehmer ihre Arbeitskraft gegen Entlohnung zur Verfügung. Daraus ergeben sich im Arbeitsalltag unterschiedliche Interessen und damit verbunden Konflikte. In den folgenden Unterkapiteln sollen diese Interessen und Konflikte, aber auch die Konfliktlösungsmöglichkeiten, beleuchtet und die Frage beantwortet werden: Wer hat die Macht im Unternehmen?

M1 Beste Arbeitsbedingungen?

Karikatur: Frank Speth, www.bildergeschichten.eu

EINSTIEGSAUFGABEN 82033-101

1. Erläutere die Aussage der Karikatur.
2. Versetze dich in die Rolle des Personalchefs und formuliere seine Erwartungen an einen idealen Arbeitnehmer: „Ich erwarte von meinen Angestellten ....“

M2 Arbeitnehmerinnen und Arbeitgeber: Wer hat welche Interessen?

1 Spaß bei der Arbeit
2 gutes Arbeitsplatzklima
3 Weiterbildungsmöglichkeiten
4 gute Arbeitsbedingungen
5 guter Führungsstil der Vorgesetzten
6 Eigenverantwortung
7 uneingeschränkte Entscheidungsfreiheit bei unternehmerischen Angelegenheiten
8 flexible Arbeitskräfte (Arbeitszeiten, Wochenendarbeit)
9 geringe Lohnkosten
10 hoher Lohn
11 viele Urlaubstage
12 Arbeitsplatzsicherheit
13 hoher Gewinn
14 hohe Kundenzufriedenheit
15 motivierte Arbeitskräfte
16 qualifizierte Arbeitskräfte
17 Erledigung von Auftragsspitzen mithilfe von Überstunden
18 hohe Leistungsbereitschaft der Arbeitskräfte
19 möglichst geringen Zeit- und Leistungsdruck
20 gute Aufstiegschancen
21 Wertschätzung der Leistung
22 realisierbarer Arbeitsumfang

M3 Ist ein Interessensausgleich zwischen Arbeitnehmern und Unternehmen möglich? Der Fall Amazon.

Hinter den Kulissen: das Tagebuch einer Amazon-Packerin

In der Vorweihnachtszeit boomt das Geschäft, unzählige Leiharbeiter füllen die Lager von Amazon. Unsere Autorin hat im Versandzentrum Graben bei Augsburg gearbeitet.

Am Anfang stand das Inserat des Zeitarbeitsunternehmens Studitemps aus Köln, auf das ich im Internet stieß: 9,50 Euro Stundenlohn könne man in einem Logistikzentrum in Koblenz oder Augsburg verdienen. „Hinter die Kulissen eines global tätigen Unternehmens schauen", hieß es in der Anzeige. Ich bewarb mich auf das Inserat. Nur einen Tag später kam die Zusage. [...] „Warum nicht?", dachte ich – und sagte für drei Wochen zu. [...] Untergebracht waren wir in verschiedenen Unterkünften in Lechbruck am See (sechzig Kilometer von Graben entfernt, achtzig Minuten Fahrt bis zum Arbeitsplatz). [...] Am nächsten, unserem theoretisch ersten Arbeitstag, sollte es laut Zeitplan eine Einführung beziehungsweise Führung durch das Amazon-Lager geben.

Nach der mehr als einstündigen Busfahrt kamen wir in Graben an. Nach einer Stunde des Wartens auf das Eintreffen der zuständigen Mitarbeiter folgten Firmenpräsentation und Sicherheitshinweise. [...] Leider seien zu wenige Sicherheitsschuhe und Handschuhe vorhanden, stellte die zuständige Mitarbeiterin fest. [...] Ich als „Packerin" – ich verpackte Waren in die dafür vorgesehenen Pakete – erhielt jedenfalls nur eine orangefarbene Sicherheitsweste als Ausrüstung. [...] Da wir auch keine Handschuhe erhalten hatten, waren meine Finger einige Tage später regelrecht wund vom Kleber und übersät von Schnittwunden. Erst auf Anfrage wurde mir schließlich ein Paar Handschuhe ausgehändigt.

Lagerarbeiterin bei Amazon ist ein stressiger Job.

Als Packer steht man alleine an einem Tisch; davor eine Art Regal mit den verschiedenen Verpackungen; links zwei Fließbänder: eines, das die Waren in Kisten anliefert, und eines, auf das die fertigen Pakete gelegt werden. Je Linie gibt es einen Aufseher, ei nen sogenannten „Co-Worker", der für alle auftauchenden kleineren Schwierigkeiten verantwortlich ist. Über den Co-Workern standen in Graben fünf „Leads", deren Aufgabe es ist, dass alles reibungslos funktioniert. Sie liefen daher die meiste Zeit durch die Linien und beobachteten die Mitarbeiter. [...] Ich fühlte mich, als ob mich das Aufseherteam als eine Art minderwertiger Mensch betrachtete.

Ein weiterer Punkt [...] lässt sich unter das Motto „Pausenklau" stellen. Theoretisch steht allen Mitarbeitern eine halbe Stunde Pause am Tag zu. Die Zeit läuft vom ersten Gong, bei dem man allerdings noch am Platz stehen muss. Sie endet mit dem zweiten Gong, bei dem man hingegen schon wieder am Platz stehen muss. Per Computer wird überprüft, wer sich zu früh aus- oder zu spät einloggt. Ein Problem wird daraus vor allem während der Weihnachtszeit, denn für Hunderte Arbeiter, die dann zu ihren Spinden und in die Kantine gelangen wollen, gibt es nur vier Sicherheitsschleusen. Addiert man die daraus folgenden Zeitverluste, ergibt sich insgesamt eine höchstens zwanzigminütige Pause. [...] Fließbandarbeit wird immer eine körperlich anstrengende und monotone Arbeit bleiben. Und um mehrere tausend Leute beaufsichtigen zu können, wird es immer ein gewisses Maß an Kontrolle geben müssen. Andererseits rechtfertigt all dies nicht die Einschüchterung, den Tonfall und die mitschwingenden Drohungen und Missbilligungen, die ich und andere erlebt haben. Da allerdings viele Mitarbeiter froh sind, überhaupt einen Arbeitsplatz zu haben und Geld zu verdienen, trauen sie sich nicht, sich zu wehren und ihre Stimme zu erheben.

Anonym 'Hinter den Kulissen – Das Tagebuch einer Amazon-Packerin', ©Frankfurter Allgemeine Zeitung GmbH, Frankfurt. Alle Rechte vorbehalten

Amazon-Gründer und Multimilliardär
Der Informatiker Jeff Bezos gründete 1994 Amazon und ist einer der reichsten Menschen der Welt.

AUFGABEN

82033-102

Alternative Diskussionsmethode bei Aufgabe 3: Fishbowl-Diskussion

1. a) Ordne die in **M2** dargestellten Interessensbausteine der Arbeitnehmer- bzw. Arbeitgeberseite zu.
   b) Bei welchen Aspekten siehst du das größte Konfliktpotential zwischen Arbeitnehmern und Arbeitgebern? Und bei welchen das geringste?
2. Arbeite anhand **M3** heraus, welche Arbeitnehmerinteressen der Amazon-Packerin verletzt wurden.
3. Die Geschäftsleitung von Amazon Deutschland reagiert auf die Kritik an den Arbeitsbedingungen und lädt die Vertreter der Arbeitnehmer zu einem Gespräch ein.
   - Zwei von euch sind als Vertreter der Arbeitnehmer zu dem Treffen eingeladen. Gestaltet einen Forderungskatalog für die Arbeitnehmer bei Amazon. Welche Arbeitnehmerinteressen wollt ihr garantiert und umgesetzt haben? Nennt die für euch wichtigsten Interessen zuerst.
   - Die anderen zwei bilden die Vertreter der Geschäftsleitung von Amazon Deutschland. Ihr gestaltet ebenfalls eine schriftliche Stellungnahme, in der ihr die Interessen der Arbeitgeberseite herausstreicht.
   - Ist ein Interessenausgleich zwischen Arbeitnehmern und Amazon möglich? Simuliert in Vierergruppen das Treffen.
4. In der Zeitung hast du aufmerksam den Konflikt zwischen Amazon und seinen Arbeitnehmern verfolgt. Gestalte einen Leserbrief, indem du auf diesen Konflikt eingehst und deine persönliche Meinung dazu abgibst.

4.2.2 Der Betriebsrat: Anwalt der Arbeitnehmer?

Zum Thema: Auch wenn Arbeitnehmerinnen und Arbeitnehmer mit der Unternehmensführung nicht gleichberechtigt sind, verfügen sie doch über gesetzliche Mitbestimmungsrechte. Diese sogenannte betriebliche Mitbestimmung in Deutschland ist mehr als 100 Jahren alt und sie ist mindestens genauso lange umkämpft. Der Betriebsrat wird von den Arbeitnehmerinnen und Arbeitnehmern einer Firma gewählt und vertritt ihre Interessen. Er bestimmt bei Arbeitszeiten und Urlaub mit oder schlichtet, wenn es zu Streit zwischen Beschäftigten und Geschäftsleitung kommt.

M1 Betriebsräte als Einschränkung der unternehmerischen Freiheit?

Karikatur: Harm Bengen

EINSTIEGSAUFGABEN 82033-103

1. In **M1** geht es um die Wahl von Betriebsräten. Tausche dich mit deinem Nachbarn/deiner Nachbarin aus, was ihr zu der Funktion und den Aufgaben von Betriebsräten wisst.
2. Der Unternehmer in der rechten Bildhälfte scheint aufgebracht zu sein. Überlegt zusammen, warum.
3. Was könnte von Seiten der Arbeitnehmer auf den Unternehmer entgegnet werden? Gestaltet den Inhalt der leeren Sprechblase.

M2 Voraussetzungen für die Bildung und die Aufgaben eines Betriebsrats

Betriebe ab fünf Mitarbeitern müssen laut Betriebsverfassungsgesetz auf Wunsch der Belegschaft einen Betriebsrat einrichten. Der Betriebsrat wird alle vier Jahre von und aus der Belegschaft gewählt. Wahlberechtigt sind alle volljährigen Beschäftigten. Wählbar ist, wer zusätzlich seit mind. sechs Monaten dem Betrieb angehört. Über die genaue Anzahl der Betriebsräte entscheidet die Größe der Belegschaft. Der Betriebsrat ist das gesetzliche Organ zur Vertretung der Arbeitnehmerinteressen und zur Wahrung der betrieblichen Mitbestimmung gegenüber dem Arbeitgeber in Betrieben des privaten Rechts. Der Betriebsrat hat die Aufgabe, die Beschäftigten bei Einstellungen in Lohn- und Gehaltsfragen sowie bei Kündigungen und vielen weiteren Themenbereichen

Erklärfilm Aufgaben des Betriebsrats

82033-104

vor der Willkür des Arbeitgebers zu schützen. Arbeitsbedingungen sind mit dem Betriebsrat so zu gestalten, dass sie die Bedingungen aus Recht und Gesetz sowie nach den Tarifverträgen erfüllen. Bei den vielen unterschiedlichen Interessen zwischen Arbeitgebern und Beschäftigten können sich die einzelnen Arbeitnehmer nur schwer allein durchsetzen. Der Betriebsrat jedoch vertritt die Interessen aller Arbeitnehmer im Betrieb.

In Betrieben mit in der Regel mindestens fünf Arbeitnehmern, die das 18. Lebensjahr noch nicht vollendet haben oder zu ihrer Berufsausbildung beschäftigt sind und das 25. Lebensjahr noch nicht vollendet haben, sind nach dem Betriebsverfassungsgesetz Jugend- und Auszubildendenvertretungen zu wählen. Die Jugend- und Auszubildendenvertretung nimmt die spezifischen Interessen der beiden Gruppen wahr und kann Betriebsratsbeschlüsse einmal für die Dauer von einer Woche zwecks Erörterung von Verständigungsmöglichkeiten aussetzen lassen. Sie kann zu allen Betriebsratssitzungen Vertreter entsenden. Der Betriebsrat hat die Jugend- und Auszubildendenvertretung zu Besprechungen zwischen Arbeitgeber und Betriebsrat hinzuziehen, wenn Angelegenheiten der betreffenden Gruppen vom Betriebsrat behandelt werden.

Bearbeiter

M3 Wie bestimmt der Betriebsrat mit?

Betriebsrat und Mitbestimmung

Informationsrechte	Mitwirkungsrechte	Mitbestimmungsrechte
Schwächste Form der Beteiligungsrechte: hier muss der Arbeitgeber den Betriebsrat über alle Angelegenheiten unterrichten, die in dessen Zuständigkeit fallen. **Beispiel:** Personalplanung, Arbeitsabläufe	Der Betriebsrat kann die Entscheidung nicht verhindern, muss aber über die Maßnahme unterrichtet werden und entscheidet über die Folgen der Maßnahme mit. **Beispiel:** Betriebsstillegungen oder Betriebserweiterungen.	Hier ist der Arbeitgeber zwingend auf die Zustimmung des Betriebsrats angewiesen. **Beispiel:** Lohngestaltung, Arbeitszeit, Einstellungen, Versetzungen.

Niedenhoff, Horst-Udo, Mitbestimmung in der Bundesrepublik Deutschland, 13. Auflage, Köln 2003, S. 87

M4 Fallbeispiele: Bei welchen Problemen hilft der Betriebsrat?

1 **Hatice Acar** (26) ist verärgert. Da ist in ihrem Betrieb endlich die Stelle ausgeschrieben, auf die sie so lange gewartet hat, und nun ist bei der Bewerbung eine externe Person zum Zuge gekommen. Sie ist sich sicher: Sie verfügt über alle Qualifikationen, die für die Stelle benötigt werden. Ihre Bewerbung hat sie auch fristgerecht eingereicht …

2 **Hubert Sinn** (42) ist beunruhigt: Es wird gemunkelt, dass der Betrieb vor einer umfassenden Neuorganisation der Arbeitsabläufe steht. Um seinen Arbeitsplatz muss er sich zwar keine Sorgen machen. Aber wird er mit den neuen Arbeitsabläufen klarkommen? Und ist eine Änderung der Arbeitsabläufe in seinem Fall überhaupt sinnvoll? Schließlich hat er viel Erfahrung mit seiner Tätigkeit und glaubt, dass diese bereits optimal organisiert ist …

3 **Juliane Kraft** (31) ist seit ihrer Ausbildung bei der Bäckerei Meier beschäftigt. Bisher war die Bäckereifachverkäuferin immer mit ihrer Arbeit zufrieden. Nun allerdings fühlt sie sich von der Betriebsleitung schikaniert: Sie muss permanent zwischen den verschiedenen Verkaufsfilialen wechseln. Aus diesem Grund hat sie sich bei der Betriebsleitung beschwert. In zwei Wochen hat sie ein Gespräch mit der Chefin …

Haarman, Moritz-Peter: Themenheft Mitbestimmung, Hrsg: Hans-Böckler-Stiftung , 2016, S. 32.

M5 Was sind die Hauptprobleme, mit denen sich Betriebsräte beschäftigen?

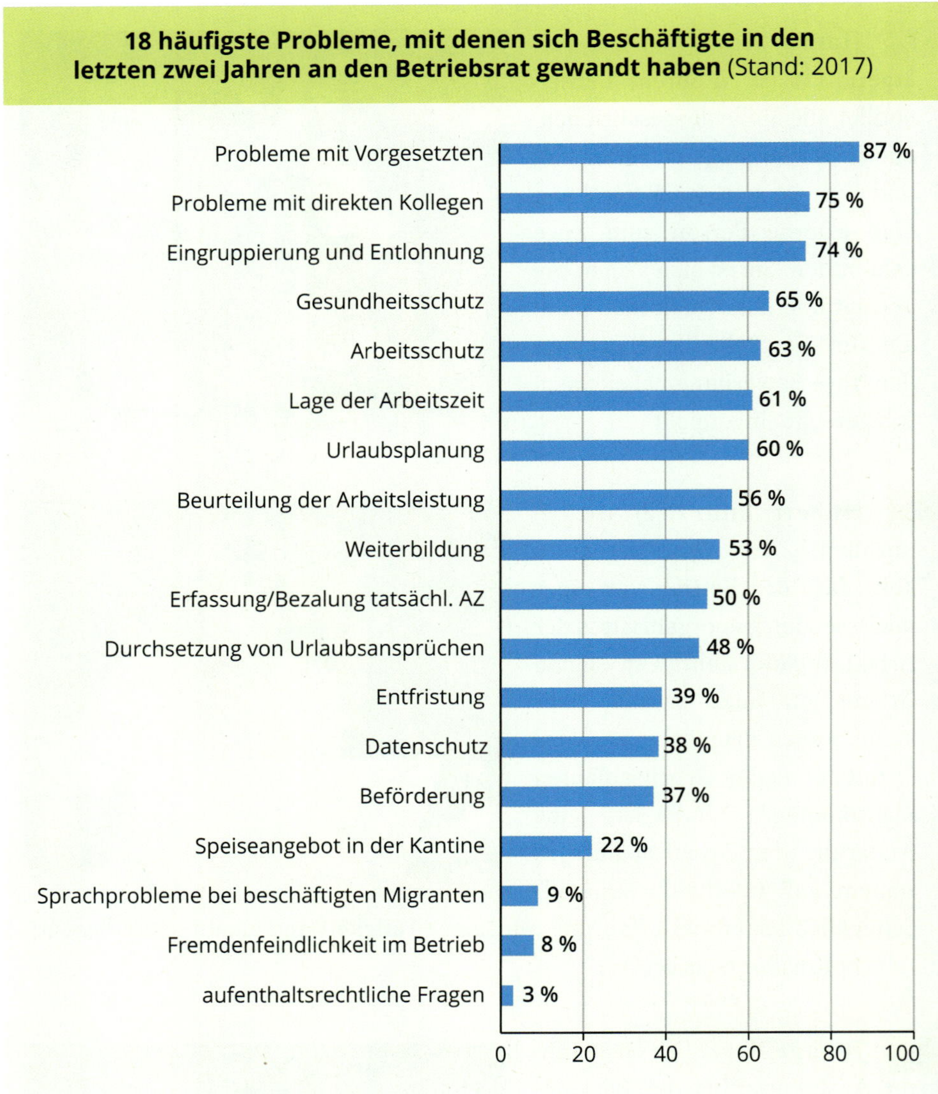

©C.C. Buchner Verlag, aktuelle Daten nach WSI-Betriebsrätebefragung 2017

M6 Rollenspiel – Betriebsrat im Konflikt mit dem Arbeitgeber

Rollenspiel Betriebsrat

82033-105

Zwischen Mitarbeiterinnen und Mitarbeitern sowie den Arbeitgebern gibt es häufig Konflikte. Unternehmen wollen wachsen und hohe Profite, die Angestellten gute Arbeitsbedingungen und Gehälter. Bei großen Entscheidungen gibt es hierbei oft Konflikte. Die Betriebsräte müssen hier mit den Arbeitgebern verhandeln und eine Betriebsvereinbarung abschließen.
Mithilfe des Rollenspiels „Betriebsrat" (links in der Randspalte) könnt ihr solch eine Vereinbarung anshandeln.

M7 Bremsen Betriebsräte das Unternehmen aus?

Konflikte müssen in Unternehmen immer wieder gelöst werden – aber hilft hier der Betriebsrat oder stört er nur?

Viele Unternehmer sehen die Arbeit von Betriebsräten kritisch. Die Zahl der Betriebsräte in Deutschland sinkt seit Jahren kontinuierlich und die Schlagzeilen, dass Unternehmen aktiv die Gründung von Betriebsräten verhindern, reißen nicht ab.

Anteil der Beschäftigten in Betrieben mit Betriebsrat, Ost- und Westdeutschland, 1993-2021 (Stand: 2023)

73000-535

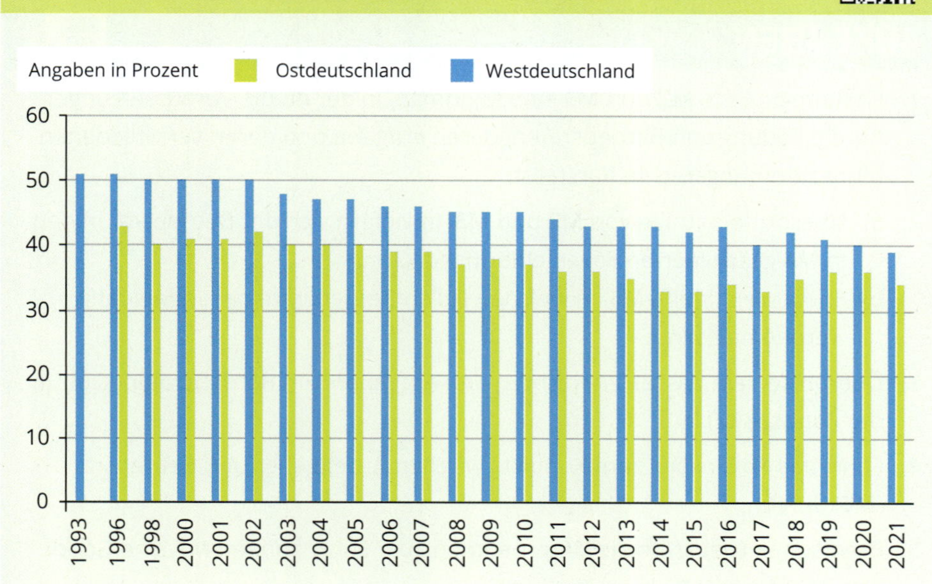

©C.C. Buchner Verlag, aktuelle Daten nach IAB Betriebspanel

Argumente pro Betriebsrat	Argumente contra Betriebsrat
Die Arbeit der Betriebsräte bringt etwas demokratische Kontrolle in das Unternehmen.	Die Arbeit der Betriebsräte macht die unternehmerische Arbeit ineffizient, weil sie Entscheidungen verlangsamt.
Betriebsräte verbessern das Verhältnis zwischen Arbeitnehmern und Unternehmern, weil sie für einen Ausgleich der Interessen sorgen.	Die Mitbestimmung durch Betriebsräte ist für Unternehmen sehr unflexibel. Regelungen können nur schwer verändert werden, das schränkt die unternehmerische Flexibilität ein.
Die Arbeit der Betriebsräte erhöht die Akzeptanz von Entscheidungen von Seiten der Unternehmensführung, weil Betriebsräte in wichtige Entscheidungen involviert werden müssen.	Viele Unternehmen im Ausland sind nicht der beengenden deutschen Mitbestimmung unterworfen. Die Mitbestimmung durch Betriebsräte benachteiligt also die deutschen Unternehmen gegenüber den ausländischen.
In Unternehmen mit Betriebsräten ist die Personalfluktuation (Personalveränderungen wegen Kündigungen oder Entlassungen) geringer.	Die Mitbestimmung durch Betriebsräte kostet viel! Betriebsräte setzen höhere Einkommen und bessere Arbeitsbedingungen für die Arbeitnehmer gegenüber den Unternehmen durch, was deren Unternehmensgewinne schmälert.
In Unternehmen mit Betriebsräten sind die Arbeitnehmer zufriedener, weil ihre Bedürfnisse berücksichtigt werden. Sie haben die Möglichkeit Unzufriedenheit über Arbeitsbedingungen über ihren Betriebsrat zu thematisieren.	Unternehmer lassen sich ungern in ihren unternehmerischen Entscheidungen reinreden. Immerhin ist es ihr Unternehmen und sie tragen bei den Entscheidungen ja auch das Risiko.

Nach: Deutscher Gewerkschaftsbund: Mitbestimmung: Standortvorteil für Deutschland

Nach: Friedrich-Stiftung: Mitbestimmung in Zeiten der Globalisierung. Bremsklotz oder Gestaltungskraft?

AUFGABEN

82033-106

1. Gestalte anhand **M2** und **M3** eine Mindmap, in der du die Voraussetzungen für die Bildung von Betriebsräten, deren Aufgabe und deren verschiedenen Mitbestimmungsrechte darstellst.
2. a) Überprüfe mithilfe von **M2** und **M3**, inwiefern sich der Betriebsrat in den in **M4** geschilderten Fällen einbringen kann.
   b) Erläutere mithilfe **M5**, in welchen Fällen Betriebsräte besonders tätig werden müssen.
3. Überprüfe dein Wissen zu Rechten und Aufgaben von Betriebsräten (Quiz in der Randspalte).
4. Führt das Rollenspiel zum Konflikt zwischen Arbeitgeber und Betriebsrat (**M6**) durch.
5. Bremsen Betriebsräte die Unternehmen aus? Führt anhand **M7** eine Good-Angel/Bad-Angel Diskussion durch.

Quiz: Der Betriebsrat

82033-107

Methode: Good-Angel / Bad-Angel Diskussion

82033-108

4.2.3 Gewerkschaften und Arbeitgeber: Gegner oder Partner?

Zum Thema: Die Interessengegensätze zwischen Arbeitnehmer:innen und Arbeitgebern werden in Deutschland überbetrieblich zwischen Gewerkschaften und Arbeitgeberverbänden, den sogenannten Tarifpartnern, in Form von Tarifverträgen geregelt. Die Aushandlung dieser Tarifverträge läuft nicht immer konfliktfrei ab. Einigen sich die Tarifpartner nicht, kann es zum Arbeitskampf, dem Streik, kommen. Allerdings unterliegt auch der Arbeitskampf in Deutschland klaren Regeln.

M1 Im Haifischbecken gewinnen die Großen?

Karikatur: IG Metall

EINSTIEGSAUFGABEN 82033-109

1. Das Bild stammt von einer Homepage der Gewerkschaft IG Metall. Erläutere die Bildaussage von **M1** und gehe hierbei insbesondere darauf ein, wen die kleinen Fische symbolisieren und für wen der große Fisch steht.
2. In dem Bild wird klar ausgedrückt, wer der „Böse" und wer die „Guten" sind. Kannst du dieser Bildaussage zustimmen?

M2 Gewerkschaften und Arbeitgeberverbände

a) Wer vertritt die Arbeitnehmerinnen und Arbeitnehmer …?

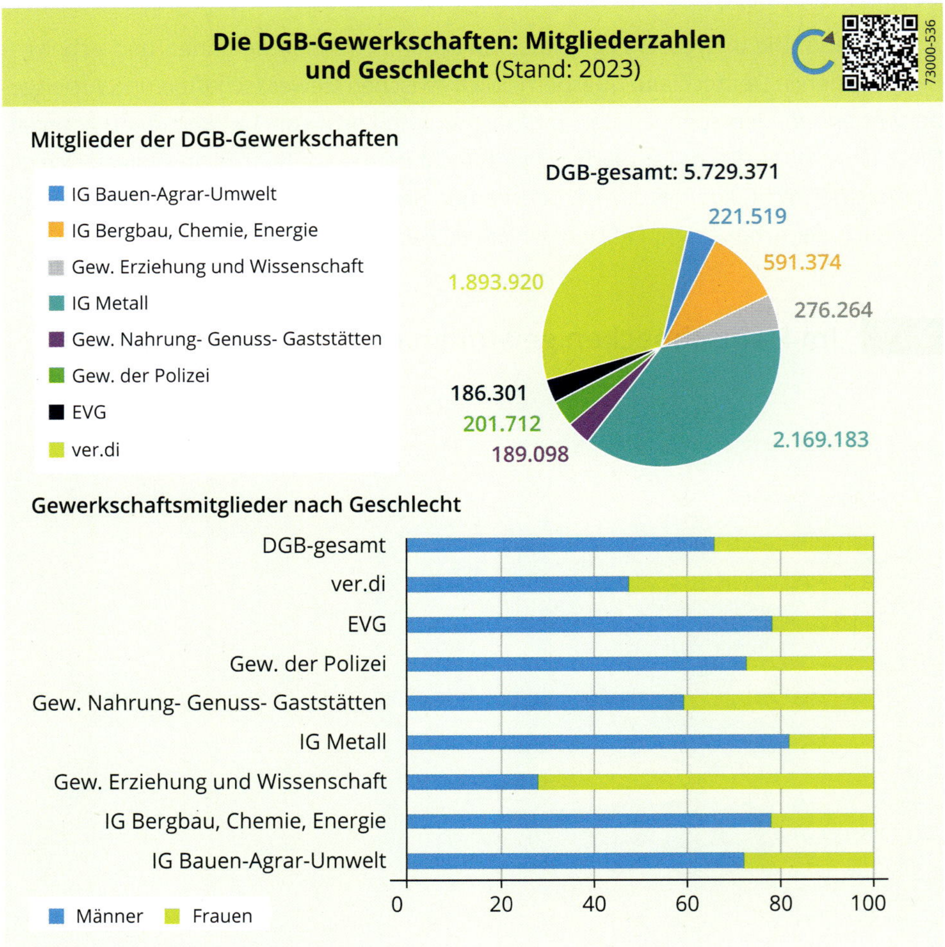

©C.C. Buchner Verlag, aktuelle Daten nach DGB

Die deutschen **Gewerkschaften** stehen in der Tradition der Vereinigungen, in denen sich die Arbeitenden solidarisch seit Mitte des 19. Jahrhunderts zusammenschlossen, um ihre Interessen gemeinsam gegenüber den Arbeitgebern zu vertreten. Als Vertretung eines großen Teils der arbeitenden Bevölkerung machen sie ihren Einfluss auf die Gestaltung der Arbeits- und Sozialpolitik geltend.

Gewerkschaften stehen damit in direkter Auseinandersetzung mit den Arbeitgeberverbänden. Kernaufgabe der Gewerkschaften ist die Arbeitnehmer bei ihren Forderungen nach höheren Löhnen, besseren Arbeitsbedingungen, Arbeitszeitverkürzungen oder mehr Mitbestimmung zu unterstützen. Hierfür sind die Gewerkschaften berechtigt, Tarifverträge in den Bereichen abzuschließen, die sie zuvor per Satzung festgelegt haben. Gewerkschaften müssen demokratisch organisiert sein. D.h., die Abschlüsse von Tarifverträgen oder die Entscheidung bzgl. Streiks müssen über Abstimmungen abgesichert sein. Gewerkschaften sind im Artikel 9, Absatz 3 des Grundgesetzes erwähnt, womit das Recht auf den Arbeitskampf

Vertiefung
Einen Erklärfilm zu den Problemen, mit denen Gewerkschaften heute kämpfen, findest du hier.
82033-110

grundrechtlich geschützt ist. Dies soll das Kräftegleichgewicht im Arbeitskampf zwischen Arbeitnehmern und Arbeitgebern sichern. Größte gewerkschaftliche Organisation in Deutschland ist der Deutsche Gewerkschaftsbund (DGB), der in der Bundesrepublik 1949 als Dachorganisation autonomer Gewerkschaften gegründet wurde. Unterhalb des Dachs des DGBs sind die Gewerkschaften nach Industriezweigen bzw. Branchen organisiert.

b) … und wer vertritt Arbeitgeberinnen und Arbeitgeber?

©C.C. Buchner Verlag, aktuelle Daten nach DBA

Arbeitgeberverbände sind freiwillige Zusammenschlüsse von Unternehmern bzw. Arbeitgebern. Sie vertreten die gemeinsamen arbeitsrechtlichen Interessen ihrer Mitglieder gegenüber den Gewerkschaften oder dem Staat. In Tarifverhandlungen stellen sie somit das Gegengewicht zu den Gewerkschaften dar und stehen genauso wie diese unter dem Schutz des Grundgesetzes.

Neben Tarifverhandlungen vertreten Arbeitgeberverbände ihre Mitglieder zudem in rechtlichen Fragen und informieren sie über politische und wirtschaftliche Rahmenbedingungen. Wie die Gewerkschaften sind auch die Arbeitgeberverbände nach Industriezweigen bzw. nach Branchen strukturiert. Es ist jedem Unternehmer selbst überlassen, ob er Mitglied in einem Arbeitgeberverband ist. Die Finanzierung der Verbände läuft über die Beiträge der Mitglieder. Die Bundesvereinigung der Deutschen Arbeitgeberverbände (BDA) tritt als Dachverband der deutschen Arbeitgeberverbände auf.

M3 Was bedeutet Tarifautonomie?

Nach dem Tarifvertragsgesetz (TVG) herrscht in der Wirtschaft der Bundesrepublik Deutschland das Prinzip der **Tarifautonomie**. Das heißt, Arbeitgeber (Arbeitgeberverbände) und Arbeitnehmer (Gewerkschaften) legen in freier Vereinbarung die Arbeitsbedingungen in den Unternehmen fest, ohne dass staatliche oder andere Stellen regelnd eingreifen. Diese Arbeitsbedingungen betreffen Löhne, Gehälter und Ausbildungsvergütungen, Pausenregelungen, Wochenarbeitszeit sowie den Urlaub und werden in entsprechenden **Tarifverträgen** vereinbart.

Die Tarifautonomie muss das Gleich-

Tarifverträge
Tarifverträge sind schriftliche Verträge zwischen Arbeitgebern und Gewerkschaften. Der Tarifvertrag enthält die vereinbarten Regelungen und ist gültig für alle Unternehmen, die in dieser Tarifgemeinschaft Mitglied sind. Tarifverträge haben in der Regel Laufzeiten zwischen 18 und 36 Monaten und werden nach Auslaufen der Laufzeit zwischen Gewerkschaften und Arbeitgeberverbänden neu verhandelt.

gewicht der Kräfte zwischen Unternehmern und Arbeitnehmern wahren, keiner der **Tarifpartner** darf in die Lage kommen, eine Monopolmacht ausnützen zu können. [Die Tarifautonomie] zwingt [die Tarifpartner] zu einem Kompromiss, den sie selbst aushandeln und selbst beschließen und tragen. Damit wird **sozialer Sprengstoff verhindert oder entschärft**, der entstünde, weil jeder auferlegte (Schlichtungs-)Spruch den Verdacht von Parteinahme in sich bergen würde. Die Tarifautonomie soll letztlich auch dem sozialen Frieden dienen.

Landesbildungsserver Baden-Württemberg, Tarifautonomie und ihre Bedeutung für die Soziale Marktwirtschaft, https://www.schule-bw.de/, zuletzt abgerufen am 26.8.2022, gekürzt durch Bearbeiter

Schlichtung
Unter Schlichtung versteht man die Beilegung eines Konfliktes durch eine neutrale Instanz, in dem ein vorgeschlagener Kompromiss akzeptiert wird.

M4 Der Blick über den Tellerrand: Arbeitskampf in Deutschland und Frankreich im Vergleich

a) Der Fall Deutschland: Ein Tarifvertrag läuft aus. Und dann?

Jedes Land hat seine eigenen rechtlichen Vorgaben und Traditionen bei dem Interessensausgleich zwischen Arbeitnehmern und Arbeitgebern. Mithilfe der folgenden Materialien kannst du einen Vergleich zwischen den Regelungen in Deutschland und Frankreich durchführen. Der Vergleich dient dazu, die Besonderheiten jedes Landes deutlicher herauszuarbeiten und das Verständnis für den Arbeitskampf in Deutschland zu erhöhen.

Die gewerkschaftsnahe Hans-Böckler-Stiftung sammelt in ihrer „Datenbank Tarifabschlüsse" die zentralen Tarifvereinbarungen für alle Branchen. Recherchiere zwei Tarifabschlüsse deiner Wahl und notiere, welche Vereinbarungen für Lohn und Gehalt und Arbeitszeit, Sonstiges getroffen wurden.

Datenbank Tarifabschlüsse
82033-111

Rollenspiel zu Tarifverhandlungen
82033-112

Erklärfilm „Streik",
82033-113

So läuft eine Tarifrunde ab

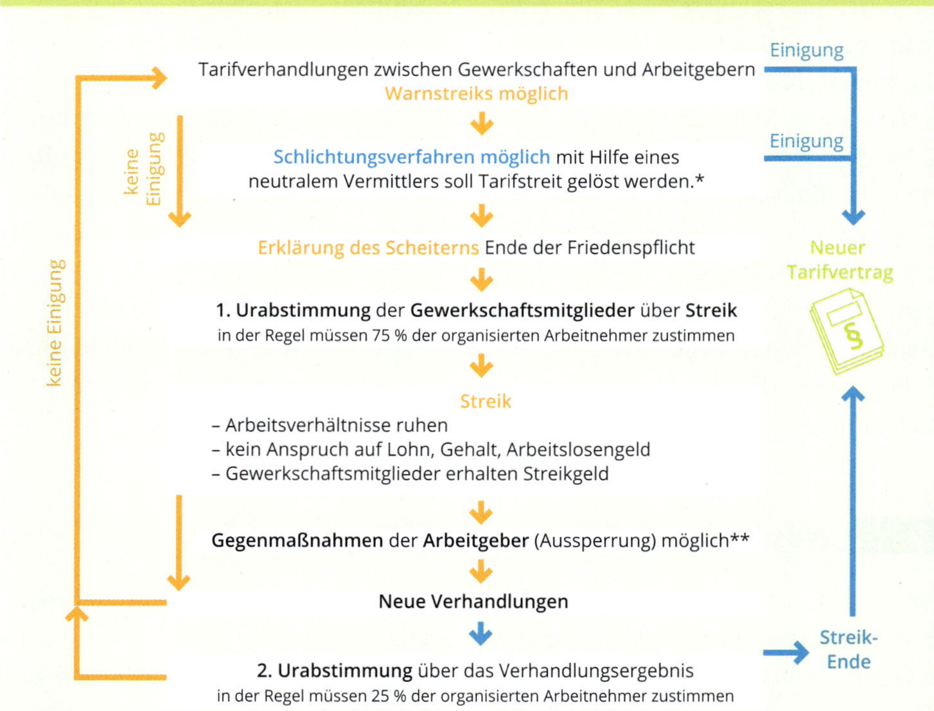

*im öffentl. Dienst zwingend, wenn von einer Seite gefordert

**Arbeitgeber lassen Arbeitnehmer nicht an ihre Arbeitsplätze und bezahlen sie nicht (wird im öffentlichen Dienst nicht praktiziert)

Nach: dpa, aktuelle Daten nach Globus Infografik

Sobald ein Tarifvertrag ausläuft, verhandeln die Sozialpartner, also Gewerkschaften und Arbeitgeberverbände eigenständig die Regelungen für einen neuen Tarifvertrag aus. Doch nicht immer läuft das konfliktfrei ab. Aus diesem Grund gibt es klare Spielregeln für den Arbeitskampf, an die sich Arbeitgeber und Arbeitnehmer halten müssen.

b) Und wie läuft der Arbeitskampf in Frankreich?

Die Franzosen streiken und protestieren gerne. Immer wieder werden gesellschaftliche und politische Konflikte auf der Straße ausgetragen, wobei oft hier gerne zu Maßnahmen wie Blockaden und Besetzungen gegriffen wird. Hierzulande wird dies entweder mit Ablehnung und Unverständnis oder mit einer gewissen Bewunderung zur Kenntnis genommen. Doch was ist in Frankreich am Arbeitskampf so anders?

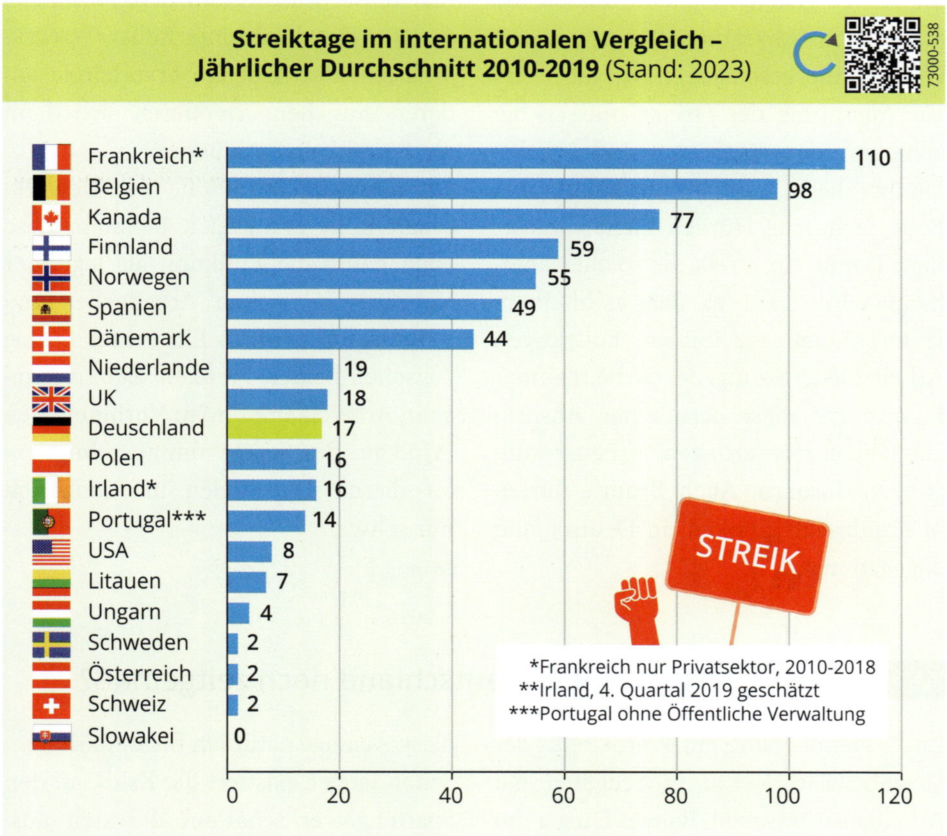

©C.C. Buchner Verlag, aktuelle Daten nach WSI, Böckler Stiftung

Im Januar 2020 gingen hunderttausende Menschen in zahlreichen Städten Frankreichs über Monate auf die Straße, um gegen die geplante Rentenreform der Regierung zu protestieren. Lehrer, Anwälte, die Müllmänner, die Bediensteten der Nahverkehrsunternehmen; alle streikten gleichzeitig. Dieser Streik zeigte erneut, Frankreich ist Streik-Europameister. Typisch für Frankreich ist, das Streikaufrufe über einzelne Unternehmen und Sektoren hinweg zu Massenbewegungen werden. Dieses Phänomen ist in Deutschland unbekannt, weil meist nur einzelne, spezifische Branchen von Streiks betroffen sind.

Auf der Suche nach den Hintergründen lohnt sich ein Blick in die französische

Auch beim Streik 2020 dabei: Feuerwehrleute auf Seite der Streikenden in voller Montur vor den Polizeiabsperrungen.

Verfassung. Die räumt jedem Bürger ein individuelles Streikrecht zur Verbesserungen der Arbeitsbedingungen ein und auch politische Streiks und Solidaritätsstreiks gelten in Frankreich als rechtmäßig. Deutschland hat in diesem Fall eine ganz andere Regelung. Dort dürfen die Arbeitnehmer im Grunde nur im Rahmen von Tarifverhandlungen auf die Straße gehen - zudem müssen die Streiks von Gewerkschaften organisiert werden, die gesetzlichen Vorgaben bis zur Ausrufung des Streiks müssen beachtet werden, ansonsten sind Arbeitskämpfe illegal. In Frankreich sind solch hohe rechtliche Hürden nicht vorgesehen. Damit ein Streik als solcher anerkannt wird, reicht es, dass es in einem Unternehmen zur totalen, kollektiven Arbeitsniederlegung der Arbeitnehmer kommt und diese beruflichen Ansprüche (Gehaltsforderungen, Arbeitsbedingungen) fordern. Auch Beamte dürfen in Frankreich streiken, in Deutschland dagegen nicht.

Hier offenbart sich einer der Gründe, weswegen französische Arbeitnehmer rechtlich nicht auf Gewerkschaften angewiesen und damit kaum gewerkschaftlich organisiert sind. In Frankreich ist nur jeder zehnte Arbeitnehmer Mitglied in Gewerkschaften, in Deutschland dagegen sind es immerhin noch ca. 20 % aller Arbeitnehmer. Hier spielen große Gewerkschaften wie bspw. die IG Metall, die die Arbeitnehmer in der Metall- und Elektrobranche vertritt, eine besondere Rolle. Gewerkschaften und Arbeitgeberverbände anderer Branchen orientieren sich dann an diesen Leitabschlüssen.

Durch die andere Rolle der Gewerkschaften in Frankreich nehmen diese auch kaum die Funktion als legitimer Vermittler zwischen Arbeitgeber und Arbeitnehmer wahr. Ein echter Dialog zwischen beiden Parteien, der so manchen Arbeitskämpfen im Vorhinein den Wind aus den Segeln nimmt, gelingt unter diesen Umständen in Frankreich nur schwer.

Bearbeiter

M5 Ist das Streikrecht in Deutschland noch zeitgemäß?

Im Zusammenhang mit Warnstreiks der Gewerkschaft Ver.di in Seehäfen hat Arbeitgeberpräsident Rainer Dulger im Juni 2022 eine Einschränkung des Streikrechts ins Gespräch gebracht. Die Ausstände in einer Zeit, in der die Unternehmen dringend Materialien brauchen, hätten ihm sehr missfallen, sagte Dulger vor Journalisten in Berlin. Vielleicht brauche man einen »nationalen Notstand«, der auch Streikrecht breche. Er sei aber auf keinen Fall dafür, das Streikrecht einzuschränken, so Dulger weiter. Auf Seiten der Gewerkschaften sorgte diese Aussage natürlich für Empörung.

Schon länger existiert die Kritik an den Spartengewerkschaften, die sich ausschließlich für bestimmte Berufsgruppen wie Lokführer, Ärzte oder Piloten verantwortlich fühlen. Trotz der relativ geringen Anzahl der Gewerkschaftsmitglieder gelingt es diesen Spartengewerkschaften im Falle eines Streiks Teile des öffentlichen Lebens massiv lahmzulegen.

Daher stellt sich die Frage: ist das Streikrecht in seiner heutigen Form noch zeitgemäß?

1 Nein, es ist nicht zeitgemäß

Viele Streiks wie bspw. die Arbeitsniederlegungen der Kita-Betreuerinnen treffen weniger die Arbeitgeber denn den Bürger. Damit nehmen die Gewerkschaften den unbeteiligten Bürger in Geiselhaft. Ist dies der Fall, sollte der Staat die Arbeitsniederlegung für illegal erklären und die Arbeitnehmer zur Arbeitsaufnahme zwingen dürfen.

Kleine Spartengewerkschaften, die nur eine geringe Anzahl an Personen einer bestimmten Berufsgruppe vertreten (Piloten, Lokführer, Ärzte) sollte der Streik verboten werden. Sie repräsentieren nur wenige Arbeitnehmer und verursachen bei einem Streik einen unverhältnismäßig großen Schaden für Alle, da sie Teile des öffentlichen Lebens lahmlegen.

In wirtschaftliche schwierigen Zeiten sollte auf Streiks, die die Lieferketten der Unternehmen betreffen, eingeschränkt bzw. verboten werden, damit Unternehmen weiterhin, die für sie notwendigen Materialien bekommen. Streiks gefährden damit Arbeitsplätze und ganze Unternehmen.

Es sollte prinzipiell nur gestreikt werden dürfen, NACHDEM der Vermittlungsvorschlag eines neutralen Schlichters von Seiten des Arbeitgebers oder der Gewerkschaft abgelehnt wird. Vor der verbindlichen Schlichtung dürften damit überhaupt nicht gestreikt werden.

Die Mindestlaufzeiten der Tarifverträge sollte mindestens 24 Monate, besser noch 48 Monate betragen, um Streiks prinzipiell zu erschweren.

2 Ja, es ist zeitgemäß

Gewerkschaften wollen und müssen regelmäßig Lohnerhöhungen für ihre Arbeitnehmer einfordern. Würden die Lohnsummen der Mitarbeiter nicht wachsen, könnten sie sich aufgrund der Inflation von ihrem Einkommen immer weniger leisten. Der Streik ist das zentrale Angriffsmittel der Gewerkschaften. Ohne Streikmöglichkeit würden Tarifverhandlungen zu „kollektivem Betteln" der Gewerkschaften verkommen.

Das verfassungsgemäße Recht von Arbeitnehmern Gewerkschaften zu gründen (Koalitionsfreiheit), ist nicht von der Anzahl der Gewerkschaftsmitglieder abhängig. Auch Spartengewerkschaften, die nur einen bestimmten Berufsstand vertreten, haben ihre Berechtigung. Lokführer oder Piloten mir ihren speziellen Arbeitsumfeldern wissen selbst am besten, welche Verbesserungen sie für ihren Berufsstand wollen.

Streiks mögen bisweilen für die Bürger lästig sein. Aber nur indem die Arbeitgeber unter Druck gesetzt werden, sind Verbesserungen für die Arbeitnehmer durchsetzbar.

Noch kein Unternehmen ist wegen Lohnforderungen der Gewerkschaften oder einem Streik pleite gegangen. Unternehmen gehen pleite, wenn Manager schlechte Entscheidungen treffen.

Das Streikrecht ist ein Grundrecht. Eine vorherige verpflichtende Schlichtung würde dem wiedersprechen.

Bearbeiter

AUFGABEN

82033-114

1. Erstelle ein Schaubild zu den Aufgaben und der Organisationsweise der Gewerkschaften und Arbeitgeberverbände (**M2**).
2. Erkläre, was man unter Tarifautonomie versteht und welchem Ziel sie dient (**M3**).
3. a) Partnerarbeit: Erstellt eine Tabelle, in dem der Arbeitskampf in Deutschland und Frankreich (**M4a, b**) verglichen wird. Geht insbesondere auf die rechtlichen Regelungen, den Umfang und die Rolle der Gewerkschaften ein.
   b) In Deutschland sind die rechtlichen „Spielregeln" für die Tarifverhandlungen (**M4a**) deutlich detaillierter als in Frankreich. Damit verfolgt der Gesetzgeber eine andere Intention als in Frankreich. Erläutere, was die Gründe für diese detailliertere Ausgestaltung in Deutschland sein könnten.
4. Ist das Streikrecht in Deutschland noch zeitgemäß? Bilde dir anhand des Argumentenpools **M5** ein Urteil und diskutiert über die Frage in der Klasse.
5. „Gewerkschaften und Arbeitgeber: Gegner oder Partner?" Begründe deine Position zur dieser Frage.

Eine Tarifverhandlung als Rollenspiel durchführen

I. Worum geht es?

Tarifverhandlungen in Deutschland zwischen organisierten Arbeitgeber- und Arbeitnehmervertretern folgen festen Abläufen und Spielregeln. Hier sollt ihr sie einmal ausprobieren.

II. Geht dabei wie folgt vor:

1. Schritt: Verteilung der Rollen, Ablauf des Rollenspiels

- Jeweils drei Schülerinnen und Schüler bilden die Tarifkommission auf der Arbeitgeber- und Gewerkschaftsseite.
- Jede Arbeitgeber- oder Gewerkschaftsgruppe einigt sich auf eine Verhandlungsposition, die vor der Gegengruppe geheim gehalten wird. Ihr habt dafür 5min Zeit.
- hr führt das Rollenspiel durch. Hierbei kommuniziert die Gewerkschaftsgruppe zuerst ihre Forderungen. Anschließend wird verhandelt. Ihr habt für die Verhandlungen 15min Zeit.
- Jede Spielgruppe hält schriftliche ihre Ergebnisse fest. Solltet ihr keine Einigung mit der Gegenseite herbeiführen können, gibt es Streik.

2. Schritt: Die Rollenkarten

Rollenbeschreibung Arbeitgeberverband

Ihr seid Mitglieder der Tarifkommission der Vereinigung der kommunalen Arbeitgeber (VKA). Der Verband vertritt die Interessen rund 10.000 kommunaler Arbeitgeber.

Die Arbeitgeber sind in der Vereinigung kommunaler Arbeitgeber (VKA) organisiert.

Als Bürgermeisterin oder Bürgermeister einer Kleinstadt weißt du aus deiner täglichen Arbeit, dass die Kassen der Kommunen wegen der Wirtschafts- und Finanzkrise leer sind.
Die Gewerkschaft Ver.di will deutlich mehr Lohn für alle Angestellten im öffentlichen Dienst und eine Arbeitsplatzgarantie für mehrere Jahre. Das können wir uns auf keinem Fall leisten! Ein derartiger Lohnzuwachs würde zu saftigen Gebührenerhöhungen für alle Bürger bei der Müllabfuhr, den Schwimmbädern und für die Kindergärten führen. Hinzu fordert sie eine Einmalzahlung für alle Angestellten von 300€ und einen weiteren Urlaubstag.

Deshalb habt ihr und euer Verband beschlossen, die Lohnerhöhung für diese Tarifrunde so niedrig wie möglich zu halten. Überlegt, welchen Vorschlag ihr der Gewerkschaft unterbreiten wollt. Aber denkt daran, die Gewerkschaft droht mit Streik, wenn ihre Forderungen nicht erfüllt werden. Ihr müsst den Streik auf jeden Fall verhindern, schon das letzte Mal hat das Millionen gekostet!
Sollte die Gewerkschaft hart bleiben, könnt ihr in der Tarifkommission andere Punkte in die Verhandlung einbringen. Beispielsweise könnt ihr über die Arbeitszeit, die Länge des Urlaubs oder Jahressonderzahlungen verhandeln.

Rollenbeschreibung Gewerkschaft

Ihr seid Mitglieder der Tarifkommission der Gewerkschaft Ver.di.

Die Arbeitnehmer werden durch die Gewerkschaft Vereinte Dienstleistungsgewerkschaft (ver.di) vertreten.

Eure Gewerkschaft vertritt rund 2 Millionen Angestellte im öffentlichen Dienst, also Arbeitnehmerinnen und Arbeitnehmer, die in städtischen Bus- und Bahnbetrieben, bei der Müllabfuhr, in den Kindergärten und in den Krankenhäusern arbeiten.
Tausende Angestellte zählen in diesem Tarifkonflikt darauf, dass Ihr ihre Interessen gegen die Arbeitgeberseite vertretet und für einen gerechten Lohn kämpft!

Eure Gewerkschaft will für die Angestellten

- mehr Lohn;
- eine Arbeitsplatzgarantie bis 20 .
- Einmalzahlung über 300 € für alle Angestellten.
- einen weiteren Urlaubstag.

Sollte die Arbeitgeberseite nicht auf eure Forderungen eingehen, droht ihr eure Streikpläne in die Tat umsetzen, was die Arbeitgeber Millionen kosten würde! Jedoch gilt es zu bedenken: ein Streik in den Krankenhäusern oder bei der Müllabfuhr ist auch bei den Bürgern extrem unbeliebt.
Sollte die Arbeitgeberseite nicht alle eure Forderungen umsetzen, könnt ihr auch andere Verhandlungspunkte einbringen. Beispielsweise könnt ihr über die Arbeitszeit, Länge des Urlaubs oder Jahressonderzahlungen verhandeln.

4.2.4 Warum verdienen wir unterschiedlich viel?

Zum Thema: Der Chefarzt verdient mehr als die Krankenschwester. Das erscheint logisch, er trägt mehr Verantwortung und ist qualifizierter. Aber warum verdient der Schreiner mehr als die Krankenpflegerin? Beides sind Ausbildungsberufe – und ist Kranke versorgen nicht auch eine wichtige Tätigkeit mit viel Verantwortung?

M1 Wer verdient wie viel?

1 Bankkauffrau/-mann

2 Altenpfleger/-in

3 Physiotherapeut/in

5 Gärtner/in (Landschaftsbauer/in)

6 Friseur/in

7 Florist/in

8 Zahnmedizinische/r Fachangestellte/r

9 Designerin (Grafik)

10 Arzt/Ärztin

11 Bürokauffrau/-mann

12 Apotheker/in

EINSTIEGSAUFGABEN 82033-115

1. Ordne die Berufe beginnend von „niedrigster Lohn" bis zu „höchster Lohn" und begründe deine Reihenfolge.
2. Überprüfe die Richtigkeit deiner Sortierung mithilfe des Gehaltsvergleichs der Arbeitsagentur
3. Findest du die Lohnunterschiede gerechtfertigt? Begründe deine Antwort.
4. Du wirst bemerkt haben, dass das Gehalt für denselben Beruf je nach Bundesland und bisweilen auch aufgrund des Geschlechts variiert. Stelle Vermutungen an, warum das so ist.

Gehaltsvergleich der Bundesagentur für Arbeit

82033-116

M2 Wer hat mehr auf der Lohnabrechnung?

1 Obwohl Lea als Altenpflegerin sehr viel leistet, bekommt Ludwig als Rechtsanwalt mehr Lohn.

2 Obwohl Anton als Apotheker eine hohe Qualifikation hat, verdient Mario als Fußballprofi in der Bundesliga mehr.

3 Obwohl Adam und Eva den gleichen Beruf ausüben und im selben Unternehmen arbeiten, bekommt Adam mehr Lohn.

4 Obwohl Thomas und Jonas den gleichen Beruf ausüben, bekommt Thomas in Stuttgart mehr Lohn als Jonas in Schwerin.

5 Obwohl Franka und Dana denselben Beruf ausüben, bekommt Franka in ihrem tarifgebundenen Unternehmen mehr Lohn als Dana.

6 Obwohl Ben und Chris beide Pharmazie studiert haben, bekommt Ben in dem großen Aktienunternehmen mehr Lohn als Chris in einem kleinen Unternehmen.

7 Obwohl sowohl die 19jährige Marie als auch die 33jährige Franziska beide als Schreinerinnen im gleichen Betrieb arbeiten, bekommt Franziska mehr Lohn als Marie.

M3 Was sind die Bestimmungsfaktoren für die Lohnhöhe?

Prinzipiell lassen sich hier individuelle und regions-, bzw. marktspezifische Faktoren unterscheiden.

a) Bestimmungsfaktoren: Individuelle Ebene

Auf der individuellen Ebene gelten das Alter und die Erfahrung als Aspekte für die Lohngestaltung. In der Regel steigt der Lohn mit zunehmenden Alter und steigender Berufserfahrung.

Ein weiterer zentraler Punkt ist die **Qualifikation**: je höher die Qualifikation, desto höher üblicherweise der Lohn. Wie wird jedoch Qualifikation gemessen? Die Qualifikation wird an der Tätigkeit des Angestellten selbst festgemacht. Einfache Tätigkeiten werden schlechter entlohnt als Tätigkeiten, die umfangreiche Spezialkenntnisse sowie ein hohes Maß an Verantwortung und Entscheidungskompetenz voraussetzen. Daher werden Facharbeiter mit einer Berufsausbildung (Mittelqualifizierte) besser bezahlt als Hilfsarbeiter ohne Berufsabschluss (Geringqualifizierte). Angestellte mit Hochschulabschluss (Hochqualifizierte), deren Tätigkeit eine hohe Verantwortung miteinschließt wiederum werden aus gleichem Grund höher entlohnt als Facharbeiter.

Prinzipiell existiert in modernen Gesellschaften die Tendenz die **„Kopfarbeit“** in Abgrenzung zur **„Handarbeit“** qualitativ als höherwertiger anzusehen. Berufe wie bspw. Arzt oder

Preis-Mengen-Diagramm
→ Kapitel 2

Arbeitsmarkt (schematisch)

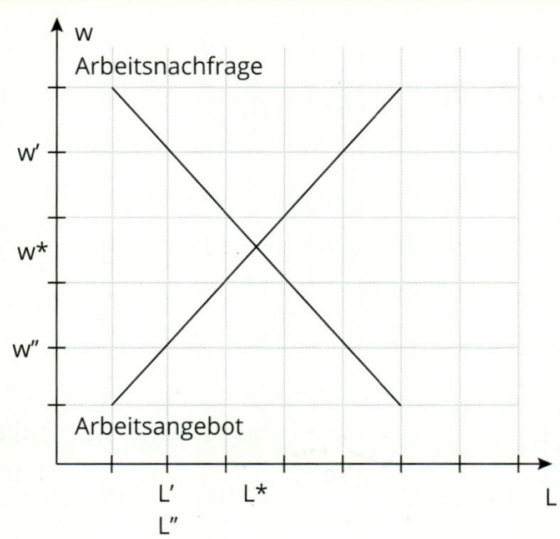

W = wages, deutsch: Löhne
L = labour, deutsch: Arbeitskräfteangebot

Rechtsanwalt sind mit verschiedenen Zugangsbeschränkungen (Abitur, Universitätsprüfungen) und langen Ausbildungszeiten verbunden und damit nicht für alle Personen zu erreichen. So ist zwar die „Handarbeit" eines Maurers körperlich anstrengender als die eines Arztes, Letzterer wird aber aufgrund seiner als höher bewerteten Qualifikation sowie aufgrund der Knappheit von „Kopfarbeit" besser entlohnt.
Auch die **Geschlechtszugehörigkeit** beeinflusst die individuelle Lohnhöhe. Frauen verdienen in Deutschland durchschnittlich weniger als Männer – dies gilt selbst im Vergleich der Löhne von Männern und Frauen mit der gleichen Qualifikation, dem gleichen Alter, dem gleichen Beruf und im gleichen Betrieb. Diese Lohnlücke wird „Gender Pay Gap" genannt. Ursachen hierfür sind u.a. die stark verbreitete Teilzeitbeschäftigung der Frauen sowie die Wirtschaftsbranchen, in denen Frauen traditionell beruflich tätig sind.

Institutionelle, regionale Ebene

Unabhängig von der individuellen Ebene bilden sich Löhne als Preis für die Arbeitskraft aus dem Zusammenspiel von **Angebot und Nachfrage**. Die Arbeitskraft von Arbeitnehmern (also ihre Qualifikationen und Kompetenzen) werden von Unternehmen bzw. dem Staat unterschiedlich nachgefragt. Je nachgefragter und knapper die Arbeitskraft ist, desto höher i.d.R. der Lohn. Wenn es hingegen ein großes Angebot an Arbeitnehmern gibt, die dieselbe Arbeit ausüben können, wird das Lohnniveau nach unten gedrückt.
Ein weiterer zentraler Aspekt der Lohnbildung hängt von der Existenz von **Tarifverträgen** ab. Diese Tarifverträge werden für bestimmter Branchen (bspw. Bäckerhandwerk) zwischen Gewerkschaften und Arbeitgeberverbänden verhandelt. In Wirtschaftsbranchen, in denen Tarifverträge existieren, bezahlen die Unternehmen ihre Angestellten in der Regel besser.
Die Lohnhöhe ist ebenfalls mit der **Region** verbunden, in der sich das Unternehmen befindet. So können die Löhne für den gleichen Beruf zwischen den Regionen in Deutschland stark variieren. In West- und Süddeutschland werden höhere Löhne bezahlt als in Ostdeutschland. Aber auch innerhalb einer Region existiert das Lohngefälle. In Baden-Württemberg sind beispielsweise die Gehälter im Großraum Stuttgart höher als auf der schwäbischen Alb.
Diese **regionalen Unterschiede** hängen unter anderem mit der Größe der Unternehmen zusammen, die in einer Region ansässig sind, denn große Unternehmen zahlen höhere Löhne als kleine. Befinden sich dann viele Unternehmen und Beschäftigte in räumlicher Nähe zueinander, ist die Produktivität höher, weil der Austausch von Wissen und Information wie auch der Wettbewerb intensiver sind. Dies schlägt sich wiederum in höheren Löhnen für die Arbeitnehmer nieder.
Der **Mindestlohn** hat ebenfalls Einfluss auf die Lohnbildung. Er existiert in Deutschland seit 2015 (damals 8, 50 € brutto pro Stunde) und gilt für alle in Deutschland beschäftigten Arbeitnehmer. Ausgenommen sind Jugendliche unter 18 Jahren ohne abgeschlossene Berufsausbildung, Auszubildende und Praktikanten. Ab dem 1.10.2022 beträgt der Mindestlohn 12 € brutto pro Stunde.

b) Wann sind Löhne gerecht?

Ob Ungleichheiten bei Löhnen als gerecht oder ungerecht bewertet werden, hängt von den Vorstellungen von Gerechtigkeit ab, die der Bewertung zugrunde gelegt werden.

Als unbestrittener Grundsatz gilt, dass Löhne gerecht sein sollen. Umstritten ist aber, welche Gerechtigkeitsvorstellungen zugrunde gelegt werden sollen.

Die Vorstellung der **Leistungsgerechtigkeit** erfordert, dass Menschen entsprechend so viel erhalten wie sie „Leistung" (Arbeitskraft, Zeitaufwand, etc.) erbringen. Damit werden Menschen für unterschiedliche „Leistungen" unterschiedlich hoch entlohnt. Wer mehr leistet, soll auch mehr bekommen.

Ebenfalls unbestritten ist die Vorstellung der **Geschlechtergerechtigkeit** bei der Frage der Lohnhöhe. In diesem Falle darf es bei gleicher Qualifikation und Tätigkeit keine ungleiche Bezahlung aufgrund des Geschlechts geben.

Das Prinzip der **Bedarfsgerechtigkeit** bei der Entlohnung bezieht sich auf die Notwendigkeit den Mindestbedarf von Menschen zu decken. Dieses Prinzip ist erfüllt, wenn mit dem erzielten Lohn alle Grundbedürfnisse (Wohnen, Essen, Transport, Soziale Bedürfnisse) erfüllt werden können. Jedoch sind die Bedarfe der Menschen (Alte, Kranke, kinderreiche Familien, etc.) unterschiedlich. Demnach müsste die Entlohnung auf diese unterschiedliche Bedarfe Rücksicht nehmen.

Auch das Prinzip der **Verteilungsgerechtigkeit** lässt sich bei Fragen des Lohns anwenden. Hier geht es um den Aspekt, wie innerhalb des Unternehmens die Verteilung der Löhne der Angestellten im Vergleich zur Unternehmensführung gestaltet ist. So verdienen Führungskräfte großer Aktienunternehmen das zigfache des Jahresgehalts einfacher Mitarbeiter. Außerhalb des Unternehmens fordert die Verteilungsgerechtigkeit ein ausgewogenes Verhältnis zwischen dem Erfolg des Unternehmens und seiner Position im Markt (Unternehmensgewinn) und dem Lohn der Mitarbeitenden aus. Erfolgreiche Unternehmen zahlen i.d.R. höhere Löhne bzw. Erfolgsprämien aus.

Bearbeiter

Im Arbeitsvertrag wird das Gehalt festgelegt. Aber welche Faktoren beeinflussen, wieviel Geld man bekommt?

c) Daten zu Gehaltsfaktoren

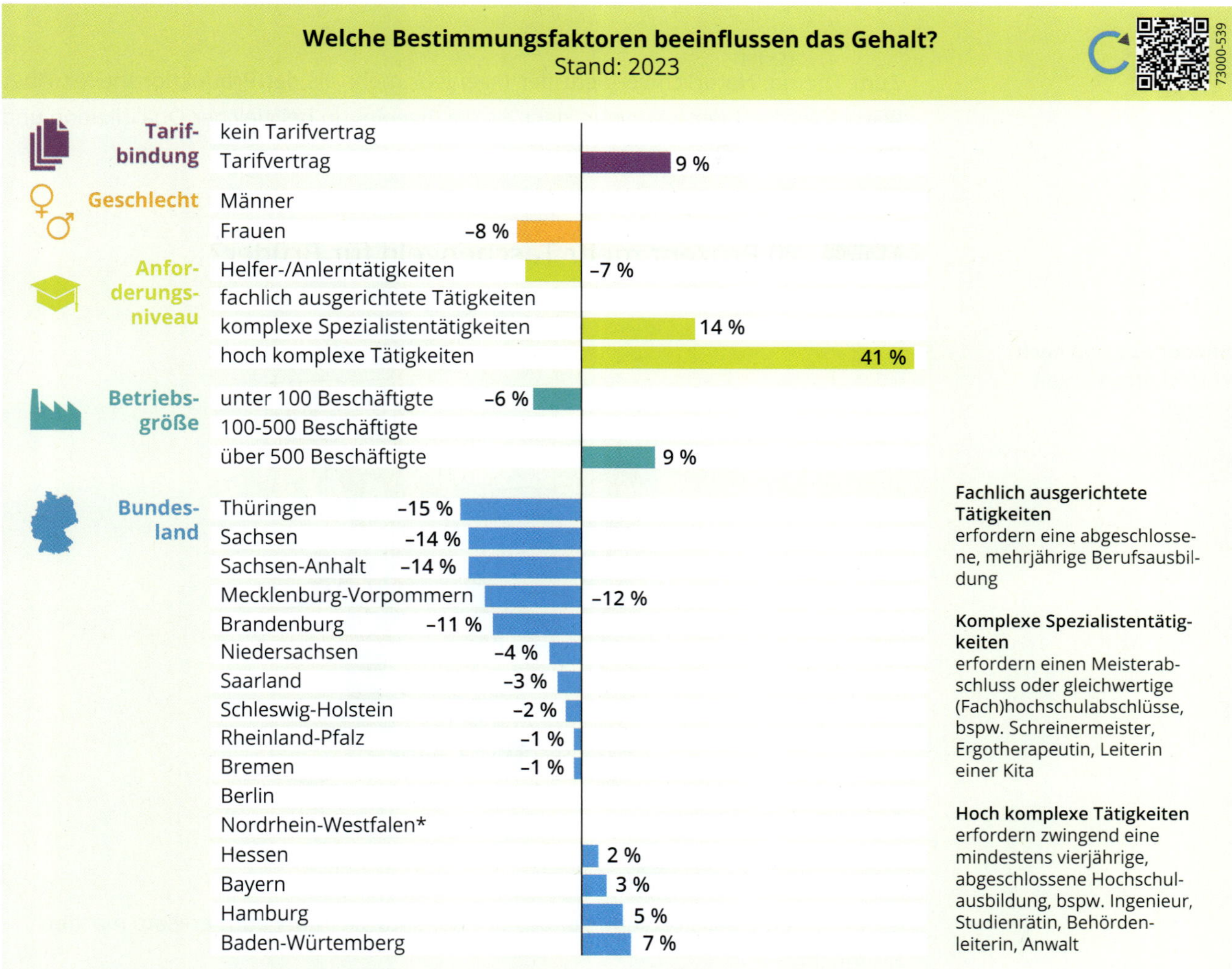

©C.C. Buchner Verlag, aktuelle Daten nach WSI Böckler Stiftung

AUFGABEN

82033-117

1. Erstelle mithilfe von **M3 a)** eine Mindmap, in der die Faktoren der Lohnbildung dargestellt werden.
2. Welche Faktoren aus **M3 a)** und **c)** spielen eine Rolle bei den Fällen aus **M2**?
3. Stelle dar, welche der in **M3 b)** genannten Gerechtigkeitsvorstellungen für dich bei der Lohngestaltung am wichtigsten sind. Gehe hierbei wie folgt vor: Du hast 100 Punkte zu vergeben. Verteile diese so auf die Gerechtigkeitsvorstellungen, wie sie deiner Einschätzung nach Bedeutung haben sollten. Du kannst die Punkte auf alle vier oder auch nur auch zwei oder drei Gerechtigkeitsvorstellungen verteilen. Diskutiere anschließend mit deiner Nachbarin/deinem Nachbarn über die Verteilung deiner Punkte die Begründung dazu.

4.2.5 Warum verdienen Frauen weniger als Männer?

Zum Thema: Natürlich verdient der Ingenieur mehr als der Produktionshelfer. Aber warum verdient der Ingenieur mehr als die Ingenieurin bei gleicher Qualifikation und Berufserfahrung?

M1 20 Prozent mehr Taschengeld für Brüder?

Gender Pay Gap nach Wirtschaftszweigen

73000-455

Karikatur: Thomas Plassmann

EINSTIEGSAUFGABE 82033-118

1. Beschreibe das Problem, auf das der Karikaturist in **M1** aufmerksam machen möchte.

M2 Wie steht es um die Gender Pay Gap in Deutschland?

M2a: Erklärfilm zum Gender Pay Gap

82033-119

Gehalt von Frauen: „Deutschland schneidet im internationalen Vergleich besonders schlecht ab", heißt es beim Deutschen Institut für Wirtschaftsforschung (DIW). Die Lohnlücke zwischen Frauen und Männern, der sogenannte Gender-Pay-Gap, ist im vergangenen Jahr etwas zurückgegangen. Dennoch bleibt sie groß: So verdienten Frauen im vergangenen Jahr im Durchschnitt 18 Prozent weniger als Männer. Diese unbereinigte Lohnlücke ist um einen Prozentpunkt geringer als 2019. Das zeigen neue Zahlen des Statistischen Bundesamtes. Der Stundenlohn von Frauen betrug demnach 18,62 Euro brutto – und damit genau 4,16 Euro weniger als der von Männern.

Kleine Verbesserungen ließen sich unabhängig davon von Jahr zu Jahr beobachten, sagt Katharina Wrohlich, zuständig für Gender Economics am Deutschen Institut für Wirtschaftsforschung (DIW). Ein Grund zur Entwarnung sei das nicht, denn die Fortschritte seien hierzulande sehr klein. „Deutschland schneidet im internationalen Vergleich besonders schlecht ab", sagt Wrohlich.

Der Großteil der Lücke entsteht durch strukturelle Ursachen. Zum Beispiel arbeiten Frauen hierzulande öfter in Berufen und Branchen mit niedrigeren Löhnen, in Teilzeit und in Minijobs sowie seltener in Führungspositionen. Der kleinere Teil, nämlich gut 30 Prozent, des Verdienstunterschiedes hingegen entsteht durch sogenannte direkte Diskriminierung, die Rede ist dann vom bereinigten Gender-Pay-Gap.

In Deutschland kann das Einkommen von Eheleuten gemeinsam besteuert (**Ehegattensplittung**) werden. Diese Besteuerungsform lohnt sich vor allem dann, wenn die Eheleute stark unterschiedlich viel verdienen. Diese Besteuerungspraxis setzt massive Anreize für verheiratete Frauen nicht oder geringfügig zu arbeiten.

Zerlegung des Gender Pay Gab 2018 – Bruttostundenverdienst in Euro

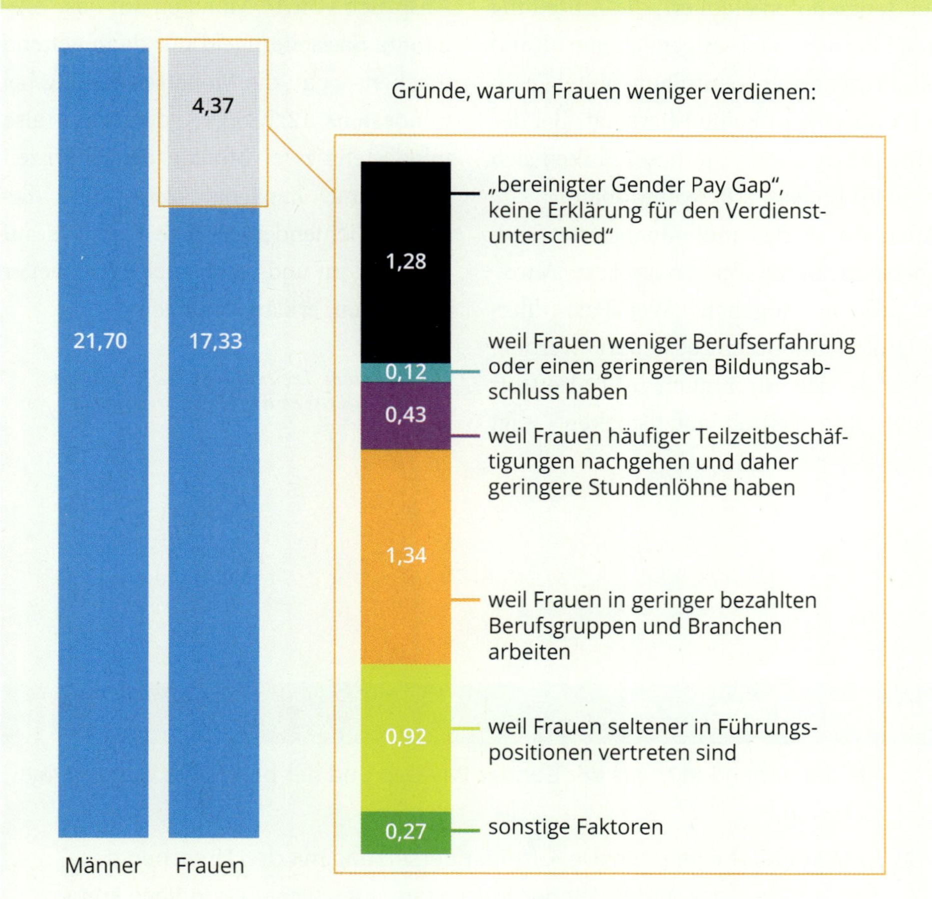

Nach: DESTATIS Datenquelle: DESTATIS

Demnach verdienen Frauen im Durchschnitt auch bei gleicher Tätigkeit und Qualifikation sechs Prozent weniger als Männer.

DIW-Forscherin Wrohlich sieht allerdings auch die unbereinigte Lücke als Problem an. „Es ist auch eine Form von Diskriminierung, dass in klassischen Frauenjobs wie Pflege oder Erziehung geringere Löhne gezahlt werden als in der Industrie", sagt sie. Zudem schwenkten viele Frauen gezwungenermaßen auf Teilzeit um, weil sie sich etwa stärker um Hausarbeit und Kinderbetreuung kümmerten. „Es ist eine Illusion, dass Frauen diese Entscheidungen immer freiwillig treffen", sagt sie.

In Ländern wie Schweden und Dänemark sei die Situation deutlich besser. Nach Zahlen des Statistischen Amtes der Europäischen Union lag der Gender-Pay-Gap in Schweden 2019 bei 12,1 Prozent, in Dänemark bei 14,6 Prozent. „Die skandinavischen Staaten richten ihre Familienpolitik viel stärker auf Gleichstellung aus", erklärt Wrohlich. Kinderbetreuung für unter Dreijährige sei dort seit Jahrzehnten etabliert, die Aufteilung der Elternzeit viel ausgeglichener. Rund 60 Prozent der deutschen Väter nehmen überhaupt keine Elternzeit. Bei der Minderheit, die es tut, beschränken sich rund 70 Prozent auf zwei Monate.

Auch durch das individualisierte Steuersystem hätten Frauen größere Anreize, arbeiten zu gehen. „Weil Paare hierzulande zusammen besteuert werden, lohnt es sich für Frauen in Teilzeit oft nicht, ihre Teilzeit aufzustocken", sagt die DIW-Forscherin. Und auch die Unternehmenskultur sei im Norden hilfreich: „In Skandinavien ist es ganz normal, dass Väter schon am Nachmittag das Büro verlassen, um ihre Kinder abzuholen."

Sie plädiert deshalb für umfassende Veränderungen – etwa eine Reform des Ehegattensplittings und eine Erhöhung der sogenannten Vätermonate beim Elterngeld. Bislang können Paare den vollen Anspruch von 14 Monaten auf das sogenannte Basiselterngeld nur dann geltend machen, wenn die Monatsaufteilung bei mindestens 12:2 liegt – der Mann also mindestens zwei Monate der Elternzeit übernimmt. Zunächst könne man diese verpflichtenden Monate von zwei auf vier steigern und dann stückweise weiter hochgehen, erklärt Wrohlich.

Haas, Christine ‚Die 18-Prozent-Lücke offenbart Deutschlands großen Rückstand', www.welt.de, 09.03.2021

AUFGABEN

82033-120

1. Erkläre anhand **M2**, was der Gender Pay Gap und der bereinigte Gender Pay Gap sind.
2. In **M2a** findet eine intensive Auseinandersetzung mit den Ursachen des Gender Pay Gaps und damit der Frage statt, auf welcher Grundlage Frauen und Männer Entscheidungen für ihr Berufsleben treffen (ab Minute 11:09).
   a) Beschreibe die zwei Positionen bezüglich der Entscheidungsfindung.
   b) Begründe, welche Position du überzeugender findest.
3. a) Arbeite die in **M2** genannten Reformvorschläge zur Verringerung des Gender Pay Gaps heraus. Überlegt zu zweit, welche weiteren Reformvorschläge helfen könnten.
   b) Beurteile einen Reformvorschlag deiner Wahl im Hinblick auf die Kriterien Effektivität, Effizienz und Nachhaltigkeit.

WAS WIR WISSEN

Interessen Arbeitnehmer, Arbeitgeber

Im Rahmen eines Arbeitsverhältnisses findet ein Tausch statt: Der Arbeitnehmer stellt seine Arbeitskraft gegen die Zahlung eines Lohns vom Arbeitgeber zur Verfügung. Da sich die **Interessen** der Arbeitnehmer und Arbeitgeber unterscheiden, können im Betrieb Konflikte entstehen. Diese Interessensgegensätze nicht zu groß werden zu lassen, ist für jedes Unternehmen wichtig.

Betriebsrat, betriebliche Mitbestimmung

Der **Betriebsrat** ist der Interessenvertretung der Arbeitnehmer im Unternehmen. Er spielt eine wichtige Rolle in der **betrieblichen Mitbestimmung**, die Arbeitnehmern klar definierte Rechte gegenüber den Arbeitgebern gesetzlich zusichert. Ab einer bestimmten Betriebsgröße muss die Gründung eines Betriebsrats durch die Arbeitnehmer vom Arbeitgeber zugelassen werden. Der Betriebsrat hat abgestufte Rechte der Mitwirkung: bei Fragen, die die Angestellten direkt betreffen (Einstellungen, Arbeitszeit, Urlaubsregelungen), darf er mitbestimmen (**Mitbestimmungsrechte**). In anderen Bereichen (Entlassungen, Personalplanung) muss er informiert oder angehört werden (**Mitwirkungsrechte**).

Gewerkschaften und Arbeitgebervertretungen als Tarifpartner

Gewerkschaften und **Arbeitgeberverbände** vertreten überbetrieblich die Interessen der Arbeitnehmer und Arbeitgeber in den jeweiligen Branchen. Sie werden auch **Tarifpartner** genannt und haben das Recht ohne staatliche Einmischung Tarifverträge auszuhandeln (**Tarifautonomie**). Die Aushandlung von **Tarifverträgen** folgt einem gesetzlich vorgeschriebenen Ablauf. Einigen sich die Tarifpartner nicht, kann es auch zum Streik kommen. Jedoch sind die „Spielregeln" für den Ablauf einer Tarifrunde so gestaltet, dass in der Regel ein Kompromiss zwischen den Interessen der Gewerkschaften und der Arbeitgeber gefunden wird. Dies soll dem **sozialen Frieden** in Deutschland dienen.
Endergebnis der Tarifverhandlungen sind Tarifverträge, die für den Zeitraum eines oder mehrerer Jahre Löhne und Arbeitsbedingungen ganzer Wirtschaftszweige regeln.

Lohnbildung

Die **Lohnhöhe** einer Tätigkeit ergibt sich aus dem Zusammenspiel verschiedener Faktoren, die unterschiedlich stark ins Gewicht fallen können. So spielt auf der individuellen Ebene die **Qualifikation** (gering-, mittel-, hochqualifiziert) des Arbeitnehmers und die Art der Tätigkeit („Kopf-, Handarbeit") eine Rolle.
Zentral für die Lohnhöhe ist ebenfalls das Zusammenspiel aus **Angebot** und **Nachfrage** nach einer Tätigkeit. Ist die Tätigkeit stark nachgefragt und das Angebot knapp, d. h. es herrscht ein Mangel an Arbeitskräften für diese Tätigkeit, können Arbeitnehmer höhere Löhne erzielen. Die Lohnhöhe variiert ferner nach **Regionen** und wird beeinflusst von der Existenz von **Tarifverträgen**, von individuell geschlossenen, außertariflichen Arbeitsverträgen und Vereinbarungen oder auch von der Höhe des staatlichen **Mindestlohns**.
Ob ein Lohn als gerecht oder ungerecht empfunden wird, hängt davon ab, mit wem man sich vergleicht und welche Gerechtigkeitsvorstellungen man anlegt (Leistungs-, Bedarfs- oder Verteilungsgerechtigkeit?).

Was Wir Wissen-Seiten digital zum Editieren

82033-314

WAS WIR KÖNNEN

M1 Welcher Job ist mein Traumjob?

Arbeit und Beruf nehmen einen Großteil unseres Tages in Anspruch. Aber ist das auch unser Traumjob, der uns glücklich und zufrieden macht? Und wie findet man diesen Traumjob? Eine mögliche Liste für die Jobzufriedenheit findet ihr hier:

- Das Hobby zum Traumberuf gemacht
- Der Job entspricht den Neigungen und Fähigkeiten
- Mit dem Chef und den Kollegen zufrieden
- Die Work-Life-Balance ist im Lot
- Es gibt Perspektiven für die Karriere
- Es gibt Perspektiven für die Beförderung
- Lohn und Gehalt sind zufriedenstellend

Bearbeiter, Nach: www.stellenmarkt.de

M2 Da ist was durcheinander geraten: Phasen der Tarifverhandlung

E Streik

D 2. Urabstimmung über Verhandlungsergebnis

I Gegenmaßnahmen der Arbeitgeber

R Arbeitsverhältnisse ruhen

R Kein Anspruch auf Lohn, Gehalt

E 25% der Gewerkschaftsmitglieder müssen zustimmen

E Neue Verhandlungen

R Erklären des Scheiterns

L 1. Urabstimmung der Gewerkschaftsmitglieder

R Warnstreiks möglich

R Ende der Friedenspflicht

N Streik-Ende

R Gewerkschaftsmitglieder erhalten Streikgeld

S Tarifverhandlungen zwischen Gewerkschaften und Arbeitgebern

Z Schlichtungsverfahren möglich

M3 Wer verdient wieviel? Eine Auswahl

Beruf/Arbeit	weiblich	männlich	Sachsen	Baden-Württemberg
Elektroinstallateur/in	2933	3285	2670	3697
Verwaltungsangestellte/r (gehobener Dienst)	4422	4882	4285	4503
Augenoptiker/in	2423	2710	2343	2592
Erzieher/in	3357	3342	3342	3450
Architekt/in	3750	4830	3440	4363
Informatiker/in	5468	5941	5221	5313
Automobilmechaniker/in	2997	3138	2671	3812
Industriekauffrau/mann	3462	4375	3214	4093

Bearbeiter, Zahlen nach: Entgeltatlas der Arbeitsagentur, durchschnittliche monatliche Bruttogehälter in Euro, Stand 2022.

M4 Der Betriebsrat – eine feindliche Organisation?

Viele Unternehmensführer spucken Gift und Galle, wenn sie über die betriebliche Interessenvertretung der Angestellten reden. In der Tat kommt es zwischen Arbeitnehmervertretung und Geschäftsleitung immer wieder zu Streitigkeiten. Es geht aber auch anders. Betriebsräte sind bei den meisten Leitungskräften nicht gern gesehen. Oft kommen Sie bei wichtigen Firmenentscheidungen den Vorgesetzten in die Quere, insbesondere, wenn Rationalisierungsmaßnahmen und Entlassungen im Raum stehen […]. Manche Unternehmensführer glauben gar, die Betriebsratsmitglieder ließen sich nur wählen, um teilweise oder ganz vom Dienst freigestellt zu werden. Dies ist jedoch zu kurz gegriffen. Der Job eines Betriebsratsmitgliedes in denkbar schwierig, da man hier immer zwischen zwei Stühlen sitzt. Auf der einen Seite will man so viel wie möglich für die eigene Seite, nämlich die Arbeitnehmer herausholen, andererseits will man als Betriebsrat nicht die vertrauensvolle Zusammenarbeit mit der Geschäftsführung gefährden.

Zwischen Betriebsräten und Unternehmensführung kann es häufig zu Konflikten kommen.

Raczinski, David ‚Der Betriebsrat – Eine feindliche Organisation?', In: www.experto.de, Zugriff: 22.4.2023

AUFGABEN

82033-121

1. Erläutere ausgehend von **M1** welche Formen von „Arbeit" existieren.
2. In **M1** geht der Autor/die Autorin ganz selbstverständlich davon aus, dass so etwas wie ein Traumberuf für jeden von uns existiere und benennt die Kriterien, die erfüllt werden müssen. Erörtere, ob es für jeden von uns einen Traumberuf gibt.
3. In **M2** sind die Phasen der Tarifverhandlungen durcheinandergeraten. Ordne die Phasen in die richtige Reihenfolge. Notiere mithilfe der Buchstaben in den Klammern die Lösungsworte.
4. a) Analysiere die Tabelle **M3**.
   b) Erkläre die Unterschiede bei der Entlohnung
   - zwischen den beruflichen Tätigkeiten,
   - zwischen den Geschlechtern,
   - zwischen den Bundesländern.
5. a) In **M4** ist die Rede von den unterschiedlichen Interessen der Arbeitgeber und Arbeitnehmer. Nenne jeweils drei Interessen für jede Seite.
   b) Erkläre mithilfe der Begriffe „Mitwirkung" und „Mitbestimmung", bei welchen Entscheidungen der Betriebsrat mitreden darf.
   c) „Betriebsrat – eine feindliche Organisation?" Schreibe einen Leserbrief für eine Zeitung, in der du deine persönliche Meinung zum Inhalt von **M4** darlegst.

1

Unternehmer/in
(m/w/d)

dringend gesucht!

›› Das sollten Sie mitbringen:

- Leidenschaft
- Belastbarkeit
- ...

'The Länd' braucht Unternehmerinnen und Unternehmer

2

3000 neue Arbeitsplätze
Amazon eröffnet 8 weitere Logistik- und Verteilzentren in Deutschland

Quelle: RTL news 8. September 2021

Amazon Europa zahlt trotz 51 Milliarden Euro Umsatz 2021 keine Steuern

Quelle: Bloomberg 20.4.2022

Die Deutschen shoppen immer öfter online. Der stationäre Einzelhandel dagegen steckt in einer tiefen Krise
Amazon hat von der Corona-Pandemie enorm profitiert. Das Nachsehen haben Fachgeschäfte und Warenhäuser. Die Schließung von fast 40 Kaufhof-Karstadt-Filialen ist da nur das prominenteste Beispiel.

Quelle: Teaser der TV-Sendung ZDF ZEIT Amazon gegen Einzelhandel ZDF 9. Dezember 2020

Streik bei Amazon in Bad Hersfeld

Unternehmen im Spannungsfeld unterschiedlicher Interessen

5

Mit dem eigenen Start-up reich werden oder Gutes tun? Davon träumen viele! Aber erfolgreiche Unternehmen erfüllen zunächst mal die Bedürfnisse ihrer Kundinnen und Kunden. Sie lösen Kundenprobleme. Das macht viel Arbeit, birgt große Chancen und Risiken. Wie behält man dabei im Betrieb die komplizierten Abläufe, die Kosten und Kennzahlen im Blick? Wie trifft man Entscheidungen unter Unsicherheit? Welche Interessen von Kunden, Arbeitnehmern, Zulieferern, Eigentümerinnen und Eigentümern oder der Gesellschaft kann man erfüllen? Wo liegen Interessen- und Zielkonflikte? Und welche Unternehmensziele sind angesichts der gesellschaftlichen, staatlichen und globalen Rahmenbedingungen überhaupt die richtigen?

Am Ende des Kapitels könnt ihr:

- Motive für eine Unternehmensgründung mit eigenen Berufsvorstellungen vergleichen
- Zusammenhänge von betrieblichen Abläufen in einem Unternehmen erklären
- die Bedeutung von Unternehmen darstellen und deren Verantwortung für die Gesellschaft erörtern
- Chancen und Risiken für Unternehmen auf globalen Märkten anhand eines regionalen Beispiels erörtern
- betriebswirtschaftliche Daten und ihre Bedeutung für das Unternehmen darstellen
- Zielbeziehungen zwischen Unternehmenszielen beschreiben und Zielkonflikte bewerten
- die Bedeutung von Diversity Management im Unternehmen erläutern

WO STEHT IHR GERADE?

82033-122

1. a) Sammelt zu zweit Beispiele, mit welchen Unternehmen oder deren Produkten ihr in der letzten Woche direkt oder indirekt zu tun hattet.
   b) Erstellt in eurer Klasse eine Wortwolke mit diesen Unternehmen.
2. Amazon: „Gefeiert“ und „gehasst“ zugleich? Bestellst du bei Amazon oder kaufst du aus Prinzip dort nichts? Begründe deine Entscheidung und tausche dich dann mit einem Partner aus.

5.1 „Start it up" – was braucht's fürs Unternehmen?

5.1.1 Startups wie Amazon, Microsoft, Tesla, Uber: warum bisher eher selten in Deutschland?

Zum Thema: Bill Gates, Steve Jobs und andere Gründende haben es in den USA mit neuen, innovativen Ideen zu Erfolg und Reichtum gebracht. Doch warum Gründen Menschen überhaupt und wie steht es in Deutschland um die Gründertätigkeit? Darum dreht sich dieses Kapitel.

M1 Wie steht es um startups in Deutschland?

Gründungstätigkeit in Deutschland zurück auf Vorkrisenniveau.
Die Gründungstätigkeit in Deutschland ist nach dem Corona-Knick 2020 wieder auf das Vorkrisenniveau gestiegen.

Nach: KfW Research: KFW-Gründungsmonitor 2022. 11.4.2022

EINSTIEGSAUFGABEN 82033-123

1. Welche Gründer oder Gründerteams kennt ihr?
2. Was braucht man zum Unternehmer? Tauscht euch ausgehend von **M1** in eurer Klasse darüber aus.

Gendergap bei Existenzgründungen
2021 betrug die Gründungsquote der Frauen 5,3% (2003: 3,3%) und die der Männer 8,4% (2003: 7%).

Migrantinnen und Migranten gründen
Im Jahr 2021 war die migrantische Gründungquote mit ca. 14% mehr als doppelt so hoch als die der einheimischen Bevölkerung. Migrantinnen und Migranten gründeten dabei gleich häufig.

Bearbeiter, Daten nach: GEM Deutschland 2021/22

M2 Gründungstätigkeit in Deutschland

a) Gründerquote in Prozent

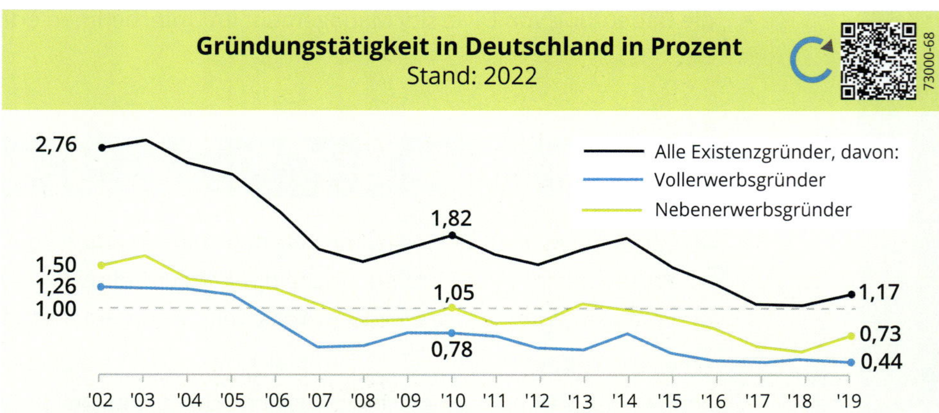

Gründerquote: Anteil der Existenzgründer an der Erwerbsbevölkerung (18 bis 64 Jahre).

©C.C. Buchner Verlag, aktuelle Daten nach: KfW Gründungsmonitor, 2021

b) Deutschlands TEA-Quote im Vergleich zu anderen Ländern mit innovationsbasierten Volkswirtschaften

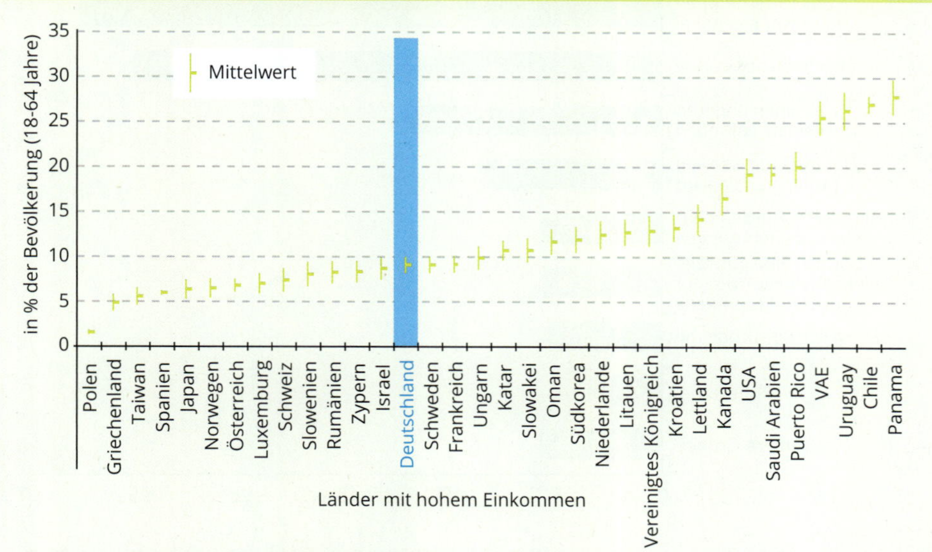

Die vertikalen Balken markieren den Bereich, in dem sich der Mittelwert der Grundgesamtheit mit einer Wahrscheinlichkeit von 95 % befindet. Dieses Konfidenzintervall zeigt die Verlässlichkeit der Daten: je kleiner die Stichprobe, desto größer die Schwankung. Nur bei Nichtüberlappung der Säulen kann von (statistisch signifikant) unterschiedlichen Werten zwischen den Ländern ausgegangen werden.

Datenquelle: GEM-Bevölkerungsbefragungen 2022

Sternberg, Rolf u. a.: Global Entrepreneurship Monitor – Unternehmensgründungen im weltweiten Vergleich – Länderbericht Deutschland 2022/2023, Juli 2023, S. 27

c) Gründungsmotive

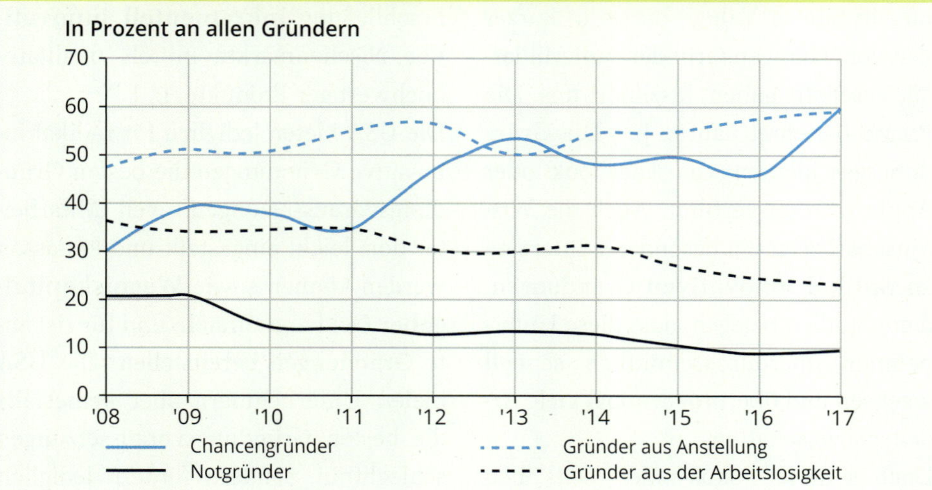

Menschen gründen aus verschiedenen Motiven. Dennoch kann man zwei große Kategorien unterscheiden: Die Gründung, weil man eine Marktchance sieht und eine Geschäftsidee ausnützen möchte (Chancengründer) oder die Gründung aus Mangel an besseren Erwerbsalternativen (Notgründer).

Metzger, Georg/KfW Bankengruppe: KfW-Gründungsmonitor 2018 – Gründungstätigkeit weiter im Tief, aber Wachstum, Innovation und Digitales gewinnen an Bedeutung. In: www.kfw.de, Mai 2018, S. 3

Total early-stage Entrepreneurial Activity (TEA)
Prozentanteil derjenigen 18-64-Jährigen, die während der letzten 3,5 Jahre ein Unternehmen gegründet haben und/oder gerade dabei sind, ein Unternehmen zu gründen.

Sternberg, Rolf u. a.: Global Entrepreneurship Monitor – Unternehmensgründungen im weltweiten Vergleich - Länderbericht Deutschland 2019/20, April 2020, S. 14

Mittelwert
Die vertikalen Balken markieren den Bereich, in dem sich der Mittelwert der Grundgesamtheit mit einer Wahrscheinlichkeit von 95 % befindet [...]: je kleiner die Stichprobe, desto größer die Schwankung.

Ebd.

Innovationsbasierte Volkswirtschaften
Hauptmerkmal: erkennbare Investitionstätigkeiten in den Bereichen Bildung, Forschung und Entwicklung, sowohl von staatlicher als auch privater Seite

Beschäftigungsbeitrag durch Neugründer
Jeder Neugründer stellte 2018 pro Kopf 0,5 vollzeitäquivalente Arbeitsplätze bereit. Neugründer haben 2018 also 219.000 vollzeitäquivalente Arbeitsplätze geschaffen. Dies zeigt wie relevant Neugründungen für die Beschäftigung in Deutschland sind.

Metzger, Georg/KfW Bankengruppe: KfW-Gründungsmonitor 2019 – Gründungstätigkeit in Deutschland stabilisiert sich: Zwischenhalt oder Ende der Talfahrt?. In: www.kfw.de, Mai 2019, S. 6

d) Warum Gründerinnen und Gründer „scheitern" …

Zahlen beziehen sich auf Gründer, die innerhalb des letzten Jahres (Zeitpunkt der Befragung: Juni/Juli 2017) eine Unternehmung in Deutschland verkauft, geschlossen, abgebrochen oder verlassen haben, die sie führten und besaßen.

Datenquelle: GEM-Bevölkerungsbefragungen 2017

Sternberg, Rolf u. a.: Global Entrepreneurship Monitor – Unternehmensgründungen im weltweiten Vergleich – Länderbericht Deutschland 2017/18, Mai 2018, S. 17

Unterschiedliches „Scheitern" in Deutschland und den USA
Während in den USA Gründer ihre Misserfolge auf sogenannten Failure Partys mit Freunden und Kollegen feiern, ziehen es Unternehmer in Deutschland in der Regel vor, über die Pleite den Mantel des Schweigens auszubreiten. Die Angst vor dem Absturz ist so weit verbreitet, dass sie jeden Zweiten davon abhält, überhaupt ein Unternehmen zu gründen – in den USA immerhin nur jeden Dritten.

Tönnesmann, Jens: Wer scheitert, gewinnt. In: www.wiwo.de, 03.11.2012

M3 Deutsche gründen anders …

Einerseits ist das verständlich: Die Häufung besonders erfolgreicher Unternehmer in Silicon Valley, die es in kurzer Zeit vom Garagen-Gründer zum Milliardär geschafft haben, fasziniert uns. Die Presse berichtet häufig. [...] Die Gründungsgeschichten von Facebook oder Apple wurden verfilmt. Auch die Wissenschaft zeigt ein besonderes Interesse an **radikal innovativen** Gründungen, denn Studien belegen, dass diese Unternehmen überdurchschnittlich schnell wachsen und überproportional viele Arbeitsplätze schaffen.

Doch ist dieser Fokus andererseits auch problematisch. [...] Unternehmen können nicht nur durch die Erschließung neuer Märkte Wettbewerbsfähigkeit erlangen. Gerade deutsche Unternehmen behaupten sich im internationalen Wettbewerb ausgezeichnet durch die Erschließung **inkrementell innovativer** Nischenmärkte mittels qualitativ hochwertiger Produkte. [...]

Die USA bieten lediglich für radikal innovative Gründungen die besten Gründungsvoraussetzungen, weil Mitarbeiter dort leicht eingestellt und entlassen werden können sowie **Wagniskapitalgeber** Geld einsammeln und für riskante Gründungen bereitstellen. Die USA bieten Unternehmern aber keinesfalls die besten Gründungsvoraussetzungen schlechthin, sondern fördern lediglich die Entstehung von – eher selten vorkommenden – radikalen Innovatoren.

Die Gründung der – wesentlich häufiger auftretenden – inkrementellen In-

Radikal innovative Gründungen
Entwicklung neuer Produkte oder Dienstleistungen, die auf neuartigen Technologien beruhen

Inkrementelle Innovatoren
Inkrementell bedeutet „schrittweise", also Gründungen, die mit verbesserten Technologien hochwertige Produkte auf den Markt bringen.

Wagniskapitalgeber
Sogenannte Venture Capital Fonds, die jungen Unternehmen im Gegenzug für Anteile am Unternehmen finanzielle Mittel (Risiko- oder Wagniskapital) zur Verfügung stellen. Eine sehr riskante, aber zuweilen auch sehr lohnende Anlageklasse.

novatoren wird hingegen durch die regulierten, d. h. nach festen gesetzlichen Regeln gestalteten, Arbeits- und Finanzmärkten in Deutschland gefördert. Dank des **dualen Systems** erlernen Arbeitskräfte etwa schon während der Ausbildung unternehmensspezifische Fähigkeiten.

Auch fördert ein hoher Arbeitnehmerschutz lange Betriebszugehörigkeiten und den Erwerb von unternehmensspezifischem Detailwissen. Dies befähigt Arbeitnehmer, an technologischen Verbesserungen zu tüfteln und Produkte immer weiter zu verbessern. Die USA bieten Unternehmen also keinesfalls die besten Gründungsvoraussetzungen schlechthin, sondern fördern lediglich die Entstehung von eher selten vorkommenden radikalen Innovatoren. Die Gründung der wesentlich häufiger auftretenden inkrementellen Innovatoren wird hingegen durch die regulierten Arbeits- und Finanzmärkte in Deutschland gefördert.

Da radikale und inkrementelle Innovatoren von gegenteiligen Voraussetzungen profitieren, ist eine gleichzeitige Förderung beider Gründungstypen nicht möglich. Um radikal innovative Gründungen zu fördern, müsste der deutsche Staat sich gleichermaßen von Dualem System, Arbeitsplatzsicherheit, dem umlagefinanzierten Rentensystem und der **Aufsichtsrat**spflicht verabschieden. Doch scheint dies keineswegs wünschenswert, da gerade diese Institutionen Grundlage für die Produkt(ions-) Qualität „made in Germany" sind, die die deutsche Exportindustrie so erfolgreich macht.

Nach: Herrmann, Andrea M.: Deutsche gründen anders – und das ist gut so! Warum Silicon Valley kein Vorbild für Gründertum in Deutschland ist. In: RKW Magazin 2/2018

Duales System
hier: Das duale System der Berufsausbildung mit der Kombination der beiden Lernorte Betrieb und Berufsschule.

Aufsichtsrat
Der Aufsichtsrat ist ein Kontrollgremium, etwa bei Kapitalgesellschaften (z. B. der Aktiengesellschaft (AG)). Er ist damit „Mittler" zwischen Aktionären (Anteilsinhaber) und dem Vorstand (Geschäftsleitung).

AUFGABEN

82033-124

1. Arbeitet zu zweit. Partner A: Analysiere anhand des Graphs **M2a** die Entwicklung der Gründerquote in Deutschland. Partner B: Analysiere anhand des Balkendiagramms **M2b** die Gründerquote in Deutschland im Vergleich zu anderen Ländern mit innovationsbasierten Volkswirtschaften.
2. a) Erklärt anhand von **M2c** und der Randspalte die Motive für Gründungen in Deutschland.
   b) Analysiert die Gründe für das Beenden der eigenen Unternehmung (**M2d**).
   c) Überprüft, ob man den Begriff „gescheitert" im Rahmen einer Unternehmensgründung verwenden kann.
3. a) Vergleiche ausgehend von **M3** die unterschiedlichen Gründungstypen in den USA und Deutschland.
   b) Erörtert anschließend zu zweit die Chancen und Risiken der beiden Gründungstypen.
4. Auch der Staat hat ein Interesse an Gründungen. Begründet.

Zusatzmaterial ‚Innovationsweltmeister Deutschland im Vergleich'

82033-125

5.1.2 Startup Workshop: von der Problemlösung zur Gründung

Zum Thema: Auch für Schülerinnen und Schüler ist es gar nicht so schwer, kreative Ideen und Problemlösungen für eine Startup-Gründung zu entwickeln. Mithilfe der folgenden Methodenseite werdet ihr angeleitet, wie ihr in wenigen Schritten zu einer Geschäftsidee kommen könnt, um ein Kundenproblem oder selbst gesellschaftliche oder soziale Probleme zu lösen. Klingt erstmal super, der Erfolg bleibt jedoch immer unsicher. Sollte der Staat dann sowas mit Steuergeld fördern?

M1 Preisträger des deutschen Gründerpreises 2022

Zu viele „Gründungshürden" in Deutschland?
Die Bundesregierung und auch die Bundesländer bieten umfangreiche Informationen, Hilfen und Coaching für Gründende an, so dass die vielen Voraussetzungen keine unüberwindbaren „Hürden" darstellen.

Mehr dazu etwa auf: www.gruenderplattform.de.

osapiens services GmbH, Mannheim

Problemlösung: IT-Lösungen für Unternehmen zur besseren Überprüfbarkeit und mehr Transparenz über die gesamte Lieferkette

Traceless Materials GmbH, Hamburg

Problemlösung: Pflanzenbasiertes Material, das Kunststoff in Folien, Formteilen oder Beschichtungen ersetzt

Nach: www.deutscher-gruenderpreis.de

EINSTIEGSAUFGABE 82033-126

1. Arbeitet zu zweit: Wählt zwei Beispiele für euch bekannte Startup-Gründer oder Gründerteams: Welches Kundenproblem haben sie gelöst? Was war bzw. ist ihr Nutzenversprechen an die Kunden?

Start-up BW und Start-up BW Women
Auch in Baden-Württemberg gibt es umfangreiche Unterstützung in Sachen Gründung.

Start-up BW'
82033-127

M2 Weitere Voraussetzungen für die Gründung

Neben der innovativen Geschäftsidee und einem funktionierenden Geschäftsmodell gibt es:

Persönliche Voraussetzungen: Was muss ich wissen und mitbringen?

Fachliche Voraussetzungen: Welche Dinge, Kontakte brauche ich?

Rechtliche Voraussetzungen: Was muss ich an rechtlichen Vorgaben beachten?

Bearbeiter

Von den eigenen Stärken zur Geschäftsidee. Seid ihr die nächsten Startup Gründerinnen und Gründer?

I. Worum geht es?

Alle Gründerinnen und Gründer fangen mal mit einer guten Idee an,die Kundenprobleme löst oder Kundennutzen schafft. Apples i-Phone kombinierte 2007 diese Geräte: Ein Mobiltelefon zum Telefonieren, einen Computer und ein Modem fürs Internet, eine Landkarte zur Orientierung, einen MP3-Player für Musik. Das i-Phone ersetzte plötzlich viele bisherigen Geräte mit nur einem, auch noch handlichen und intuitiv zu bedienendem Gerät. Der Rest ist eine lange Erfolgsgeschichte. Das i-Phone gibt es aber schon, dennoch bleiben sicherlich Probleme, die euch stören und die darauf warten, mit einer innovativen unternehmerischen Lösung gelöst zu werden.

1. Arbeitsblatt: Geschäftsidee entwickeln

82033-128

2. Arbeitsblatt: Business Model Canvas light

82033-129

II. Geht dabei wie folgt vor:

1. Schritt: Die eigene Persönlichkeit reflektieren

- Welche Tätigkeiten fallen euch leicht?
- Was könnt ihr gut?

→ Verfasst eine Liste mit eigenen Stärken, Fähigkeiten und Hobbies.

2. Schritt: Eigene Interessen reflektieren und Gleichgesinnte finden

- Was interessiert euch? Sport, Musik, Medien, Nachhaltigkeit, Lifestyle?

→ Werdet euch über eure Interessen klar und ordnet euch anschließend anhand der Ergebnisse einer Gruppe mit ähnlichen Interessen aus eurer Klasse zu.

3. Schritt: Eine unternehmerische Idee entwickeln

a) Tauscht euch in eurer Gruppe über euer Interessensgebiet aus und identifiziert ein Problem, das gelöst werden soll: Was stört euch? Was sollte anders, besser, leichter werden?

b) Wie kann das identifizierte Problem im Rahmen einer unternehmerischen Geschäftsidee von euch gelöst werden?

c) Identifiziert nun eure möglichen Kunden. Fertigt dazu eine „künstlerische" Skizze eines „typischen" Kunden an. Denkt an Alter, Geschlecht, finanzielle Situation und weitere Merkmale. Ihr könnt auch typische Aussagen für eure Kunden ergänzen, die deren Wünsche und Werte deutlich machen.

4. Schritt: Die eigene Geschäftsidee vorstellen

Stellt mithilfe eurer Skizze eure Geschäftsidee (Problem, Lösung, Kundenprofil) den anderen Gruppen eurer Klasse vor. In der Gründersprache heißt dieser 4. Schritt „Pitch". Schaut einfach mal auf Youtube, dort findet ihr viele Beispiele.

3. Arbeitsblatt: Kreativitätsmethoden

82033-130

Bearbeiter, nach Entrepreneurship-Workshop Grundidee des RKW Kompetenzzentrums.

METHODE

Der Pitch – andere von der eigenen Idee begeistern

I. Worum geht es?

Ist die Idee zur innovativen Lösung eines Problems gefunden und eine Kunden-Zielgruppe identifiziert, geht es ans Eingemachte: Geld (eine Finanzierung), muss her, um die Pläne umzusetzen, denn am Anfang stehen Kosten und die ersten Einnahmen lassen meist noch etwas auf sich warten. Dabei gilt: Entweder man hat selbst Geld (selten) oder man leiht es von anderen (häufig). Bei Banken hat man als junges Gründerteam meist wenig Chancen, denn diese Fragen nach Sicherheiten und über die verfügt man meistens nicht. Also muss man die eigene Geschäftsidee möglichen Geldgebern (Investoren) vorstellen.

II. Geht dabei wie folgt vor:

1. Schritt: Die Art des Pitches wählen

Es gibt verschiedene Pitch-Arten: **Der Elevator-Pitch**, die „Aufzugsvariante“, ist eine besonders kurze Präsentation. Stellt euch einfach vor, ihr habt nur eine Aufzugfahrt Zeit (ca. 30 Sekunden), einer Person die noch keinerlei Ahnung von eurer Idee und vielleicht gerade eher andere Dinge im Kopf hat, eure Geschäftsidee überzeugend zu präsentieren. Im Elevator-Pitch könnt ihr nur gesprochenes Wort einsetzen, also wählt eure Worte mit Bedacht.
Der **Startup-Pitch** ist dagegen etwas entspannter: Meist habe ihr ca. 1:30 bis zu 5 Minuten und könnt eure mündliche Präsentation auch mit einer Powerpoint- oder Prezi-Präsentation oder einem Pitchdeck unterstützen. Aber auch hier: Eher kurz als lang und klarer Fokus auf eurer innovativen Idee.

Vorlage Pitchdeck
82033-131

2. Schritt: Tipps für den Pitch – das Geschäftsmodell darstellen

- Zeitrahmen: Haltet den Pitch kurz und einfach (KISS = keep it short and simple) und haltet die Zeitvorgabe unbedingt ein (meist läuft ein Timer mit und es gibt keine Verlängerung).
- Medien und Technik: Überlegt genau, welche Medien ihr braucht (weniger ist manchmal mehr) und testet, ob sie funktionieren.
- Ablauf: Sprecht euch unbedingt ab, wer welchen Teil übernimmt. Es sieht nicht professionell aus, wenn man erst auf offener Bühne verhandelt, wer jetzt was präsentiert.
- Zielpublikum: Stellt eure Kunden in den Mittelpunkt. Präsentiert das Kundenproblem und eure Lösung anhand des „typischen Kunden“ (unser Schritt 3.c)) und, sofern ihr das habt, euren Beitrag zu mehr Nachhaltigkeit. Es geht nicht um euch, es geht v.a. darum Publikum und Zielgruppe vom Nutzen eurer Idee zu überzeugen.
- Baut gängige Bedenken und absehbare Einwände („Das klappt doch nie!“) direkt in euren Pitch ein und widerlegt sie.
- Strahlt Begeisterung aus, sprecht die Emotionen eures Publikums an und erschlagt es nicht mit Zahlen und Daten.
- Das Team ist wichtig: Stellt heraus, warum euer Team das Problem am besten lösen kann.

M3 Unsere Checkliste für die Gründung

Was bleibt noch zu tun?

- [x] Geschäftsidee (Kundenbedürfnisse, ein Kundenproblem mit einer Idee lösen)
- [x] Geschäftsmodell (grobe Darstellung der Funktionsweise, vgl. Business Model Canvas)
- [x] Pitch (andere (v.a. Geldgeber) begeistern)
- [ ] Proof of Concept (Marktpotential und Nachfrage für das Geschäftsmodell vorhanden?)
- [ ] Businessplan (Detaildarstellung und -beschreibung)
- [ ] Zuständigkeiten klären (wer macht was im Team)
- [ ] saubere Buchhaltung und Steuern (die Grundlage für viele andere Aspekte)
- [ ] Wahl einer Rechtsform (das sind Zusätze beim Firmennamen wie GmbH oder AG. Sie drücken aus: Wer haftet und mit was? Wer hat die Kontrolle?)
- [ ] Kapitalbedarf, Finanzierungsmöglichkeiten (Wieviel Geld ist nötig und wo kommt es her?
- [ ] Standortwahl (Wohin mit der Firma? Standortfaktoren; mehr dazu im Kapitel 5.2.3)
- [ ] Gewerbeanmeldung und Handelsregister (evtl. Eintragung ins Handelsregister)

Bearbeiter

Schaubild: PDCA-Zyklus

82033-132

Die SMART-Formel
Ziele klar formulieren und erreichen. Das Akronym SMART steht für: spezifisch (konkret formuliert), messbar (und damit überprüfbar), attraktiv (motivierend), realistisch (passend zur aktuellen Situation), terminiert (bis wann?).

M4 Mehr staatliche Förderung für Startups? Zwei Meinungen

Meinung 1:
„Klares nein! Die Staatskasse ist leer und das Geld wird woanders gebraucht. Startups sind noch nicht etabliert. Sie haben eine innovative Idee, eine Vision, mehr nicht! Der Staat ist nicht der bessere Venture Capital Investor. Das ist zu riskant!

Meinung 2:
„Unbedingt! Je innovativer ein Startup, desto mehr Arbeitsplätze entstehen. Das ist eine Investition in die Zukunft. Dafür muss auch der Staat Risiken eingehen!

Staatliche Startup-Förderung
Neben privaten Venture Capital Investoren und Banken gibt es auch staatliche Fördermittel und Förderprogramme (von EU und Bundesrepublik Deutschland) zur Finanzierung von Startups.

AUFGABEN

82033-133

1. a) Analysiert **M3** im Hinblick darauf, welche weiteren Aufgaben zur Umsetzung eurer Gründungsidee aus den vier Schritten der Methodenseite auf euch zukommen.
   b) Gestaltet ein digitales Kanban-Board, um mit Aufgabenkarten eure weiteren Aufgaben und Arbeitsabläufe (**M3**) für eure Idee aus dem Startup-Workshop zu veranschaulichen und den Überblick zu behalten.
2. Wende die SMART-Formel (siehe **Randspalte**) an und definiere auf diese Weise ein konkretes Ziel für deine nächste Schulwoche.
3. Erörtert ausgehend von **M4**, ob der Staat Startups mit Steuergeld fördern sollte.

5.1.3 Social and Green Startups: Gründen, um Gutes zu tun?

Zum Thema: Unternehmer sein und damit mal kurz die Welt besser machen? Social Entrepreneure wollen mehr als klassische Startups, sie wollen durch ihre unternehmerische Tätigkeit soziale Probleme und gesellschaftliche Herausforderungen lösen, einen gesellschaftlichen „Mehrwert" schaffen. Doch was ist, wenn es dann keinen Gewinn gibt? Und geht es den Gründern wirklich um Nachhaltigkeit? Um diese Social Startups und Social Entrepeneurship dreht sich das folgende Kapitel.

M1 Gründen – fürs große Ego oder für mehr Nachhaltigkeit?

1

Elon Musk, Gründer von Tesla

2

myBuddy
einfach.zusammen.wachsen.

Weihua Wang, Gründerin von myBuddy, Mannheim

kulturelle Vielfalt und wertschätzendes Miteinander der Kulturen fördern

3

MANOMAMA

Sina Trinkwalder, Gründerin von Manomama, Augsburg

ökologisch nachhaltige, regional produzierte Kleidung und Arbeitsplätze für Menschen mit Handicap

4

Paul Bethke, Felix Langguth, Jakob Berndt, Gründer von Lemon Aid, Hamburg

Bio- und Fair Trade Limonade

EINSTIEGSAUFGABEN 82033-134

1. Tauscht euch ausgehend von **M1** zu den Motiven für Gründungen aus: Wie steht ihr zu der Idee mit einem Unternehmen soziale oder ökologischer Herausforderungen zu lösen?
2. Beschreibe ausgehend von **M2** die Besonderheiten des Social Entrepeneurship Ansatzes.

M2 Social Entrepeneurship: Mehr als die Marktleistung

Manche Unternehmen wollen mehr als nur Gewinn: Der erfahrene Unternehmensgründer und Coach Günter Faltin hat es mal gut zusammengefasst: Social Entrepreneure fragen nicht nur: „Wie kommt das Neue in die Welt?" (Entrepreneurship), sondern auch „Wie kommt das Gute in die Welt?" (Social Entrepreneurship).

Unter Social Entrepreneurship, manchmal auch Sustainable (engl. nachhaltig) Entrepeneurship, versteht man den Ansatz, die Lösung gesellschaftlicher Probleme auf innovative und unternehmerische Art und Weise zu erreichen. Sozialunternehmen wollen gesellschaftlichen „Mehrwert", etwa einen positiven gesellschaftlichen Wandel. Die sozialen Unternehmenden erbringen dazu eine Marktleistung als zentrales Nutzenversprechen zur Problemlösung, wie jedes innovative Unternehmen.

Sie erbringen aber auch eine soziale Leistung für die Gemeinschaft (engl. social impact) oder eine ökologische Leistung (engl. sustainable impact) in Form eines Beitrages zur ökologischen Nachhaltigkeit oder zur Erfüllung der 17 UN-Nachhaltigkeitsziele (SDGs, siehe M3). Wobei Gewinn natürlich auch immer sehr hilfreich ist, um langfristig am Markt zu bestehen und Gutes zu tun.

Bearbeiter

Immer mehr Förderprogramme
Immer mehr Regierungen und private Geldgeber weltweit erkennen den Wert von Social Entrepreneurship und unterstützen Sozialunternehmer mit der Vision einer besseren Gesellschaft durch Wettbewerbe, Kapitalbereitstellung und Coaching.

Social Impact Lab
Die Labs unterstützen angehende Social Entrepreneure durch Beratung, Coaching und Finanzierung. Hier kann man auch Pitches anschauen und Sozialunternehmer treffen.

M3 Die 17 Sustainable Development Goals (SDGs)

Die Sustainable Development Goals (SDG)s der UN wurden 2015 von allen 193 Mitgliedsstaaten der UN beschlossen und geben als Agenda 2030 globale Ziele für nachhaltige Entwicklung vor. Sie decken dabei alle drei Dimensionen der Nachhaltigkeit (vgl. Kapitel 1) ab und alle Akteure sind aufgefordert, ihr Handeln danach auszurichten.

M4 adretto – kaufst Du noch oder mietest Du schon?

Ein Smoking hängt bestimmt nicht in jedem Kleiderschrank.

Video: adrettos Geschäftsmodell

82033-135

Ein Abi-Ball, eine Hochzeitsfeier und schon wieder nichts Feierliches anzuziehen? „Suit up" – sich schick anziehen ist da auch für Männer angesagt! Doch viele Männer stehen dann oft vor einem Problem und erst mal vor einem leeren Schrank. Denn die meisten Männer tragen mittlerweile sehr selten Anzug und kennen oft nicht mal ihre Kleidergröße. Lorenz Pöhlmann hat mit seinem Start-up adretto aus dieser Not der Männer eine Tugend gemacht und einen Online-Mietservice für Herrenanzüge und Acessoires aufgebaut. Pöhlmann und sein Team lösen das Kundenproblem, indem sie den Männern ermöglichen, sich von fertigen Looks inspirieren zu lassen, einen schicken Anzug mit automatischer Größenermittlung per Mausklick in wenigen Minuten zusammenzustellen und diesen dann zu mieten. Nach dem Fest schicken ihn die Kunden einfach per Post kostenlos zurück, den Reinigungsaufwand übernimmt adretto.

Diese Form der nachhaltigen Kreislaufwirtschaft spart nicht nur viel Frust bei Suche und Auswahl und natürlich den Kauf, sondern schont auch noch Ressourcen. Adretto plant weitere Showrooms zu eröffnen, wo die Kunden ihre Bestellung abholen können. Die Firma liegt damit voll im Trend unserer Zeit und mit seiner Idee hat Pöhlmann auch die Juroren der Schweizer Höhle der Löwen überzeugt, die ebenfalls investierten. Das Unternehmen will nun international expandieren.

Bearbeiter

AUFGABEN

82033-136

1. Begründet, welche SDGs (**M3**) euch am wichtigsten sind. Erstellt dazu ein Klassenranking oder eine Wortwolke.
2. Beschreibt ausgehend von **M3** Beispiele, wie Unternehmen mit ihren innovativen Problemlösungen zur Verwirklichung der UN-Nachhaltigkeitsziele beitragen.
3. a) Analysiert das Gesellschaftsmodell von adretto (**M4**). Füllt dazu anhand von **M4** oder dem Video (QR-Code in der Randspalte) das Social Business Model Canvas aus (QR-Code auf der Methodenseite oben).
   b) Beurteilt das Geschäftsmodell von adretto im Hinblick auf Nachhaltigkeit.
4. In einem Blog lest ihr folgenden Post: „Yo! Social Entrepreneure! Mal ne kritische Frage: Wenn es euch wirklich ernst ist. Wenn ihr die Gesellschaft verbessern, die Natur retten wollt. Wofür braucht ihr dann eure Unternehmen? Werdet Aktivisten, macht eure Unternehmen dicht und arbeitet ohne Gewinnstreben!" Erörtert, ob ihr dem Post zustimmen würdet und verfasst eine Antwort.

5.1.4 Kleine und mittlere Unternehmen in Deutschland: Welche volkswirtschaftliche Bedeutung haben sie und was verstehen sie unter gesellschaftlicher Verantwortung?

Zum Thema: Große Unternehmen kennt jeder und sind im Alltag präsent. Doch das „Herz der deutschen Wirtschaft“ und insbesondere Baden-Württembergs schlägt woanders: in den kleinen und mittleren Unternehmen (KMU), dem „Mittelstand“ und den „heimlichen Weltmarktführern“. In diesem Kapitel geht es um die volkswirtschaftliche Bedeutung, die Rolle und den Erfolg von KMU in Deutschland, der manchmal Nachahmer auf den Plan ruft. Wir beleuchten auch die volkswirtschaftliche Bedeutung und gesellschaftliche Verantwortung der KMU.

M1 George Washington: Auch US-Präsidenten werden mal gekärchert

Das Familienunternehmen Kärcher aus dem schwäbischen Winnenden ist Weltmarktführer für Reinigungstechnik und kümmert sich seit Jahrzehnten auch um die Reinigung von Denkmälern auf der ganzen Welt. So auch am Mount Rushmore in South Dakota, USA 2017.

Video: Mount Rushmore wird gekärchert

82033-138

EINSTIEGSAUFGABE 82033-137

1. Tauscht euch in eurer Klasse über KMU in eurer Region aus: Welche KMU kennt ihr? Welche Rolle spielen sie in eurer Region und für eure Region?

M2 „Mittelstand“ und „Familienunternehmen“ – das Rückgrat der deutschen Wirtschaft

Der deutsche Begriff „Mittelstand“ hat sogar es mittlerweile in den englischen Sprachgebrauch geschafft. Doch was verbirgt sich dahinter? „**Mittelstand**“ bezeichnet kleinere und mittlere Unternehmen (**KMU**). Das Institut für

Cluster in Baden-Württemberg
räumliche Ansammlungen von Produzenten, Zulieferern, Forschungseinrichtungen und Dienstleistern einer Branche. Sie bilden regionale Unternehmensnetzwerke. Im Prinzip die Konkurrenz „direkt ums Eck", was natürlich zu mehr Wettbewerb, Innovation und vielleicht auch „Ideenklau" anspornt, aber auch für viele spezialisierte Fachkräfte vor Ort sorgt. Beispiele sind: Automobil: Region Stuttgart, Umwelttechnik: Region Freiburg, Medizintechnik: Region Tuttlingen, Luft und Raumfahrt: Region Bodensee und IT und Software: Region Karlsruhe.

Wettbewerbsintensität
Wie stark ist die Konkurrenz in einer Branche oder auf einem Markt; Margendruck: Eine Verringerung der Gewinnmarge durch steigende Kosten oder sinkende Preise etwa durch starke Wettbewerbsintensität.

Mittelstandsforschung in Bonn (IfM) unterscheidet sie nach Zahl der Beschäftigten und dem Jahresumsatz (siehe Tabelle unten). Viele mittelständischen Unternehmen sind gleichzeitig Familienunternehmen (mehr als 90%). Bedingung: mehr als die Hälfte der Unternehmensanteile gehört einer Familie und mindestens ein Familienmitglied ist an der Leitung beteiligt. Zahlreiche Studien zeigen, dass **Familienunternehmen** weltweit profitabler arbeiten als andere Unternehmen. Die Familie garantiert langfristige Orientierung bei weitgehender finanzieller Unabhängigkeit vom Kapitalmarkt und oft eine Kultur der Innovation bei sehr starker Kundenorientierung.

KMU haben jedoch zunächst den Nachteil, dass sie aufgrund ihrer kleinen Größe zunächst von den möglichen Kunden viel weniger wahrgenommen werden und eher unbekannt sind. Deshalb prägte der Unternehmensberater Hermann Simon auch den Begriff „**Hidden Champions**", heimliche (engl. *hidden*) Gewinner oder unbekannte Weltmarktführer.

„Champions" deutet bereits auf die Stärken der KMU hin: KMUs können rasch auf Marktveränderungen reagieren, sie sind sehr nah am Kunden und den Kundenwünschen. Damit gewinnen sie Wettbewerbsvorteile. Zudem spezialisieren sich oft auf attraktive Nischen. Hier sind **Wettbewerbsintensität** und Margendruck weniger stark. Unternehmen können dort als inkrementelle Innovatoren (Kapitel 5.1.1.) an technologischen Verbesserungen tüfteln und ihre Produkte stetig weiter verbessern. So haben es viele „Hidden Champions" zur Weltmarktführerschaft gebracht und sind in ihrem Segment unter den Top 3 des Weltmarktes sowie auf mindestens drei Kontinenten global aktiv.

Baden-Württemberg gilt seit Jahrzehnten als führende Innovationsregion mit vielen **Unternehmensclustern**. 'The Länd' ist somit die Heimat besonders vieler heimlicher Weltmarktführer und erfolgreicher KMU in den unterschiedlichsten Branchen: Von Antriebsmotoren für Aufzüge, Busklimasystemen, Industrielaser, Hochdruckreinigungsgeräten, Motorsägen, Sanitärkeramik, Tunnelvortriebstechnik, Wägesystemen, Verpackungschips bis hin zu Zerstäubungsdüsen und Zylinderkopfdichtungen, um nur einige zu nennen. KMU in Familienhand und „Hidden Champions" sind somit ein wesentlicher Grund für die Exportstärke der deutschen Wirtschaft und den wirtschaftlichen Erfolg Baden-Württembergs.

Bearbeiter

KMU-Definition des IfM Bonn

Unternehmensgröße	Zahl der Beschäftigten	Umsatz €/Jahr
kleinst	bis 9	bis 2 Millionen
klein*	bis 49	bis 10 Millionen
mittel**	bis 499	bis 50 Millionen
(KMU) zusammen	unter 500	bis 50 Millionen

© IfM Bonn

* *und kein kleinstes Unternehmen*
** *und kein kleinstes oder kleines Unternehmen*

M3 Wirtschaftliche Kennzahlen: KMU und Großunternehmen im Vergleich

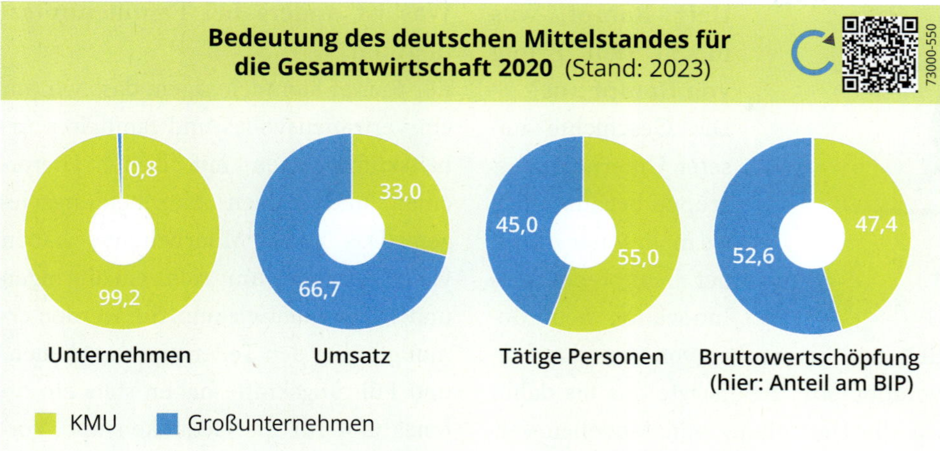

©C.C. Buchner Verlag, aktuelle Daten nach: DESTATIS, 2022

M4 Produktpiraterie: Erfolg findet Nachahmer

Original (links) und Fälschung (rechts).

Die Alfred Kärcher SE & Co. KG ist in China erfolgreich gegen einen weiteren Fall von Produktpiraterie vorgegangen. Das Unternehmen Taizhou Qimei Cleaning Machinery Co., Ltd. hatte eine Kopie des Kärcher-Hochdruckreinigers HD Classic unter der Bezeichnung QM-1511 online zum Verkauf angeboten und damit das Geschmacksmuster des deutschen Herstellers verletzt. Nach eingehender Prüfung des Sachverhalts entschied Kärcher im August 2018, Klage einzureichen.

Aufgrund der eindeutigen Beweise einigten sich Kärcher und Taizhou Qimei auf die sofortige Einstellung der Produktion und des Verkaufs der gefälschten Geräte. Darüber hinaus ordnete das Gericht eine Entschädigungszahlung an den deutschen Hersteller und die Vernichtung der für die Herstellung verwendeten Gussformen an. Die Zerstörung erfolgte unter der Aufsicht von Kärcher.

Das Verfahren war die dritte erfolgreiche Klage des Weltmarktführers für Reinigungstechnik in der Stadt Taizhou innerhalb kurzer Zeit.

Pressemitteilung der Alfred Kärcher SE & Co. KG 2019. 1.2.2019.

Gewerbliche Schutzrechte
Staaten gewähren Unternehmen oder Einzelpersonen Schutzrechte, um deren geistige Eigentumsrechte an Erfindungen durch Patente, Schutz von Marken, Designs (Geschmacksmuster, d.h. Farb- oder Formgestaltung) oder Urheberrechte zu schützen. Die gewerblichen Schutzrechte bieten den Inhabern einen rechtlichen Schutz und ermöglichen ihnen, ihre Innovationen oder kreativen Werke für eine bestimmte Zeit exklusiv zu „Geld zu machen“ und vor unbefugter Nutzung zu schützen. Allerdings werden etwa die Patente veröffentlicht, d.h. der technische Fortschritt wird nicht behindert.

Plagiarius
Der seit 1977 vergebene Negativpreis prämiert jährlich besonders dreiste Produktkopien. Mehr dazu unter www.plagiarius.com .

Negativpreis Plagiarius für Produktfälschungen

M5 Rampf: Ein Familienunternehmen im Portrait

Unternehmensgründer Rudolf Rampf (Mitte) mit den Geschäftsführern Michael Rampf (links) und Matthias Rampf (rechts).

Rampf Gruppe
Das Unternehmen mit Sitz in Grafenberg ist ein führender Spezialist für Reaktionsharze, Maschinensysteme und den Composite-Leichtbau, dessen Lösungen in zahlreichen Produkten des Alltags eingesetzt werden.

Unternehmens-information Rampf
82033-139

Wirtschaft & Co: Herr Rampf, was macht den Erfolg von Rampf aus?
Die Geschichte unserer Unternehmensgruppe begann 1980, als mein Vater mit einer bahnbrechenden Innovation den Modell- und Formenbau von Grund auf revolutionierte. Er ersetzte das bis dahin für die Herstellung von Modellen verwendete Tropenholz durch den Kunststoff Polyurethan. Das hat nicht nur die Stabilität und Qualität der Modelle deutlich verbessert, sondern auch einen wichtigen Beitrag zur Schonung natürlicher Ressourcen geleistet, weil für den Modellbau nun keine Regenwälder mehr gerodet werden. Pioniergeist und das Streben nach nachhaltigen Lösungen: Das war damals unser Erfolgsrezept und ist es noch heute. Wir sind weltweit in hart umkämpften Märkten wie Automobil, Maschinenbau, Luft- und Raumfahrt sowie Elektronik aktiv. Deshalb stimmen wir viele unserer Produkte maßgeschneidert auf die Bedürfnisse unserer Kunden ab und arbeiten sehr eng und vertrauensvoll mit ihnen zusammen. Dadurch entstehen starke Partnerschaften, die auch dann Bestand haben, wenn die Zeiten mal schwieriger sind. Auf starke und langfristige Partnerschaften setzen wir auch mit unseren Mitarbeitenden. Denn ihre Leistung und Kreativität sind die Basis unserer Erfolgsgeschichte. Uns ist es wichtig, dass sie sich mit Rampf identifizieren und ihnen die Arbeit Spaß macht. Wir wissen, dass wir nur dann erfolgreich sind, wenn wir die besten Menschen an Bord haben.

Was ist anders bei Familienunternehmen?
Für Rampf kann ich sagen, dass wir auf ein vertrauensvolles und familiäres Arbeitsklima setzen, mit flachen Hierarchien und kurzen Entscheidungswegen. Das heißt: Mitarbeitende haben viel Freiraum, um sich einzubringen und weiterzuentwickeln. Sie werden ermutigt, über den Tellerrand zu schauen, und Führungskräfte haben stets ein offenes Ohr für die Gedanken und Vorschläge der Belegschaft. Gleichzeitig benötigt ein weltweit tätiges Unternehmen mit mehreren hunderten Mitarbeitenden eine Vision mit konkreten Zielen und einer werteorientierten Führung. Bei Familienunternehmen wie Rampf denkt man in Generationen, Priorität hat folglich der langfristige wirtschaftliche Erfolg. Wichtig ist zudem, dass Ziele und Entscheidungen verständlich und glaubhaft kommuniziert werden. Mit ihrem Auftreten und Verhalten schaffen Führungskräfte dabei ein Umfeld für ein ehrliches und offenes Miteinander, wobei es bei uns meist persönlicher zugeht als bei großen Konzernen.

Welche Herausforderungen stellen sich KMU momentan in Deutschland?
Auch wir müssen aktuell Lösungen finden für stark steigende Rohmaterial-, Energie- und Transportkosten sowie lückenhafte Lieferketten. Eine Herausforderung, die vor allem KMU betrifft, ist der Fachkräftemangel. Hiervon ist Deutschland aufgrund des demografischen Wandels insgesamt und Baden-Württemberg wegen der hohen Dichte an KMU im Speziellen stark betroffen. In der Region um Stuttgart konkurrie-

ren wir zudem mit zahlreichen Großkonzernen um die besten Arbeitskräfte. Wir müssen uns deshalb entsprechend im Markt als attraktiver Arbeitgeber präsentieren, Stichwort Employer Branding: Für was steht unser Unternehmen, welche Berufe, Aus- und Weiterbildungen und Zusatzleistungen werden angeboten – das muss wirkungsvoll kommuniziert werden.

Wie geht ein Familienunternehmen mit Risiken um?

Unternehmen sind zahlreichen Risiken ausgesetzt, das ist uns immer wieder vor Augen geführt worden, ob Wirtschafts- und Finanzkrisen, Pandemien oder militärische Konflikte. Solche externen Ereignisse können wir natürlich nicht beeinflussen, aber die Voraussetzungen schaffen, um deren Auswirkungen auf unser Unternehmen zu minimieren. Beispielsweise, indem wir bei allen Entscheidungen unsere finanzielle Situation im Auge behalten, auch bei Investitionen. Unternehmen müssen laufend investieren, um wettbewerbsfähig zu bleiben, sei es in Gebäude, die Anschaffung neuer Maschinen oder die IT-Infrastruktur. Das birgt immer ein gewisses finanzielles Risiko, schließlich kann niemand die Zukunft voraussagen. Aber wir investieren mit Bedacht: Ziele müssen ambitioniert, aber erreichbar sein – es besteht eben ein großer Unterschied zwischen einer mutigen und einer riskanten Entscheidung. Diese Einstellung fußt auch darauf, dass Familienunternehmer mit dem eigenen Gesellschafterkapital für die Folgen ihrer Entscheidungen einstehen. Unsere oberste Priorität ist immer der Erhalt unserer finanziellen Unabhängigkeit und damit unserer unternehmerischen Selbständigkeit.

Was bedeutet für Sie unternehmerische Verantwortung?

Mein Vater hat bereits bei der Gründung des Unternehmens klare Leitsätze festgelegt, nach denen er als Unternehmer und Arbeitgeber handelt. Das war ihm sehr wichtig, und das hat er meinem Bruder und mir als seinen Nachfolgern mitgegeben. Wir haben seine und unsere Überzeugungen im Rahmen eines umfassenden Prozesses zusammen mit Führungskräften und Mitarbeitenden in drei Werte gegossen: leistungsbereit, zukunftsorientiert und fair. Diese Rampf-Werte definieren sowohl unser Miteinander als auch unser Auftreten nach außen. Freilich sind die Werte nur dann „wertvoll", wenn sie auch gelebt werden. Deshalb sind Mitarbeitende und Führungskräfte an allen Standorten weltweit sowie auch die Eigentümerfamilie im ständigen Austausch darüber, was leistungsbereit, zukunftsorientiert und fair für unser tägliches Tun sowie den Umgang mit Kunden und Partnern bedeuten. So werden die Rampf-Werte greifbar und entfalten ihre Wirkung in der gesamten Gruppe.

Wirtschaftlicher Erfolg und gesellschaftliches Engagement gehen für uns Hand in Hand. Deshalb engagieren wir uns im sozialen, kulturellen und sportlichen Bereich und tragen so zu einem aktiven und integrativen Gemeinschaftsleben bei. An unserem Hauptsitz in Grafenberg fördert die in 2001 gegründete Rudolf-Rampf-Stiftung unter dem Motto „Kinder sind unsere Zukunft" die Jugendarbeit. Darüber hinaus engagieren wir uns im Sportsponsoring und unterstützen Profi- und Amateurvereine im Handball, Fußball, Tennis und Basketball sowie in der Leichtathletik.

Wie sichert man als Familienunter-

nehmen die Zukunft des Unternehmens?

Eine erfolgreiche Nachfolge ist für viele Familienunternehmen eine große Herausforderung. Entscheidend ist, dass sich die aktuelle und künftige Generation frühzeitig damit beschäftigen und offen, ehrlich und sachlich miteinander kommunizieren. Bei Rampf verlief der Generationenwechsel reibungslos, weil mein Bruder und ich unserem Vater früh signalisiert haben, dass wir nicht nur Interesse haben, sondern auch bereit sind, Verantwortung im Unternehmen zu übernehmen. Deshalb begannen wir bereits viele Jahre vor der Übergabe an seiner Seite zu arbeiten, um auf die Aufgaben vorbereitet zu sein. Der klare Schlussstrich unseres Vaters in 2012, bei dem er sich komplett aus der Geschäftsführung zurückzog und uns die volle Verantwortung übertrug, war sowohl ein Vertrauensbeweis als auch ein sehr wichtiger Baustein für die erfolgreiche Nachfolge. Trotzdem haben wir uns für die Erstellung einer Familienverfassung entschieden: Diese stellt eine gemeinsame, langfristige Zukunftsagenda der Inhaberfamilie dar. Sie schreibt Werte, Ziele, Spielregeln und Rollen sowohl für die Familie als auch das Unternehmen fest. Darin werden unter anderem die Fragen beantwortet, wer zur Unternehmerfamilie gehört und welche Position sie oder er im Unternehmen bekleiden darf, nach welchen Grundsätzen das Unternehmen geführt werden soll und wie Entscheidungen getroffen werden. Eine Familienverfassung ist somit ein Grundstein für den erfolgreichen Übergabeprozess an Nachfolgegenerationen und gibt dem Familienunternehmen sowie den Mitarbeitenden einen verlässlichen Rahmen für die Zukunft.

Bearbeiter, Interview mit Michael Rampf am 07.10.2022

AUFGABEN

82033-140

1. Arbeite aus **M2** die Erfolgsfaktoren von KMU und „Hidden Champions" heraus.
2. Analysiere die Statistik (**M3**) im Hinblick auf die volkswirtschaftliche Bedeutung der KMU in Deutschland.
3. Beurteilt ausgehend vom Fall bei Kärcher (**M4**) gewerbliche Schutzrechte als staatliche Regelungen.
4. Charakterisiert anhand der Rampf Gruppe (**M5**) die Besonderheiten und Erfolgsfaktoren von Familienunternehmen
5. KMU im ländlichen Raum haben in Zeiten des Fachkräftemangels manchmal Schwierigkeiten bei der Rekrutierung von Personal. Entwickelt eigene Lösungsansätze, die zukünftige Arbeitnehmer zum Verbleib und zur Arbeit in ländlichen Regionen bewegen würden.
6. KMU bilden das „Herz der deutschen Wirtschaft". Findet Beispiele für baden-württembergische KMU oder „Hidden Champions" aus eurer Gegend. Präsentiert ein Unternehmen für eine digitale Schülerzeitung indem ihr einen Unternehmenssteckbrief erstellt.

5.1.5 Unternehmerische Selbstständigkeit – ist das was für mich?

Zum Thema: Im bisherigen Großkapitel 5.1 hast du vieles über Startups und unternehmerische Selbständigkeit erfahren: den Umgang mit Unwägbarkeiten und Unsicherheit, aber auch den Chancen. Zeit das Ganze nochmal gedanklich zusammenzufassen und mit deinen eigenen Berufsvorstellungen zu vergleichen. Ist unternehmerische Selbständigkeit nun eine Option für dich oder nicht?

M1 Erfolg und Scheitern – oder einfach mal machen?

In den USA sind 74 % der Self-Made-Millionäre Unternehmer.

(Daten nach: Studie von Brian Tracey, Autor zahlreicher Bücher über persönlichen Erfolg)

Mehr als 80 % der Startups scheitern innerhalb von drei Jahren.

(Daten nach: www.gruenderpilot.com, andere Quellen sprechen von 9 von 10 Startups)

EINSTIEGSAUFGABE 82033-141

1. a) Analysiere **M1**.
   b) Würdest du eine unternehmerische Selbständigkeit anstreben? Reflektiere die vergangenen Stunden und positioniere dich dann auf einer Positionslinie.

M2 Gründerinnen- und Gründer-Steckbrief

Risikofreudig, jung und leistungsbereit bis zur Selbstaufgabe – so oder ähnlich werden typische Startup-Gründer*innen gerne beschrieben. Dieses Klischee wird der Realität allerdings nicht gerecht. Die Startup-Welt ist viel bunter und vielfältiger. […] Lass dich also nicht einschüchtern, wenn du dich im oben gezeichneten Bild vom typischen Startup-Nachwuchs nicht wiederfindest. Werde dir lieber deiner Stärken bewusst – und suche nach einem Geschäftsmodell, bei dem du sie perfekt einbringen kannst. […] Um Schwächen auszugleichen, könntest du dich zum Beispiel mit anderen zusammentun, die dich mit ihren Fähigkeiten ergänzen. […] Es heißt nicht ohne Grund, das Investierende ihr Geld lieber in ein großartiges Team mit einer mittelmäßigen Idee stecken als in eine großartige Idee, die von einem mittelmäßigen Team umgesetzt wird. Dahinter steht die Erfahrung, dass sich Ideen ändern können, das Gründungsteam bzw. die Gründerpersönlichkeit aber nicht. Du musst weder jung noch hip sein, um ein erfolgreiches Startup zu gründen. Was zählt, ist der Wunsch, dich weiterzuentwickeln, und die Bereitschaft, auch unsichere Entscheidungen zu treffen – ohne dabei den Anspruch zu haben, immer richtig zu liegen.

Nach: gruenderplattform.de. 28.6.2022.

M3 Die Marshmallow-Challenge: Schlägt Kreativität die Rechenkunst?

Die Marshmallow-Challenge (auch Spaghettiturm-Bau) ist eine Übung, die zum Experimentieren anregt, innovative und kreative Lösungen verlangt und überraschende Ergebnisse mit sich bringt. Der Kanadier Tom Wujec präsentierte sie 2010 in einem TED Talk und kam in der Auswertung zu folgenden Ergebnissen: Kindergartenkinder bauten durchschnittlich Türme mit ca. 75cm Höhe. Topmanager (CEOs) bauten im Durchschnitt ca. 60cm hohe Türme. Wirtschaftsstudierende nur Türme mit ca. 25cm Durchschnittshöhe.

Nach: Tom Wujec: Baue einen Turm, forme ein Team. TED 22.04.2010.

Wie hoch werden eure Türme bei der Marshmallow-Challenge?

Zeit für die Challenge?
Noch nie gemacht? Mit der Anleitung könnt ihr die Challenge einfach selbst durchführen.

TED talk Marshmallow Challenge

82033-142

Spielmaterial Marshmallow Challenge

82033-143

AUFGABEN

82033-144

1. Zeit für ein Spiel:
   a) Falls ihr sie noch nicht kennt: Führt die Marshmallow-Challenge durch (**M3** und Spielmaterial Marshmallow Challenge in der Randspalte).
   b) Begründet Wujecs Ergebnisse. Welche Erklärungen habt ihr für diese?
2. Gibt es den typischen Startup-Gründer, die typische Startup-Gründerin mit typischen Stärken und Eigenschaften? Arbeite die Hauptaussagen dazu aus dem Steckbrief (**M2**) heraus.
3. Zeit für eine Abschlussbilanz: Selbständigkeit oder doch lieber abhängige Beschäftigung? Erörtert mithilfe einer Tabelle die Vor- und Nachteile einer unternehmerischen Selbständigkeit.
4. Reflektiere die Frage einer unternehmerischen Selbständigkeit abschließend in einem kurzen Text und nimm das Ganze in dein BO-Portfolio auf.

Was Wir Wissen Seite digital zum Editieren

82033-304

5.2 Der Betrieb: Abläufe und Zahlen im Griff?

5.2.1 Betriebliche Abläufe: Wie hängt alles zusammen und was ist, wenn es schiefläuft?

Zum Thema: In diesem Kapitel schauen wir ins Unternehmen, genauer gesagt in die Betriebe. Das sind die an einen Standort gebundenen Teile eines Unternehmens. Wer macht da was? Wie sind die Abläufe? Wer hat das alles im Griff? Und was ist, wenn Fehler passieren? Schauen wir rein.

M1 Wir gründen eine Schülerfirma

Ihr beschließt in eurer Klasse eine Schülerfirma zu gründen. Ihr wollt eine lokale Version des Brettspiels „Scotland Yard. Die spannende Jagd nach Mister X" herstellen. Die Verfolgungsjagd soll dabei durch eure Stadt führen und die Detektive mit „Lokalkolorit" begeistern.

EINSTIEGSAUFGABEN 82033-145

1. Erklärt mithilfe von **M2**, welche Abteilungen (Organisationsstruktur) euer Unternehmen haben sollte.
2. Erläutert, welche Aufgaben die einzelnen Abteilungen erledigen sollten.

M2 Die betrieblichen Grundfunktionen

Es gibt viele unterschiedliche Unternehmen, die in ihren kleinen, lokalen Organisationseinheiten den Betrieben Produkte herstellen (Fertigungsbetriebe z. B. Automobilhersteller) oder Dienstleistungen anbieten (Dienstleistungsbetriebe z. B. Anwaltskanzleien). Die Hauptfunktionen haben sie gemeinsam. Über die Beschaffungsmärkte und Absatzmärkte sind Unternehmen von zwei Seiten in den Wirtschaftskreislauf eingebunden:

Der Betrieb (schematisch)

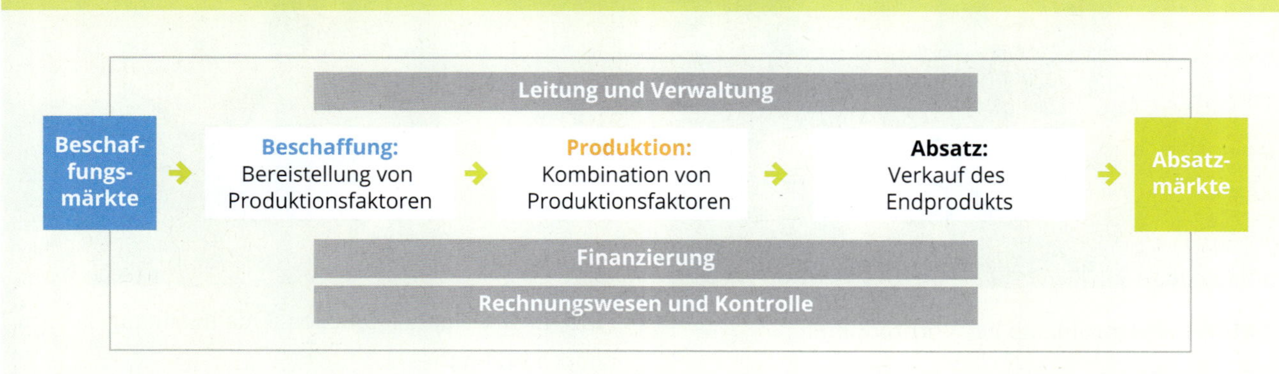

Wie hängen diese betrieblichen Funktionen nun zusammen? Im Kern eines jeden Unternehmens steht der **betriebswirtschaftliche Grundkreislauf** und folgender Kreislaufzusammenhang: Nachfrage nach den Produkten oder Dienstleistungen des Unternehmens führt zu Absatz, dieser führt zu Umsatz (Einnahmen). Daraus folgt, nach Abzug aller Kosten (Ausgaben), hoffentlich Gewinn (mehr zu Umsatz und Gewinn in Kapitel 5.2.2). Gewinn wiederum ermöglicht die Finanzierung von Investitionen etwa für die Beschaffung neuer Vorprodukte aber auch von Forschung und Entwicklung und damit Innovationen, die dann wieder neue Nachfrage erzeugen können. Unser Kreislauf beginnt von neuem.

Bearbeiter

M3 Fallanalyse: Herausforderungen für die betrieblichen Grundfunktionen

1

Fall 1: Ein Großauftrag übersteigt die Produktionskapazität

2

Fall 2: Stark steigende Rohstoffkosten

3

Fall 3: Lieferprobleme bei Vorprodukten

4

Fall 4: Im Handel tauchen Qualitätsmangel beim Endprodukt auf

5

Fall 5: Die Hausbank verweigert einen Kredit für neue Investitionen.

6

Fall 6: Eine Produktionsstraße fällt aus und muss repariert werden.

Bearbeiter

AUFGABEN

82033-146

1. a) Erklärt die betrieblichen Grundfunktionen (**M2**) am Beispiel eines Unternehmens in eurer Gegend.
   b) Erstellt zu den Zusammenhängen betrieblicher Abläufe in einem Unternehmen (Beschaffung, Produktion, Absatz) ein Vernetzungsdiagramm.
2. Erkläre, welche Grundfunktionen (Abteilungen) sich mit den Herausforderungen (**M3**) befassen müssen.
3. Ein gutes Fehlermanagement und Fehlervermeidung sind für Betriebe von zentraler Bedeutung.
   a) Erläutere diesen Sachverhalt für die einzelnen Grundfunktionen (**M2**).
   b) „Blame game“? Wenn es im Betrieb schiefläuft, wer ist dann verantwortlich? Die Leitung (Management) oder die jeweiligen Mitarbeiter? Erörtert diese Frage.
   c) Entwickelt ausgehend von Fall 4 (**M3**) dann Lösungsmöglichkeiten für eine positive Fehlerkultur in einem Unternehmen.
4. WBS-Unterricht lebt auch davon das Klassenzimmer für Einblicke in die Praxis zu verlassen: Bereitet mit eurer Lehrkraft eine Betriebsbesichtigung/ Betriebserkundung (**Mediencode rechts**) bei einem lokalen Unternehmen vor, bei welchem ihr Einblick in die betrieblichen Grundfunktionen sowie in aktuelle Chancen und Risken bekommt und Expertinnen und Experten im Unternehmen dazu befragen könnt.

Vorbereitung Betriebserkundung

82033-147

5.2.2 Kosten und Kennzahlen im Blick: Wo ist der richtige Hebel?

Zum Thema: BWLer rechnen gerne und bedienen sich dabei vieler betriebswirtschaftlicher Kennzahlen. Diese dienen dazu, eine Einschätzung der aktuellen Lage und Leistungsfähigkeit des Unternehmens zu bekommen. Informationen zu den aber auch zu Umsatz, Kosten, Kostenarten und der Rentabilität - der Frage, ob sich das Ganze überhaupt lohnt und ein Gewinn bleibt. Dir schwirrt schon der Kopf? Keine Angst, wir beschränken uns in WBS auf ein paar ganz grundlegende Kennzahlen und Kostenarten sowie den Zusammenhang von Preis und Menge. Doch manchmal kann man rechnen wie man will: Neue Herausforderungen treten auf, die staatlichen und globalen Rahmenbedingungen und Einflussfaktoren verändern sich. Mehr dazu in diesem Kapitel.

M1 Das wollen Unternehmerinnen und Unternehmer wissen

Kennzahlen analysiert man oft mit Taschenrechner und Exceltabelle

Bearbeiter

1 Finanzierung: Woher kommt unser Geld? Eigene Mittel (z. B. Gewinn) oder aus Fremdkapital (z. B. Kredite)?	**Bilanz**
2 Liquidität: Wie „flüssig" sind wir? Können wir alle Rechnungen bezahlen?	
3 Produktivität: Wie wettbewerbsfähig sind wir? Nutzen wir unsere Ressourcen effektiv?	**Gewinn- und Verlustrechnung**
4 Rentabilität: Lohnt sich das Ganze? Haben wir effizient gewirtschaftet? Bleibt ein Gewinn?	

EINSTIEGSAUFGABE 82033-148

1. Versetzt euch in die Lage einer Unternehmerin oder eines Unternehmers und analysiert **M1**. Welche Kennzahlen interessieren euch am meisten?

M2 Was sind wesentliche Kostenstellen und Kennzahlen in einem Unternehmen?

Unternehmen, die ihre Produkte oder Dienstleistungen anbieten wollen, müssen festlegen, zu welchem Preis sie anbieten. Damit der Verkauf lohnt, sollte der Verkaufspreis höher sein als das, was der Einkauf der Vorprodukte und die Produktion des Produkts oder der Dienstleistung den Unternehmer gekostet hat. Dann spricht man von **Wertschöpfung**, d.h. Güter im Einkauf wurden zu Gütern mit höherem Geldwert im Verkauf „verwandelt". Ein Schokoladenhersteller hat etwa **Kosten** für die Zutaten (Waren- oder Beschaffungskosten), die Produktionsanlagen bzw. Fabrikräume (Betriebskosten) oder die Löhne der Mitarbeiter (Personalkosten). Hier unterscheidet man in **Fixkosten** und **variable Kosten** (siehe Tabelle). Kennen Unternehmer alle diese Kosten, können sie diese als **Einzelkosten** und **Gemeinkosten** (siehe Tabelle unten) anteilig auf die zu produzierenden und zu verkaufenden Waren und Dienstleistungen verteilen und so den Verkaufspreis bestimmen. Die **Preiskalkulation** ist eine der schwierigsten Unternehmensaufgaben, denn der ermittelte **Selbstkostenpreis**, der Preis, der alle eigenen Kosten abdeckt, bildet dabei nur eine absolute Preisuntergrenze. Das Unternehmen will aber mehr. Nur ob der verlangte **Zielverkaufspreis** sich im Wettbewerbsmarkt dann auch erzielen lässt, das bleibt unsicher. Das muss sich erst zeigen und macht dann manchmal Rabatte (für die Abnahme größerer Mengen) oder Preissenkungen notwendig.

Einzelkosten
- Direkte Kosten, die sich dem Produkt direkt zuordnen lassen
- z. B. Rohstoffe für das Produkt, etwa Stoff und Knöpfe für eine Jeans

Gemeinkosten
- Indirekte Kosten, die sich nicht einem bestimmten Produkt zuordnen lassen
- z. B. Miete für die Produktionshalle

oder

Fixkosten
- Kosten, die unabhängig von der Produktionsmenge anfallen
- z. B. Stromkosten für die Produktionshalle, Kosten für Miete , Löhne oder einen Breitband-Internetzugang

Variable Kosten
- Kosten, die von der produzierten Menge abhängen
- z. B. Produktionskosten pro Jeans

Auch **Steuern** spielen eine Rolle, denn auf Waren wird Umsatzsteuer fällig. Diese steuerlichen Rahmenbedingungen und Kosten müssen Unternehmer kennen und berücksichtigen, wenn sie die Preise festlegen, sonst werden sie keinen **Gewinn** machen. Gewinn ist, was nach Abzug der Kosten noch vom **Umsatz** übrigbleibt (siehe Tabelle). Manchmal liest man auch Profit oder „schwarze Zahlen" dazu. Der Gewinn ist quasi die Belohnung für das unternehmerische Risiko. Wenn nichts übrigbleibt, dann nennt man das Ganze Verlust oder „rote Zahlen". Und Gewinn muss jedes Unternehmen zumindest langfristig machen, sonst gehen irgendwann die flüssigen Mittel (die Liquidität) aus und das Unternehmen muss schließen.

Brutto- und Nettoverkaufspreis
Wir als Kunden orientieren uns im Gegensatz zum Unternehmer bei seiner Kalkulation v.a. am Bruttoverkaufspreis (inklusive 7 oder 19% Umsatzsteuer bzw. Mehrwertsteuer), denn dieser steht auf den Preisschildern im Supermarkt. Unternehmer rechnen mit dem Nettoverkaufspreis, auf den dann die Steuer aufgeschlagen wird.

Bilanz und GuV
Wo findet man solche Kennzahlen? Börsennotierte Unternehmen müssen regelmäßig ihre Zahlen offenlegen. In der Bilanz als Momentaufnahme und v. a. der Gewinn- und Verlustrechnung (GuV) erfährst du viel über die aktuelle Situation, wenn du dich ein bisschen schlau machst.

Cashflow
BWL-Profis und Investoren ist häufig der Cashflow noch wichtiger als der (um alles Mögliche bereinigte) Gewinn. Der Cashflow zeigt, wieviel Geld dem Unternehmen in einem Zeitraum zu- und abgeflossen ist. Daran kann man gut sehen, wie es finanziell um das Unternehmen steht. Der freie Cashflow ist das Geld, das dem Unternehmen nach Abzug aller Kosten und Investitionen noch bleibt, um Schulden zu tilgen oder Geld an seine Anteilseigner auszuschütten. Mehr dazu in Kapitel 5.3.1.

Umsatz: Der Wert der verkauften Waren und Dienstleistungen in einem festgelegten Zeitraum. Man kann auch Erlös oder Einnahmen dazu sagen. Umsatz = Verkaufspreis x Absatzmenge.

Gewinn: Der Überschuss, der vom Umsatz nach Abzug der Kosten übrigbleibt. Gewinn = Umsatz - Kosten. Man kann auch Profit dazu sagen. Das Gegenteil von Gewinn ist der Verlust.

Bearbeiter

M3 Preiskalkulation in Majas My Jeans GmbH: Zu welchem Preis anbieten?

	A	B
3	**Produktionsmenge pro Monat.**	1000
4	**Verkaufspreis am Markt (brutto)**	49,90 €
5	**Umsatz**	41.932,77 €
6	**Gewinn**	32.082,77 €
7		
8		
9	**Fixe Kosten (pro Monat)**	
10	Miete, Stromkosten, ...	2.500,00 €
11	Lohn für ein*e Mitarbeiter*in	2.000,00 €
12	Anzahl Mitarbeiter*innen	2
13	Löhne für die MA	4.000,00 €
14	Geschaftsführerinnenlohn	2.000,00 €

Kalkulationstool in Excel

82033-149

Maja hat schon immer leidenschaftlich gerne ihre eigenen Klamotten designed und geschneidert. Nach dem Abitur hat sie sich selbständig gemacht. Ihre kleine Manufaktur My Jeans GmbH stellt mit zwei weiteren Mitarbeitern nachhaltige Jeans her. Maja hat für uns ihre Aufwendungen aufgelistet und braucht nun unsere Hilfe in Sachen Preiskalkulation: Sie möchte mindestens 15 % Gewinn (Marge) erzielen, ist aber unsicher, ob das noch ein im Markt vertretbarer Preis wäre.

M4 Der richtige Hebel wird gesucht: Welche Maßnahme soll Maja ergreifen?

Maja ist unzufrieden mit der Geschäftsentwicklung. Sie spricht mit ihrem Team, hört sich um und denkt nach. Immer wieder bekommt sie im Kern zwei Vorschläge, die sie uns als zwei Möglichkeiten hier mal aufgelistet hat:

1 Vorschlag 1:
„Steigere deinen Umsatz durch mehr Marketing, neue Absatzmärkte oder weitere umsatzbringende Produkte!"

2 Vorschlag 2:
„Senke deine Kosten durch günstigeren Einkauf, günstigere Produktion durch Digitalisierung oder Standortverlagerung in Land mit niedrigeren Löhnen.

M5 Die PESTEL-Matrix: die wesentlichen Einflussfaktoren auf Märkte

1 Politics
Politische Einflussfaktoren (Förderprogramme, Krisen, Konflikte und Kriege)

2 Economy
Ökonomische Einflussfaktoren (Kaufkraft, Inflation, Konjunktur)

3 Society
Soziokulturelle Einflussfaktoren (Einkommensverteilung,Bildung, Werte)

4 Technology
Technologische Einflussfaktoren (Forschungsmittel, technische Standards, Digitalisierung)

5 Ecology
Ökologische Einflussfaktoren (Umweltauflagen, Energiequellen)

6 Law
Rechtliche Einflussfaktoren (Gesetze, Verordnungen, Steuerrecht)

Bearbeiter, Nach: Francis Aguilar: Scanning the Business Environment (1967)

AUFGABEN

82033-150

1. „Viele fixe Kosten sind Gemeinkosten, jedoch nicht alle". Erklärt diese Aussage ausgehend von **M2**.
2. Maja benötigt deine Hilfe bei der Preiskalkulation (**M3**):
   a) Berechne Majas Nettoverkaufspreis im Kalkulationstool **(QR-Code neben M3)**, d. h. zu welchem Preis sollte sie anbieten, um den gewünschten Gewinn von 15% zu erzielen?.
   b) Überprüfe, ob Majas Bruttoverkaufspreis im Markt für Jeans Erfolgschancen hätte.
   c) Wo liegt der Hebel? Verändere im Kalkulationstool in Excel (**QR-Code M3**) eine Kennzahl um 10%. Spielt das für alle Variablen durch und protokolliert die Veränderungen.
   d) Beurteilt anhand von Teilaufgabe c), wo für Maja der effektivste Hebel liegt.
   e) Erörtert die beiden Optimierungsvorschläge (**M4**), die Maja bekommen hat. Was würdet ihr Maja raten?
3. Berechnet die Kostenveränderungen (**Zusatzmaterial M6**) und erklärt, warum manche Kosten gestiegen sein könnten.
4. Regelmäßig „verhageln" veränderte staatliche Rahmenbedingungen oder veränderte globale Rahmenbedingungen (**M5**) Unternehmen die Preiskalkulation oder sogar das Geschäftsmodell:
   a) Recherchiert dazu aktuelle Beispiele. Überprüft, welche Rolle die veränderten Rahmenbedingungen gespielt haben.
   b) Analysiert, welche Rolle eurer Meinung nach der Faktor „Zufall" im Wirtschaftsleben spielt.

M6 Übung zur Preiskalkulation

82033-151

5.2.3 Chancen und Risiken für Unternehmen auf globalen Märkten: Sollen deutsche Unternehmen ihre Abhängigkeit von globalen Lieferketten verringern?

Zum Thema: Infolge der Corona-Pandemie und des Ukraine-Krieges kam es zu Lieferengpässen in vielen Branchen. Etwa bei Spielzeug, Elektronikgeräten sowie bei Fahrrädern musste man monatelang warten. Warum setzten Unternehmen auf solche globalen Lieferketten? Es zeigte sich, dass die Abhängigkeit von Lieferketten bei vielen Unternehmen sehr hoch war. Zu hoch, etwa wenn europäische Pharmaunternehmen sensible Produkte wie Medikamente kaum noch in Europa produzieren, weil die Standortfaktoren und Kostenstrukturen dagegensprechen? Sollten deutsche Unternehmen deshalb ihre Abhängigkeit von globalen Lieferketten verringern? Darum geht es in diesem Kapitel.

M1 E-Bike-Kauf in Coronazeiten

Karikatur: Michael Hüter, 2021 im Magazin „Elektrorad"

EINSTIEGSAUFGABEN 82033-152

1. Analysiert die Karikatur.
2. Habt ihr ähnliche Erfahrungen mit langen Lieferzeiten oder fehlenden Produkten und Komponenten gemacht? Warum werden diese Produkte nicht in Deutschland produziert?

M2 Standortfaktoren und „Make-or-Buy-Entscheidungen"

Die Unternehmertätigkeit erfordert eine Vielzahl an komplexen Entscheidungen, so auch die Wahl des Standortes. Dabei spielen die **Standortfaktoren** eine entscheidende Rolle: Standortfaktoren sind Kriterien, die die Attraktivität eines Standortes begründen oder beeinflussen, also die unterschiedlichen Vor- und Nachteile einer Lage. So hat ein Standort vielleicht geringere Lohnkosten, ist näher bei den Kunden oder bietet steuerliche Anreize mit niedrigen Unternehmenssteuern.

All dies können Motive für die Verlagerung des Standortes sein. Standortfaktoren sind allerdings je nach Branche und jeweiliger Sachlage (Beschaffungs-, Produktions- oder Absatzseite) verschieden. Ein Softwarehersteller hat andere Bedürfnisse als ein Stahlwerk. Klassisch teilt man Standortfaktoren in zwei Gruppen ein: In **harte Standortfaktoren**, die sind objektiv, kostenmäßig quantifizierbar (berechenbar oder messbar), z. B. die Lohnkosten. Und in **weiche Standortfaktoren**, die sind subjektiv, nicht oder schlecht quantifizierbar, z. B. den Freizeitwert einer Region, welchen man nicht in Kosten beziffern kann. Um die wichtige Frage zu beantworten, wo die neue Fabrik genau stehen soll, machen Unternehmen (oder ihre Unternehmensberater) eine Standortanalyse mit einem Punktebewertungsmodell. Diese wird auch Nutzwertanalyse oder Scoring-Modell genannt und kann helfen, zwischen vielleicht auf den ersten Blick gleichwertig erscheinenden Alternativen den ökonomisch „richtigen" Standort auszuwählen.

Es geht aber nicht nur um den Standort oder die Standorte, sondern auch darum, was man selbst herstellt (engl. make d. h. Eigenfertigung) oder was bzw. welche Vorprodukte man eben andere (Zulieferer) herstellen lässt und einkauft (engl. buy, Fremdbezug). Diese **„Make-or-buy-Entscheidungen"** muss jedes Produktionsunternehmen treffen. Hier sind BWLer in ihrem Element: Sie können Kosten, Preise und Qualität der Zulieferer vergleichen, eine Kosten-Nutzen-Analyse vornehmen und versuchen nach dem Minimalprinzip die Beschaffungskosten bei gegebenen Zielen zu minimieren. Ergebnis: In der Regel ist ein Endprodukt ein Puzzle aus vielen „Puzzleteilen" (Vorprodukten oder Komponenten) aus der ganzen Welt (M2b). Eine globale Liefer- und Wertschöpfungskette ist entstanden. Nur muss dann auch das richtige „Kettenglied" oder „Puzzleteil" der globalen Liefer- und Wertschöpfungsketten rechtzeitig am richtigen Ort verfügbar sein. Kein einfaches Unterfangen in Zeiten zunehmender Unsicherheiten.

Bearbeiter

M3 Das „Fahrradpuzzle": Wo kommen die Komponenten her?

Wer ein Fahrrad möchte, muss gerade lange warten und höhere Preise bezahlen. Viele wichtige Fahrradkomponenten werden in Asien produziert, nach Deutschland transportiert und dann hier montiert, bevor es beim Kunden landet. Denn viele deutsche Fahrradhersteller stellen Schaltungen oder Bremsen nicht

Standortfaktoren 2.0?
Die Forschung ist mittlerweile von dieser recht starren Kategorisierung abgekommen und wendet andere Modelle an, die versuchen die Zukunftsfähigkeit von Regionen etwa anhand von Talenten, Technology und Toleranz (die 3Ts von US-Ökonom Richard Florida) zu analysieren. Damit können etwa Unternehmenscluster gut erklärt werden.

Mögliche Standortfaktoren

- Nähe zu Zulieferern
- Steuern, Abgaben, Subventionen
- Energiepreise
- Verkehrsanbindung
- Flächenverfügbarkeit
- schnelles Internet, Cybersicherheit
- Aus- und Weiterbildungseinrichtungen
- regionaler Arbeitsmarkt (Talente, Schulen)
- „Unternehmensfreundlichkeit" und Schnelligkeit der Verwaltung
- Forschungs- und Entwicklungseinrichtungen, wissenschaftliche Kooperationsmöglichkeiten
- politische Stabilität
- Rechtssicherheit
- physisches Klima
- Freizeitwert

just in time
engl. zeitlich genau aufeinander abgestimmt, d. h. es wird nur so viel Material geliefert, wie zu diesem Zeitpunkt gebraucht wird. Spart teure Lagerkapazität, aber kann auch schiefgehen.

Die sechs R der Logistik
Die richtige Menge
der richtigen Objekte
am richtigen Ort
in der richtigen Qualität
zum richtigen Zeitpunkt
zu den richtigen Kosten
zur Verfügung stellen.

selbst her, sondern bestellen die beim Weltmarktführer Shimano in Japan. Der produziert nur in Asien und besitzt einen Marktanteil für Radkomponenten von ca. 80 %, ein Quasi-Monopol. Muss Shimano eine Fabrik wie 2021 in Malaysia schließen oder kommt die Firma mit der Produktion durch stark steigende Nachfrage wie in Corona-Zeiten nicht nach, so wirkt sich das auf den gesamten Markt aus. Die **sechs R der Logistik** kommen ins Wanken: Die richtige Menge der richtigen Produkte ist nicht mehr zur richtigen Zeit am richtigen Ort. Deshalb ist es momentan schwierig, ein Fahrrad oder E-Bike **just in time** in Deutschland zu montieren.

Bearbeiter

Ursachen für Lieferengpässe in der Fahrradbranche

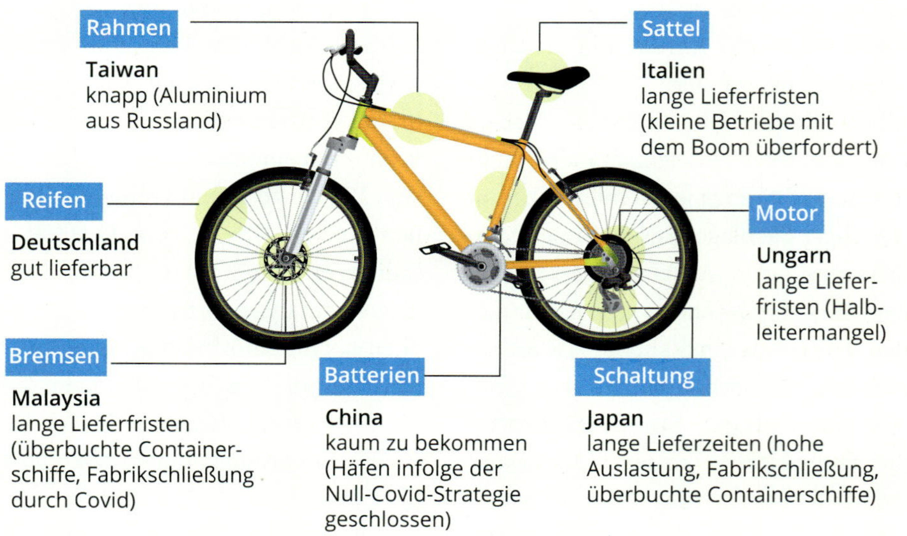

Quelle: GTAI.de www.marketsinternational.de/alternative-beschaffungsmaerkte/

M4 Shimano: eine Firma, zwei Standorte mit unterschiedlichen Standortfaktoren

Ritzel
Zahnkränze, etwa für die Schaltungen von Fahrrädern.

Der japanische Fahrradkomponentenhersteller Shimano fertigt die neuesten Highend-Fahrradkomponenten im Heimatland Japan, günstigere Komponenten dagegen u.a. in Malaysia. Ein Besuch an zwei Standorten des Unternehmens:

Laufstege aus Edelholzparkett führen am Shimano Hauptsitz in Sakai City bei Osaka in Japan in luftiger Höhe durch die nagelneue "Intelligent Plant". Hier am Stammsitz arbeiten rund 1100 Mitarbeiter. Säuselmusik, lichte Weite, Pflanzen in Lichtschächten und eine dezente Maschinengeräuschkulisse verströmen eine Wellness-Atmosphäre, die wenig gemein hat mit einem üblichen Metallverarbeitungsbetrieb. Gearbeitet wird auch – von Maschinen, eingehaust in schalldämmende und staubschluckende Gehäuse. Vier große Pressen prägen und stanzen aus Stahlband kontinuierlich **Ritzel**, die im Sekundentakt aus den fünf Meter hohen

Maschinenquadern fallen. Wir überschlagen: Die Kolosse speien am Tag Zahnräder für bis zu 30000 **Kassetten** aus. Die schiere Menge lässt erahnen, wie profitabel Shimano fertigt. Die Ritzel fallen in Schütten. Wenn eine voll ist, wird sie von einem Roboter auf eine Palette gehoben. Ist die Palette voll, kommt ein selbstfahrender Transporter angeschnurrt und transportiert die Zahnräder zur nächsten Bearbeitungsstation. Geht das tonnenschwere Stahlband zur Neige, das die Maschine kontinuierlich einsaugt, bringen die Roboter eine neue Rolle aus dem Warenlager. Arbeiter, die Maschinen bedienen oder Teile bewegen? Nicht nötig. Auf der 25000 Quadratmeter messenden, blitzblanken Betriebsfläche machen hunderte Roboter und automatisierte Maschinen so gut wie alles autonom. Die Maschinen stanzen, schmieden drehen und fräsen; sie härten, polieren, beschichten, kleben und montieren. Arbeiter scheinen nur noch nötig, um die Maschinen zu warten und zu überwachen. Im gläsernen Leitstand weit oben sitzen zwei Mann und schauen auf die Monitore, die den Herzschlag der Maschinen dokumentieren.

In Malaysia steht in der Kleinstadt Pekan Nanas, eine Autostunde von Singapur entfernt, Shimanos größte Fabrik. Hier arbeiten gut 3000 Menschen. An den Halleneingängen informieren Tafeln über Qualifikation und Herkunft der Mitarbeiter: Die meisten stammen aus Nepal oder Bangladesch. Aber auch in der dicht bevölkerten Fabrik werkeln Arbeiter Seite an Seite mit Robotern, wie der Mann, der 10000 Schaltzüge am Tag konfektioniert. Zwischen 400000 und 700000 Kurbeln verlassen die Fabrik im Monat. Die Automatisierung wolle man bald von 30 auf 50 Prozent steigern, erklärt Betriebsleiter Ng Nam Seong und schwärmt vom Vorbild Sakai: "Dort wird schneller verbessert, als wir aufholen können." Doch bei Shimano in Malaysia sind Arbeiter noch günstiger als Roboter. Hier setzt man auf Handarbeit und hier steht Shimanos größte Fabrik und auch die Laufradfertigung.

Nach: Robert Kühnen: Shimano: Visite in der Zentrale der Macht. www.bike-magazin.de 7.12.2016.

Kassette
Die Kassette befindet sich am Hinterrad. Bei Kettenschaltungen sind 7-12 Zahnkränze zu einer Kassette, einem kompletten Ritzelpaket kombiniert.

M5 Globale Liefer- und Wertschöpfungsketten: Geht es auch krisenfester?

Im Zuge der Ausbreitung des Corona-Virus ist immer wieder von einem möglichen Zusammenbruch der globalen Liefer- und Wertschöpfungsketten die Rede. Wie beurteilen Sie die Lage?

Barbara Fulda: Sobald auch nur ein einzelnes Glied in globalen Wertschöpfungsstrukturen fehlt, stockt der ganze Prozess. Genau dies beobachten wir für viele Produkte und Dienstleistungen derzeit. Unabhängig davon, ob Wertschöpfung global oder national stattfindet: Sie erfolgt in den meisten Fällen in mehreren Schritten. Je länger und komplexer Wertschöpfungsstrukturen sind, desto wahrscheinlicher ist eine Unterbrechung und desto anfälliger sind sie für Änderungen von Rahmenbedingungen – sei es wegen der Erhöhung von Zöllen, aufgrund von Handelsstreitigkeiten, Pandemien oder Naturkatastrophen.

Wertschöpfungsketten
Die Gesamtheit der betrieblichen Prozesse und Tätigkeiten vom Ausgangsmaterial bis zur Verwendung, durch die ein Produkt entworfen, hergestellt, vertrieben und ausgeliefert wird. Oft sind diese Ketten mittlerweile global und gleichen einer „Reise um die Welt“.

Während der Corona-Pandemie waren viele Logistik-Ketten unterbrochen. Deswegen blieben teilweise Regale leer.

Worin unterscheidet sich die Corona-Krise von vergangenen Krisen?

Lieferausfälle und damit Produktionseinbrüche haben verdeutlicht, wie unübersichtlich und vielgliedrig Wertschöpfungsprozesse mittlerweile sind. Sicherlich: Globaler Handel ist seit Jahrtausenden Realität. Man denke nur an die Seidenstraße. Die Komplexität und das Ausmaß globalen Handels sind jedoch neu. Allein zwischen 1990 und 2011 ist der Anteil des globalen Handels am weltweiten Bruttoinlandsprodukt um 21 Prozent gestiegen. Grundlage dafür sind günstigere Transportmöglichkeiten und die Möglichkeiten der Digitalisierung.

Hat das dazu geführt, dass Wertschöpfungsketten so komplex geworden sind?

Unter anderem. Wettbewerb auf den Märkten führt grundsätzlich dazu, dass Unternehmen immer kostengünstiger produzieren wollen. Der wirtschaftliche Aufstieg der Schwellenländer bedeutete zusätzlich einen starken Zuwachs an Konkurrenz. Durch die Möglichkeiten der Digitalisierung und günstigeren Transport wurden zudem immer mehr Produktionsschritte ins Ausland ausgelagert – insbesondere arbeitsintensive Produktion in Länder mit niedrigen Lohnkosten. Grundlage der Verlagerung ist die Idee der Modularisierung, also die Aufspaltung eines Produktes in seine Bestandteile. Die Herstellung einzelner Modulteile kann durch verschiedene Produzenten erfolgen, die sich oft auf die Herstellung eines Teils spezialisieren. Dadurch wird Wertschöpfung komplexer und, wenn die Verlagerung über Landesgrenzen hinweg erfolgt, internationaler. Die Komplexität von Wertschöpfung hat jedoch oft ein Maß erreicht, wo es selbst für Hersteller schwer ist, den Wertschöpfungsprozess zu überblicken. Neben der Sicherung sozialer wird dann auch die Beachtung ökologischer Standards zunehmend schwerer.

Sollten wir also aus der Krise lernen, dass unsere Wertschöpfungs- und Lieferketten aufgrund ihrer Störanfälligkeit nicht krisenfest sind und daher grundlegend überdacht werden sollten?

Auf jeden Fall! Man könnte überdenken, inwieweit die Aufspaltung von Produktion sinnvoll ist. Auslagerung führt manchmal auch zu einer regionalen Konzentration auf wenige Hersteller, beispielsweise bei der Produktion von Wirkstoffen für Arzneimittel durch einzelne chinesische Produzenten in der Region Hubei, in der sich auch die Stadt Wuhan befindet. Dadurch werden Lieferketten anfälliger. Durch Überprüfung der einzelnen Schritte des Wertschöpfungsprozesses kann dessen Anfälligkeit im Hinblick auf Lieferausfälle reduziert werden. Außerdem zeigt sich gerade, wie problematisch der weitgehende Verzicht auf Lagerhaltung, um Lagerkosten zu reduzieren, sein kann. Die Umstellung hin zur „just in time" Anlieferung durch

Logistikunternehmen und Produktion durch die Vorproduzenten macht den Herstellungsprozess auch im Fall kurzzeitiger Lieferausfälle anfällig.

Liegt die Lösung in einer Verkürzung der Lieferketten oder gar autarker Produktion jedes Nationalstaats?

Eine Verkürzung könnte in manchen Fällen sinnvoll sein, autarke Produktion sicherlich nicht. Ich schlage vor, nach kritischen Nadelöhren zu suchen: Wo gibt es nur einen oder wenige regional konzentrierte Hersteller für ein Produkt? Wo gibt es störungsanfällige Transportwege, wie die Straße von Hormus? Zudem bedeutet übrigens auch autarke Produktion regional konzentrierte Produktion und damit Anfälligkeit. Anstatt dessen könnte man darüber nachdenken, dieselben Produkte an unterschiedlichen Standorten herzustellen. Dies setzt natürlich eine gute grenzüberschreitende Zusammenarbeit von Gewerkschaften voraus, um das Ausspielen von Standorten gegeneinander zu vermeiden. Es würde aber vor Lieferausfällen schützen. Für Firmen mit Stammsitz in Deutschland ergibt eventuell ein Standbein eigener Fertigung in Produktionsstätten in Deutschland Sinn, um in räumlicher Nähe Produkte herzustellen.

‚Lieferketten: Je komplexer, desto anfälliger', Interview mit Barbara Fulda, www.boeckler.de , Zugriff 21.10.2022

AUFGABEN

82033-154

1. a) Erklärt in eigenen Worten den Begriff Standortfaktoren (**M2**) und ordnet danach Standortfaktoren aus der Randspalte den beiden Rubriken zu.
   b) Erläutert, welche Standortfaktoren für eine Software-Firma und einen Automobilhersteller jeweils relevant sind.
2. „Make-or-Buy-Entscheidungen" (**M2**) im Alltag? Erläutert eine Make or Buy Entscheidung, die ihr in eurem Alltag trefft.
3. a) Analysiert die Situation auf dem Markt für Fahrradkomponenten (**M3**).
   b) Erklärt, warum Shimano an den beiden Standorten seine Komponenten ganz unterschiedlich produziert (**M4**) und welche Standortfaktoren dabei jeweils eine Rolle spielen.
   c) Viele erfolgreiche deutsche Unternehmen haben Auslandsstandorte. Erörtert Chancen und Risiken einer solchen Unternehmenspolitik.
4. a) Arbeitet aus dem Interview (**M5**) die Gründe für die Anfälligkeit der Liefer- und Wertschöpfungsketten heraus.
   b) Beurteilt die in **M5** genannten Lösungsansätze.
5. Deutsche Fahrradhersteller werden trotz Lieferschwierigkeiten kaum anfangen die Komponenten selbst in Deutschland herzustellen. Doch wie sieht es in sensiblen Branchen, etwa der Pharmaindustrie bei der Medikamenten-, oder Impfstoffproduktion aus?
   Erörtere, ob die Produktion von sensiblen Produkten nach Deutschland zurückverlagert werden sollte, um die Abhängigkeit von globalen Lieferketten zu reduzieren.

WAS WIR WISSEN

Was Wir Wissen-Seiten digital zum Editieren

82033-315

betriebliche Abläufe im Unternehmen

Ein Unternehmen besteht meist aus vielen **Betrieben**, den organisatorischen Einheiten in den aus den **betrieblichen Produktionsfaktoren** Arbeitsleistung, Betriebsmittel und Werkstoffe (z. B. Rohstoffe) Produkte hergestellt (**Fertigungsbetriebe**) oder Dienstleistungen (**Dienstleistungsbetriebe**) angeboten werden.
Ohne die folgenden drei **betrieblichen Grundfunktionen** zur Leistungserstellung kann jedoch kein Betrieb auskommen: Die Beschaffung befasst sich mit dem Einkauf etwa von Rohstoffen, die Produktion mit der Erstellung von Gütern oder Dienstleistungen und der Vertrieb (Absatz) mit dem Verkauf der produzierten Güter oder Dienstleistungen aber auch mit Fragen wie Werbung.
In jedem Unternehmen gibt es eine Menge an Zahlen und Daten. Die muss die Unternehmensleitung im Blick behalten und interessiert sich zunächst besonders für vier Aspekte:

1 Finanzierung
Woher kommt unser Geld? Aus eigenen Mitteln (z. B. Gewinne) oder aus Fremdkapital (z. B. Krediten)?

2 Liquidität
Haben wir genug Geld oder Bankguthaben für das nächste Geschäftsjahr, unsere nächsten Investitionen? Wie hoch sind unsere Kosten?

3 Produktivität
Wie wettbewerbsfähig sind wir im Vergleich zur Konkurrenz? Schaffen wir es mit möglichst wenig Aufwand oder Ressourcen (Input) einen möglichst hohen Ertrag (Output)?

4 Rentabilität

Lohnt sich das Ganze? Wie hat sich unser eingesetztes Kapital entwickelt? Haben wir effizient gewirtschaftet? Wie viel Gewinn bleibt vom Umsatz?

Umsatz, Gewinn und Kostenarten

Im Kern eines jeden Unternehmen steht der **betriebswirtschaftliche Grundkreislauf** und folgender Kreislaufzusammenhang: **Nachfrage** nach den Produkten oder Dienstleistungen des Unternehmens führt zu **Absatz**, dieser führt zu **Umsatz**. Dabei müssen Unternehmen stets ihre Kosten, etwa **Fixkosten** (unabhängig von der Produktionsmenge) und **variable Kosten** (je nach produzierter Stückzahl) im Blick haben. Nach Abzug aller Kosten, bleibt dann hoffentlich Gewinn. Gewinn wiederum ermöglicht die Finanzierung von Investitionen etwa für die Beschaffung neuer Vorprodukte aber auch von Forschung und Entwicklung und damit Innovationen, die dann wieder neue Nachfrage erzeugen können. Unser Kreislauf beginnt von neuem.
Preiskalkulation ist eine der schwierigsten Unternehmensaufgaben, denn der ermittelte Selbstkostenpreis, der Preis, der alle eigenen Kosten abdeckt, bildet dabei nur eine absolute Preisuntergrenze. Ob der verlangte Zielverkaufspreis sich im Wettbewerbsmarkt erzielen lässt, das bleibt unsicher und hängt von den Kundenbedürfnissen oder den Strategien der Wettbewerber ab. Manchmal liegt es auch an den staatlichen oder globalen **Rahmenbedingungen**, dem „Makro-Umfeld". Unternehmen müssen deshalb auch ständig eine Vielzahl an externen Faktoren beobachten (**PESTEL-Matrix**), um auf Veränderungen schnell und zielgerichtet zu reagieren. Unternehmenserfolg bleibt stets unsicher.

Standortfaktoren sowie Chancen und Risiken auf globalen Märkten

Um Chancen zu nutzen und Risiken auf globalen Märkten zu minimieren, überlegen sich Unternehmen genau, wo sie ihre Betriebe ansiedeln. **Standortfaktoren** bestimmen den Ort, an dem der Betrieb entstehen soll. Harte Standortfaktoren sind zahlenmäßig berechen- oder beschreibbar, etwa die steuerliche Belastung oder die Verkehrslage sowie die Verfügbarkeit von Arbeitskräften. Weiche sind eher persönliche Gründe, etwa die Bildungs- und Freizeitmöglichkeiten, aber auch die regionale Verwurzelung der Gründenden oder Unternehmer. Je nach Unternehmen und Branche sind die einzelnen Faktoren unterschiedlich wichtig. Zudem kann sich ein Unternehmen an verschiedenen Standorten auch verschieden ausgeprägte Standortfaktoren zu Nutze machen. Es geht aber nicht nur um den Standort, sondern auch darum, was man selbst herstellt (engl. make d. h. Eigenfertigung) oder was bzw. welche Vorprodukte man andere (Zulieferer) herstellen lässt und einkauft (engl. buy, Fremdbezug). Diese **„Make-or-Buy-Entscheidungen"** muss jedes Produktionsunternehmen treffen und begibt sich dadurch mehr oder weniger in Abhängigkeit von funktionierenden, meist globalen **Lieferketten**.

5.3 Unternehmensziele: Wann ist ein Unternehmen erfolgreich?

5.3.1 Welche Ziele sollte ein Unternehmen verfolgen?

Zum Thema: Jedes Unternehmen setzt sich Ziele. Doch wann ist ein Unternehmen erfolgreich und welche Ziele sollte es verfolgen? Hier kommt es darauf an, wen man fragt, denn unterschiedliche Gruppen haben unterschiedliche Interessen und Erwartungen. Manchmal passen die gut zusammen, aber oft gibt es Interessen- und Zielkonflikte. Und der Staat mischt auch noch mit. Sollte er Unternehmen etwa zu mehr Nachhaltigkeit anhalten und wenn ja, wie? Unternehmensziele und deren Zielbeziehungen nehmen wir in diesem Kapitel unter die Lupe.

M1 Unternehmensziele im Blick: aber welche?

Michael Rampf, Familienunternehmer und Geschäftsführender Gesellschafter RAMPF Holding GmbH & Co. KG:
„Ein Unternehmen ist nur so gut wie seine Mitarbeitenden. Ihre Fähigkeiten und Kenntnissen sind das Fundament unserer Erfolgsgeschichte. Mit einer persönlichen, vertrauten Arbeitsatmosphäre sowie werteorientierten Unternehmensführung schaffen wir die Voraussetzungen für diese Spitzenleistungen."

Michael Rampf, Interview mit Bearbeiter, 7.10.2022

Mia, Schülerin und Fridays for Future-Aktivistin:
„Unternehmen sollten sich vor allem endlich auch um die Folgen ihrer Produktion für die Umwelt und das Klima Gedanken machen!"

Bearbeiter

Milton Friedman (1912-2006), US-amerikanischer Wirtschaftsnobelpreisträger und einer der einflussreichsten Ökonomen des 20. Jahrhunderts:
„Die einzige soziale Verantwortung des Unternehmens ist es, seinen Gewinn zu steigern."

NYT Magazine, 13. September 1970

EINSTIEGSAUFGABEN 82033-155

1. Positioniere dich und begründe, welchem Zitat zu Unternehmenszielen (**M1**) du am ehesten zustimmst.
2. Was bedeutet Unternehmenserfolg für euch? Worin besteht er? Wodurch entsteht er?

M2 Unternehmensziele im Spiegel unterschiedlicher Interessen

Ziele sind Punkte, die man erreichen will. Sie dienen dabei als Orientierungsgrundlage für alle unternehmerischen Entscheidungen. Man kann sie nach drei Zielarten sortieren:

Das Zieldreieck der Unternehmensziele

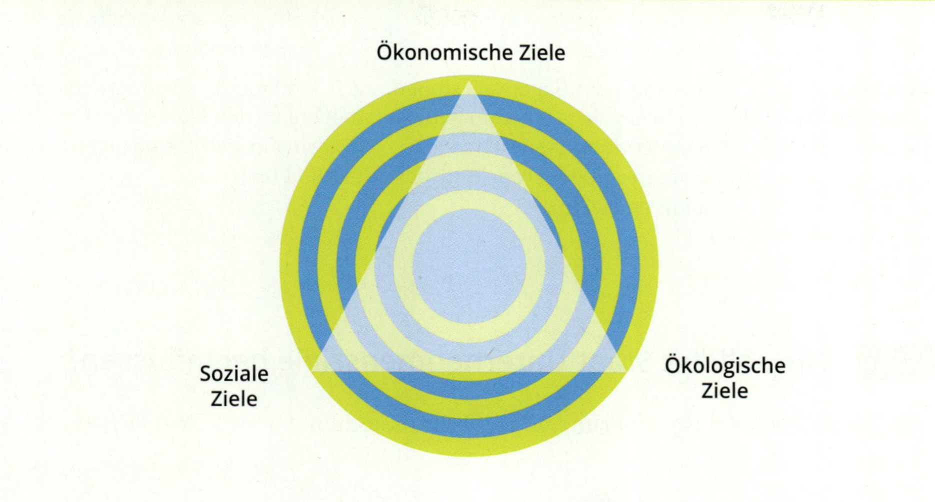

Bearbeiter

Ökonomische Ziele sind Ziele, die sich mit Zahlen rechnerisch ermitteln lassen. Das wichtigste **ökonomische Ziel** eines jeden Unternehmens ist uns schon mehrfach begegnet: Es ist die Erwirtschaftung von Gewinn, was vom Umsatz nach Kosten übrigbleibt. Gewinn ist die Existenzgrundlage eines jeden Unternehmens, denn er sichert das „Überleben" des Unternehmens. Ein weiteres ökonomisches Ziel kann etwa die Erhöhung des Marktanteils sein. Zu den **sozialen Zielen** zählen etwa für die Mitarbeiter sichere und attraktive Arbeitsplätze zu bieten. **Ökologische Ziele** sind etwa der sorgsame und sparsame Umgang mit natürlichen Ressourcen oder die Reduktion von CO_2 Emissionen. Daneben haben unterschiedliche Anspruchsgruppen (**Stakeholder**) Erwartungen und eigene Interessen an ein Unternehmen: Etwa die Eigentümer (Kapitalgeber oder Aktionäre, engl. **Shareholder**), denen das Unternehmen oder ein Teil gehört oder die Manager. Aber auch Kunden, Arbeitnehmer, Zulieferer sowie Anwohner und die Gesellschaft bzw. der Staat als Ganzes. Unternehmen sind deshalb Schnittpunkt vieler Interessen und **Interessenkonflikte zwischen den Stakeholdern** sind bei den sehr unterschiedlichen Erwartungen vorprogrammiert. Die Unternehmensleitung muss dann entscheiden, welcher Stakeholder ihr wichtiger ist oder wessen Interesse dringender oder berechtigter ist. Nicht zuletzt spielt auch Macht der einzelnen Stakeholder eine Rolle. Erschwerend kommt noch dazu: Die Unternehmensziele existieren auch nicht isoliert nebeneinander, sondern bilden ein kompliziertes und komplexes Geflecht aus Zielbeziehungen.

Corporate Social Responsibility
(CSR) bedeutet Unternehmenssozialverantwortung. Damit reagieren Unternehmen freiwillig auch auf die gesellschaftliche Forderung nach Übernahme von Verantwortung für Mensch (Gesellschaft) und Natur (Umwelt) und gehen dabei über die Einhaltung gesetzlicher Bestimmungen (Compliance) hinaus. Der Einzelfall muss zeigen: Konkretes und ernsthaftes Bemühen oder nur Augenwischerei oder eine Werbemasche für ein besseres Image (vgl. Greenwashing in Kapitel 3.2 oder vermeintliche sozialen Kampagnen (Bluewashing)?

Kopiervorlage 'Stakeholder im Unternehmen'

82033-156

Zielbeziehungen in Unternehmen		
Zielbeziehung:	**Erklärung:**	**Beispiel:**
neutral (Zielneutralität)	d. h. vereinbar sein oder in keiner Abhängigkeit zueinander stehen	z. B. ein Unternehmen möchte den Umsatz um 10 % erhöhen und engagiert sich gleichzeitig für ein Umweltschutzprojekt vor Ort.
harmonisch (Zielharmonie)	d. h. sich gegenseitig ergänzen und dass sich vom Erreichen eines Ziels positive Effekte für das andere Ziel ergeben	z. B. ein Unternehmen möchte Umsatz um 10 % erhöhen und gleichzeitig das Marketingbudget um 10 % zu erhöhen.
konfliktär (Zielkonflikt)	d. h. in einem Gegensatz stehen. Wenn ein Ziel angestrebt wird, dann entfernt man sich automatisch von der Erreichung des anderen Ziels	z. B. ein Produktionsunternehmen möchte an den Materialkosten sparen und gleichzeitig höhere Qualität bieten.

Bearbeiter

M3 Wie soll der Staat Unternehmensziele beeinflussen?

Hier am Fallbeispiel Reduzierung von CO_2-Emissionen:

Vorschlag 1:
Es gibt eine landesweite Medienkampagne mit Werbespots, Nachrichtenbeiträgen und Plakaten, die auf die Folgen des Klimawandels und die zu hohen CO_2-Emissionen hinweist.

Vorschlag 2:
Es wird eine Steuer auf CO_2-Emissionen erhoben. Wer CO_2 produziert muss zahlen. Alles, was hohe Emissionen verursacht wird teurer. Die Steuereinnahmen werden für Nachhaltigkeitsprojekte verwendet.

Vorschlag 3:
Es wird ein Emissionshandel mit Verschmutzungsrechten eingeführt. Wer viel CO_2 produziert muss teure Zertifikate zukaufen, wer CO_2 einspart kann diese Menge an Zertifikaten verkaufen.

Vorschlag 4:
Es wird ein Gesetz verabschiedet, dass CO_2-Emissionen ab 2035 komplett verbietet. Die Produktion muss bis dahin klimaneutral erfolgen.

Bearbeiter

AUFGABEN

82033-157

1. Beschreibe mögliche Zielbeziehungen zwischen Unternehmenszielen (Tabelle unter **M2**).
2. Ein Unternehmen – viele Interessen: Erläutere Zielbeziehungen zwischen Unternehmenszielen anhand eines selbst gewählten Unternehmensbeispiels aus eurer Region.
3. a) Auf der Jahreshauptversammlung regt sich ein Aktionär auf: „Mehr Geld für Frauenförderung, mehr Sponsoring? Was denn noch? Vergessen Sie nie, wo das Geld herkommt! Von uns, den Aktionären! Das oberste Ziel unseres Unternehmens muss deshalb sein, den „Shareholder Value", den Aktionärswert zu erhöhen. Schauen Sie, dass der Gewinn steigt, der Aktienkurs steigt und erhöhen sie die Dividende. Das ist Unternehmenserfolg!" Erörtert seine Aussage.
   b) Schreibe einen Brief des Vorstands an den kritischen Aktionär und lege ihm den Stakeholder Value Ansatz (**M2** und Kopiervorlage in der Randspalte) dar.
4. Auch der Staat kann mit staatlichen Regelungen Unternehmen dazu anhalten, nicht nur ökonomische Ziele zu verfolgen, sondern auch mehr gegen den Klimawandel und für den Schutz der Umwelt (Grundgesetz Artikel 20a) zu tun. Doch wie soll er das tun?
   a) Beurteilt arbeitsteilig die vier Vorschläge für staatliche Regelungen zur Reduzierung von CO_2-Emissionen (**M3**). Präsentiert euer Ergebnis.
   b) Positioniert euch mit der Methode 4 Corners bei dem Vorschlag, der für euch am besten abgeschnitten hat.

5.3.2 Soll der Staat Unternehmen zu mehr Diversität verpflichten?

Zum Thema: Normalerweise setzen sich Unternehmen selbst Ziele, aber manchmal kommt es einfach nicht zu gesellschaftlich wünschenswerten Ergebnisse, bspw. bei den CO_2-Emissionen aber seit langem auch im Bereich der Diversität. Management und Gremien in Unternehmen sind in der Regel eher älter, weiß und männlich besetzt. Das prägt die Unternehmenskultur, ist aber kein Spiegelbild der ganzen Gesellschaft. Aber soll der Staat Unternehmen zu mehr Diversität verpflichten oder ist eine solche staatliche Regelung ein unnötig starker Eingriff in die unternehmerische Freiheit? Schauen wir genauer hin.

M1 Mehr Frauen = mehr Erfolg?

Diverse Teams liegen im Trend.

Die Unternehmensberatung McKinsey belegte mit ihrer Studie „Diversity Wins – How Inclusion Matters", dass Unternehmen mit hohem Frauenanteil im Vorstand bessere Chancen haben, überdurchschnittlich erfolgreich zu sein. Dazu wurden über 1000 Unternehmen in 15 Ländern untersucht. Der Zusammenhang zwischen Diversität und Geschäftserfolg wurde damit so deutlich wie nie vorher belegt.

Nach: McKinsey: Zusammenhang zwischen Diversität und Geschäftserfolg so deutlich wie nie - Diversity Wins. Pressemitteilung 19.5.2020

EINSTIEGSAUFGABEN 82033-158

1. Was bedeuten Diversität und Vielfalt für euch?
2. Erläutert ausgehend von **M1** und **M2** die Bedeutung von Diversity Management im Unternehmen.

M2 Diversity Management als Managementkonzept

Diversität meint Vielfalt. **Diversity Management** (DiM) ist Teil des Personalmanagements und meint den Umgang mit Vielfalt im Unternehmen. Woran kann man Vielfalt festmachen? Etwa an inneren Faktoren wie Alter, Geschlecht, ethnischer Herkunft oder Zugehörigkeit, Religion und Weltanschauung, Behinderung oder sexueller Orientierung der Belegschaft eines Unternehmens. Aber auch an äußeren Faktoren wie Einkommen, Ausbildungsweg, Familienstand oder Freizeitverhalten. **Diversity-Dimensionen** umfassen also sichtbare aber auch unsichtbare Merkmale. Ethiker mögen ein gewisses Maß an Vielfalt auch im Unternehmen zur Vermeidung von Diskriminierung und für mehr Fairness als geboten ansehen. Ökonomen stellen aber auch hier schnell die Frage: Welche Kosten entstehen und welchen Nutzen bringt mehr Vielfalt im Unternehmen? Dieser Nutzen liegt durchaus auf der Hand: Man kann auf Kundenbedürfnisse besser eingehen, wenn man etwa Angehörige der wichtigsten Kundengruppen als Mitarbeiter beschäftigt (Sprachkenntnisse etc.). Das bringt Wettbewerbsvorteile und dann meist auch mehr Umsatz und Gewinn. Man hat einen größeren Talentpool bei der Mitarbeitergewinnung und kreativere und innovativere Problemlösungen bei gemischten Teams. Zudem kann man mit mehr Diversität Entscheidungsprozesse durch verschiedene Sichtweisen verbessern, den Austausch von Wissen und Erfahrungen erhöhen sowie positive Effekte bei der Motivation und Mitarbeiterzufriedenheit. Natürlich entstehen auch Kosten, etwa durch vermehrte Konflikte oder aufwendigere Kommunikation sowie Diversity-Maßnahmen. **Diversity-Maßnahmen**, um aktiv mehr Vielfalt zu fördern, können etwa geschlechtsneutrales Recruiting (genderneutrale Stellenausschreibungen (m/w/d) sind in Deutschland seit 2019 vorgeschrieben), altersübergreifende und geschlechtergemischte Teams oder Führungskräftetrainings mit Fokus auf unbewussten Vorurteilen (Awareness-Trainings) sein. Den Erfolg kann man anhand der Mitarbeiterzufriedenheit oder mit Kennzahlen wie Fluktuationsraten (wie viele Mitarbeiter verlassen das Unternehmen) messen.

Bearbeiter

M3 Die Frauenquote ist da: Diversität per Gesetz?

Im März 2015 hat der Bundestag das „Gesetz für die gleichberechtigte Teilhabe von Frauen und Männern an Führungspositionen in der Privatwirtschaft und im öffentlichen Dienst" beschlossen. Es legt eine Quote von mindestens 30 Prozent Frauen in Aufsichtsräten voll mitbestimmungspflichtiger und börsennotierter Unternehmen fest, die ab dem Jahr 2016 neu besetzt wurden. Aktuell treffen diese beiden Kriterien auf 105 [börsennotierte und mitbestimmungspflichtige] deutsche Firmen zu. KMU sind nicht betroffen. Alle weiteren privatwirtschaftlichen Unternehmen in der Bundesrepublik sind dazu verpflichtet, sich ein eigenes Ziel zur Erhöhung des Frauenanteils in Aufsichtsräten, Vorständen und obersten Managementebenen zu setzen. Ein Mindestziel ist dabei nicht vorgegeben. Immerhin lag 2020 der Anteil der Frauen in Aufsichtsräten bereits bei 35 %. Die Präsenz von Frauen in Vorständen, wofür es bislang keine Mindestbeteiligung gab, blieb immer noch sehr gering. Nur 8,7 % der Vorstandsposten waren 2019 von Frauen besetzt.

Im August 2021 wurde deshalb von der damals regierenden Großen Koalition nachgelegt und mit dem „Zweiten Führungspositionen-Gesetz" nun auch die Vorstände mit einem Mindestbeteiligungsgebot versehen: So müssen bei den großen Unternehmen bei neuen Vorständen ab August 2022 mindestens eine Frau und mindestens ein Mann Mitglied sein. Zudem müssen alle Unternehmen berichten und eine Null als Zielgröße (d.h. keine Frau für den Vorstand eingeplant) begründen.

Bearbeiter

EU will 40 Prozent Frauen

EU-Kommissionchefin Ursula von der Leyen möchte in einem Gesetzesvorschlag 40% der Aufsichtsräte großer Unternehmen mit Frauen besetzt sehen.

Nach: Landeszentrale für politische Bildung Baden-Württemberg: Mehr Frauen in die Chefetagen. www.lpb-bw.de Zugriff 25.8.2022.

M4 Diversity-Management und Quote in der Diskussion

„Manels“
engl. Koffer- oder Schachtelwort aus man (Mann) und panel (Gremium), d. h. ein rein mit Männern besetztes Gremium, etwa der Aufsichtsrat eines Unternehmens

Meinung A

1 „Ein gutes und vorzeigbares Ergebnis zu erreichen ist doch in diversen Teams noch viel schwerer und anstrengender als normalerweise. Da prallen Welten aufeinander. Das ist doch ineffizient. Zudem sind viele Diversity-Maßnahmen teurer und sinnfreier Aktionismus und unausgereift. Da kann man sich dann ganz „woke“ und „aware“ fühlen, ob die Maßnahmen aber wirken, weiß keiner!“

4 „Frauenquote? Geht's noch? Wen ich wo arbeiten lasse, entscheide ich als Unternehmer doch selbst und nicht eine staatliche Quote! Und ich suche meine Mitarbeitenden gerne nach Fähigkeiten, nicht nach Geschlecht oder Quote aus!“

Meinung B

2 „Anstrengender vielleicht, aber diverse Teams sind innovativer und mehr Meinungen und Erfahrungen vermeiden die immer selben Fehler homogener „Manels“. Mehr Innovation und mehr Kundennähe, das merkt man dann auch an Umsatz und Gewinn. Dann ist der Nutzen von Diversität messbar und das Ganze wirtschaftlich. Und am Ende sind die Ergebnisse besser und wahrscheinlich auf jeden Fall zukunftsträchtiger!“

3 „Die Frauenquote ist eine Möglichkeit schnell zu mehr Diversität zu kommen. Sonst tut sich da doch noch ganz lange nichts. Der Staat muss hier vorangehen und den fortschrittlichen Rahmen vorgeben!“

Bearbeiter

AUFGABEN

82033-159

1. a) Analysiere zunächst **M3** im Hinblick auf die aktuelle Situation zur staatlichen Diversity-Maßnahme Frauenquote in Deutschland.
   b) Arbeite mit einem Partner. Jeder von euch übernimmt eine der beiden Rollen (Meinungen) aus **M4**. Findet weitere Argumente und gestaltet die Diskussion zur Frage, ob der Staat Unternehmen gesetzlich (hier mit einer Frauenquote) zu mehr Diversität verpflichten sollte.
   c) Wie steht es mittlerweile um Diversität in Unternehmen? Recherchiere online und analysiere die Diversität im Vorstand von DAX-Unternehmen.

5.3.3 Konflikt um die Arbeit bei Amazon: zwischen „Ausbeutung“ und „sattem Lohn“

Zum Thema: Mehr als 1,5 Millionen Menschen arbeiten weltweit beim Internet-Giganten Amazon. Doch es gibt schon seit langem Streit um Arbeitsbedingungen, Entlohnung und einen Tarifvertrag, den Amazon verweigert. Die Meldungen und Meinungen schwanken zwischen „Ausbeutung“ und „total glücklich“. Wie ist es wirklich? Welche Lösungsvorschläge gibt es? In diesem Kapitel schauen wir bei diesem Interessenkonflikt zwischen den beiden Stakeholdern genauer hin.

M1 Unternehmer Jeff Bezos hat gut lachen, seine Mitarbeiterinnen und Mitarbeiter manchmal weniger?

1

„Amazon wird der beste Arbeitgeber und der sicherste Arbeitsplatz der Welt sein.“
Jeff Bezos in einem Brief an die Aktionäre im April 2021

Amazon-Gründer und Multimilliardär
Der Informatiker Jeff Bezos gründete 1994 Amazon und ist einer der reichsten Menschen der Welt.

2

„Wir sind es wert.“
Streik für Lohnerhöhungen und einen Tarifvertrag bei einem Amazon-Logistikzentrum bei Koblenz

Streikende Arbeitnehmer im Tarifkonflikt bei Amazon
Gewerkschafter kritisieren Amazon für schlechte Löhne und Arbeitsbedingungen.

EINSTIEGSAUFGABE 82033-160

1. Was wisst ihr über den Konflikt bei Amazon, worum geht es und warum streiken Amazon-Beschäftigte immer wieder?

M2 Konfliktanalyse: Worum geht es im Interessenkonflikt bei Amazon?

Mithilfe dieser Checkliste (Leitfragen) könnt ihr eure Konfliktanalyse vornehmen:

1. Wer ist am Konflikt beteiligt? Wer sind die beteiligten Stakeholder?
2. Worum geht es genau, worin besteht der jeweilige Konflikt?
3. Was sind die Folgen des Konflikts?
4. Wie gehen die Beteiligten im Konflikt miteinander um?
5. Wie könnte eine Lösung aussehen? Auf welcher Ebene?

M3 „Ich bekomme einen satten Lohn"

Amazon in Zeiten von Corona
In der Corona-Krise profitiert Amazon stark von deutlich mehr Online-Bestellungen. Amazon erhöht deshalb den Lohn für die Mitarbeiter in seinen deutschen Logistikzentren vorübergehend um zwei Euro brutto pro gearbeiteter Stunde. Gewerkschafter bemängelten v. a. die Befristung dieser Erhöhung, die nur zur Erhöhung der Produktivität diene, statt den seit Jahren schwelenden Konflikt um einen Tarifvertrag zu beenden.

Amazon: Satter Lohn oder Ausbeutung?

Amazon antwortet auf Kritik an den schlechten Arbeitsbedingungen – niedrige Löhne, exzessive Überstunden, mangelhafte Ausbildung – in den Lagerhäusern jetzt auf eine ungewöhnliche Weise: Die eigenen Mitarbeiter twittern positive Botschaften gegen die Anschuldigungen. Da ist zum Beispiel der Arbeiter in Jacksonville (Florida), der dort im Akkord Pakete packt. Die Luftqualität in der Lagerhalle sei „sehr gut", behauptet er. Eine andere Mitarbeiterin lobt zwei offiziell genehmigte halbstündige Pausen während einer Zehnstundenschicht als „Sonderleistung". Die Mitarbeiter nennen sich auf Twitter „Botschafter" und betonen unter anderem auch, dass es ihnen entgegen vieler Kritiken durchaus erlaubt sei, aufs Klo zu gehen und sie von ihrem Gehalt auch leben könnten. „Mr. Bezos zahlt mir einen sehr satten Lohn", schreibt einer der Mitarbeiter. [...] Als Bonus bekommen sie angeblich Geschenkgutscheine im Wert von 50 Dollar.

Die Tweets sind wichtig für den US-Konzern: Potentielle Mitarbeiter werden von negativer Berichterstattung abgeschreckt und suchen sich anderswo Arbeit. [...] Amazon braucht aber vor allem während der hektischen Zeit des Vorweihnachtsgeschäfts so viele Zeitarbeiter wie möglich. Bernie Sanders, US-Senator aus Vermont und ein unverblümter Kritiker von Amazons Arbeitsbedingungen sagte [...] in einem Statement: „Wenn Amazon seinen Arbeitern ein Existenzminimum zahlen würde und sie mit Respekt behandelte, dann müssten sie nicht dutzende Menschen dafür bezahlen, den ganzen Tag zu twittern". Mitarbeiter in Amazon-Lagerhallen erhalten einen Stundenlohn zwischen 10 und 13,50 Dollar (11,57 Euro).

Guttmann, Katja: „Ich bekomme einen satten Lohn" – Amazon belohnt Mitarbeiter für positive Tweets". In: www.handelsblatt.com, 28.08.2018

M4 Arbeitgeber und Arbeitnehmer im Konflikt: Zwei Meinungen zum Konflikt um die Gestaltung der Arbeitsbeziehungen

1 Arbeitnehmer Versandhandelsunternehmen (Gewerkschaftsmitglied)
„Wir streiken für die Tarifbindung. Arbeiten wir doch für ein klassisches Versandhandelsunternehmen. Daher sollten wir auch nach Versandhandelstarif bezahlt werden. Stattdessen werden Mitarbeiter auch oft befristet angestellt, wodurch diese keine Planungssicherheit haben. Hier gibt es Gehälter nach Lust und Laune des Chefs! Das Unternehmen kann freiwillige Zusatzzahlungen jederzeit wieder streichen. Wir wollen endlich einen Tarifvertrag!"

2 Arbeitgeber (Pressesprecher eines Versandhandelsunternehmens)
„Wir halten nichts von einem Tarifvertrag oder der Tarifbindung. Wir beweisen jeden Tag, dass wir auch ohne Tarifvertrag ein fairer und verantwortungsvoller Arbeitgeber sein können. Wir beteiligen unsere Mitarbeiter mit freiwilligen Zahlungen und Boni am Erfolg unseres Unternehmens. Unsere Mitarbeiter verdienen weit über Mindestlohn und brauchen keine Gewerkschaft. Wir stehen für Freiwilligkeit und Flexibilität, wie sie in der Logistikbranche nötig ist, um erfolgreich zu sein!"

Bearbeiter

AUFGABEN

82033-161

1. Erläutert ausgehend von **M1** und mithilfe von **M2** in einer Konfliktanalyse, worum es im Interessenkonflikt bei Amazon geht und warum Amazon-Beschäftigte immer wieder streiken.
2. Ordnet **M3** in den Kontext des Konflikts um die Gestaltung der Arbeitsbedingungen bei Amazon ein.
3. a) Arbeitet arbeitsteilig. Ergänzt ausgehend von **M3** im Kapitel 4.2.1 und **M3** in diesem Kapitel den Forderungskatalog der Arbeitnehmer (**M4 1**) und die Antwort der Arbeitgeber (**M4 2**)..
   b) Führt ein Streitgespräch zum Konflikt um die Arbeitsbeziehungen bei Amazon.
4. Entwickelt mit der Placemat-Methode Lösungsmöglichkeiten für den Konflikt.

5.3.4 Ist Amazon ein erfolgreiches Unternehmen?

Zum Thema: Auf den ersten Blick scheint alles klar: enormes Wachstum, der Gründer Milliardär, die Aktie stark gestiegen, Millionen wiederkehrende Kunden. Aber der Tarifkonflikt bei Amazon (vgl. Kapitel 5.3.3.) hat gezeigt, dass es wohl darauf ankommt, wen man fragt: Was heißt erfolgreich? Für wen? Es kommt auf die Details an, die wir in diesem Kapitel genauer betrachten.

M1 Welche Ziele verfolgt Amazon?

Zusatzmaterial: Die Amazon Story

82033-162

Amazon – Grenzen des Wachstums?

„Ziel von Amazon ist von jeher, das kundenzentrierteste Unternehmen der Welt zu sein, bei dem Kunden praktisch alles finden, was sie online kaufen wollen. Indem Amazon.com Kunden mehr vom dem gibt, was sie wollen – attraktive Preise, eine große Auswahl und Kundenfreundlichkeit So wächst das Unternehmen immer weiter und entwickelt sich zu einer der führenden E-Commerce-Plattformen."

Nach: Amazon.de: Über Amazon. 25.8.2022.

EINSTIEGSAUFGABE 82033-163

1. Arbeitet aus **M1** heraus, welches Hauptziel sich Amazon gesetzt hat.

M2 Die CSR-Verantwortungspyramide

Spaß an wirtschaftsethischen Fragen?
Fragt eure Lehrkraft nach dem **Wi.Fo!-Lab**. Dort könnt ihr euch in einem virtuellen Lernraum forschend-entdeckend interessanten Problemstellungen zu wirtschaftsethischen Fragen widmen.

wifolab.de

82033-164

Um zu beurteilen, inwiefern Unternehmen bei ihren Zielen Verantwortung übernehmen, kann man sich der CSR-Verantwortungspyramide nach Archie B. Caroll (*The Pyramid of Corporate Social Responsiblity 1991*) mit verschiedenen Verantwortungsebenen bedienen:

Bearbeiter

M3 Amazons ökonomische Ziele im Blick: Börsenwert, Umsatz und Gewinn

Aktienkursentwicklung von Amazon

73000-144

Amazons Nettoeinnahmen in Milliarden US-Dollar
Stand: 2022

73000-69

Jahr	2011	2012	2013	2014	2015	2016	2017	2018	2019	2020	2021
Gewinn	0,63	– 0,04	0,27	– 0,24	0,60	2,37	3,03	10,07	11,59	21,33	33,36

©C.C. Buchner Verlag, aktuelle Daten nach: Amazon 10K filings

Umsatz von Amazon in Deutschland und weltweit
Stand: 2022

73000-70

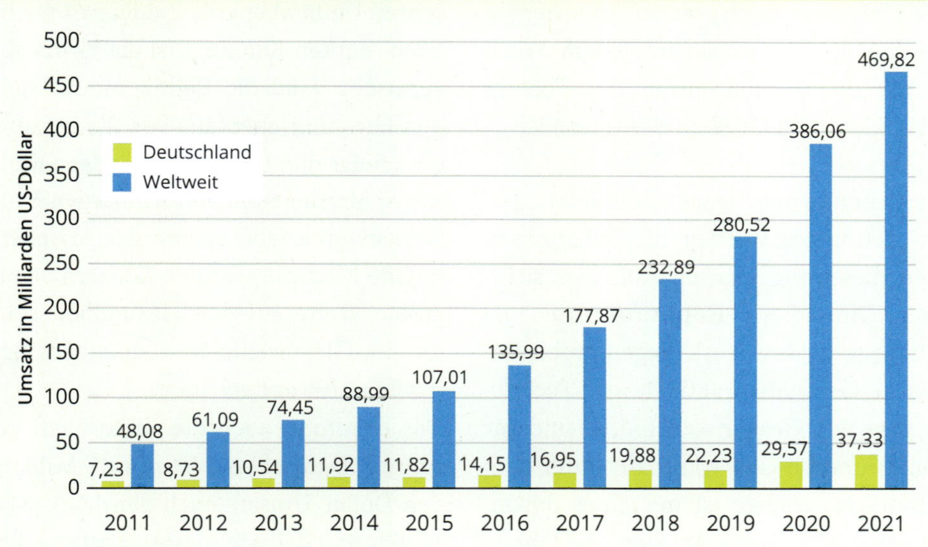

©C.C. Buchner Verlag, aktuelle Daten nach: Amazon 10k filings

Amazons Umsatz nach Segmenten
Stand: 2022

73000-71

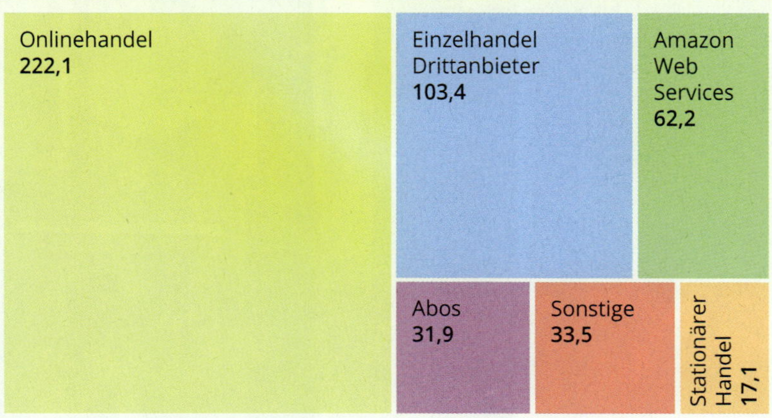

©C.C. Buchner Verlag, aktuelle Daten nach: Amazon 10k filings

M4 Amazon: „Immer Tag 1" oder Grenzen des Gigantismus?

Das Prinzip des „Day 1" - Amazons Startup-Spirit
„Es ist immer Tag 1. Der zweite Tag steht für Stillstand, gefolgt von Irrelevanz, gefolgt von qualvollem Niedergang."
Jeff Bezos in seinem jährlichen Brief an die Aktionäre über Amazons Startup-Spirit.

Reputation
hier: das Ansehen, Image des Unternehmens;

Auf den ersten Blick steht der Onlineriese glänzend da. Amazon ist das fünftgrößte Unternehmen der Welt - ein Konzern mit 1,6 Millionen Mitarbeitern, Hunderten Tochterfirmen, einem Jahresumsatz von knapp 470 Milliarden und einem Nettogewinn von gut 33 Milliarden Dollar. Was 1994 als Onlinebuchhändler begann, ist heute das mit Abstand größte Onlinekaufhaus der Welt mit einem globalen Logistiknetz. Die eigenen Lautsprecher lauschen in Millionen Wohnzimmern jedem Wort. Über die Rechenzentren der Tochter AWS läuft ein Großteil des Internets.

Je genauer man jedoch hinblickt, desto deutlicher werden die Schattenseiten dieses sagenhaften Aufstiegs sichtbar. Die lädierte **Reputation**, die die Proteste in New York [gegen problematische Geschäftspraktiken und Technologien wie Gesichtserkennung und für eine Amazon-Gewerkschaft] unter dem Brennglas zeigen, ist nur eines davon. An der Börse hatte Amazon seit Jahresbeginn zwischenzeitlich mehr als ein Drittel an Wert verloren - eine Kapitalvernichtung von mehr als 550 Milliarden Euro -, das entspricht rund 40 Prozent Marktkapitalisierung aller Dax-Unternehmen.

Viele Mitarbeiter zweifeln an den Erfolgsmeldungen aus der Zentrale in Seattle. Das Versandgeschäft trägt mit 222 Milliarden Dollar zwar den größten Teil zum Umsatz des Unternehmens bei, schreibt nun aber rote Zahlen. In wichtigen Marken-Rankings ist die Firma abgerutscht. Und die Politik nimmt sich den Giganten ebenfalls vor. Es beginnt ein tiefgreifender Umbau des Konzerns. Mit der rund vier Milliarden Dollar schweren Übernahme der Ärztekette One Medical geht der Konzern seine größte Wette auf den Gesundheitssektor ein. Gleichzeitig werden andere Bereiche auf Profit getrimmt.

Das bekommt auch die Kundschaft zu spüren. Deutschland ist mit 37 Milliarden Dollar Umsatz nach den USA (314 Milliarden) der wichtigste Absatzmarkt.

Serverparks und Rechenzentren – die Zukunft von Amazon?

Und nach den USA wird auch hierzulande der Preis für den Premiumdienst Prime angehoben: Ab Mitte September werden monatlich 8,99 Euro fällig, ein Euro mehr. In den USA liegt der Preis schon bei 14,99 Dollar.

Dass die Kritik der Aktivisten so langsam auch beim Endkunden ankommt, davon ist Mario Natarelli überzeugt, Partner bei der Markenberatung MBLM in New York. In der Auswertung der großen US-Marken von MBLM AW ist Amazon 2022 abgestürzt, von Rang zwei auf Rang 18. „Die Covidpandemie hat den Leuten gezeigt, wie abhängig sie heute schon von Amazon sind. Wenn ein Unternehmen so groß und mächtig wird, dann kann es noch so sehr versuchen, zum ‚guten Bürger' zu werden. Wenn dieses Versprechen nicht eingehalten wird, etwa wegen schlechter Wettbewerbspraktiken, zeigt sich seine dunkle Seite umso deutlicher", meint Natarelli. [Bezos Nachfolger Andrew] Jassy jedenfalls ist bisher nicht mit einer Charme-Offensive aufgefallen. Ein Fehler, sagt Natarelli: „Die Marke Amazon verliert bei Verbrauchern an Zugkraft."
Dabei gehe es auch anders: Apple versuche viel konsequenter, sich als grünes und soziales, dennoch schnell wachsendes Unternehmen zu positionieren, so der Experte. „Die Frage ist aber, ob das für Amazon ein Problem ist. Was den Konzern heute antreibt, ist ja nicht das Retailgeschäft, sondern die Gewinnmarge aus dem **Cloud-Computing**."
Rufschädigende Nachrichten kamen jetzt auch aus einem Bereich, der für Kunden und Investoren immer wichtiger wird: die Klimabilanz. Der Ausstoß klimaschädlicher Gase ist 2021 im Vergleich zum Vorjahr um rund 18 Prozent gestiegen, wie aus dem Nachhaltigkeitsbericht von Amazon hervorgeht. Als Grund dafür wird das durch die Pandemie stark gestiegene Versandgeschäft angeführt.

Mit Versandhandel ist Amazon gewachsen - aber ist er auch die Zukunft der Firma?

Amazon – das waren schon immer zwei Welten: Auf der einen Seite die Manager und Techniker in der gläsernen Zentrale in Seattle und in den Forschungslaboren im Valley, die zusätzlich zu ihrem Salär noch üppige Aktienoptionen erhalten. Auf der anderen Seite die Niedriglöhner, die die Pakete mit dem Smiley packen, transportieren und ausliefern. Es sind vor allem Letztere, die immer wieder für negative Schlagzeilen sorgen und zuletzt auch für die Gründung von Interessengemeinschaften.
Im US-Kongress gibt es wachsende Kritik an Amazons Umgang mit Arbeitern, Geschäftspartnern, Gemeinden. Nachdem lange andere Tech-Riesen, allen voran Facebook, ins politische Fadenkreuz geraten sind, droht das nun auch Amazon. Dem Konzern macht vor

Cloud Computing
die Bereitstellung von Internet-Computerressourcen als Dienstleistung, etwa Server oder Datenspeicher.

Monopolstellung
vgl. dazu die Marktformen in Kapitel 2.3.2

Anti-Trust-Gesetz
Ein Gesetz, das die US-Wirtschaft vor monopolistischen Geschäftspraktiken schützen soll.

intrinsisch
von innen her, aus eigenem Antrieb

allem der Vorwurf zu schaffen, seine **Monopolstellung** aus- und die Daten von externen Verkäufern zum eigenen Vorteil zu nutzen. Nicht nur könnte der Kongress schon bald über ein **Anti-Trust-Gesetz** abstimmen, das es Amazon erschweren würde, seine Marken im Online-Shop gegenüber anderen zu bevorzugen. Auch die Kartellaufsicht untersucht derzeit, ob Amazon gegen Wettbewerbsrecht verstoßen hat.

Der nötige Wandel bei Amazon: Vielleicht wird er weniger **intrinsisch** motiviert sein als von außen auferlegt. Denn egal, wie dick das Portemonnaie ist: Auch der größte Supermarkt der Welt kann sich den Wünschen der Investoren und Aufseher nicht entziehen, zumindest nicht auf Dauer. Ein erster, vorsichtiger Gesinnungswandel ist erkennbar. Zu den lautstarken Protesten auf der New Yorker Konferenz sagt [Amazon KI-Chef] Philomin etwa: „Natürlich lässt mich das nicht kalt." Außerdem: „Ich sehe das nicht als Kritik, sondern als Feedback. Und Feedback ist uns immer willkommen." Feedback ist ein Wort aus der PR- und Beratersprache. Die gravierenden Vorwürfe der Aktivisten: In der Amazon-Welt sind auch diese eine Art freundliche Kundenrückmeldung – ein Stern statt fünf Sterne. Heißt für Andy Jassy: höchste Zeit, das Produkt zu ändern, ohne den Supermarkt einzureißen.

Nach: Holtermann, Felix et. al.: Amazon. Grenzen des Gigantismus. Handelsblatt 5.-7.8.2022. gekürzt.

AUFGABEN

82033-165

1. Unternehmer betonen oft die herausragende Bedeutung ökonomischer Ziele, weil sie den Erhalt des Unternehmens sichern (vgl. Kapitel 5.3.1). Analysiert Amazons Börsenwert-, Gewinn- und Umsatzentwicklung (**M3**, **Mediencode**).
2. Erläutert anhand von Amazons Leitbild (**M1**), welche Ziele sich das Unternehmen selbst setzt. Kategorisiert die Ziele mithilfe des Zieldreiecks (Kapitel 5.3.1. **M2**).
3. Arbeitet Kritik und Problemfelder bei Amazon aus dem Artikel **M4** heraus.
4. a) Überprüft anhand der Kapitel 5.3.3 und 5.3.4 welche Ziele (ökonomisch, ökologisch, sozial) Amazon erreicht.
   b) Bewertet, ob Amazon für euch ein erfolgreiches Unternehmen ist.
   c) Gestaltet ein Streitgespräch zwischen einem Amazon-Manager und einem Gewerkschafter über die Verwendung der letzten Quartalsgewinns.
5. a) Gibt es auch nach euren bisherigen Erfahrungen im Großkapitel 5.3 „bessere" und „schlechtere" Unternehmensziele? Begründet eure Standpunkte.
   b) Stellt euch vor, ihr hättet euer eigenes Unternehmen. Welche Ziele wären euch am wichtigsten?

Was Wir Wissen Seite digital zum Editieren

82033-305

5.4 Case-Studies: Erfolg und Scheitern – woran lag es?

Zum Thema: Unternehmer sein bedeutet im Kern Entscheidungen unter Unsicherheit treffen. Manchmal hat man Glück, das richtige Timing und wird für die harte Arbeit und das Risiko mit Erfolg belohnt. Manchmal steht am Ende trotz aller Anstrengungen ein Scheitern. Woran lag es? Was sind Ursachen für unternehmerischen Erfolg und unternehmerisches Scheitern? Welche Rolle spielen dabei staatliche Regelungen aber auch gesellschaftliche sowie globale Rahmenbedingungen? Gibt es „Erfolgsrezepte" für Geschäftsmodelle? Diesen spannenden Fragen wollen wir in diesem Kapitel anhand von spannenden Geschichten und ganz konkreten Fällen (engl. *Cases*) in Fallstudien nachgehen.

Wie wird mit der Case-Study-Lerntheke gearbeitet?

Die kommenden Seiten im Buch bilden eine „Lerntheke" mit verschiedenen spannenden Case-Studies zu Erfolg und Scheitern von Unternehmen. „Lerntheke" deshalb, weil du dir die benötigten Informationen selbst an der „Theke" abholen und erarbeiten kannst. Die Reihenfolge ist dabei egal.

Du kannst alleine arbeiten oder ihr könnt auch im Gruppenpuzzle arbeiten und euch die Arbeit aufteilen, indem ihr Experte für einen der Cases werdet und dann den anderen Stammgruppenmitgliedern darüber berichtet.

Bei der Arbeit mit der Lerntheke arbeitet ihr selbstständig

Hilfsmittel SWOT-Analyse: Stärken und Schwächen von Unternehmen erkennen

Unternehmer und Unternehmensberater bedienen sich bei der kritischen Analyse der Stellung des Unternehmens im Markt gerne der sogenannten SWOT-Analyse. Wofür das Akronym steht, siehst du unten und die Details sparen wir uns für die Kursstufe auf, aber über diese vier Aspekte im Rahmen der Cases nachzudenken, kann dir bei der Charakterisierung der Ursachen für Erfolg und Scheitern helfen.

Innerhalb des Unternehmens (intern)

- Stärken (*Strength*):
  Welche Stärken hatte oder hat das Unternehmen?
  hier: Was lief im Unternehmen besonders gut? z. B. Etablierte Marke
- Schwächen (*Weaknesses*):
  Welche Schwächen hatte oder hat das Unternehmen?
  hier: Was lief im Unternehmen falsch? z. B. bessere Konkurrenzprodukte

Außerhalb des Unternehmens (extern)

- Chancen (*Opportunities*):
  hier: Welche Marktchance wurde genutzt? z. B. neues Trendprodukt
- Risiken (*Threats*):
  hier: Welche Risiken oder veränderte Rahmenbedingungen trugen zum Scheitern bei? z. B. gestiegene Rohstoffpreise, veränderte Konsumgewohnheiten

Bearbeiter

AUFGABEN

82033-166

1. Beschreibt mit dem Hilfsmittel SWOT-Analyse den jeweiligen Fall.
2. Charakterisiert die Ursachen für unternehmerischen Erfolg oder unternehmerisches Scheitern im jeweiligen Fall. Sammelt dazu die Ursachen in einer Mind-Map, die mit jedem Case wächst.
3. Überprüft unter Verwendung der PESTEL-Matrix (**Kapitel 5.2.2 M5**), was für Erfolg und Scheitern im jeweiligen Fall wesentlich war.
4. Beantworte am Ende unseres Unternehmens-Kapitels in einem kurzen Text für euch selbst die folgenden zentralen Fragen: Worin besteht Unternehmenserfolg (eure Definition)? Wodurch entsteht Unternehmenserfolg (Erfolgsfaktoren)? Woran sieht man Unternehmenserfolg (Erfolgszahlen)?

M1 Die Flix Story

Die Geschäftsführer von Flixbus Jochen Engert, Torben Greve, Andre Schwaemmlein, Panya Putsahit und Daniel Krauss. Engert, Greve und Schwaemmlein hatten die Firma gegründet.

Die Story:

Es beginnt im März 2009. Drei junge Studenten Alexander, Christian und Ingo nutzen während eines Auslandssemester günstige Fernbusse, um von Stadt zu Stadt zu kommen. Zurück in der Heimat stellen sie fest: Die gibt es in Deutschland überhaupt nicht. Schnell finden die drei heraus: das Personenbeförderungsgesetz aus dem Jahr 1934 untersagt den Fernlinienbusverkehr in Deutschland fast völlig und schützt die staatliche Deutsche Bahn und deren Bus- und Bahnverbindungen vor Konkurrenz. Die drei geben nicht auf, wälzen juristische Bücher und finden eine Gesetzeslücke: Wenn eine Gruppe einen Bus mietet, dann kann sie damit hinfahren, wohin sie möchten. Das ist dann Gelegenheitsverkehr und kein Linienverkehr. Sie gründen in Offenbach am Main ein Startup (DeinBus), eine „online Busmitfahrzentrale" und legen los. Die Deutsche Bahn verklagte das Start-up sofort, doch die Öffentlichkeit war wachgerüttelt und es kam zu Diskussionen über die Abschaffung des alten Gesetzes und einer Liberalisierung des Fernbusmarktes. Das bekamen im Radio auch zwei Münchner mit: André (Diplom-Wirtschaftsingenieur) und Daniel (Wirtschafsinformatiker), die sich schon aus der Schule kennen. Sie rekrutieren noch Jochen (Strategieberater), der schon während seiner Schulzeit Ski-Busreisen organisiert hat. André bemerkte eine Stelle im Koalitionsvertrag von CDU, CSU und FDP 2009 zur Öffnung des Fernbusmarktes und sah mit seinen beiden Freunden eine „Once-in-a-lifetime-Chance". 2012 gab die Regierung die Änderung des Personenbeförderungsgesetztes bekannt und es war es soweit: Die drei gründeten Ende 2012 GoBus, das sie später in FlixBus umbenannten. Sie starteten mit ein paar täglichen Linien in Süddeutschland und bauten ihr Angebot dann immer weiter aus. Nach mehreren Fusionen und Übernahmen von Fernbuskonkurrenten (zuletzt sogar die legendäre US-Kette Greyhound) ist „Flix", so heißt das Unternehmen heute, weil es auch andere Mobilitätslösungen wie Bahnreisen anbietet, klarer Marktführer mit einem Marktanteil von 95% und konnten ihre Mitbewerber vom Markt verdrängen. Ein Erfolgsgeheimnis: Flix besitzt selbst keine Busse, diese gehören den mittelständischen Partnerbetrieben vor Ort. Flix entwirft das Liniennetz, organisiert den Betrieb und wickelt die Buchungen ab. „Asset light" nennen Unternehmensberater sowas. So bleiben die Fixkosten gering und werden in variable Kosten umgewandelt. Der Erfolg ist sichtbar: Umsatz (vor Corona) nahe 500 Millionen Euro. Der Wert des Unternehmens wurde 2021 mit über 3 Milliarden geschätzt und zahlreiche namhafte Investoren sind bereits an Bord. Und was wurde aus Alexander, Christian und Ingo? DeinBus fiel dem harten Preiskampf auf dem Fernbusmarkt zum Opfer. Die Firma musste 2014 und erneut 2019 Insolvenz anmelden.

Bearbeiter

M2 Die Vaude Story

Vaude-Chefin Antje von Dewitz

Die Story:
Der Outdoor-Ausrüster Vaude [Vau-de] aus Tettnang wurde 1974 von Albrecht von Dewitz gegründet. Er hätte sich auch damit abfinden können, mit 65 seine Firma zu verkaufen, aber war dann doch froh, dass mit Antje eine seiner drei Töchter 2009 die Geschäftsführung übernahm. Eine war Sozialpädagogin, eine Lehrerin geworden, die vierfache Mutter Antje hatte Kulturwirtin studiert und war mit Ende 20 ins väterliche Unternehmen gekommen, wo sie schnell erfolgreich eigene Produktbereiche aufbaute und die PR-Abteilung übernahm. Sie hat Vaude konsequent zu einer von „Deutschlands nachhaltigsten Marken" ausgebaut. Antje von Dewitz fühlt sich der Region und Heimat verpflichtet und so hat sich Vaude schon 2013 der Gemeinwohlökonomie verpflichtet. Einem Wirtschaftssystem, in dem Gemeingüter (saubere Luft, frisches Wasser, knappe Rohstoffe) nicht für den eigenen Profit ausgebeutet werden (weil sie keinen oder keinen angemessenen Preis haben), sondern möglichst schonend und zum Wohle der Allgemeinheit eingesetzt werden. Kein Gewinn um jeden Preis, sondern ein Wirtschaftssystem in dem Unternehmen Verantwortung für mehr Nachhaltigkeit übernehmen, indem sie ökologische und soziale Standards in ihren Lieferketten streng einhalten. Vaude achtet deshalb etwa auf einen möglichst kleinen ökologischen Fußabdruck durch klimaneutrale und ressourcenschonende Produktion. Dies etwa mit biobasier-

ten oder recycelten Naturmaterialien sowie mühsam gefundenen Erdöl-Alternativen, die kein Mikroplastik freisetzen. Ein schwieriger Weg, der weit über gesetzliche Vorgaben hinausgeht und mit hohem Aufwand, hohen Kosten und viel Überzeugungsarbeit verbunden war. So ist Vaude etwa Mitglied der Fair Wear Foundation und achtet darauf, dass weltweit die Produktionsmitarbeiter faire Löhne bekommen und bei allen Produktionsschritten sichere Arbeitsbedingungen herrschen. Der Aufwand für mehr soziale und ökologische Nachhaltigkeit hat sich gelohnt, denn Vaude hat mit seiner Nachhaltigkeitsphilosophie frühzeitig auf die richtige Nische gesetzt und den gesellschaftlichen Trend zu mehr Nachhaltigkeit vorweggenommen. Staatliche Regelungen wie das Lieferkettengesetz verpflichten Unternehmen nun zunehmend zu mehr Transparenz und Sorgfalt in der gesamten Lieferkette. Immer mehr zahlungskräftige Kunden achten auf Nachhaltigkeit, sind v.a. bereit für nachhaltige Outdoor-Ausrüstung und Bekleidung deutlich höhere Preise zu bezahlen. Ob das auch in wirtschaftlichen Krisenzeiten weiterhin so sein wird, muss sich zeigen, aber in den vergangenen Jahren konnte Vaude (genaue Zahlen sind bei dem nicht börsennotierten Familienunternehmen Mangelware) trotz Pandemie seinen Umsatz verdoppeln und erscheint für die Zukunft nachhaltig gut aufgestellt.

Bearbeiter

M3 Die myconics Story

Die Geschäftsidee entstand auf einer 5-monatigen Asienreise 2017. Beim Besuch lokaler Märkte fiel Sascha Krstanovic und Sebastian Oergel die traditionelle Handwerkskunst auf und sie fragten sich, warum nachhaltige Produkte in Deutschland oft als „sozial und nachhaltig" vermarktet werden, aber Design oder Stil dabei kaum eine Rolle spielen. Das wollten sie ändern und diese Marktlücke schließen: Die beiden Gründer entwickelten eine Shopping-Plattform für attraktive, nachhaltige Wohn- und Modeartikel: myconics. Der Name basiert auf der Wortzusammensetzung „my iconic pieces", was so viel wie „meine Lieblingsstücke" bedeutet. In dem Online-Shop wurden nur ausgewählte Accessoires angeboten, die ökologisch und sozial nachhaltig hergestellt wurden. Beworben wurden die Artikel aber hauptsächlich über ihr überzeu-

Die Gründer von Myconics, Sascha Krstanovic und Sebastian Oergel.

gendes Design und ihre hohe Qualität und weniger über den Aspekt der Nachhaltigkeit selbst. Um Produkte auszuwählen wurde eigens ein Webcrawler entwickelt, die bei der europaweiten Suche nach Artikeln mit den genannten Eigenschaften half. So waren bald über 100 Marken und einige tausend Artikel auf myconics verfügbar. Somit konnten viele kleine, nachhaltig wirtschaftende

Manufakturen ihre Wohn- und Modeartikel auf der Plattform verkaufen.
Mit dieser Vorgehensweise wurde in 1,5 Jahren ein Umsatz von rund einer Million Euro realisiert und alleine im Jahr 2020 etwa 15000 Neukunden gewonnen. Doch eine erfolgreiche Plattform lebt vom Netzwerkeffekt: Je mehr Marktteilnehmer, desto besser. Also muss man wachsen. Die dafür nötigen Marketingkosten, um die Plattform bekannter zu machen, waren allerdings extrem hoch. Das StartUp musste sich neue Plattform-Kunden sehr teuer erkaufen, etwa durch Suchmaschinenoptimierung oder teures "Performance-Marketing". Das sind Onlinemarketinginstrumente mit dem Ziel, eine Reaktion oder einen Kauf des Nutzers auszulösen: Etwa Suchmaschinenwerbung bei Google oder Posts und Stories bei Facebook/Instagram. Hinzu kamen auch noch hohe Marketingkosten für Events und Messen. In Summe floss so ein hoher sechsstelliger Betrag in derartige Marketing-Kanäle. Die Gründer hatten die Kosten für den Aufbau der Plattform unterschätzt und mussten aber auch feststellen, dass es in der Gesellschaft noch immer eine breite Lücke zwischen „ich setze mich für Nachhaltigkeit ein" und „ich kaufe nachhaltig ein" gibt.

Insgesamt war das Geschäftsmodell daher nicht attraktiv genug für weiteres Risikokapital von Investoren, sodass es im Jahr 2020 nicht gelang, eine Anschlussfinanzierung, etwa durch den Verkauf von Unternehmensanteilen an neue Investoren, zu bekommen. Die Gründer entschlossen sich deshalb, diese Geschäftsidee nicht weiterzuentwickeln und myconics zu schließen. Beide Gründer arbeiten heute für andere Start-Ups im Nachhaltigkeits- und KI-Bereich.

Bearbeiterin

M4 Die Lego Story

Der Spielzeughersteller LEGO wurde 1932 in Billund, Dänemark, vom Tischlermeister Ole Kirk Kristiansen gegründet und stellte in den ersten Jahren Holzspielzeug her. Lego leitet sich ab vom dänischen „leg godt" für „spiel gut". Erst in den späten 1940er Jahren begann das Unternehmen allerdings die weltbekannten Noppen-Bausteine aus Plastik herzustellen. Die Idee selbst stammte nämlich gar nicht von Lego selbst, sondern von dem britischen Unternehmen Kiddicraft. Der britische Erfinder Hilary Page hatte sich sein Patent, dessen Potential er nicht erkannte, allerdings nur für Großbritannien eintragen lassen. Kristiansen sah die Marktchance und perfektionierte die Bausteine: Er machte die Ecken etwas kantiger und verbesserte die Klemmkraft. 1958 meldete LEGO das Patent international an. Die dänische Erfolgsgeschichte begann und bis heute wurden über 700 Milliarden LEGO-Bausteine produziert. LEGO gehört zu den bekanntesten und beliebtesten Spielmarken der Welt und in fast in jedem Kinderzimmer finden sich LEGO-Sets, die Bausätze der Firma.

Doch in den 1990er Jahren geriet LEGO in eine tiefe Krise. Computerspiele, Gameboy und Playstation zogen die Aufmerksamkeit der Kinder und Jugendlichen auf sich. Später kamen noch Tablets und Smartphones dazu. Die damalige Unternehmensführung glaubte, mit Sets allein keinen Erfolg mehr haben zu können. Also versuchte LEGO sich in anderen Geschäftsfeldern: Man produzierte Kleidung und Uhren, baute teure Freizeit- und Themenparks auf und hoffte, in diesem Bereich Disney kopieren zu können. Dazu setze man auch auf bekannte Filme: 1999 schloss LEGO mit LucasArts eine Lizenzvereinbarung ab, die es LEGO erlaubte, die Star-Wars-Reihe in LEGO-Produkte einzubauen. Diese Lizenzen kosteten viel Geld und brachten neue Herausforderungen: Zum Filmstart von Episode I" waren die Regale mit den LEGO-Star-Wars-Reihe leergefegt, aber das Unternehmen kam mit der Produktion der Sets nicht nach. Im Folgejahr waren die Regale voll, aber LEGO wurde die produzierte Ware nicht mehr los. Zudem lief das Geschäft mit den Freizeitparks schlecht. 2004 stand LEGO kurz vor der Insolvenz. Die Eigentümerfamilie zog in dieser Situation die Notbremse. Sie stellten den erst 36-jährigen Jorgen Vig Knudstorp als neuen Geschäftsführer ein. Dieser startete ein Sanierungsprogramm und richtete LEGO wieder auf das Kerngeschäft aus: Die Freizeitparks wurden mehrheitlich verkauft, das Kleidungsgeschäft ausgelagert und Software-Experten als Partner für Computerspiele engagiert. Nur an den Lizenzvereinbarungen mit den Hollywood-Studios hielt man trotz der hohen Kosten fest. Allerdings wurden nun um Lego-Sets auch eigene Geschichten entworfen, Charaktere geschaffen, die die Sets zu mehr als nur Spielzeug machen sollten. So wurden Bücher, Computerspiele und Filme produziert. Der „LEGO Movie", den LEGO 2014 zusammen mit Warner Brothers produzierte, ließ Umsatz und Gewinn steigern. Auch erfolgreiche Set-Reihen wie Stars Wars oder Harry Potter und der riesige chinesische Markt halfen LEGO zurück in die Spur. Man setzt weiter auf beliebte, bekannte Marken und exklusive Sets mit vielen Fans, die man nur bei LEGO im Online-Shop oder im LEGO-Stores kaufen kann. Etwa Sets mit Fußballstadien beliebter Clubs oder BTS Dynamite.

Lego-Bausteine – endlose Möglichkeiten im Kinderzimmer

Mittlerweile betrachtet LEGO das Digitale nicht mehr als Ersatz für die analogen Bausteine, sondern als Ergänzung. Die LEGO-Spiele und Filme, die Kinder im Internet, auf dem Handy oder der Konsole schauen und spielen, sorgen eher dafür, dass mehr LEGO-Sets gekauft werden. Die zahlungskräftige Kundengruppe Erwachsener LEGO-Fans (AFOL-Community) ermöglicht den Absatz von sehr großen, sehr teuren Sets und liefert Ideen für neue Sets, die dann in den Regalen landen. Doch diese neue Kundengruppe brachte auch Risiken. Besondere Aufmerksamkeit bekam der juristische und öffentliche Streit zwischen LEGO und dem bekannten Youtuber „Held der Steine", der schonungslos Sets mit aus seiner Sicht eher schlechtem Preis-Leistungs-Verhältnis oder dürftiger Funktionalität anprangerte. Zudem ist das Baustein-Patent ausgelaufen, d.h. LEGO kann nur noch für seine Figuren und die Designs der Sets Markenrechte geltend machen. Deutlich günstigere Klemmbaustein-Konkurrenten drängen auf den Markt. LEGO kann sich auf den bisherigen Erfolgen nicht ausruhen. LEGO ist anfällig für höhere Energie-, Transport- und Rohstoffkosten. Und die Firma muss auch eine zentrale Herausforderung angehen: Die Plastikbausteine aus umweltfreundlicheren und nachhaltigeren Materialien herzustellen.

Bearbeiter

M5 Die Würth Story

Schrauben finden sich in jedem Möbelstück, Haushalt und auf jeder Baustelle.

Reinhold Würth begann 1949 als 14-jähriger „Lehrling", so nannte man damals noch Auszubildende, im väterlichen Schraubengroßhandel im hohenlohischen Künzelsau. Nach dem frühen Tod des Vaters übernahm der damals 19-Jährige den Zweimannbetrieb und baute ihn mit Geschick und kaufmännischem Blick im Laufe der nächsten Jahrzehnte zur heutigen Größe aus. Die Würth-Gruppe ist Weltmarktführer in der Entwicklung, Herstellung und im Vertrieb von Montage- und Befestigungsmaterial mit über 400 Gesellschaften in 80 Ländern und mehr als 85000 Mitarbeitenden. Reinhold Würth zählt mit seinem Lebenswerk zu den herausragenden Unternehmerpersönlichkeiten in der Geschichte der Bundesrepublik Deutschland.
Hinter dem langjährigen Unternehmenserfolg von Würth stecken eine ganz besondere Firmenphilosophie und Unternehmenskultur. Maßgabe ist, mit Weitblick langfristig zu denken und zu handeln. Mit dem Auf- und Ausbau eines Direktvertriebs wurde ein wichtiges Grundprinzip für den Erfolg des Unternehmens gelegt. Weltweit haben die Mitarbeitenden von Würth direkten Kundenkontakt. Sie kennen die Anforderungen der Kunden und genau darauf richtet das Unternehmen seine Leistungen aus: den Kunden aus Industrie und Handwerk mit der Entwicklung innovativer Produkte und Lösungen das Leben leichter zu machen. Man designte etwa die Spitzen der Schrauben so neu, dass Handwerker nicht mehr vorbohren müssen, um zu verhindern, dass das Holz splittert. Das spart den Kunden Zeit und Geld. Das Sortiment der Würth-Gruppe umfasst heute mehr als eine Million Produkte.

So hat Reinhold Fürth eine Unternehmenskultur geschaffen, die aus Werten wie Glaubwürdigkeit, Ehrlichkeit, Vertrauen, Anstand und Loyalität gegenüber Mitarbeitenden und Kunden besteht. Vertrauen aufbauen und pflegen, das ist für Würth das A und O für geschäftlichen Erfolg.
Der Konzernumsatz stieg und stieg und beträgt mittlerweile 20 Milliarden Euro. Auch für die Zukunft ist vorgesorgt:

Würth bleibt auch in Zukunft Würth. Bettina Würth, die Tochter von Reinhold Würth, ist Vorsitzende des Beirats der Würth-Gruppe. Drei Enkel sind auch bereits im Unternehmen tätig.

Reinhold Würth und seine Frau Carmen legen seit jeher besonders großen Wert auf gesellschaftliches Engagement. Der Unternehmer zitiert gerne den Artikel 14 Absatz 2 des Grundgesetzes: „Eigentum verpflichtet. Sein Gebrauch soll zugleich dem Wohle der Allgemeinheit dienen." Die Würth-Stiftung unterstützt deshalb Kunst und Kultur und der leidenschaftliche Kunstsammler hat an seinen Standorten Kunstmuseen errichtet. Die Sammlung Würth umfasst über 20000 Kunstwerke und allein in Baden-Württemberg sind fünf große Museen allen Menschen kostenlos zugänglich.

Bearbeiter

M6 Die MyMüsli Story: Interview mit dem Gründer und Geschäftsführer Philipp Kraiss

Philipp Kraiss, Max Wittrock und Hubertus Bessau (v.l.) gründeten my muesli

Die mymüsli-Story: Interview mit Philiipp Kraiss

82033-167

„Es gibt zwar viele Müsli-Anbieter, aber eine geringe Vielfalt an Müslis. Eigentlich müsste man sich doch sein eigenes Müsli selbst zusammenstellen können", dachten sich die befreundeten Studenten Philipp Kraiss, Hubertus Bessau und Max Wittrock an einem gemeinsamen Tag am Badesee. Die Idee für ihr Unternehmen mymüsli war geboren, auf dessen Website man sich sein eigenes Bio-Müsli zusammenstellen oder einfach eines der bei anderen Kunden beliebten Müslis entdecken kann.

„Am Anfang wurden wir noch belächelt" erzählt der Geschäftsführer Philipp Kraiss. Diese Zeiten sind vorbei. Im Interview mit Wirtschaft&Co spricht er über die Gründungssituation, die Produktentwicklung, das Marktumfeld und über Herausforderungen.

Für zukünftige Gründende hat Kraiss einen Ratschlag parat: „Machen! Man muss es versuchen, probieren und wenn es nicht läuft, relativ schnell einsehen, dass man sein Geschäftsmodell anpassen, oder eben ganz einstellen muss. Eine Erfolgsgarantie gibt es nicht, aber letztlich muss man es versuchen und machen."

Bearbeiter

METHODE

Kosten und Nutzen abwägen: eine Strategieentscheidung nach einer rechnerischen Kosten-Nutzen-Abwägung (Einnahmen-Ausgaben-Rechnung) treffen

I. Worum geht es?

Mit den Case-Studies dieses Kapitels haben wir zurückgeschaut. Noch lieber schauen Ökonomen und Unternehmensberater aber nach vorne: Sie wollen wissen, wird sich eine Investition oder ein ein Projekt in Zukunft lohnen könnte und weiterverfolgt werden sollte? Was sind die Ausgaben (Kosten), was die möglichen Einnahmen oder der mögliche Gewinn (Nutzen)? Kommt euch hoffentlich mittlerweile bekannt vor. Wirtschaften heißt dann auch rechnen, um eine strategische Entscheidung auf solider Grundlage treffen zu können. Das wollen wir, in absolut machbarem Umfang, hier einmal tun. Alles war ihr an Informationen zum Fall braucht, findet ihr in **M7** (**Folgeseite**). Los geht's.

II. Geht dabei wie folgt vor:

1. Schritt

Ordnung reinbringen und eine Ist-Analyse aller vorhandenen Informationen vornehmen

2. Schritt

Die Kosten sortieren und berechnen: Ausgaben

3. Schritt

Den Nutzen berechnen: Einnahmen

4. Schritt

Ein Gesamtergebnis berechnen und eine Strategieentscheidung treffen

Nach: e-fellows.net Case Study Training, darin: Dr. Dieter Kiesenbauer: Lohnt es sich auf dem Ulmer Weihnachtsmarkt einen (reinen) Glühweinstand zu betreiben? S. 68-69

Der Glühweinstand in Zahlen

82033-168

AUFGABEN

1. Arbeite heraus (II, 1.-4. Schritt), ob sich der Stand für die SMV unter den gegebenen Umständen (**M7**) lohnen wird.
2. Überprüft mithilfe einer SWOT-Analyse (siehe weiter oben im Kapitel), ob es neben der vorgegebenen Kosten-Nutzen-Rechnung weitere Faktoren gibt, die die SMV beachten sollte.
3. Entwickle mithilfe der SWOT-Analyse eine Strategie, die Stärken nutzt, um Risiken abzuwehren und so die Erfolgsaussichten des geplanten Unternehmens weiter verbessern könnte.

M7 Die SMV Story: Soll die SMV auf dem Nikolausmarkt einen Apfelpunsch-Stand betreiben?

Ihr überlegt, ob ihr für die SMV eurer Schule einen Stand auf dem Nikolausmarkt eurer Stadt betreiben wollt. Eure Idee ist, leckeren, alkoholfreien Apfelpunsch zu verkaufen. Der Nikolausmarkt findet traditionell am zweiten Adventswochenende freitags von 14:00 bis 20:00 Uhr, samstags von 10:00 bis 20:00 Uhr, und sonntags von 11:00 bis 20:00 Uhr statt. Die Frage ist nun, unter welchen Umständen sich der Stand lohnen wird.

Die Rahmenbedingungen: Euer Stand soll 4 Meter lang und 4 Meter tief sein. Pro Quadratmeter verlangt die Stadt von euch eine Standgebühr von 30 €, Wasser und Abwasser inbegriffen. Die Kosten für Strom belaufen sich auf die Hälfte der Standmiete. Die Kosten für die Müllbeseitigung belaufen sich auf 50 € je angefangene 10qm Standfläche. Den eigentlichen Stand bekommt ihr von einem Elternteil kostenlos zur Verfügung gestellt, ebenso den Aufbau des Stands und die großen Punschtöpfe, in denen ihr den Punsch erhitzen könnt. Die Tassen (0,2 l) wollt ihr mieten. Der Mietpreis beläuft sich auf 30 Cent pro Tag und Tasse – da ist das Spülen schon eingerechnet. Ihr wollt euch bei den Schülerinnen und Schülern bedanken, die sich am Stand engagieren, und ihnen Gutscheine für Kino und Bücher schenken. Umgerechnet auf eine Stunde kommen hier pro Person ca. 5 € pro Stunde an Kosten auf euch zu. Um den Stand gut zu betreuen müsst ihr mit 4 Personen pro Schicht rechnen.

Die Zutaten:
Pro Liter Apfelpunsch benötigt ihr nach eurem Rezept:
0,5 l Apfelsaft – Kosten: 0,9 €
0,5 l Wasser – Kosten: 0 €
Gewürze: Früchteteepulver, Bio-Orangen, Nelken, Zimt und Zucker – Kosten: 0,2 €

Der Markt: Insgesamt ist mit insgesamt 10.000 Besuchern des Nikolausmarkts an den drei Tagen zu rechnen, von denen im Schnitt jeder Vierte einen Punsch trinkt. Stände, an denen Punsch angeboten wird, gibt es mit euch fünf. An den anderen Ständen wird der Punsch für 4 € pro Tasse verkauft und ihr rechnet damit, dass alle Stände für die Besucher gleich attraktiv sind.

Bearbeiter

Die Infrastruktur für euren Punschverkauf: Der Stand aus Holz.

Die Zutaten für euren Punsch.

Andere sehen einen Weihnachtsmarkt, ihr seht Kunden und Umsatz.

WAS WIR KÖNNEN

M1 Begriffe aus der Welt der Unternehmer

Startup | Einkauf | Fertigung | Absatz | Erlös | Aufwand | Anspruchsgruppen

Kosten | Gewinn | Stakeholder | Shareholder | Entrepreneur | Anteilseigner

junges Unternehmen | Verkauf | Umsatz | Profit | Gründer | Beschaffung | Produktion

M2 Die dunklen Seiten des Gründens?

a) Gründen oder nicht?

„Gründen ist wie eine Achterbahnfahrt."

b) Gehört Ideenklau zur Innovation dazu?

Gute Künstler kopieren, großartige Künstler stehlen. Und wir haben immer schamlos gute Ideen geklaut.

Steve Jobs (1955-2011) war Mitgründer und lange Jahre CEO von Apple.

M3 Welche Standortfaktoren sind jeweils relevant?

Eisdiele

Papierfabrik

Getränkehandel

M4 Diversity Management – auch was für die Schule?

Die Mitglieder der fünf angesehensten Symphonieorchester der USA waren lange Zeit fast nur Männer. Bis man Ende der 1950er Jahre auf die Idee kam die Bewerber (m/w/d) beim Vorspiel anonym hinter einem Vorhang spielen zu lassen. Der Anteil der Frauen unter den Neubesetzungen stieg durch diese Maßnahme stark an. Das Beispiel und viele Studien zeigen, dass wir alle unbewusste und hartnäckige Vorurteile in uns tragen und es eben nicht nur auf die reine fachliche Qualifikation ankommt.

Bearbeiter

M5 Mariana Mazzucato: Ist der Staat der wichtigste Stakeholder und schöpfen Unternehmen einfach nur Wert ab?

Mazzucato, Professorin in London betont in ihren Büchern die Rolle des Staates. So in ihrem Buch „Wie kommt der Wert in die Welt?" mit dem Untertitel: „Von Schöpfern und Abschöpfern." Die Abschöpfer sind für sie nicht nur Finanzspekulanten, sondern auch die Internetfirmen des Silicon Valley. Auch sie, so Mazzucato, wurden v.a. Wert abschöpfen, den andere geschaffen haben. „Apple sollte Steuern nicht nur deshalb zahlen, weil es sich so gehört, sondern weil es der Inbegriff eines Unternehmens ist, das nur dank öffentlicher Gelder so groß werden konnte. Das Unternehmen hat nicht nur in der Frühphase finanzielle Unterstützung vom Staat bekommen, sondern hat auch erfindungsreich von öffentlich finanzierter Technologie Gebrauch gemacht, um seine Produkte zu entwickeln. Tatsächlich steckt im iPhone nicht eine einzige Technologie, die nichts staatlich finanziert wurde." Mazzucato räumt mit dem Mythos auf, dass staatliche Institutionen immer träge und bürokratisch, private Unternehmen hingegen agil, innovativ und risikofreudig seien. Kostenintensive Grundlagenforschung, ohne die es überhaupt keine Innovationen gäbe, wird ganz überwiegend in staatlich finanzierten Forschungsinstituten betrieben. Erst wenn dabei gute Ergebnisse erzielt werden, entwickeln Unternehmen auf dieser Basis entsprechende Geschäftsmodelle. Auch das schafft natürlich Werte, aber bei weitem nicht so viel, wie die explodierenden Aktienkurse von Facebook, Amazon und Co suggerieren.

Professorin Mariana Mazzucato

Nach: Antje Schrupp: Wie fünf Ökonominnen Wirtschaft und Politik neu verbinden. Deutschlandfunk 18.10.2020.

AUFGABEN

82033-169

1. Finde Wortpaare in **M1** und erkläre sie.
2. Erläutere die Aussage (**M2a**).
3. Erörtert Steve Jobs These im Zusammenhang mit gewerblichen Schutzrechten (**M2b**).
4. Begründe, welche Standortfaktoren jeweils bei der Standortwahl dieser Unternehmen relevant sind (**M3**)
5. a) Prüfe dich selbst: Kannst du bei dir oder im schulischen Umfeld auch hartnäckige Vorurteile entdecken? Erstellt eine Liste dieser Vorurteile (**M4**).
   b) Entwickelt Lösungsvorschläge und konkrete Maßnahmen, wie diese Vorurteile abgebaut werden können.
6. Überprüft Mazzucatos These (**M5**) zur Rolle des Staates im Innovationsprozess.

Es gibt viele Wege in den Arbeitsmarkt und zum (Traum)beruf – welchen wählst Du?

Schule und dann? Der Weg ins Berufsleben

6

Der Weg ins Berufsleben nach der Schule und die Berufswahl selbst gehören zu den wichtigsten und schwierigsten Entscheidungen im Leben. Dieses Kapitel soll aufzeigen, dass die Berufswahl von den persönlichen Stärken und Kompetenzen, aber auch von den Entwicklungen der Arbeitswelt abhängt. Es soll helfen, die Anforderungen der modernen Arbeitswelt mit den eigenen Vorstellungen, Neigungen und Interessen abzugleichen und wird mit einer Reflexion von Ideen und Anregungen, Impulse setzen, wie es nach der Schule weitergehen könnte. Darüber hinaus zeigt das Kapitel eine mögliche Vorgehensweise für ein erfolgreiches Bewerbungsverfahren.

Am Ende des Kapitels könnt ihr:

- eigene Wünsche, Interessen, Fähigkeiten und weitere Einflussfaktoren im Hinblick auf euren Berufswahlprozess analysieren
- Anforderungen der Berufs- und Arbeitswelt in unterschiedlichen Berufsfeldern an Erwerbstätige erläutern und mit eigenen Wünschen, Interessen und Fähigkeiten vergleichen
- mithilfe von Medien und Institutionen entscheidungsrelevante Informationen für die Studien- und Berufswahl analysieren und eigene Zukunftsentwürfe gestalten
- unterschiedliche Bewerbungsverfahren vergleichen und eigene Bewerbungsdokumente erstellen
- Erwerbsbiografien nach schulischer Ausbildung, dualer Ausbildung beziehungsweise Studium vergleichen
- Erfahrungen im Rahmen des Berufserkundungsprozesses (unter anderem Praktikum) darstellen und beurteilen
- Folgen des Wandels der Arbeit (zum Beispiel technologische und gesellschaftliche Entwicklungen) an einem Beispiel beurteilen

WO STEHT IHR GERADE?

82033-170

1. Analysiere das Bild auf der linken Seite.
2. Erklärt euch gegenseitig Begriffe, die ihr noch nicht kennt.
3. Gestalte eine Zukunftscollage, wie du dir deine Zeit nach der Schule vorstellst.

Digitaler Leitfaden: Zukunftscollage

82033-171

6.1 Wird mein Traum zum Beruf?

Zum Thema: ‚Was willst Du denn mal werden?' wurdet ihr bestimmt früher öfter gefragt. Damals war eigentlich jede Antwort okay, auch ‚weiß nicht'. Aber jetzt müsst ihr euch langsam Gedanken machen.

M1 Berufswunsch: Kindergarten und heute

Was im Kindergarten ein Traumberuf war …

… ändert sich bis zum Schulabschluss häufig.

EINSTIEGSAUFGABEN

82033-172

1. Sammelt gemeinsam eure ersten Berufswünsche aus dem Kindergarten und euren aktuellen Traumberuf.
2. Arbeitet Faktoren heraus, die eine Veränderung der Berufswünsche seit der Kindergartenzeit bewirkt haben.
3. Nenne Erwartungen, die du an deinen Beruf hast, um zufrieden sein zu können.

M2 Wer prägt, was wir beruflich machen?

Erzählen Grundschüler, was sie einmal werden wollen, sagen sie: Polizist! Pilot! Feuerwehrmann, Fußballprofi oder Astronaut! Mädchen möchten am liebsten Tiere oder Menschen heilen, Kindern die Welt erklären, Diebe schnappen oder schauspielern. Doch stattdessen sitzen viele von ihnen als Erwachsene im Büro. Warum platzen Kinderträume? […] „Jugendliche werden realistischer", sagt die wissenschaftliche Mitarbeiterin des Bundesinstituts für

Berufsbildung [Verena Eberhard]. „Sie beobachten, was sie interessiert, gut können und suchen sich einen Beruf, der dazu passt." Soviel zur freien Wahl. Hinzu kommen Zweifel. Nimmt mich ein Betrieb wohl mit diesem Zeugnis? Habe ich eine Chance als Schauspieler oder stehe ich später beim Arbeitsamt? Bin ich gut genug für das Medizinstudium? Schlau genug?

In Deutschland definieren sich die Menschen stärker über ihre Arbeit als in anderen Ländern. Was jemand macht, ist eine der allerersten Fragen im Gespräch. Deswegen hängt von der Entscheidung besonders viel ab. „Bei einem Beruf mit hohem gesellschaftlichen Ansehen bekomme ich eher positives Feedback", sagt Verena Eberhard. „Bei einem, der wenig wertgeschätzt wird, stoße ich eher auf soziale Ablehnung."

Die Meinung von Eltern, Freunden, Lehrern prägen enorm. Studien würden zeigen: Auch wenn ein 16-Jähriger den Job des Pflegers gut findet, entscheidet er sich womöglich dagegen, wenn Menschen um ihn herum schlecht darüber reden. [...] Geachtet wird aus ihrer Sicht, wer gebildet ist und Geld hat.

Viele Branchen klagen inzwischen über einen dramatischen Fachkräftemangel. In Krankenhäusern gibt es zu wenig Mitarbeiter, in Kindertagesstätten und auch im Handwerk. Dafür gibt es verschiedene Gründe. Die Schulklassen sind kleiner als vor einigen Jahrzehnten. Immer mehr möchten Abitur machen und studieren, nicht früh aufstehen und malochen. [...] Welchen Einfluss das Image eines Berufs hat, zeigt auch dieser Vergleich: Angehende Maurer bekommen in ihrer Ausbildung mit das meiste Gehalt, aber das Bild von ihrem Tun ist nicht sehr glamourös. Goldschmiede verdienen in einer Werkstatt weitaus weniger, aber die Ausbildung ist gerade bei jungen Frauen beliebt. Dabei denkt man immerhin an Schmuck und Juwelen – statt an Schweiß und Schmutz.

Rövekamp, Marie, 'Wenn ich groß bin... Wer prägt, was wir beruflich machen?', www.tagesspiegel.de, 28.01.2022

M3 Berufswünsche und Erwartungen von Jugendlichen an die Berufstätigkeit

Beliebteste Berufswünsche in Deutschland von 15-jährigen Jugendlichen (Stand: 2022)

73000-379

Mädchen	Jungen
Lehrerin (10,4 Prozent)	Informatiker (6,7 Prozent)
Ärztin (10 Prozent)	Maschinenbauer (5,2 Prozent)
Erzieherin (6,4 Prozent)	Kfz-Mechatroniker (5,1 Prozent)
Psychologin (4,5 Prozent)	Polizist (4,5 Prozent)
Krankenschwester (4,5 Prozent)	Lehrer (3,8 Prozent)
Architektin (3,6 Prozent)	Wissenschaftler (3,6 Prozent)
Polizistin (3,5 Prozent)	Arzt (3,1 Prozent)
Büroangestellte (3,2 Prozent)	Ingenieur (3,1 Prozent)
Designerin (2,8 Prozent)	Architekt (2,8 Prozent)

©C.C.Buchner Verlag, aktuelle Daten nach: OECD, 2020, Datenerhebung: PISA 2018

Umfrage: Erwartungen von Jugendlichen an die Berufstätigkeit

82033-173

M4 Fundierte Kenntnisse

Karikatur: Perscheid

M5 Berufsorientierung: Je früher, desto besser

Brigitte Zypries (SPD), Bundesjustizministerin (2002-2009), Bundesministerin für Wirtschaft und Energie (2017-2018)

„Unsere Unternehmen sind auf gut ausgebildete Fachkräfte angewiesen. Wir brauchen schlaue Köpfe um auch Morgen noch international erfolgreich zu sein. Dabei ist eine frühzeitige Berufsorientierung wichtig, um entscheiden zu können, ob ein Studium oder eine Ausbildung angestrebt werden soll. Der Besuch einer Hochschule gehört genauso dazu wie Betriebsbesichtigungen. Gute berufliche und digitale Aus- und Weiterbildung sichert die Fachkräfte von morgen und bietet jungen Menschen hervorragende berufliche Perspektiven. Die duale Berufsausbildung in Deutschland ist dabei ein Erfolgsmodell und ein Exportschlager. Sie bietet häufig eine sehr gute Zukunft, jenseits von Campus und Hörsaal."

Zypries, Brigitte: Frühzeitige Berufsorientierung ist wichtig, www.hwk-osnabrueck.de, 27.10.2017

M6 Was sind Soft Skills?

Unter Soft Skills versteht man jene Schlüsselkompetenzen bzw. Schlüsselqualifikationen in der Berufswelt, die über die reinen Jobqualifikationen (wie zum Beispiel Fachkompetenzen, Software-Skills, die Fähigkeit technische Geräte zu reparieren etc.) hinausgehen. Was nützt zum Beispiel einer Verkäuferin ihr notwendiges Wissen über Ihre Verkaufswaren, wenn sie nicht die richtige Ansprache findet, um den potenziellen Käufern die Artikel näherzubringen? Eigenschaften wie Entscheidungsstärke, Organisationsvermögen, Lernbereitschaft oder Zeitmanagement zählen zu den wichtigsten Soft Skills. [...] Soft Skills können die Effizienz der Arbeit unmittelbar beeinflussen. Auch die eigene Motivation, Fleiß und Ehrgeiz sind Attribute, die durchaus in den Bereich der „weichen Kompetenzen" fallen. [...]

Zu den Soft Skills gehört unter anderem Teamfähigkeit. Diese umfasst wiederum psychologische und soziale Fähigkeiten wie Einfühlungsvermögen in die Arbeitsweisen, Bedürfnisse und Gefühle anderer (Empathie) und Menschenkenntnis, um Konflikten vorzubeugen oder sie schlichten zu können. Als wichtige Soft Skills werden weiterhin oft erwähnt: Kommunikationsfähigkeit, Kritikfähigkeit, Anpassungsfähigkeit, Konfliktfähigkeit, Eigeninitiative, Gewissenhaftigkeit, Durchsetzungsvermögen und Überzeugungskraft, Problemlösungskompetenz, Selbstdisziplin und Zielorientierung, Organisationstalent; aber auch Rhetorik und Präsentationstechniken, Sprachkenntnisse und interkulturelle Kompetenzen und nicht zuletzt Verantwortungsbewusstsein. [...]

‚Was sind Soft Skills?', InfoWebWeiterbildung, www.iwwb.de, Zugriff 29.07.2022

Arbeitsblatt 1
82033-174

Arbeitsblatt 2
82033-175

Berufswahl H5P-Übung
82033-176

Interessenstest BoGyKompass
82033-177

Studienorientierung BA
82033-178

Orientierung Studienwahl
82033-179

Orientierung Lehramtsstudium
82033-180

AUFGABEN

82033-181

1. Begründe anhand von **M2** und **M3**, warum sich Kinderberufswünsche von Berufserwartungen der Jugendlichen unterscheiden. Berücksichtige dabei auch deine eigenen Erfahrungen.
2. Erkläre ausgehend von **M4** und **M5**, warum eine frühzeitige Berufsorientierung für dich, für Unternehmen aber auch für den Staat wichtig ist.
3. a) Notiere deine eigenen Stärken und Soft Skills (**M6**).
   b) Bitte anschließend dein Gegenüber deine Stärken und Soft Skills zu notieren:
   c) Vergleicht jeweils die Ergebnisse und nutzt das anschließende Gespräch, um gemeinsam über mögliche Wunschberufe nachzudenken.
4. Entwickle einen Plan, um den eigenen Traumberuf zu finden und den Weg dorthin zu beschreiten.

METHODE

Der Berufswahlprozess: ein Portfolio anlegen

I. Worum geht es?

Der Begriff „Portfolio" leitet sich aus den lateinischen Wörtern „portare" (tragen) und „folium" (Blatt) ab. Gemeint ist also eine Sammlung von Blättern, die man mit sich tragen kann – und zwar, um sie vorzuzeigen. Im Fach Wirtschaft/ Berufs- und Studienorientierung (WBS) wird das Portfolio zur Dokumentation des Berufswahlprozesses und zum Nachweis der erworbenen Berufswahlkompetenzen geführt. In diesem Portfolio sammelst du daher alles, was du im Unterricht und in außerunterrichtlichen Veranstaltungen zur Berufs- und Studienorientierung bearbeitet und erhalten hast.

II. Geht dabei wie folgt vor:

1. Schritt: Material sammeln

Deine Berufs- und Studienwahl vollzieht sich über die gesamte Mittel- und Oberstufe bis zum Abitur, sodass du über einen langen Zeitraum viele neue Impulse erhältst, die dir bei Entscheidungen zur Berufs- und Studienorientierung helfen können. Da der Zeitraum, über den diese Orientierung stattfindet, so lange dauert, soll das Portfolio helfen, den Überblick zu behalten und die persönliche Entwicklung nachvollziehen zu können. Es unterstützt dich also dabei, eine möglichst tragfähige Entscheidung für den weiteren Lebensweg nach Abschluss deiner Schullaufbahn zu treffen.

2. Schritt: Material ordnen

Berufsorientierungs-kompass der BA

82033-182

Ein Portfolio kann in Form eines Ordners, aber auch in einem digitalen Format angelegt werden. Grundsätzlich sollten alle Informationen, Arbeitsschritte und Reflexionsergebnisse zeitnah, sauber und ordentlich angelegt werden. So stellst du sicher, dass das Portfolio ein sinnvoller Begleiter für den Prozess der Berufs- und Studienorientierung ist.

Möglicher Aufbau:

- 1. Meine Wünsche und Ziele (z. B. Zukunftscollage)
- 2. Meine Fähigkeiten und Interessen
- 3. Testergebnisse von Berufswahltests
- 4. Rechercheergebnisse von meinem/n Traumberuf/en
- 5. Praktikumsberichte
- 6. Protokolle von Betriebserkundungen, Expertenvorträgen, Berufsberatungsterminen
- 7. Bewerbungsunterlagen, Zeugnisse und Nachweise
- 8. Sonstiges

Bearbeiter

6.2 Der Weg zum Traumberuf: Ausbildung oder Studium?

Zum Thema: ‚Handwerk hat golden Boden‘ sagt dein Opa. ‚Ein Studium zahlt sich immer aus‘ sagt deine Mutter. Aber was ist für dich die richtige Wahl?

M1 Hauptsache studiert?

Karikatur: Karsten Schley, 2020

EINSTIEGSAUFGABE 82033-183

Beschreibe das Problem, auf das der Karikaturist hinweisen möchte.

M2 Was ist eine Ausbildung / ein Studium?

a) Ausbildung

Unter dem Begriff „Ausbildung“ wird meist die duale Berufsausbildung verstanden, die finanziell vergütet wird. Die Zielsetzung ist die Vermittlung von praktischen Fähigkeiten und Fertigkeiten, die von einem Ausbildungsbetrieb und Berufsschulen gemeinsam erfüllt werden. Die Auszubildenden befinden sich zu festen Zeiten für Unterricht an Berufsschulen und die restliche Zeit der Ausbildung im Betrieb. Dort lernen sie die theoretischen Berufsschulinhalte praktisch umzusetzen. Einige wenige Ausbildungsberufe (z. B. Physiotherapie) basieren auf rein schulischen Ausbildungen.

Bearbeiterin

b) Studium

Bei einem Studium führt das wissenschaftliche Lernen und Forschen an Universitäten und anderen Hochschulen (z. B. pädagogische Hochschule) zu einer abgeschlossenen Berufsausbildung.

Bearbeiterin

M3 Ausbildungs- und Studienanfänger 1987-2020

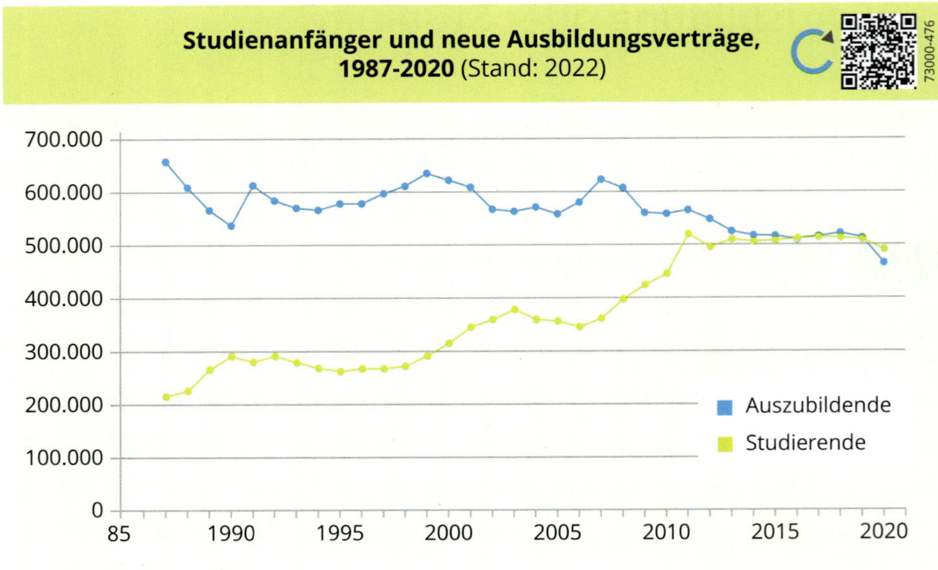

©C.C. Buchner Verlag, aktuelle Daten nach: DESTATIS

M4 Soll ich ein Studium beginnen oder eine Ausbildung machen?

Uni oder Werkstatt? Campus oder Berufsschule? Nach dem Abi stellt sich für viele Schulabgänger die Frage, ob sie studieren oder eine Lehre machen sollen. Gute Argumente gibt es für beides, aber für jeden Abiturienten ist ein anderer Weg der richtige.

Dass das Abitur die "Hochschulreife" attestiert, nimmt der Großteil der Abiturienten in Deutschland wörtlich: Laut der Bundesagentur für Arbeit beginnen drei Viertel von ihnen nach dem Abi ein Studium, nur ein Viertel macht eine Ausbildung. [...] Ein Studium muss nicht für jeden die richtige Wahl sein - immerhin brechen jedes Jahr 70.000 Studenten ab. Wer sich schon in der Schule mit dem ewigen Lernen gequält hat, hat vielleicht mehr Lust auf Berufspraxis. Schlechte Noten können da ein Indiz sein - mehr aber auch nicht, da viele Abiturienten erst im Studium "ihr" Fach entdecken, das sie aufblühen lässt.

Ein Studium sei auch nach der Umstellung auf Bachelor und Master in erster Linie theoretisch ausgerichtet und forschungsorientiert, sagt die Autorin und Studienberaterin Angela Verse-Herrmann: "Wem der Schritt von der Schule an die Hochschule und damit in die nächste Phase rein theoretischer Wissensaneignung zu schnell geht, der sollte sich vielleicht erst im Berufsalltag bewähren. Mit einer Ausbildung hat man einen ersten Abschluss in der Tasche, der für den Arbeitsmarkt qualifiziert."

Eine Berufsausbildung ist trotz der kürzeren Bachelorstudiengänge oft der schnellere Weg in den Job. Nach zwei bis drei Jahren stehen Azubis im Berufsleben. Selbst wenn Bachelorstudenten keinen Master mehr anhängen, haben sie wegen Auslandssemester, Praktika und der Berufseinstiegsphase oft nicht so schnell eine Stelle. Damit verdienen Azubis auch schneller Geld und stehen finanziell auf eigenen Beinen, wenn auch das Lehrlingsgehalt meist noch nicht reicht, um davon zu leben. Zwar gibt es keine Garantie, nach der Lehre übernommen zu werden, doch Azubis fällt der direkte Berufseinstieg häufig leichter: Anders, als bei den meisten Studenten der Fall, werden sie gezielt auf eine bestimmte Tätigkeit vorbereitet. Ihre Kenntnisse entstammen direkt dem Berufsalltag.

Und auch in Ausbildungsberufen bieten sich zahlreiche Aufstiegsmöglichkeiten: Die Verkäuferin bleibt nicht ihr Leben lang an der Kasse, sondern wird Abteilungsleiterin; der Krankenpfleger macht Fortbildungen und wird zum OP-Manager.

Trotz aller Argumente für eine Lehre gilt: Eine Ausbildung um der Ausbildung willen sollte man auf keinen Fall machen. Voraussetzung sei, dass sie den eigenen Interessen entspreche, rät Verse-Herrmann. Außerdem sollte eine inhaltliche Verknüpfung zu einem möglichen späteren Studium bestehen, das immer eine weitere Option nach der ersten Berufsausbildung sei.

Denn unter dem Strich sprechen Verdienst- und Karrierefaktoren ganz klar für ein Studium. Akademiker bekommen in ihrem Berufsleben statistisch gesehen nicht nur deutlich mehr Gehalt als ihre Kollegen ohne Studienabschluss. Auch die Gefahr, arbeitslos zu werden, ist mit einem abgeschlossenen Studium weitaus geringer. Akademiker haben außerdem bessere Karrierechancen: Sie werden eher befördert und haben insgesamt bessere Aufstiegsmöglichkeiten. Schulabgänger, die vor der Entscheidung stehen, müssen sich diese Weichenstellung für ihr gesamtes Berufsleben bewusst machen – auch wenn nach zwölf, 13 Jahren Schule vielleicht erst einmal die Praxis lockt.

Hinzu kommt, dass in vielen Branchen der Hochschulabschluss entweder Voraussetzung oder Standard ist. Und das nicht nur bei Ärzten oder Anwälten, auch in frei zugänglichen Berufen wie dem Journalismus tun sich Bewerber ohne akademische Ausbildung mittlerweile schwer. Der Grund dafür sind nicht nur das mit einem Studium verbundene Ansehen oder das Fachwissen und die vielfältigen Qualifikationen, die an Hochschulen vermittelt werden. Studenten lernen darüber hinaus auch, eigenständig zu denken und zu arbeiten, Probleme strukturiert und analytisch zu lösen, sich selbstständig Wissen anzueignen und es anzuwenden.

Ebitsch, Sabrina ‚Soll ich ein Studium oder eine Ausbildung machen?', www.sueddeutsche.de , 9.2.2017

AUFGABEN

82033-184

1. Beschreibe die in **M3** dargestellte Entwicklung und stelle Vermutungen für diese an.
2. Arbeite aus **M4** heraus, welche Argumente für eine Ausbildung und für ein Studium sprechen (berücksichtige **M2**).
3. Recherchiere bezüglich deines Traumberufs, welche Bildungsabschlüsse und welche Ausbildungsberufe/ Studienfächer für deinen Berufswunsch gefordert sind.

Vertiefte Informationen Ausbildung oder Studium

82033-185

Durchlässigkeit des Bildungssystems in BaWü

82033-186

6.3 Girls- and Boys-Day – eine Möglichkeit für geschlechtsatypische Berufswahl?

Zum Thema: Die Jungs spielen mit Autos und Robotern, die Mädchen mit Puppen und sie gehen Reiten. Später gehen die Männer auf die Baustelle oder studieren Maschinenbau, die Frauen werden Kindergärtnerin oder Grundschullehrerin. Aber muss das so sein? Kann Sabine nicht auch Automechanikerin sein und Thomas Erzieher? Hier lernst Du mehr zu diesen Fragen.

M1 Berufswahl – zwei Gruppen?

Karikatur: Katja Rosenberg

EINSTIEGSAUFGABEN

82033-188

1. Erkläre, warum es zu einer Trennung der Schilder kommt.
2. Vertiefung: Erläutere Ansätze, die vermehrt die Jugendlichen dazu anregen könnten, Berufe der jeweils „anderen Seite" auszuwählen.

M2 Girls- und Boys-Day – ein Erfolg?

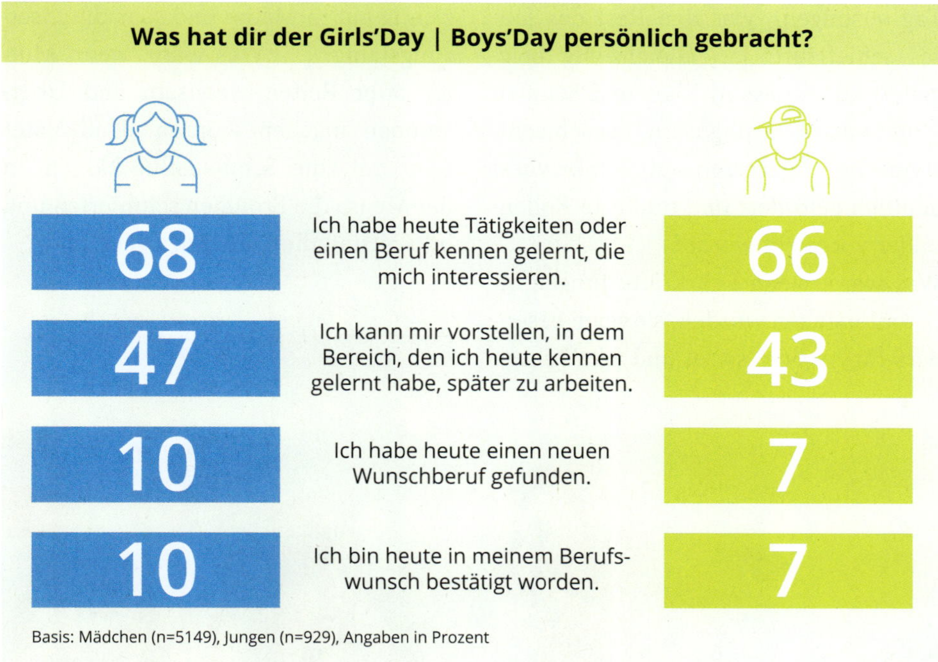

Nach: 'Evaluationsbefragung zum Girls'Day und Boys'Day 2022 des Kompetenzzentrums Technik-Diversity-Chancengleichheit e. V.

Erklärvideo: „Was ist der Girls- und Boys Day?"

82033-189

M3 Mama wechselt Reifen, Papa schmiert Brötchen

Wieder ist ein "Girls' Day" vorbei, ein Tag für Mädchen also. Das hatte meine Tochter, 11, wörtlich genommen und sich einen Traum erfüllt: Sie war einen ganzen Tag im Reitstall. Mit ihren Freundinnen. Stall putzen. Fegen. Pferde pflegen. [...] Aber zugegeben: Mit der ursprünglichen Idee des "Girls' Day" hatte die Aktion wenig zu tun. [...] Eigentlich ist der "Girls' Day" ja dazu gedacht, dass sich Mädchen abseits von Geschlechterklischees über Berufe informieren. Sie sollen mal überlegen, ob nicht Kfz-Mechatronikerin, Zerspanungsmechanikerin, Physikerin, Landwirtin oder IT-System-Kauffrau etwas für sie wäre. Alle diese Berufe stehen auf einer Liste auf der "Girls' Day"-Website. Als Vorschläge, was Mädchen alles werden könnten, um starre Rollenbilder aufzubrechen. [...]. Der Gerechtigkeit halber muss gesagt werden, dass der "Girls' Day" seit einigen Jahren auch ein "Boys' Day" ist. Jungen sollen ebenfalls ermutigt werden, geschlechtsuntypische Berufe zu ergreifen. Am besten Erzieher, Grundschullehrer, Alten- oder Krankenpfleger, weil auch da dringend Leute fehlen. [...]

"Jungs streben auf dem Ausbildungsmarkt verstärkt in naturwissenschaftliche und technische Berufe, Mädchen eher in den Bereich der Pflegeberufe", teilte das Bundesamt am Mittwoch mit. Demnach lag der Anteil männlicher Auszubildender in Pflegeberufen zuletzt bei 22 Prozent, der Anteil weiblicher Auszubildender im Bereich "Naturwissenschaft, Geografie und Informatik" bei 17 Prozent. [...]

Das studieren Jungs häufig ...

73000-281

... und das Mädchen

73000-282

Eine ernüchternde Bilanz, aber wenig überraschend. Wie soll ein einziger Tag ausbügeln, was den Rest des Jahres schiefläuft? [...] Gleichzeitig belegen Studien, dass in Kitas und Schulen – und auch Elternhäusern – geschlechtstypische Interessen oft unbewusst deutlich gefördert und tradierte Rollenbilder vorgelebt werden.

Was wäre, wenn Lehrkräfte Jungen öfter unterstellen würden, sie seien besonders fürsorglich, sozial und an Büchern interessiert? Wenn sie bei Mädchen öfter davon ausgehen würden, sie seien richtig gut in Mathe und sehr durchsetzungsfähig? [...] Was wäre, wenn Mütter öfter Reifen wechseln und Überstunden machen würden? Und Väter öfter mit zum Schulausflug kämen, in der Mensa die Brötchen schmierten und im Reitstall die Ponys striegelten?

Fokken, Silke, ‚Mütter, wechselt öfter mal den Reifen', www.spiegel.de , 29.03.2019

Reifenwechseln ist nicht nur eine nützliche Fähigkeit, sondern auch eine spannende Team-Aufgabe.

AUFGABEN

82033-190

1. Beschreibe ausgehend von dem Video (Randspalte neben **M2**) die Zielsetzung des Girls- und Boys-Days und berücksichtigt dabei die Perspektive der Jugendlichen, der Unternehmen und des Staates.
2. Erkläre anhand von **M3**, warum Silke Fokken (die Autorin des Textes) die Aktion kritisch sieht.
3. Erörtere ausgehend von **M2** und **M3** den Erfolg des Girls- und Boys-Days.

6.4 Sucht der Job mich oder ich den Job?

Zum Thema: Firmen suchen Angestellte, Angestellte suchen Jobs. Aber wie finden beide Gruppen zusammen – und zwar so, dass es passt?

M1 Per Bewerbungsvideo auf Tiktok zum Traumjob?

EINSTIEGSAUFGABEN

82033-191

1. Erläutere mögliche Gründe für Fahids Vorgehen.
2. Beschreibe wie du vorgehen würdest, um eine Stelle zu finden.

M2 Wo lassen sich Stellenanzeigen finden?

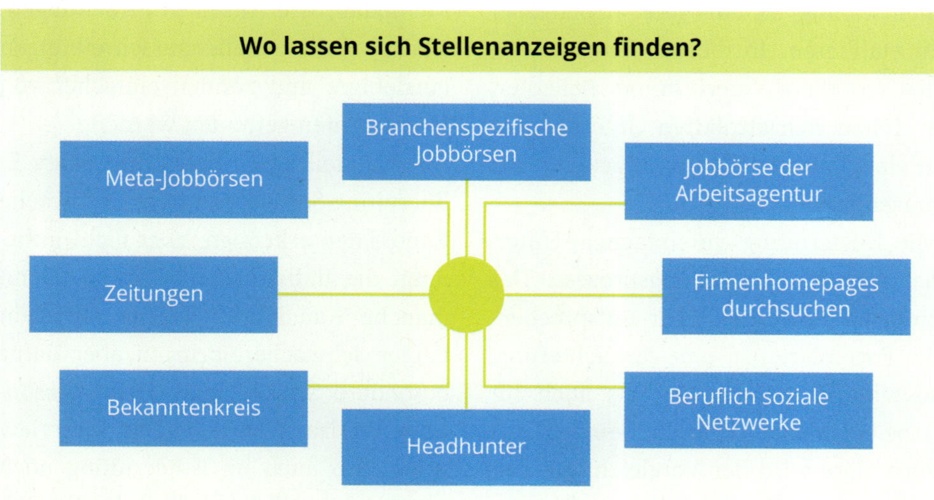

Bearbeiterin

Erklärtext Stellenanzeigen

82033-192

M3 Wie Unternehmen in Deutschland Mitarbeitende suchen und Stellen besetzen

Mitarbeitende gesucht und eingestellt über ...										
Anteile in Prozent	Eigene Mitarbeitende / persönliche Kontakte	Internet Jobbörsen (ohne Arbeitsagentur)	Eigene Homepage	Inserate	Arbeitsagentur	Initiativbewerbung, Bewerberpool	Soziale Medien	Private Arbeitsvermittlung	Auswahl aus Azubis, Praktikanten, Leiharbeitende	Sonstige
Personal gesucht	55	48	62	25	4	24	34	8	5	25
Stellen besetzt	34	17	13	8	8	6	-	4	2	3

Bearbeiterin, Daten nach: IAB, 2021

M4 E-Recruiting: Vor- und Nachteile für die Personalsuche

Die Suche nach offenen Arbeitsplätzen und Mitarbeitern ist eine der am stärksten wachsenden Suchkategorien im Internet. Mit E-Recruiting wird die Personalsuche effizienter. [...] Das liegt zum einen an der stetig steigenden Internetnutzung, aber auch daran, dass attraktive Kandidaten gut über Soziale Netzwerke erreicht werden können, auch wenn sie gerade nicht aktiv auf Jobsuche sind. [...] Im Bereich E-Recruiting ist es zunächst für das Unternehmen wichtig, sich als guter Arbeitgeber zu etablieren. In diesem Bereich werden vor allem Videos immer beliebter, in denen sich attraktive Unternehmen in einer humorvollen und lockeren Art präsentieren.

Mit E-Recruiting vereinfachen Unternehmen den Einstellungsprozess. Das einfache Bewerben über entsprechende Formulare ist eine Erleichterung, sowohl für Arbeitgeber, als auch für Arbeitsuchende. Durch einheitliche Formulare wird der Vergleich von verschiedenen Kandidaten vereinfacht, wodurch Personaler Zeit sparen. E-Recruiting Instrumente sind nicht nur sehr kostengünstig, sondern auch vergleichsweise wenig arbeitsintensiv. Arbeitgeber erhalten die Möglichkeit individuelle Stellenausschreibungen online zu stellen und können sich außerdem die passenden Plattformen für die Stellenanzeigen aussuchen. Zugleich können Unternehmen den Content an die eigenen Bedürfnisse und die gewählte Plattform anpassen und ansprechend gestalten. Im Gegensatz zu etablierten Methoden, wie Anzeigen in Zeitungen, sind Online-Stellenausschreibungen langlebiger und können einfacher von Interessenten gefunden werden.

Als Nachteil ist zu betrachten, dass E-Recruiting-Softwares zwar schwache Kandidaten erkennen, aber nicht unbedingt die individuellen Stärken. Denn manche Kandidaten wirken auf dem Papier schwächer, bringen aber dafür besondere Stärken mit. Dieser persönliche Eindruck entfällt. Das Interview spielt also auch im E-Recruiting noch eine wichtige Rolle als Teil des Einstellungsprozesses. [...]

Auch in den Sozialen Netzwerken können Unternehmen sich ansprechend darstellen. Deswegen spielen hier im Bereich E-Recruiting nicht nur Netzwerke, wie LinkedIn oder Xing eine wichtige Rolle, sondern auch Facebook, Instagram und Co.

Mobile Recruiting liegt mittlerweile stark im Trend und wird in Zukunft noch an Bedeutung gewinnen. Beim Mobile Recruiting können Kandidaten bequem mit dem Smartphone alle Schritte des Bewerbungsprozesses durchlaufen. Der große Vorteil ist, dass Kandidaten sich direkt und von überall aus einfach mit dem Smartphone bewerben können. Für Unternehmen bedeutet das eine Steigerung der Bewerberreichweite und eine Vereinfachung des Bewerbungsprozesses. [...] Da Unternehmen vor allem auf der Suche nach jüngeren Mitarbeitern sind, stellt E-Recruiting die beste Variante dar, um dem drohenden Fachkräftemangel entgegenzuwirken.

Gärtner, Christopher, E-Recruiting: Vor- & Nachteile für die Personalsuche', www.unternehmer.de, 20.2.2019

Ein Mausclick und ein Dutzend Bewerberinnen und Bewerber steht bereit – so zumindest die Theorie beim E-Recruiting.

AUFGABEN

82033-193

1. Begründe, welche Form der Stellensuche aus **M2** nach Angaben in **M3** am erfolgversprechendsten wäre.
2. Erläutere Vor- und Nachteile des E-Recruiting aus Sicht der Arbeitnehmenden und Arbeitgebenden ausgehend von **M4**.
3. Suche Stellenanzeigen zu deinem aktuellen Traumberuf (zum Beispiel unter https://www.arbeitsagentur.de/jobsuche/). Analysiere diese anhand der Methodenkarte auf der nächsten Seite.
4. Wenn man einen BoGy-Platz sucht, findet man diesen häufig nicht in Form einer veröffentlichten Stellenanzeige. Daher bietet es sich an, ausgewählte Unternehmen anzurufen, um sich zu erkundigen, ob diese einen BoGy-Platz anbieten. Simuliere mit deinem Gegenüber einen Anruf.

Checkliste: Als Bewerber richtig mit Unternehmen telefonieren

82033-194

METHODE

Der Berufswahlprozess: eine Stellenanzeige analysieren

I. Worum geht es?

Unternehmen schreiben offene Stellen meist mit Stellenanzeigen aus. Diese findest du in Zeitungen, auf der Firmenhomepage, Xing, etc.
Stellenanzeigen sind auch in der Berufsorientierung wichtige Tools, um ein Gefühl für die Anforderungen der Berufswelt zu erhalten. Sie helfen dir zu erkennen, ob die Anforderungen deines aktuellen Traumberufs auch zu deinen Vorstellungen von dem Beruf passen. Weiter kann man die Entwicklung der Anforderungen in einem Berufsfeld über einen längeren Zeitraum beobachten und so erkennen, wie sich die Arbeitswelt weiterentwickelt.

II. Geht dabei wie folgt vor:

1. Schritt: Harte Fakten analysieren

Um Stellenanzeigen zu analysieren, geht man folgendermaßen vor:

- Werden konkrete Angaben zum geforderten Schul- bzw. Bildungsabschluss gemacht?
- Welche Qualifikationen werden gefordert?
  - Werden bestimmte Soft Skills vom Bewerber gefordert?
  - Wird in wünschenswerte und erforderliche Voraussetzungen unterschieden?
  - Werden Zusatzqualifikationen verlangt?
- Werden konkrete Aufgabenbereiche und Tätigkeiten genannt?
- Gibt es Informationen zu den Rahmenbedingungen (Arbeitszeiten, Auslandsaufenthalte, Lohnhöhe, ...)?

2. Schritt: Was steht zwischen den Zeilen?

Zum Schluss sollte man auch nochmal „zwischen den Zeilen" lesen. Oft finden sich dort Informationen zum Unternehmen oder dem Team, in dem die Stelle ausgeschrieben wird.

- Wie gestaltet das Unternehmen die Anzeige farblich – schwarz-weiß und eher konservativ oder farbig, knallig und jung-dynamisch?
- Sind viele Anforderung konkret formuliert ‚mindestens Master-Abschluss' oder vage ‚belastbar, teamfähig, dynamisch'?

Auch aus diesen Informationen lässt sich viel über das Unternehmen und die Aufgabe herauslesen.

Bearbeiterin

6.5 Sollen Bewerbungen anonymisiert werden?

Zum Thema: ‚Eine Bewerbung besteht immer aus Anschreiben, Lebenslauf, Zeugnissen.' Wirklich? Kann ich nicht auch diese Informationen anders kommunizieren und damit mehr herausstechen?

M1 Fallbeispiel: Ismails ungewöhnliche Bewerbung

Es sind große Hoffnungen und zerplatzte Träume, die Ismail Zengin auf der Suche nach seinem Traumjob zu einem sehr ungewöhnlichen Schritt bewegt haben. Nichts wünscht sich der ehrgeizige 29-jährige Berufsanfänger aus Tuttlingen mehr, als in Stuttgart bei einem großen Autobauer wie Daimler oder Porsche Karriere zu machen. Egal ob im Marketing oder der Kommunikationsabteilung, irgendwas mit Medien muss es sein. „Doch nach meinem 80. Bewerbungsschreiben und den dazugehörigen 80 Absagen habe ich festgestellt, dass der klassische Bewerbungsweg mich nicht zu meinem Ziel führen wird", sagt er. „Also habe ich nach kreativeren Möglichkeiten gesucht, um Top-Manager sowie Entscheider dieser Unternehmen persönlich anzusprechen", erzählt Zengin, der an der Hochschule in Offenburg ein Bachelorstudium in der Fachrichtung Medien und Informationswesen absolvierte. Dann hatte der in der Türkei geborene Deutsche die zündende Idee: Google-AdWords. Das sind Werbeanzeigen bei Google, die bei bestimmten Suchbegriffen neben oder über den Suchergebnissen angezeigt werden.

Der ehrgeizige Zengin – gestutzter Bart, das schwarze Haar nach hinten gegelt und ein verschmitztes Lächeln – dachte quer: Wenn ich meinen Namen selbst google, machen das sicher auch Vorstände und Top-Manager aus der Stuttgarter Autobranche. Also jene Leute, für die er gerne arbeiten würde. Daraufhin nahm er seine Wunschfirmen – Porsche, Daimler und AMG – genau unter die Lupe. Er pickte sich Schlüsselfiguren raus, darunter Entscheider mit der Befugnis, Personal einzustellen.

Als nächstes buchte der 29-Jährige 43 Anzeigen bei Google. Wenn nun die von ihm ausgewählten Entscheider nach ihrem Namen googeln, erscheint ganz oben in der Ergebnisliste eine von dem forschen Bewerber verfasste persönliche Botschaft an den Adressaten. „Hallo Wilfried Porth – geben Sie mir eine Chance", steht da zum Beispiel in einer auf den Personalchef von Daimler gemünzten Anzeige. „Sich googlen ist gut. Einen Bachelor und Daimler-Fan einstellen ist besser", heißt es im Text der Annonce.

Nach Zengins Angaben wurden seine Anzeigen seit Juli insgesamt von 3.000 Menschen im Netz gesehen und bislang etwa 130 mal angeklickt. Die Kosten berechnen sich nach den Klickzahlen, 130 Euro hat Zengin bis heute insgesamt dafür bezahlt.

Scholl, Jonas: Jobsuche bei Porsche und Daimler – Das ist Stuttgarts ungewöhnlichste Bewerbung, Stuttgarter Nachrichten, 290.09.2016

EINSTIEGSAUFGABE 82033-195

Arbeite aus dem Fallbeispiel heraus, was an der Bewerbungsart von Ismail so ungewöhnlich ist.

M2 Welche Bewerbungsarten kann ich verwenden?

Bewerbungsarten erklärt

82033-196

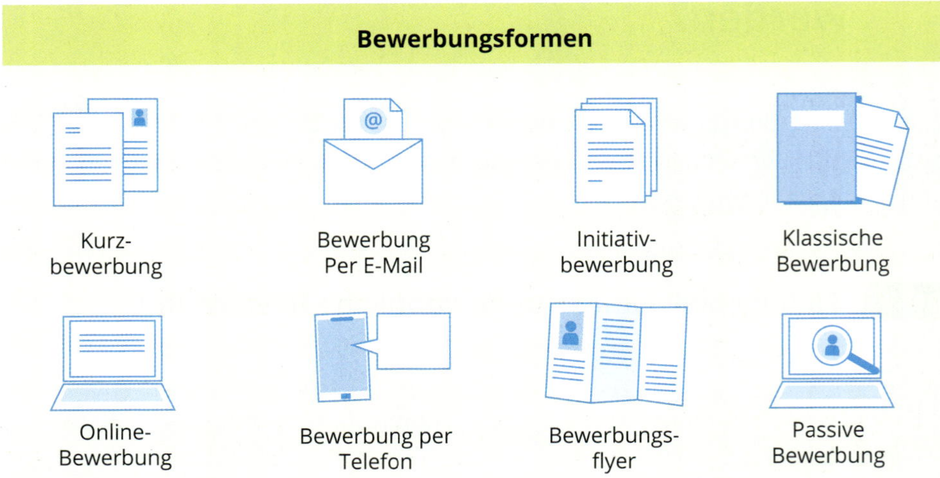

Bearbeiterin

M3 Kontrovers diskutiert: Pro und Contra anonyme Bewerbungen

Zusatzmaterial: Anonymiserte Bewerbungen: Pro und Contra

82033-197

Vorurteile gibt es leider überall – auch im Bewerbungsverfahren. Diskriminierung aufgrund des Alters, des Bewerbungsfotos oder auch des Namens ist bei Bewerbungen keine Ausnahme und trifft vor allem Migranten und Frauen. Die anonymisierte Bewerbung nach Vorbild der USA verzichtet deshalb auf gewisse persönliche Angaben und wirbt so für mehr Chancengleichheit. [...]
Studien haben gezeigt, dass Menschen ab 50, Frauen mit Kindern und Personen mit Migrationshintergrund schlechtere Chancen haben, zu einem Vorstellungsgespräch eingeladen zu werden – obwohl sie dieselben Qualifikationen für den Beruf haben wie ihre Mitbewerber.
Eine Studie des Institutes zur Zukunft der Arbeit (IZA) zeigt, dass die Chance auf eine Einladung zum Vorstellungsgespräch bei Bewerbern mit einem türkischen Namen um 14 Prozent geringer ist. Durch eine anonyme Bewerbung sollen alle Bewerber mit den gleichen Qualifikationen dieselben Chancen erhalten. Der Fokus liegt allein auf der Berufserfahrung. Nur anhand dieser Informationen – ohne Kenntnis der persönlichen Angaben – entscheiden Personaler dann, wen sie zu einem Vorstellungsgespräch einladen wollen.

Diese Angaben fehlen im Lebenslauf:
- Name,
- Adresse,
- Alter,
- Geschlecht,
- Familienstand,
- Herkunft/Nationalität,
- Foto des Bewerbers.

Natürlich werden auch sonst keine Jahreszahlen im Lebenslauf aufgeführt, um keine Rückschlüsse auf das Alter zuzulassen. Stattdessen geben die Bewerber nur die Gesamtdauer eines Lebensabschnitts an. [...]

Pro anonyme Bewerbung

Die Vorteile bei einem anonymisierten Verfahren liegen klar auf der Hand: Kandidaten werden wirklich nur anhand ihrer Qualifikationen beurteilt, da Arbeitgeber nicht mehr - bewusst oder unbewusst - von den persönlichen Angaben beeinflusst werden können. Somit erhalten auch andere Bewerbergruppen die Chance zum Vorstellungsgespräch eingeladen zu werden und es entsteht mehr Vielfalt im Unternehmen. Außerdem können Arbeitgeber durch einheitliche Bewerbungsunterlagen die Bewerber besser vergleichen.

Contra anonyme Bewerbung

Vereinheitlichte Bewerbungsunterlagen sind aber auch ein großer Nachteil. Vor allem Berufsanfänger können so nicht mehr ihre persönlichen Stärken am Anfang hervorheben und auf eine individuelle Gestaltung setzen, sondern fallen durch ihren Mangel an Qualifikationen sofort negativ auf. Als Einstiegsbewerbung in den Beruf, eignet sich die anonymisierte Bewerbung also nicht. Außerdem schützt ein anonymes Verfahren nicht vor Diskriminierung im Vorstellungsgespräch!

© webschmiede Gmbh, Ein Beitrag von Bernadette 'Anonyme Bewerbung – Vorbild USA', www.bewerbung.net, Zugriff 05.05.2017

Anonyme Bewerbungen, teilweise auch ganz ohne Foto, lenken den Fokus auf die Qualifikationen der Bewerberin bzw. des Bewerbers.

AUFGABEN

82033-198

1. Ordne die verschiedenen Strategien von Ismail (**M1**) den verschiedenen Bewerbungsarten in **M2** begründet zu.
2. Vergleiche die in **M2** dargestellten Bewerbungsarten.
3. Erörtere ausgehend von **M3**, ob sowohl aus Sicht der Unternehmen als auch aus Sicht der Bewerber:innen Bewerbungen anonymisiert werden sollen.
4. Erstelle eine eigene Bewerbungsmappe, lasse sie von deinem Gegenüber kontrollieren. Beachte die Hinweise und Übungen im digitalen Aufgabenkasten.

Die Bestandteile einer Bewerbungsmappe

Die Bewerbungsmappe (die Online-Bewerbung) besteht aus:

1. Anschreiben
2. Lebenslauf mit Foto
3. Kopie des letzten Schulzeugnisses
4. Evtl. Bescheinigungen von Praktika oder AGs.

In dieser Reihenfolge werden die Unterlagen auch in der Mappe geordnet.

Hinweise: Bewerbungen im Ausland

82033-199

Der Berufswahlprozess: Bewerbungsunterlagen erstellen

I. Worum geht es?

Die Stellenanzeige passt zu dir, jetzt geht es an die Schreibarbeit. Denn schließlich musst du auch das Unternehmen von dir überzeugen.

II. Geht dabei wie folgt vor:

1. Schritt: Das Anschreiben formulieren

Das Anschreiben ist die Bewerbung der eigenen Person für die ausgeschriebene Stelle. Die Bewerberin/der Bewerber stellt sich, ihre/seine Qualifikationen und Fähigkeiten dar und erklärt, warum sie/er sich für die Stelle bewerben möchte und wirbt damit für eine Einladung zu Bewerbungsgespräch.

Miriam Weber
Meerstraße 71
76543 Unterstadt
Tel. 0760 / 1239876
E-Mail: weber.miriam@mail.com

Kommunikation GmbH
z. Hd. Frau Maier
Kupfergasse 23
76542 Mittelstadt

14.10.2023

Bewerbung um ein BoGy-Praktikum als Kauffrau für Marketingkommunikation

Sehr geehrte Frau Maier,

mit großem Interesse habe ich mit Ihnen auf der letzten Berufsorientierungsmesse gesprochen. Sie haben mir in diesem Zuge angeboten, mich für ein einwöchiges BoGy-Praktikum 2024 in der Kalenderwoche 12 zur Kauffrau für Marketingkommunikation zu bewerben. Für diese Stelle bewerbe ich mich hiermit.

Im Rahmen eines Tagespraktikums während des Girls- and Boys-Days in der Marketingabteilung eines Lebensmittelgroßhandels war ich in der Werbe- und Vertriebsabteilung eingesetzt. Dort konnte ich erste Einblicke in betriebliche Abläufe gewinnen. Besonders hat mir in diesem Zusammenhang die digitale Gestaltung der Werbeanzeigen gefallen.

Über Ihren Internetauftritt konnte ich mich bereits intensiv über Ihr Unternehmen informieren. Insbesondere die internationale Ausrichtung Ihres Unternehmens entspricht meinen beruflichen Vorstellungen. Mithilfe des Portals www.berufenet.arbeitsagentur.de der Bundesagentur für Arbeit habe ich mich zusätzlich über das Berufsfeld der Kauffrau für Marketingkommunikation kundig gemacht.

Wenn ich Ihr Interesse geweckt habe, freue mich sehr über eine Einladung zum Vorstellungsgespräch.

Mit freundlichen Grüßen

Miriam Weber
Miriam Weber

2. Schritt: Den Lebenslauf erstellen

Der Lebenslauf ist die Visitenkarte der Bewerberin/des Bewerbers, in der die persönliche Bildungs- und Berufshistorie aufgelistet wird. Der Lebenslauf sollte eine tabellarische Form haben und kann sowohl herkömmlich (chronologisch aufsteigend von der frühesten Station aus) als auch in der „amerikanischen Form“ (absteigend chronologisch vom aktuellsten Stand ausgehend) aufgebaut werden. Ein Foto ist nicht verpflichtend vorgesehen. Solltest du dich für ein Bild entscheiden, solltest du auf eine gepflegte Erscheinung achten und einen freundlichen Gesichtsausdruck haben. Das erweckt bei der Person, die sich deinen Lebenslauf anschaut, einen positiven Eindruck. Man sollte keinesfalls private Freizeitbilder nutzen, sondern sich von einer Fotografin/ einem Fotografen fotografieren lassen.

Lebenslauf

Persönliche Daten

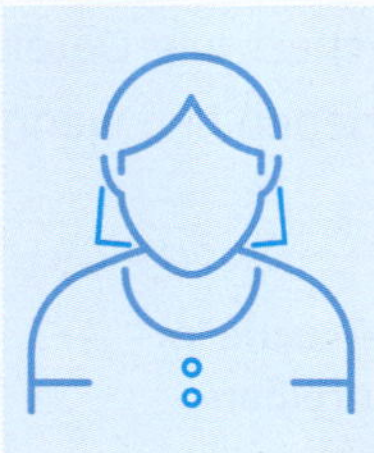

Name:	Miriam Weber
Anschrift:	Meerstr. 71 76543 Unterstadt Tel. 0760 / 1239876 E-Mail: weber.miriam@mail.de
Geburtsdatum:	30.10.2006
Geburtsort:	Heilbronn

Schulbildung

Schulbildung:	2014 – 2018 Grundschule Lerchenbach, Mittelstadt 2018 – heute Gymnasium Mittelstadt Abitur (voraussichtlich 2026)
Lieblingsfächer:	Mathematik, Kunst, Informatik

Interessen, Kenntnisse und Kompetenzen

Sprachkenntnisse:	Englisch (Niveau B1+), Französisch (Niveau B1+)
Computerkenntnisse:	Grundkenntnisse in Office-Programmen
Persönliche Stärken:	Kommunikationsfähigkeit, Kreativität und Teamfähigkeit
Hobbys:	Fotografieren, Lesen, Skifahren

Praktische Erfahrungen

Praktikum:	Marketingabteilung Lebensmittelgroßhandel (Sommer 2017): Erstellen von Kundenstatistiken, Mitarbeit bei der Gestaltung von Werbeanzeigen

Miriam Weber

Unterstadt, 14.10.2023

Bei vielen Online-Bewerbungen wird das Foto nicht auf den Lebenslauf gesetzt, sondern auf ein Deckblatt.

3. Schritt: Alle Unterlagen sorgfältig kontrollieren

Für die Bewerbungsunterlagen gibt es keine zweite Chance. Diese sollten daher tadellos und fehlerfrei abgegeben werden.

- Für Anschreiben und Lebenslauf sollte man weißes, unliniertes Papier in DIN A4-Format verwendet werden.
- Anschreiben und Lebenslauf sollten auf die jeweiligen Unternehmen angepasst werden.
- Datum und persönliche Angaben sollten auf beiden Dokumenten übereinstimmen.
- Nur Kopien der Zeugnisse verschicken.
- Die kompletten Bewerbungsunterlagen werden am besten in speziellen Bewerbungsmappen abgegeben.

Tipp:
Am besten macht man sich vor jeder Bewerbung entweder eine Kopie oder speichert alle Dateien gut geordnet ab. Damit weiß man noch, was man geschrieben hat, wenn man zum Bewerbungsgespräch eingeladen wird.

Fehlersuche im Anschreiben
82033-200

Checkliste für das Anschreiben
82033-201

Checkliste für deine Bewerbung
82033-202

H5P-Übung: Formulierungen fürs Anschreiben
82033-203

H5P-Übung: Eine Email-Bewerbung schreiben
82033-204

Bearbeiterin

6.6 Bewerbungsgespräche – (k)ein Problem?

Zum Thema: Das Anschreiben und der Lebenslauf sind verschickt – und ihr habt eine Arbeitgeberin bzw. einen Arbeitgeber neugierig gemacht. Nun kommt die nächste Hürde, das Vorstellungsgespräch.

M1 Bewerbung vermasselt?

Karikatur: Roger Schmidt

EINSTIEGSAUFGABE 82033-205

Stellt Vermutungen an, was in diesem Vorstellungsgespräch alles falsch gelaufen sein könnte.

M2 Das erwarten Unternehmen

SAP ist einer der weltweit führenden Anbieter von Software für die Steuerung von Geschäftsprozessen und entwickelt Lösungen, die die effektive Datenverarbeitung und den Informationsfluss in Unternehmen erleichtern. Mit über 100.000 Mitarbeitenden gibt es eine Menge Abteilungen bei SAP. Ich bin Oliver Gutzeit und arbeite als IT-Manager bei SAP an unserem Hauptsitz in Walldorf. Als interne IT haben unsere Teams Kontakt mit allen Bereichen in der Firma und allen unseren Produkten – ein spannender Platz für ein Praktikum! Man kann sich sicher vorstellen, dass wir viele Bewerbungen bekommen, für ein Praktikum, für coole Ferienjobs oder um ganz bei SAP zu arbeiten. Mein erster Tipp ist hierfür, sich besonders Mühe bei der Erstellung der Bewerbung zu geben, damit man aus der Masse heraussticht. Das fängt bei der Betreffzeile an und setzt sich in Schriftart, Form und Gestaltung der Bewerbung fort. Wenn eine Bewerbung Aufmerksamkeit erzeugt und echtes Interesse an SAP zeigt, kommt es im nächsten Schritt zu einem Kennenlerngespräch. Hier erwarten wir von den Bewerbern Pünktlichkeit und ein höfli-

Gängige Auswahlverfahren

Einstellungstest: Viele Unternehmen lassen die Bewerber:innen Tests schreiben, in denen Allgemeinwissen oder grundlegende Fähigkeiten in bestimmten Bereichen abgefragt werden, die für den jeweiligen Beruf wichtig sind. Neben fachlichen Inhalten gibt es auch psychologische Eignungstests, um geistige Fähigkeiten zu prüfen.

Vorstellungsgespräch: Zu einem Vorstellungsgespräch werden diejenigen Bewerber:innen eingeladen, deren Bewerbungsunterlagen überzeugt haben. Hier geht es darum, dass der Betrieb die Bewerberin/den Bewerber persönlich kennen lernen möchte. Zum einen wird geschaut, ob die Person von der Persönlichkeit her ins Team und zum Arbeitsplatz passt, zum anderen wird überprüft, ob der Eindruck, den die Bewerberin/der Bewerber in der schriftlichen Bewerbung vermittelt hat, auch in der Realität zutreffend ist.

ches sowie aufgeschlossenes Auftreten. Immer öfter findet das auch in einer Videosession statt, die die Jugendlichen aus dem Homeschooling schon kennen. Hier kann man sich schon perfekt vorbereiten, ein ruhiger Platz, gutes Licht, das letzte Update der Software und ein stabiles Internet sind die halbe Miete. Aber egal ob das Gespräch am Computer oder in einem Meetingraum stattfindet: man kann viel Begeisterung auslösen, wenn man sich vorher schon im Internet über die Firma, bei der man sich bewirbt, informiert. Was machen die eigentlich? Und warum will man da unbedingt hin? Bewerber sollten sich im Gespräch möglichst natürlich verhalten und sich vorher bereits schon Fragen ausdenken, die man stellen möchte, z. B. wie ein typischer Tag aussehen würde oder welche Kleidung oder Umgangsformen bevorzugt werden – bei SAP duzen wir uns zum Beispiel alle. Eine Bewerbung für ein BOGY oder BORS ist übrigens die perfekte Übung für später, also sollten die Jugendlichen die Chance nutzen und sich präsentieren, als das was sie sind: einzigartig!

Bearbeiterin, Interview mit Dr. Oliver Gutzeit, SAP Ingenieur und IT-Manager

M3 Gut vorbereitet ins Vorstellungsgespräch

Aus eurer Bewerbung weiß der Personaler, dass euer Profil mit den Anforderungen des Unternehmens harmoniert. Jetzt möchte die Firma euch auch persönlich kennenlernen und lädt euch zu einem Interview in die eigenen Räumlichkeiten ein. Bewerbungsgespräche folgen oft dem gleichen Muster, doch es gibt Unterschiede zwischen einem Vorstellungsgespräch fürs Schülerpraktikum und Bewerbungsgesprächen für Studenten oder Berufserfahrene. Als Schüler habt ihr erst wenige Stationen in eurem Leben durchlaufen und wollt im Zuge des Praktikums eure ersten Erfahrungen sammeln. Studenten und Berufserfahrene haben da schon deutlich mehr hinter sich und werden stärker in die Mangel genommen. Meist dauert das Vorstellungsgespräch für Schüler auch nicht so lange wie ein Jobinterview. Einige Aspekte sind aber deckungsgleich, allen voran die vier berühmten Fragen: Warum ihr euch gerade bei diesem Unternehmen beworben habt, was ihr über das Unternehmen wisst, warum ihr gut zum ausgeschriebenen Praktikum passt und was eure Stärken und Schwächen sind. Auf diese vier Fragen solltet ihr euch unbedingt vorbereiten.

Das erste Vorstellungsgespräch ist eine aufregende Sache, ein bisschen Nervosität ist ganz normal. Je besser ihr euch vorbereitet, desto entspannter könnt ihr den Termin angehen und werdet mit allen Fragen fertig. Überlegt euch also im Vorfeld genau, wie ihr euch vorstellen könnt. Denn oft lautet die allererste Frage im Vorstellungsgespräch fürs Schülerpraktikum: Können Sie mir etwas über sich erzählen?

Das klingt vage, zielt aber auf euren Lebenslauf ab. Natürlich solltet ihr den nicht einfach herunterbeten, sondern euch auf einige Punkte beschränken. Wichtig ist, dass ihr ergänzend und plausibel erläutert, warum ihr eure Schule besucht (zum Beispiel: "Ich wollte schon immer früh beruflich durchstarten, deshalb habe ich mich für die Realschule entschieden und möchte anschließend schnell eine betriebliche Ausbildung anfangen."), warum ihr euch ausgerechnet für eure Wahlfächer entschieden habt oder weshalb ihr eure Hobbies ausübt. Im Idealfall hat das Schülerpraktikum etwas damit zu tun und dem Personaler wird ersichtlich, dass ihr perfekt zu diesem Praktikum passt. Wichtig: viel länger als drei Minuten sollte eure Kurzvorstellung nicht dauern. Probt die Kurzvorstellung mit Freunden, Familienmitgliedern oder vor dem Spiegel und stoppt die Zeit.

Anschließend stellt der Personaler ein paar Fragen. [...] Warum interessieren Sie sich für genau dieses Praktikum? Welche Erfahrungen (zum Beispiel aus Ehrenämtern, Praktika, Schulprojekten, Vereinsarbeit) bringen Sie schon mit?

Auch gemeine Fragen können vorkommen. Beispielsweise nach einer suboptimalen Schulnote oder einem Schulwechsel. Lasst euch davon nicht aus der Ruhe bringen. Der Personaler möchte nur sehen, wie ihr in stressigen Situationen reagiert. Bleibt deshalb gelassen und beantwortet die Frage möglichst souverän (Beispiel: "Die schlechte Biologienote habe ich für mich schon als Problem identifiziert und arbeite an einer Lösung."). Weil ihr als Schüler naturgemäß noch nicht viel Fachwissen und berufliche Erfahrung mitbringt, steht vor allem eure Persönlichkeit im Fokus. Der Personaler schaut sich genau an, wie ihr auftretet, wie gut ihr euch ausdrücken könnt, wie ihr euch insgesamt präsentiert, und ob ihr ins Team passt. [...]

Das Vorstellungsgespräch fürs Schülerpraktikum dauert selten länger als 30 Minuten. Seid pünktlich und wählt ein gepflegtes Outfit. Den besten Eindruck hinterlasst ihr, wenn ihr euch vorher über das Unternehmen informiert habt (wichtige Daten, Fakten und Informationen gibt es auf der Webseite der Firma oder bei Wikipedia). Nach dem Interview braucht ihr noch ein wenig Geduld. Mindestens eine Woche dauert es in der Regel, bis ihr wisst, ob ihr einen Praktikumsvertrag erhaltet.

Schülerpraktikum – Gut vorbereitet ins Vorstellungsgespräch, in: www.bigkarriere.de , Zugriff 05.08.2022

AUFGABEN

82033-206

1. Arbeite aus **M2** heraus, welche Erwartungen an ein erfolgreiches Bewerbungsgespräch gestellt werden.
2. Schaue dir die zwei verlinkten Videos an. Begründe, ob du bei einer der Bewerbungen eine Einstellung in Erwägung ziehen würdest.
3. Entwickelt ausgehend von **M2** und **M3** eine Checkliste für ein erfolgreiches Bewerbungsgespräch.
4. Suche dir zusammen mit deiner Sitznachbarin bzw. deinem Sitznachbarn eine Stellenanzeige der Bundesagentur für Arbeit oder einer privaten Stellenbörse aus (Erinnerung: Methode → Stellenanzeigenanalyse). Eine:r von euch bereitet sich als Personaler:in auf ein Bewerbungsgespräch vor, die/der andere als Bewerber:in. Beachtet dabei **M2** und **M3**. Simuliert anschließend ein Bewerbungsgespräch.

Beispielvideo 1: Vorstellungsgespräch

82033-207

Beispielvideo 2: Vorstellungsgespräch

82033-208

H5P-Übung: Kleidung beim Vorstellungsgespräch

82033-209

H5P-Übung: Formulierungen beim Vorstellungsgespräch

82033-210

6.7 Sind meine Erwartungen kompatibel mit den Erwartungen der Unternehmen?

Zum Thema: Bewerbung geschrieben, Vorstellungsgespräch geschafft – jetzt geht das Praktikum los. Morgen stehe ich im Betrieb. Was muss ich jetzt noch beachten?

M1 Was erwarten die Personalchefs von mir?

1 Ich lege sehr viel Wert auf ein persönliches Motivationsschreiben bei der Bewerbung und lese dieses auch immer sehr aufmerksam durch. Ich kann daher nur empfehlen, sich Gedanken zu machen, warum man ein Praktikum genau in dieser Firma machen will. Was interessiert einen persönlich? Wovon ist man begeistert? Was erhofft man sich von einem Praktikum in dieser Firma? Direkte Anschreiben per E-Mail finde ich klasse, aber bitte ohne Rechtschreibfehler! Und dann mit Neugierde und Interesse zum Praktikum, dann wird das eine sehr wertvolle Zeit für beide Seiten.

Oliver Gutzeit
Promovierter Ingenieur und IT-Manager bei SAP.

Nina Behrens
Ausbildungsleiterin bei der hagebau-centrum bolay GmbH & Co. KG

2 Schülerinnen und Schüler sollen mutig und offen für die neuen Erfahrungen sein, die sie auf noch unbekanntem Terrain machen dürfen. Sie sollten die Schulzeit nutzen, um möglichst viele Praktika zu machen. Jedes Praktikum bietet eine Chance – man lernt sich selbst besser kennen und weiß schon eher in welche Richtung es nach der Schule (nicht) gehen soll. Um einen optimalen Praktikumsstart hinlegen zu können, sollte die Bewerbung nicht auf den letzten Drücker in Angriff genommen werden und auch eine zum erprobten Beruf passende Kleidung hilft beim ersten Eindruck.
Nachfragen zeigt Interesse und wird während eines Praktikums gerne gesehen – während der "Arbeitszeit" am Handy zu hängen hingegen eher weniger.

Interviews Bearbeiterin

EINSTIEGSAUFGABE

82033-211

1. Was erwartet ihr von eurem BoGy Praktikum?
2. Vergleicht die Erwartungen von Herrn Dr. Gutzeit und Frau Behrens mit euren eigenen Erwartungen.

M2 Was Betriebe sich wünschen ...

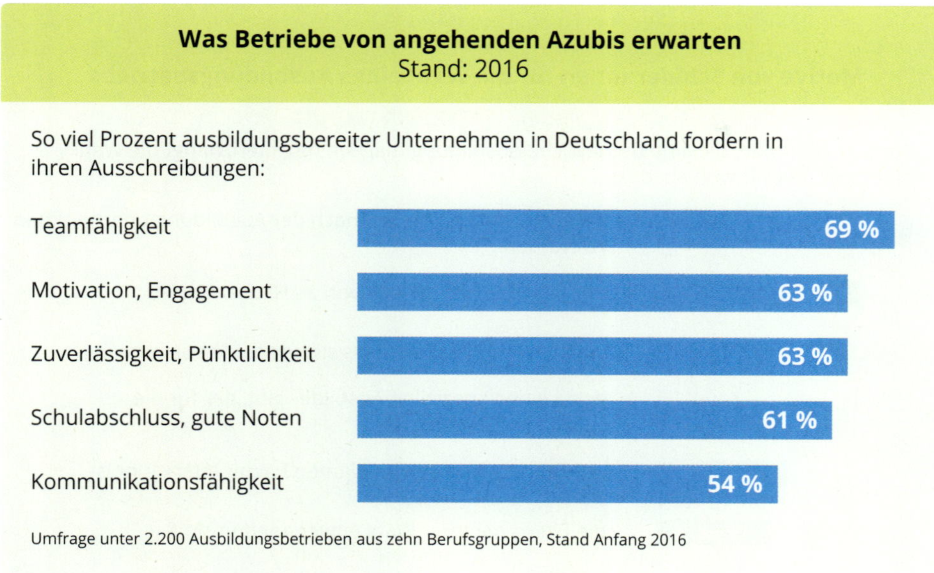

Nach: Bundesinstitut für Berufsbildung, Datenquelle: Globus-Grafik 11388

M3 Was Unternehmen erwarten

Die Suche nach einem Ausbildungsplatz ist nur erfolgreich, wenn man weiß, auf welche Kriterien Unternehmen bei der Einstellung besonderen Wert legen. Die Studie "Berufsausbildung in Deutschland" zeigt, dass das persönliche Gespräch mit dem potenziellen neuen Mitarbeiter an erster Stelle steht. An zweiter Stelle folgen so genannte Soft Skills. Weiche Faktoren wie soziales Verhalten und Teamfähigkeit sind für 93 Prozent der Betriebe von Bedeutung. Ergebnisse in Einstellungstests spielen mit 56 Prozent eher eine untergeordnete Rolle.

„Die Ergebnisse zeigen, dass ein gutes Gespräch schon die halbe Miete sein kann. Außerdem ist es wichtig, Schüler und angehende Auszubildende auch im Soft-Skills-Bereich zu trainieren", so Bernhard Karrasch [...]. Doch zuerst muss man die Hürde nehmen, eine Einladung zum Vorstellungsgespräch zu erhalten. Ein weiteres wichtiges Kriterium für Unternehmen ist das Erscheinungsbild des Bewerbers. Erst danach folgen Motivation, berufsbezogene Eigenschaften und Aufmachung der Bewerbung.

Das deutsche Bildungssystem ist in der Vergangenheit heftig in die Kritik geraten, und die Qualifikationen der Schüler werden oftmals als mangelhaft dargestellt. Laut der Studie finden nur knapp 20 Prozent der Unternehmen, dass die durchschnittliche Qualität der Schulabgänger sehr gut ist. Ganze 23 Prozent der Befragten schätzt die Qualifikation der Schüler schlecht ein. Die drei häufigsten Nennungen zu fehlenden Qualifikationen der Bewerber sind schlechte Schulnoten im Allgemeinen sowie mangelhafte Mathematik- und Deutschkenntnisse. [...]

Azubis: Was Unternehmen erwarten, in: www.stern.de, 21.11.2004

M4 „Ich habe hier den Ausbildungsvertrag unterschrieben, weil … “

Motive von Schüler:innen für die Wahl eines Ausbildungsbetriebs

Für Schüler:innen, die eine betriebliche Ausbildung machen möchten, hängt die Wahl eines Betriebes davon ab, dass …

©C.C. Buchner Verlag, Daten nach: McDonald's Ausbildungsstudie 2019 (Institut für Demoskopie Allensbach)

AUFGABEN

82033-212

1. Erläutere anhand von **M2** und **M3** welche Erwartungen Betriebe an Auszubildende haben.
2. Vergleiche, ob sich die Wünsche der Betriebe mit den Erwartungen der Jugendlichen decken (**M4**).
3. Beschreibe die heutigen betrieblichen Anforderungen an eine arbeitnehmende Person aus der Perspektive einer/eines Beschäftigten im mittleren Alter, einer/eines Beschäftigten, die/der wenige Jahre vor dem Renteneintritt steht und im Anschluss aus deiner persönlichen Perspektive.
4. Gestalte einen Flyer, um Tipps und Hinweise für ein gelungenes Praktikum zu geben. Zielgruppe sind sowohl Schülerinnen und Schüler als auch Unternehmen.

Der Berufswahlprozess: das BoGy-Praktikum

I. Worum geht es?

Das BoGy-Praktikum ist ein Betriebspraktikum mit dem gezielten Versuch, Betriebs- und Arbeitswelt in Handwerks-, Industrie- oder Wirtschaftsunternehmen kennen zu lernen. Betriebspraktika sollten vorwiegend durchgeführt werden, um Einblicke in bestimmte Arbeitsbereiche und soziale Aspekte des Betriebs zu erlangen. Wenn das Betriebspraktikum gut vorbereitet wird, kann es sehr gewinnbringend sein. Besonders wichtig ist, dass vor dem Praktikum Interessenschwerpunkte und Erwartungen zu bestimmten Berufsfeldern bereits geklärt sind.

Praktikumsauswertung mit dem BoGy-Kompass

82033-213

II. Geht dabei wie folgt vor:

1. Schritt: Auswahl geeigneter Unternehmen

Im Zuge der letzten Kapitel in diesem Buch hast du bereits erste Ideen für mögliche Berufsfelder und Berufe entwickelt, die dich interessieren könnten. Recherchiere nun Unternehmen und Betriebe in deinem Umfeld, in denen Mitarbeiterinnen und Mitarbeiter in den jeweiligen Berufsfeldern tätig sind. Wenn du unsicher bist, erkundige dich bei Familie, Freundinnen und Freunden, Lehrkräften, der Industrie- und Handelskammer, der Handwerkskammer oder der Bundesagentur für Arbeit.

Tipp:
Suche mehrere Unternehmen aus, bei denen du dich bewerben kannst. So ist die Wahrscheinlichkeit höher, schnell einen Praktikumsplatz zu finden.

Kontaktaufnahme mit dem Unternehmen:

1. Telefonische Kontaktaufnahme oder Kontaktaufnahme per Mail um zu erfahren, ob das Unternehmen einen Praktikumsplatz anbietet (siehe Checkliste „richtig telefonieren" weiter vorne im Kapitel 6.4).
2. Zusendung der vollständigen Bewerbungsunterlagen.
   → Anschreiben
   → tabellarischer Lebenslauf
   → Begleitschreiben der Schule
3. Angemessene Auswahl des äußeren Erscheinungsbildes im Zuge einer Einladung für ein Vorstellungsgespräch.

Hinweis:
Wenn du dich bei mehreren Unternehmen beworben hast, teilst du nach Zusage zu einem Praktikumsplatz den anderen Stellen mit, dass du deine Bewerbung zurückziehst.

Vertiefungsaufgabe:
Gestalte ein Plakat als Auswertung des BoGy-Praktikums, auf dem das Unternehmen, dein erkundetes Berufsbild und deine Erfahrungen dargestellt sind. Die Plakate können für die unteren Klassenstufen ausgestellt werden, um diesen Einblicke in Unternehmen, Berufsbilder und Erfahrungen zu geben.

2. Schritt: Das Praktikum

- Stelle dich freundlich vor, wenn du neue Mitarbeitende des Unternehmens kennenlernst.
- Achte auf ein entsprechendes äußeres Erscheinungsbild, vor allem dann, wenn die Berufserkundung mit Kundenkontakt verbunden ist.
- Achte auf ein korrektes Verhalten im Betrieb. Dazu gehören Höflichkeit, Pünktlichkeit, Zuverlässigkeit, Rücksichtnahme, vertrauliche Behandlung von Interna, rechtzeitige Information des Betriebs bei Erkrankung.
- Führe dir gestellte Aufgaben nach einer Erklärung/Einweisung durch. Frage nach, wenn du etwas nicht verstanden hast und nimm Kritik interessiert an und zeige Motivation.
- Informiere dich umfassend über das Arbeitsumfeld und stelle viele Fragen. Die Mitarbeitenden sind sicher bereit, deine Fragen zu beantworten. Analysiere den Arbeitsplatz z. B. durch folgende Fragen:

Was wird gearbeitet?
(Arbeitsaufgabe)

Mit wem wird gearbeitet?
(Qualifikation/Status)

Wo wird gearbeitet?
(Arbeitsort, Arbeitsumgebung, Funktionsbereiche)

Wann wird gearbeitet?
(Arbeitszeit/Arbeitsform)

Womit wird gearbeitet? (Objekte und Arbeitsmittel)

- Dokumentiere deine Eindrücke durch Notizen.
- Fotos/Videos darfst du nur nach Einwilligung des Unternehmens machen.
- Bedanke dich am Ende des Praktikums für die Einblicke.

3. Schritt: Die Auswertung deines Praktikums

Die Reflexion der Erfahrungen ist zentral, um ausgehend von den Erfahrungen mögliche weitere Vorgehensweisen zu erkennen. Die Auswertung kann zum Beispiel in Form eines Praktikumsberichts oder eines Plakats erfolgen. Ein Praktikumsbericht könnte folgendermaßen aufgebaut sein:

1. Kurze Beschreibung der Vorgehensweise bei der Suche des Betriebs und des Bewerbungsprozesses.
2. Kurzvorstellung meiner Praktikumsstelle
   Branche, Produkt(e), Standort(e) der Firma/Institution, Gebäude, Organisation der Arbeitsprozesse, Mitarbeitende, Personalstruktur
3. Reflexion der Erfahrungen: Könnte ich mir vorstellen, in diesem Berufsfeld zu arbeiten?
   Voraussetzungen und Qualifikationen, Ausbildungsgang, Tätigkeits- und Arbeitsplatzbeschreibung, Grad der Verantwortung und Eigenständigkeit, Verdienstmöglichkeiten, Aufstiegs- und Weiterbildungsmöglichkeiten, evtl. benachbarte Berufe/alternative Arbeitsmöglichkeiten
4. Kritische Zusammenfassung der Erfahrung
   a. Wurden meine Erwartungen erfüllt/nicht erfüllt?
   b. Beurteilung der Erfahrungen mit Begründung.

Bearbeiterin

6.8 Scheitern als Chance?

Zum Thema: ‚Aus Schaden wird man klug' heißt es öfters. Aber wie geht das genau? Kann man lernen, aus Fehlern und Misserfolgen neue Energie zu ziehen, anstatt den Mut zu verlieren? Und was kann man dafür für den Berufseinstieg mitnehmen?

M1 Kommt vor dem großen Durchbruch immer der Misserfolg?

„Das erste Unternehmen, das ich gegründet habe, ist mit einem großen Knall gescheitert. Das zweite Unternehmen ist ein bisschen weniger schlimm gescheitert, das dritte Unternehmen ist auch anständig gescheitert, aber das war auch irgendwie okay. Ich habe mich rasch erholt, und das vierte Unternehmen überlebte bereits. Nummer fünf war dann Paypal."

Gründer Max Levchin

EINSTIEGSAUFGABEN

82033-214

1. Überlege, woran Max Levchins Firmen gescheitert sein könnten. Warum hat er deiner Meinung nach trotzdem Erfolg gehabt?
2. Erkläre, warum Scheitern nicht immer als Weg zum Erfolg angesehen wird.

M2 Statistik: Beschäftigungsdauer und Betriebswechsel

Beschäftigte in Deutschland ab 25 Jahren nach Qualifikation und Sektor, länger als 10 Jahre im gleichen Betrieb (Stand: 2022)

73000-477

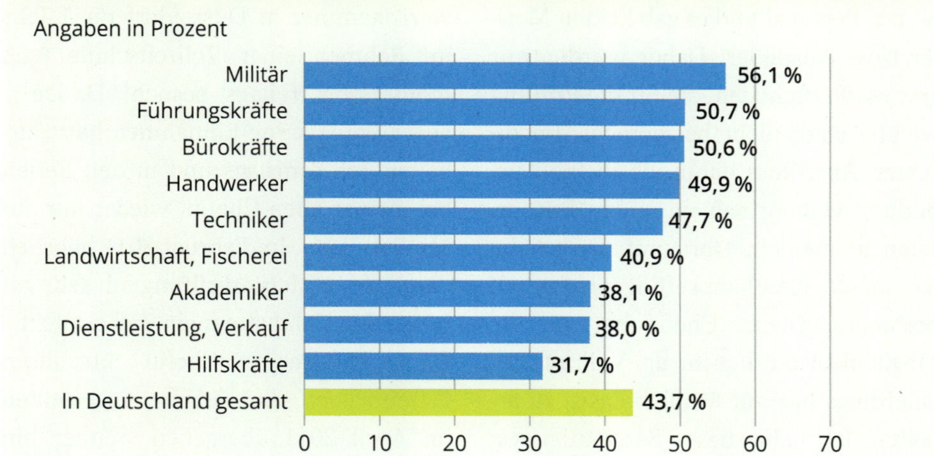

©C.C. Buchner Verlag, aktuelle Daten nach: Eurostat

M3 Gründe für Arbeitsplatzwechsel

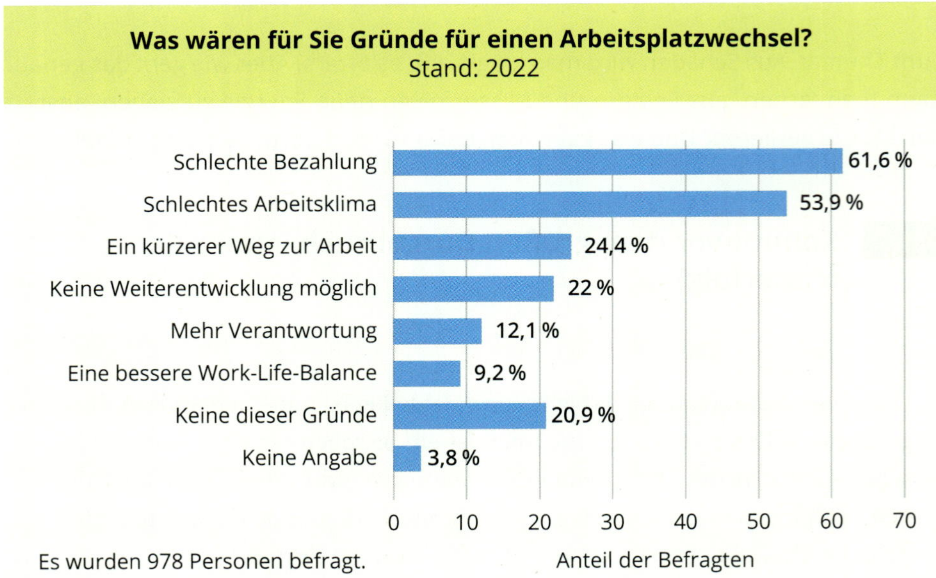

Nach: Statista, Datenquelle: GfK

M4 Fallbeispiele unterschiedlicher Erwerbsbiografien

a) Linda Döring, 27, – „Ich bin mein eigener Chef"

Nach reiflichen Überlegungen habe ich eine Ausbildung zur Friseurin bei einer Friseur-Kette angefangen. Leider beendete ich meine Ausbildung mit einem Aufhebungsvertrag vorzeitig (3 Monate vor der geplanten Gesellenprüfung). Grund dafür: Der Chef wechselte sehr oft das Personal und es gab keinen Meister bzw. Ausbilder. Daher wurden mir gewisse Fertigkeiten, die für die Prüfung wichtig sind, nicht beigebracht. Im direkten Anschluss nahm ich meine Ausbildung wohnortnah, in einem Friseursalon in meinem Dorf, auf. Dort habe ich meine Gesellenprüfung erfolgreich bestanden. Meine Chefin bot mir die Möglichkeit an, bei ihr als Vollzeitkraft (allerdings nur auf Minijob-Basis) zu arbeiten. Ich habe dieses Beschäftigungsangebot angenommen, um Erfahrung in meinem Beruf zu sammeln und um nicht arbeitslos zu sein. Ich hatte ein festes Ziel vor Augen, die Meisterschule. Der Entschluss zur Meisterschule zu gehen wuchs, weil ich als einfache Friseurin keine Chancen auf ein ausreichendes Einkommen hatte. Mit 21 Jahren habe ich dann die Meisterschule der Handwerkskammer in Düsseldorf für 1 Jahr im Rahmen einer Vollzeitschule (von montags bis freitags) besucht. Da ich ja außer Bafög keine Einnahmen hatte, arbeitete ich samstags und in den Ferien bei meiner alten Chefin, wieder nur auf Minijob-Basis. Im Februar 2011 habe ich dann meine Meisterprüfung mit sehr gut bestanden. Ich hatte mein Ziel erreicht.

Dann hat meine Chefin mir ihren Friseursalon samt einer Angestellten im April 2011 übergeben. Seither bin ich mein eigener Chef und das schon in so jungen Jahren!!! Ich kann nur je-

Kurzfassung Werdegang Linda Döring
- 4 Jahre Grundschule
- 6 Jahre Gesamtschule
- Fachoberschulreife
- Friseur-Ausbildung angefangen
- 3 Monate vor Prüfung abgebrochen
- ca. ½ Jahr später Ausbildung wieder angefangen und mit Prüfung abgeschlossen
- 3 Monate nach Abschluss 1 Jahr Meisterschule
- im Anschluss Geschäftsübernahme

Nach: Renate Weuthen, Der Weg ist das Ziel in: www.perspektive-berufsabschluss.de, Abruf am: 12.02.2018

Bafög
finanzielle Leistungen nach dem Bundesausbildungsförderungsgesetz (Bafög)

dem Schulabgänger empfehlen, sich feste Ziele zu setzen und sich dafür zu engagieren, auch wenn man nicht immer viel Geld dabei verdient. Am Ende lohnt sich meistens der Einsatz, um im Leben etwas zu erreichen."

Weuthen, Renate, Der Weg ist das Ziel, www.perspektive-berufsabschluss.de, Zugriff 12.02.2018

b) Patrick Jaksic, 26 – „Die Vergangenheit lässt sich nicht ändern,aber die Zukunft!"

„In der Phase der Arbeitslosigkeit kam mir die Idee – ich gehe zur Bundeswehr und leiste meinen Dienst ab. Bei der Arztuntersuchung wurde ich jedoch ausgemustert. Meine Planung scheiterte. Was nun? Ich stellte mir die Frage, warum strebe ich nicht nach etwas Höherem und hole das Abitur nach? Ich recherchierte und wurde fündig. Abitur: 2. Bildungsweg für Erwachsene in Vollzeitform, im Speekolleg Neuss, möglich ab 19./20. Lebensjahr, man muss jedoch, nach der Schulausbildung mindestens 1 Jahr gearbeitet oder eine Ausbildung absolviert haben, man erhält Bafög (ohne Rückzahlung), der Direktor führt vorab mit jedem ein Einzelgespräch. Ich bin diesen Weg gegangen und hatte nach 3 Jahren mein Abitur. Nach dem Abiturabschluss war ich wieder arbeitsuchend: Bewerbungen im Einzelhandel waren ergebnislos. In mehreren Firmen zur Probe gearbeitet, keiner will dich wirklich einstellen, sie suchen nur billige Arbeitskräfte. Aus diesem Grund mein Rat: nur einen Probearbeitstag ableisten, das genügt, um sich Einblick in das Berufsfeld zu verschaffen.

Jetzt reifte immer mehr die Erkenntnis in mir – Abitur, die Grundlage für ein Studium. Warum studiere ich nicht? Was kann und will ich studieren? Die Antwort war: KUNST. Jetzt wollte ich mich in diese Richtung orientieren und ein Kunststudium anfangen. Es erwies sich jedoch als sehr schwierig. Dann kam der Alternativplan: Studium Anglistik und Geographie – ich habe Bewerbungen an viele Universitäten versandt. Leider ohne Erfolg. Ich orientierte mich wieder um: Studium: Anglistik und Kunst auf Lehramt an der Uni Wuppertal. [...] Endlich habe ich mein Kunstinteresse in mein Studium integrieren können. Ich habe mein Berufsziel erreicht, wenn auch über viele Umwege."

Hagemann, Irmtrauf, Der Weg ist das Ziel, www.perspektive-berufsabschluss.de, Zugriff 12.02.2018

Kurzfassung Werdegang Patrick Jaksic

- Realschulabschluss
- Berufskolleg: Berufsfindendes Jahr
- Ausbildung Einzelhandelskaufmann nach 3 Jahren abgeschlossen
- arbeitsuchend
- Abitur: Abiturabschluss nach 3 Jahren
- Studium: Anglistik und Kunst auf Lehramt

Nach: Hagemann, Irmtraud, Der Weg ist das Ziel, www.perspektive-berufsabschluss.de, Zugriff 12.02.2018

AUFGABEN

82033-215

1. Erläutere ausgehend von **M2-M4**, wie deine persönliche Erwerbsbiografie aussehen könnte.
2. Vergleicht die beiden Erwerbsbiografien in **M4** und deren Umgang mit dem Scheitern.
3. Stelle Vor- und Nachteile dar, die ein ganzes Arbeitsleben im gleichen Unternehmen bzw. mehrere Arbeitsplatzwechsel mit sich bringen könnten.
4. Gestalte eine Erweiterung deiner Zukunftscollage (aus der Einstiegsseite) um Best- und Worstcase-Szenarien für dein Arbeitsleben in 20 Jahren.

6.9 Arbeitswelt der Zukunft – (k)eine Gefahr?

Zum Thema: Unsere Arbeitswelt verändert sich rasant. Ganze Industrien und Berufszweige verschwinden und gleichzeitig kommen immer neue hinzu. Wie kann ich sicherstellen, dass meine Ausbildung auf dem Arbeitsmarkt noch nachgefragt wird? Muss ich das überhaupt?

M1 Berufe, die es nicht mehr gibt?

Alte und verschwundene Berufe im Überblick

82033-216

Böttcher	**Stellmacher**	**Köhler**
Kupferstecher	**Seiler**	**Gerber**
Säumer	**Harzer**	**Gasriecher**

EINSTIEGSAUFGABE 82033-217

1. Recherchiert, was die einzelnen Tätigkeiten dieser Berufe waren.
2. Entwickelt Ideen, warum es diese Berufe nicht mehr gibt.

M2 Sind wir alle bald überflüssig?

Karikatur: Cloud Science, 2019

M3 Was bedeutet eigentlich Digitalisierung?

Digitalisierung bedeutet die Verwendung von Daten und Computer-Algorithmen für neue oder verbesserte Abläufe in Unternehmen und für sogar ganz neue Produkte.

Dabei verbindet sich die reale Welt, die wir als Menschen direkt anfassen und mit unseren anderen Sinnen erfahren können, mit einer rein virtuellen Welt von Daten in Computersystemen unterschiedlichster Art. Folgende vier Punkte lassen sich grob betrachtet unterscheiden:

Digitale Vernetzung: Hier nutzen Menschen Computerprogramme, um schneller Informationen miteinander zu teilen. Unternehmen können so viel schneller kommunizieren: Videokonferenzen sind einfacher zu organisieren als endlose Besprechungen mit Anreise.

Digitale Prozesse: Hier werden Abläufe, die vorher mit Hilfe oder ganz allein von Menschen organisiert wurden, an Computer oder Computerprogramme übergeben und von diesen teilweise oder ganz allein organisiert.

Digitale Produkte: Das sind Produkte oder Dienstleistungen, die der Kundin/dem Kunden weiterhin Nutzen bringen, aber nicht mehr oder nur sehr wenig als reales Produkt vorliegen.

Digitale Geschäftsmodelle: Hier sind alle Teile des Produktionsprozesses auf PC-Systeme ausgelagert und ein Unternehmen hat eigentlich gar kein Produkt mehr, das man so richtig ‚anfassen' kann. Große Social Media Konzerne wie Meta (Facebook, WhatsApp) und Google verdienen durch ihre Programme und Dienstleistungen Milliarden, ohne dass ich als Kundin bzw. Kunde diese in der Realität außerhalb meines PCs, Tablets oder Smartphones beobachten kann.

Bearbeiterin

M4 Welche Berufe sind besonders bedroht?

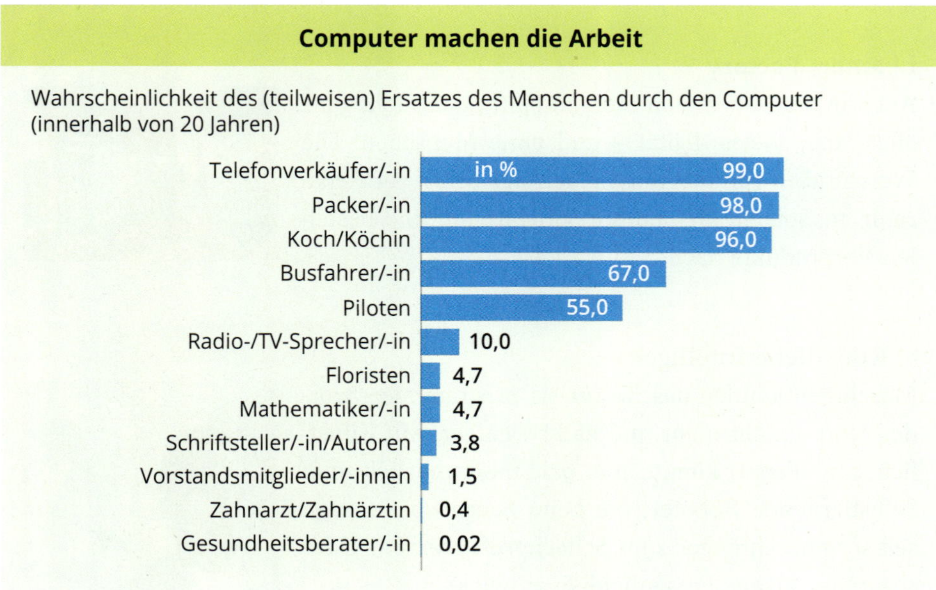

Nach: University of Oxford F.A.Z.-Grafik: Niebel; Aus: Johannes Pennekamp, www.faz.net, Angriff der Roboter, 01.04.2014

Wirtschaftssektoren und BIP Deutschland

73000-426

M5 Welche Veränderungen gab es in der Arbeitswelt?

Arbeitswelt 1.0	Beginnende Industriegesellschaft am Ende des 18. Jahrhunderts
Arbeitswelt 2.0	Industrielle Revolution und Beginn der Massenproduktion am Ende des 19. Jahrhunderts, Entstehung der sozialen Frage und Anfänge des Sozialstaates
Arbeitswelt 3.0	Ausbildung des Sozialstaats und der Arbeitnehmerrechte auf Grundlage der Sozialen Marktwirtschaft. Seit den 80er-Jahren des 20. Jahrhunderts wird die Produktion durch den Einsatz von Informationstechnologie und Elektronik weiter automatisiert.
Arbeitswelt 4.0	Arbeitswelt der Zukunft, sie wird vernetzter, digitaler und flexibler sein, allerdings ist noch nicht klar, wie die zukünftige Arbeitswelt im Einzelnen aussehen wird.

Bearbeiterin

M6 Alles digital? Ein Blick in unseren Alltag und die Arbeitswelt

a) Papierlose Arbeitswelt

„Opa hatte noch eine Ablage für Briefe und druckte das Internet aus. Der Enkel weiß schon nicht mehr, was ein gedrucktes Buch ist." So radikal wird sich die Welt vielleicht nicht ändern – aber auf dem E-Reader oder Tablet finden sich schon heute Apps wie Karte und E-Book, die es früher nur auf Papier gab.

b) Smart Factory

Auch in der Fabrik von morgen läuft noch nicht ganz alles, aber vieles digital – und ohne Menschen. Die Werkstraßen von morgen melden sich selbst zur Reparatur an, spielen die neueste Software auf und bestellen Vorprodukte nach.

c) Künstliche Intelligenz

Maschinen können das, wofür sie programmiert worden sind – nicht mehr und nicht weniger. Mit Künstlicher Intelligenz könnte aber bald mehr möglich sein: Selbstlernende Roboter, die beim Schachspielen von selbst vom Anfänger zum Schachprofi werden. Oder sogar eine eigene Persönlichkeit entwickeln.

Bearbeiterin

M7 Wie sieht die Arbeitswelt in zehn Jahren aus?

Herr Stettes, wie werden wir in zehn Jahren arbeiten?

Es gibt große, globale Trends, die die Unternehmen mitgehen müssen, wenn sie weiterhin am Markt bestehen wollen. Etwa die Digitalisierung, automatisierte Fertigung, Transformation in der Auto-Industrie, datengetriebene Geschäftsmodelle, aber auch der sozial-ökologische Wandel. Dafür sind neue Fertigkeiten notwendig, die die Mitarbeiter erst lernen müssen. Soll heißen: Für den Einzelnen verändern sich unter Umständen seine Aufgaben sehr stark. Wir sind in einem Prozess, der uns ständig neue Fertigkeiten abverlangt, die wir uns während unseres gesamten Arbeitslebens immer wieder neu aneignen müssen. Damit umzugehen, ist die eigentliche Herausforderung, wenn wir von neuer Arbeitswelt sprechen.

Ein zentraler Punkt ist also lebenslanges Lernen?

Das ist richtig. Wir werden erleben, dass Routinen immer häufiger durchbrochen werden. Und wir werden erleben, dass Arbeitswelten auch innerhalb eines Betriebs immer vielfältiger werden. Vielleicht ist das eine Team schon ganz digital unterwegs, macht ständig neue Aufgaben, während eine andere Abteilung noch sehr traditionell tätig ist. Beide Arbeitswelten muss die Firma unter einen Hut bringen und dafür eine entsprechende Kultur schaffen. […]

Was haben wir am Ende davon?

Neues kann Dinge verbessern. Gerade auch für die Mitarbeiter. Wenn etwa Maschinen schwere Aufgaben übernehmen, wird die Arbeit sicherer, das schont die Gesundheit. Dadurch sind wir leistungsfähiger, die Arbeitsbedingungen werden besser. Und es besteht die Chance, dass es weiterhin lukrative, gut bezahlte Jobs gibt. Das ist für uns alle ein Gewinn.

Sauer, Alix, 'Interview: Diese Chancen bringt die neue Arbeitswelt', www.aktiv-online.de, 04.05.2021, Zugriff 28.09.2022

AUFGABEN

82033-218

1. Arbeite thesenartig die Gesamtaussage der Karikatur **M2** heraus.
2. a) Erkläre die verschiedenen Interpretationen der Digitalisierung mit eigenen Worten (**M3**).
   b) Ordne die Beispiele der Digitalisierung in **M6** den genannten Interpretationen der Digitalisierung (**M3**) zu.
3. Erläutere ausgehend von **M1-M6**, warum manche Berufe stärker von der Digitalisierung betroffen sind und andere weniger.
4. Stelle ausgehend von Stettes Aussagen (**M7**) Chancen und Risiken der Veränderung dar.
5. Was müsste die Politik tun, damit ihr auf die zukünftige Berufswelt (besser) vorbereitet seid? Entwickelt in Gruppen ein Wandplakat mit einem Katalog aus fünf Forderungen.

Arbeitsblatt

82033-219

WAS WIR WISSEN

Was Wir Wissen-Seiten digital zum Editieren

82033-316

Im Laufe unserer persönlichen Entwicklung ändern sich unsere Vorstellungen vom Wunsch- oder Traumberuf, da wir immer realistischer abschätzen können, inwiefern unsere Fähigkeiten, Fertigkeiten, Interessen und Erwartungen zu den Anforderungen der verschiedenen Berufsfelder passen. Dieser Prozess gilt nie als abgeschlossen. Auch im Berufsleben selbst, orientieren sich viele Menschen immer wieder neu.

1 Die Anforderungen, die heutzutage und in Zukunft an die Arbeitnehmenden gestellt werden, sind vielfältig und sehr anspruchsvoll. Es ist daher wichtig, sich der eigenen Wünsche, aber auch der persönlichen Stärken, Neigungen, und Soft Skills bewusst zu sein, denn nur so kann man ein Berufsfeld wählen, das zur eigenen Persönlichkeit passt.

2 Ob eine Ausbildung oder ein Studium der erste Schritt ins Berufsleben sein soll, hängt von den persönlichen Zielen und Neigungen ab. Grundsätzlich gilt, dass man bezüglich beider Wege die jeweiligen Vor- und Nachteile abwägen muss. Weil es eine nahezu unüberschaubare Anzahl an Berufsbildern, Ausbildungs- und Studienmöglichkeiten gibt, ist es immer wichtig, sich Rat von Expertinnen und Experten (z. B. den Berufsberaterinnen und- beratern der Bundesagentur für Arbeit) einzuholen.

3 Stellen können auf verschiedenen Wegen von Unternehmen ausgeschrieben werden. Hier ist es wichtig zu wissen, welche Möglichkeiten Unternehmen haben, Mitarbeitende zu suchen. Nur so kann man umfassend nach Stellenanzeigen recherchieren.

4 Es gibt unterschiedliche Bewerbungsverfahren, die von den jeweiligen Unternehmen aber auch den Bewerberinnen und Bewerbern gewählt werden können. Neben zum Beispiel der immer beliebter werdenden Online-Bewerbung gibt es auch nach wie vor die klassische schriftliche Bewerbung oder zum Beispiel die Initiativbewerbung, welche auch kreativ gestaltet werden kann.

5 Bei der Erarbeitung der Bewerbungsunterlagen gilt: Eine Bewerbung ist Eigenwerbung und für den ersten Eindruck gibt es keine zweite Chance. In die Bewerbungsmappe gehören das Bewerbungsschreiben, der Lebenslauf, Zeugniskopien, Nachweise und Bestätigungen. Die Bewerbungsmappe muss vollständig und die Formulierungen fehlerfrei sein. Weiter muss die Bewerberin/der Bewerber dem Unternehmen mit ihrer/seiner Bewerbungsmappe überzeugend vermitteln, dass sie/er sich ernsthaft und hochmotiviert bewirbt.

6 Im Bewerbungsgespräch gibt es viele Stolperstellen, auf die man sich gezielt vorbereiten kann. Zum Beispiel sollte man höflich und freundlich auftreten, immer auf die typischen vier Fragen (warum man sich bei diesem Unternehmen beworben hat, was man über das Unternehmen weiß, warum man gut zum ausgeschriebenen Praktikum passt und was die eigenen Stärken und Schwächen sind) vorbereitet und entsprechend der Stelle angemessen gekleidet sein.

Die Veränderungen der Arbeits- und Berufswelt werden heute maßgeblich durch die Digitalisierung bestimmt, welche den Wandel beschleunigt, sodass verlässliche Prognosen, wie sich die Arbeitswelt für den einzelnen ändern wird, unmöglich sind. Da sich die Berufsbilder ständig ändern, gibt es heute schon kaum jemanden mehr, der seinen Beruf ein ganzes Berufsleben lang ausübt. Praktika, Weiterbildungen, Umschulungen, ein Fernstudium, Erfahrungen des Scheiterns und vieles mehr verändern die Erwerbsbiografien. Sicher ist daher nur, dass wir uns immer mehr auf dem Weg in eine vernetzte, digitale und flexibler werdende Informations- und Wissensgesellschaft befinden, die auch in der Zukunft noch vermehrt sehr gut ausgebildete Fachkräfte benötigen wird.

WAS WIR KÖNNEN

BoGy-Messe für die nächste Klassenstufe gestalten

Nachdem ihr das BoGy-Praktikum vorbereitet und durchgeführt habt, könnt ihr eure Erfahrungen an die nächste Klassenstufe weitergeben. Gestaltet dazu eine kleine schulinterne BoGy-Messe. Diese könnt ihr nutzen, um die erkundeten Berufe und die Unternehmen auf Plakaten zu präsentieren.
Mögliche Impulse für die Erstellung der beiden Plakate:

1 Berufsportraits

- Über welche Fähigkeiten sollte die Person, die den Beruf ausüben möchte, verfügen?
- Welche schulischen Voraussetzungen werden verlangt?
- Wie lange dauert die Ausbildung/ das Studium?
- Wie sind die Verdienstmöglichkeiten?
- Gibt es Aufstiegschancen?
- Kann man diesen Beruf auch im Ausland ausüben?
- Wie ist die aktuelle Lage auf dem Arbeitsmarkt?
- Ist der Beruf krisensicher?
- Wie sind die Zukunftschancen?
- Wird dieser Beruf gleichermaßen von Männern und Frauen ausgeübt?
- ...

2 BoGy-Unternehmen

- In welcher Branche ist das Unternehmen tätig?
- Wo hat das Unternehmen seine(n) Standort(e)?
- Welche Produkte werden hergestellt?
- Welche Berufsfelder können dort erkundet werden?
- Wer ist Ansprechpartner:in für BoGy-Praktikantinnen und Praktikanten?
- Welche Tätigen habt ihr im Praktikum gemacht: Was durftet ihr ausprobieren? Welche Aufgaben durftet ihr erledigen? In welche Abläufe habt ihr Einblicke erhalten?
- Welche Erfahrungen habt ihr gemacht?
- Könnt ihr das Unternehmen als Praktikumsbetrieb empfehlen?
- ...

Bei einer Ausstellung solltet ihr darauf achten, dass die Plakate nicht zu überladen sind und die Informationen stichwortartig sowie übersichtlich und nachvollziehbar dargestellt werden. Grafische Darstellungen und Farben können helfen, die Inhalte übersichtlich zu illustrieren. Ergänzt eure Erfahrungen bei Bedarf um weiterführende Rechercheergebnisse zu den Berufsportraits oder Unternehmen. Fasst die Berufsportraits für die Ausstellung in ähnlichen Berufsfeldern zusammen und ordnet diesen dann die entsprechenden Unternehmen zu.

AUFGABEN

82033-220

1. Gestaltet einen Informations- und Beratungsstand für die Schülerinnen und Schüler der nächsten Klassenstufe zum BoGy-Praktikum.
2. Überprüft und diskutiert das von Euch ausgefüllte Arbeitsblatt „Meine Fähigkeiten und Interessen" (in Kapitel 6.1 Interessenstest).
3. Entwickelt gemeinsam Ideen für BoGy-Praktika und ggfs. Alternativen für eure jüngeren Mitschülerinnen und Mitschüler.

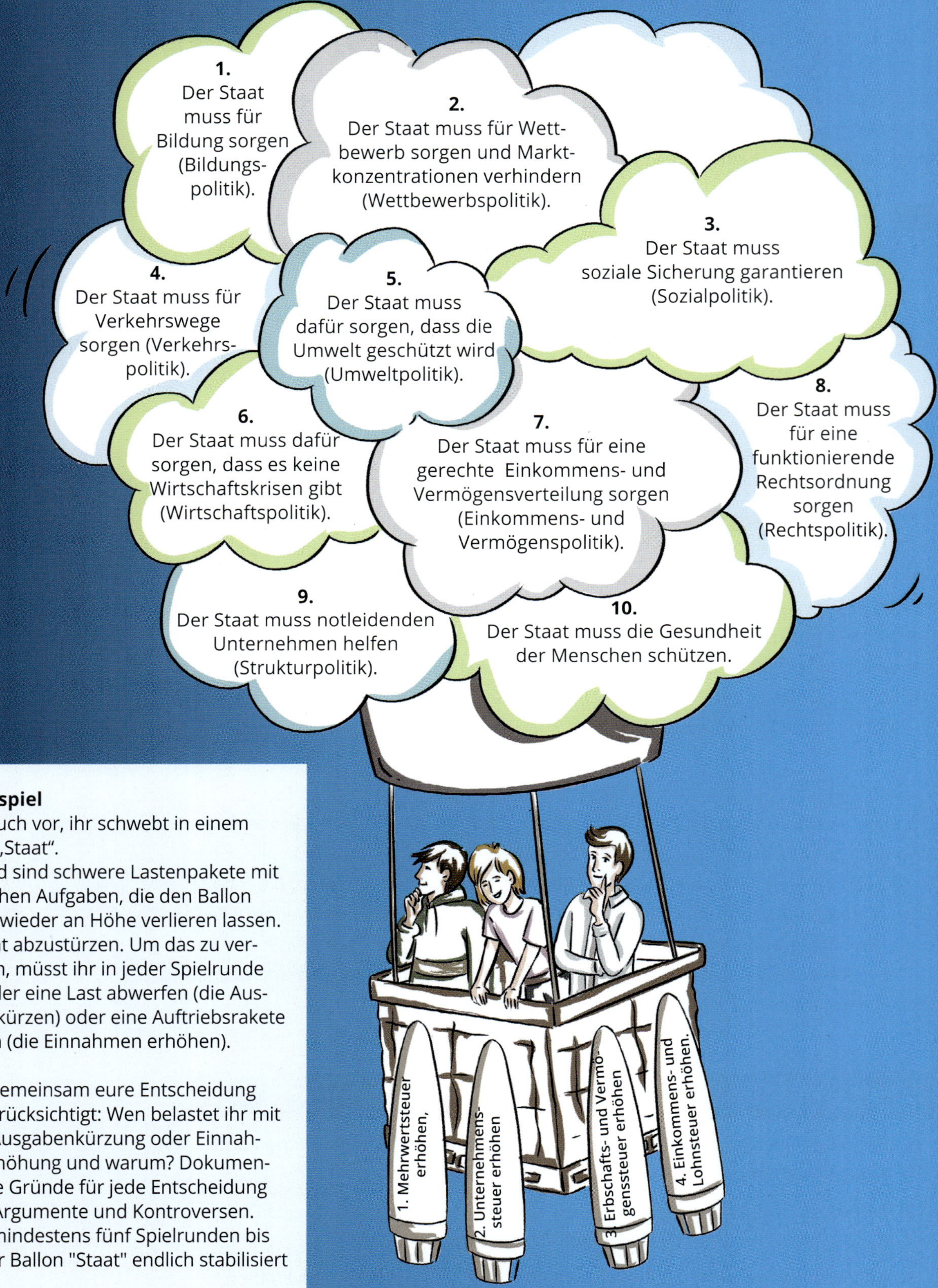

Ballonspiel

Stellt euch vor, ihr schwebt in einem Ballon „Staat“.
An Bord sind schwere Lastenpakete mit staatlichen Aufgaben, die den Ballon immer wieder an Höhe verlieren lassen. Er droht abzustürzen. Um das zu verhindern, müsst ihr in jeder Spielrunde entweder eine Last abwerfen (die Ausgaben kürzen) oder eine Auftriebsrakete zünden (die Einnahmen erhöhen).

Trefft gemeinsam eure Entscheidung und berücksichtigt: Wen belastet ihr mit eurer Ausgabenkürzung oder Einnahmenerhöhung und warum? Dokumentiert die Gründe für jede Entscheidung sowie Argumente und Kontroversen. Spielt mindestens fünf Spielrunden bis sich der Ballon "Staat" endlich stabilisiert hat.

Bürgerinnen und Bürger in einer Wirtschaftsordnung

7

Fahrräder und/oder schnelle Autos, Windkraftanlagen und/oder Kernkraftwerke - was wollen wir produzieren? Und wie wollen wir es produzieren? Und wer soll wie viel von der Produktion bekommen?
Bei diesen Fragen geht es darum, welcher Mechanismus die Wirtschaft stärker beeinflusst oder beeinflussen soll: Der Staat mit zentraler Planung oder der Markt mit dem freien Spiel von Angebot und Nachfrage. Die Lösungen, die die Volkswirtschaften der Staaten für diese Handlungsalternativen jeweils gefunden haben, fallen unterschiedlich aus. Sie zeigen sich in Institutionen, wie z. B. freien Märkten, sichtbar z. B. als Onlinemarktplatz eBay, oder Behörden, z. B. Finanzämtern zur Erhebung von Steuern. Die Gesamtheit dieser Institutionen und deren Regeln und Normen machen die Wirtschaftsordnung einer Volkswirtschaft aus. Die Wirtschaftsordnung der Bundesrepublik Deutschland wird als Soziale Marktwirtschaft bezeichnet.
Die konkrete Ausgestaltung der Wirtschaftsordnung betrifft das Leben jeden Bürgers und jeder Bürgerin. Und zwar vielfältig: Wie wohlhabend sind wir? Wie viel Steuern müssen wir zahlen? Und wer bekommt wieviel Lohn? Es geht also um Verwendungskonkurrenzen und Verteilungskonflikte und nicht nur um Wirtschaft – sondern auch um Wertmaßstäbe und grundlegende Prinzipien wie Freiheit und Gerechtigkeit.

Am Ende des Kapitels könnt ihr:

- Unterschiede möglicher Wirtschaftsordnungen erklären und die Rolle der Akteure darin vergleichen
- grundlegende Prinzipien der Sozialen Marktwirtschaft darstellen
- die Bedeutung von Wettbewerbspolitik als ein grundlegendes Merkmal der Sozialen Marktwirtschaft beschreiben

WO STEHT IHR GERADE?

82033-221

1. Führt das Ballonspiel auf der linken Seite durch.
2. Analysiert, in welchen Punkten die Abweichungen in eurer Klasse besonders groß und besonders klein waren.
3. Überprüft eure großen Abweichungen im Hinblick darauf, welche Konflikte zwischen Bürgerinnen und Bürgern hier möglicherweise bestehen.

7.1 Wirtschaftliches Verhalten – chaotisch oder regelbasiert?

7.1.1 Wie reagieren Menschen auf Anreize?

Zum Thema: Aktienkurse bewegen sich im Tagesverlauf hin und her, Inflation taucht auf und verschwindet. Das sieht eher aus wie Chaos. Aber auf manche Dinge können wir uns doch auch verlassen: Das Schnäppchenangebot beim Discounter wird mal wieder zu einem Ansturm führen, also nichts wie hin. Was hat es mit solch regelhaftem Verhalten auf sich? Dazu erfährst du mehr in diesem Kapitel.

M1 Die Rechnung bitte! Getrennt oder zusammen?

Eine Gruppe von zehn Freunden und Bekannten geht in ein Schnellrestaurant. Alina hat sich eigentlich vorgenommen, nicht so viel auszugeben. Außerdem ist sie meist vegetarisch unterwegs. Das trifft sich gut: Bald hat sie auf der Speisekarte einen „Veggie King" für 4,29 € entdeckt. Da kommt die Gruppe spontan überein, diesmal zusammen zu zahlen und die Rechnung durch die Zahl der Personen zu teilen. Das bringt Alina zum Nachdenken. Muss sie immer ihren Grundsätzen treu bleiben? Es wird auch ein „Big King XXL" für 7,49 € angeboten. Wie wird sich Alina entscheiden?

Nach dem Essen und den Selfies für Instagram kommt die Rechnung – aber wer zahlt wie viel?

Nach: Diekmann, Andreas: Empirische Sozialforschung, 9. Auflage. Rowohlt: Reinbek 2014, S. 203 f.

EINSTIEGSAUFGABEN

1. Begründe, wie du dich an Stelle von Alina entscheiden würdest.
2. Berechne, wie viel der Mehrpreis für Alina bei gemeinsamer Abrechnung beträgt, wenn sie sich für „Big King XXL" entscheidet.
3. Auch die anderen Gruppenmitglieder stehen vor einer vergleichbaren Entscheidungssituation wie Alina. Erkläre die finanziellen Folgen, die es für die gemeinsame Abrechnung im Vergleich zur individuellen Bezahlung haben wird.

M2 Wirtschaftliches Handeln – gesteuert durch Anreize?

Jeder kennt die menschlichen Schwächen an Selbstkontrolle und rationalen Entscheidungen. Dann sind wir vielleicht dankbar, wenn in der Cafeteria das gesunde Essen auf Augenhöhe platziert ist und es mir damit einfacher gemacht wird, mich gut zu ernähren, denn der Verzehr ungesunder Speisen wird auf diese Weise ja nur unwesentlich erschwert. Man wird also gewissermaßen durch einen kleinen Stupser zum guten Handeln verleitet. Man spricht hier deshalb auch vom **Nudging** (von englisch ‚nudge', dt. ‚Stups'). Es zeigt sich darin eine generelle Regelhaftigkeit:

Schon im allerersten Kapitel (→ Kapitel 1.1) dieses Buches haben wir uns mit ökonomischem Verhalten befasst: Man kann hier bei der Betrachtung des Verhaltens der Menschen zwischen deren Bedürfnissen, Interessen, Wünschen und Zielen einerseits, den sogenannten **Präferenzen**, und den Einschränkungen für die Realisierung dieser Präferenzen andererseits, den sogenannten **Restriktionen**. Solche Einschränkungen bestehen zum Bespiel im verfügbaren Einkommen.

Wenn Ökonomen menschliches Verhalten untersuchen, interessieren sie sich in der Regel weniger für die Präferenzen, sondern gehen in erster Linie der Frage nach: Wie wirken Veränderungen der Restriktionen auf das Verhalten? Aus ökonomischer Perspektive sind Restriktionen **Anreize**, auf die Menschen systematisch reagieren, je nachdem, ob ihnen die Handlungsmöglichkeiten positiv oder negativ erscheinen. Um es an einem Beispiel zu verdeutlichen: Wenn ein Einzelhändler eine Rabattaktion durchführt, d. h. seine Preise für eine bestimmte Produktpalette senkt, dann ist das für die Kunden in der Regel ein Anreiz, zu kaufen. Wie dieses Beispiel zeigt, bestehen die Handlungsmöglichkeiten – und Handlungseinschränkungen – vor allem in den Kosten und Nutzen dieser Handlungen. Indem die Handelnden bei ihren Entscheidungen Kosten und Nutzen vergleichen, wird sich ihr Verhalten in dem Maße verändern, wie sich die Kosten oder der Nutzen verändern. Das ist typischer Weise bei einer Preissenkung der Fall. Ein anderes Beispiel beschreibt M 1: Durch den Abrechnungsmodus ergeben sich bestimmte Anreize, die dann das Verhalten steuern. Kosten und Nutzen sind jedoch keinesfalls ausschließlich geldlich zu verstehen.

Die Summe der Anreize in einer Volkswirtschaft und deren charakteristische Merkmale machen die sogenannte Wirtschaftsordnung dieser Volkswirtschaft aus.

Und es kommt noch etwas hinzu, das uns wieder zum Anfangsbeispiel zurückführt: Ist bekannt, wie die Menschen typischerweise auf welche Anreize reagieren, dann besteht natürlich seitens der **Entscheidungsträger** die Versuchung, dieses Wissen auch zur **Verhaltenssteuerung** der Kunden bzw. der Bürger einzusetzen. Indem man diese sanft manipuliert, kann man sie zu Entscheidungen bewegen, die sie sonst nicht getroffen hätten – das oben genannte Nudging. Typische Beispiele sind im Marketing kostenlose Probeabonnements, bei denen der Anbieter darauf spekuliert, dass der Kunde dann zu bequem ist, nach Ablauf der kostenlosen Phase zu kündigen. Ein anderes Beispiel ist der Konflikt um die Organspende. Es stehen sich zwei

Nudging Doku SRF
82033-223

Nudging Doku BR
82033-224

Entscheidungsträger
Hier: die Unternehmen und die Politik.

Verhaltenssteuerung
Meint den Versuch, Menschen zu bestimmten Verhalten zu bewegen.

„Architekturen" für Anreize gegenüber. Einmal die Zustimmungslösung: Bei der Zustimmungslösung dürfen einer verstorbenen Person nur dann Organe, Gewebe oder Zellen entnommen werden, wenn ausdrücklich das Einverständnis dazu gegeben wurde. Ihr steht die Widerspruchslösung gegenüber: Die Widerspruchslösung sieht vor, dass jeder Organspender ist, es sei denn, er hat ausdrücklich widersprochen.

Bearbeiter

M3 Gesundheitspolitik: „Lasst die Impfverweigerer bezahlen!"

Protest gegen die Coronamaßnahmen und -impfung in München 2022.

Kosten eines Corona-Intensivpatienten pro Tag:
zwischen 1.500 und 3.000 €:
(Nach: ÄrzteZeitung 6.12.2021)

Immunisierung
unempfindlich machen

Impfquote
Anteil der geimpften Personen im Verhältnis zur Gesamtbevölkerung

Ein Schlüssel zur dauerhaften Beendigung der Corona-Pandemie liegt in der **Immunisierung** eines möglichst großen Teils der Bevölkerung. Eine allgemeine Impfpflicht erscheint als naheliegendes Instrument, um dieses Ziel zu erreichen. Allerdings besteht Uneinigkeit über deren Rechtmäßigkeit und Effektivität. Deshalb möchte ich eine Alternative vorschlagen, die das Ziel einer möglichst hohen **Impfquote** besser erreichen könnte (...). Kern des Vorschlags ist anstelle einer allgemeinen Impfpflicht die Einführung eines Ungeimpften-Zusatzbeitrags in der gesetzlichen und privaten Krankenversicherung. (...)

Leider werden bislang kaum Alternativen zu einer allgemeinen Impfpflicht diskutiert, die das zentrale Ziel einer deutlich vergrößerten Impfquote besser erreichen könnten. So sollte es möglich sein, durch geschickte Anreize auch ohne eine allgemeine Impfpflicht möglichst schnell zu einer höheren Impfquote zu kommen (...). Das könnte mit einem monatlich zu entrichtenden Ungeimpften-Zusatzbeitrag in der gesetzlichen und privaten Krankenversicherung gelingen, den jedes Mitglied zu zahlen hat. Eine Befreiung ist auf Antrag und nach Vorlage eines entsprechenden Impf- oder Immunisierungsnachweises möglich – befristet oder dauerhaft. (...)

Bei der konkreten Ausgestaltung des Beitrags gibt es vielfältige Fragen zu klären, die hier nicht weiter diskutiert werden können. Wie hoch soll er zum Beispiel sein? Hier ist zu überlegen, ab welcher Höhe die Abgabe verhaltensändernd wirken würde. (...) Ungeachtet dieser Detailfragen scheint mir ein Ungeimpften-Zusatzbeitrag als Anreiz für eine höhere Impfquote und ein dauerhaftes Ende der Pandemie gegenüber einer bußgeldbewährten Impfpflicht erhebliche Vorteile zu besitzen.

Erlinghagen, Marcel: Lasst die Impfverweigerer bezahlen!, www.faz.net, 18.02.2022

M4 Was motiviert zum Energiesparen? Ein Experiment

Umweltgewissen: „Schütze die Umwelt, indem du Energie sparst!"

Finanzielle Motive: „Spare Geld, indem du Energie sparst!"

Soziale Kontrolle/Gemeinschaft: „Deine Nachbarn haben schon 10 % Energie gespart! Und du?"

Verantwortung für die Zukunft: „Zum Wohl zukünftiger Generationen: Leiste deinen Beitrag zum Energiesparen!"

Nach einem Experiment des amerikanischen Psychologen und Marketing-Experten Robert Cialdini

AUFGABEN

82033-225

1. Erläutere ausgehend von **M2**, wie Anreize im Alltag dein Verhalten und das deiner Umgebung steuern.
2. Der Autor von **M3** plädiert in der Impfdebatte dafür, statt eines gesetzlichen Zwangsgebots, also einer Impfpflicht, einen wirtschaftlichen Anreiz zu setzen. Erörtere diesen Vorschlag.
3. a) Führt mit dem Material von **M4** ein Experiment durch: Welcher der vier Ansätze motiviert dich am meisten, Energie zu sparen? Begründe deine Entscheidung.
   b) Das Experiment ist tatsächlich durchgeführt worden. Stelle begründete Vermutungen darüber an, welche der Gruppen nach einem Monat am wenigsten Energie verbraucht hatte.

Projekt
Auch in der Schule will man die Schülerinnen und Schüler zu erwünschtem Verhalten anregen. Entwickle mithilfe der Nudging-Methode Verbesserungen für deine Schule. Hilfe findest du z. B. in der TüftelAkademie.

Tüftelakademie

82033-226

7.1.2 Zwei grundlegende Entscheidungssysteme für Wirtschaftsordnungen

Zum Thema: Wirtschaftliches Handeln findet im Spannungsverhältnis verschiedener Prinzipien und Wertmaßstäbe statt. Es wird wesentlich durch Anreize gesteuert, die wiederum von den geltenden Regeln abhängen. Das ist wie im Sport, etwa beim American Football: Nur wenn du die Spielregeln kennst, ergibt das Spielgeschehen für dich Sinn. Auch in der Wirtschaft: Kennst du Regeln und Anreize, werden das Wirtschaftsleben und die Rolle der Akteure darin verständlich.

M1 Ein Gedankenexperiment: Bau dir deine Wirtschaftsordnung!

Die staatliche Planungsbehörde legt fest, was und wie viel die Unternehmen produzieren sollen.	Der Staat greift möglichst wenig in das Wirtschaftsgeschehen ein.
Unternehmen und Haushalte handeln nach ihrem eigenen Interesse.	Es gibt Pläne für alle Bereiche der Wirtschaft eines Landes.
Unternehmen können pleitegehen.	Preise bilden sich durch das Zusammenspiel von Angebot und Nachfrage.
Preise werden zentral festgelegt.	Unternehmen und Fabriken gehören dem Staat.
Wie viele Güter jeder Verbraucher bekommt, legt der Staat fest.	Konsumenten haben durch ihre Kaufentscheidung Einfluss auf Art und Menge der angebotenen Waren.

Bearbeiter

EINSTIEGSAUFGABE 82033-227

1. Du hast die Wahl zwischen verschiedenen Bausteinen zum Bau deiner eigenen Wirtschaftsordnung:
   - Welche Bausteine würdest du für deine Wirtschaftsordnung nehmen? Wähle drei aus. Zusätzlich darfst du einen weiteren Baustein selbst entwickeln. Erkläre deine Entscheidung.
   - Vergleicht die verschiedenen Bausteine. Welche schließen einander aus? Welche passen gut zusammen?

M2 Wie werden in der Wirtschaft Entscheidungen getroffen? Zwei Verfahren

a) Die Akteure auf dem freien Markt: Wie kommen sie zusammen?

Die „unsichtbare Hand" zwingt auf dem freien Markt auch den Egoisten dazu, sich so zu verhalten, als ob er ein **Altruist** und am Wohlergehen seiner Kunden interessiert wäre. Wer auf einem freien Markt Güter und Dienstleistungen anbietet, deren Erstellung zwar der Selbstverwirklichung des Produzenten dient, an denen sonst aber niemand interessiert ist, der wird keine Abnehmer finden und nichts verdienen. Wer genau die Güter und Dienstleistungen anbietet, die von vielen nachgefragt und von wenigen angeboten werden, die also dem Wohlbefinden der Mitmenschen dienen, der wird hohe Preise erzielen können. Der Egoist wird sich auf einem freien Wettbewerbsmarkt so verhalten müssen, als ob ihm das Wohlergehen der anderen, nämlich seiner Kunden, am Herzen läge. Eine freie Marktwirtschaft ist deshalb eine gute Ordnung, weil sie auch dann gut funktioniert, wenn wir nur Menschen und keine Heiligen sind.

Weede, Erich, Mensch, Markt und Staat, Lucius & Lucius: Stuttgart 2003, S. 19

Während in Westdeutschland die Marktwirtschaft eingeführt wurde...

b) Wie funktioniert die Planwirtschaft?

In der **Planwirtschaft** (auch **Zentralverwaltungswirtschaft** genannt) wird versucht, die wirtschaftliche Tätigkeit der Millionen Betriebe und Haushalte (Produktions- und Konsumeinheiten) in einem **zentralen Plan** im Voraus festzulegen und aufeinander abzustimmen. Eine aus Experten bestehende **zentrale Plankommission** muss den Bedarf an Wirtschaftsgütern für einen bestimmten Zeitraum schätzen. Z. B. muss überlegt werden, wie viele Autos im festgelegten Zeitraum benötigt werden. Anschließend müssen die Produktionsmöglichkeiten der einzelnen Betriebe ermittelt werden. Aufgrund der Meldungen wird ein Gesamtplan erarbeitet, der jedoch wieder in konkrete Produktionsziele für die einzelnen Unternehmen aufgeteilt werden muss. So muss die Planbehörde zum Beispiel wissen, wie viele Arbeitskräfte, Maschinen und Rohstoffe für die Planungsperiode zur Verfügung stehen bzw. beschafft werden können. Die Umsetzung der Pläne muss außerdem überwacht werden.

Bearbeiter

... entstand in der DDR eine Planwirtschaft.

Altruismus
uneigennützig, selbstlos

Adam Smiths „Philosophie des Marktes"
Der schottische Ökonom Adam Smith (1723-1790) ist uns schon in Kapitel 2.3.1 begegnet. Eines seiner berühmtesten Zitate geht so: „Nicht vom Wohlwollen des Metzgers, Brauers und Bäckers erwarten wir das, was wir zum Essen brauchen, sondern davon, dass sie ihre eigenen Interessen wahrnehmen. Wir wenden uns nicht an ihre Menschen-, sondern an ihre Eigenliebe, und wir erwähnen nicht die eigenen Bedürfnisse, sondern sprechen von ihrem Vorteil."

Adam Smith, Der Wohlstand der Nationen, dtv: München 1990 (engl. Original: 1776), S. 17

Video Wirtschaftsordnung

82033-228

c) Wirtschaftsordnungen Markt- und Planwirtschaft im Vergleich

Vergleichskriterien	1. Marktwirtschaft	2. Planwirtschaft
Planungs- und Lenkungsform: Wie wird wirtschaftliches Handeln koordiniert?	Dezentral durch den Wettbewerb auf freien Märkten	Zentral durch staatliche Planung
Bei wem liegt die wirtschaftliche Initiative?	Unternehmen, Konsumenten	Staatliche Planungszentrale
Wie bilden sich die Preise?	Preise ergeben sich aus dem Zusammenspiel von Angebot und Nachfrage.	Preise werden staatlich festgesetzt und kontrolliert.
Eigentumsverfassung: Wem gehören die Produktionsmittel?	Den Unternehmen: Privateigentum an Produktionsmitteln	Staatseigentum an Produktionsmitteln
Wie bilden sich die Löhne?	Lohnfestsetzung durch die Tarifpartner; staatliche Allgemeinverbindlichkeitserklärung	Lohnfestsetzung durch den Staat

Doku: Warum die DDR unterging (SWR2)

82033-229

Markt- und Planwirtschaft in Korea im Vergleich

82033-230

M3 Was schlägt sich besser? Markt- oder Planwirtschaft?

Markt- und Planwirtschaft in Zahlen

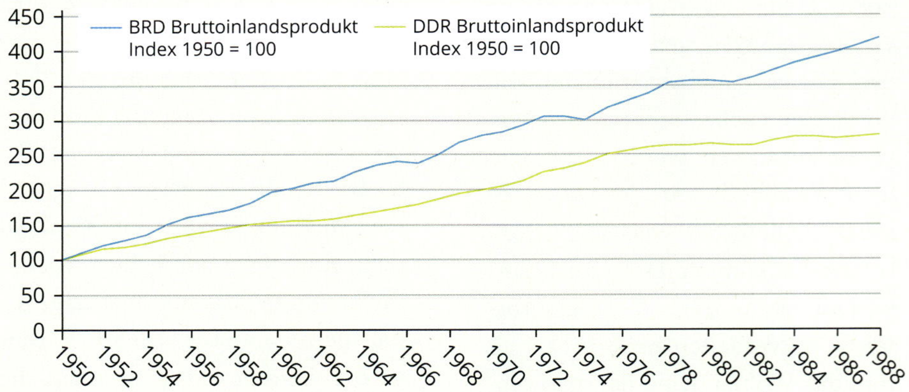

©C.C. Buchner Verlag, aktuelle Daten nach: Merkel, W./Wahl, S.,: Das geplünderte Deutschland. Die wirtschaftliche Entwicklung im östlichen Teil Deutschlands von 1949 bis 1989. In: Schriften des Instituts für Wirtschaft und Gesellschaft. Bonn 1991, eigene Berechnungen

AUFGABEN

82033-231

1. Charakterisiere anhand von **M2a** und **M2b** Elemente der zwei Wirtschaftsordnungen.
2. a) Ordne die Bausteine von **M1** jeweils den Wirtschaftsordnungen Markt- und Planwirtschaft zu (**M2c**).
   b) Vergleiche ausgehend von **M2c** die Rolle der Akteure in Markt- und Planwirtschaft.
3. Geht arbeitsteilig vor. Beurteilt in beiden Wirtschaftsordnungen ausgehend von **M2c** und **M3** mögliche Konflikte zwischen Bürgern aufgrund unterschiedlicher Wertmaßstäbe oder Menschenbilder.

Menschenbild
Eine Aussage über das Wesen und Natur des Menschen (Eigenschaften, Vorlieben, Werte etc.).

WAS WIR WISSEN

Wirtschaftliches Handeln ist gesteuert durch Anreize

Wirtschaftliches Handeln spielt sich entgegen dem ersten und oberflächlichen Eindruck nicht chaotisch ab. Die Akteure reagieren vielmehr in der Regel systematisch und damit vorhersagbar auf bestimmte – positive oder negative – **Anreize**. Das zeigt sich im Kleinen (Bsp. Abrechnung im Restaurant) wie im Großen (Bsp. Gesundheitspolitik). Man kann sogar sagen: „Ökonomie ist im Kern eine Untersuchung über die Wirkung von Anreizen." (LEVITT/DUBNER). Mit diesem Wissen lassen sich Anreize auch ganz bewusst gestalten (man spricht dann von Entscheidungsarchitektur), um das Verhalten anderer zu beeinflussen. Sie sollen unauffällig zu bestimmten erwünschten Verhaltensweisen „gestupst" werden. Dieses sog. **Nudging** wird allerdings kritisch gesehen.

Wirtschaftsordnungen / Regeln als Anreize

Wirtschaftsordnungen stellen die zu **Institutionen** geronnenen Regeln und Normen des Wirtschaftslebens dar. Sie legen Planungs- und Lenkungsformen, Preisbildung, Eigentumsverfassung und Unternehmensziele fest. Sie setzen somit unterschiedliche **Anreize für die Akteure**. Zentral ist dabei die Frage nach der Rolle des Staates: Wie stark ist er in der Wirtschaft engagiert? Man unterscheidet ganz grob zwei Wirtschaftsordnungen: **Marktwirtschaften** in allen Variationen. Hier sind Märkte das dominierende Element, der Staat hält sich zurück. Und **Planwirtschaften**, in denen der Staat an der Spitze einer Hierarchie das Wirtschaftsleben dominiert, zentral plant und lenkt.

Wirtschaftsordnung (schematisch)

Die Gesamtheit der rechtlichen Regeln und Vorschriften, die den Aufbau einer Volkswirtschaft bestimmen, werden als Wirtschatfsordnung bezeichnet. Wirtschaftsordnungen setzen sich aus unterschiedlichen Bausteinen zusammen

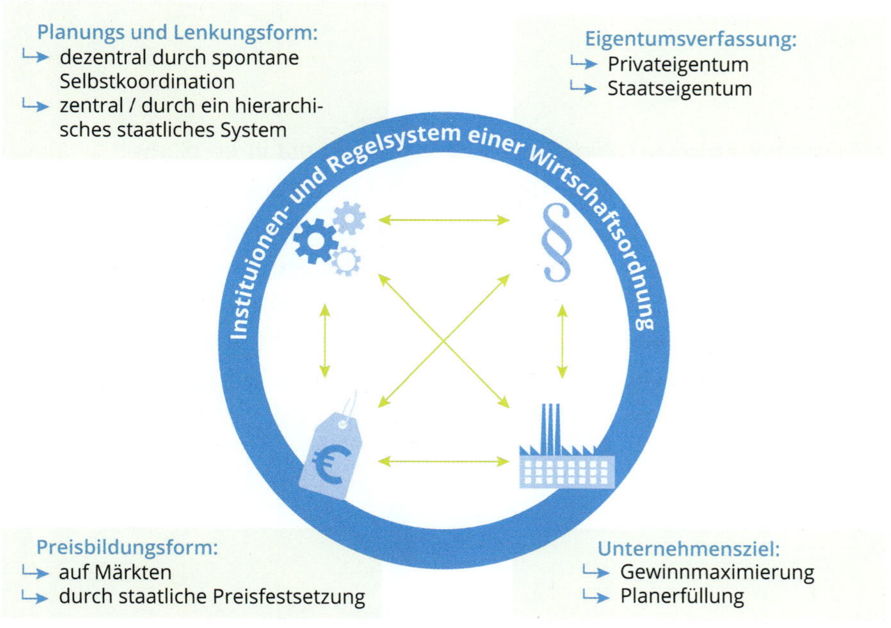

Nach: Institut für Ökonomische Bildung, Oldenburg

Was Wir Wissen-Seiten digital zum Editieren

82033-317

WAS WIR WISSEN

Marktwirtschaft

Welche Unterschiede haben nun mögliche Wirtschaftsordnungen und welche Rolle spielen die Akteure darin? Haben die Menschen eine große wirtschaftliche Handlungsfreiheit und sind Produktion wie Verteilung der Güter **dezentral durch Märkte mit freier Preisbildung** ohne staatliche Einmischung organisiert, handelt es sich um das **Modell der Marktwirtschaft**. Die Marktwirtschaft nutzt den **Egoismus des Einzelnen**, um über die Koordination auf Märkten die **Wohlfahrt aller** zu mehren. Dieses Gesamtergebnis liegt nicht in der Absicht des Verhaltens der einzelnen Akteure, sondern stellt sich im Idealfall als unbeabsichtigte Folge ihres Handelns auf Märkten ein. Daher auch die Rede von der „unsichtbaren Hand" des Marktes. Märkte sind in der Regel eine sehr effiziente Koordinationsmöglichkeit. Aber nicht immer liefert der Marktprozess wünschenswerte Ergebnisse und Märkte können versagen, was dann auch in der Marktwirtschaft den Staat zum Eingreifen zwingt.

Planwirtschaft (auch Zentralverwaltungswirtschaft)

Plant und organisiert der Staat allerdings zentral die Wirtschaft, so sind die Menschen in ihrer wirtschaftlichen Handlungsfreiheit stark eingeschränkt. Plant und organisiert eine politische Behörde Produktion und Verteilung der Güter mittels eines **zentralen Plans** mit **festen Preisen** für die Güter, handelt es sich um das **Modell der Planwirtschaft oder auch Zentralverwaltungswirtschaft**. In einer Planwirtschaft wird zwar der Wertmaßstab Solidarität betont, aber es bestehen nur in sehr eingeschränktem Maß Anreize für die Bürger Eigeninitiative und Eigenverantwortung zu übernehmen: Wer hart und viel arbeitet hat am Ende genauso viel, wie derjenige, der kaum arbeitet. Es lohnt sich aufgrund der Eigentumsverfassung für sie nicht. Im Ergebnis blieb die wirtschaftliche Produktivität in Ländern mit Planwirtschaft deshalb weit hinter der Produktivität in Ländern mit marktwirtschaftlichen Wirtschaftsordnungen zurück. Am Ende herrschte Mangelwirtschaft. Heute existiert die Planwirtschaft kaum mehr in ihrer reinen Form (näherungsweise z. B. Kuba, Nordkorea, Venezuela).

Wirtschaftlicher Erfolg

Der Zusammenbruch der kommunistischen Staaten mit ihren planwirtschaftlichen Wirtschaftsordnungen Ende der 1980er Jahre hat gezeigt, dass Marktwirtschaften einer planwirtschaftlichen Ordnung überlegen sind: Sie vermögen mehr Wohlstand zu erzeugen und vor allem sind die Anbieter der Waren und Dienstleistungen gezwungen, sich an den Bedürfnissen der Kunden zu orientieren. Wirtschaftliche Handlungsfreiheit oder allgemein die Freiheit des Einzelnen ist somit eine wichtige Voraussetzung für Wohlstand und Demokratie und im Grundgesetz garantiert.

7.2 Marktwirtschaft – aber bitte sozial!

7.2.1 Die Soziale Marktwirtschaft: Freiheit und Gleichheit – passt das zusammen?

Zum Thema: Der Marktmechanismus ist zunächst neutral und Verteilungsfragen interessieren ihn nicht. So könnte es sein, dass ein Wirtschafsakteur alles und alle anderen nichts erhalten. Die Soziale Marktwirtschaft interessiert sich aber sehr wohl für das Verteilungsergebnis. Damit werden ihre zugrundeliegenden Wertmaßstäbe wichtig. An erster Stelle sind Freiheit und Gleichheit zu nennen, die spätestens seit der Französischen Revolution 1789 als fundamentale Werte demokratischer Gesellschaften und deren Wirtschaftsordnungen gelten. Was bedeutet das konkret für die Ausgestaltung einer Marktwirtschaft? Erste Antworten findest du in diesem Kapitel.

M1 Die Soziale Marktwirtschaft heute: zwei Perspektiven

a) Ungleichheit gefährdet unsere Freiheit!

Die soziale Ungleichheit wächst! Sie gefährdet die Demokratie und den gesellschaftlichen Zusammenhalt, zudem auch Wachstum und Wohlstand. Die reichsten zehn Prozent der Bevölkerung besitzen über die Hälfte der Vermögen in Deutschland. Dem gegenüber verfügt die Hälfte der Bevölkerung nur über ein Prozent des Vermögens. [...] Wie kann das Auseinanderdriften der Gesellschaft gestoppt werden? Wie viel Gleichheit brauchen wir in einer Guten Gesellschaft?

Teaser zum Kongress „Mehr Gleichheit" der Friedrich-Ebert-Stiftung im Nov. 2017

b) Mehr Freiheit wagen!

Nur freiheitliche Gesellschaften besitzen jene Innovationskräfte, die nötig sind, um die anstehenden Herausforderungen durch Digitalisierung und Globalisierung, für mehr Wohlstand und den Abbau sozialer Spannungen sowie ökologische Handlungsnotwendigkeiten zu bewältigen. Mehr Menschen mehr Chancen auf Teilhabe und Selbstverwirklichung als jemals zuvor zu eröffnen, das ist Ziel unserer Vorschläge.

Friedrich Naumann Stiftung, „Aufschwung durch Freiheit. Neue Ideen für die Wirtschaftspolitik." 03.06.2021

EINSTIEGSAUFGABEN 82033-232

1. **M1** dokumentiert Statements von zwei unterschiedlichen politischen Stiftungen, die jeweils unterschiedliche Aspekte der Sozialen Marktwirtschaft betonen.
   - Arbeite die Unterschiede heraus.
   - Ordne die Positionen bzw. Stiftungen begründet ihren jeweiligen Parteien zu.
   - Was ist dir wichtiger: mehr Gleichheit oder mehr Freiheit?

M2 Freiheit und Gleichheit: ein Widerspruch?

Wir halten es heute für ganz selbstverständlich, dass alle Menschen von Natur aus gleichberechtigt sind. Freiheit und Gleichheit sind Werte, die ihren Ausdruck in den elementaren Grundrechten des Grundgesetzes der Bundesrepublik Deutschland gefunden haben. **(Siehe Randspalte)**

Und es kommt noch ein weiterer Wert hinzu: die Gerechtigkeit. Inzwischen scheint die Verbindung von Gleichheit und Gerechtigkeit sogar dermaßen stark zu sein, dass die Tendenz besteht, Gerechtigkeit mit Gleichheit zu identifizieren, oder umgekehrt, Ungleichheiten an sich für ungerecht zu halten. Aber verhält es sich so einfach? Viele Ungleichheiten werden von den meisten von uns als völlig gerecht akzeptiert, z. B., dass fleißige und tüchtige Leute mehr verdienen als faule, oder dass hilfsbedürftige Menschen Unterstützung bekommen und andere nicht, oder auch, dass Menschen mit höherem Einkommen prozentual mehr Einkommensteuer zahlen müssen als Menschen mit niedrigem Einkommen.

Eine ähnliche Problematik gibt es in der **Verfassungsrealität** mit der Freiheit. Nehmen wir zum Beispiel den demokratischen Sozialstaat. Er belastet mit **Zwangsabgaben** die wirtschaftlich Erfolgreichen, um die Transfers zugunsten der Bedürftigen zu finanzieren. Der Zwang gegen die Erfolgreichen mindert aber natürlich deren Freiheit.

Mit anderen Worten: Freiheit und Gleichheit stehen in einem Spannungsverhältnis und die Sichtweisen auf die Vereinbarkeit beider Prinzipien bleiben kontrovers. Viel hängt davon ab, wie sie jeweils definiert werden. Während dem Ex-Bundeskanzler Helmut Schmidt das Zitat nachgesagt wird, die wahre Freiheit sei die soziale Sicherheit, sehen andere darin den Gefangenen im goldenen Käfig und formulieren einen unvereinbaren Gegensatz zwischen Freiheit und Gleichheit.

Grundsätzlich obliegt die konkrete Ausgestaltung dieses Spannungsverhältnisses dem **politischen Souverän**, also dem Deutschen Bundestag. Im Konfliktfall ist das Bundesverfassungsgericht dann die Instanz, die letztlich dieses Spannungsverhältnis von Freiheit und Gleichheit allgemein verbindlich auslegt.

Bearbeiter

Freiheit und Gleichheit im Grundgesetz
in Art. 2 Abs. 1 GG die allgemeine Handlungsfreiheit und die Freiheit der Person;
in Art. 3 Abs. 1 GG die Gleichheit vor dem Gesetz;
in Art. 14 Abs. 1 GG die Gewährleistung von Eigentum und Erbrecht.;
in Art. 14 Abs. 2 GG die Sozialpflichtigkeit des Eigentums;
in Art. 14 Abs. 3 GG die Modalitäten einer Enteignung.

Verfassungsrealität
Wie der geschriebene Verfassungstext in der politischen Realität umgesetzt wird.

Zwangsabgaben
gemeint sind hier Steuern

Politischer Souverän
Person oder Institution, die maßgeblich politische Entscheidungen trifft.

M3 Herausforderung Wohnungsmarkt

Das Zusammenspiel von Angebot und Nachfrage auf dem Wohnungsmarkt hat z. T. zu hohen Miet- und Wohnungspreisen geführt, zumindest in bestimmten Städten. Soll sich der Staat einmischen? Falls ja, welche Regulierungen sind sinnvoll?

Erklärfilm Wohnungsmarkt

82033-233

2

3

a) Wird Wohnen ein Luxus?

Für viele Millionen Menschen in Deutschland machen die monatlichen Ausgaben für Wohnen einen großen Teil der Lebenshaltungskosten aus. In aller Regel sind Ausgaben für Wohnen und vor allem Mieten monatliche Fixkosten, bei denen kaum oder nur wenig Einsparpotenzial besteht. Durchschnittlich 23,3 % ihres verfügbaren Einkommens mussten Haushalte im Jahr 2021 für die Wohnkosten aufbringen, wie das Statistische Bundesamt mitteilt (2009: 30,9 %). Liegt die Wohnkostenbelastung, also der Anteil des für die Wohnkosten aufgewendeten verfügbaren Haushaltseinkommens, bei mehr als 40 %, gelten Haushalte als überbelastet. Im vergangenen Jahr traf dies auf 10,7 % der Bevölkerung zu.

Nach: Statistisches Bundesamt (Destatis), Pressemitteilung Nr. N 054 vom 26. August 2022

b) Bauen wir Wohnungen zu langsam?

Bevölkerungswachstum und Wohnungsbau im internationalen Vergleich

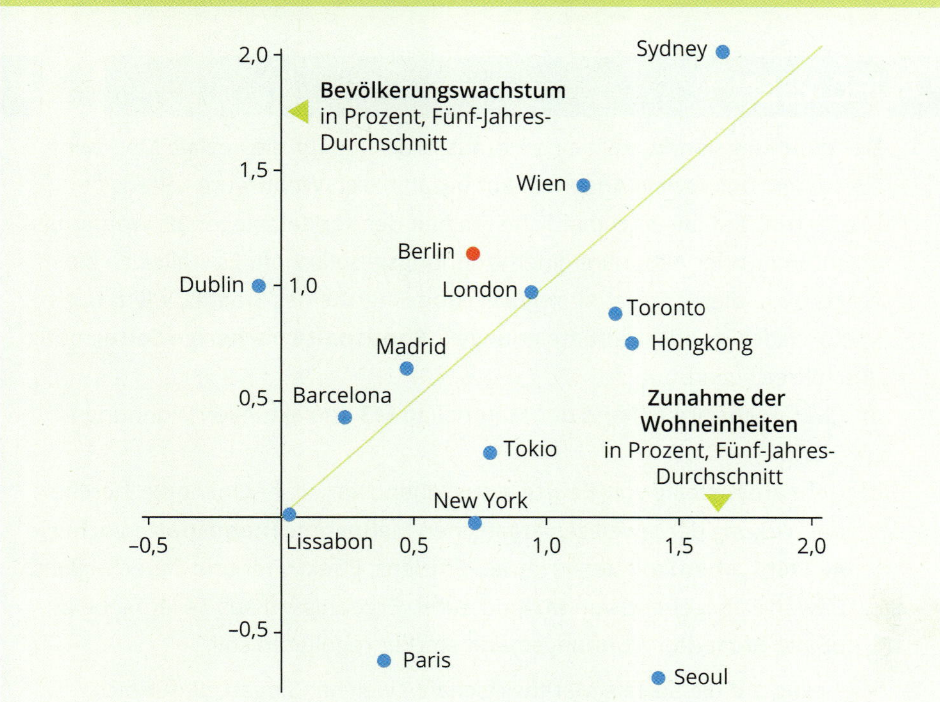

Nach: Bernau, Patrick: 'Bilderstrecke: Warum steigen Mieten so schnell', www.faz.net, 19.04.2022

Mögliche staatliche Maßnahmen für den Wohnungsmarkt

Enteignungen: Sie sind nach Grundgesetz nur möglich mit Entschädigung.

Mietkauf: Der Staat übernimmt die Bauträgerschaft. Er geht in Vorleistung und tritt die Eigentümerschaft an den Wohnungen via Tilgungszahlungen an die (Mieter-) Haushalte ab.

Mietpreisbremse: Mieten in Mietneuverträgen dürfen in angespannten Wohnungsmärkten nicht mehr als 10 % über der ortsüblichen Vergleichsmiete liegen.

Mietrecht: Gesetzliche Regelungen zum Verhältnis von Vermieter und Mieter.

Sozialer Wohnungsbau: Die soziale Wohnungsbauförderung weitet das Wohnraumangebot zu Preisen unterhalb der Marktmiete aus.

Wohneigentumsförderung: staatliche Förderung für Haus- bzw. Wohnungskauf, -bau und Sanierung, dazu zählt u. a. eine Kinderzulage (früher: Baukindergeld).

Wohngeld: Der Staat zahlt einen Wohnkostenzuschuss

Mietendeckel: Der Mietendeckel (siehe Schaubild **M3c**) schrieb u. a. einen Mietenstopp vor. Er wurde im April 2021 für verfassungswidrig erklärt. Seitdem wird über eine bundesweite Variante politisch kontrovers diskutiert (siehe **M3a**).

c) Effekte eines Mietendeckels

Nach: DIW Wochenbericht 38 / 2019, S. 701-709, 701

AUFGABEN

82033-234

1. Der Wohnungsmarkt stellt eine Herausforderung für die Soziale Marktwirtschaft dar: Der soziale Anspruch auf bezahlbaren Wohnraum seitens der Mieter trifft auf die wirtschaftliche Freiheit der Kapitalanleger als Wohnungseigentümer oder Aktionäre einer Wohnungsgesellschaft. Es stellt sich die Frage, ob in dieser Situation regulierende Eingriffe des Staates, wie z. B. ein Mietpreisdeckel oder gar Enteignungen (**Randspalte vorherige Seite**), nötig und hilfreich sind.
   a) Charakterisiere anhand der Materialien **M3** den aktuellen Wohnungsmarkt.
   b) Geht arbeitsteilig vor. Beurteilt ausgehend von einer Online-Recherche die Wirkung der jeweiligen staatlichen Maßnahme (**Randspalte vorherige Seite, oben**) mit den Kriterien Effizienz, Effektivität und Gerechtigkeit.
   c) Bewerte ausgehend von **M2** und euren Ergebnissen aus Teilaufgabe b), ob der Staat den Wohnungsmarkt stärker regulieren soll.
2. Mit Bezug auf die Soziale Marktwirtschaft – welcher Slogan gilt für dich: „Freiheit und Gleichheit“ oder „Freiheit oder Gleichheit“? Erkläre (**M2**).

Vier Schritte zur Urteilsbildung mit den Operatoren „beurteilen/bewerten“: 4. Schritt

I. Worum geht es?

„Gewohnt wird immer“ heißt es in der Immobilienbranche. Immobilien sind bei Anlegern eine beliebte Anlageform. Investoren sind deshalb bereit, Häuser und Wohnungen zu bauen - aber sie wollen mit dem Verkauf Geld verdienen oder Mieteinnahmen erzielen. Doch wer sorgt dafür, dass es genügend Angebot am Wohnungsmarkt gibt und insbesondere bezahlbarer Wohnraum zur Verfügung gestellt wird? Der Markt allein? Schnell werden hier Rufe nach staatlichen Eingriffen (Regulierung) und manchmal auch nach radikalen staatlichen Eingriffen (Mietendeckel, Enteignungen) laut.
Perfekt für den vierten und letzten Schritt unserer Urteilsbildung. Nachdem wir in Teilaufgabe 1.b) die Wirkung der jeweiligen staatlichen Maßnahmen (Randspalte S. 299) mit Kriterien wie Effizienz, Effektivität und Gerechtigkeit beurteilt haben (3. Schritt), können wir anhand der Teilaufgabe 1.c) aus Kapitel 7.2.1 hier den 4. Schritt mit dem Operator „bewerten“ machen: **Bewerte, ob der Staat den Wohnungsmarkt stärker regulieren soll?**

beurteilen / bewerten
4. Schritt ausführlich
82033-300

II. Geht dabei wie folgt vor:

Natürlich erledigen wir zunächst die Teilaufgabe 1.b) und damit die ersten drei Schritte zur Urteilsbildung und die Vorarbeit für unser Werturteil.
Hier können wir jetzt einzelne staatliche Maßnahmen als „Test“ heranziehen, um unsere Wertmaßstäbe offen zu legen: So sind etwa Enteignungen die stärkste, mögliche staatliche Regulierungsmaßnahme. Der Blick auf diese extreme Regulierungsmaßnahme kann uns dabei helfen zu erkennen, wo wir stehen und welche Wertmaßstäbe für uns wichtig sind: Finden wir die extreme Maßnahme akzeptabel, wären wir klar für mehr Regulierung. Finden wir das nicht akzeptabel, sind wir gegen starke Regulierung.

Werturteil mit Präferenz für ...	Mögliches Werturteil:
Freiheit	„Mein Werturteil wird vom Wertmaßstab Freiheit bestimmt. Die ist mir sehr wichtig und ich bin deshalb auch ganz **klar gegen eine stärkere Regulierung im Wohnungsmarkt**, weil diese in starker Form in die Vertragsfreiheit eingreifen würde. Ich möchte selbst entscheiden, was ich kaufe und verkaufe. Wo kommen wir als Gesellschaft hin, wenn der Staat Eigentümer enteignet, ihnen ihren Besitz (gegen Entschädigung) wegnimmt oder ihren Gewinn (durch einen Mietendeckel) begrenzt? Dann lohnt sich doch Leistung überhaupt nicht mehr! Das wäre einfach nicht leistungsgerecht. Derjenige, der sich eine Immobilie erarbeitet hat, wird dann eben auch dafür belohnt, kann aber ja auch Geld verlieren. So ist der Markt! Ich sehe schon, dass manche sehr viel haben und andere zu wenig, aber es ist nicht Aufgabe des Staates, jedem Haushalt eine Immobilie, am besten noch in zentraler Lage in einer angesagten Stadt, zur Verfügung zu stellen. Wer soll das bezahlen? Das kann der Staat nicht leisten! Deshalb Finger weg von Regulierung, sonst gibt es noch weniger Wohnungen.“

Werturteil mit Präferenz für ...	Mögliches Werturteil:
Soziale Gerechtigkeit	„Mein Werturteil wird vom Maßstab soziale Gerechtigkeit bestimmt. Deshalb bin ich **klar für eine stärkere Regulierung des Wohnungsmarktes**. So wie das in den letzten Jahren lief, kann es nicht weiter gehen! Wohnen wird immer teurer und wer reich ist, kann als Investor Wohnungen bauen lassen und mit hohen Mieteinnahmen noch reicher werden. Der Rest kann sehen, wo er bleibt. Wenn wir nun stärker regulieren und eingreifen, nehmen wir dann quasi von den Reichen – den Immobilienbesitzer und Investoren mit weiteren, nicht selbst genutzten Immobilien und geben den Armen. Das klingt ein bisschen wie bei Robin Hood, aber im Grundgesetz steht in Artikel 14 Absatz 3 dazu auch: „Eine Enteignung ist nur zum Wohle der Allgemeinheit zulässig". Da steht natürlich auch was von „Entschädigung", aber das „nur" stört mich hier nicht, denn ein solches Vorgehen wäre eben sozial gerecht und zum Wohle der Allgemeinheit, weil im Ergebnis die Ungleichheit reduziert würde. Das können die Reichen verschmerzen: Wer braucht schon fünf Immobilien, während andere keine haben. Wohnen ist ein Grundrecht und sollte deshalb bedarfsgerecht zur Verfügung stehen. Deshalb sollte der Staat den Wohnungsmarkt dringend stärker regulieren!"

III. Wie geht es weiter?

Jetzt könnte man sagen: Es scheint ja kompliziert – wie der Staat es anstellt, macht er es falsch:
Entscheiden wir uns als Gesellschaft gegen stärkere Regulierung des Wohnungsmarktes, dann wird sich kaum etwas am momentanen Zustand ändern und viele Bürgerinnen und Bürger werden dann weiterhin die steigende „Ungerechtigkeit" oder „gesellschaftliche Spaltung" beklagen. Entscheiden wir uns für mehr „soziale Gerechtigkeit" durch stärkere Regulierung, dann blenden wir allerdings die negativen Folgen starker Eingriffe in den Markt aus: Wie wirkt sich dies auf das zukünftige Angebot aus? Werden Bürger als Investoren noch Anreize haben überhaupt Wohnungen bauen zu lassen, wenn sie Angst vor Enteignungen oder Mietendeckeln haben müssen?
Wohl kaum! Das Angebot wird einbrechen und der Staat müsste selbst mehr Angebot an Wohnraum schaffen, um die Nachfrage zu bedienen. Aber ist der Staat der bessere Bauunternehmer? Wer soll das bezahlen? Zudem muss der Staat dann auch effektiv kontrollieren, wer welchen Bedarf hat und bei Änderungen dann etwa veranlassen, dass Alleinstehende aus zu großen Wohnungen oder mittlerweile Besserverdienende aus günstigem, sozialem Wohnraum ausziehen. Kann und will er das?
Es gibt hier keine einfachen Lösungen, sondern wir müssen als Gesellschaft um die besten Lösungen ringen, dabei andere Meinungen und Wertmaßstäbe respektieren und uns auch dem Willen der demokratischen Mehrheit unterordnen. Dabei erscheint es aber angeraten, nicht immer die radikalsten Maßnahmen zu wählen, denn vielleicht kann man bei dann verschiedene Seiten und Meinungen zusammenbringen.

Bearbeiter

7.2.2 Markt und Sozialstaatsprinzip – wohin neigt sich die Waage?

Zum Thema: Der Sozialen Marktwirtschaft liegen wichtige Werte zugrunde, wie z. B. Freiheit und Gleichheit. Ergänzt um weitere grundlegende Prinzipien wie Solidarität und Gerechtigkeit. Hier hat das Grundgesetz mit der Garantie von Grundrechten (Freiheitsrechten) und dem Sozialstaatsprinzip wichtige Festlegungen getroffen. Diese sind aber immer noch sehr abstrakt, so dass viel Spielraum bleibt, wie sie im konkreten Einzelfall auszulegen sind. Müssen wir z. B. alle gleich viel haben, damit der Wert der Gleichheit erfüllt ist? Mehr dazu in diesem Kapitel.

M1 Ein Gedankenexperiment

Star unseres Gedankenexperiments: Kylian Mbappé

Stell' dir eine beliebige Güterverteilung vor, die du als gerecht bewertest. Jetzt nimm an, dass ein berühmter Sportler, zum Beispiel der Fußballer Mbappé, mit seinem Verein vereinbart, dass von jedem bezahlten Eintrittspreis im Stadion 25 Cent direkt an ihn gehen. Der Verein akzeptiert dies, und auch die Zuschauer zahlen freiwillig beim Stadionbesuch 25 Cent zusätzlich, die in Mbappés Kasse fließen. Am Ende der Saison haben 1 Million Zuschauer je 25 Cent an Mbappé bezahlt, so dass sein Vermögen um 250.000 € angewachsen ist, während das des Zuschauers jeweils um 25 Cent gesunken ist.

Bearbeiter, nach dem Chamberlain-Experiment von Robert Nozick

EINSTIEGSAUFGABEN 82033-235

1. Erkläre inwieweit du die neue Verteilung (**M1**) als gerecht oder ungerecht empfindest.
2. a) Mit welchem Recht dürfte man Mbappé jetzt einen Teil seines rechtmäßig erworbenen Gewinns wegnehmen? Erläutere.
   b) Wie könnte jemand unter der neuen Verteilung Anspruch auf Mbappés Güter haben, der es bei der Ausgangssituation noch nicht hatte? Diskutiert in der Klasse.

M2 Wirtschaftliche Freiheit und Sozialstaat: passt das zusammen?

Grundgesetz
Art 2
(1) Jeder hat das Recht auf die freie Entfaltung seiner Persönlichkeit, soweit er nicht die Rechte anderer verletzt und nicht gegen die verfassungsmäßige Ordnung oder das Sittengesetz verstößt.
(2) Jeder hat das Recht auf Leben und körperliche Unversehrtheit. Die Freiheit der Person ist unverletzlich. In diese Rechte darf nur auf Grund eines Gesetzes eingegriffen werden.
Art 14
(1) Das Eigentum und das Erbrecht werden gewährleistet. Inhalt und Schranken werden durch die Gesetze bestimmt.
(2) Eigentum verpflichtet. Sein Gebrauch soll zugleich dem Wohle der Allgemeinheit dienen.
(3) Eine Enteignung ist nur zum Wohle der Allgemeinheit zulässig. Sie darf nur durch Gesetz oder auf Grund eines Gesetzes erfolgen, das Art und Ausmaß der Entschädigung regelt. Die Entschädigung ist unter gerechter Abwägung der Interessen der Allgemeinheit und der Beteiligten zu bestimmen. Wegen der Höhe der Entschädigung steht im Streitfalle der Rechtsweg vor den ordentlichen Gerichten offen.

a) Verfassungsrechtliche Grundlagen

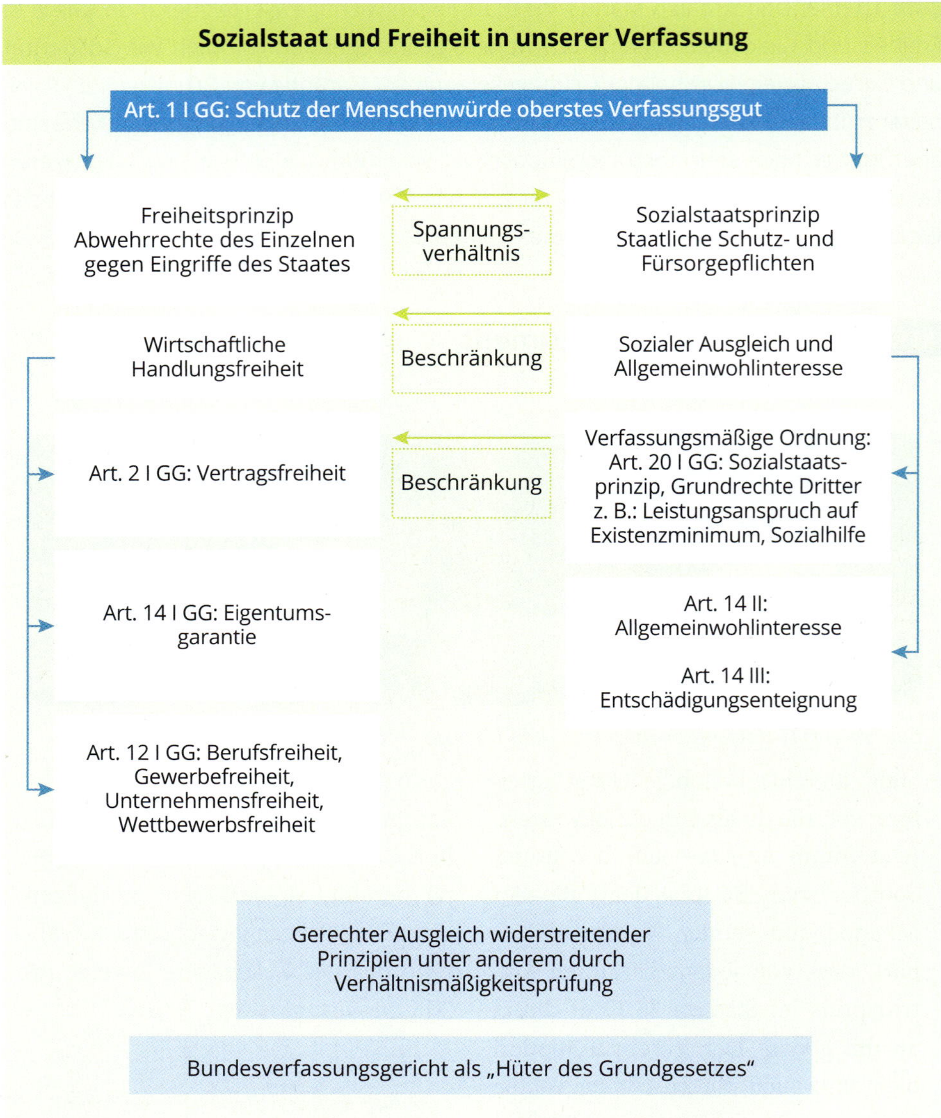

©C.C. Buchner Verlag, aktuelle Daten nach: Unterricht Wirtschaftspolitik, 2/2011, S. 10

b) Arbeitsteilung zwischen Staat und Markt?

„Sozial" steht für soziale Gerechtigkeit und Sicherheit, „Marktwirtschaft" für wirtschaftliche Freiheit. Die Soziale Marktwirtschaft hält grundsätzlich an der Souveränität des Individuums fest. Diese sollte allerdings dort ihre Grenze finden, wo fundamentale Rechte und Interessen anderer beeinträchtigt werden. Das Grundziel der Sozialen Marktwirtschaft heißt entsprechend: „So viel Freiheit wie möglich, so viel staatlicher Zwang wie nötig." Ihre Aufgabe ist es, auf der Grundlage von Markt und Wettbewerb das Prinzip der Freiheit mit dem des sozialen Ausgleichs und der sozialen Gerechtigkeit zu verknüpfen. […]

Wirtschaftliche Freiheit bedeutet, dass die Verbraucher frei entscheiden können, wie sie ihr Einkommen verwenden. Die Eigentümer der Produktionsmittel können frei wählen, ob sie ihre Arbeitskraft, Sachgüter oder unternehmerischen Fähigkeiten zur Verfügung stellen (Gewerbefreiheit, Berufsfreiheit, Freiheit der Eigentumsnutzung). Unternehmer haben die Freiheit, Güter nach ihrer Wahl herzustellen und abzusetzen. Käufern und Verkäufern von Gütern steht es frei, sich neben anderen um das gleiche Ziel zu bemühen (Wettbewerbsfreiheit). [...] Die wirtschaftliche Freiheit soll durch den Staat dort beschränkt werden, wo sie die soziale Gerechtigkeit und die soziale Sicherheit gefährdet. [...] Sozial Schwächere werden durch ein soziales Netz (z. B. durch Arbeitslosenversicherung, Kindergeld, Wohngeld, Sozialhilfe) abgesichert. Der Staat übernimmt Aufgaben, die der Markt nicht oder nur sehr eingeschränkt erfüllen kann, wie etwa struktur- und bildungspolitische Aufgaben.

Herbert Buscher u. a., Wirtschaft heute, Bundeszentrale für politische Bildung, Bonn 2009, S. 30

Prinzipien der Sozialen Marktwirtschaft
Die Konzeption der Sozialen Marktwirtschaft basiert auf drei zentralen Prinzipien:
(1) Nach dem **Wettbewerbsprinzip** muss der Staat dafür Sorge tragen, dass in allen Branchen und Sektoren möglichst (große) Konkurrenz herrscht.
(2) Das Prinzip der **Marktkonformität** besagt, dass kein (wirtschafts-)politischer Eingriff des Staates die Preisbildung aus Angebot und Nachfrage stören darf.
(3) Allerdings bleibt es nach dem **Sozialstaatsprinzip** möglich, aus sozialen Gründen Mitglieder der Gesellschaft zu unterstützen, sodass sie (durch Konsum) am Markt teilnehmen können.

Nach: Kersten Ringe, Politischer Entscheidungsprozess und Soziale Marktwirtschaft, Bamberg 2010, S. 167

M3 Streitgespräch: Brauchen wir ein Grundeinkommen?

Sascha Lobo und Michael Bohmeyer wollen die Arbeitswelt verändern – aber über das bedingungslose Grundeinkommen sind sie sich nicht einig.

FAZ: Michael Bohmeyer, Ihre Initiative organisiert Versuche für ein bedingungsloses Grundeinkommen. Sagen Sie mal ehrlich: Geld fürs Nichtstun – ist das wirklich eine gute Idee?

Bohmeyer: Ja. Wir müssen Geld und Arbeit endlich voneinander trennen. Menschen brauchen einerseits Geld, um in der arbeitsteiligen Gesellschaft überleben zu können – und sie wollen andererseits arbeiten. Wir wollen ihnen das Existenzminimum garantieren, über Sozialleistungen machen wir das ja heute schon. Am Grundeinkommen wäre neu, dass die Leute die Freiheit haben, das zu tun, was sie am besten können.

FAZ: Sascha Lobo, ist das Grundeinkommen wirklich so eine gute Idee?

Lobo: Früher war ich auch überzeugt davon, dass das eine phantastische Angelegenheit ist. Aber ich bin skeptischer geworden. [...] Das zöge massive soziale Spannungen nach sich.

Bohmeyer: Soziale Spannungen gibt es doch heute schon. Wir wollen sie entschärfen! Das geht auf zwei Wegen. Entweder schafft man ein nachgelagertes Sozialsystem, irgendeine Form von Ausgleich– oder man nimmt das psychologische Fundament dafür weg, dass die Menschen überhaupt diese Spaltungstendenzen entwickeln. Was wäre, wenn alle Menschen am Monatsanfang das gleiche Geld hätten?

FAZ: Wäre das nicht gerecht, Sascha Lobo?

Lobo: Nein, ich glaube nicht. In allen staatlichen Systemen gibt es eine Abwägung zwischen Einfachheit und Gerechtigkeit. Man kann nicht beides gleichzeitig maximieren. Diese Abwägung kommt mir beim bedingungslosen Grundeinkommen zu kurz. Leute wie ich bekämen Geld, obwohl sie keine finanziellen Sorgen haben. Und dann gibt es Leute, die vielleicht zwei Grundeinkommen brauchten, weil sie in einer Phase sind, in der nichts läuft. Die bekommen das Geld trotzdem nur einmal. Das ist zwar einfach, aber weniger ge-

Sascha Lobo ist Blogger und Kolumnist.

Michael Bohmeyer setzt sich für das BGE ein.

BGE-Projekt von Michael Bohmeyer

82033-236

tagesschau: BGE – Was bringt das?

82033-237

Bedingungsloses Grundeinkommen (BGE)
Soll das soziokulturelle Existenzminimum sichern und damit ohne Arbeitspflicht oder andere Gegenleistung gesellschaftliche Teilhabe garantieren. Ebenso soll keine Vermögen oder Einkommen von Lebens- oder Ehepartnern berücksichtigt werden.
Bearbeiter

recht. Das sage ich als jemand, der gerne Steuern zahlt. Okay, dieser Satz ist natürlich auf die übliche Weise gelogen, aber ich finde es sinnvoll, Steuern zu zahlen, um das Sozialsystem zu unterstützen.

Bohmeyer: Das Grundeinkommen ist fast immer eine Umverteilung von oben nach unten. Zwar bekommt jeder Geld ausgeschüttet, aber dafür müssen alle deutlich höhere Steuern zahlen als bisher. Deshalb hättest du, Sascha, wahrscheinlich netto weniger Geld als heute. Aber du und alle deine Angehörigen wüssten: Unter tausend Euro können sie nicht rutschen. Auf diese Weise überwinden wir auch die [...] Armut: Am Monatsanfang bekommt der Millionär genauso viel Geld wie der Obdachlose.

Lobo: Es kommt mir nicht sinnvoll vor, gegen die Stigmatisierung von Armut zu kämpfen, indem man Millionären 1000 Euro im Monat zahlt.

FAZ: Michael Bohmeyer, was sagen denn Ihre Versuche mit dem Grundeinkommen in der Praxis?

Bohmeyer: Wir zahlen mehr als 650 Leuten schon heute 1000 Euro im Monat. Sie berichten, dass es sich krass anders anfühlt als ein Leistungseinkommen. Einige kamen vorher mit Hartz IV und den Zuschlägen für Krankenkasse oder Miete auch auf 1000 Euro vom Staat. Jetzt haben sie genauso viel Geld wie vorher, aber sie leben gesünder, sie glauben eher, dass sie ihr Leben selbst kontrollieren. Sie führen bessere Beziehungen und finden eher Arbeit, die zu ihnen passt. Psychologie ist alles.

Lobo: [...] Nein, wir müssen über das Sozialsystem diskutieren, unter anderem, weil wir bei der Rente auf eine mittelgroße Katastrophe zusteuern. Da möchte ich nicht einsehen, dass Einkommensmillionäre von unseren Steuern in nennenswerter Höhe Geld kriegen. Wer nichts braucht, weil er wohlhabend ist, soll nichts bekommen.

Bohmeyer: Genau diesen Ansatz will ich in Frage stellen. Wir leben heute in einem System, in dem man erst mal beweisen muss, dass man ein Anrecht auf etwas hat. Das ist die Wenn-dann-Logik, die wir aus der Erziehung kennen. Aber sollten wir nicht die neuesten Erkenntnisse aus der Pädagogik und den New-Work-Ansätzen nutzen? Da heißt es: Gib erst mal den Menschen Sicherheit, Autonomie und Vertrauen, damit sie etwas leisten können. [...]

FAZ: Selbst in den zurückhaltenderen Konzepten steigt die Einkommensteuer auf bis zu 60 Prozent. Wenn die Steuern so hoch sind und es ein Grundeinkommen gibt – kann man dann noch erwarten, dass die Leute arbeiten gehen?

Bohmeyer: Ich halte es für einen Mythos, dass die Leistungsträger aufhören zu arbeiten, wenn der Spitzensteuersatz zu hoch ist. [...]

Lobo: [...] Ich glaube nicht, dass Spitzenverdiener plötzlich ganz aufhören zu arbeiten. [...] Aber es kommt mir nicht so vor, als seien solche Steuerpläne der Mittelschicht oder den Selbständigen gegenüber sehr freundlich.

Bohmeyer: Man bekäme ja monatlich 1000 Euro wieder ausgezahlt. Also kann man im Jahr 12000 Euro mehr Steuern verkraften, bevor man netto draufzahlt. Das Geld würde nur umdefiniert, der vermeintliche Leistungsanteil an unserem Einkommen würde schrumpfen.

Lobo: Vermeintlicher Leistungsanteil? Ich halte es für eine Ungerechtigkeit, wenn man die Lebensüberzeugungen von ziemlich vielen Menschen einfach im Klosett runterspült. Als Selbständiger bekomme ich kein Geld vom Staat, ich will auch keines, ich kann mich selbst ernähren und tue das gerne. Aber ob ich meine Miete bezahlen kann oder nicht, das hängt von meiner Leistung ab. Ich weiß, dass ich sehr privilegiert bin – aber ich finde es unnötig scharf, von „vermeintlicher" Leistungsbezogenheit zu sprechen.

Bohmeyer: Ich liebe das Leistungsprinzip.

Lobo: Das hast du bisher geschickt verborgen. [...]

Bohmeyer: Wir werden heute ständig mit dem Satz konfrontiert: „Leistung muss sich wieder lohnen." Er suggeriert, dass wir ganz alleine dafür verantwortlich sind, ob es uns gut oder schlecht geht. Einkommen und Vermögen werden dadurch auf eine moralische Ebene gehoben. [...]

Bohmeyer: Das Grundeinkommen ist tatsächlich ideologisch schwer einzuordnen, es gibt sowohl sehr linke Befürworter und Gegner als auch sehr liberale. Ich finde, es ist sozial, weil alle am Monatsanfang das Gleiche kriegen, und liberal, weil es das Leistungsprinzip beibehält und jeder damit tun darf, was er will.

Bernau, Patrick, Streitgespräch: Brauchen wir ein Grundeinkommen?, www.faz.net, aktualisiert am 26.10.2020; Zugriff 21.06.2022 ©Frankfurter Allgemeine Zeitung GmbH, Frankfurt. Alle Rechte vorbehalten.

AUFGABEN

82033-238

1. Erläutere, was du tun würdest, wenn du plötzlich ein bedingungsloses Grundeinkommen hättest? (**M3**).
2. Im Streitgespräch **M3** zum bedingungslosen Grundeinkommen werden grundlegende Prinzipien der Sozialen Marktwirtschaft, wie z. B. Gerechtigkeit, angesprochen. Diese werden aber von den beiden Diskutanten unterschiedlich interpretiert.
   a) Arbeitet bezogen auf die Einführung eines bedingungslosen Grundeinkommens die Pro- und Contra-Argumente heraus.
   b) Markiert die Argumente farbig nach folgenden Gerechtigkeitsdimensionen (→ **Liste Urteilskriterien im Überblick**): Chancengerechtigkeit (gelb), Leistungsgerechtigkeit (blau), Bedarfsgerechtigkeit (rot).
   c) Bist du für oder gegen das bedingungslose Grundeinkommen? Welche Gerechtigkeitsvorstellung ist dein Wertmaßstab? Bewerte den Vorschlag (berücksichtigt **M2**).
   d) Führt in der Klasse eine amerikanische Diskussion / eine Fishbowl-Diskussion / ein Streitgespräch zum bedingungslosen Grundeinkommen (**M3**).

7.2.3 Funktioniert der Wettbewerb beim Benzin?

Zum Thema: Ärgert man sich in deiner Familie auch manchmal über die hohen Benzinpreise zum Ferienbeginn? Dass die Preisbildung auf freien Märkten funktioniert, ist keineswegs selbstverständlich. Sobald nämlich ein Unternehmen, z. B. aufgrund seiner Größe, über besondere Marktmacht verfügt, besteht der Verdacht, dass die Spielregeln des Marktes verletzt werden. Die Einhaltung der Spielregeln für den Wettbewerb sicherzustellen, ist freilich keine einfache Aufgabe, wie du hier erfahren kannst.

M1 Freier Wettbewerb – läuft von ganz allein?

Karikatur: Gerhard Mester

EINSTIEGSAUFGABE 82033-239

1. Analysiere die Karikatur.

M2 Wem nützt ein funktionierender Markt?

Kartell
Vereinbarungen zwischen Unternehmen zur Beschränkung des Wettbewerbs (bspw. Preisabsprachen).

Monopol
Marktform, in der es nur einen Anbieter für ein bestimmtes Produkt gibt.

Gesetz gegen Wettbewerbsbeschränkungen (GWB)
Zweck des Gesetzes ist die Erhaltung eines funktionierenden und ungehinderten Wettbewerbs.

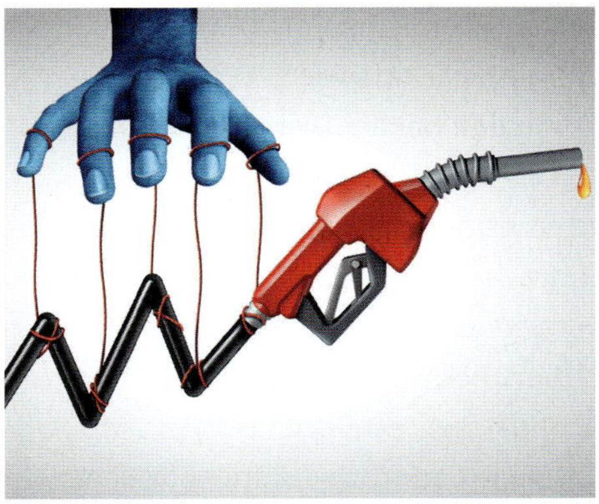

Häufiger Vorwurf: Die Ölkonzerne manipulieren mit ihrer Marktmacht den Benzinpreis und geben den Tankrabatt nicht an die Kunden weiter.

Mitte des Jahres 2022 waren empörte Stimmen zu vernehmen. Sie behaupteten, die großen Ölkonzerne hätten den Tankrabatt nicht an die Kunden weitergegeben. Dieser Rabatt war von der Bundesregierung eingeführt worden, um den heftigen Spritpreisanstieg bei Diesel und Benzin abzufedern. Es hat sich einmal mehr die Frage gestellt, ob die Ölkonzerne zu große Marktmacht hätten bzw. ob es nicht genug Wettbewerb gebe. Beziehungsweise anders gefragt: Wozu ist denn der Wettbewerb gut? Schließlich fallen ihm immer wieder nicht so erfolgreiche Unternehmen zum Opfer und damit auch zahlreiche Arbeitsplätze. Das effektivste Mittel, solche Macht einzuschränken und Unternehmen zu „disziplinieren", besteht im Wettbewerb der Unternehmen um die Gunst des Kunden bis hin zu der Möglichkeit, dass Unternehmen pleitegehen. Das Bundesministerium für Wirtschaft und Klimaschutz argumentiert wie folgt:

„Der Schutz des freien Wettbewerbs hat sich als eines der Kernelemente deutscher Wirtschafts- und Ordnungspolitik bewährt. Er ist eine wesentliche Voraussetzung für Wohlstand, Wachstum und Beschäftigung in Deutschland. Da ein freier und fairer Wettbewerb Regeln benötigt, ist die Wettbewerbspolitik ein Kernelement staatlicher Wirtschaftspolitik. Eine kluge Wettbewerbspolitik begrenzt die wirtschaftliche Macht Einzelner und hält die Märkte für neue Anbieter offen. Sie fördert so Innovationen, sorgt für die optimale Verteilung von Ressourcen und stärkt die Souveränität der Verbraucher."

Bearbeiter und Bundesministerium für Wirtschaft und Klimaschutz

Bundeskartellamt
Wettbewerbs- und oberste Bundesbehörde, deren Hauptaufgabe es ist, das Kartellverbot durchzusetzen.

Generaldirektion Wettbewerb
Gremium auf europäischer Ebene zur Verbesserung der Zusammenarbeit zwischen den europäischen Kartellbehörden und Durchsetzung des europäischen und nationalen Kartellrechts.

M3 Muss die Monopolkommission auf dem Markt für Benzin eingreifen?

Sehen sie Anzeichen dafür, dass die Weitergabe des Tankrabatts von Unternehmen unter Missbrauch der Marktmacht zum Teil unterlassen wurde?

Es gab vor dem Tankrabatt eine Studie der LMU München, nach der die Mehrwertsteuersenkung in der Corona-Krise zu etwa zwei Dritteln weitergegeben wurde – etwas mehr beim Diesel, etwas weniger beim Benzin. Das war auch meine ursprüngliche Erwartung. Zum Tankrabatt kommt eine neue Ifo-Studie aber nun zu höheren Zahlen. Ich würde also sagen: Die empirische Evidenz spricht dafür, dass der Tankrabatt von den Mineralölfirmen weitgehend weitergegeben wurde. Das heißt nicht, dass wir keine Wettbewerbsprobleme in diesem Sektor haben.

Was halten Sie von den Plänen von Minister Habeck, das Wettbewerbsrecht zu reformieren?

Dessen Vorschläge werden schon länger diskutiert und sind eigentlich eine Antwort auf die Probleme der digitalen Ökonomie. Sie würden im vorliegenden Fall jedoch der Mineralölindustrie ebenfalls helfen [...].

Folgen Sie der These, es gebe Handlungsbedarf im Wettbewerbsrecht?

Die anstehende Novelle ist schon länger in der Planung und wird kommen. Für den digitalen Sektor ist zuletzt auf deutscher und europäischer Ebene einiges geschehen. Es dem Kartellamt einfacher zu machen, Bußgelder bei Missbrauchsverfahren zu verhängen, halte ich für richtig.

Wie stehen sie zur Option einer Entflechtung von Unternehmen, die an oligopolistischen Strukturen ansetzt?

In der Abstraktheit spricht einiges für diesen Ansatz. Wir merken, dass die Fusionskontrolle immer mehr an ihre Grenzen stößt. In der digitalen Welt zum Beispiel weiß man zum Zeitpunkt der Fusion oft gar nicht, ob diese Fusion wettbewerblich problematisch ist oder nicht. Das stellt sich in diesen dynamischen Märkten häufig erst hin-

Achim Wambach leitet das Zentrum für Europäische Wirtschaftsforschung ZEW in Mannheim und ist Mitglied der Monopolkommission.

Oligopol
Einige wenige Marktteilnehmer auf Angebots- oder Nachfragerseite beherrschen den Markt.

LMU
Ludwig-Maximilians-Universität

terher heraus. Daher spricht einiges dafür, die Möglichkeit zu schaffen, im Nachhinein Unternehmen zu entflechten. Bislang kann man dies nur tun, wenn die Entflechtung unmittelbar einen Missbrauch korrigiert. Das ist jedoch kaum nachzuweisen. Es spricht also einiges für die Stoßrichtung dieser Pläne von Habeck. Am Ende kommt es auf die Umsetzung an. Wenn man es zu einfach macht, dieses Instrument zu nutzen, beeinträchtigt das den Investitionsstandort Deutschland zu sehr. Die Unternehmen müssen nämlich darauf vertrauen können, dass ihre Investitionen, wenn sie sich wettbewerbskonform verhalten, geschützt sind. Eine missbrauchsunabhängige Entflechtung kann daher immer nur die "ultima ratio" sein, die erst dann eintritt, wenn viele Wettbewerbsprobleme in dem jeweiligen Markt auftreten.

Ultima Ratio
letztes geeignetes Mittel

Außerdem schlägt der Minister vor, die Hürden für eine Abschöpfung missbräuchlich erlangter Sondergewinne zu senken. Wie ist es damit?
Für sinnvoll hielte ich es, wenn es dem Kartellamt leichter gemacht wird, Bußgelder zu erheben. Genauer anschauen muss man sich die Gewinnabschöpfung. Wenn es in einem Markt Wettbewerbsprobleme gibt und Missbräuche nachgewiesen wurden, dann kommt es meist zu Schadenersatzklagen. Die Abschöpfung der Sondergewinne findet dann auf dem zivilrechtlichen Weg statt. Ich halte das für eine gute Kombination: Bußgelder von der Behörde und Einklagen von Schadenersatz durch die Geschädigten.

Heller, Gernot 'Tankrabatt wurde weitgehend weitergegeben', www.rnz.de, 17.06.2022

AUFGABEN

82033-242

1. Beschreibe, welche Auswirkungen die Einschränkung des Wettbewerbs durch Monopole für die Wirtschaft hat (**M2**).
2. Stelle dar, welche Unternehmen bei euch vor Ort monopolartig handeln könnten.
3. Erläutere, warum Wettbewerb bei Unternehmen unbeliebt ist, dagegen beim Konsumierenden eher beliebt (**M2**).
4. Gestalte ausgehend von den Pressemeldungen (Mediencodes Randspalte) ein Streitgespräch zwischen einem Vertreter der Ölkonzerne über die Marktmacht bzw. Regulierung oder gar Zerschlagung großer Mineralöl-Konzerne als Podcast via Handy (**M2**, **M3**). Hilfestellung für die Argumentation der Mineralölwirtschaft anlässlich des Tankrabatts erhältst du zusätzlich über die Presseverlautbarungen des Verbandes (Randspalte).

Pressemeldung 1
82033-240

Pressemeldung 2
82033-241

7.2.4 Bilanz: Soll in der Sozialen Marktwirtschaft mehr umverteilt werden?

Zum Thema: Du hast inzwischen zentrale Punkte der Sozialen Marktwirtschaft (SMW) kennengelernt: das Spannungsverhältnis zwischen Freiheit und Gleichheit und grundlegenden Prinzipien wie Solidarität und Gerechtigkeit, sowie die zentrale Bedeutung der Wettbewerbspolitik. Eine spannende und konfliktreiche Frage bleibt: Was bedeutet „sozial" und soll in der sozialen Marktwirtschaft deshalb weniger oder mehr umverteilt werden? Darum geht es in diesem Kapitel.

M1 Wie schlägt sich die Soziale Marktwirtschaft in Umfragen?

Umfrage zur Sozialen Marktwirtschaft in Deutschland

Frage: „Haben Sie von der Sozialen Marktwirtschaft in Deutschland eine gute Meinung oder keine gute Meinung?"

Es haben von der sozialen Marktwirtschaft in Deutschland …

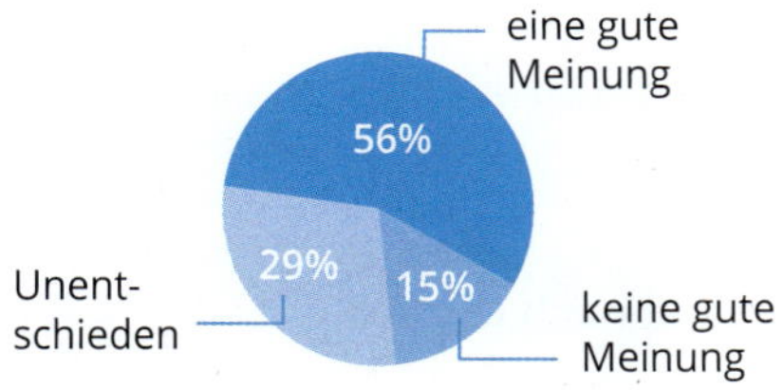

Bevölkerung ab 16 Jahre

©Institut für Demoskopie Allensbach, Nachhaltigkeit in der sozialen Marktwirtschaft. Ergebnisse einer bevölkerungsrepräsentativen Befragung im Juli 2021, S. 6

Umfrage zur Sozialen Gerechtigkeit und Aufstiegschancen

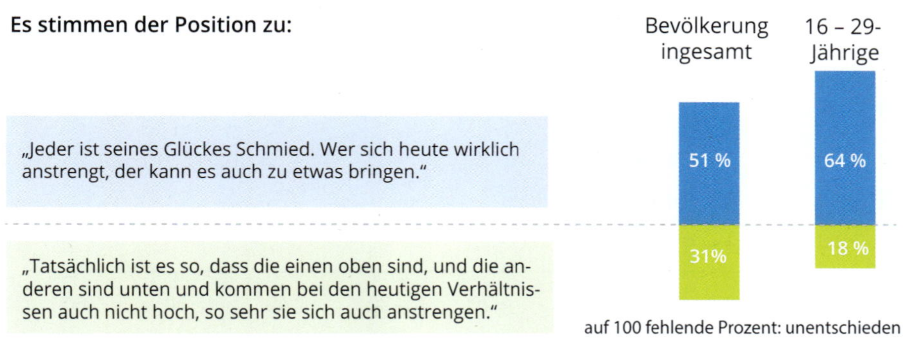

©Die jungen Unternehmer, Aufstiegsoptimismus und soziale Sicherung. Wahrnehmungen und Haltungen der jungen Generation zur Sozialen Marktwirtschaft. Ergebnisse einer repräsentativen Bevölkerungsbefragung im Februar/März 2022, Berlin 2022, S. 4 (Institut für Demoskopie, Allensbach)

EINSTIEGSAUFGABEN 82033-243

1. Führt die Umfragen bei euch in der Klasse durch.
2. Vergleicht euer Ergebnis mit den Ergebnissen der Allensbach-Umfragen.

M2 Wohlstandsverteilung – was sagen die Daten?

a) Staatliche Umverteilung: Gini-Index Deutschland und Eurozone seit 1995

Einkommensungleichheit BRD und Eurozone (Gini-Index vor und nach Umverteilung, 1995-2021) (Stand: 2023)

73000-582

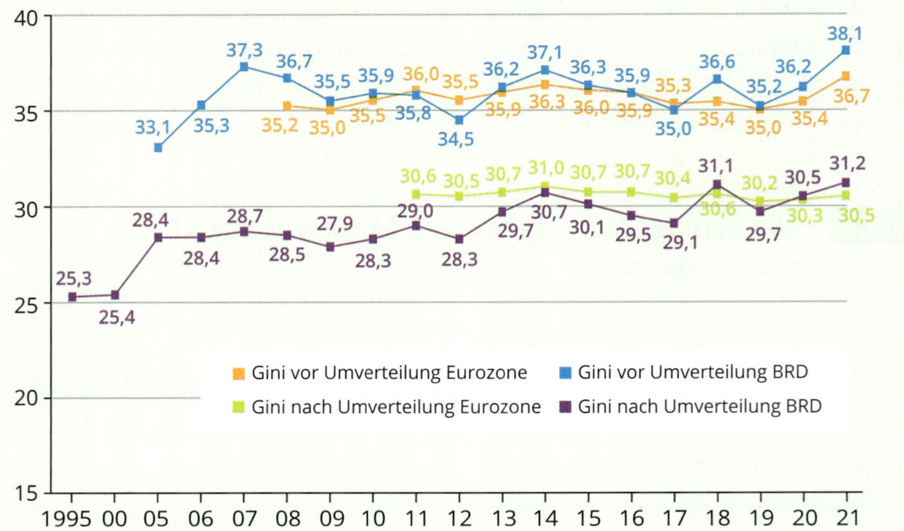

©C.C. Buchner Verlag, aktuelle Daten nach SOEP, EU-SILC (Datenerhebung 2022, Grafikerstellung 2023)

Gini-Index
Ein Maß der relativen Ungleichheit. Er misst die Abweichung der Einkommen von einer vollkommenen Gleichverteilung. Er kann einen Wert Zwischen 0 (alle mit gleichem Einkommen) und 1 (eine Person mit gesamtem Einkommen) annehmen. Hier in M2 skaliert von 0-100 und mit einem Ausschnitt von 15-40.

b) Vermögensverteilung in Deutschland

Vermögensverteilung in Deutschland nach Dezilen (Stand: 2023)

73000-598

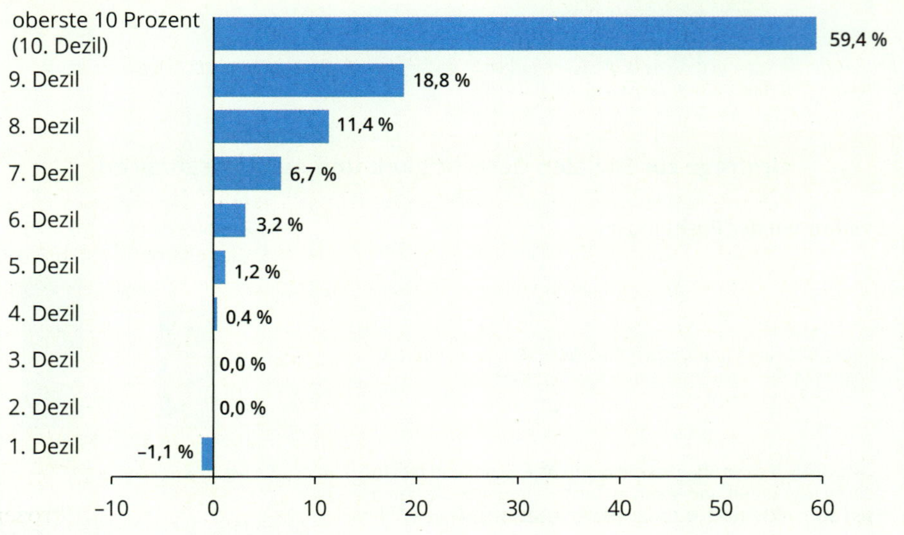

Lesehilfe: Das oberste Dezil der Vermögenden verfügt über ca. 60 % des Gesamtvermögens. Das unterste Dezil hat negatives Vermögen, also nur Schulden.

©C.C. Buchner Verlag, aktuelle Daten nach SOEP (Datenerhebung 2018, Grafikerstellung: 2023)

Vermögensverteilung in Deutschland nach Dezilen seit 1998

73000-583

Absolute Zahlen der Vermögensverteilung
Das reichste Zehntel der Bevölkerung (10. Dezil) besitzt durchschnittlich ein Nettovermögen von 275 000 Euro, das reichste Prozent mehr als 1 Million Euro im Durchschnitt.

Bearbeiter, Zahlen nach DIW Wochenbericht 40/2019

c) Ab wann beginnt richtige Armut? Und wie misst man das?

Während 2008 der Anteil der Personen mit erheblicher materieller Deprivation bei 5,5 Prozent lag, halbierte sich dieser bis zum Jahr 2019 auf 2,7 Prozent. Im europäischen Vergleich nahm Deutschland damit einen sehr guten Platz ein und wies ein ähnlich geringes Niveau an erheblicher materieller Deprivation auf wie beispielsweise Dänemark (2,6 Prozent) oder Finnland und die Niederlande (jeweils 2,4 Prozent). Die entsprechende Quote des Letztplatzierten, Bulgarien, lag bei 19,9 Prozent.

DIW Wochenbericht Nr. 18/2021, S. 313

Materielle Entbehrung (Deprivation)

Materielle Entbehrung liegt nach der EU-Definition [...] dann vor, wenn aufgrund der Selbsteinschätzung des Haushalts mindestens drei der folgenden neun Kriterien erfüllt sind:

1. Zahlungsrückstände (in den letzten zwölf Monaten) bei Hypotheken, Miete, Konsumentenkrediten oder Rechnungen von Versorgungsbetrieben (zum Beispiel Stromrechnung, Gasrechnung);
2. finanzielles Problem, die Wohnung angemessen heizen zu können;
3. finanzielles Problem, unerwartete Ausgaben in einer bestimmten Höhe aus eigenen finanziellen Mitteln bestreiten zu können;
4. finanzielles Problem, jeden zweiten Tag Fleisch, Geflügel, Fisch oder eine vollwertige vegetarische Mahlzeit einnehmen zu können;
5. finanzielles Problem, jährlich eine Woche Urlaub woanders als zu Hause zu verbringen;
6. Fehlen eines Personenkraftwagens im Haushalt aus finanziellen Gründen;
7. Fehlen einer Waschmaschine im Haushalt aus finanziellen Gründen;
8. Fehlen eines Farbfernsehgeräts im Haushalt aus finanziellen Gründen;
9. Fehlen eines Telefons im Haushalt aus finanziellen Gründen.

Statistisches Bundesamt u. a. (Hg): Datenreport 2021, Bundeszentrale für polit. Bildung: Bonn 2021, S. 226

M3 Brauchen wir wieder eine Vermögenssteuer?

a) Die Wiedereinführung der Vermögensteuer ist ein Gebot der Gerechtigkeit!

Die Wiedereinführung der Vermögensteuer ist ein Gebot der Gerechtigkeit, denn der soziale Rechtsstaat ist ein Steuerstaat. Er finanziert die Erfüllung seiner Aufgaben nicht über eigenes wirtschaftliches Handeln, sondern durch Besteuerung. (...) Der Verzicht auf eine Erhebung der Vermögensteuer hat mit zu einer Schieflage in der steuerlichen Belastung der Deutschen geführt. 2018 brachte die Umsatzsteuer mit einem Aufkommen von 235 Milliarden Euro den höchsten Ertrag für den deutschen Staat. Während der Spitzensteuersatz im Einkommensteuerrecht von über 50 Prozent zu Zeiten der Regierung unter Helmut Kohl auf 42 beziehungsweise 45 Prozent (bei einem Einkommen über 250.730 Euro) gesenkt worden ist, ist der Umsatzsteuersatz von zehn Prozent im Jahre 1968 auf jetzt 19 Prozent fast verdoppelt worden.

Die Umsatzsteuer lässt aber die wirtschaftliche Leistungsfähigkeit der

Joachim Wieland ist Professor für Öffentliches Recht an der Deutschen Universität für Verwaltungswissenschaften in Speyer, war mehrfach Gutachter und Sachverständiger der Bundesregierung und Prozessbevollmächtigter vor dem Bundesverfassungsgericht.

Steuerpflichtigen völlig außer Betracht. Sie wirkt regressiv: Wer ein geringeres Einkommen hat, muss den größten Teil davon für den Konsum ausgeben und zahlt deshalb relativ gesehen mehr Umsatzsteuer, als Besserverdienende zahlen. Diese müssen einen kleineren Teil der ihnen zur Verfügung stehenden Mittel auf den Konsum verwenden und deshalb relativ weniger Umsatzsteuer zahlen, obwohl sie leistungsfähiger sind. (...)
Während 1998 die reichsten zehn Prozent der Deutschen noch 45 Prozent des gesamten Nettovermögens besaßen, waren es 2013 nach vorsichtigen Schätzungen schon fast 52 Prozent – Tendenz steigend. Die Leistungsfähigkeit, die diese Vermögen zum Ausdruck bringen, bleibt steuerlich unbelastet. Dass es nicht so sein muss, zeigt beispielsweise die Schweiz. (...) Vermögen über 200.000 Franken (knapp 184.000 Euro) wird zwischen 0,2 und ein Prozent mit Vermögensteuer belastet. Auch in den USA, Frankreich und Großbritannien wird Vermögen durch verschiedene Steuern mit etwa vier Prozent belastet.
Der Vorschlag der SPD, eine Vermögensteuer von etwa einem Prozent mit hohen Freibeträgen zu erheben, die zu einem Steueraufkommen von bis zu zehn Milliarden Euro im Jahr führen soll, hält sich also durchaus im Rahmen. (...)
Der Verwaltungsaufwand für die Erhebung von Vermögensteuern lässt sich durch steuerzahlerfreundliche Pauschalierungen und Typisierungen, die dem Steuerrecht auch sonst nicht fremd sind, deutlich reduzieren. Die Bewertung von Wirtschaftsgütern ist im Erbschaftsteuer- und Grundsteuerrecht erforderlich und hat die Steuerverwaltung bislang noch nicht vor unüberwindbare Probleme gestellt.
Die Rechtsprechung des Bundesverfassungsgerichts steht der Erhebung einer Vermögensteuer nicht entgegen. Das Gericht betont vielmehr immer wieder das verfassungsrechtliche Gebot, die Besteuerung an der wirtschaftlichen Leistungsfähigkeit auszurichten.
Beanstandet hat das Bundesverfassungsgericht 1995 die bis dahin erhobene Vermögensteuer nur deshalb, weil sie gleichheitswidrig Immobilienvermögen viel niedriger belastete als Kapital- und sonstiges Vermögen.
Der damalige Verfassungsrichter Böckenförde hat in seinem Sondervotum zu der Entscheidung auf einen wichtigen Faktor hingewiesen: Die Abschaffung der Vermögensteuer beschneide die Möglichkeit des Staates zur Korrektur gesellschaftlicher Entwicklungen. Das zeigt sich nun in der Ansammlung immer größerer Vermögen in den Händen immer weniger Menschen. Das Sozialstaatsprinzip verpflichtet aber zu einem Ausgleich der sozialen Gegensätze und zu der Sorge für eine gerechte Sozialordnung, gerade auch durch die gerechte Ausgestaltung des Steuersystems.

Wieland, Joachim , Die Wiedereinführung der Vermögenssteuer ist ein Gebot der Gerechtigkeit', Handelsblatt vom 26.08.2019

b) Martin Beznoska / Tobias Hentze: Vermögenssteuer: Keine Steuer ist wirtschaftsfeindlicher

Die Forderung nach einer stärkeren Besteuerung von Vermögen und damit auch der Betriebsvermögen der Unternehmen kommt im Vorfeld der Bundestagswahl wieder auf. Sowohl Die Linke als auch Die Grünen und SPD haben Pläne zur Wiederbelebung der Vermögensteuer in ihre Wahlprogramme aufgenommen [...].

Seit 1997 wird die Vermögensteuer in Deutschland nicht mehr erhoben, obwohl sie formal nicht abgeschafft wurde. Der Grund für das Aussetzen der Vermögensteuer war, dass die Bewertung von Immobilien den Gleichheitsgrundsatz nicht erfüllt hatte, weil sie nicht mit dem Marktwert erfasst wurden [...]. Die Bewertung von Vermögen stellt eine grundsätzliche Hürde der Vermögensteuer dar. Für Bargeld oder Aktienvermögen kann ein Marktwert noch relativ leicht bestimmt werden, auch wenn bei Aktien die Volatilität des Werts [...] zu Problemen führen kann.

Insbesondere ist jedoch die Bewertung von Vermögen, das nicht am Markt gehandelt wird – zum Beispiel im Fall von kleinen und mittleren Familienunternehmen – nur näherungsweise und mit Hilfe stark vereinfachender Annahmen möglich. [...]

Die Schwierigkeit einer angemessenen Bewertung führt zu hohen Erhebungs- und Befolgungskosten. Steuerberater und Gutachter müssen im Zweifel zur Bewertung hinzugezogen werden. Im Streitfall kann es zu Gerichtsverfahren kommen. Sowohl die Finanzverwaltung als auch die Steuerpflichtigen haben somit hohe Kosten zu tragen, die jährlich anfallen, da im Zweifel eine jährliche Neubewertung des Vermögens erforderlich ist. Studien gehen daher von Erhebungs- und Befolgungskosten von bis zu 20 Prozent des Aufkommens aus [...]

Die Vermögensteuer ist nicht nur eine der erhebungstechnisch teuersten Steuerarten, auch die wirtschaftlichen Konsequenzen können gravierend sein. [...] Bei Betriebsvermögen wirkt die

Ein Argument der Gegner der Vermögenssteuer: die Bewertung von Immobilien.

Dr. Tobias Hentze, Leiter des Clusters Staat, Steuern, Soziale Sicherung am IW Köln.

Vermögensteuer wie ein Aufschlag auf die Ertragsteuern [...]. Wie bei den Ertragsteuern muss auch die Vermögensteuer aus den Gewinnen bezahlt werden – sonst greift sie die Substanz des Unternehmens an, was bei geringen Gewinnen oder in Verlustjahren der Fall wäre. [...] Eine Vermögensteuer mindert die Attraktivität [von Rücklagen in Unternehmen] zur Finanzierung späterer Investitionen. Dieses Ergebnis gilt sowohl für Anteilseigner an Kapitalgesellschaften als auch für Einzel- und Personenunternehmen.

Diese hohe Zusatzbelastung für die Unternehmen führt dazu, dass der Wirtschaftsstandort Deutschland im internationalen Vergleich unattraktiv wird. Produktion könnte verlagert werden und Investitionen könnten im Ausland statt in Deutschland getätigt werden. Hinzu kommt, dass sehr wohlhabende Personen ihren Wohnsitz ins Ausland verlagern könnten, um der Steuer zu entgehen. Diese Ausweichreaktionen führen nicht nur zu weniger Wertschöpfung und Arbeitsplätzen [, sondern verringert auch die Steuereinnahmen].

Die Vermögensteuer schneidet somit sowohl hinsichtlich der wirtschaftlichen Auswirkungen als auch mit Blick auf die Kosten der Erhebung und die potenziellen [Einnahmen] im Vergleich zu anderen Steuerarten schlechter ab. [...] Ein Argument der Befürworter der Vermögensteuer lautet, dass sie helfen würde, die in Deutschland im Vergleich zur Einkommensungleichheit relativ hohe Vermögensungleichheit zu reduzieren. [...] Simulationsstudien zeigen jedoch, dass eine proportionale Vermögensteuer in Höhe von 1 Prozent bei einem Freibetrag von 1 Million Euro und ohne gesonderte Freibeträge für Betriebsvermögen [...][die] Vermögensungleichheit nur um im Prinzip nicht messbare 0,06 Prozent reduzieren könnte [...]. Selbst nach zehn Jahren Vermögensteuer betrüge die Veränderung somit nicht mal 1 Prozent.

Benzozka, Martin / Hentze, Tobias: Vermögenssteuer: Keine Steuer ist wirtschaftsfeindlicher, in: IW Kurzbericht Nr. 63, 13. September 2021

AUFGABEN

82033-244

1. Charakterisiere anhand der Materialien **M2a** bis **M2c** die Wohlstandsverteilung der Sozialen Marktwirtschaft.
2. „Die SMW ist eine der großen Erfolgsgeschichten der jüngeren deutschen Geschichte“. Überprüfe diese These anhand von **M2** und weiterer, selbst gewählter Indikatoren.
3. a) Vergleiche die beiden Positionen (**M3**).
   b) Bewerte den Vorschlag die Vermögenssteuer wieder einzuführen.
4. Gestalte einen Leserbrief zur Einführung der Vermögenssteuer.
5. Inzwischen seid ihr Experten für die Soziale Marktwirtschaft. Worin seht ihr aktuelle Herausforderungen für die Soziale Marktwirtschaft? Bearbeitet die Frage gruppenweise mit der Methode Placemat.

Was Wir Wissen Seite digital zum Editieren

82033-306

M1 „Werbeplakat“ oder „Warnplakat“ zur Sozialen Marktwirtschaft?

- Bildet Gruppen.
- Ihr arbeitet in einer bekannten Werbeagentur und bekommt den Auftrag, im Rahmen einer großen Kampagne für die Soziale Marktwirtschaft ein „Werbeplakat“ zu gestalten. Alternativ kann auch ein „Warnplakat“ zu den negativen Seiten der Sozialen Marktwirtschaft gestaltwerden. Überlegt euch zunächst, welche Art von Plakat ihr gestalten wollt.
- Beachtet bei der Umsetzung folgende Punkte:
  - Welche Grundbotschaft wollt ihr übermitteln? (Textaussage)
  - Wie soll das Plakat aufgebaut werden (Anteil Text / Bild, Farbkomposition, Schriften, Gestaltung)?
  - Wie sollen Text und Bild miteinander interagieren, um die Botschaft zu kommunizieren?
  - Welche Stimmung oder Gefühle sollen kommuniziert werden?
- Berücksichtigt diese Hinweise:
  - Einfacher Text, lesbare Schrift, kurze Sätze
  - Keine komplexen Grafiken
  - Wichtige Dinge auf einer Diagonalen platzieren, die von oben links nach unten rechts verläuft
  - Farblich sollte ein Plakat nicht zu bunt sein. Komplementärfarben passen gut zueinander.

Bearbeiter

Eine kreative Aufgabe in Gruppenarbeit erledigen klappt gut mit einer Visualisierung von Ideen.

M2 Ballonspiel – Runde zwei!

Zeit, den guten, alten Ballon wieder anzufeuern und eine Runde zu drehen.

AUFGABEN

82033-245

1. Gestaltet ein Plakat zur Sozialen Marktwirtschaft (**M1**).
2. Spielt das Ballonspiel von der Auftaktseite ein zweites Mal nach Abschluss dieses Kapitels. Notiert Veränderungen bei euren Entscheidungen und Ergebnissen gegenüber dem ersten Spiel. Begründet diese gegebenenfalls.

Markt & Staat: Zwei unterschiedliche Sichtweisen …

Mariana Mazzucato argumentiert in ihrem Buch „Der unternehmerische Staat", dass staatliche Lenkung und Steuerung technologische Innovation und Wirtschaftswachstum auslöst und nicht die freie Marktwirtschaft für wirtschaftlichen Erfolg verantwortlich gemacht werden kann.

In ihrem Buch „Der Mythos des unternehmerischen Staates" erklären Deirdre N. McCloskey und Alberto Mingardi, dass nicht der Staat der Motor für Wirtschaftswachstum oder Innovation ist, sondern dass staatliche Lenkung vielmehr auch das Gegenteil bewirken kann.

Wie stark sollte der Staat steuernd eingreifen?

Stetiges Wirtschaftswachstum	2
Hoher Beschäftigungsgrad	3,5
Umwelt- und Naturschutz	5
Energiesicherheit	3
Stabile Preise	3
Faire Verteilung des Wohlstands	4
Lebensqualität	4

gar keine Eingriffe — stark regulierende Eingriffe

Herausforderungen für die Soziale Marktwirtschaft

8

Wirtschaftspolitik soll viele Wünsche und Interessen berücksichtigen: Wohlstand, soziale Sicherheit, Umweltschutz und viel mehr. Aber wieviel Wachstum brauchen wir dafür? Und mit welcher Politik erreichen wir das alles?
Diese Entscheidungen können wir nicht allein treffen, sondern müssen auch an unsere Handelspartner weltweit und insbesondere unsere Nachbarn in der Europäischen Union (EU) denken.
In diesem Kapitel lernt ihr diese Zusammenhänge kennen.

Am Ende des Kapitels könnt ihr:

- Konjunkturphasen und -zyklen vergleichen sowie Folgen für Konsumierende, arbeitnehmende Personen, Unternehmen und Staat beurteilen
- BIP und alternative Indikatoren erläutern und vergleichen
- Ziele von Wirtschaftspolitik erläutern und analysieren
- angebots- und nachfragepolitische Instrumente miteinander vergleichen und ihnen Theorien zuordnen
- Partizipatonsmöglichkeiten in der Wirtschaftspolitik beurteilen
- Freihandel und Protektionismus erklären und deren Auswirkungen auf den Handel beurteilen
- den Binnenmarkt der EU erläutern und die Auswirkungen auf euch erklären
- Möglichkeiten und Grenzen nationaler Steuerung im EU-Wirtschaftsraum analysieren

WO STEHT IHR GERADE?

82033-246

1. Angenommen, du müsstest dich für eines der beiden Bücher auf der linken Seite entscheiden. Welches würdest du wählen? Begründe deine Entscheidung und stelle deine Gründe deinem Gegenüber oder der Gruppe vor.
2. Auf der linken Seite sind einige (wirtschafts-)politische Bereiche/Handlungsfelder eines Landes genannt. Wie stark sollte der Staat in diese Bereiche eingreifen? Führt eine eigene Abstimmung durch und diskutiert die Ergebnisse.

8.1 Braucht Wohlstand Wachstum?

8.1.1 Das Bruttoinlandsprodukt (BIP) – ein geeignetes Wachstums- und Wohlstandsmaß?

Zum Thema: Die Leistungsfähigkeit einer Volkswirtschaft wird weltweit mit dem Bruttoinlandsprodukt (BIP) gemessen. Aber ist das BIP überhaupt geeignet, den Wohlstand einer Gesellschaft zu messen? Gibt es Alternativen? Was taugen die im Vergleich? Darum geht es in diesem Kapitel.

M1 Alles für das Bruttoinlandsprodukt?

Das **Bruttoinlandsprodukt** gibt den Marktwert aller Waren und Dienstleistungen an, die während eines Jahres innerhalb der Landesgrenzen einer Volkswirtschaft für den Endverbrauch hergestellt wurden.

Wohlstand
ökonomisch betrachtet die Versorgung mit Waren und Dienstleistungen, ein gebräuchlicher Indikator ist bspw. das Bruttoinlandsprodukt pro Kopf. Umgangssprachlich kommt auch noch subjektives Wohlbefinden („Lebensqualität") hinzu.

a) Auf der Autobahn A81 in Richtung Heilbronn kommt es zu einem schweren Verkehrsunfall. Drei Menschen werden so schwer verletzt, dass sie mit dem Hubschrauber abgeholt und operiert werden müssen; sie liegen vier Wochen im Krankenhaus. Die OP- und Krankenhauskosten, die der Krankenkasse in Rechnung gestellt werden, sind 2 Millionen Euro Es kommt an den Autos und LKWs zu Schäden von über 700.000 Euro. Die Autobahn ist bereits nach 2 Stunden wieder voll befahrbar.

b) Zwei 15-jährigen Jugendlichen gelingt es, an einem Kiosk Whiskey im Wert von 48 Euro zu kaufen. Volltrunken werfen sie in der Karlsruher Innenstadt Schaufensterscheiben ein, die der Versicherung mit 48 000 Euro in Rechnung gestellt werden.

c) Hannah hilft als Teil eines ehrenamtlichen Schülerprojektes jede Woche einmal unentgeltlich bei der Betreuung älterer Menschen im Pflegeheim ihres Wohnortes.

d) Was trägt in höherem Maße zum BIP bei: die Herstellung eines sparsamen Autos oder die Herstellung eines Luxuswagens?

Bearbeiter

EINSTIEGSAUFGABEN 82033-247

1. Erkläre jeweils, wie die Fälle a) bis c) das BIP beeinflussen.
2. Erkläre, welches Auto in d) mehr zum BIP beiträgt.

Erklärfilm „Bruttoinlandsprodukt"
82033-248

M2 Wie wird das Wirtschaftswachstum gemessen?

a) Ein erster Blick auf das BIP

Lange bevor es [...] zu Lohnerhöhungen und zu neuen Arbeitsplätzen kommt, muss die Wirtschaft wachsen. Die Wirtschaft an sich ist jedoch eine abstrakte Bezeichnung, die nicht wachsen kann, und so haben sich die Ökonomen stellvertretend für die Wirtschaftsleistung auf eine Größe geeinigt, die sie messen können.

Da diese eine Zahl im allgemeinen Verständnis für Lohnerhöhungen, neue Arbeitsplätze und letztlich den gesamten Wohlstand der Nationen steht, wird die Publikation der jeweils aktuellen und vor allem der prognostizierten Zahl jedes Mal mit Spannung erwartet. An der Börse geht die Veröffentlichung mit großen Gewinnen oder Verlusten einher und für Politiker bietet sie Argumente für den eigenen Standpunkt oder gegen den Standpunkt des Konkurrenten.

Diese Zahl, die wichtigste der **volkswirtschaftlichen Gesamtrechnung**, wie das Statistische Bundesamt selbst betont, ist das Bruttoinlandsprodukt. Das **Bruttoinlandsprodukt (BIP)** gibt den Gesamtwert aller Güter (Waren und Dienstleistungen) an, die innerhalb eines Jahres innerhalb der Landesgrenzen einer Volkswirtschaft hergestellt wurden und dem Endverbrauch dienen.

Wachstum ist gleichbedeutend mit einer Steigerung des BIP. Würde ein Land nur Luxusautos herstellen und die Menge der produzierten Luxusautos würde im ersten Jahr zehn Stück betragen, und würde dieses Land im zweiten Jahr elf Luxusautos herstellen, dann hätte dieses Land ein Wachstum des BIP von zehn Prozent.

Nach: Wolfram Bernhardt, Agora42, 01/2010, S. 33 ff.

Nominales BIP
Wert der in einem Jahr produzierten Güter, gemessen in den Preisen, die tatsächlich dafür gezahlt wurden.

Reales BIP
Um das BIP unabhängig von einer Veränderung der Preise zu betrachten, wird das reale BIP berechnet. Dabei wird das Wachstum des nominalen BIP mit der Inflationsrate verrechnet.

b) Ein zweiter Blick auf das BIP: nur „immer mehr"? – von wegen!

Nahe liegt die Vorstellung, das Wachstum, das wir messen würden, sei rein quantitativ, also in Mengen gerechnet: Ein Land, das wächst, produziert und konsumiert deshalb mehr Menge. Ein permanentes Wachstum hat insofern den Charakter von „immer mehr", mit dem Beigeschmack von Gier und Gefräßigkeit [...].

Diese Vorstellung ist grob irreführend. Tatsächlich verbindet sich mit dem Wachstum eine stete Veränderung der Produktpalette und der Qualität der Erzeugnisse. In der Regel entstehen dabei mehr und bessere Produkte. Dass es immer mehr vom wirklich unverändert gleichen Produkt gibt, ist die Ausnahme und nicht die Regel. [...]

Es ist nun die schwierige Aufgabe der amtlichen Statistiker, jenen Teil der Preis- und Wertsteigerung eines Gutes zu ermitteln, der auf einer wirklichen Zunahme des Gebrauchswertes beruht. Dies geschieht mithilfe komplexer Methoden und kenntnisreicher Ingenieure, die aus technischer Sicht Bewertungen von Produktanpassungen und -neuerungen vornehmen. Im Ergebnis wird die Qualitätsverbesserung quantifiziert und in der Volkswirtschaftlichen Gesamtrechnung der Veränderung der Gütermenge (und nicht des Preises!) zugerechnet. Soweit qualitativ bedingt, hat also das Wachstum des realen Produktionswertes gar nichts mit einer größeren Menge zu tun. [...] [D]er beschriebene Weg führt allerdings dazu, dass ein **qualitatives Wachstum** im Gewande des quantitativen daherkommt und zu Fehlinterpretationen einlädt.

Paque, Karl-Heinz, Wachstum! Die Zukunft des globalen Kapitalismus, München 2010, S. 24 f.

BIP pro Kopf
Um den (durchschnittlichen) Wohlstand der Bürger zu berechnen, verwendet man das BIP pro Kopf. Damit lässt sich auch der Wohlstand einzelner Nationen besser vergleichen. Das BIP pro Kopf ist das BIP einer Nation geteilt durch die Zahl der Bevölkerung der jeweiligen Nation.

M3 Die reichsten Staaten der Welt nach BIP pro Kopf

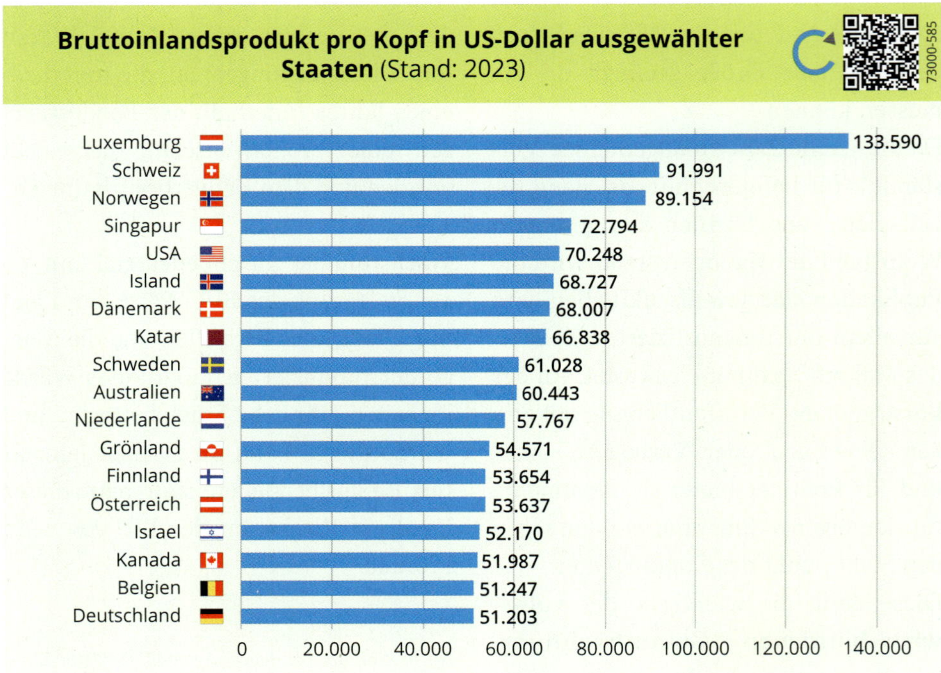

©C.C. Buchner Verlag, aktuelle Daten nach Weltbank (Datenerhebung: 2022, Grafikerstellung: 2023)

M4 Was das BIP nicht misst und mögliche Konsequenzen

Es ist völlig unstrittig: Das Bruttoinlandsprodukt hat als Maß für den Wohlstand eines Landes große Schwächen. Mindestens drei davon stechen hervor. Erstens ist das BIP unvollständig. Es berücksichtigt im Wesentlichen nur die zu Marktpreisen bewertete Produktion; der Wert von Freizeit und Ehrenamt bleibt außen vor. Zweitens lässt das BIP völlig offen, wem die Wertschöpfung zugutekommt. Einkommensverteilung, Lebensqualität und subjektives Glücksempfinden werden nicht quantifiziert. Und drittens misst das BIP nicht die Nebenwirkungen der Produktion auf die Umwelt. Es ist also, wenn man so will, ökologisch blind.

Wegen dieser Schwächen wird derzeit der Ruf laut, das BIP durch einen umfassenden Indikator zu ersetzen. Dieser soll, so die Forderung, dem "wahren" Zustand der Gesellschaft im Sinne der Gesellschaft näher kommen. Aber wie könnte er aussehen? Soll es wirklich ein einzelner Indikator sein, so müsste er all die genannten unterschiedlichen Dimensionen des gesellschaftlichen Lebens in irgendeiner Form messen und gewichten, und zwar ohne, dass er sich auf den harten Grund der Bewertung durch den Markt verlassen kann. Es müsste also eine Instanz geben, die – als Ersatz für den Markt – eine Bewertung vornimmt. Wahrlich eine gigantische Aufgabe! Man stelle sich vor: Der Wert von Freizeit und Ehrenamt, von Einkommensverteilung, Lebensqualität und subjektivem Glücksempfinden, von dem ökologischen Zustand der Welt (und zwar heute und im Fall des Klimawandels auch in der Zukunft!), all dies müsste annähernd objektiv festgestellt werden. Das ist schon technisch eine kaum lösbare Aufgabe. Und das Ergebnis wäre natürlich politisch höchst umstritten, egal was dabei herauskäme. Es hätte fast zwingend den Charakter einer zentralistischen Erfassung menschlicher Werte, eine Art totalitäres Maß des Pegelstands der gesellschaftlichen Wohlfahrt. Kein schöner Gedanke in einer freiheitlichen, pluralistischen Gesellschaft.

Paque, Karl-Heinz, Pro BIP mit Beilage, in: Wirtschaftsdienst, 93. Jahrgang, Febr. 2013, Heft 2, S. 67

zentralistisch
durch eine oberste Zentralbehörde bestimmt

totalitär
alles erfassend und sich unterwerfend

M5 Der Human Development Index – Alternative zum BIP?

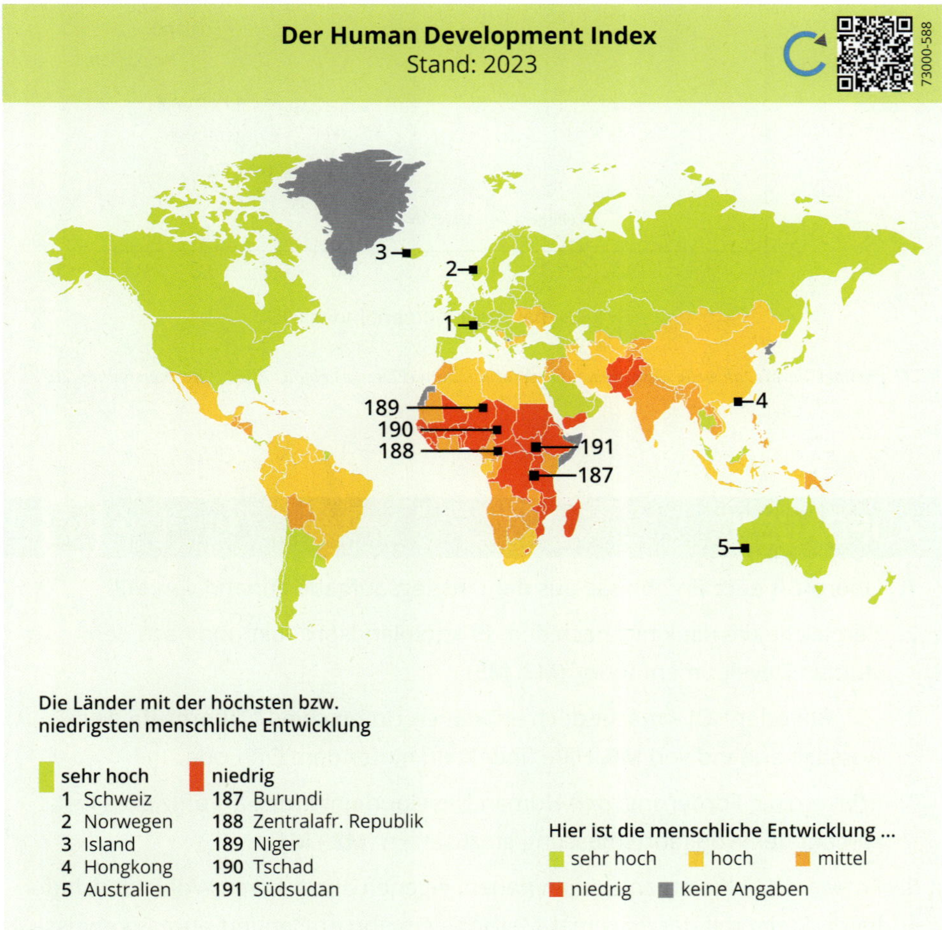

©C.C. Buchner Verlag, aktuelle Daten nach: UN (Datenerhebung: 2022, Grafikerstellung 2023)

Der **Human Development Index**, abgekürzt HDI, ist ein Index der menschlichen Entwicklung in den Ländern der Welt und kann Werte zwischen 0 und 1 annehmen (zur besseren Darstellung wurden die ursprünglichen Werte in dieser Statistik mit 1.000 multipliziert).
Je höher der Wert, desto weiter ist die menschliche Entwicklung in den jeweiligen Ländern vorangeschritten. Hochentwickelte Länder weisen einen HDI von mindestens 0,8 auf.
Der HDI beruht auf drei grundlegenden Dimensionen der menschlichen Entwicklung:

1. die Fähigkeit, ein langes und gesundes Leben zu führen, gemessen an der Lebenserwartung bei der Geburt
2. die Fähigkeit, Wissen zu erwerben, gemessen an durchschnittlichen Schuljahren und erwarteten Schuljahren
3. die Fähigkeit, einen angemessenen Lebensstandard zu erreichen, gemessen am Bruttonationaleinkommen pro Kopf

M6 Die Probe aufs Exempel: Vergleich BIP und HDI

Der HDI wird in M 6 grafisch zum BIP in Beziehung gesetzt. Der HDI ist auf der x-Achse abgetragen, gemessen von 0 bis 1 (vgl. die Erläuterungen bei M 5). Das BIP pro Kopf ist auf der y-Achse abgetragen (in internationalen $ zu Preisen von 2015). **Lesebeispiel:** Die USA haben einen x-Wert von 0,78 und einen y-Wert von 52.591 BIP pro Kopf in US-Dollar.

Interaktives Tool für die Daten

82033-249

Human Development Index und Bruttoinlandsprodukt pro Kopf (Stand: 2023)

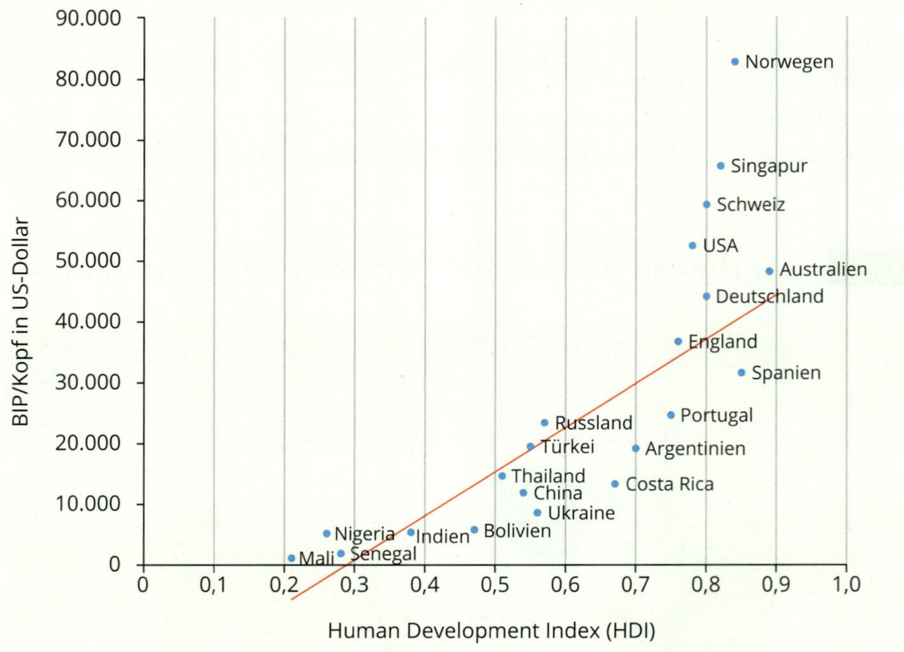

©C.C. Buchner Verlag, aktuelle Daten nach OurWorldinData (Datenerhebung: 2022, Grafikerstellung 2023)

AUFGABEN

82033-251

1. Überprüft eure Ergebnisse aus der Einstiegsaufgabe anhand von **M2**.
2. Vergleiche die Rankings nach dem Bruttoinlandsprodukt und nach dem Human Development Index (**M3**, **M5**).
3. „Ob BIP oder HDI – macht doch eh' keinen Unterschied." Überprüfe diese Aussage anhand von **M6**. Hilfe findest du hinter dem QR-Code.
4. Erörtere die Forderung, den Human Development Index als offizielles Instrument der Wohlfahrtsmessung einzusetzen (**M2 - M6**).
5. Entwickelt in Kleinteams einen neuen, eigenen alternativen Wohlstandsindikator. Steigt mit der Placemat-Methode ein und präsentiert eure Ergebnisse abschließend digital.

   Projekt: Das interaktive Webtool "Your Better Life Index" des OECD Better Life Index bietet dir die Möglichkeit, eine individuelle Gewichtung seiner 11 Kategorien (von „Wohnverhältnisse" bis „Work-Life-Balance") vorzunehmen und ihre Auswirkung auf die Anordnung der Länder in einer Rangliste zu beobachten. Gehe zur Website (https://www.oecdbetterlifeindex.org/de/), erprobe das Tool und begründe dann deine Wahl eines Landes als Lebensmittelpunkt.

H Aufgabe 3

82033-250

8.1.2 Grenzen des Wachstums?

Zum Thema: Nach Auffassung vieler Menschen hat die Menschheit einen Scheitelpunkt ihrer Geschichte erreicht. Sie sind überzeugt davon, dass unsere westliche Lebensweise die Tragfähigkeit des Planeten schon lange überstrapaziert. Sollten wir auf Wachstum verzichten oder ist „ohne Wachstum alles nichts“? Die Meinungen gehen weit auseinander. Um diese spannende Streitfrage geht es in diesem Kapitel.

M1 Wie lebt es sich auf den vier Einkommensstufen?

Stufe 1 *Stufe 2* *Stufe 3* *Stufe 4*

Trinken *Transport* *Ernährung* *Wohnen*

Weltbevölkerung nach Einkommensgruppen
(Stand: 2023)

73000-586

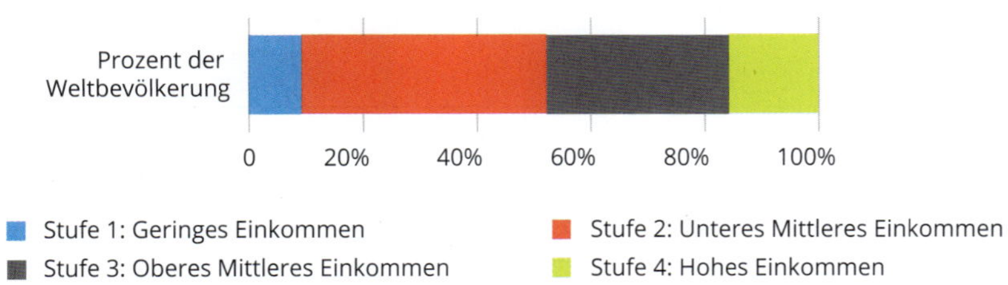

©C.C. Buchner Verlag, aktuelle Daten nach Weltbank (Datenerhebung: 2022, Grafikerstellung: 2023)

EINSTIEGSAUFGABE 82033-252

1. Charakterisiere anhand von **M1** die Lebensbedingungen auf den vier Einkommensstufen.

M2 Streit um das Wirtschaftswachstum

Erklärfilm „Wirtschaftswachstum“

82033-253

Braucht Demokratie Wirtschaftswachstum?

„Economic growth is favorable to democracy.“

R. Dahl, On Democracy, New Haven u. London (1998) 2020, 167. Robert Dahl (1915 – 2014) war ein US-amerikanischer Politik-Professor.

„Macht Wachstum demokratisch? Vielleicht.“

Karl-Heinz Paqué, Wachstum!, Hanser: München 2010, S. 38 f.

Stuttgarter Nachrichten: Erdüberlastungstag 2022

82033-254

Die Veröffentlichung der Studie zu den "Grenzen des Wachstums" jährte sich 2022 zum 50. Mal. Der 1972 im Auftrag des Club of Rome erstellte Bericht ist ein Meilenstein der Analyse der ökonomischen, demografischen, technischen und ökologischen Zukunftsfolgen des bestehenden Weltwirtschaftssystems. Insbesondere in den westlichen Industrieländern trug die kritische Untersuchung des Wirtschaftswachstums maßgeblich zu einer breiten gesellschaftlichen Diskussion um die weitreichenden Folgen einer auf Wachstum programmierten globalen Wirtschaft unter den Rahmenbedingungen eines Planeten mit endlichen natürlichen Ressourcen bei.

Diese Diskussion dauert bis heute an. Aus Sicht der Mainstream-Ökonomen sprechen folgende empirische Befunde für das Wachstum:

- Wachstum verbessert die Lebensqualität.
- Wachstum nützt vor allem den Armen.
- Wachstum hilft, Ressourcen und Klima zu schonen.
- Wachstum ist möglich – trotz Alterung der Gesellschaft.
- Wachstums ist nötig – zum Erhalt des Sozialstaats.
- Wachstum ist hilfreich – zur Senkung der Schuldenlast.

Die Gegenposition macht das Wachstum verantwortlich für die Klimakrise und den ruinösen Umgang mit dem Planeten und plädiert dafür, durch Verzicht unsere Umweltprobleme zu lösen. Diese Richtung des „Weniger ist mehr“ wird von den Vertretern einer Postwachstumsökonomik propagiert, einem jüngeren Zweig der Wirtschaftswissenschaften.

Bearbeiter, Nach: Döring, Thomas, 50 Jahre "Grenzen des Wachstums". Von der Wachstums- zur Post-Wachstumsökonomie?, für APuZ 14.01.2022
Paque, Karl-Heinz Warum Wachstum? Sechs Gründe für eine gute Sache, in: INSM (Hg.), Die Wohlstandsfrage – 6 Visionen für nachhaltiges Wachstum, Berlin 2012, S. 35 - 51

M3 Wirtschaftswachstum geht nur mit steigenden Emissionen, oder?

Tipp: Scanne den QR-Code in der Grafik für eine großformatigere Darstellung.

Bruttoinlandsprodukt und Emissionen in Deutschland seit 1990 (Index: 1990=100) Stand: 2023

73000-587

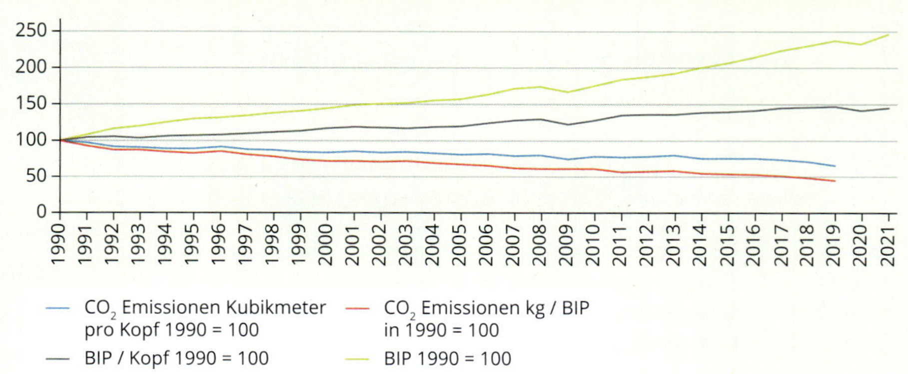

©C.C. Buchner Verlag, aktuelle Daten nach Weltbank (Datenerhebung: 2022, Grafikerstellung: 2023)

M4 Wachstum kontrovers

a) „Ohne Wachstum ist alles nichts"

Es ist merkwürdig: Immer mehr Intellektuelle in Deutschland sind besorgt über das Wirtschaftswachstum. Wohlgemerkt: über das Wachstum selbst, nicht über sein Ausbleiben. Sie sehen weder die Möglichkeit noch die Notwendigkeit, eine sehr langfristige historische Entwicklung fortzusetzen. Im Gegenteil, sie plädieren nachdrücklich für ein Ende der Ära des Wachstums.

Eine Ära ist es in der Tat. Denn seit der Industrialisierung Deutschlands vor fast 200 Jahren wächst unsere Wirtschaft. (...) Über die Zeit addierte sich dies zu einem enormen Sprung des Wohlstands von der Massenarmut zum Massenwohlstand, oder genauer: aus einer Welt, in der es wenigen gut und vielen schlecht ging, in eine Welt, in der es umgekehrt ist. (...)

Der Widerspruch hat viele Ursachen. Eine zentrale ist das Verständnis davon, was Wachstum überhaupt ist – für eine Wirtschaft und eine Gesellschaft. Bei den Wachstumskritikern herrscht fast unisono die Vorstellung, Wachstum sei im Wesentlichen ein quantitatives Phänomen. (...)

In diesem Bild ist es durchaus naheliegend, ein Stoppsignal zu setzen, denn – so die Sicht – die dringlichen menschlichen Bedürfnisse nehmen ja nicht immer weiter zu. Der Preis des Verzichts auf zusätzliches Wachstum ist deshalb gering, schlimmstenfalls ein gewisses Maß an Selbstbescheidung. Es entsteht dabei ein fast idyllisches Bild: Alle reduzieren das Tempo und bescheiden sich mit dem Erreichten. (...)

Diese Sichtweise ist verführerisch. (...) Sie verliert allerdings sehr schnell ihre Attraktivität, wenn man sich klarmacht, dass eine ihrer zentralen Prämissen nicht stimmt: Wachstum in hoch entwickelten Volkswirtschaften ist in hohem Maße nicht quantitativ, sondern qualitativ. In einem Land mit stagnierender Bevölkerung entsteht Wirtschaftswachstum nur mehr durch die Umsetzung neuer Ideen in marktfähige Waren und Dienstleistungen – „schöpferische Zerstörung", wie Joseph Schumpeter dies nannte: Der Wettbewerb sorgt für immer vielfältigere, bessere und auch umweltfreundlichere Güter. Geht es in bitter armen Ländern vor allem noch um mehr von allem, steht in Deutschland der Wandel technischer Charakteristika der Produktwelt im Vordergrund. (...) Die Entdeckungsfreude des Marktes erlaubt erst das Wachstum.

Damit verschiebt sich das Bild grundlegend. Denn eine Gesellschaft ohne Wachstum ist dann eigentlich nichts anderes als eine Gesellschaft ohne marktfähige Ideen. Wahrlich keine attraktive Vorstellung, ganz im Gegenteil. Und tatsächlich hat bisher niemand dafür explizit geworben. So plädieren die Wachstumskritiker auch nicht für das Ende der Ideen, sondern für deren Umlenkung: weg von der traditionellen Wertschöpfung am Markt hin zu einer ökologischen Wertschöpfung, die angeblich den wahren Bedürfnissen der Menschen – und nicht denen des Marktes – entspricht. Dann allerdings stellt sich die grundlegendste aller Fragen: Was sind die wahren Bedürfnisse, wenn sie sich nicht in irgendeiner Form in marktwirtschaftlicher Wertschöpfung widerspiegeln?

Mit dieser Frage nähert man sich tatsächlich dem Kern der ganzen Wachs-

Prof. Dr. Karl-Heinz Paqué ist Professor für Volkswirtschaftslehre in Magdeburg und Vorsitzender der Friedrich-Naumann-Stiftung.

tumsdebatte. Es gibt nämlich nur zwei politische Wege, um ein vorgegebenes ökologisches Ziel zu erreichen – entweder man erzieht die Menschen zu der nötigen Wertschätzung ökologischer Produktion oder man sorgt für eine dauerhafte Subventionierung gegen die Marktkräfte. Das erste könnte man als „harte Erziehung" bezeichnen, das zweite als „harte Lenkung". Leider sind beide keine wirklich attraktiven Gesellschaftsmodelle, jedenfalls dann nicht, wenn sich die Menschen in ihren Konsumgewohnheiten als störrisch erweisen. Dann entstehen nämlich Probleme, wie sie aus Plan- und Kommandowirtschaften hinreichend bekannt sind: Unzufriedenheit der Bürger und Ineffizienz der staatlichen Lenkung (...).
Zu Ende gedacht ist es eine zutiefst paternalistische Welt. Nicht mehr die anonymen Marktkräfte setzen die Anreize, sondern „Vater" Staat. Es fällt schwer zu glauben, dass sich dies nicht auf Dauer auf die innere Dynamik einer Gesellschaft auswirkt, und zwar weit über das rein Kommerzielle hinaus. (...)
[Es] zeigt [sich] deutlich genug, wie schwierig es ist, sich eine Welt der Selbstbescheidung und Stagnation vorzustellen. Dies gilt jedenfalls dann, wenn Wachstum als das interpretiert wird, was es in einer modernen Industriegesellschaft ist: das Ergebnis der Innovationskraft und Originalität der Menschen sowie das Mittel zum Zweck, um viele andere Ziele der Gesellschaft zu erreichen.

Paque, Karl-Heinz, Ohne Wachstum ist alles nichts, in: Internationale Politik, 4/2013, S. 38 - 41

b) „Früher oder später wird unser Wirtschaftssystem kollabieren"

Prof. Dr. Niko Paech ist außerplanmäßiger Professor für Plurale Ökonomik an der Universität Siegen und hat das Modell der Postwachstumsökonomie entwickelt.

Herr Paech, Sie gelten als Begründer der Postwachstumsökonomie. Weshalb brauchen wir aus Ihrer Sicht einen Wandel hin zu einem Wirtschaftssystem, das nicht auf Produktionswachstum beruht?
Bis heute sind alle Versuche gescheitert, das auf Wachstum basierende Wirtschaftssystem von ökologischen Schäden zu entkoppeln. Hinzu kommt: Immer mehr Menschen wünschen sich kürzere Arbeitszeiten als eine klassische 40-Stunden-Woche. Wenn weniger produziert werden muss, können die Menschen auch weniger arbeiten.
Dann verdienen sie aber auch weniger.
Natürlich, aber durch eine Reduktion des ohnehin ruinösen Mobilitäts- und Konsumniveaus ließe sich dies teilweise ausgleichen. Außerdem könnte die infolge der Arbeitszeitverkürzung freigewordene Zeit genutzt werden, um ergänzend zum geringeren Geldeinkommen eigenständige Versorgungsleistungen zu erbringen, etwa durch die Pflege, Reparatur und gemeinschaftliche Nutzung von Gegenständen. Dann müssten seltener neue Produkte gekauft werden. Wenn die Bewohner eines Wohnblocks etwa Waschmaschinen, Autos und Werkzeuge gemeinsam nutzen, können die Menschen mit deutlich weniger Geld einen angemessenen Lebensstandard halten.
Welche Rolle spielen Unternehmen in der Postwachstumsökonomie?
In der Postwachstumsökonomie produzieren Unternehmen nur so viel Ware, wie benötigt wird, um einen ökologisch verträglichen, also geringeren Güterbestand zu erhalten, aber eben nicht zu erhöhen. Außerdem müssen die hergestellten Produkte eine deutlich längere Nutzungsdauer haben und vor allem reparabel sein. Zudem sind Verleihsyste-

me und der Gebrauchtgüterhandel ein weiteres postwachstumstaugliches Geschäftsfeld. Schließlich würden Unternehmen vermehrt Reparaturleistungen anbieten und Konsumenten dazu befähigen, kleinere Reparaturen selber zu übernehmen.

Wie soll das gehen?

Im Preis eines Produktes sollte [für] die Kunden die Teilnahme an einem Workshop oder Lehrgang enthalten sein, in dem die wichtigsten Praktiken vermittelt werden, um das Produkt selbst instand halten und reparieren oder wenigstens defekte Module austauschen zu können. Bei größeren Defekten kann sich der Kunde an den Produzenten oder regionale Reparaturdienstleister wenden, die die Schäden dann beheben. (...)

Es stimmt zwar, dass immer mehr Unternehmen und Konsumenten auf Nachhaltigkeit achten, das ist aber immer noch eine ziemlich kleine Minderheit, oder?

Ja natürlich, aber jeder Wandel wird von einer Minderheit begonnen, die in Nischen etwas Neues erprobt. Und wenn sich die neuen Praktiken in solchen Reallaboren bewähren und eine Lösung für die drängenden Probleme bieten, ist es nur eine Frage der Zeit, bis andere Teile der Gesellschaft diese Innovationen übernehmen – spätestens wenn die ökologischen Krisen immer sichtbarer werden.

Sollte die Politik Ihrer Meinung nach in das Wirtschaftssystem eingreifen und beispielsweise den CO_2-Ausstoß so hoch besteuern, dass Unternehmen mit hohen Emissionen nicht mehr wirtschaftlich tragfähig sind?

Das könnte sie gar nicht. Schließlich würde eine Partei, die so etwas versucht, nicht mehr gewählt. Nur wenn ein hinreichender Teil der Bevölkerung ein postwachstumstaugliches Leben eingeübt hat und ertragen kann, werden Regierungen diese Tendenz aufgreifen. Umgekehrt wäre es politischer Selbstmord, wenn Parteien der Wählermehrheit vorschreiben wollen, was sie restlos überfordert. Rettung verspricht deshalb nur ein dezentrales Netz von Störenfrieden und sozialen Nischen, die mit neuen Lebensstilen und unternehmerischen Strategien jene Lösungen vorwegnehmen, die schrittweise vom Rest der Gesellschaft und dann auch von der Politik akzeptiert werden.

Interview mit Niko Paech: „Früher oder später wird unser Wirtschaftssystem kollabieren", www.marktundmittelstand.de, 06.02.2020

Streit mit Nachbarinnen und Nachbarn?

Paech fordert im Interview auch, mit seinen Nachbarn über Wachstum, Klimawandel und Konsum zu streiten. Konkret:

- ‚Warum hast Du eine Kreuzfahrt gebucht?'
- ‚Warum fliegst Du in den Skiurlaub?'
- ‚Warum fährst Du einen spritfressenden Geländewagen?'

Nach: ©Deutschlandfunk: Mit Nachbarn über den Klimawandel streiten.

c) Verzicht auf Wachstum?

Für Samstag und Sonntag sind in Frankfurt weitere große Protestaktionen gegen die Automesse geplant. Denn klar ist: Die Klimaziele werden garantiert nicht erreicht, wenn weiterhin SUVs umherfahren.

Es ist zwar neu, dass auf der Automesse protestiert wird. Aber die Fronten sind altbekannt: Ökonomie steht gegen Ökologie – und im Zweifel siegt der Wunsch nach Wachstum. (...)

Derzeit verbraucht die westdeutsche Wirtschaft so viele Ressourcen, als ob sie drei Planeten zur Verfügung hätte – es gibt aber nur die eine Erde. Warum wird nicht umgesteuert?

Der Verzicht auf Wachstum ist nicht so einfach, wie viele Klimaaktivisten glauben. Sie meinen häufig, dass es reichen würde, das Volkseinkommen ein bisschen umzuverteilen. Sehr plastisch hat es Tina Velo auf den Punkt gebracht, die die Protestaktion „Sand im Getriebe" an diesem Sonntag in Frankfurt or-

Ulrike Herrmann ist Wirtschaftskorrespondentin der taz.

ganisiert. Sie schlägt vor, die heutigen Mitarbeiter der Automobilkonzerne umzuschulen. „Wir werden Busfahrerinnen und Busfahrer brauchen, Pflegerinnen und Pfleger, Erzieherinnen". Keine Frage: Deutschland könnte deutlich mehr Personal in Altersheimen und Kitas gebrauchen. Trotzdem geht Velos Aussage am eigentlichen Problem vorbei, weil sie statisch denkt und den Prozess des Umbaus ignoriert. Bei ihr gibt es nur ein Vorher und ein Nachher: Jetzt arbeiten Hunderttausende in der Automobilindustrie – und dereinst sind viele von ihnen in Sozialberufen tätig. Das Problem taucht jedoch beim Übergang auf, und damit ist nicht gemeint, dass sich vermutlich viele Autobauer schwer damit tun dürften, plötzlich in einen Sozialberuf zu wechseln. Die Schwierigkeiten sind fundamentaler. (...) Alle sind sich einig, dass wirksamer Klimaschutz verlangt, dass weniger Autos gebaut werden. Doch damit würde eine Spirale nach unten einsetzen. Etwas vereinfacht: Weniger Umsatz bedeutet, dass die Autofirmen Mitarbeiter entlassen müssten, die dann auch weniger konsumieren könnten. Kneipen und Läden würden Kunden verlieren. Ganze Regionen würden verarmen und zugleich die gezahlten Steuern und Sozialbeiträge schrumpfen. Es wäre gar kein Geld mehr da, um die einstigen Autobauer in Kindergärten zu beschäftigen. Für eine Wirtschaft ohne Wachstum gibt es kein Modell. Zwar wird das Ende der Steinkohle gern als Beispiel zitiert, wie ein Branchenwandel gelingen könnte. Doch dabei wird oft übersehen, dass die Ruhrkumpel nur neue Jobs finden konnten, weil die deutsche Wirtschaft ansonsten wuchs.

Bisher hat niemand systematisch erforscht, wie der Übergang in eine Postwachstumsgesellschaft aussehen könnte, die Krisen vermeidet und ein Einkommen für alle garantiert. (...) [E]ine ökonomische Lösung fehlt noch, wie der Ausstieg aus dem Wachstum gelingen könnte – und muss dringend erforscht werden.

Herrmann, Ulrike, Verzicht auf Wachstum?, TAZ 13.09.2019

Was Wir Wissen Seite digital zum Editieren

82033-307

F Aufgabe

Auf der kommunalen Ebene gibt es inzwischen viele Initiativen, die sich im Sinne der Nachhaltigkeit das Motto „Global denken – lokal handeln" gegeben haben. Recherchiere in deiner Heimatgemeinde nach solchen Initiativen. Berichte deiner Klasse über deine Ergebnisse. Einen guten Ausgangspunkt für deine Recherche findest du auf den Seiten der Landesanstalt für Umwelt, Messungen und Naturschutz Baden-Württemberg: z. B. https://www.lubw.baden-wuerttemberg.de/nachhaltigkeit.

AUFGABEN

82033-255

1. Geht arbeitsteilig vor:
   a) Erstellt ausgehend von **M2** ein Wirkungsgefüge der Effekte von Wirtschaftswachstum auf den Arbeitsmarkt.
   b) Erstellt ausgehend von **M3** ein Wirkungsgefüge der Effekte von Wirtschaftswachstum auf die Umwelt.
2. Gestaltet in Partnerarbeit ein Streitgespräch zwischen einem Wachstumsbefürworter (**M4a**)und einem Wachstumsgegner (**M4b**).
3. Überprüfe die Position von Ulrike Herrmann (**M4c**) mithilfe der Ergebnisse eures Streitgesprächs.
4. Nico Paech fordert im Interview (**Randspalte M4b**) auch, dass wir unsere Nachbarn für umweltschädliches Verhalten zur Rede stellen. Was hältst du davon? Bewerte seinen Vorschlag.
5. Projekt: Führe mit deinem lokalen Bundestagsabgeordneten ein Interview zur Wachstumfrage.

8.2 Das Auf und Ab der wirtschaftlichen Entwicklung

8.2.1 Konjunkturschwankungen – wie können Verbraucher und Erwerbstätige reagieren?

Zum Thema: „Wirtschaftsboom!", „Wirtschaftskrise!". Solche Nachrichten zur wirtschaftlichen Entwicklung (Konjunktur) begegnen uns häufig: Was bedeuten sie für uns als Konsumierende und Erwerbstätige? Was heißt das für den Staat? Das schauen wir uns in diesem Kapitel genauer an.

M1 Ohne Arbeit – Junge Spanierinnen und Spanier sehen keine Zukunft für sich ...

Spanische Jugendliche protestierten auch in Berlin gegen die hohe Jugendarbeitslosigkeit und Sparpolitik in Europa.

Carlos und Anna haben studiert, einen tollen Abschluss, sind fast dreißig, verlobt... und leben noch zu Hause. Sie würden gerne zusammenziehen, aber das können sie sich einfach nicht leisten. Beide haben nur schlecht bezahlte Aushilfsjobs.

So wie ihnen geht es vielen jungen Spaniern/-innen: Sie finden seit der Wirtschaftskrise nach 2009 nur noch schlecht bezahlte Jobs. Mit teilweise nur 1000 Euro Monatslohn können sie keine Familie gründen oder Miete für eine eigene Wohnung zahlen. Sie sind besser ausgebildet als ihre Eltern, aber sehr viel ärmer. Zwar sinkt die Arbeitslosigkeit in Spanien mittlerweile wieder, aber ihre 'verlorenen Jahre' werden Carlos und Anna nicht zurück bekommen.

Bearbeiter

Jugendarbeitslosigkeit EU im Vergleich
82033-256

Jugendarbeitslosigkeit Deutschland
82033-257

Videobeitrag: Jugendarbeitslosigkeit in Spanien
82033-258

EINSTIEGSAUFGABE 82033-259

Sammelt in Partnerarbeit mögliche individuelle und allgemeine Folgen einer hohen Jugendarbeitslosigkeit, wie sie in Spanien herrscht.

Konjunktur-schwankungen
Unter Konjunkturschwankungen versteht man Schwankungen im Tempo der wirtschaftlichen Entwicklung, d. h. gesamtwirtschaftlicher Größen (z. B. Wachstum, Arbeitslosigkeit, Inflation). Diese Schwankungen verlaufen oft zyklisch. Die Dauer der Zyklen beträgt in Deutschland normalerweise zwischen 4 und 8 Jahren – die Jahre 2009 (globale Finanzkrise) und 2020 (Coronapandemie) fallen aus dem Muster (vgl. M4).
Bearbeiter

M2 Woran kann man Konjunkturschwankungen erkennen?

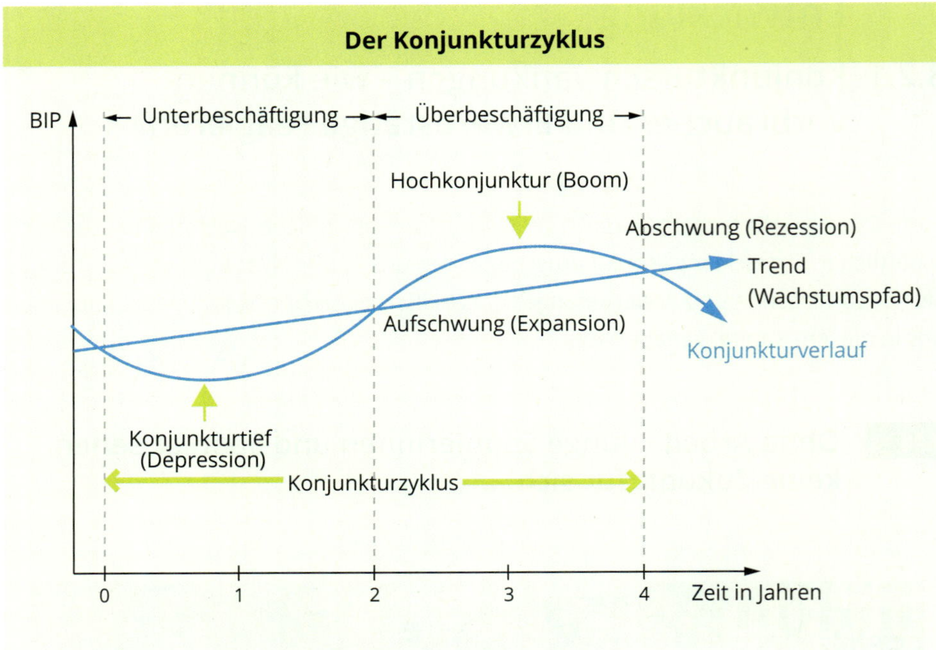

Darstellung eines Konjunkturzyklus von vierjähriger Dauer

Ein **Aufschwung** ist gekennzeichnet durch die **Zunahme der Wachstumsraten des BIP**, die Arbeitslosigkeit nimmt im Verlauf eines Aufschwungs meist ab, die Kaufkraft der Haushalte steigt, Löhne und Preise steigen, Unternehmen tätigen vermehrt Investitionen, das Vertrauen in die wirtschaftliche Entwicklung wächst. Im **Abschwung** geht die **Produktionstätigkeit** der Unternehmen **zurück**. Sie investieren nicht mehr aufgrund sinkender Gewinnerwartungen. Um Überkapazitäten abzubauen und Kosten zu senken, werden Arbeitskräfte entlassen. Löhne und Preise reagieren mit deutlicher Verzögerung, sie bleiben vorerst hoch. Die Grundhaltung der Konsumierenden und Geschäftsleute wird pessimistischer. Die nun zu beobachtende allgemeine Kaufzurückhaltung verstärkt diese negativen Effekte. Dies zeigt, dass sich **Konjunkturschwankungen** stark auf die Situation von Verbraucher/innen und Erwerbstätigen auswirken können. Auch für den Staat sind Konjunkturschwankungen von Bedeutung, da sie Höhe und Struktur der Einnahmen (z. B. Steuern) und Ausgaben (z. B. Sozialausgaben) maßgeblich beeinflussen.

Konjunkturschwankungen lassen sich an sogenannten **Konjunkturindikatoren** ablesen: Zu den **Frühindikatoren** gehören der Auftragseingang der Unternehmen und der Geschäftsklimaindex, das Wachstum des BIP und der Konsumklimaindex sind **Präsenzindikatoren**, zu den **Spätinidikatoren** zählen z. B. die Arbeitslosenrate und das Preisniveau. Für alle Konjunkturindikatoren gilt, dass ihre Aussagekraft begrenzt ist, da wirtschaftliche Entwicklungen nicht gesetzmäßig verlaufen.

Für Konsumierende, Unternehmen und den Staat sind die Analyse der aktuellen und die Vorhersage der zukünftigen wirtschaftlichen Situation wichtig.

Bearbeiter

M3 Wie hängen Wachstum und Arbeitslosigkeit zusammen?

Wirtschaftswachstum BIP und Arbeitslosenquote (in Prozent, seit 1992) (Stand: 2022)

73000-479

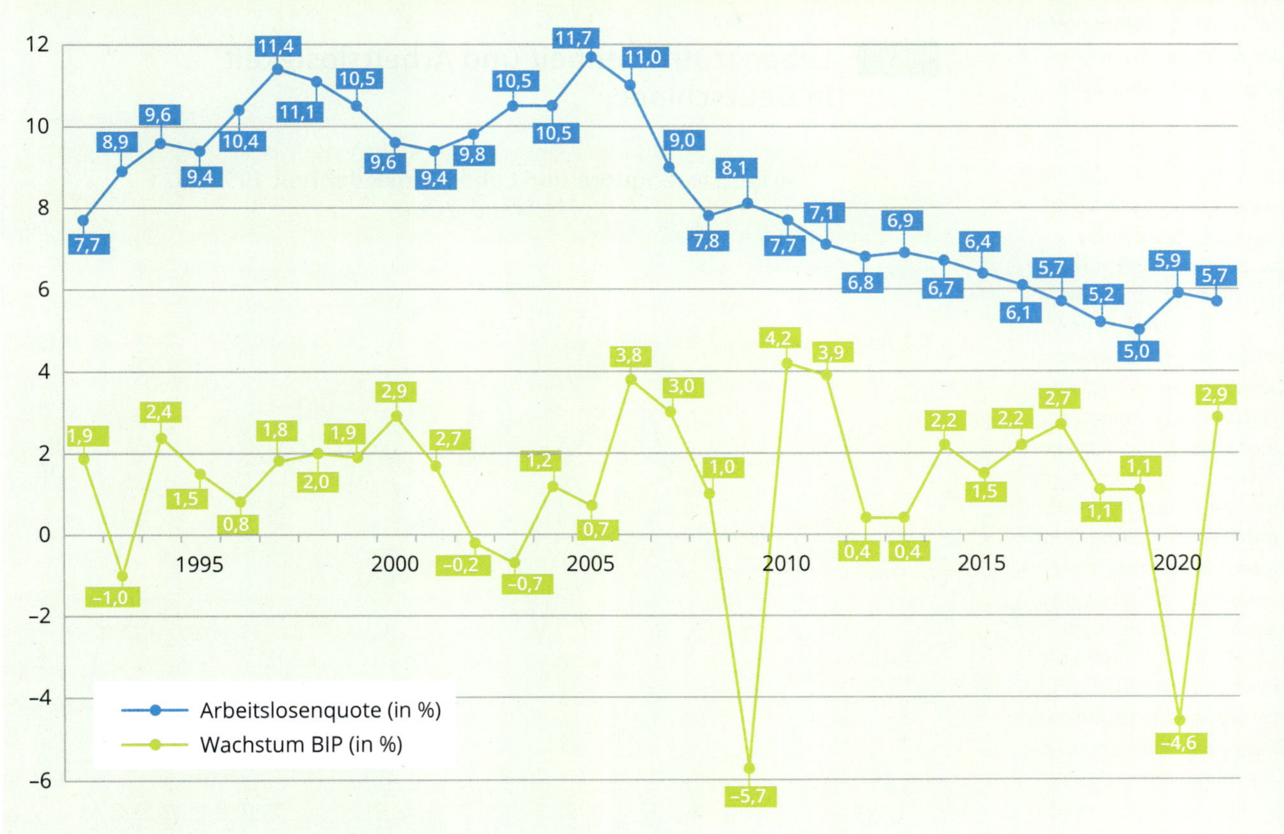

©C.C. Buchner Verlag, aktuelle Daten nach DESTATIS, Bundesagentur für Arbeit

M4 Stimmung trübt sich deutlich ein

Der Krieg in der Ukraine und die stark angezogenen Preise haben die Zuversicht bei Unternehmen und Verbrauchern deutlich eingetrübt. So hat die Stimmung der Konsumenten nach einer Erhebung des Handelsverbands Deutschland (HDE) sogar einen Allzeit-Tiefstand erreicht. Die befragten Verbraucher rechnen zudem damit, dass die sich abzeichnende Eintrübung der gesamtwirtschaftlichen Situation auch einen negativen Effekt auf ihre persönliche Einkommenslage haben wird. Das schlage sich auch in der Anschaffungsneigung nieder, die ein neues Allzeittief erreicht habe so der HDE. Gleichzeitig planen die Befragten, ihr Sparvolumen zu verringern. Das monatliche HDE-Konsumbarometer basiert auf einer Umfrage unter 1600 Personen zur Anschaffungsneigung, Sparneigung, finanziellen Situation und anderen konsumrelevanten Faktoren. Es bildet nicht das aktuelle Verbraucherverhalten ab, sondern die erwartete Stimmung in den kommenden drei

Konjunkturindikatoren Deutschland

73000-480

Monaten. Demnach rechnen die Konsumenten mit weiteren Preissteigerungen. Diese Einschätzung deckt sich mit aktuellen Konjunkturprognosen, die im Jahresverlauf ebenfalls mit einem anhaltenden Preisauftrieb rechnen.

‚Stimmung trübt sich deutlich ein', www.marktund-mittelstand.de, 04.04.2022

Verlust von Erwerbsarbeit
Der Verlust von Erwerbsarbeit kann die materiellen und sozialen Teilhabechancen sowie das individuelle Wohlbefinden der Betroffenen bereits nach kurzer Zeit beeinträchtigen.
Arbeitslosigkeit hat zunächst Einfluss auf die materiellen Ressourcen: Das verfügbare Haushaltseinkommen sinkt, und dies geht mit einer Verschlechterung des Lebensstandards einher. Darüber hinaus sind auch psychosoziale Folgen zu beobachten: Die subjektive Einschätzung der eigenen Handlungsfähigkeit und Problemlösungskompetenz, der wahrgenommene soziale Status, das gesellschaftliche Zugehörigkeitsempfinden, die mentale Gesundheit und die allgemeine Lebenszufriedenheit werden ebenfalls negativ beeinflusst.
Gundert, Stefanie und Pohlan, Laura
In Schriftenreihe/Nr.: IAB-Kurzbericht No. 2/2022

M5 Lebenszufriedenheit und Arbeitslosigkeit in Deutschland

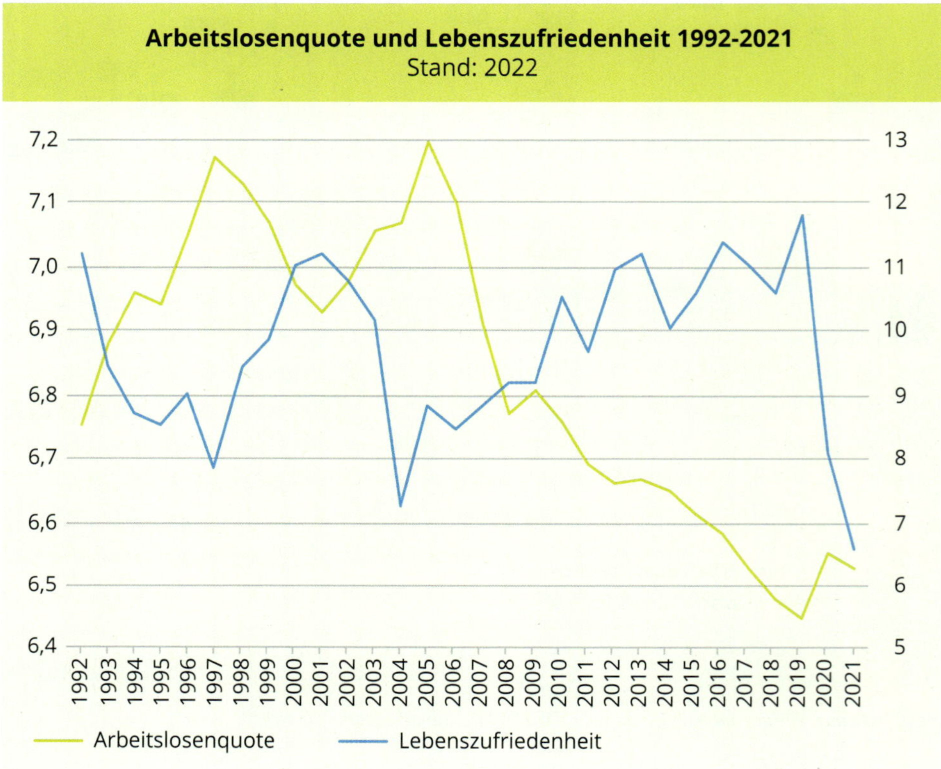

©C.C. Buchner Verlag, aktuelle Daten nach DESTATIS, dpdhl

M6 Arbeitslosigkeit in Baden-Württemberg steigt weiter

Im Juli ist die Arbeitslosenquote leicht auf jetzt 3,6 Prozent angestiegen. Das liegt vor allem am Übergang der geflüchteten Menschen aus der Ukraine, die in die Grundsicherung übernommen wurden. [...] „Der Arbeitsmarkt in Baden-Württemberg bleibt auch zu Beginn der Sommerferien stabil. Die geringe Zunahme der Arbeitslosigkeit ist hauptsächlich auf Geflüchtete aus der Ukraine [...] sowie auf saisonale Gründe zurückzuführen. Der Arbeitsmarkt steht dennoch weiterhin deutlich besser da als noch im Vorjahr", erklärte Wirtschafts- und Arbeitsministerin Dr. Nicole Hoffmeister-Kraut am 29. Juli 2022 [...].Christian Rauch, Leiter der Regionaldirektion Baden-Württemberg der Bundesagentur für Arbeit, erkärt: „[...] Zum einen ist die Arbeitslosigkeit gegenüber dem Vormonat durch die weitere Übernahme von ukrainischen

Geflüchteten in die Grundsicherung gestiegen. Zum anderen lässt sich der Anstieg in der Arbeitslosenversicherung auf die bestehenden Unsicherheiten in der Wirtschaft zurückzuführen." Erfreulich bleibt, dass die Arbeitskräftenachfrage weiter steigt. [...] Hoffmeister-Kraut: „Die Aussichten für Arbeits- und vor allem für Fachkräfte sind in Baden-Württemberg weiterhin sehr gut. Wir sprechen also immer noch auf der Angebotsseite von einem Mangel an Fach- und Arbeitskräften. Ein akuter Risikofaktor auf der Nachfrageseite für den Arbeitsmarkt ist eine mögliche Verschärfung der Gasmangellage. Sollte es soweit kommen, müssen wir mit einem massiven Einschnitt auf dem Arbeitsmarkt rechnen. Um diesen dann zu stabilisieren muss die Bundesregierung rechtzeitig beim Kurzarbeitergeld nachjustieren. Die Erleichterungen, die bei der Corona-Krise sehr gut funktioniert haben, müssen wieder aufgelegt werden."

‚Arbeitslosigkeit steigt leicht an', www.baden-wuerttemberg.de, 29.07.2022

Woran die Deutschen sparen
Preisexplosion überall - die Deutschen schränken sich daher ein: im Urlaub, beim Einkauf und bei der Mobilität. Zugleich erleben Energieberater /-innen einen Auftragsboom. Die Inflationsrate von mehr als sieben Prozent lässt das Geld auf dem Konto schneller weniger werden als in der Vergangenheit.

AUFGABEN

82033-260

1. a) Analysiere die Entwicklung der Wachstumsraten des BIP und der Arbeitslosenquoten in Deutschland von 1992 bis 2021 (**M2**, **M3**).
   b) Beschreibe den Zusammenhang zwischen Wachstum und Arbeitslosigkeit in Deutschland in der Zeit von 1992 bis 2021 (**M3**).
2. a) Vergleiche eine Phase des Aufschwungs mit der eines Abschwungs anhand der folgenden Konjunkturindikatoren: Wachstum des BIP, Arbeitslosenrate, Konsum der privaten Haushalte und Preisniveau (**M2**, **M3**, digitales Zusatzmaterial ‚Konjunkturindikatoren Deutschland')
   b) Ordne die aktuelle konjunkturelle Lage begründet einer der Phasen des Konjunkturzyklus zu.
3. Erläutere, warum Konjunkturschwankungen für Konsumierende und Erwerbstätige ein Problem sind (**M4-M6**).
4. a) Gestaltet in Gruppen eine Mindmap mit Möglichkeiten für Verbraucher, auf starke Preissteigerungen (Inflation) zu reagieren.
   b) Entwickelt n Gruppen Handlungsmöglichkeiten für Verbraucher und Erwerbstätige in einem Konjunkturtief.
5. a) Erörtere, inwiefern der Staat in der Sozialen Marktwirtschaft die Bürgerinnen und Bürger in einer Wirtschaftskrise entlasten und unterstützen sollte.
   b) Was kann die KI im Fach WBS? Löse die Aufgabe 5.a) zunächst selbst. Stelle sie danach einer KI. Analysiere die KI-Antwort, indem du zentrale Argumente identifizierst. Hat die KI ähnliche Argumente wie du aufgenommen? Falls nicht, lasse die KI eine neue Bearbeitung mit deinen zusätzlichen Argumenten erstellen und überprüfe, ob die KI die Antwort in deinem Sinne verbessert hat.

F Aufgabe
Analyse von Konjunkturzyklen anderer Länder im Vergleich

82033-261

8.2.2 Welche Folgen haben Konjunkturschwankungen für Unternehmen und den Staat?

Zum Thema: Für Unternehmen und den Staat sind vor allem Abschwungphasen ein Problem, aber auch Konjunkturschwankungen generell. Welche Ursachen haben Konjunkturschwankungen? (Wie) kann der Staat eingreifen, um z.B. Unternehmen zu helfen? Sollte er überhaupt eingreifen?

M1 Enttäuschender Ausblick wirft BMW-Aktienkurs deutlich zurück

Globaler Autoabsatz fällt um ein Jahrzehnt zurück
Weltweit verkaufen Autohersteller in diesem Jahr wohl so wenige Neuwagen wie seit mehr als zehn Jahren nicht mehr. ... 2023 könnte ein "Horrorjahr" für den Automarkt werden, da zu den Angebotsproblemen eine zurückgehende Nachfrage komme aufgrund der schwachen Konjunktur und sinkender Einkommen.
‚Globaler Autoabsatz fällt um ein Jahrzehnt zurück', www.ntv.de, 16.5.2022

Angesichts der Zurückhaltung von BMW beim Jahresausblick haben Anleger am Mittwoch die Aktien des Autobauers verkauft. ... Derzeit liefert die für Autohersteller vorteilhafte Preisentwicklung und die Verlagerung auf teurere Fahrzeuge noch ordentlich Rückenwind, weswegen es im zweiten Quartal für BMW auch besser lief als von Experten gedacht. Doch der Ausblick der Bayern gefiel ihnen nicht. ... Der Autobauer BMW stellt sich angesichts aufziehender Konjunkturprobleme auf schwierigeres Fahrwasser ein. Die Münchener rechnen 2022 nun mit einem Autoabsatz "leicht unter" dem Vorjahresniveau von 2,5 Millionen Autos. Das Umfeld mit Versorgungsengpässen bleibe schwierig, hieß es. Bereits im ersten Halbjahr hatten Chipknappheit, der Krieg Russlands gegen die Ukraine und weitere Lieferprobleme die Verkäufe von BMW belastet.
Bearbeiter

Der Aktienkurs eines Unternehmens hängt u. a. von der Erwartung der zukünftigen Unternehmensentwicklung ab.

BMW-Aktie und BIP-Wachstum in Deutschland, 1992-2021

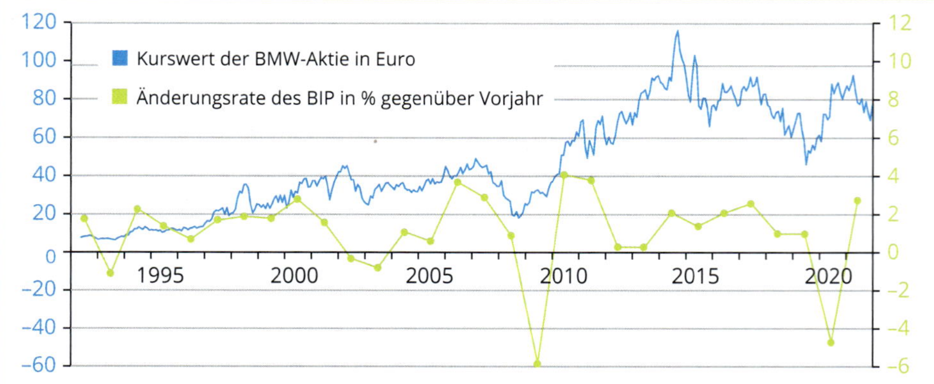

Bearbeiter

EINSTIEGSAUFGABE 82033-262

1. Vergleiche die Schwankungen der BMW-Aktie mit den Schwankungen des Wachstums des BIP in den Jahren 2000-2021 und erläutere mögliche Zusammenhänge.

M2 Konjunkturschwankungen kommen in der Bäckerei an

Die Energiepreise sind rasant gestiegen. Darunter leiden viele Verbraucher, aber auch für die Bäcker in Baden-Württemberg ist das eine Katastrophe. Auch Bäcker Jochen Baier aus Herrenberg ist alarmiert. Manche Betriebe haben laut Baier bereits während der coronabedingten Einschränkungen Umsatzausfälle gehabt. Jetzt geht's wirklich ans Eingemachte. Ich vermute, dass einige Betriebe die nächsten Monate nicht überleben werden.«

Es gebe 9.000 Handwerksbäcker:innen, die das Land versorgten. An diesen Bäckereien hängen laut Baier auch andere Betriebe, zum Beispiel Landwirte und Mühlen: Allein seine Bäckerei beauftrage sechs Bauernhöfe, eine Mühle und beschäftige in den drei Fachgeschäften 120 Mitarbeitende. »Da geht eine große Wirtschaftsmacht und für mich ein großes Kulturgut verloren.«

Bei den kleinen Familienbäckereien ist es aus Baiers Sicht so, dass das Familienleben in der Krise noch stärker leidet. Außerdem hätten manche kleine Betriebe ihre Kosten nicht so sehr im Blick: »Ich weiß es noch aus der Zeit von meinen Eltern: Die haben dann eineinhalb/zwei Jahre später erst ihre Bilanz fertig gehabt und haben dann erst gesehen, ob sie Geld verdient haben oder nicht. Und das ist gerade in dieser Zeit ganz gefährlich.« [...] Schon jetzt bemerkt Jochen Baier, dass sich das Kaufverhalten seiner Kunden ändert: Die Menschen kaufen bewusster ein, sagt er. Das finde er grundsätzlich auch gut. »Wenn Sie bei uns ab dem 1. Oktober unseren Frankenlaib kaufen, wird der 12 Euro kosten. Das ist unglaublich viel Geld. Es ist ein 2.500 Gramm-Brot. Wenn Sie aber ein Viertel von dem Frankenlaib mit nach Hause nehmen, dann bezahlen sie drei Euro für 650 Gramm. Und dann ist es schon wieder günstig.«

‚Hohe Energiepreise: Bäcker in BW kämpfen ums Überleben', www.swr.de, 14.9.2022

Eine Bäckerei ist ein stromintensiver Betrieb.

Privater Konsum in der Krise: Fehlanzeige

Die Menschen haben weniger in der Tasche und sparen beim alltäglichen Konsum, wie z. B. beim Bäcker. Das bekommen auch die Anbieter sogenannter Konsumgüter wie z. B. Zalando zu spüren. Verbraucher/-innen stellen Kaufentscheidungen zurück und verzichten auf größere Anschaffungen. Besonders betroffen sind die Anbieter von Bio-Waren. Zum ersten Mal überhaupt waren die Umsätze der Bio-Branche 2022 rückläufig.

Bearbeiter

M3 Warum schwankt die Wirtschaftsentwicklung überhaupt?

Konjunkturschwankungen entstehen, wenn Angebot und Nachfrage in einer Volkswirtschaft nicht übereinstimmen, was in der Regel viele verschiedene Ursachen hat. Die Lieferkettenprobleme im Zuge der Corona-Pandemie z. B. haben eine Verknappung des Angebots zur Folge gehabt. Das Wachstum hat sich deutlich verlangsamt und ein deutlicher Preisanstieg war zu beobachten. Steigende Energiekosten in Folge des Kriegs in der Ukraine und der Transformation beim Klimaschutz können zu einem Rückgang der Nachfrage der privaten Haushalte führen und so das Wachstum bremsen. Unternehmen werden in diesem Fall eher weniger investieren und ggf. sogar Kapazitäten abbauen. Für Unternehmen bedeuten die Schwankungen der Konjunktur deutliche Risiken, da sie z. T. nur schwer vorherzusehen sind. Psychologische Faktoren spielen für die konjunkturelle Entwicklung eine gewichtige Rolle. So führen z. B. Unsicherheiten wie zur Zeit des Ukrainekriegs und der Corona-Pandemie bei Unternehmen und Haushalten zu Zurückhaltung bei Investitionen und Konsum. Erwartete positive Preis- und Umsatzentwicklungen beeinflussen u. a. die Investitionen und Produktion der Unternehmen und können das Wachstum unterstützen. Der Staat ist im Abschwung und der Rezession mit Forderungen nach Unterstützung der Haushalte und der Unternehmen konfrontiert und muss ggf. dafür seine Ausgaben bei eher sinkenden Einnahmen erhöhen. In einer Boomphase könnte der Staat bei steigenden Einnahmen seine Ausgaben drosseln. Beide Reaktionen des Staates lassen sich meist nicht sehr schnell umsetzen, sie wirken dann zeitversetzt.

Bearbeiter

M4 Lässt sich die Konjunktur vorhersagen und welche Bedeutung haben Vorhersagen?

Grafik: Konjunkturprognosen und ihre Wirkung

82033-263

So einig sich die Wirtschaftsforschungsinstitute häufig sind – allzu oft stellen sich ihre Vorhersagen als ungenau heraus. Trotzdem will in Politik und Wirtschaft keiner auf sie verzichten.

Grundsätzlich sind Konjunkturprognosen vergleichbar mit Wettervorhersagen, mit einem Unterschied: Während das Wetter unabhängig von seiner Vorhersage eintritt, können Konjunkturbarometer sich auf die Wirtschaft auswirken. Je häufiger etwa der Bevölkerung gesagt wird, wie schlecht die wirtschaftliche Entwicklung der nächsten Monate sein wird, desto weniger Geld geben sie aus. Die Prophezeiung erfüllt sich also selbst.

Bedeutung von Konjunkturprognosen

Wie sich die Wirtschaft in naher Zukunft entwickelt, lässt sich nur schätzen. Regierungen, internationale Organisationen und Wirtschaftsforscher versuchen regelmäßig, die konjunkturelle Entwicklung anhand verschiedener Annahmen möglichst genau vorherzusagen. Prognosen bilden dabei unter anderem die Grundlage für die Steuerschätzung und die Haushaltsplanung des Staates.

Z. 1 – 20: Danyal Bayaz, www.tagesschau.de, Wettbewerb der Minusprognosen, 24.02.2009; Z. 21 – 33: www.tagesschau.de, Die Vorhersagen der Wirtschaftsschätzer, 13.02.2017

M5 Einnahmen und Ausgaben des Staates hängen auch von der Konjunktur ab

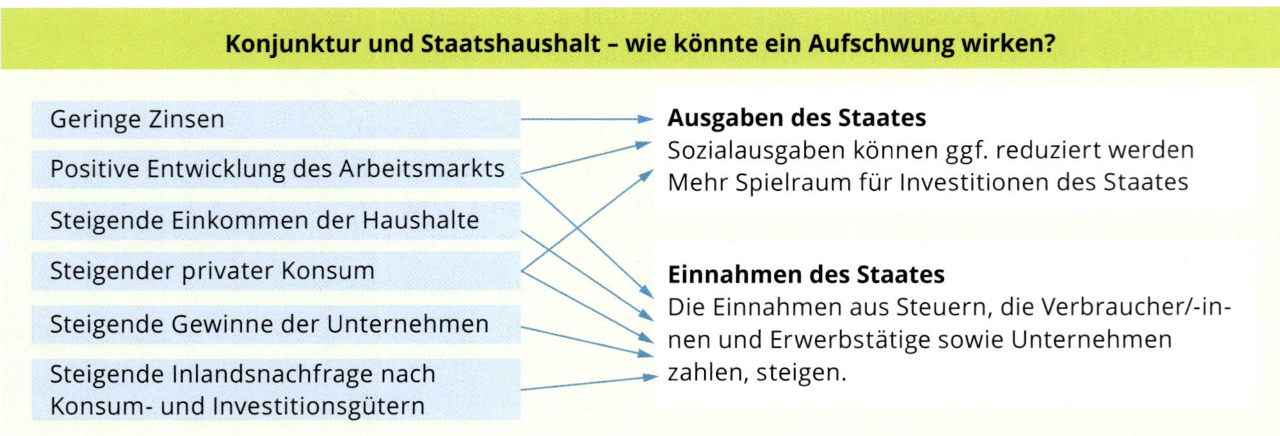

Bearbeiter

M6 Kontrovers: Staatliche Hilfen für Unternehmen?

Dr. Stefan Kooths, Institut für Weltwirtschaft Kiel

1 „Stabilitätspolitik bedeutet Wirtschaften im Einklang mit den Möglichkeiten. Immer mehr Ausgaben auf Pump passen nicht in die gesamtwirtschaftliche Landschaft. Klar, es kommt auch darauf an, wofür der Staat Geld ausgibt. Aber die vergangenen Bundesregierungen und die bisherige haben sich vor allem darum gekümmert, die Altersvorsorge auskömmlicher zu gestalten."

Brinkmann, Bastian, Staatsschulden: Mehr Schulden dringend nötig oder gefährlich, www.sueddeutsche.de, 1.6.2022

Der Staat sollte grundsätzlich weder einzelne Unternehmen retten noch ganze Branchen mit staatlichen Hilfen unterstützen. Das Ziel der Politik sollte sein, die Unternehmen zu fördern, die auch in Zukunft funktionierende Geschäftsmodelle haben. Unternehmen mit (zukünftig) nicht funktionierenden Geschäftsmodellen, die nur durch staatliche Hilfsprogramme am Leben gehalten werden, sogenannte „Zombie-Unternehmen", sollten aus dem Markt ausscheiden. Staatliche Hilfsprogramme belasten den Staatshaushalt, mit dem Geld der Steuerzahler/-innen muss verantwortungsbewusst umgegangen werden. In der Pandemie hat sich gezeigt, dass viele Unternehmen innovativ und anpassungsfähig sind. Die Energiepreise werden in den kommenden Jahren nicht mehr das niedrige Vorkrisenniveau erreichen und auch die Lieferkettenprobleme werden erhalten bleiben. Innovation und Anpassungsfähigkeit sind weiter gefragt! Ein natürlicher Ausleseprozess ist Teil einer funktionierenden Marktwirtschaft und schützt funktionierende Unternehmen.

Bearbeiter

Maßnahmen nur zum Teil auch für Handwerker nutzbar

Es zeichnet sich allerdings ab, dass der Energiekostenzuschuss in erster Linie Großunternehmen und nicht dem Handwerk hilft. Der Zentralverband des Bäckerhandwerks geht davon aus, dass Bäckereien den Energiezuschuss nicht erhalten werden.

Auch das energieintensive Metallhandwerk ist enttäuscht und bezeichnet das Hilfspaket als "mutlos". "Die gerissenen Lieferketten im Materialbereich bleiben vollkommen unberücksichtigt und die Unterstützung im Energiebereich wendet sich ausschließlich an die Großindustrie", kritisiert der Bundesverband Metall (BVM), der die Interessen von 33.000 Betrieben des Metallhandwerks vertritt.

Freund, Kirsten, Hilfspaket für vom Ukrainekrieg betroffene Unternehmen', www.handwerksblatt.de, April 2022

Übung: Analyse der BMW-Kennzahlen

82033-264

Philippa Sigl-Glöckner, Dezernat Zukunft

2 „Wir müssen unsere Finanzregeln so weiterentwickeln, dass es in der öffentlichen Debatte nicht mehr um aussagelose Zahlen wie die Schuldenquote geht. Stattdessen sollte der Finanzminister sich daran messen lassen, ob er gut investiert hat, in Produktives, in Weiterbildung. Wir müssen über diese Ausgaben diskutieren, nicht darüber, ob wir rechtlich die Schuldenbremse einhalten oder nicht. Dieser Punkt lenkt ab."

Brinkmann, Bastian ,Staatsschulden: Mehr Schulden dringend nötig oder gefährlich, www.sueddeutsche.de, 1.6.2022

In der Coronakrise gerieten Unternehmen wie z. B. die Lufthansa unverschuldet in eine Schieflage, weil aufgrund der Pandemie keine (Flug-)Reisen mehr möglich waren. Eine Rettung war notwendig, um die Lufthansa am Markt zu halten und so zukünftig für Wettbewerb am Markt zu sorgen. In der Energiekrise und der Krise durch die gerissenen Lieferketten braucht es ebenfalls staatliche Hilfen für (fast) alle Unternehmen, da sie von den steigenden Kosten für Energie und Vorprodukten sowie Materialien betroffen sind. Wenn zudem die Nachfrage deutlich zurückgeht, z. B. durch die Verunsicherung der Verbraucher und der Inflation, brauchen (fast) alle Unternehmen staatliche Unterstützung. Damit kann verhindert werden, dass viele insolvent werden, die in normalen Zeiten weiter bestehen könnten. Ohne die Unterstützung können die Unternehmen die Anpassung an die veränderte Lage und die dazu notwendigen Innovationen nicht stemmen.

Bearbeiter

F Aufgabe 5
Löse die Aufgabe 5 selbst und stelle sie danach einer KI. Analysiere die Antwort, z. B. indem du zentrale Argumente an den Rand schreibst. Überprüfe, ob die KI deine eigenen Argumente auch aufgenommen hat. Wenn nein, lasse die Bearbeitung mit deinen zusätzlichen Argumenten noch einmal erstellen und überprüfe ob die KI in deinem Sinne die Antwort verbessert hat.

AUFGABEN

82033-265

1. Erläutere die Probleme für Unternehmen, die sich aus der Konjunkturlage im Frühjahr 2022 ergaben (**M1**, **M2**).
2. Erläutere ausgehend von **M3** mögliche Ursachen für Konjunkturschwankungen.
3. Stellt in arbeitsteiligen Gruppen mögliche Auswirkungen einer positiven, Konjunkturprognose auf Verbraucher, Erwerbstätige und Unternehmen (z. B. grafisch) dar und vergleicht eure Ergebnisse im Anschluss (**M4** und **M5**).
4. Gestaltet ein kurzes Erklärvideo zu den Auswirkungen einer Rezession auf den Staat.
5. Erörtere, ob bzw. inwiefern der Staat Unternehmen in Not während Krisenzeiten durch Hilfsmaßnahmen unterstützen oder retten soll (**M6**).

WAS WIR WISSEN

Konjunkturschwankungen

Konjunkturzyklen

Die wirtschaftliche Entwicklung einer Volkswirtschaft vollzieht sich in der Regel nicht stetig, sondern ist Schwankungen unterlegen. Diese Schwankungen sind häufig zyklisch, allerdings ist die Dauer der **Zyklen** stark unterschiedlich. Häufig waren in der Vergangenheit Zyklen zwischen 4 und 8 Jahren zu beobachten.

Früh-, Präsenz- und Spätindikatoren

Bei den **Indikatoren**, mit deren Hilfe die konjunkturelle Entwicklung beschrieben wird, handelt es sich zum einen um vorauslaufende Indikatoren (z. B. Geschäftsklimaindex, Auftragseingänge, Baugenehmigungen), zum anderen um Präsenzindikatoren (z. B. BIP, Konsumklimaindex) und Spätindikatoren (z. B. Arbeitslosigkeit, Preisniveau).

Auswirkungen der Konjunkturschwankungen auf:

- **Verbraucher, Erwerbstätige**
- **Unternehmen**
- **den Staat**

Das Schwanken der Konjunktur hat starke **Auswirkungen** auf die ökonomischen Akteure. Mögliche Auswirkungen einer Abschwungphase (Rezession):

1 Verbraucher	2 Unternehmen	3 Staat
Einkommen sinken	Planungsunsicherheit	Steuereinnahmen sinken
Konsumeinschränkungen	Absatzprobleme	(Sozial-)Ausgaben steigen
Drohende Arbeitslosigkeit	Überkapazitäten	Staatsverschuldung steigt
Überschuldung	Verluste	Vertrauen der Bürger/-innen sinkt
...	...	...

Bedeutung von Konjunkturprognosen

Konjunkturprognosen haben einen starken Einfluss auf das Verhalten der volkswirtschaftlichen Akteure, da sie ihre Zukunftserwartungen beeinflussen, an denen sie sich ausrichten. Damit haben die Prognosen auch direkten Einfluss auf die tatsächliche Entwicklung. Je besser die konjunkturelle Entwicklung vorhergesagt wird, desto geringer sind die „Planungsfehler“ der volkswirtschaftlichen Akteure. Die Steuerschätzung des Staates und die staatlichen Haushaltsplanungen orientieren sich auch an den Konjunkturprognosen.

Die Basis für Konjunkturprognosen sind u.a.die Entwicklungen der konjunkturellen Frühindikatoren. Konjunkturprognosen werden z.B. von Wirtschaftsforschungsinstituten, der Bundesregierung, der EU-Kommission und internationalen Organisationen wie der OECD oder dem IWF erstellt.

Was Wir Wissen-Seiten digital zum Editieren

82033-318

WAS WIR KÖNNEN

Wirkungsdiagramm Kopiervorlage

82033-293

M1 Wirkungsdiagramm: Abschwung und seine Wirkungen – was passiert?

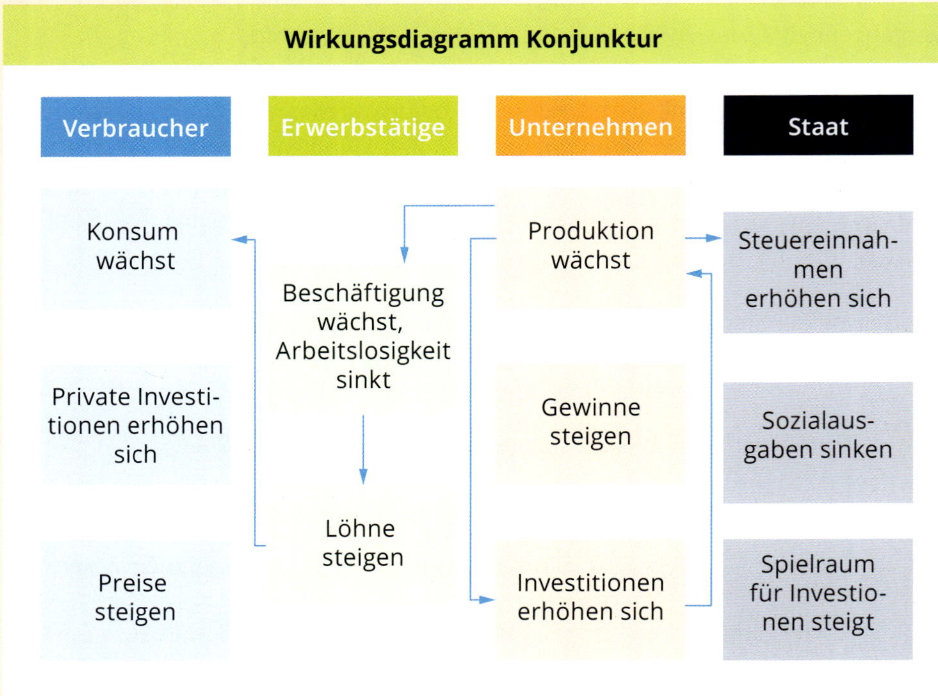

Bearbeiter

AUFGABEN

82033-266

1. Erstelle eine Tabelle mit vier Spalten und acht Zeilen.
   Spaltenüberschriften: Indikator, Expansion, Boom, Rezession, Depression
   Zeilen (je eine Zeile): BIP, Arbeitslosigkeit, Preisniveau, Geschäftsklimaindex, Konsumklimaindex, Investitionen der Unternehmen, Konsum, Löhne.
   Kennzeichne, wie sich der Indikator in der Konjunkturphase wahrscheinlich verändert mit Pfeilen für steigt/wächst eher, sinkt/fällt eher, bleibt eher gleich. ↗ → ↘

Multiple Choice Test Konjunktur

82033-294

2. Beantworte den Multiple Choice Test zur Konjunktur (**Material hinter QR-Code**).
3. Konjunkturprognosen bestimmen das Verhalten der handelnden Akteure. Wie könnte eine negative Konjunkturprognose auf Verbraucher, Unternehmen und den Staat wirken?
4. a) Stelle die Auswirkungen eines Aufschwungs auf Verbraucher/-innen, Arbeitnehmende, Unternehmen und den Staat ausgehend von der dargestellten Grafik (**M1, Kopiervorlage**) in einem Wirkungsdiagramm dar – ergänze dazu Wirkungspfeile und ggf. auch Kontenpunkte.
   b) Erläutere die dargestellten Auswirkungen. Gehe dabei jeweils höchstens auf die zwei aus deiner Sicht wichtigsten Auswirkungen pro Akteur ein.

8.3 Sollte der Staat in die Wirtschaft eingreifen?

8.3.1 Welche Ziele verfolgt der Staat?

Zum Thema: Die Wirtschaftspolitik muss viele Wünsche erfüllen und Interessen berücksichtigen, die sich oft widersprechen. Denn Märkte und Preise regeln vieles, aber nicht alles. Und bestimmt sind nicht immer alle mit dem Ergebnis zufrieden. Diese Konflikte und Zusammenhänge lernt ihr in diesem Kapitel kennen.

M1 Wirtschaftspolitik auf Twitter – Harmonie pur?

1 GermanNews @GermanNews 30.8.2022
Konjunkturflaute in Deutschland: Die Wirtschaft stagniert.

578k 75k 98k

2 Arbeitsagentur @Arbeitsagentur 15.7.2022
Geflüchtete aus der Ukraine und die Unsicherheit durch den Krieg haben die Arbeitslosigkeit steigen lassen.

54k 102k 134k

3 EinÖkonom @EinÖkonom 22.7.2022
Die Inflation produziert Verlierer und Gewinner: Die explodierenden Energiepreise belasten die Verbraucher, lassen bei den Energiekonzernen aber die Kasse klingeln. Die Politik kann die Inflation nicht einfach verschwinden lassen. Aber sie muss diese Belastung fair verteilen.

75 23 52

4 Statistik Deutschland @StatistikDeutschland 29.7.2022
Der deutsche Exportüberschuss ist 2022 stark geschrumpft, für die Volksrepublik China hat er sich halbiert.

32k 14k 12k

Bearbeiter

EINSTIEGSAUFGABE 82033-267

1. Gestalte einen kurzen Retweet zu einem der Tweets/Schlagzeilen. Dabei kannst du die Auswirkungen auf Verbraucher und/oder Unternehmen darstellen, du kannst Wünsche an die Wirtschaftspolitik äußern, oder Fragen stellen. Tauscht euch anschließend aus. Kommentare, welche dir gefallen, kannst du mit einem **Like** ♥ markieren.

M2 Wirtschaft im Krisenmodus – der Schneeballeffekt

Inflation → Kapitel 3

Sammeln sich die Wirtschaftskrisen, droht ein Schneeballeffekt – wenn niemand eingreift.

Pandemie, Energiekrise und Inflation: Die Anhäufung solcher Krisen bringen die Wirtschaftspolitik an die Grenze ihrer Handlungsfähigkeit. Ob als Konsumierender, erwerbstätige Person, oder als Wirtschaftsbürger/-in, alle spüren solche krisenhaften Zeiten. Der Begriff „Schneeballeffekt" beschreibt dabei treffend, wie bedrohlich sich eine solche Situation für einen Wirtschaftsstandort wie Deutschland darstellt: Im Hochgebirge kann das Lostreten einzelner Schneeballen, die beim Rollen Schnee aufnehmen, Lawinenmassen auslösen. Diese walzen alles nieder, was sich ihnen in den Weg stellt. Eine sich aufschaukelnde Kettenreaktion entsteht.

So führte die Pandemiebekämpfung dazu, dass Produktionsabläufe eingeschränkt und globale Lieferketten gestört und durchbrochen wurden. Durch immer weitere Lockdowns in China, vor allem in deren Seehäfen, stauten sich die Containerschiffe. Es mangelte plötzlich an Gütern und Waren, die vorher im Überfluss zur Verfügung standen. Die Preise insbesondere für Roh- und Baustoffe stiegen an.

Der russische Überfall auf die Ukraine verschärfte nochmals die Lieferkettenprobleme. Frachtflüge nach Asien mussten nun südlichere Routen nehmen, um den russischen Luftraum zu vermeiden. Die Sanktionen des Westens führten zu Handelseinschränkungen, Lebensmittel-, vor allem aber Energiepreise, wurden dadurch weiter nach oben getrieben. Im Jahr 2022 erreichte die Inflation den höchsten Stand seit 30 Jahren. Für Verbraucher/-innen bedeutet ein solches Szenario steigende Kosten. Die Mehrausgaben für Kraftstoffe wie Benzin und Öl, Heizung und Elektrizität können mehrere Hundert Euro pro Monat betragen. Menschen (Private Haushalte) schränken ihre Ausgaben für andere Dinge ein, was wiederum die Nachfrage schwächt und die Wirtschaftsaktivität belastet. Der wirtschaftliche Abschwung beschleunigt sich, sodass die Arbeitslosigkeit hochschnellen kann. Arbeitslosigkeit wiederum bedingt Einkommensverluste, die dem Konsum engere Grenzen setzen. Die hohen Energiepreise und Lieferkettenprobleme führen im Handel mit anderen Ländern wiederum dazu, dass sich der Import von Rohstoffe wie Gas und Öl verteuert und wichtige Güter zur Weiterverarbeitung bei den Unternehmen nicht ankommen.

Es folgt ein Abschwung, verbunden mit einer hohen Inflationsrate und steigender Arbeitslosigkeit.. Die Wirtschaftspolitik ist gefordert, eine Antwort zu finden. Dabei geht es auch um die Frage, welche Lösungen und Ziele die Politik vorrangig anstreben soll.

Bearbeiter

M3 Das StabG – das „Magische Viereck"

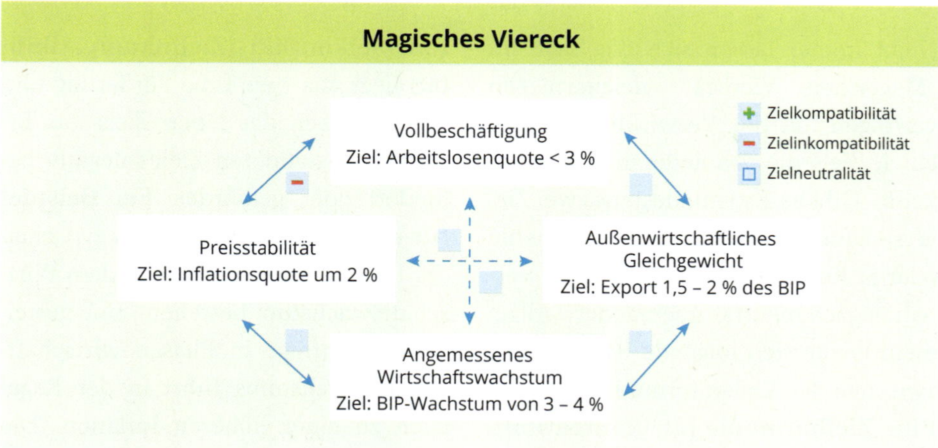

Bearbeiter

Stabilitäts- und Wachstumsgesetz (STabG)
In der Bundesrepublik kam es 1966/67 zum ersten Mal nach dem Zweiten Weltkrieg zu einer Rezession mit steigender Arbeitslosigkeit. Der Bundestag hat daraufhin das **Stabilitäts- und Wachstumsgesetz (StabG)** verabschiedet, in dem die Politik verpflichtet wird, an der Umsetzung der in der Grafik **M3** gezeigten vier Ziele zu arbeiten. Der Staat sollte dadurch schnell und effektiv auf konjunkturelle Schockwirkungen reagieren können.

M4 Warum sind die vier Ziele des Stabilitätsgesetztes erstrebenswert?

Stetiges, angemessenes Wachstum	**Außenwirtschaftliches Gleichgewicht**
Durch stetiges Wachstum sollen starke konjunkturelle Schwankungen vermieden werden. Sie schaffen Unsicherheit und erschweren die Planung für Haushalte, Unternehmen und Staat. (→ Kapitel 8.1 und 8.2). **Kennzahl**: Bruttoinlandsprodukt (BIP) Wieviel Wachstum ‚angemessen' ist, ist umstritten. Einige Ökonomen nennen Zahlen wie drei Prozent, andere konzentrieren sich auf die Verteilung des Wachstums.	Eine Außenhandelsbilanz ist ausgeglichen, wenn genauso viele Waren- und Dienstleistungen exportiert (= ausgeführt) wie importiert (= eingeführt werden). In der Regel werden Waren/Güter mit Geldbeträgen bezahlt. Ein Export von Gütern bedeutet einen Import von ausländischem Kapital (Geld), ein Import von Gütern folglich einen Export von inländischem Kapital (Geld). Sind die Exporte eines Landes höher als die Importe, spricht man von einem positiven Außenbeitrag (Exportüberschuss). Ungleichgewichte führen allerdings zu Problemen: Exportüberschüsse provozieren Gegenmaßnahmen (z. B. Zölle) der Länder, die Waren importieren. Ein Land, welches dauerhaft mehr importiert als exportiert, kann sich überschulden.
Stabiles Preisniveau	**Hoher Beschäftigungsgrad**
Kennzahl: Inflationsrate bei ca. zwei Prozent Steigt die Inflation zu stark, können die Bürger/-innen weniger konsumieren und Ersparnisse verlieren an Wert. Allerdings werden auch Schulden entwertet. Deflation hingegen führt dazu, dass Konsum und Investitionen in der Hoffnung auf sinkende Preise in die Zukunft aufgeschoben werden. Die Nachfrage sinkt und die Konjunktur wird abgewürgt.	**Kennzahl**: Vollbeschäftigung (Wird erreicht bei circa 3-4 Prozent Arbeitslosenquote. Eine Arbeitslosenquote von Null Prozent ist faktisch unmöglich, da immer Arbeitnehmer beim Übergang zwischen zwei Stellen arbeitslos sind) Die Zahl der Arbeitslosen soll möglichst gering sein, dies entlastet die Sozialkassen und erlaubt den Bürgerinnen und Bürgern Konsumnachfrage, was die Wirtschaft ankurbelt.

Bearbeiter

M5 Lassen sich wirtschaftspolitische Ziele alle gleichermaßen verfolgen?

Nicht immer lassen sich die Ziele im „Magischen Viereck" gleichermaßen verfolgen, da die Verwirklichung des einen Ziels die des anderen behindern kann. Gibt es also mindestens zwei Ziele, so kann ihre Beziehung in Harmonie oder in Konflikt stehen, oder beide verhalten sich neutral zueinander. Allgemein lassen sich folgende Beziehungen zwischen den Zielen formulieren:

Eine Zielharmonie (Zielkompatibilität) liegt vor, wenn die Förderung und das Erreichen des einen Ziels sich positiv auf das andere auswirkt.

Eine Zielneutralität (Zielindifferenz) liegt vor, wenn die Förderung und das Erreichen des einen Ziels keinen Einfluss auf das Erreichen des anderen Zieles hat.

Ein Zielkonflikt (Zielinkompatibilität) liegt vor, wenn die Förderung und das Erreichen des einen Ziels das Erreichen des anderen Zieles negativ behindert oder gefährdet. Ein **Beispiel für einen Zielkonflikt** kann zwischen der Preisniveaustabilität und dem Wirtschaftswachstum bestehen. Eine gesteigerte Nachfrage in Phasen wirtschaftlichen Wachstums führt in der Regel auch zu einer höheren Inflation. Die Auslastung der Wirtschaft erhöht sich und die Konkurrenz unter den Unternehmen um die verfügbaren Produktionsfaktoren auf vielen Märkten führt zu einem steigenden Preisniveau und höherer Inflation.

Bearbeiter

Wirtschaftspolitische Ziele berühren viele Interessen und lassen sich oft nicht gleichzeitig erreichen – und werden daher oft erbittert und kontrovers diskutiert.

M6 Das „Magische Vieleck" – besser als das „Magische Viereck"?

Das „Magische Vieleck"

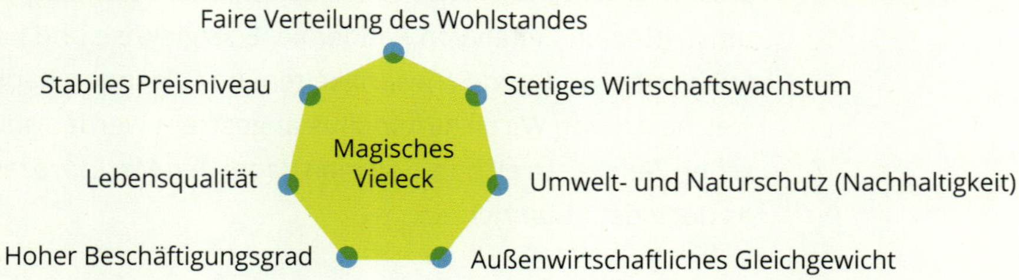

Bearbeiter

[Das Stabilitäts- und Wachstumsgesetz] bildet [...] immer noch einen wirksamen Rahmen für stabilitätsorientiertes Handeln [...]. Die aktuellen Herausforderungen zeigen aber auch, dass insbesondere die ökologische und soziale Nachhaltigkeit weiter an Bedeutung gewinnen wird und dass die Wirtschaftspolitik über das „Magische Viereck" des StabG hinausgehende Zielgrößen verstärkt berücksichtigt.

Bundesministerium für Wirtschaft und Energie, Schlaglichter der Wirtschaftspolitik (Monatsbericht 12/2015): Das Stabilitäts- und Wachstumsgesetz, S. 24.

AUFGABEN

82033-268

1. Erläutere die Notwendigkeit staatlicher Stabilisierungspolitik (**M1-M4**) und vergleiche ggf. deine Erläuterung mit deinem Retweet (**M1**)
2. Die in **M2** dargestellte Situation wird als eine sich „aufschaukelnde Kettenreaktion" (Schneeballeffekt) beschrieben. Stelle diese Situation mit einem Wirkungsgefüge dar.
3. Nicht alle vier wirtschaftspolitischen Ziele sind miteinander kompatibel. Analysiert die Zielbeziehungen in **M3** unter Berücksichtigung von **M4** und **M5** und tragt diese ins Schaubild **M3** ein.
4. Überprüft, welche Ziele in den dargestellten Zeiträumen erreicht wurden (siehe Tabelle, Daten hinter QR-Code in Randspalte rechts)

Ziel	2017	2018	2019	2020	2021	2022
Wirtschaftswachstum	(✓)					
Preisniveaustabilität	(✓)					
Vollbeschäftigung	(✓)					
Ausgeglichener Außenhandel	(✗)					

5. Das Magische Viereck wird oftmals als veraltet bezeichnet. Gestaltet ein eigenes Vieleck (**M6**), in welches ihr für euch wichtige Ziele einfügt. Stellt euch gegenseitig eure Vielecke vor.

F Aufgabe 1
Das Magische Viereck wird oftmals als veraltet bezeichnet. Erörtert, ob es weitere Ziele braucht.

F Aufgabe 2
Gruppenarbeit: In der Rolle der Bundeswirtschaftsministerin oder des Bundeswirtschaftsministers bereitet ihr euch auf ein Statement vor, das die vorrangigen wirtschaftspolitischen Ziele für das nächste Jahr erörtern soll. Das Statement soll digital auf der Homepage des Ministeriums erscheinen.

a) Erstellt eine Zielauswahl.
b) Erläutert eure Zielauswahl.
c) Gestaltet einen Vorschlag digital, indem ihr eine Videoaufnahme aufzeichnet. Spielt diese anschließend der Klasse vor.

Zahlen Magisches Viereck

73000-74

8.3.2 Braucht die Wirtschaft mehr staatliche Steuerung?

Zum Thema: Schon in normalen Zeiten ist Wirtschaftspolitik nicht einfach – und oft umstritten. In Zeiten von Pandemie, Energiekrise und hoher Inflation steht die Politik vor besonderen Schwierigkeiten. Im folgenden Kapitel geht es um die Fragen, welche Art von Wirtschaftspolitik angestrebt werden soll, um die wirtschaftspolitischen Ziele zu erreichen. Soll man dabei den Marktprozessen vertrauen, oder muss es doch der Staat richten?

M1 Wirtschaftspolitik kontrovers: Soll der Staat eingreifen?

1 „Der Staat hat mit Milliarden geholfen und die Wirtschaft mit am Laufen gehalten [...]. Gottseidank wurden diese Schulden aufgenommen, denn nur deshalb sind wir [...] so gut durch die [Corona-]Krise gekommen."

Deglow, Hans-Jürgen: Ökonom Bofinger: Den Wandel kann man nicht aus der Portokasse bezahlen. In: www.stimme.de Zugriff 30.07.2022

Peter Bofinger, Ökonom und ehemaliges Mitglied im Sachverständigenrat der Bundesregierung, September 2021

Christian Lindner, Bundesfinanzminister, Juli 2022

2 „Mehr Schulden würden die Inflation befeuern, höhere Steuern die wirtschaftliche Entwicklung gefährden. Also bleibt nur, dass man mit den verfügbaren Mitteln sorgsam wirtschaftet und die richtigen Schwerpunkte setzt."

Christian Lindner: Ausgaben befeuern Inflation. In: www.christian-lindner.de, Zugriff 30.07.2022.

EINSTIEGSAUFGABE 82033-269

1. **Szenario: Was sollte der Staat tun?** Der Staat hat in den vergangenen Jahren in Folge zahlreicher Krisen massiv in den Markt eingegriffen. Dies hat kontroverse Reaktionen hervorgerufen (**M1**). Gestalte ein eigenes kurzes Statement zur Frage, inwieweit der Staat in den Markt eingreifen soll.

M2 Angebots- und nachfrageorientierte Wirtschaftspolitik im Vergleich

Tabelle als Kopiervorlage

82033-270

JOHN MAYNARD KEYNES (1883-1946)	Hauptvertreter	MILTON FRIEDMANN (1912-2006)

Nachfrageorientierte Wirtschaftspolitik ↓		**Angebotsorientierte Wirtschaftspolitik** ↓
– Die **gesamtwirtschaftliche Nachfrage** bestimmt das gesamtwirtschaftliche Angebot und somit die Höhe der Produktion und der Beschäftigung. – Wirtschafts- und Beschäftigungskrisen sind auf „**Marktversagen**" zurückzuführen: Angebot und Nachfrage führen nicht automatisch zu einem Marktgleichgewicht, bei dem Vollbeschäftigung herrscht. Auch äußere Einflüsse (z. B. wenn Geld gehortet wird) wirken auf das Marktgeschehen ein. – Ein Rückgang der gesamtwirtschaftlichen Nachfrage führt zu Arbeitslosigkeit, zu verringertem Einkommen, was die gesamtwirtschaftliche Nachfrage nach Konsumgütern weiter sinken lässt.	**Position**	– Beschäftigung und Wachstum hängen hauptsächlich von der **Angebotsseite der Märkte** ab. Es besteht eine Tendenz zum Gleichgewicht. Die „unsichtbare Hand" steuert das Marktgeschehen. – Wirtschafts- und Beschäftigungskrisen sind auf „**Staatsversagen**" zurückzuführen: Eine Störung der Angebotsseite durch staatliche Eingriffe (z. B. Regulierungen, Subventionen) sind Ursachen von Konjunkturschwankungen und Instabilität. – Förderung und Sicherung günstiger Rahmenbedingungen für Unternehmen (z. B. Steuersenkungen) schaffen Anreize für Investitionen.
↓		↓

Antizyklische Steuerung der Konjunkturpolitik		**Verbesserung der Rahmenbedingungen der Angebotsseite**
- Durch Schuldenaufnahme („deficit spending“) gibt der Staat in der Rezession Geld zur Ankurblung der Nachfrage aus (z. B. Ausbau der Infrastruktur). - Förderung der privaten Nachfrage z. B. durch Steuersenkungen. - Schaffung konsumfördernder Rahmenbedingungen Konsumanreize, z. B. durch Kaufprämien. - Erleichterung der Kreditvergabe durch Zinssenkungen.	**Maßnahmen / Instrumente**	- Senkung der Steuern soll den Leistungswillen bei den Leistungsfähigen (Unternehmern und Arbeitnehmern) erhöhen (Leistungsanreize). - Durch Schaffung günstiger Rahmenbedingungen (z. B. weniger Auflagen) sollen die Kosten für Unternehmen sinken. - Abschaffung sozialpolitischer Maßnahmen, die die Angebotsbedingungen negativ beeinflussen (z. B. ein Mindestlohn).
↓		↓
Stärkung der Nachfrageseite führt zu Wirtschaftswachstum - Ausgaben des Staates gleichen den Nachfragerückgang aus. - Steigerung der Nachfrage führt zur Steigerung der Produktion und der Investitionen von Unternehmen und in der Folge zu steigenden Steuereinnahmen. - Dadurch sinkt die Arbeitslosigkeit und die private Nachfrage steigt wieder an.	**Erhoffte Folgen / Annahmen**	**Stärkung der Angebotsseite führt zu Wirtschaftswachstum** - Ertragskraft der Unternehmen wird durch niedrigere Kosten gestärkt, damit Kapital für Investitionen/Modernisierung zur Verfügung steht. - Steigerung der Beschäftigung durch Neuinvestitionen/Innovationen der Unternehmen führt zu sinkender Arbeitslosigkeit. - Steigerung der Einkommen und der Konsumgüternachfrage durch Beschäftigung führt zu steigenden Einnahmen der Unternehmen.
↓		↓
- Erhöhung der Staatsverschuldung schränkt staatliche Handlungsspielräume ein. Verschuldung wird in „Boomjahren“ nicht zurückgeführt. - Politische Entscheidungen haben unkalkulierbare Wirkungs- und Zeitverzögerungen („time-lags“). Verzögerungen können Konjunkturphasen verstärken und damit zu einer Vertiefung von Rezessionsphasen führen. - Erfolglosigkeit: Phase der Stagflation	**Kritik**	- Senkung der Löhne kann zu einem Rückgang der gesamtwirtschaftlichen Nachfrage führen. - Sinkende Steuern erhöhen nicht automatisch die Investitionsbereitschaft der Unternehmen. - Die Steigerung der Rendite von Unternehmen begünstigt die Eigentümer von Produktionsmitteln. Soziale Ungleichheiten wachsen an. Die Grundlagen des Sozialstaates werden gefährdet.

Bearbeiter

M3 Stabilisierungsstrategien angebots- und nachfrageorientierter Wirtschaftspolitik

1 Senkung der Ausgaben für soziale Unterstützung:
Durch Senkung der Sozialleistungen des Staates soll sich der Anreiz für Arbeitnehmerinnen und Arbeitnehmer erhöhen, auch gering bezahlte und unbeliebte Tätigkeiten auszuüben.

2 Erhöhung der verfügbaren Einkommen:
Durch höhere Löhne soll den Konsumierenden mehr Einkommen zur Verfügung stehen, um so die Nachfrage zu erhöhen.

3 Deregulierung:
Die Abschaffung von Umwelt-, Arbeits- und Kündigungsvorschriften soll die Kosten für Unternehmen senken, so dass sie flexibler reagieren und Investitionen schneller durchführen können.

4 Erhöhung der Staatsausgaben durch zusätzliche Kredite (Staatsverschuldung):
Die öffentliche Hand stellt Geld zur Verfügung, um bspw. Schulen, Straßen oder Sozialwohnungen zu bauen.

5 Zinssenkungen:
Die Zinsen sollen gesenkt werden, um so Investitionen und die Nachfrage nach Konsumgütern zu stärken.

6 Senkung der Personalkosten:
Lohnsenkungen sollen die Nachfrage der Unternehmen nach Arbeitskräften erhöhen und ihre Wettbewerbsfähigkeit stärken.

Bearbeiter

M4 Positionen – was soll es sein: mehr Markt, oder mehr Staat?

1 Bundesfinanzministerium: In diesem anspruchsvollen Umfeld braucht Deutschland eine zukunftsorientierte Finanz- und Wirtschaftspolitik, die das Wachstum angebotsseitig erhöht, ohne der Inflation zusätzlichen Auftrieb zu geben, und damit dem Risiko einer Stagflation entgegenwirkt. Es gilt [...] die Produktivität zu steigern, die Rahmenbedingungen für mehr Investitionen und Innovationen zu schaffen und den Wirtschaftsstandort im internationalen Wettbewerb zu stärken. Breit angelegte Ausgabenprogramme und andere nachfrageseitige Impulse über die gezielte und befristete Stabilisierung in Krisenzeiten hinaus sind hingegen kontraproduktiv. [...] Das aktuelle Umfeld gilt es als Signal für eine Stärkung der angebotsorientierten Wirtschaftspolitik zu verstehen.

Bundesfinanzministerium vom 11.05.2022: Finanzpolitik in der Zeitenwende – Wachstum stärken und inflationäre Impulse vermeiden. In: www.bundesfinanzministerium.de, Abgerufen am 30.07.2022.

2 Deutscher Gewerkschaftsbund (DGB): Ein baldiger öffentlicher Sparkurs wäre eine Katastrophe. Er würde nicht nur kurzfristig die Rezessionsgefahr erhöhen, sondern vor allem auch die dringend notwendigen Staatsaufgaben ausbremsen: Angesichts der hohen Inflation braucht es bald ein neues Entlastungspaket für die Verbraucher*innen. Das kostet Geld. Hinzu kommen die enormen Zukunftsaufgaben: Der Ausbau der erneuerbaren Energien und des Nahverkehrs muss angesichts der Energiekrise noch einmal beschleunigt werden. Und die Kommunen, die einen Großteil der öffentlichen Investitionen realisieren müssen, schieben seit Jahren einen immensen Investitionsrückstand vor sich her.

Deutscher Gewerkschaftsbund vom 09.06.2022: Zukunftsinvestitionen nicht einem Sparkurs opfern! www.dgb.de, Zugriff 30.07.2022

F Aufgabe

Arbeit in Kleingruppen: Ihr seid Mitglieder des Sachverständigenrates zur Begutachtung der gesamtwirtschaftlichen Entwicklung (umgangssprachlich „die Wirtschaftsweisen").

1. Analysiert die aktuelle wirtschaftspolitische Situation (Internetrecherche) anhand folgender Konjunkturindikatoren: Bruttoinlandsprodukt, Arbeitslosenquote, Verbraucherpreise, private Konsumausgaben.
2. Entwickelt ein Programm mit kurzfristigen Maßnahmen (bis 12 Monate), mittelfristigen Maßnahmen (12 - 24 Monate) und langfristige Maßnahmen (ab 24 Monate) unter Berücksichtigung einer nachfrage- und/oder angebotsorientierten Wirtschaftspolitik (**M2-M4**).

AUFGABEN

82033-271

1. a) Arbeite zentrale Merkmale der nachfrageorientierten und der angebotsorientierten Wirtschaftspolitik heraus (**M2**).
   b) Ordnet die Strategien (**M3**) eine der wirtschaftspolitischen Konzeptionen zu.
2. Kurzvortrag: Beschreibe mögliche Auswirkungen einer angebots- oder nachfrageorientierten Wirtschaftspolitik auf dich entweder in der Rolle einer Unternehmerin oder eines Arbeitnehmers (**M3**).
3. Stimmt mit Hilfe einer Positionslinie über die Aussagen (1 und 2) aus **M4** ab und begründet eure Entscheidung.

8.3.3 Wofür Steuergeld ausgeben: Soll der Staat Elektromobilität weiter finanzieren?

Zum Thema: Elektro- und Hybridautos werden vom Staat mit einer Kaufprämie gefördert. Nun ist das Geld knapper und die Prämie wurde gekürzt. Gefährdet dies den Umstieg auf Elektromobilität?

M1 Die Kaufprämie – eine „coole" Sache?

Karikatur: Stuttmann

EINSTIEGSAUFGABE 82033-272

1. Erläutere das Problem, auf das der Karikaturist hinweisen will.

M2 Wo geht das Geld hin und was bewirkt es dort?

In den Bundeshaushalt gehen alle Einnahmen des Bundes ein [.] Mit diesen Einnahmen werden die Aufgaben des Bundes finanziert. Die Bundesregierung sorgt zusammen mit dem Bundestag für eine Verteilung der Mittel: von Sozialausgaben bis hin zu Investitionen, etwa in den Ausbau der digitalen Infrastruktur.

Steuern, Gebühren, Beiträge
Steuern sind Zahlungen an ein Gemeinwesen ohne Anspruch auf eine individuelle Gegenleistung. Gebühren und Beiträge hingegen werden für bestimmte Aufgaben und Zwecke erhoben (bspw. Müllgebühren).

Steuern sind [die] wichtigste Einnahmequelle. Die Einnahmen ermöglichen die im Bundeshaushalt geplanten Ausgaben, z. B. um die Aufgaben für das Gemeinwohl, wie Schulen, Straßen oder Krankenhäuser zu erfüllen. Die Steuern fließen also indirekt wieder zu Bürgerinnen und Bürgern zurück. Alles gleichzeitig zu finanzieren, ist jedoch nicht möglich. Mit dem Bundeshaushalt stellt der Bund die für das jeweilige Haushaltsjahr geplanten Ausgaben den vorgesehenen Einnahmen gegenüber.
Mit Ausgaben für Klimaschutz, Digitalisierung und in Zukunftstechnologien [soll] die Grundlage für ein nachhaltiges Wirtschaftswachstum [geschaffen werden]. Deutschland hat sich mit der Nachhaltigkeitsstrategie konkrete Ziele gesetzt, um das Klima zu schützen. Das kostet Geld und zeigt sich somit im Bundeshaushalt.
Wo helfen die Gelder ganz konkret, das Klima zu schützen? Wer sich ein E-Auto kauft, profitiert von steuerlichen Vorteilen. Mit dem Konjunkturprogramm investiert [der Staat] zusätzlich Geld in den Ausbau der Ladestationen, damit jede und jeder mithilfe elektrischer Autos von A nach B kommen kann. Und Betriebe, die ihren Fuhrpark auf Elektro umstellen, werden besonders gefördert. All das wird aus dem Bundeshaushalt mit erheblichen Mitteln bezuschusst.

Bundesfinanzministerium: Wo geht das Geld hin und was bewirkt es dort? www.bundesfinanzministerium.de, Zugriff 01.07.2022.

M3 Wofür gibt der Staat Geld aus?

Einnahmen und Ausgaben des Bundeshaushalts, in Milliarden Euro (Stand: 2022)

73000-590

Einnahmen	572,7 (Soll)	Ausgaben	572,7 (Soll)
allg. Finanzverwaltung	316,10	Arbeit und Soziales	170,70
Bundesschuld	241,30	allg. Finanzverwaltung	93,60
Verkehr, digitale Infrastruktur	8,10	Verteidigung	45,60
Sonstiges	2,30	Gesundheit	41,30
Arbeit und Soziales	1,80	Verkehr, digitale Infrastruktur	36,80
Inneres, Bau, Heimat	1,20	Bildung, Forschung	20,30
wirtschaftliche Zusammenarbeit, Entwicklung	0,80	Bundesschuld	16,70
Wirtschaft, Energie	0,47	Inneres, Bau, Heimat	15,70
Verteidigung	0,26	Familie, Senioren, Frauen, Jugend	13,60
Familie, Senioren, Frauen, Jugend	0,20	wirtschaftliche Zusammenarbeit, Entwicklung	12,40
Gesundheit	0,10	Wirtschaft, Energie	10,60
Bildung, Forschung	0,04	Sonstiges	95,40

©C.C. Buchner Verlag, aktuelle Daten nach: Bundesministerium der Finanzen, 2022

M4 Pro und Contra Kaufprämie für Elektro- und Hybridautos

Subventionen
Subventionen sind direkte Zahlungen oder Prämien an Haushalte oder Unternehmen aus öffentlichen Mitteln. Damit soll ein bestimmtes Verhalten gefördert werden, etwa durch Prämien für die Installation von Solarzellen auf Hausdächern.

Die Entscheidung zwischen Benzin- oder Elektroantrieb: Sollen Marktkräfte oder staatliche Förderung, Vorgaben und Prämien entscheiden?

a) „Elektromobilität braucht staatliche finanzielle Unterstützung!"

Die Anschaffungskosten von Elektroautos sind im Vergleich zum Verbrenner höher. Wenn nun die Bundesregierung die Kaufförderung für E-Autos ab dem 01.09.2023 massiv kürzen möchte, ist dies insbesondere für Verbraucherinnen und Verbraucher enttäuschend. Gerade in Zeiten steigender Kosten und Belastungen für Bürgerinnen und Bürger ist die Entscheidung, die Förderung zu kürzen, nicht nachzuvollziehen. Bei einer Befragung gaben 63 Prozent der Befragten an, dass die Kosten für die Anschaffung eines E-Autos zu hoch seien. Deshalb ist die Prämie ein wichtiges Instrument, um Menschen für die E-Mobilität zu gewinnen, denn sie gibt letztlich den Anreiz, sich für ein E-Auto zu entscheiden. Ein Grund für die Einführung der Kaufprämie war es schließlich, die teureren Elektroautos gegenüber billigeren Verbrennern konkurrenzfähig zu machen. Eine Kaufprämie für Elektroautos führt zu einer steigenden Nachfrage und somit zu einem steigenden Anteil von Elektroautos auf dem Neuwagenmarkt in Deutschland. Die Kaufprämie gilt es daher erst dann zu kürzen oder zu beenden, wenn Elektroautos wirklich zum Massenprodukt geworden sind. Mit der Reduzierung der Kaufprämie für Elektroautos könnte die Bundesregierung ihre Ziele zur CO_2-Minderung bis zum Jahr 2030 verfehlen.

Bearbeiter

b) „Keine Steuergelder verschwenden, lieber den Marktkräften vertrauen!"

Mit Steuergeldern soll solide umgegangen werden. Dabei fürchtet die Bundesregierung die sogenannten Mitnahmeeffekte: Bei Steuervergünstigungen, Förderungen oder Subventionen nehmen auch Bevölkerungsgruppen diese Mittel in Anspruch, die auf jene gar nicht angewiesen wären und sich z. B. ohnehin ein E-Auto hätten leisten können und kaufen wollen. Bundesfinanzminister Christian Lindner verteidigt die Entscheidung der Bundesregierung: „Angesichts der Milliardengewinne der Automobilkonzerne ist eine solche Subventionierung auch nicht mehr erforderlich. Hier setze ich darauf, dass über den Markt Impulse kommen, Elektrofahrzeuge günstiger zu machen über den Wettbewerb." Auch der Wirtschaftsredakteur Daniel Gräber betont, dass man lieber dem freien Spiel der Marktkräfte vertrauen sollte: „E-Bikes haben sich [...] ohne staatliche Förderung und ohne planwirtschaftliche Zielvorgaben durchgesetzt. Ganz einfach, weil sie sich am Markt durchgesetzt haben. Und zwar Dank des bewährten Zusammenspiels von Angebot und Nachfrage. Der Kunde zahlt deutlich mehr als für ein normales Fahrrad, bekommt dafür aber auch etwas: mehr Reichweite und müheloseres Fahren. Beim E-Auto – dessen Klimabilanz übrigens nur dann vorteilhaft ist, wenn während des Ladevorgangs genug Wind weht und die Sonne scheint – sollten Bundesregierung [...] auch wieder stärker auf die bewährten Kräfte des Marktes vertrauen. [...]. Wenn der Staat unbedingt etwas tun will, soll er sich um seine Kernaufgabe kümmern: die notwendige Infrastruktur. [...] Dazu zählt nicht nur ein dichteres Netz an öffentlichen Ladesäulen, sondern vor allem auch eine verlässliche und sichere Stromversorgung.

Bearbeiter, nach: Gräber, Daniel, Verkehrsminister Wissing: Mehr Planwirtschaft wagen. www.cicero.de, abgerufen am 02.08.2022

AUFGABEN

82033-273

1. Beschreibe, für welche Aufgaben die Einnahmen des Bundes verwendet werden (**M2, M3**). Recherchiere auf der Internetseite des Bundesministeriums für Finanzen weitere Verwendungszwecke, für die die Einnahmen eingesetzt werden.
2. Ordne die Standpunkte in **M4** den beiden wirtschaftspolitischen Theorien zu (**M2** auf S. 354).
3. Teilt die Quellen **M4a)** und **b)** zu zweit auf: Erstellt jeweils eine Pro- und Contra-Tabelle und arbeitet die genannten Argumente für bzw. gegen die Kaufprämie in der passenden Spalte heraus. Die Gegenargumente erhaltet ihr von euren Partnerinnen oder Partnern,
   Fällt ein begründetes Urteil: Sollte der Staat die Elektromobilität durch finanzielle Anreize wie eine Kaufprämien streichen - singular unterstützen? Gestaltet dazu einen Podcast, bei dem die unterschiedlichen Positionen diskutiert werden.
4. Soll der Staat die Elektromobilität durch finanzielle Anreize wie eine Kaufprämie weiter finanzieren? Bewerte diese Aussage.
   Gestalte dazu ein Schreiben an das Bundesfinanzministerium, indem du deine Beurteilung anhand der Kriterien Finanzierbarkeit, ökologische Nachhaltigkeit und Effektivität darlegst und dann auf Basis der Teilurteile ein abschließendes begründetes Werturteil formulierst.

8.3.4 Zwischen Naturschutz, Wirtschaft und Strukturveränderung - wie kann der Bürger Einfluss nehmen?

Zum Thema: Elon Musks Tesla-Fabrik bringt viele neue Jobs nach Brandenburg. Trotzdem protestieren viele Anwohner/-innen gegen den neuen Arbeitgeber, da er zu viel knappes Grundwasser verbraucht. Außerdem zahle Tesla schlecht. Sollte man sich trotzdem über die Arbeitsplätze in der eher strukturschwachen Region freuen?

M1 Tesla kommt nach Brandenburg – super oder Sauerei?

Elon Musk kommt persönlich zur Eröffnung der Fabrik nach Brandenburg.

Das erste europäische Werk des US-Autobauers Tesla in Grünheide (Oder-Spree) ist nach etwas mehr als zwei Jahren Bauzeit offiziell eröffnet worden. [...] Der Brandenburger Ministerpräsident Dietmar Woidke (SPD) sagte: "Ich bin persönlich Elon Musk dankbar, dass er ein solche Projekt hier angesiedelt hat." [...] Es gebe auch rund um den Standort auch noch viel Arbeit. "Die Infrastruktur von Kita über Wohnen bis Bahnanbindung muss ausgebaut werden", sagte Woidke am Dienstag. "Wir sind hier auf einem guten Weg, haben aber noch eine ordentliche Strecke vor uns." Er sei sicher, dass es gelinge, auch dies gemeinsam zu schultern, sagte Woidke. Die Autofabrik nahe Berlin bringe tausende neue Arbeitsplätze. "Die Region um Grünheide wird sich verändern."

©rbb: ‚Produktionsstart in Oder-Spree: Tesla-Werk in Grünheide offiziell eröffnet', www.rbb24.de, Zugriff 31.03.2023

Video: Elon Musk eröffnet neue Tesla-Fabrik in Brandenburg

82033-274

EINSTIEGSAUFGABE 82033-275

Tesla-Chef Elon Musk und Brandenburgs Ministerpräsident Woidke malen eine rosige Zukunft für die wirtschaftliche Entwicklung der Region. Entwickelt und skizziert entweder ein Positiv- oder ein Negativszenario mit möglichen Folgen für die Wirtschaftsregion Brandenburg. Stellt eure Szenarien der Klasse vor und begründet eure Meinung.

M2 Wie kann der (Wirtschafts-)Bürger Einfluss nehmen?

a) Online-Petition

Eine Online-Petition kann über das Internet eingerichtet werden. Dabei stellt sie ein Schreiben dar, mit dem eine Beschwerde, Bitte oder ein Vorschlag verbunden ist. Diese kann sich an den Deutschen Bundestag oder einen Landtag richten. Der Petitionsausschuss in den jeweiligen Parlamenten prüft und berät die Petitionen. Eine Petition gegen die Erweiterung des Tesla-Firmengeländes starteten auch die Initiatoren von „Keine Teslaerweiterung – für den Schutz unseres Waldes und Wassers!" auf der Kampagnenseite innit.it.

b) Interessenverbände

Interessenverbände sind Gruppierungen, die bestimmte politische Veränderungen erreichen wollen. Da in einer Industriegesellschaft die Politik das Wirtschaftsleben regelt, muss der Einzelne sich mit anderen zusammenschließen, wenn er seine Interessen durchsetzen möchte. Spitzenverbände wie der Bund für Umwelt und Naturschutz e. V. (kurz BUND) gehören zu den größten Verbänden und unterteilen sich in Landesverbände. Durch Lobby-Arbeit unterstützen sie mit Sachkenntnissen die Regierungsarbeit und treten in Verhandlungen mit Regierungsvertreter:innen. Auch der BUND begleitete den Bau der Tesla-Gigafabrik konstruktiv, in bestimmten Punkten aber auch kritisch. Positiv sahen sie die Förderung elektrischer Automobile zur CO_2-Reduktion, verwiesen allerdings darauf, dass der Energiebedarf der Fabrik aus Erneuerbaren Energien gedeckt werden sollte. Auch sie verwiesen darauf, dass auf den Artenschutz geachtet und Ausgleichsflächen (Naturschutzflächen die an anderer Stelle wiederhergestellt werden müssen) geschaffen werden müssen.

c) Gewerkschaften

Für unterschiedliche Branchen gibt es unterschiedliche Gewerkschaften. Die Industriegewerkschaft IG-Metall vertritt beispielsweise die Interessen der Arbeitnehmerinnen und Arbeitnehmer der Branchen Metall/Elektro, Stahl, Textil/Bekleidung, Holz/Kunststoff und der Informations- und Kommunikationstechnologiebranche.
Gewerkschaften schließen Tarifverträge, in der Rechte und Pflichten (u.a. Lohn/Gehalt, Zahlung von Zulagen) von Arbeitnehmer:innen und

Arbeitgebern geregelt werden. Diese sind bindende Vereinbarungen zwischen der Gewerkschaft und dem Arbeitgeberverband bzw. dem einzelnen Arbeitgeber. Kommt ein Tarifabschluss zustande, können die Gewerkschaftsmitglieder der jeweiligen Firma oder Branche beteiligt werden. Ob für ein Arbeitsverhältnis ein Tarifvertrag gilt, hängt allerdings davon ab, ob Arbeitgebende und Arbeitnehmende tarifgebunden sind. Am Beispiel Tesla zeigt sich, dass dies nicht zwingend der Fall sein muss. Tesla zahlt nämlich nicht nach Tarifvertrag und lehnt Gewerkschaften ab. Auch in den USA ist Tesla der einzige Autobauer ohne Gewerkschaft. Der Wunsch der IG Metall nach Tarifverträgen wurde von Tesla bisher entsprechend ignoriert.

Bearbeiter

M3 Wirklich alles Giga? – Situationsbeschreibungen aus verschiedenen Blickwinkeln

a) Ministerpräsident des Landes Brandenburg Dietmar Woidke:

„Tesla ist das herausragende Beispiel für Brandenburgs neue Wirtschaftsdynamik. Die erste europäische Gigafactory findet überall große Aufmerksamkeit. [...] Gemeinsam bauen wir an einer neuen Wertschöpfungskette für E-Mobilität, für nachhaltiges Wirtschaftswachstum und Klimaneutralität. Der Grundstoff dafür sind die Erneuerbaren Energien. Wir müssen und werden sie noch deutlich schneller ausbauen – auch, um unabhängiger von Gas- und Erdöl-Importen zu werden. [...] Hier werden Tausende neue Arbeitsplätze entstehen. Die Region um Grünheide wird sich verändern. Die Infrastruktur von Kita über Wohnen bis Bahnanbindung muss ausgebaut werden. [...] Ich bin sicher, dass es uns gelingt, auch dies gemeinsam zu schultern."

Landesportal Brandenburg: Tesla-Start: „Ein entscheidender Schritt für Brandenburgs Zukunft".

Landesportal Brandenburg: Tesla-Start: „Ein entscheidender Schritt für Brandenburgs Zukunft". In: www.brandenburg.de, Abgerufen am 02.08.2022

b) Initiatoren der Petition „Keine Teslaerweiterung"

„Schon der Bau der Gigafactory hat zu massiven Umweltzerstörungen geführt, wertvoller Wald wurde abgeholzt und durch den Wasserverbrauch der Gigafactory ist die Wasserversorgung unserer gesamten Region gefährdet. Ein Großteil der Erweiterungsfläche ist Wald! Die Wälder in Brandenburg sind in Zeiten des Klimawandels bedroht! [...] Ein Teil des beantragten Erweiterungsareales ist Wasserschutzgebiet [...]. Die Verordnung zur Festsetzung des Wasserschutzgebietes" [...] verbietet „die Umwandlung von Wald in eine andere Nutzungsart" in diesem Bereich. Schon jetzt leidet Brandenburg massiv unter Trockenheit. [...] Der massive Wassermangel bedroht nicht nur Brandenburg, sondern auch Berlin. Denn das Wasser kennt keine Landesgrenze!"

Manu Hoyer und die BI Grünheide: Keine Teslaerweiterung – für den Schutz unseres Waldes und Wassers!. www.innn.it, Zugriff 02.07.2022

c) IG-Metall-Bezirksleitern Birgit Dietze:

„[...] Offenbar fällt es der Werkleitung zunehmend schwer, ausreichend geeignetes Personal zu finden. [...] Viele hätten Interesse, zu Tesla zu wechseln, entscheiden sich am Ende aber dagegen, auch weil sie in ihren aktuellen Stellen bei anderen Automobilisten zum Teil deutlich mehr verdienen. Mit fast 20 Prozent sind die Entgeltunterschiede [Gehaltsunterschiede] [...] bei den Facharbeiterinnen und Facharbeitern, besonders groß. [...] Darauf wird das Management reagieren müssen. [...] Ohne sich zu organisieren und einen Tarifvertrag durchzusetzen, werden die Kolleginnen und Kollegen bei Tesla immer unter dem Entgeltniveau anderer Automobilwerke bleiben. Daran wird auch der neue Betriebsrat nichts ändern können.

IG-Metall: Tesla wird die Entgelte in Grünheide bald kräftig anheben müssen. www.ig-metall-bbs.de, Zugriff 02.07.2022

AUFGABEN

82033-276

1. Beschreibe Partizipationsmöglichkeiten im Bereich der Wirtschaftspolitik (**M2**). Informiert euch hierfür auch im Internet über die gesetzlichen Grundlagen (z. B. die entsprechenden Grundgesetz-Artikel) und recherchiert mindestens eine weitere Partizipationsmöglichkeit.
2. Stelle mögliche (auch zukünftige) Auswirkungen der Ansiedlung der Tesla-Gigafabrik auf die Umwelt, auf die Anwohnenden, auf die erwerbstätigen Personen und Unternehmen der Wirtschaftsregion dar (**M3**).
3. Wählt in der Klasse eine Aufgaben-Alternative aus:
   Alternative A – Gruppenarbeit: Bewertet die Ansiedlung der Tesla-Gigafabrik aus der Perspektive von
   (a) Unternehmensgründer Elon Musk,
   (b) der brandenburgischen Politik (**M3a**),
   (c) den Initiatoren der Online-Petition „Keine Teslaerweiterung" (**M3b**)
   (d) und der Gewerkschaft IG-Metall (**M3c**)
   anhand geeigneter Kriterien. Jeder aus der Gruppe ist für eine Perspektive verantwortlich. Stellt euch eure Perspektiven im Anschluss gegenseitig vor.
   Alternative B – Gruppenarbeit: Gestaltet eine Stellungnahme entweder aus der Perspektive von
   (e) Unternehmensgründer Elon Musk,
   (f) der brandenburgischen Politik (**M3a**),
   (g) den Initiatoren der Online-Petition „Keine Teslaerweiterung" (**M3b**)
   (h) und der Gewerkschaft IG-Metall (**M3c**)
   zur Ansiedlung der Tesla-Gigafabrik. Führt im Anschluss eine Rollendiskussion mit Hilfe der Methodenkarte im QR- und Mediencode durch.

Was Wir Wissen Seite digital zum Editieren

82033-308

8.4 Internationale wirtschaftliche Zusammenarbeit – ein Garant für Wohlstand?

8.4.1 Warum gibt es grenzüberschreitenden Handel?

Zum Thema: Bananen in Supermärkten, oder das Smartphone im Online-Shop. All diese Produkte wären bei uns ohne internationalen Handel nicht verfügbar. Wir profitieren von den positiven Folgen der Wirtschaftsbeziehungen zu anderen Ländern. Allerdings erzeugt der grenzüberschreitende Warenverkehr ebenso Abhängigkeiten. Treten Probleme auf, so werden diese schnell spürbar. Doch welche Schlussfolgerungen ziehen wir für unsere Wirtschaft daraus? Im folgenden Kapitel lernst du, was internationaler Handel ist, und welche Chancen und Risiken er mit sich bringen kann.

M1

Straße, Schiene, See und Luft: Dank moderner Logistik können Lieferketten komplex und lang werden – und anfällig.

Bis vor kurzem fragten sich viele Unternehmen: ‚Geht das nicht auch billiger im Ausland?' Internationale Arbeitsteilung nannte sich das und dank Onlinehandel, schneller Logistik und Containerfracht legte beispielsweise ein T-Shirt mehr als zehntausend Kilometer zurück, bis es beim Kunden in Deutschland angekommen ist. Während der Corona-Pandemie wurden diese Lieferketten empfindlich gestört – im Lockdown und mit vielen Kranken oder Quarantäne-Phasen sind weite Lieferwege anfällig für Unterbrechungen. Der Einmarsch Russlands in die Ukraine hat zudem gezeigt, dass auch Energielieferungen aus dem Ausland nicht immer sicher sind. Unternehmen und Regierungen überlegen sich zunehmend, welche Produktionsschritte sie besser im eigenen Land ansiedeln und ob es sich lohnt, Lagerbestände von wichtigen Gütern anzulegen.

Bearbeiter

Erklärfilm Globalisierung

82033-277

EINSTIEGSAUFGABE 82033-278

1. Zum Material **M1** fehlt die Überschrift. Gestalte eine Überschrift oder Schlagzeile passend zum Inhalt und begründe diese.

M2 Freier Handel – Fluch und Segen?

Seit vielen Jahrzehnten ist die deutsche Volkswirtschaft stark exportorientiert und auf internationale Arbeitsteilung angewiesen. Jedes deutsche Produkt ist auf Rohstoffe angewiesen, welche nicht in Deutschland, sondern beispielsweise in Afrika oder China vorhanden sind. Aber auch Vorprodukte wie Computerchips und Halbleiter werden von Arbeiterinnen und Arbeitern in Staaten wie China und Taiwan produziert, um diese anschließend in Autos oder Waschmaschinen in Deutschland zu verbauen. Internationale Arbeitsteilung steigert dabei die Produktivität der Unternehmen. Dies wirkt sich positiv auf das Wirtschaftswachstum aus und ermöglicht Einkommenssteigerungen. Die Verlagerung der Produktion auf mehrere Standorte in unterschiedlichen Ländern mit niedrigeren Löhnen, geringeren Herstellungskosten und weniger Regulierungen (z. B. bei Umweltstandards) lässt die Produktions- und Stückkosten für die Unternehmen sinken, so dass sie ihre Produkte eventuell günstiger als die Konkurrenz anbieten können. Dadurch sinken die Preise für die Konsumierenden. Zusammen mit einer fortschreitenden **Freihandelspolitik**, also einem Handel bzw. einem Markt ohne Barrieren, wird das Güter- und Dienstleistungsangebot im Inland ausgeweitet, da ohne zusätzliche Kosten Waren aus dem Ausland importiert werden können. Die Verbraucher/-innen können also auf ein größeres Warenangebot zurückgreifen und der durch Freihandel erzeugte Konkurrenzdruck kann gleichzeitig in eine Qualitätssteigerung münden. Insgesamt gibt es mehr, bessere und kostengünstigere Produkte. Freihandel unterliegt somit dem Grundsatz des Liberalismus: Durch Kooperation und Handel erreichen alle Länder einen größeren Wohlstand, wenn keine staatlichen Beschränkungen für den internationalen Handel bestehen, wie etwa Zölle.

Allerdings macht ein hoher Offenheitsgrad durch internationalen Handel auch verwundbar. Internationale Arbeitsteilung und internationaler Handel erzeugen Abhängigkeiten, da bestimmte Produkte nur im Ausland hergestellt oder angebaut werden können. Daher häufen sich mittlerweile die Stimmen, welche die durch internationalen Handel erzeugten Abhängigkeiten kritisieren. Denn nicht nur als **Importeur**, sondern auch als **Exporteur** ist man abhängig von ausländischen Märkten. So gibt es seit einigen Jahren die Tendenz zu einem Anstieg von Handelsbarrieren, den sogenannten tarifären und nichttarifären **Handelshemmnissen**. Der US-Präsident Joe Biden hat beispielsweise die von seinem Vorgänger Donald Trump eingeführten Aluminium- und Stahlzölle bislang nicht zurückgenommen. Die verschärfte Rivalität zwischen China und den USA fördert weitere **Handelskonflikte**. Handelsbarrieren, **Protektionismus** und anhaltende Unsicherheit bieten Unternehmen jedoch große Anreize, ihre Märkte stärker durch eine Produktion vor Ort zu bedienen. Für Deutschland könnte das z. B bedeuten, dass deutsche Unternehmen weniger auf Exporte setzen, sondern sich gezielt in Staaten mit großen Absatzmärkten ansiedeln. Dies könnte auf Kosten der inländischen Beschäftigten gehen.

Bearbeiter

M3 Schlüsselbegriffe der Globalisierung und Handelspolitik

1 Exporteur/Importeur

Im Sinne des Außenhandels ist ein Exporteur derjenige, der Waren (Güter- und Dienstleistungen) über die Landesgrenze hinweg in andere Länder ausführt. Entsprechend ist ein Importeur derjenige, welcher Waren aus einem anderen Land in das eigene Land einführt.

2 Freihandelspolitik

Eine Handelspolitik, die dem Grundsatz des Liberalismus folgt. Sie fördert einen unbeschränkten, grenzüberschreitenden Handel zwischen den Staaten. Eine Freihandelspolitik fördert dabei Vereinbarungen und Verträge zwischen Staaten und Regionen. Diese können dann in sogenannte Freihandelsabkommen münden mit dem Ziel, einen gegenseitigen freien Handel ohne Handelshemmnisse zu ermöglichen. Eine wichtige Organisation zur Förderung des freien Handels ist die Welthandelsorganisation (WTO). Ihr gehören inzwischen 164 Staaten (Stand 2023) an.

3 Protektionismus

Das Gegenteil des freien Austauschs von Waren und Dienstleistungen. Der Staat greift mit Regelungen und Maßnahmen ein, um inländische Produzenten/Unternehmen/Erzeugnisse vor ausländischer Konkurrenz zu schützen. Zu den protektionistischen Maßnahmen zählen Handelshemmnisse und Handelsbarrieren.

4 Handelshemmnisse (auch Handelsbarrieren)

Jede Einschränkung des internationalen Handels. Dieser kann durch tarifäre und nicht-tarifäre Handelshemmnisse eingeschränkt werden. Zu den tarifären Handelshemmnissen zählen z. B. Zölle, also der zusätzliche Preis, den man für ausländische Waren an den heimischen Staat zahlen muss. Zu den nicht-tarifären Handelshemmnissen zählen z. B. mengenmäßige Beschränkungen bei der Einfuhr von ausländischen Waren, spezielle Sicherheits- oder Umweltstandards, oder aufwändige Genehmigungsverfahren. Auch Subventionen, also staatliche Unterstützungsmaßnahmen für heimische Branchen und Unternehmen zur Erhöhung ihrer Wettbewerbsfähigkeit, zählen dazu.

5 Handelskonflikt (auch Handelsstreit)

Ein Konflikt zwischen mindestens zwei Staaten, der durch wechselseitigen Einsatz von Handelshemmnissen geführt wird. Wenn z.B. ein Land Importzölle beschließt und ein anderes mit Gegenzöllen reagiert. Dabei geht es oftmals darum, die eigene Wirtschaft auf Kosten der anderen zu stärken.

Bearbeiter

Erklärfilm: Protektionismus

82033-279

M4 Zum Freihandel gezwungen

Der gegenseitige Vorwurf einer protektionistischen Handelspolitik verwickelt heute China und die USA immer öfter in Konflikte.

Wie die Geschichte zeigt, kann es sehr sinnvoll sein, gezielt auf Protektionismus zu setzen. Dies gilt vor allem für Entwicklungsländer, die den technologischen Abstand zu den Marktführern aufholen wollen. Deutschland, Frankreich und die USA sind Beispiele. Auch sie waren einmal Entwicklungsländer – im 19. Jahrhundert. Damals war Großbritannien das führende Industrieland, während die Europäer und die USA diesen Vorsprung aufholen wollten. Der Trick war überall der gleiche: Die rückständigen Staaten setzten auf das „Prinzip Plagiat". Es wurde [...] Industriespionage betrieben, indem britische Techniker abgeworben und englische Maschinen heimlich importiert wurden.

Gleichzeitig sorgten hohe [Zölle] dafür, dass die eigenen Industriebetriebe gegen die überlegene britische Konkurrenz geschützt waren. [...] Erst ab 1950 sanken die US-amerikanischen Zölle kontinuierlich. Dieses Muster lässt sich stets beobachten. Die Zölle werden erst abgeschafft, wenn die eigene Industrie zu den Weltmarktführern gehört [...].

Die heutigen Entwicklungsländer haben es allerdings schwerer [...]. Durch den technologischen Fortschritt steigt die Mindestgröße, die eine Fabrik haben muss [...]. Selbst Länder wie Argentinien sind längst zu klein, um eine eigene Autofabrik aufzumachen. Die [Automobil-]-Produktion ist so teuer, dass sie sich nur lohnt, wenn ein riesiger [inländischer] Markt vorhanden ist. Chinesen sind also im Vorteil, weil sie über eine Bevölkerung von knapp 1,4 Milliarden Menschen verfügen. Da ist es noch möglich, Importe zu beschränken [...] und hinter hohen Zollschranken eine eigene Industrie hochzuziehen. Entwicklungsländer können diesen Weg nicht mehr gehen – und befinden sich in einer Falle. Sie sind auf den weltweiten Freihandel angewiesen, damit sie für ihre Produkte einen ausreichend großen Markt finden. Gleichzeitig begünstigt aber genau dieser Freihandel vor allem die etablierten Industrieländer, die technologisch überlegen sind [...].

Hermann, Ulrike: Zum Freihandel gezwungen. In Le Monde diplomatique (Hrsg.) Atlas der Globalisierung. Welt in Bewegung. Berlin 2019, S. 62 f. Entnommen aus: Wochenschauverlag: Globalisierung. Internationale Wirtschaftsbeziehungen. In: Wochenschau 70. Jahrgang Nr. 6 November/Dezember 2019, S 20/21.

M5 FAQ – Handelspolitik und Protektionismuspolitik

Sicherheitsargumente werden häufig als Argument für protektionistische Praktiken in der Handelspolitik angeführt.

Es gibt verschiedene Gründe, weshalb Staaten zu protektionistischen Maßnahmen greifen. Folgende Gründe und Argumente können dafür angeführt werden:

Argumente	Erklärung
1 **Sicherheits-argument**	• Um unabhängig zu bleiben, müssen Länder und Staaten spezielle Industrien und Sektoren (z. B. Kohle und Stahl, Landwirtschaft) schützen. • Durch protektionistische Handelsbarrieren soll verhindert werden, dass Unternehmen, die mit Billiglohnländern im Wettbewerb stehen, die Löhne senken müssen. Somit kann das bestehende Einkommensniveau gesichert werden. • Freihandel führt zum Abbau bestimmter nicht wettbewerbsfähiger Industrien und somit zu Arbeitslosigkeit. Durch protektionistische Maßnahmen sollen betroffene Sektoren und somit auch das Beschäftigungsniveau geschützt werden.
2 **Macht-argument**	• Protektionistische Maßnahmen können als außenpolitische Instrumente und Druckmittel genutzt werden, z. B. indem man Sanktionen wie Zölle androht oder durchführt, um nationale Interessen durchzusetzen.
3 **Argument der Anreizwirkung**	• Der durch Freihandel verursachte Wettbewerb führt zu immer stärkeren Kostensenkungen, sodass Industrien ihre Produktion in Niedriglohnländer verlagern, um Produktionskosten zu senken. Protektionistische Maßnahmen sollen den Wettbewerb auf dem heimischen Markt verringern und dadurch die Gewinne der Unternehmen steigern. • Durch Handelsbarrieren gegen ausländische Güter kann wiederum die Attraktivität inländischer Waren erhöht werden.
4 **Effektivitäts-argument**	• Durch Handelsbarrieren wie Zölle lassen sich Einnahmen für den Staatshaushalt generieren.

Bearbeiter

M6 Die wichtigsten Export- und Importgüter Deutschlands

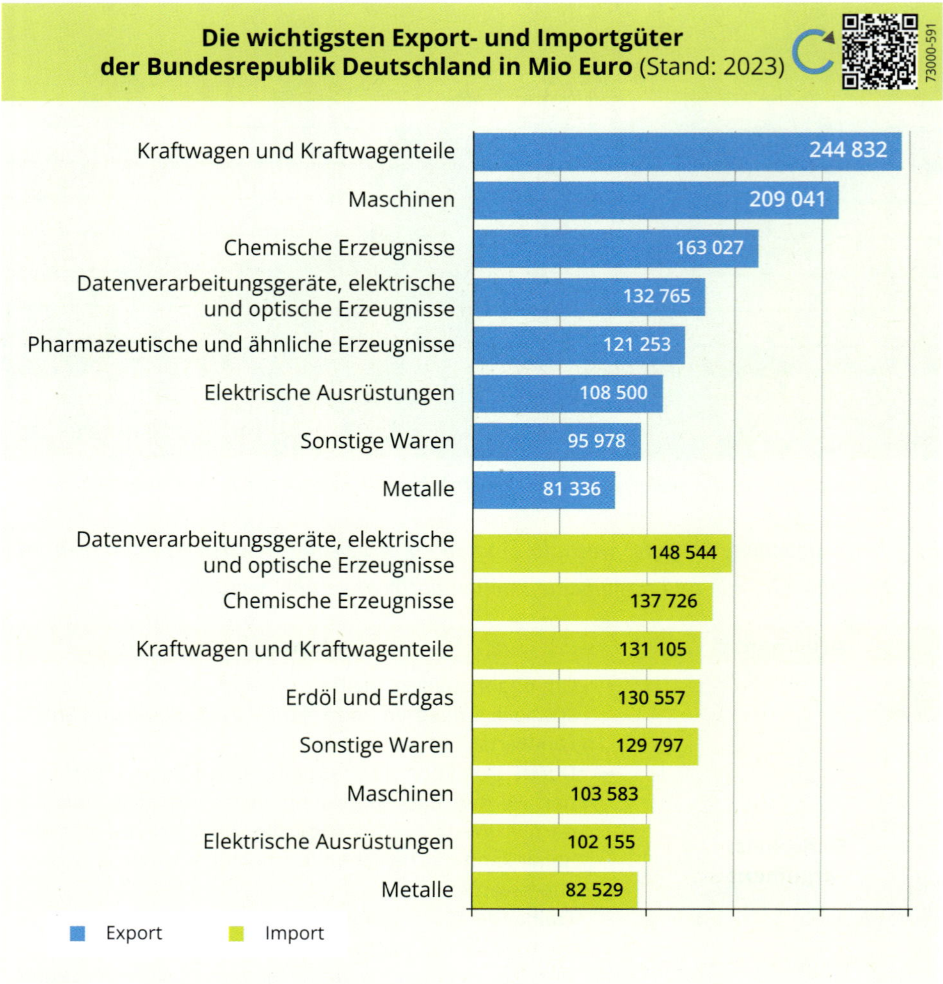

© C.C. Buchner Verlag, aktuelle Daten nach: DESTATIS (Datenerhebung: 2022, Grafikerstellung: 2023)

M7 Meinung: Der deutsche Staat sollte deutsche Batterietechnologie vor ausländischer Konkurrenz schützen!

Varta – das mittelständische Unternehmen aus dem baden-württembergischen Ellwangen gilt als Pionier und Innovationsführer von sogenannten Mikrobatterien, die u.a. in Apple AirPods verbaut werden. Doch die Konkurrenz schläft nicht. Vor allem im lukrativen Segment der Kleinstbatterien für die sogenannten „Wearables" (z.B. Fitnesstracker) nimmt die Konkurrenz zu, insbesondere aus Asien. Varta selbst geht von sinkenden Umsätzen ab dem Geschäftsjahr 2022 aus. Geschieht mit Varta das Gleiche wie mit der deutschen Solarindustrie?

Noch in den 2000er Jahren galt die Solarindustrie als innovative Vorzeigebranche Deutschlands. Schnell übernahmen asiatische Unternehmen die deutsche Expertise und bauten selbst riesige Fabriken zur Herstellung von Solarzellen und -modulen und auch

Elektromobilität gelingt nur mit der passenden Technologie für Batterien.

der chinesische Staat half kräftig mit. Durch niedrigere Arbeitslöhne und billigere Energie produzieren sie günstiger als die deutschen Konkurrenten, so dass die deutsche Solarbranche ab dem Jahr 2010 zunehmend in eine Krise geriet und (international) bald schon keine Rolle mehr spielte.

Batterietechnik gilt als Zukunftstechnologie. Daher wäre es richtig, wenn der deutsche Staat aus der Vergangenheit lernt, und die deutsche Batterietechnologie vor ausländischer Billig-Konkurrenz schützt. Der chinesische Staat greift seinen Unternehmen auch unter die Arme, warum sollte der deutsche Staat dies nicht auch dürfen?

Bearbeiter

AUFGABEN

82033-280

1. Arbeite aus **M2** Gründe für den grenzüberschreitenden Handel heraus.
2. a) Erläutere die Schlüsselbegriffe **M3** in eigenen Worten.
   ODER
   b) Gestalte ein eigenes Quiz zu den Schlüsselbegriffen aus **M3**.
   Du hast mehrere Möglichkeiten das Quiz zu gestalten:
   1. Multiple Choice
   2. Lückentext
   3. Schätzfragen
   Formuliere zu den Fragen auch die richtigen/möglichen Antworten.
3. Erläutere, ob internationale Arbeitsteilung und freier Handel allen Beteiligten nützt (**M2, M3, M4**).
4. Beschreibe mögliche Auswirkungen protektionistischer Maßnahmen anderer Länder auf deutsche Exportgüter wie Automobile und Maschinen (**M5, M6**).
5. „Wir müssen deutsche Batterietechnologie vor ausländischer Billigkonkurrenz schützen!" (vgl. **M7**). Erörtere diese Forderung.

8.4.2 Die europäische Wirtschaftsunion – ein guter Deal für Deutschland?

Zum Thema: Wir können überall in der EU reisen, leben, lernen und arbeiten. Auch die deutsche Wirtschaft profitiert im hohen Maß: Der Binnenmarkt sichert der deutschen Wirtschaft und den Unternehmen Absatzmärkte und Arbeitsplätze und damit den Wohlstand unseres Landes. Allerdings ist spätestens seit dem Brexit, dem Ausscheiden des Vereinigten Britischen Königreichs aus der europäischen Union, das eigene Selbstverständnis der EU als Garant für Wohlstand angekratzt. Kann die europäische Wirtschaftsunion wirklich Wohlstand garantieren?

M1 Vorzüge der europäischen Wirtschaftsunion

A **Einmal quer durch Europa.** Keine Pass- und Grenzkontrollen innerhalb der EU.

B **Roamingebühren, ade!** Telefonieren, Simsen und Surfen kostet im EU-Ausland genau so viel wie zu Hause.

C **Der Warenverkehr ist frei, Zölle sind Geschichte, Preise sinken.**

D **Konkurrenz belebt das Geschäft:** Unternehmen haben es einfacher, Fachkräfte anzuwerben.

E **Arbeiten in Deutschland, leben wie Gott in Frankreich.**

Ranking	Schlagzeile	Begründung
1		
2		
3		
4		
5		

EINSTIEGSAUFGABEN 82033-281

1. Die Schlagzeilen beschreiben Vorzüge und Vorteile, welche die europäische Wirtschaftsunion für Verbraucherinnen, Verbraucher und Unternehmen bereit hält. Wie würdest du sie für dich persönlich gewichten? Erstelle dazu ein Ranking (1 = höchste Gewichtung, 5 = niedrigste Gewichtung). Übertrage die Tabelle und begründe dein individuelles Ranking mit eigenen Worten.
2. Siehst du auch Nachteile der europäischen Wirtschaftsunion für Verbraucher:innen, Arbeitnehmer:innen und Unternehmen? Tausche dich mit deinem Gegenüber: aus und beschreibe mindestens einen Nachteil.

M2 Der Europäische Binnenmarkt – wie funktioniert das und wer gehört dazu?

Die Euroländer
Stand: 2023

73000-88

EU-Mitglieder und das Jahr ihrer Euro-Einführung:

Belgien	1999	Niederlande	1999	Zypern	2008
Deutschland	1999	Österreich	1999	Slowakei	2009
Finnland	1999	Portugal	1999	Estland	2011
Frankreich	1999	Spanien	1999	Lettland	2014
Irland	1999	Griechenland	2001	Litauen	2015
Italien	1999	Slowenien	2007	Kroatien	2023
Luxemburg	1999	Malta	2008		

EU-Mitglieder ohne Euro und ihre aktuelle Währung:

Bulgarien	Lew
Dänemark	Dänische Krone
Polen	Złoty
Rumänien	Leu
Schweden	Schwed. Krone
Tschechien	Tschech. Krone
Ungarn	Forint

©C.C. Buchner Verlag, aktuelle Daten nach: Europäische Kommission, 2022

Ein grenzenloser Raum für 503 Millionen Europäer – der Binnenmarkt ist Europas ehrgeizigstes Projekt und gleichzeitig das Kernstück der wirtschaftlichen Integration der 28 Mitgliedstaaten. [...]

Der freie Verkehr von Waren, Personen, Dienstleistungen und Kapital zwischen den Mitgliedstaaten bildet die Basis des Binnenmarktes. Neben der **Abschaffung der Zölle** innerhalb der Union setzt die EU zwei Instrumente ein, um die materiellen, technischen und steuerlichen Schranken innerhalb der EU abzubauen. **Harmonisierung der nationalen Vorschriften** ist der eine Weg. Hierbei geht es darum, die **Rechtsvorschriften in den Mitgliedstaaten**, etwa im Verbraucher- und Umweltschutz, durch EU-Richtlinien einander **anzugleichen**. Die **gegenseitige Anerkennung von nationalen Standards** ist der andere Weg: Waren, die in einem EU-Land nach dort gültigem Recht hergestellt und verkauft werden dürfen, können überall im Binnenmarkt angeboten werden. Berufliche Befähigungsnachweise werden heute überall im Binnenmarkt anerkannt [...]. Der europäische Binnenmarkt ist 1993 in Kraft getreten. Das Warenangebot ist seitdem bunter und vielfältiger geworden, Wettbewerb und das Ende nationaler Monopole haben die Preise vieler Güter und Dienstleistungen gesenkt, beispielsweise bei Telekommunikation, Energie oder Flugreisen. Auch die Möglichkeit für Studierende, innerhalb der EU ohne aufenthaltsrechtliche Probleme den Studienort wechseln zu können, ist dem Binnenmarkt zu verdanken.

Ein wesentliches Prinzip des Binnenmarktes ist, dass **alle EU-Bürger** innerhalb der gesamten EU wie **Inländer** behandelt werden müssen; jede Diskriminierung aus Gründen der Staatsangehörigkeit ist also EU-weit verboten. Diskriminierung wird dabei als eine unterschiedliche Behandlung in vergleichbarer Situation verstanden. [...] Jeder Unionsbürger muss als Arbeitssuchender, Hauskäufer oder Unternehmer in jedem Staat des Binnenmarktes behandelt werden, als sei er

Vorteile des Binnenmarkts

82033-282

ein Einheimischer.
Dass der europäische Binnenmarkt kein Markt „um jeden Preis" ist, beweist das hohe Niveau im Verbraucher- und Umweltschutz in der EU, denn grenzenlos bedeutet keineswegs, den Raum dem freien Markt zu überlassen: Vielmehr sind die europäischen Institutionen bei der Gesetzgebung vertraglich dazu verpflichtet, ein hohes Schutzniveau in den Bereichen Gesundheit, Sicherheit, Umweltschutz und Verbraucherschutz zu gewährleisten. [...]
Gleichzeitig dient die Rechtsangleichung dazu, europaweit die Rechte und Interessen der Verbraucherinnen und Verbraucher zu schützen. Gesundheit, Sicherheit und Umweltschutz sind wesentliche Ziele, die bei der Liberalisierung berücksichtigt werden müssen.

© Europäische Union, 1995 – 2017, Europäisches Parlament, Informationsbüro in Deutschland, www.europarl.europa.eu, Politische Umsetzung, Zugriff 16.06.2017

M3 Welche Bedeutung hat die EU für die Wirtschaft der Mitgliedstaaten?

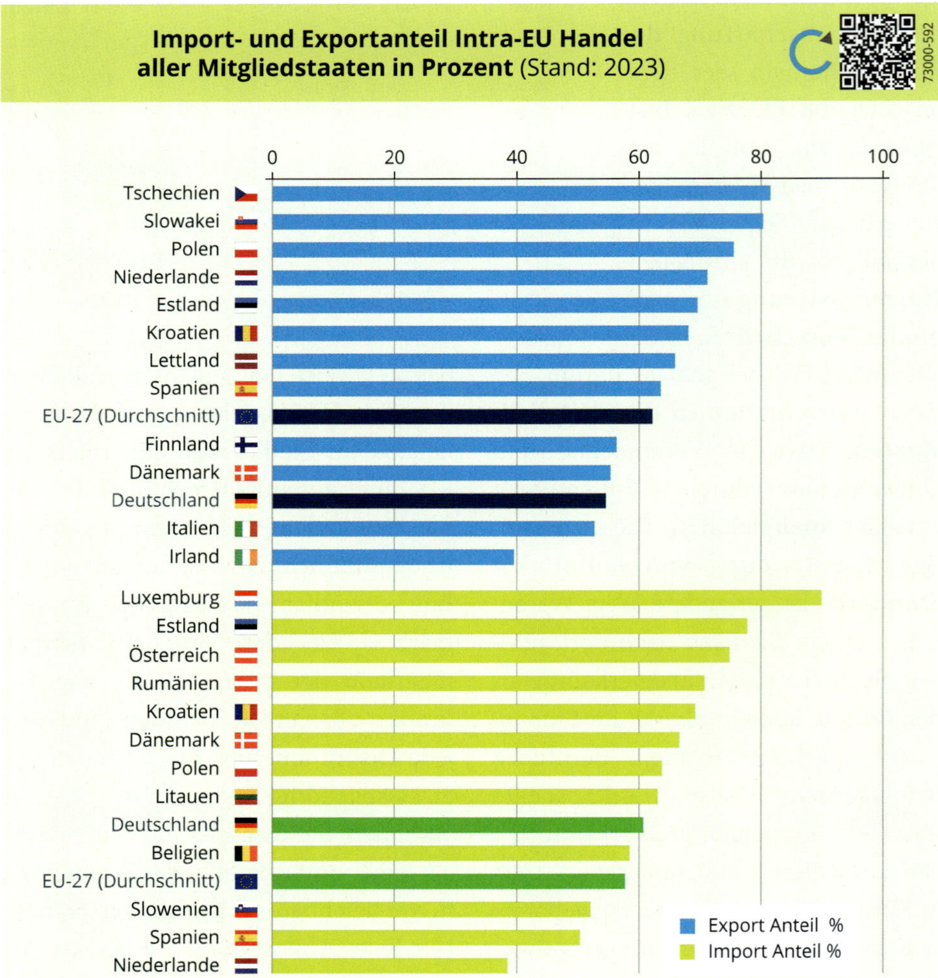

© C.C. Buchner Verlag, aktuelle Daten nach: Eurostat (Datenerhebung: 2022, Grafikerstellung: 2023)

M4 Warum wollte die Mehrheit der Briten die EU verlassen?

Selbst mit dem neuen Handels- und Kooperationsabkommen zwischen der EU und dem Vereinigten Königreich ist es ab 1. Januar 2021 zu großen Veränderungen gekommen. An diesem Tag ist das Vereinigte Königreich aus dem EU-Binnenmarkt und der Zollunion sowie aus allen Politikbereichen der EU und aus internationalen Übereinkünften der EU ausgeschieden. Dies bedeutet, dass Personen, Waren, Dienstleistungen und Kapital sich nicht mehr frei zwischen der EU und Großbritannien bewegen können. Die EU und das Vereinigte Königreich werden nun zwei getrennte Märkte bilden: zwei verschiedene Regulierungs- und Rechtsräume. Damit entstehen Hindernisse für den Handel mit Waren und Dienstleistungen sowie für die grenzüberschreitende Mobilität und den grenzüberschreitenden Austausch. Es werden zwar auch zukünftig für den Handel zwischen der Europäischen Union und dem Vereinigten Königreich keine Zölle oder Quoten beim Export oder Import erhoben, jedoch müssen an der Grenze entsprechende Zollformalitäten abgewickelt werden. Warum aber wollte die Mehrheit der Briten die EU verlassen?

A Wirtschaft:

Großbritannien gehörte zu den Nettozahlern der Europäischen Union, d. h. das Land zahlte mehr in den EU-Haushalt ein, als es herausbekam. Die Brexit-Befürworter sagten, dass man durch einen EU-Austritt viel Geld sparen könnte.

B Einwanderung:

Für Bürger/-innen der Europäischen Union gilt grundsätzlich ein Recht auf Freizügigkeit. In den vergangenen Jahren haben sich deshalb viele EU-Bürger/-innen, beispielsweise aus Polen, in Großbritannien niedergelassen. Gegner einer EU-Mitgliedschaft kritisierten einerseits die Zuwanderung und andererseits die Sozialleistungen, auf die zugewanderte Personen einen Anspruch haben.

C Weltpolitische Unabhängigkeit:

Die Brexit-Befürworter bemängelten, dass Großbritannien in vielen internationalen Verhandlungsrunden keinen eigenen Sitz mehr hat, sondern die Europäische Union die Verhandlungen für alle EU-Mitgliedsstaaten führt. Das gilt beispielsweise für die Verhandlungsrunden der Welthandelsorganisation WTO. Großbritannien könne vorteilhaftere Verträge abschließen, wenn das Land alleine verhandeln würde.

D Zentralisierung und „Fremdbestimmung“:

Die Brexit-Befürworter kritisierten, dass viele Politikbereiche inzwischen von der Europäischen Union geregelt werden – von Politiker/innen, die nicht direkt von den Briten gewählt worden waren.

Nach: Landeszentrale für Politische Bildung Baden-Württemberg: Der Brexit, www.lpb-bw.de, Zugriff 07.08.2022.

M5 Brexit: An der Grenze dauert es jetzt länger

Lastwagen stauen sich vor dem Hafen von Dover.

Britische Parlamentarier haben eine kritische Bilanz des Brexits gezogen und vor weiteren Folgen gewarnt. Die „einzigen feststellbaren Auswirkungen" des Brexits auf britische Unternehmen sind einem Parlamentsbericht zufolge „höhere Kosten, mehr Bürokratie und Verzögerungen an den Grenzen", stellte der Rechenschaftsausschuss in seinem Bericht fest. Der Bericht warnte davor, dass die Schwierigkeiten an den Grenzen weiter zunehmen würden, wenn sich der Handel normalisiere und wie geplant weitere Importkontrollen in Kraft treten.

© Tagesschau: „Höhere Kosten, mehr Bürokratie". www.tagesschau.de, Zugriff 06.08.2022

AUFGABEN

82033-283

1. Erläutere die Bedeutung des europäischen Binnenmarkts für die europäischen Volkswirtschaften (**M1-M2**).
2. Nenne mögliche Motive, warum Volkswirtschaften dem europäischen Binnenmarkt beitreten (**M1-M3**).
3. Stellt euch vor, ihr arbeitet in einer Werbeagentur und sollt für die EU ein Werbeplakat entwerfen. Entwickelt einen griffigen Slogan, der die Vorzüge der europäischen Wirtschaftsunion als EU-Bürger am besten beschreibt.
4. Perspektivwechsel: Teilt euch in zwei Gruppen, den britischen EU-Befürwortern und EU-Gegnern. Arbeitet die jeweiligen Argumente heraus (**M1-M5**) und recherchiert weitere Positionen (bspw. über den QR-Code in der Randspalte). Führt eine Pro- und Contra-Diskussion und wechselt anschließend die Rollen.

Hilfe zur Erstellung von Plakaten

82033-284

Hilfe zu Aufgabe 4

82033-285

8.4.3 Was leistet die europäische Währungsunion – und was nicht?

Zum Thema: Die Einführung des Euro verdeutlicht das stetige Streben nach einem immer engeren Zusammenschluss der europäischen Länder. Doch wo es Licht gibt, gibt es auch Schatten. Nicht alle Länder haben im gleichen Maße vom Euro profitiert. Wirtschaftliche Ungleichgewichte haben sich nicht wie erhofft verringert. Ist die europäische Währungsunion also weiterhin leistungsfähig genug, um den Zusammenhalt zu garantieren?

M1 Zurück in die Vergangenheit

Seite 2002 ist der Euro unsere gemeinsame Währung mit nun mehr als 300 Millionen Menschen in Europa.

Mit dem Jahresbeginn 2002 ist der Euro als offizielle Währung als Bargeld im Umlauf in Deutschland und löste die alte Deutsche Mark ab. Zunächst waren es nur zwölf Länder, die sich mit dem Euro eine gemeinsame Währung gaben, jetzt sind es schon zwanzig (Stand: 2023). Darüber hinaus hat sich der Euro als eine international akzeptierte Handels- und Reservewährung etabliert und nimmt hier souverän den zweiten Platz hinter dem US-Dollar ein.

Bearbeiter

EINSTIEGSAUFGABE 82033-286

1. Wagen wir ein kleines **Gedankenexperiment**: „Stell dir vor, es gäbe den Euro nicht...“. Stelle die Situation für ein bestimmtes Szenario (z. B. im Urlaub, beim Einkauf im Ausland etc.) für Konsumierende oder Unternehmen dar. Gestalte eine Übersicht, z. B. eine Mindmap oder ein Masterchart.

Die Maastricht-Kriterien im Detail

82033-287

Überblick: Die Euroländer

73000-88

M2 Die Europäische Währungsunion

Ein Euro, bitte: Egal ob in Athen, Riga oder auf Malta, die Mehrheit der Menschen in der Europäischen Union bezahlt ihre Einkäufe mit dem Euro. 19 Mitgliedstaaten haben die Währung bereits eingeführt. Weitere sollen folgen. Damit sollen künftig noch mehr Menschen zum Beispiel im Urlaub auf Wechselgebühren und Umrechnen verzichten können und weitere Wechselkursrisiken für Unternehmen entfallen. [...] Die gemeinsame Währung startete im Jahr 1999.

Grundsätzlich ist vorgesehen, dass alle EU-Mitgliedstaaten den Euro einführen. Dafür müssen sie allerdings bestimmte Voraussetzungen erfüllen, die sogenannten Maastricht-Kriterien:

1. **Preisstabilität**: Die Inflationsrate darf einen kritischen Wert nicht überschreiten.
2. **Haushaltsvorgaben**: Zu hohe staatliche Schulden könnten den Euro belasten.
3. **Wechselkurs-Stabilität**: Bevor ein Staat den Euro einführen kann, durchläuft er eine Art Probephase, in der der Wechselkurs der eigenen Währung an den Euro-Kurs gekoppelt wird.
4. **Ähnliche Zinssätze**: Die langfristigen Zinsen dürfen nicht zu hoch sein.

All dies soll gewährleisten, dass die Staaten sich wirtschaftlich ausgewogen entwickeln und Spannungen ausbleiben, sobald sie den Euro einführen. Die einheitliche Währung ist das stärkste Symbol der europäischen Einigung weit über die europäischen Grenzen hinaus. Neben der symbolischen Wirkung bringt der Euro viele Vorteile. Durch den Abbau von Handelshindernissen [...] fördert die gemeinsame Währung den zentralsten Auftrag der Europäischen Union, den europäischen Binnenmarkt, und damit Wachstum und Beschäftigung.

Die einheitliche Währungspolitik erfordert darüber hinaus eine enge Kooperation zwischen den teilnehmenden Mitgliedstaaten in allen Bereichen der Wirtschafts- und Finanzpolitik. Der Euro treibt damit die Weiterentwicklung der Europäischen Union voran.

© Bundesfinanzministerium: Währungsunion. www.bundesfinanzministerium.de, Zugriff 07.08.2022

M3 Die Europäische Zentralbank (EZB)

Mit der Einführung des Euro geben die jeweiligen Staaten ihre geldpolitische Souveränität (Selbstständigkeit) auf. Waren früher die nationalen Zentralbanken dafür zuständig, für Preisstabilität in den jeweiligen Nationalstaaten zu sorgen, so ist nun die EZB dafür verantwortlich. Die EZB ist also die gemeinsame Zentralbank aller Staaten der EU, die an der europäischen Währungsunion teilnehmen und den Euro als Zahlungsmittel eingeführt haben. Dabei ist sie bei geldpolitischen Entscheidungen (z. B. bei der Festlegung des Leitzinses) und Handlungen autonom (unabhängig). D. h., dass keine Regierung befugt ist, ihr Vorschriften zu machen, oder Anweisungen zu geben. Ihr vorrangiges

Ziel ist es, in der Euro-Zone für Preisstabilität zu sorgen. Mittelfristig strebt die EZB deshalb eine Inflationsrate von 2% an. Sie versteht dieses Ziel als symmetrisch: Eine zu niedrige Inflationsrate ist genauso negativ wie eine zu hohe. Mit Preisstabilität soll Wirtschaftswachstum und damit der Arbeitsmarkt unterstützt werden. Darüber hinaus ist sie für die Ausgabe der Banknoten zuständig. Präsidentin der EZB ist Christine Lagarde (Stand: 2023), ehemalige Direktorin des Internationalen Währungsfonds (IWF).

Bearbeiter

Christine Lagarde
Die Politikerin und Juristin war auf mehreren Ministerposten in Frankreich tätig, bevor sie zur EZB wechselte.

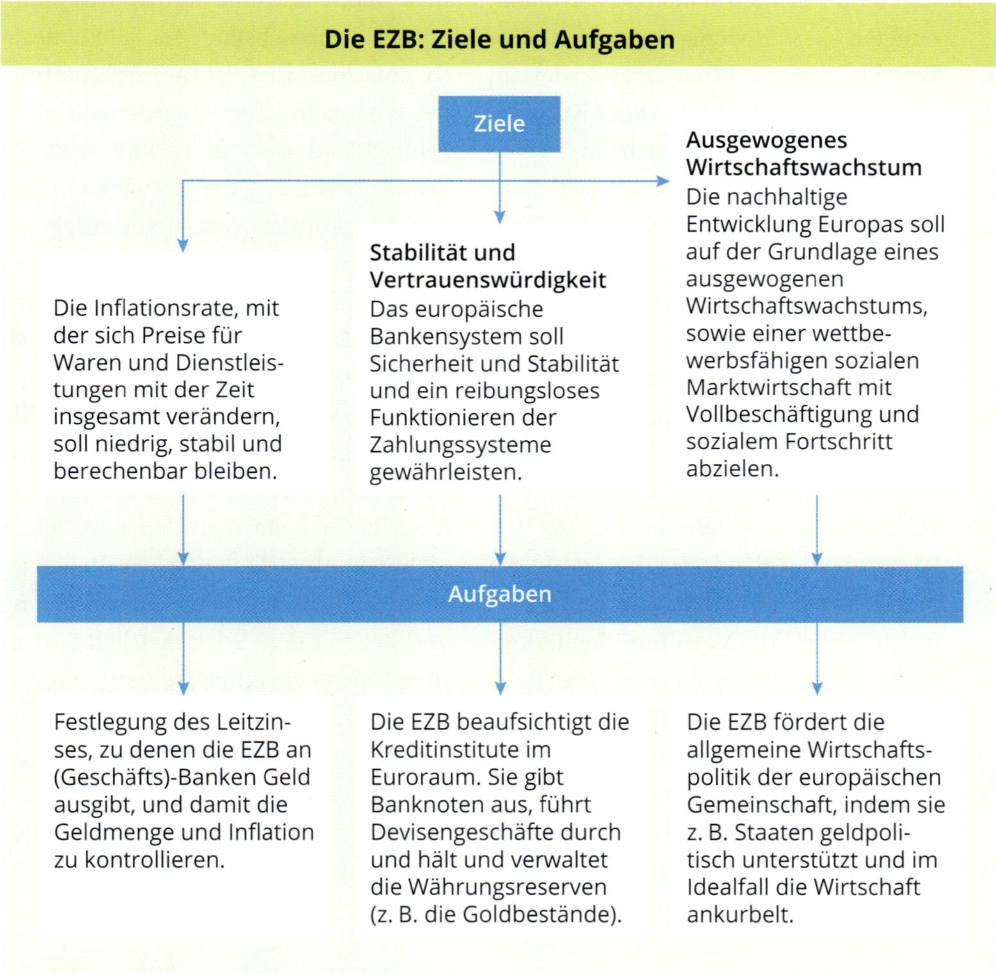

©C.C. Buchner Verlag, Bearbeiter

M4 Der europäische Währungsraum – viel Licht, aber auch Schatten

Mit dem Euro ist eine Währungsunion aus vielen unterschiedlichen Ländern entstanden, die sonst noch vieles trennt. [...] Durch den Euro sollte es einen wirtschaftlichen Schub für den europäischen Binnenmarkt geben durch den Wegfall von Wechselkursen. Das hat insgesamt gut funktioniert und den Euroländern unterm Strich mehr Wachstum und Wohlstand gebracht. [...] Der Euro sorgt darüber hinaus für eine europaweite Preistransparenz, von

Waren und Dienstleistungen, die vorher kaum vergleichbar waren. Dieser Preiswettbewerb kann mit Hilfe des Internets voll genutzt werden von Unternehmen und Verbrauchern.

Da die Euro-Mitgliedstaaten wenig alte Rechte abgeben und sich möglichst wenig neue Pflichten einhandeln wollten, einigten sie sich wenigstens auf strenge Beitrittskriterien [Konvergenzkriterien] für die Währungsunion. Diese Kriterien wurden aber vor und nach ihrem Beitritt von einigen Mitgliedsländern nicht erfüllt, vor allem nicht von Griechenland und Italien. Inzwischen erfüllt sie wegen Corona zumindest zeitweise eigentlich niemand mehr. [...]

[Die EZB-Chefin] Christine Lagarde mischt sich viel offener in das politische Tagesgeschäft ein als ihr Vorgänger Mario Draghi [...]. So wollte die EZB-Präsidentin Einfluss nehmen auf die Bekämpfung der Pandemie, indem sie die Staaten aktiv zum Handeln aufforderte: zu mehr Corona-Hilfen, Sonderkrediten, Kurzarbeitergeld und einer breit angelegten Investitionsförderung. Für solche Mehrausgaben verspricht Lagarde eine Art geldpolitisches Backup: Keine Regierung solle finanzielle Probleme bekommen durch die neuen Corona-Schulden und auch nicht die EU, wenn sie einen Wiederaufbaufonds mit bis zu 750 Milliarden Euro auflegt für einen wirtschaftlichen Neuanfang nach Corona [...] Der Euro ist mehr als Geld, er ist von Anfang an ein ambitioniertes politisches Großprojekt für ganz Europa. Mit ihm sind hohe Erwartungen verbunden wie eine stärkere wirtschaftliche Integration und eine neue gemeinsame Stärke aller Euroländer. [...] Was man dem Euro und der Währungsunion als Ganzes bisher vor allem negativ anlasten muss, ist die Verschärfung der wirtschaftlichen Ungleichgewichte. Deutschland als größtes und stärkstes Euroland hat von der Entwicklung am meisten profitiert, vor allem durch seine Exporte in die Partnerländer. In den schwächeren Südländern ist die Wirtschaft nach einem anfänglichen Boom in den letzten Jahren deutlich zurückgefallen. Das Nord-Süd-Gefälle in der EU ist trotz gemeinsamer Währung größer geworden, insbesondere in Italien. [...] Doch dafür kann man den Euro allein nicht verantwortlich machen. Italien ist auch ein Verlierer der Globalisierung und hat mit dem wirtschaftlichen Aufstieg Chinas viele Märkte verloren. Auf der anderen Seite hat die Jugendarbeitslosigkeit in vielen Euroländern dramatisch zugenommen. Ohne alle Beispiele zu nennen, bleibt festzuhalten, das Euro-Projekt ist keineswegs vollendet [...].

Felix Lincke (04.03.2022): Euro – die gemeinsame Währung für Europa. In: www.br.de , Abgerufen am 07.08.2022.

F Aufgabe 4
Bildet Vierergruppen und führt ein Gruppenpuzzle durch.

82033-288

Phase 1: Arbeitet jeweils ein Maastricht-Kriterium aus **M2** heraus (ein Kriterium pro Gruppe).
Phase 2: Erläutert euch gegenseitig die vier Maastricht-Kriterien (gemischte Gruppen). Beachtet auch das Zusatzmaterial hinter dem QR-Code dort.

AUFGABEN

82033-289

1. Begründe, weshalb Volkswirtschaften dem Euroraum beitreten **(M2)**.
2. Beschreibe Funktionen, Aufgaben und Ziele der EZB **(M3)**.
3. „Die europäische Währungsunion führt zu einer Mehrung des Wohlstands." Erörtere inwiefern das gelingt **(M2-M4)**.

8.4.4 Grenzen nationalstaatlicher Steuerung: Muss es das europäische Wettbewerbsrecht richten?

Zum Thema: Ob Alphabet (Google, YouTube), Apple, Meta (Facebook, Instagram, Whatsapp) oder Microsoft: Alle Digitalkonzerne konnten in den letzten Jahren rasante Wachstumsraten verbuchen. Doch diese beruhen auch auf einer digitalen Vorherrschaft, auf digitalen Monopolen. Aufgrund ihrer Marktmacht ist es einzelnen Nationalstaaten kaum noch möglich, gegen diese Machtstrukturen allein vorzugehen. Braucht es also eine gemeinschaftliche, eine europäische Lösung?

M1 Kampf dem (Tech-)Giganten

Karikatur: Markus Grolik, toonpool

Margrethe Vestager ist eine dänische Politikerin und seit 2014 EU-Kommissarin für Wettbewerb.

EINSTIEGSAUFGABE 82033-290

1. Die Dienste der Tech-Giganten begegnen uns nahezu alltäglich. Ehe wir uns versehen, verfangen wir uns in ihren „Netzen“. **Blitzlicht:** Beschreibe Situationen/Bereiche in deinem Alltag, in denen du ohne Angebote der Techgiganten „aufgeschmissen“ wärst. Gibt es Alternativen zu den Online-Diensten?

M2 Europäische Wettbewerbspolitik

Das grundlegende Ziel der EU-Wettbewerbsvorschriften ist ein reibungsloses Funktionieren des Binnenmarktes. Ein wirksamer Wettbewerb ermöglicht es Unternehmen, in den Mitgliedstaaten unter gleichen Voraussetzungen zu konkurrieren und setzt sie gleichzeitig unter Druck, sich kontinuierlich darum zu bemühen, Verbrauchern bestmögliche Produkte zu bestmöglichen Preisen anzubieten. Das wiederum fördert Innovationen und langfristiges Wirtschaftswachstum. Die Wettbewerbspolitik ist daher ein entscheidendes Instrument für einen freien und dynamischen Binnenmarkt und die Förderung des allgemeinen wirtschaftlichen Wohlstands. Die EU-Wettbewerbspolitik gilt auch für Unternehmen außerhalb der EU, die auf dem Binnenmarkt tätig sind.

Europäisches Parlament: Wettbewerbspolitik. In: www.europarl.europa.eu, Abgerufen am 09.08.2022

M3 Großes, kleines Internet

Europäische Kommission
Die EU-Kommission ist innerhalb der EU eine unabhängige Behörde mit über 20 000 Mitarbeitern, die die Interessen der EU als Ganzes vertritt. Jedes Mitgliedsland stellt einen Kommissar mit eigenem Fachgebiet. Zwar überwacht die Kommission die Einhaltung aller EU-Verträge und hat auch das Initiativrecht bei neuen EU-Gesetzen. Eine EU-Regierung im konventionellen Sinne ist sie aber nicht. Die Mitgliedsstaaten haben über den Europäischen Rat und den Ministerrat sehr viel mitzureden.

Das Internet wird größer. Jeden Tag kommen neue Tweets dazu, neue Bilder auf Instagram, neue Inhalte bei Facebook und auf Nachrichtenseiten. Alleine bei Youtube laden Nutzer/innen täglich Videomaterial mit einer Abspieldauer von über einer Milliarde Stunden hoch. Neue Geräte gehen ans Netz, von Küchenmaschinen bis hin zu ganzen Fabriken.

Gleichzeitig wird das Internet immer kleiner. Wenige große Plattformen dominieren den Markt. Manifestieren ihre Macht. Und bauen eigene, möglichst abgeschlossene Ökosysteme. Warum kann man zum Beispiel keine Nachrichten von Whatsapp zu Signal schicken? Bei E-Mails gibt es doch auch offene Standards, warum also nicht hier? Die Antwort ist natürlich, dass die Anbieter kein Interesse daran haben, sondern auf den Netzwerkeffekt setzen: Alle gehen dahin, wo alle sind. Neue Messenger-Nutzer/innen zu Whatsapp, weil da alle Freund/innen sind. Neue Händler/innen zu Amazon, weil da alle Kund/innen sind. Und das ist nur der offensichtliche Teil des Internets. Dass Amazon bei Cloud-Diensten weltweit dominiert, Google bei Website-Analyse und Werbeanzeigen – das ist weniger sichtbar. Umso wichtiger ist es, dass die EU-Kommission die Situation erkannt hat und mit neuen Regeln den Markt verändern will. Wettbewerb fördern, Monopolbildung verhindern, Rechte von Nutzer:innen stärken.

©taz: Großes, kleines Internet. In: www.taz.de, Abgerufen am 09.08.2022.

M4 Wie die Tech-Riesen europäisch gebändigt werden sollen

EU Kommission: Gesetz über digitale Märkte
82033-291

Im März 2022 hat das Europäische Parlament erstmals das „Gesetz über digitale Märkte" beschlossen, um endlich das unfaire Geschäftsverhalten der Big Tech Unternehmen zu bändigen. [...] Durch die steigende Marktmacht und Dominanz konnten Unternehmen wie Google, Amazon, Facebook [heute Meta], Apple und Microsoft („GAFAM") die Wettbewerbs- und Zugangsregeln auf den Märkten festlegen, die sie selbst geschaffen haben. Die Geschäftsmodelle der Tech-Konzerne zielen darauf ab, Produkte und Dienstleistungen im eigenen Unternehmenskosmos zu bevorzugen und die Konkurrenz klein zu halten. Diese pure Form des Kapitalismus ist unfair und schadet dem Wettbewerb allgemein, da Verbraucher und Unternehmen durch die schiere Größe der GAFAM-Unternehmen nicht darumkommen, deren Produkte zu nutzen. [...]

Das Gesetz über digitale Märkte schafft Fairness [...]. Verbraucher erhalten Kontrolle darüber, ob sie zum Beispiel von Facebook auch außerhalb von Facebook auf jeden virtuellen Schritt und Tritt verfolgt werden wollen. Darüber hinaus können sie in Zukunft davon profitieren, dass beispielsweise Wearables wie Smart Watches oder Bluetooth Kopfhörer dieselben Features anbieten dürfen, ganz unabhängig davon, ob das gekoppelte Handy vom selben Hersteller ist. Messenger-Dienste wie WhatsApp oder Facebook Messenger müssen sich dem Austausch mit anderen Messengern öffnen [...]

Schwab, Andreas: ‚Endlich zeigt Europa Google, Amazon und Facebook die Grenzen auf.' In: www.focus.de , Abgerufen am 07.08.2022.

M5 Gründe für die Marktmacht von Big-Tech

1 Netzwerkeffekte

2 Monopolistische Gewinne

Bearbeiter

3 Datenmonopol

4 Gatekeeper

FAANG ist ein Akronym für Facebook (heute Meta), Amazon, Apple, Netflix und Google. Diese Konzerne dominieren große Teile der Digitalwirtschaft.

M6 Europäische vs. nationale Wettbewerbspolitik

„Das Internet muss europäisch reguliert werden, das ist ganz klar." so Margrethe Vestager, EU-Kommissarin für Wettbewerb, denn die Dominanz der Tech-Giganten ist mittlerweile so groß geworden, dass einzelne Regierungen von Nationalstaaten sich oftmals nur noch unterordnen können. Für einzelne Länder ist es schwierig, effektiv auf die Geschäftspraktiken dieser Unternehmen Einfluss zu nehmen, da die Tech-Konzerne über eine enorme Marktmacht und Ressourcen verfügen und sich nationalen Vorschriften entziehen können. Um den Wettbewerb auf dem gemeinsamen Binnenmarkt zu schützen, kann eine europäische Regulierung dabei helfen, die verschiedenen nationalen Vorschriften und Regelungen anzugleichen und diese einheitlichen Standards auch durchzusetzen. Ebenso kann sichergestellt werden, dass die Tech-Konzerne ihren fairen Anteil an Steuern zahlen, um einen gerechten Wettbewerb für alle Unternehmen zu ermöglichen. Eine koordinierte Regulierung dient dabei auch den Datenschutz- und Verbraucherschutzrechten. Da es in der Geschichte des europäischen Kontinents noch nie so wenige so mächtige Unternehmen gab, die das Leben der Bürgerinnen und Bürgern dermaßen tiefgreifend beeinflussen konnten, erhebt Vestager die Frage nach dem richtigen Umgang mit den Tech-Monopolen zur „Schicksalsfrage für Europa".

Im Rahmen des Digital Markets Act (DMA) haben sich daher eine große Mehrheit der 27 EU-Regierungen für strenge Regeln ausgesprochen. Allerdings gab es auch Staaten wie Luxemburg und Irland, die das Gesetz an zahlreichen Stellen abschwächen wollten. Gerade in diesen Ländern haben fast alle großen US-Digitalkonzerne ihren Europasitz. Google, Meta (ehemals Facebook), Apple in Irland und Amazon in Luxenburg. Durchsetzen konnten sich diese Staaten in den Verhandlungen allerdings nicht.

Bearbeiter

AUFGABEN

82033-292

1. Stelle die Ziele aus **M2** grafisch übersichtlich dar.
2. Beschreibe Möglichkeiten der Tech-Giganten, den Wettbewerb auszuschalten (**M3**, **M4**).
3. Gruppenarbeit: Erstellt für die Begriffe in **M5** jeweils einen Lexikon-Eintrag. Weitere Informationen findet ihr auf der Internetseite der EU-Kommission (siehe QR-Code bei **M4**).
4. „Das Internet muss europäisch reguliert werden, das ist ganz klar." (**M6**, Z. 1f.) Margrethe Vestager, EU-Kommissarin für Wettbewerb.
   a) Erläutere, warum eine europäische Kooperation notwendig ist, um internationale Techkonzerne wie Google oder Meta zu regulieren (**M4**, **M6**).

   oder

   b) Beurteile die Aussage der EU-Kommissarin für Wettbewerb Margrethe Vestagers anhand der Kriterien Effektivität und Durchsetzbarkeit (**M4**, **M6**).

   oder

   c) Gestalte eine Rede aus der Perspektive der EU-Kommissarin für Wettbewerb Margareth Vestager. Zeige dabei die Notwendigkeit auf, Tech-Konzerne durch eine europäische Kooperation der Mitgliedsstaaten zu regulieren (**M4**, **M6**).

WAS WIR WISSEN

Internationale Arbeitsteilung und Formen wirtschaftlicher Integration

Internationale Arbeitsteilung und freier Handel führen in der Theorie zu Wohlfahrtsgewinnen bei allen Beteiligten – jeder konzentriert sich auf die Produkte und Dienstleistungen, bei denen er den größten Ertrag hat und importiert die anderen. Das ist effizient, kann aber auch dazu führen, dass bestimmte Branchen Arbeitsplätze in andere Länder verlagern und dass das Lohnniveau sinkt. Die Umsetzung von Verbraucherschutz und ökologischen Standards kann erschwert werden. In Freihandelszonen werden tarifäre (z. B. Zölle) und nicht-tarifäre (z. B. Quoten, Subventionen, Umweltstandards) Handelshemmnisse abgebaut. Aufgrund der engen Verflechtung und gegenseitigen Abhängigkeit der (europäischen) Volkswirtschaften sind nationaler Wirtschaftspolitik und ihrer Wirkung zum Teil enge Grenzen gesetzt.

Der Europäische Binnenmarkt und seine Vorteile für Verbraucher, Erwerbstätige und Unternehmen

Der Binnenmarkt ist die höchste Form der wirtschaftlichen Integration. Der europäische Binnenmarkt hat das Ziel, zum Wohlstand in Europa und zu einer nachhaltigen Entwicklung der Wirtschaft beizutragen. Der Binnenmarkt beruht auf den folgenden **vier Freiheiten: freier Verkehr von Waren, Personen, Dienstleistungen und Kapital**. Dies bedeutet z. B., dass Arbeitnehmer in jedem Mitgliedstaat eine Arbeitsstelle annehmen dürfen, dass Unternehmen ihre Leistungen (Waren und Dienstleistungen) in allen Mitgliedstaaten anbieten dürfen und dass der Transfer von Kapital zwischen den Mitgliedstaaten möglich ist. Verbraucher/-innen können von steigender Angebotsvielfalt und sinkenden Preisen profitieren, Unternehmen haben einen größeren Absatzmarkt und können Standortvorteile besser nutzen. Für die Staaten des Binnenmarkts sind die Partnerländer sehr wichtige Export- und Importmärkte. Durch die wirtschaftliche Integration geben die Staaten aber auch Teile ihrer nationalstaatlichen Souveränität (Eigenständigkeit), z. B. bei wirtschaftspolitischen Entscheidungen, ab. Dies war auch ein Grund, weshalb sich die Britinnen und Briten zu einem Austritt aus der EU entschieden haben.

Was Wir Wissen-Seiten digital zum Editieren

82033-319

WAS WIR WISSEN

Der Euro – Vertiefung der europäischen Integration

Der Binnenmarkt wird in einem Teil der europäischen Staaten durch die **gemeinsame Währung**, den Euro, weiter vertieft. Staaten, die der Euro-Zone eingeführt haben, geben ihre geldpolitische Souveränität (Eigenständigkeit) auf, d. h. die Geldpolitik wird auf europäischer Ebene über die EZB getätigt. Um dem Euro beizutreten, müssen Staaten bestimmte **Konvergenzkriterien** (z. B. bezüglich des Grads der Verschuldung) erfüllen. Im europäischen Stabilitätspakt wird festgelegt, dass sie auch nach dem Beitritt entsprechende Regeln einhalten müssen. Der Euro hat für Verbraucher/-innen und Unternehmen Vorteile, da z. B. keine Vorsorge gegen Wechselkursschwankungen notwendig ist und keine Kosten für Umtausch entstehen. Außerdem wird der Markt durch die einheitliche Währung übersichtlicher bzw. transparenter.
Trotz vielfach positiver Effekte des gemeinsamen EU-Währungsraums wurden wirtschaftliche Ungleichgewichte verschärft. In den schwächeren Südländern ist die Wirtschaft in den letzten Jahren zurückgefallen. Es gibt ein **Nord-Süd-Gefälle,** welches trotz gemeinsamer Währung größer geworden ist, insbesondere in Ländern wie Italien oder Griechenland.

EU-Wettbewerbspolitik – Nationalstaatliche Steuerung an seinen Grenzen

Digitalisierungsprozesse wirken auf viele Wirtschaftsbereiche und fordern europäische wirtschaftspolitische Rahmenbedingungen. Die Marktdominanz bzw. Marktmacht der Digitalkonzerne wie Meta, Apple, Alphabet und Facebook ist mittlerweile so groß geworden, dass nationalstaatliche Wettbewerbsbehörden auf gemeinsame europäische Kooperation und gesetzliche Rahmenbedingungen angewiesen sind, um gegen die Monopolstellung der Tech-Konzerne vorgehen zu können. Das vom europäischen Parlament und der europäischen Kommission beschlossene „Gesetz über digitale Märkte" soll in Europa einen fairen Wettbewerb und Verbraucherrechte im Digitalen durchsetzen.

„FAQs“ für eine Online-Verbraucherberatung entwickeln

1. Worum geht es?

Auf fast allen Websites findet sich die Abkürzung FAQ bzw. FAQs.
Die Abkürzung steht für „Frequently Asked Questions“ (deutsch: „häufig gestellte Fragen“). Wie der Name nahelegt, sind dort solche Fragen einschließlich zugehöriger Antworten zusammengestellt, die erfahrungsgemäß viele Besucherinnen und Besucher bzw. Kundinnen und Kunden stellen möchten. Durch eine gut angelegte „FAQ“-Rubrik müssen sie nicht individuell beantwortet werden. Dadurch sparen die Anbieterinnen und Anbieter Zeit und die Fragestellerinnen und Fragesteller haben sofort eine Antwort.
Angenommen, ihr seid beauftragt worden, für eine Online-Verbraucherberatung, die neben allgemeinen Fragen auch eine Beratung zu „Wirtschaft im 21. Jahrundert“ anbietet, FAQs zu entwickeln.

2. Geht dabei so vor:

1. Schritt: Vorbereitung

a) Bildet Paare oder Gruppen von ca. drei Personen.
b) Seht euch Beispiele für FAQ-Rubriken im Internet an, sodass ihr euch das Ergebnis vorstellen könnt.
c) Entscheidet in der Klasse, wie ihr eure FAQs als Entwürfe darstellen wollt: z. B. in Form von Plakaten, Folien oder digital als Padlet, Website o. ä.

↓ ↓ ↓

2. Schritt: Themenbereiche festlegen und Informationen recherchieren

a) Verteilt die Unterkapitel (8.1-8.4) auf die Paare bzw. Gruppen.
b) Informiert euch zum Thema, indem ihr die Unterkapitel auswertet. Die zugehörigen Aufgaben können euch dabei helfen.
c) Ergänzt die Informationen bei Bedarf durch eigene Recherchen.

↓ ↓ ↓

3. Schritt: FAQs formulieren und dokumentieren

a) Entwerft in den Gruppen ca. 3-4 Frage-Antwort-Kombinationen zu eurem Thema.
b) Dokumentiert eure Ergebnisse zunächst vorläufig und holt euch Feedback von mindestens einer weiteren Gruppe ein.
c) Veröffentlicht eure gesammelten FAQs in der Klasse und informiert euch so über die Themen, die ihr selbst nicht bearbeitet habt.

Bearbeiter

Register

Bildnachweis

Baaske Cartoons / Gerhard Mester – S. 111, 306; - / Harm Bengen – S. 151; - / Thomas Plassmann – S. 172; Nina Behrens, Rutesheim – S. 272; Canada Life / Civey 2022 – S. 102; Cloud Science / toonpool.com – S. 280; Evaluationsbefragung zum Girls'Day und Boys'Day 2022 des Kompetenzzentrums Technik-Diversity-Chancengleichheit e. V. – S. 257; Frankfurter Allgemeine Zeitung GmbH, Frankfurt. Alle Rechte vorbehalten. – S. 281, 299; Fotolia / william87 – Cover; Getty Images Plus / Digital Vision – S. 244; - / iStockphoto, 3DFOX – S. 229; - / iStockphoto, AaronAmat – S. 248; - / iStockphoto, a-image – S. 214; - / iStockphoto, ajr_images – S. 105; - / iStockphoto, aldorado10 – S. 293; - / iStockphoto, Aleksandra Aleroeva – S. 141; - / iStockphoto, Alicia_Garcia – S. 110; - / iStockphoto, Andrea Migliarini – S. 288; - / iStockphoto, AndreyPopov – S. 125; - / iStockphoto, AndreyPopov – S. 282; - / iStockphoto, AndreyPopov – S. 363; - / iStockphoto, Andrii Lysenko – S. 259; - / iStockphoto, AntonioGuillem – S. 124; - / iStockphoto, artisteer – S. 25; - / iStockphoto, Atstock Productions – S. 114; - / iStockphoto, Baoshan Zhang – S. 25; - / iStockphoto, boggy22 – S. 222; - / iStockphoto, boggy22 – S. 327; - / iStockphoto, Bojan89 – S. 133; - / iStockphoto, bunditinay – S. 30; - / iStockphoto, Candice Bell – S. 327; - / iStockphoto, chameleonseye – S. 348; - / iStockphoto, coffeekai – S. 149; - / iStockphoto, coffeekai – S. 203; - / iStockphoto, Cristian Martin – S. 319; - / iStockphoto, DeanDrobot – S. 93; - / iStockphoto, Dennis Wegewijs – S. 327; - / iStockphoto, designer491 – S. 197; - / iStockphoto, DOERS – S. 202; - / iStockphoto, dragana991 – S. 50; - / iStockphoto, dusanpetkovic – S. 202; - / iStockphoto, elenabs – S. 69; - / iStockphoto, Explora_2005 – S. 30; - / iStockphoto, Explora_2005 – S. 327; - / iStockphoto, FactoryTh – S. 68; - / iStockphoto, FelixRenaud – S. 39; - / iStockphoto, Feodora Chiosea – S. 261; - / iStockphoto, fermate – S. 218; - / iStockphoto, fizkes – S. 177; - / iStockphoto, fizkes – S. 202; - / iStockphoto, fizkes – S. 233; - / iStockphoto, flavijus – S. 327; - / iStockphoto, fokkebok – Cover; - / iStockphoto, FooTToo – S. 243; - / iStockphoto, Gajus – S. 297; - / iStockphoto, GeorgeK – S. 327; - / iStockphoto, gkuchera – S. 320; - / iStockphoto, Good_Stock – S. 385; - / iStockphoto, gopixa – S. 116; - / iStockphoto, gorodenkoff – S. 199; - / iStockphoto, gorodenkoff – S. 228; - / iStockphoto, Grafner – S. 132; - / iStockphoto, Grafner – S. 18; - / iStockphoto, Grafner – S. 379; - / iStockphoto, grandeduc – S. 82; - / iStockphoto, Halfpoint – S. 199; - / iStockphoto, Halfpoint – S. 319; - / iStockphoto, heckepics – S. 224; - / iStockphoto, Hermsdorf – S. 293; - / iStockphoto, holub3dmax – S. 244; - / iStockphoto, Iam Anupong – S. 348; - / iStockphoto, industryview – S. 244; - / iStockphoto, insta_photos – S. 248; - / iStockphoto, Ivanko_Brnjakovic – S. 258; - / iStockphoto, jacoblund – S. 131; - / iStockphoto, jacoblund – S. 244; - / iStockphoto, JARAMA – S. 291; - / iStockphoto, jessicahyde – S. 327; - / iStockphoto, Jirapong Manustrong – S. 204; - / iStockphoto, Jovanmandic – S. 120; - / iStockphoto, jpkirakun – S. 14; - / iStockphoto, julief514 – S. 200; - / iStockphoto, kadmy – S. 92; - / iStockphoto, Kar-Tr – S. 15; - / iStockphoto, kimberrywood – S. 15; - / iStockphoto, KittisakJirasittichai – S. 203; - / iStockphoto, kzenon – S. 342; - / iStockphoto, Liubomyr Vorona – S. 153; - / iStockphoto, Liuser – S. 30; - / iStockphoto, Ljupco – S. 166; - / iStockphoto, Madmaxer – S. 214; - / iStockphoto, Magic cinema – S. 243; - / iStockphoto, Marcin Balcerzak – S. 170; - / iStockphoto, martin_33 – S. 348; - / iStockphoto, melitas – S. 231; - / iStockphoto, melitas – S. 231; - / iStockphoto, Michail_Petrov-96 – S. 215; - / iStockphoto, microgen – S. 218; - / iStockphoto, Model-la – S. 282; - / iStockphoto, monkeybusinessimages – S. 351; - / iStockphoto, NanoStockk – S. 163; - / iStockphoto, Natee Meepian – S. 356; - / iStockphoto, nicoletaionescu – S. 153; - / iStockphoto, Odu Mazza – S. 327; - / iStockphoto, PaulVinten – S. 327; - / iStockphoto, PeopleImages – S. 291; - / iStockphoto, PeopleImages – S. 30; - / iStockphoto, Petrovich9 – S. 226; - / iStockphoto, PhonlamaiPhoto – S. 282; - / iStockphoto, PhonlamaiPhoto – S. 373; - / iStockphoto, photoschmidt – S. 320; - / iStockphoto, Pongchart – Cover; - / iStockphoto, Popartic – S. 297; - / iStockphoto, Prostock-Studio – S. 202; - / iStockphoto, Prostock-Studio – S. 222; - / iStockphoto, Prostock-Studio – S. 265; - / iStockphoto, Prostock-Studio – S. 291; - / iStockphoto, Prostock-Studio – S. 92; - / iStockphoto, Prostock-Studio – S. 94; - / iStockphoto, Radionphoto – S. 17; - / iStockphoto, Rawf8 – S. 370; - / iStockphoto, Rawpixel – S. 123; - / iStockphoto, Riccardo Lennart Niels Mayer – S. 327; - / iStockphoto, Ridofranz – S. 131; - / iStockphoto, Ridofranz – S. 131; - / iStockphoto, Ridofranz – S. 96; - / iStockphoto, rilueda – S. 327; - / iStockphoto, Rocco-Herrmann – S. 219; - / iStockphoto, rommma – S. 388; - / iStockphoto, romrodinka – S. 243; - / iStockphoto, Sablin – S. 92; - / iStockphoto, sakkmesterke – S. 190; - / iStockphoto, Santje09 – S. 110; - / iStockphoto, Santje09 – S. 16; - / iStockphoto, Saowaluck Vorapruksisut – S. 211; - / iStockphoto, sasimoto – S. 327; - / iStockphoto, Scharfsinn86 – S. 348; - / iStockphoto, SeventyFour – S. 155; - / iStockphoto, SeventyFour – S. 220; - / iStockphoto, SewcreamStudio – S. 198; - / iStockphoto, shironosov – S. 131; - / iStockphoto, sinonimas – S. 387; - / iStockphoto, Solovyova – S. 78; - / iStockphoto, Stadtratte – S. 104; - / iStockphoto, standret – S. 219; - / iStockphoto, stockfotocz – S. 17; - / iStockphoto, Tomwang112 – S. 327; - / iStockphoto, Tomwang112 – S. 360; - / iStockphoto, Tryaging – S. 367; - / iStockphoto, Vadim_Key – S. 199; - / iStockphoto, Vadym Pastukh – S. 32; - / iStockphoto, Vasyl Dolmatov – S. 197; - / iStockphoto, Vera_Petrunina – S. 68; - / iStockphoto, VeselovaElena – S. 327; - / iStockphoto, Vladimiroquai – S. 18; - / iStockphoto, vovashevchuk – S. 327; - / iStockphoto, wasja – S. 214; - / iStockphoto, Wavebreakmedia – S. 225; - / iStockphoto, Wavebreakmedia – S. 225; - / iStockphoto, weerapatkiatdumrong – S. 108; - / iStockphoto, weerapatkiatdumrong – S. 291; - / iStockphoto, whyframestudio – S. 199; - / iStockphoto, wildpixel – S. 306; - / iStockphoto, wildpixel – S. 371; - / iStockphoto, William Barton – S. 68; - / iStockphoto, William_Potter – S. 27; - / iStockphoto, Wirestock – S. 349; - / iStockphoto, Yummy pic – S. 93; - / iStockphoto, YurolaitsAlbert – S. 165; - / iStockphoto, Zero Creatives – S. 153; - / iStockphoto, zms – S. 327; - / Photodisc, Digital Vision – S. 163; - / The Image Bank, Michael Blann – S. 244; Markus Grolik / toonpool.com – S. 383; Oliver Gutzeit / SAP – S. 272; Dr. Tobias Hentze, Institut der deutschen Wirtschaft Köln e.V. – S. 313; Michael Hüter, 2021 im Magazin "Elektrorad" – S. 208; Illustration: IG Metall – S. 157; Institut für Demoskopie Allensbach – S. 309 (2); iStockphoto / Adene Sanchez – S. 93; - / andresr – S. 93; - / Andrey Popov – S. 93; - / Nastasic – S. 93; - / Weedezign – S. 93; Alfred Kärcher GmbH, Wien – S. 191, 193; Marine Stewardship Council – S. 54; myBuddy, Mannheim – S. 188; myconics Service GmbH, Stuttgart – S. 237; osapiens Services GmbH, Mannheim – S. 184; Perscheid / Distr. Bulls – S. 250; picture alliance / 91050, United_Archives, TopFoto – S. 354; - / Andreas Franke – S. 44; - / Anke Waelischmiller / Sven Simon – S. 188; - / dpa, Andreas Rosar – S. 20; - / dpa, Boris Roessler – S. 381; - / dpa, Britta Pedersen – S. 344; - / dpa, Christoph Dernbach – S. 244; - / dpa, Christoph Soeder – S. 307; - / dpa, Daniel Maurer – S. 240; - / dpa, Frank Rumpenhorst – S. 191; - / dpa, Frank Rumpenhorst – S. 353; - / dpa, FT ashley ashwood – S. 378; - / dpa, Hauke-Christian Dittrich – S. 188; - / dpa, Marijan Murat – S. 312; - / dpa, Michael Nelson – S. 223; - / dpa, Paul Zinken – S. 299; - / dpa, Peter Kneffel – S. 299; - / dpa, Thomas Frey – S. 223; - / dpa, Uwe Zucchi – S. 178; - / dpa, Wolfgang Kumm – S. 336; - / dpa, Wolfgang Kumm – S. 65; - / dpa-infografik GmbH – S. 160; - / dpa-infografik GmbH – S. 273; - / dpa-Zentralbild POOL, Patrick Pleul – S. 362; - / dpa-Zentralbild, Patrick Pleul – S. 188; - / DPPI media, JEAN CATUFFE – S. 301; - / Eva Oertwig / SCHROEWIG – S. 188; - / Foto Huebner – S. 73; - / Fotostand, Gelhot – S. 118; - / Geisler-Fotopress, Thomas Bartilla – S. 303, 331; - / imageBROKER, Sam Flag – S. 36 (2); - / Malte Ossowski, SVEN SIMON – S. 304; - / MIS, Sportpressefoto M.i.S – S. 44; - / NurPhoto, Jakub Porzycki – S. 36, 119; - / Panama Pictures, Christoph Hardt – S. 363; - / photothek, Michael Gottschalk – S. 73, 235; - / REUTERS, JOSHUA ROBERTS – S. 150; - / Shotshop, Lutz Wallroth – S. 239; - / SvenSimon, Malte Ossowski – S. 329; - / SZ Photo, Florian Peljak – S. 345; - / SZ Photo, Mike Schmidt – S. 298; - / SZ Photo, Robert Haas – S. 290; - / SZ Photo, Wolfgang Filser – S. 74; - / Tobias Hase – S. 277; - / Ulrich Wagner – S. 38; - / Westend61 – S. 68; - / Wolfram Steinberg – S. 363; - / ZB, Sascha Steinach – S. 357; - / ZUMAPRESS.com, Sachelle Babbar – S. 357; - / ZUMAPRESS.com, Sadak Souici – S. 162; - /dpa, Oliver Berg – S. 353; - /EPA-EFE, ALEXANDER BECHER – S. 250; - /EPA-EFE, GIAN EHRENZELLER – S. 245; - / Deutscher Tierschutzbund, HO – S. 54; - / dpa – S. 54; - / dpa, Felix Kästle – S. 236; - / Fotoreport Fairtrade – S. 54; - / Zentralbild, Karlheinz Schindler – S. 330; - / dpa, Armin Weigel – S. 241; - / dpa, Milton_&_Rose_D._Friedman_Foundation/Ho – S. 354; RAMPF Holding GmbH & Co. KG, Grafenberg – S. 194; Katja Rosenberg, Wiesbaden – S. 256; Karsten Schley / toonpool.com – S. 253; Roger Schmidt, Brunsbüttel – S. 269; Frank Speth – norddt. Künstler – S. 147; Statista GmbH, Hamburg – S. 40 (2), 278; Statistisches Bundesamt, Wiesbaden – S. 173; Stiftung Warentest, Berlin – S. 53; Klaus Stuttmann, Berlin – S. 358; SZ-Grafik: Julia Kraus, Quelle: SZ-Recherche – S. 210; Jürgen Tomicek, Werl-Westönnen – S. 139; Traceless Materials GmbH, Hamburg – S. 184; Umweltbundesamt, Dessau – S. 54; United Nations – S. 189; Wirtschafts- und Sozialwissenschaftliches Institut (WSI) der Hans-Böckler-Stiftung, Düsseldorf – S.154; www.oekotest.de, Frankfurt – S. 53.

Urteilskriterien im Überblick

Effizienz: effizient oder ineffizient?	Stehen die Kosten einer Maßnahme, einer Aussage, einer Entscheidung, einer Forderung, eines Vorschlags in einem vertretbaren Verhältnis zum angestrebten Nutzen? Erreichen wir mit dieser Maßnahme ein Ziel kostengünstiger oder mit geringeren Mitteln als mit anderen? *Effizient oder ineffizient? Effizient ist etwas, wenn das Verhältnis von Aufwand (Kosten) und Ertrag (Nutzen) günstig ist. Nehmen wir mal an, ein Kursstufenschüler kann zwischen einem Job A mit 14 oder Job B mit 16 Euro pro Stunde wählen und alle sonstigen Aspekte der beiden Jobs wären gleichwertig. Dann ist es wirtschaftlich (effizient) Job B zu wählen, weil der Nutzen von 16 Euro bei gleichen Opportunitätskosten (1h Zeit) eben 2 Euro höher ist. In Unternehmen kann man oft effiziente Entscheidungen treffen, aber im wahren Leben sind die Kosten oft schwieriger zu ermitteln, weil sie nicht in Geldbeträgen ausgedrückt werden, so etwa die Wahl zwischen einem Job in Tübingen oder einen Job in Freiburg.*
Effektivität: effektiv oder ineffektiv?	Ist die Maßnahme überhaupt geeignet oder wirksam, um das angestrebte Ziel zu erreichen? Motiviert die Maßnahme, das Richtige zu tun? (Anreizstruktur und Anreizfunktion) Bekämpft die Maßnahme Symptome oder Ursachen? Ist die Maßnahme schnell umsetzbar? *Effektiv oder ineffektiv? Eine Stadt erhebt zur Müllvermeidung eine Sondersteuer auf Einweg-Kaffeebecher, setzt also einen Anreiz, um die Verbraucherinnen und Verbraucher dazu zu bewegen, zukünftig weniger Einweg- und mehr Mehrwegbecher zu verwenden. Wenn nun angesichts der höheren Preise der Verbrauch an Einwegbechern sinkt und die Zahl der Mehrwegbechernutzer steigt, dann war die Maßnahme effektiv, denn die Stadt hat das angestrebte Ziel (weniger Müll, Umweltschutz) erreicht und somit die richtigen Anreize zum erwünschten Verhalten gesetzt.*
Gerechtigkeit: gerecht oder ungerecht?	Wie angemessen ist die Maßnahme? Werden die Interessen der Beteiligten und Betroffenen in ausreichender Weise berücksichtigt? Was gerecht oder ungerecht ist, hängt vom deinem Wertesystem bzw. deiner Vorstellung von Gerechtigkeit (Bedarfs- Chancen-, Generationen-, Verteilungs- oder Leistungsgerechtigkeit) ab. *Verschiedene Gerechtigkeitsvorstellungen:* ▪ *Bedarfsgerechtigkeit: werden die unterschiedlichen konkreten Bedürfnisse der Akteure berücksichtigt?* ▪ *Chancengerechtigkeit: haben alle Akteure die gleichen Chancen?* ▪ *Generationengerechtigkeit: werden die Interessen und Bedürfnisse zukünftiger Generationen berücksichtigt?* ▪ *Verteilungsgerechtigkeit: bekommt jeder gleich viel?* ▪ *Leistungsgerechtigkeit: wird die individuelle Leistung berücksichtigt?*

Legalität: legal oder illegal?	Werden die Gesetze und Grundrechte (v. a. das Grundgesetz) eingehalten / beachtet? *Legal oder illegal? Legal ist etwas, wenn die Vorgehensweise mit den bestehenden rechtlichen Grundlagen vereinbar ist. In Deutschland sind z.B. Umsätze im Rahmen einer Geschäftstätigkeit über gewissen Freibeträgen steuerpflichtig. Stellt nun aber der Inhaber eines Cafés seinen Kundinnen und Kunden einfach keine Rechnung aus und bezahlt dem Staat keine Umsatzsteuer, dann wäre das illegal. Kommt das mehrfach vor, kann der Staat sein Café dauerhaft schließen lassen und dem Inhaber Berufsverbot im Gastronomiebereich erteilen.*
Nachhaltigkeit: nachhaltig oder nicht nachhaltig?	Ist die Maßnahme, der Lösungsvorschlag geeignet, das Problem dauerhaft zu lösen? Sind ökonomische, soziale und ökologische Nachhaltigkeit gegeben? *Nachhaltig oder nicht nachhaltig? Man kann unterscheiden in: ökonomische (wenn durch erzielte Gewinne der Fortbestand etwa einer Firma gesichert werden kann), soziale (wenn die Mitarbeitenden gut bezahlte und sichere Arbeitsplätze und gute Arbeitsbedingungen vorfinden) und ökologische Nachhaltigkeit (wenn eine Entscheidung keine negativen Folgen für die Umwelt hat).*
Praktikabilität: praktikabel oder nicht praktikabel?	Ist eine Maßnahme unter den gegebenen Umständen gut umsetzbar, durchsetzbar, kontrollierbar? Ist der Lösungsvorschlag ein brauchbares, ein praktisches Werkzeug? *Praktikabel oder nicht praktikabel? Eine Kommune möchte überprüfen, ob wirklich alle Restaurants nun der Pflicht, auch Mehrwegverpackungen anzubieten, nachkommen und ob diese Variante dann auch nicht teurer ist als das Produkt in der Einwegkunststofflebensmittelverpackung. Dazu müsste man dann städtische Mitarbeitende in alle Restaurants einer Stadt schicken. Das wäre nicht praktikabel, weil man sehr viel Verwaltungspersonal dafür benötigen würde, welches aber vielleicht gerade auch noch wichtigere Aufgaben erledigen muss und auch, weil es viele Ausnahmen, etwa für Fast Food Restaurants, gibt. Man wird hier wohl eher auf Stichproben setzten, d.h. einige Restaurants überprüfen und auch mit abschreckenden Geldstrafen Anreize setzen, die Pflicht einzuhalten. Das ist praktikabel.*
Verursacherprinzip : eingehalten oder verletzt?	Dieses Kriterium ist v.a. im Zusammenhang mit externen Effekten hilfreich: Kommen die Verursacher für die Kosten oder Schäden auf? *Ein Rohstoff-Unternehmen belastet durch seine Produktion einen nahegelegenen Fluss, weil es immer wieder verunreinigtes Wasser in den Fluss ablässt. Wenn nun das Unternehmen für die Verschmutzung des Flusses durch seine Abwässer Schadensersatz bezahlen muss, wird das Verursacherprinzip beachtet, wenn nicht, wird das Verursacherprinzip verletzt oder dagegen verstoßen und die Allgemeinheit muss bezahlen.*

Bearbeiter

Operatoren nach Anforderungsbereichen

Operatoren, die Leistungen im Anforderungsbereich I (Reproduktion) verlangen:

Operator	Beschreibung
beschreiben	Sachverhalte schlüssig wiedergeben
bezeichnen	Sachverhalte (insbesondere bei nichtlinearen Texten wie zum Beispiel Tabellen, Schaubildern, Diagrammen oder Karten) begrifflich präzise formulieren
nennen	Sachverhalte in knapper Form anführen

Operatoren, die Leistungen im Anforderungsbereich II (Reorganisation und Transfer) verlangen:

Operator	Beschreibung
analysieren	Materialien oder Sachverhalte systematisch untersuchen und auswerten
begründen	Aussagen (zum Beispiel eine Behauptung, eine Position) durch Argumente stützen, die durch Beispiele oder andere Belege untermauert werden
charakterisieren	Sachverhalte mit ihren typischen Merkmalen und in ihren Grundzügen bestimmen
darstellen	Sachverhalte strukturiert und zusammenhängend verdeutlichen
ein-, zuordnen	Sachverhalte schlüssig in einen vorgegebenen Zusammenhang stellen
erklären	Sachverhalte schlüssig aus Kenntnissen in einen Zusammenhang stellen (zum Beispiel Theorie, Modell, Gesetz, Regel, Funktions-, Entwicklungs- und/oder Kausalzusammenhang)
erläutern	Sachverhalte mit Beispielen oder Belegen veranschaulichen
erstellen	Sachverhalte (insbesondere in grafischer Form) unter Verwendung fachsprachlicher Begriffe strukturiert aufzeigen
herausarbeiten	Sachverhalte unter bestimmten Gesichtspunkten aus vorgegebenem Material entnehmen, wiedergeben und/oder gegebenenfalls berechnen
vergleichen	Vergleichskriterien festlegen, Gemeinsamkeiten und Unterschiede gewichtend einander gegenüberstellen sowie ein Ergebnis formulieren

Operatoren, die Leistungen im Anforderungsbereich III (Reflexion und Problemlösung) verlangen:	
Operator	**Beschreibung**
beurteilen	Aussagen, Vorschläge oder Maßnahmen untersuchen, die dabei zugrunde gelegten Kriterien benennen und ein begründetes Sachurteil formulieren
bewerten	Aussagen, Vorschläge oder Maßnahmen beurteilen, ein begründetes Werturteil formulieren und die dabei zugrunde gelegten Wertmaßstäbe offenlegen
entwickeln	zu einer vorgegebenen oder selbst entworfenen Problemstellung einen begründeten Lösungsvorschlag entwerfen
erörtern	zu einer vorgegebenen These oder Problemstellung durch Abwägen von Pro- und Contra-Argumenten ein begründetes Ergebnis formulieren
gestalten	zu einer vorgegebenen oder selbst entworfenen Problemstellung ein Produkt rollen- beziehungsweise adressatenorientiert herstellen
überprüfen	Aussagen, Vorschläge oder Maßnahmen an Sachverhalten auf ihre sachliche Richtigkeit hin untersuchen und ein begründetes Ergebnis formulieren

Nach: Ministerium für Kultus, Jugend und Sport Baden-Württemberg: Bildungsplan des Gymnasiums 2016: Gemeinschaftskunde. Stuttgart 2016, S. 54 f.

Drei-Dimensionen-Modell erklärt

82033-295

„Drei-Dimensionen-Modell“ als Strukturierungsmodell: Wirtschaft aus drei Perspektiven betrachtet

Wirtschaft – aus drei Perspektiven betrachtet („Drei-Dimensionen-Modell“):

I

Individuelle Dimension
„Ich-Perspektive“

Welchen Nutzen bringt mir...?
Entscheide ich mich für oder gegen ...?
Was sind die Folgen meiner ökonomischen Entscheidungen?

II

Dimension wirtschaftlicher Beziehungen
„Perspektive der Anderen“

Was haben andere Beteiligte mit meiner Entscheidung zu tun?
Welche Interessen haben die anderen Beteiligten?
Gibt es Zielkonflikte zu meinem Anliegen?

III

Ordnung und System
„Systemperspektive“

Wie beeinflusst mich das wirtschaftliche System?
Welche Rolle spielt der Staat dabei?
Wie kann ich das System beeinflussen?

Nach: Ministerium für Kultus, Jugend und Sport (Hrsg.), Bildungsplan 2016 – Wirtschaft / Berufs- und -Studienorientierung (WBS), „Drei-Dimension-Modell“ (© Landesinstitut für Schulentwicklung), S. 6

Bei der Analyse der spannenden Fragen und komplexen wirtschaftlichen Zusammenhänge im Fach WBS und bei unseren wirtschaftlichen Entscheidungen wollen wir diese als Perspektiven im Blick behalten. So können wir mit den drei Dimensionen Wirtschaft aus drei Perspektiven oder Sichtweisen betrachten, dabei Interessen und Erwartungen erkennen, diese beurteilen sowie Gestaltungsspielräume analysieren und nutzen.